南炳文 吴彦玲 辑校

辑校萬曆起居注

伍

天津古籍出版社

萬曆

三十六年

三①十六年正月十六②日庚子，大學士朱賡等謹題："臣等見東宮講讀，自萬曆三十三年停輟，至今三年矣。竊謂學問之功，既可以講明義理，貫穿古今？問③發聰明，擴充聞見，而日與經史親，日與師友處，亦可以遠邪，避消逸欲，其所裨於精元血氣、養身衛生者，尤為不淺。故曰：'愛之能忽勞乎？'即士庶民之愛其子，亦必使之親師取友，朝誦暮習，不使即安，況天子之子哉？今自輟講三年間，青宮中朝夕何事？觀覽何書？左右何人？恐有不能盡如出講之日者。此臣等為社稷計，為皇上燕翼計，為皇太子茂齡膚體計，誠見講讀一事至大至重，至切至急，不獨區區從事簡編筆札間也。若夫每日講讀，似亦無庸大早，祗平明而出，可常可久，自然有功。而講章亦止就本文解釋，令義理明白，俟其融會貫通，亦不必於本文之外多費詞說。孟子言學問之道，歸於收其放心。夫惟常令收斂此心，朝夕之間必有事焉足矣。照得原題每年節上元假，至正月二十日止，二十一日起照常講學。臣等查得本月二十二日、二十五日皆入學吉日，伏望欽定一日，以便遵行。謹題請旨。"

是日，大學士朱賡等謹題："臣等竊念庶吉士考選已經半載，得旨亦已三月，其教習官員，臣等推舉得占④事府占⑤事兼翰林院侍講學士蕭云舉，量陞禮部右侍郎、掌翰林院事，少詹事兼翰林院侍讀學士王圖，量陞占⑥事，兼官各照舊，俱堪教習。久未奉命。今歲序更新，尋常庶民之家亦開塾延師，而作養人才為聖明加意遴選，一時稱為得士，豈可蹉跎歲月，使被選諸臣徒蒙拔擢之恩，而久使⑦進修之益乎？至於翰林院為文學侍從之臣，職務清要，掌院為之統牽，必不可缺，今院篆久虛，百凡不便。統望聖明速賜檢發，使視篆有人，而庶吉士學業不致曠廢，實今日一急務也。臣等不勝懇切之至。"

十六日甲辰，大學士朱賡謹奏："為年老血枯病入筋骨手足麻痹漸成不仁懇乞聖恩早放生還以全首丘事。臣自去秋疽發於足，流毒太多，致內外受傷，血氣兩盡，在告三月，業已不屬人數矣，獨念聖恩未報，重擔未弛，一息尚存，不忍言去，乃

萬曆三十六年

二四八三

①三 "三"上當有"萬曆"二字。
②六 "六"當為"二"之誤。
③問 "問"當作"開"。

④占 "占"當作"詹"。
⑤占 "占"當作"詹"。
⑥占 "占"當作"詹"。
⑦使 "使"當作"失"。

復勉遵嚴旨，扶掖入朝，與同官二臣開誠佈公，和衷共濟，妄欲少補涓滴，庶幾鞠躬盡瘁之義。而匝月以來，寸誠未效，止博得百病支離，一身狼狽而已。本月初四日，匍匐出閣，忽感風寒，左手麻痹，不能持一物，越數日，而左足亦如之，此非好消息也。痛憶臣父六十二歲，患半身不遂之症，衆醫環視，皆謂老年血不養筋，難以療治，居數月而見背矣。臣今七十四歲，多臣父一紀，豈能重生血氣，再養筋骸？即未猝倒，亦不過數月人耳，而況早晚不可知乎？國家大事，有聖明在上獨操乾斷，而見在二臣忠勤任事，才識過臣遠甚，且度王錫爵亦必乘春就道矣，臣前疏所稱交付得人，臣進亦可，退亦可，生亦安，死亦安，此其時也。臣今以六年已竭之力，報皇上之深恩，而乞此數月不可知之身，還父母之遺體，臣言至此，血淚橫流。伏望聖慈早賜矜憐，速允臣去，及今開凍而行，尚可生入里門，此又我皇上始終大造之恩也。臣不勝哀籲懇祈之至，伏候敕旨。"十九日奉聖旨："卿愛君憂國，殫竭忠誠，朕方賴贊襄。偶爾微疾，豈得遽萌去志？宜善加調攝，亟出供職，不准辭。吏部知道。"

　　十七日乙巳，大學士李廷機、葉向高謹題："臣等自去年隨臣賡辦事，見有一二急切時政，賡卒①臣等合誠苦口，至以去就大義誠②之。歲序徒更，元節已過，昨賡又以疾請矣。臣等受皇上拔擢天高地厚之恩，日圖所以爲報答者，因思皇上任用輔臣，寧獨使之代言？實欲資之輔導。嘗見先年舊臣不輕陳言，有言必省，不頻進揭，有揭必報，往往外廷之臣所未能得者，而閣臣得之，故至今人責望閣臣，蓋狃於舊見，而不知皇上信任之不同也。即年内所請，如日講，如東宮講讀，如選科道、補大僚、起遺佚、補講讀教習掌占③掌院各官，皆係幾務職掌，相卒④入告，不啻再三，而一概未蒙聽允，曾不如部司撫按猶得少關其忠而舉其職。遂致外人責臣等者，曰：'危而不持，顛而不扶，則將焉用彼相矣？' 詬臣等者曰：'以道事君，不可則止，奚不去也？' 至於街談巷議，尚有不能盡言者。賡每對臣等

① 卒 "卒"當作"率"。
② 誠 "誠"當作"爭"。
③ 占 "占"當作"詹"。
④ 卒 "卒"當作"率"。

而皺眉，或獨居而竊嘆，常以受上深恩不能有所匡維補報爲言，昨疏求去，固爲長年偶疾、知止知足之故，亦見時事艱難，人情參商，而欲行夫不可則止之義。臣等以己度人，未必不如此耳。且如考選一事，羣猜日積，煩言朋具，此惟在聖明裁斷，不過一批發間，無庸遲疑。若其他，則皆常行之事，尤無可疑者，在臣等既冒塵瀆之罪，而在穆清之上，日見章奏之多，省覽之煩，抑亦何便於此也？伏望皇上及此新春，亟將年内廣與臣等所懇者，慨然批發施行，以安廣之心，手敕慰諭，令其調理即出。臣等睹天心之轉移，藉老成之領袖，尤可黽勉從事，少效涓埃，不然亦將竊有請矣。臣等謹瀝血竭忱冒昧叩閽，不勝激切悚息之至。"

二十日戊申，大學士朱賡等謹題："臣等於本月十二日以皇太子講學日期上請，十七日復進一揭，中間又以爲言，俱未蒙批發。惟皇太子輟講業已三年，人情惶惶，咸謂元良國本，學業久曠，甚非所以開廓聰明、增修德美、杜宴安之萌、而防私昵之累也。皇上慈愛天成，垂訓遺謀無所不至，豈其於此曾不慮及，而日復一日，歲復一歲，荏苒蹉跎，若視爲不急之務？臣等愚衷誠竊惑之。令①節假已過，轉眼仲春，萬無尚不開講之理。伏望聖明，於臣等前擬二十二、二十五兩日内欽定一日，其福王開講，亦於是日同舉。臣等不勝悚息仰望之至。謹題請旨。"

二十一日己酉，大學士朱賡等謹題："昨奉聖諭，以潞王庶生第一子，聖心嘉悦，特賜敕諭，仍有玉帶銀兩襲衣綵段之賜。臣等伏見皇上，情敦同氣，恩洽天倫，仰體聖母慈愛之懷，俯切懿親似續之念，孝友焉至，超越古今，臣等不勝欣忭，不勝欽仰。菫②遵旨撰擬敕諭一道，進呈御覽。第恐愚陋，未能宣揚德意，伏惟聖明裁訓。菫③題。"

是日，皇帝④弟潞王："自弟之國，於今十有九年，聖母及朕，惟望祚胤誕育，日夕在念。兹得奏，昨年十二月二十五日

①令　"令"當作"今"。

②菫　"菫"當作"謹"。
③菫　"菫"當作"謹"。
④帝　"帝"下當有"敕諭"二字。

庶生第一子，此皆祖宗慶澤所貽，蕃衍熾昌方束未艾，仰慰聖母慈懷，朕心甚爲悅喜。特賜敕諭，仍賜玉帶一圍、銀一千兩、大紅紵絲羅常服各一襲、綵段六表裏，用示眷隆、親親之意。弟其承之。"

二十五日癸丑，大學士朱賡等謹題："今日文書官趙金，送出秦王請封郡王一本到閣，口傳皇上命臣等出旨，又云不爲例。臣等敢不將順？惟是秦王本以萬曆年間由中尉進封郡王，繼而進封親王，在宗藩條例所謂例後進封，日後子孫止許一子承襲親王，其餘止照原封世次，授以本等爵級，不得冒濫郡爵者也。其庶長子存樞，在明例當俟母妃年滿五十無出，得封世子，若妃有出，止封中尉，例不得封郡王者也，開載條例及刊刻同姓諸王表甚明。且與秦府一體者尚有九府，儻秦府一破此例，則九府皆將效尤，雖有浚不爲例之旨，亦焉得而拒之？此其關係重大，故臣廷機在禮部時，三疏爭執，實爲朝廷遵守明例，不敢廢法徇情，上負聖主，豈欲以此顯風力、博名譽哉？今存樞惟當少俟數年母妃年限已滿，得封世子，若謂目前冠服不便，則先封中尉，便用中尉冠服，皆①昔日秦王成婚，亦是此服，未嘗不便也。秦賢名素著，爲列藩之長，自宜率先列藩，共守祖宗家法，仰體皇上監於成憲之意，乃瀆求不已，必爲左右所誤，而王或未之思耳。照得宗藩封典，未有不下禮部議覆者。臣等堇②擬旨下部，伏惟聖慈鑒涵。臣等不勝悚息仰望之至。"

二十六日甲寅，大學士朱賡等堇③題："臣等自歲裏至今，連揭催請各項緊要事務，未蒙批發。今正月又將過矣，豈以其事之尚可延遲耶？則上關國本，下切治機，人心企望如焦如焚，口語流傳如沸如羹，殆不容一日遲也。豈以其臣等之言爲無當耶？則天縱聖明，萬機久熟，其於治亂安危之故，用人行政之宜，豈有一毫能逃聖鑒？誰敢以無當不急之言而煩聒也？蓋聖主之意真淵微而難窺，而臣等之愚益惶惑而莫措矣。目前急務甚多，臣等前此或並請，或分請，然並請則恐其泛，分請又恐

① "皆"字似爲衍字。

② "堇"當作"謹"。

③ "堇"當作"謹"。

其煩。今謹擇其最急者開列數款，伏祈聖明次第施行，毋再遲緩，或聖意有所可否，亦乞明示臣等，以豁其愚。臣等不勝悚息待命之至。

一、日講、起居注官久缺，臣等前推堪任各官，伏乞批發。

一、東宮開講，臣等擬①擬二十二、二十五兩日，今已無及，容臣等另擇吉日上請，即賜允行，其前推侍班講官，並乞批發。

一、庶吉士教習並掌翰林院印信官，伏乞批發。

一、吏部考選科道本，伏乞批發。

一、吏部會推兩京六部尚書侍郎、及都察院左都御史左僉都御史、貴州雲南福建各巡撫本，伏乞批發。"

是日，大學士朱賡等謹題："臣等謹擇得東宮開講吉日，二月初二日、初三日二日俱吉，伏乞欽定一日開講，謹題請旨。"

二十七日乙卯，大學士朱賡謹奏："爲病勢阽危萬難再出哀懇聖恩早賜放歸以全始終事。昨該臣以手足偏枯懇乞骸骨，伏奉聖旨：'卿愛君憂國，殫竭忠誠，朕方賴襄贊，偶爾微疾豈得遽萌去志？宜善加調攝，亟出供職，不准辭。吏部知道。欽此。'臣於牀褥間捧讀溫綸，不勝感泣。竊念臣以至愚極陋之資，當至難極苦之任，在事六年，無一毫贊襄於君，而聖恩高厚，託以心膂，則安忍不愛其君？無一毫裨益於國，而時事艱難，義同休戚，則安忍不憂其國？故雖抱狗馬之疾，而不敢爲一身謀，雖懼禽犢之悲，而不敢爲一家慮，誠有大不忍者奪其衷也。顧臣之所爲可②國家役者③惟此身者，身之所可爲心役耳④惟此四體耳。四體不仁，何以爲身？身既無用，何以報國？今左手左足始猶知痛癢，數日以來，臂不能使指，趾不能着地，不知手之所持、足之所蹈矣。此豈偶爾之疾？豈亦調攝所痊？杜門謝事業將一月，而猶掛名輔弼之班，日糜大官之餼，臣心安乎？京師詎臣卿⑤四千里，三閱月而後可到，及今不行，恐無生還之望，臣心又安乎？皇上如念臣四十年犬馬之勞，幸假臣三月之程，急歸里門，臣之所大願也。又或念臣一腔血誠，

萬曆三十六年

二四八七

① 擬 此"擬"當作"前"。

② 爲可 "爲可"當作"可爲"。

③ 者 "者"當作"耳"。

④ 耳 "耳"當作"者"。

⑤ 卿 "卿"當作"鄉"。

不忍齎志以歿，特檢臣前浚奏牘力請而未下者，悉賜施行，則臣雖去國，猶在左右，雖死之日，猶生之年也，又臣所大願也。臣伏枕百叩，誠惶誠恐，不勝涕泣哀籲之至。伏候敕旨。"奉聖旨："卿忠誠端謹，屢進讜言，正賴共濟時艱，且精力有餘，微痾易愈，何乃又有此奏？可即出視事，副朕眷懷，慎勿再辭。吏部知道。"

二十八日丙辰，大學士朱賡等謹題："爲公務事。照得《大明會典》開載，內閣原設典籍二員，管理一應事務，日不可缺者。今管典籍事大理寺左寺左評事郭安民，於去年八月內病故，遺下員缺，相應選補。隨該臣等查得制敕房辦事大理寺左寺左評事兼翰林院侍書范可愓，堪補前缺，已經兩疏題請，未蒙批發。況今本官詰①敕文揭旁午，並一應事務繁集，前項員缺，係內閣首領，委難久曠，伏候命下，令其欽遵供事。臣等未敢擅便，謹題請旨。"

① 詰 "詰"當作"誥"。

二十五日①，大學士李廷機謹題："臣以至愚極陋，荷皇上特達之知，置之密勿之地，愛憐保護，父母不足喻其慈，覆育生成，天地不足名其德，而臣本心自赤，素懷忠君報國之忱，立志不卑，妄有立業建功之想，遭逢感激，益切捐靡。蓋漢臣諸葛亮嘗自言：其隨身衣食，取給官下，不別治生，以長尺寸，身死之日，不使廩有餘粟，篋有餘帛，以累其生。臣居平常誦此言，日夜孜孜，絕賓客之歡，忘室家之業，思得一當，以報皇上。顧自受命於今八月，既無由瞻望天顏，躬陳謝悃，獨於時政闕失、事失②重大③，每與二臣連名具揭，請而又請，不啻再三，而一切留中，數事未有一事之行，數揭未有一揭之發。因思臣未入直時，猶有一揭而能還內降者，有一日而補宮坊十九員者，聖心時見轉移，閣臣猶能有所贊助，自臣之來而景象如此，此皆臣以一棟之撓而顛大廈，以一足之折而覆全鼎，臣之罪也。即一二擬票，此瑣瑣者何救於時？即朝暮出入，此矻矻者何補於政？即若身茹淡，此硜硜者亦何補於國家哉？臣年六十有七，衰且病矣，臣生不願官，死不願恤，但願皇上及臣在此，使臣得行其言，効其力，以報聖恩，令天下後世謂皇上不虛用臣，臣不負皇上，則雖退而復為窮儒，雖死而瞑溝壑，有餘榮無餘憾矣。伏惟皇上俯鑒臣心，無忽臣言。不勝激切悚息隕越之至。堇④題。"

六日⑤，大學士葉向高謹奏："為天恩隆重報稱未能謹述當今第一急務少效愚忠仰祈採擇事。臣以一介監儒，誤蒙任使，當瞻天就日之始，宜有一言，用備先資。而臣自揣知識短淺，不敢輕言，忝從二臣後，有當言者，皆公共奏揭，又無庸和⑥言，皇上天縱聖明，宸衷默運，方自為旋轉，臣亦可以無言。乃入春以來，政務愈塞，天聽日高，臣碌碌出入，未有分毫可以報稱，揆之私心，終難泯沒。蓋臣少讀《大學》一書，其論治國平天下，惟用人理財兩端，自古至今，未有不用人不理財而可以為天下國家者。今日之用人何如哉？缺者不補矣，選者不下矣，廢者不錄矣，巡差之御史到處乏人，作養之庶常經年

① 二十五日 "二十五日"當作"萬曆三十六年二月五日壬戌"。
② 失 《明神宗實錄》卷四四三"失"作"體"，是。
③ 大 "大"下當有"者"。
④ 堇 "堇"當作"謹"。
⑤ 日 "日"下當有"癸亥"二字。
⑥ 和 《綸扉奏草》卷二"和"作"私"，是。

曠業，祖宗設立百司庶府強半空虛。而皇上①吝惜官爵者②，有印刓不占之弊，臣謂不然。意者聖心於此有數端焉。其一必謂官不必備，即年來懸缺許多，亦未至廢事。不知一官不補，即一事不治，若一官兩攝又一事兩妨，平居因循苟且猶可支吾，一旦緩急必至狼狽。譬之操舟，順水安流，篙師柁工或不必盡具，至於急浪警③濤，前危後險，卒然需人，則已無及矣。矧今紀綱法度廢弛已極，固不待他日而浚急也。其一必謂除授一官，則推舉、銓選催請者，皆得假以市恩，所宜④重靳。不知爵位官職，皆出朝廷，與臣下何與？臣在南都，每見除官命下，人輒歡呼曰此聖明簡用，不聞其云出某人推舉、某人銓選、某人推請也。昔人謂，貪天之功，其罪甚於竊人之財。今日在廷諸臣，頗知尊君敬上，豈容有此？其一必謂詣臣皆希圖榮寵，自爲身謀，甚者至相爭相訐，此輩一用，必復多事，故爲此以推⑤抑之。不知爵祿名譽，人主屬世磨鈍之大權，使天下人皆輕視朝廷官爵，不求進取，則雖神聖，誰與分猷？況人品不同，難以例論，懷私貪位之輩，豈敢謂無？固亦有身受國恩，思酬尺寸，名存仕版，自許馳驅者矣。而概以嗜進疑士，不亦過乎？若恐用之而多事，則臣竊以爲今日之紛紜，正由於不用，如其用之，將各業其官，各營其職，何事之可多？臣願皇上察此數端，有官必補，有補必速，用舍予奪斷自宸衷，勿以猶豫之心而致天上⑥之曠也。至於理財，則更有可慮者。太倉積儲盡矣，太僕馬價空矣，兵⑦工部無不告匱，即大官供應之需，六朝不及夕矣，涸轍之鮒日望救於西江，無米之炊，徒具嗟於巧婦，國家二百餘年軍國之需，無知是之困苦危急。而皇上猶若緩視之者，人竊疑皇上端拱穆清，有秦越肥瘠之意，臣又謂不然。意者聖心於此，亦有數端焉。其一必謂天下之財，皆與天下公共，非上所得私，況其出如流，不能久聚，而惟積而不用者爲財。不知天子之所以富貴者，正以臣妾億兆，富有四海，窮天極地，無非一家，藏於無恨⑧，流於不涸，乃稱得意耳。如使身之所蓄不出宮庭，力之所營僅資滕謫，此何貴於萬乘？而毋乃示天下隘乎？漢臣有言，人主患不廣大，夫惟廣大則知用財

①上《綸扉奏草》卷二"上"下有"猶若贅視之者，人竊疑皇上"十一字。
②者《綸扉奏草》卷二無"者"字。
③警"警"當作"驚"。
④宜《綸扉奏草》卷二"宜"作"以"，是。
⑤推"推"當作"摧"。
⑥上"上"當作"工"。
⑦兵"兵"下當有"部"字。
⑧恨《綸扉奏草》卷二"恨"作"垠"，是。

之術矣。其一必謂礦稅數年行之無事，民間財力猶堪朘取。不知天地生財，止有此數，此贏彼縮，理勢必然。今輦轂之下，家家貧窮，苟有百金之產，即思逃徙，兼之連年水旱，到處災傷，百姓婉①肉醫瘡以償租賦，每聞催徵積逋，輒疾首蹙額，怨詈守令，敲扑鞭笞，終不可得，似此景象，即卒然有事，欲出萬不得已之計，具②誰應之？其一必謂中外積貯尚有贏餘，縱使目前不敷，猶可設法處置。不知今日庫藏，處處空虛，西借東那，捉襟露肘，即臣在留曹，曾署戶、工二部。戶部所積，尚③有百餘萬，工部亦數十萬，今皆盡矣，其所存者不能以萬計矣。其在各省，匱乏更甚。夫酌行潦者猶挹彼注茲，今日之財，將安所挹而安所注乎？日者小有給發，列曹主吏至相與詡語。此公家之物，何分彼此？而爭執如是，其萬不得已之情，亦自可見。夫他費猶可寬也，九邊歲額，軍士旦夕倚以為命者，而今歲所少且百二十萬，嗷嗷待哺，能不寒心？今虜酋未定，邊事尚紛，遼左諸夷，雄黠日甚，雖聖明在御，恩威協④伏，萬無可虞，然使營門之下庚癸長呼，亦豈所以狀三軍之氣、消戎虜之心乎？頃歲寧夏、朝鮮、播州三役，所費至千餘萬，此皆藉皇上威靈，攘除勘定，不至蔓延，而煩費已若此矣。今滇南叛酋，又復騷動，如使一時未能撲滅，而重以他警，何以待之？臣故又願皇上察此數端，以天下財足天下用，公私緩急，斟酌通融，勿以彼此之心而重計臣之困也？臣之來也，天下人見皇上拔臣於疏遠之中，以為曠世遭逢，必有一番所用，一番感格，臣亦廩廩兢兢，祓濯振奮，惟恐以不肖之身，傷聖主知人之明。而受事將三月，日見朝端景象空虛若非⑤，竊謂處明聖之世，無蒸蒸濟濟之風，當全盛之時，有岌岌惶惶之慮，心竊惜之。日追隨二臣，見其薰目焦心，殷憂積念，諸所揭請，肝膽但⑥竭。大者如皇上日講之官、東宮開講之期，頻煩懇瀆，皆不得報，每相對嘆息，以為居如此高位，受如此厚恩，而進不得瞻望天顏，退不能發抒悃疑，每日所供，不過票擬尋常一二套數本章，以為職業，心竊愧之。臣至愚極陋，雖欲為萏蕘之獻，而其說已窮，惟此用人理財二事，妄意聖心必有所疑，

①婉 "婉"當作"剜"。
②具 "具"當作"其"。
③尚 《綸扉奏草》卷二"尚"作"向"，是。
④協 "協"當作"慴"。
⑤非 "非"當作"此"。
⑥但 《綸扉奏草》卷二"但"作"俱"，是。

萬曆起居注

校注	正文
①村 "村"當作"忖"。	未能釋然，言者或未盡及，故敢以其私衷村①度，冒昧言之。蓋實見今日國家治亂安危，間不容髮，若只爲諸臣一身計進退用捨，爲持籌主計之臣較尋常盈虛出入，則臣萬不敢以此輕瀆君上，自取煩聒之罪也。伏望聖明俯賜省覽，亟將吏部推陞、考選章疏，及臣虡等所推日講、東宮侍班講讀、教習庶吉士、掌翰林院各官，次第檢發，令其供事，仍敕戶部悉心講求，今日邊餉缺少作何處補，何事尚可節省，何項尚可請發，其一切宣索上供之需盡行停止，則年來扞格匱竭之病，爲之一廖，而太平之業可立致矣。爲此，謹具本親齎奏聞，伏候敕旨。"

八日己②丑，大學士朱賡等謹題："臣等今日伏睹皇上批發臣等題請經筵日講揭帖所推講官，並蒙准補，仰見聖學緝熙，即古稱念終始典於學者不啻過之矣。臣等不勝踴躍，不勝贊誦。董③查得經筵舊規俱於二月十二日開講，今遇連日祭祀，各官未經謝恩，講章未敢遽撰，合無暫改於二十二日經筵開講？又日講講章，臣等董④擇得十八日吉，恭撰講章，照常進覽。董⑤具題知。"

十日丁卯，大學士葉向高謹題："爲祭祀事。萬曆三十六年二月初十日祭先師孔子，欽奉聖旨：'遣大學士葉向高行禮。欽此。'臣董⑥欽遵恭詣行禮畢，例應復命，董⑦具題以聞。"

是日，大學士李廷機、葉向高董⑧題："臣等竊惟，政本之地，幾務繁重，自臣等入直，皆藉首臣朱賡老成練達，暗⑨熟典故，能爲皇上調燮贊襄，臣等追隨其後，庶幾寡過。乃自正月初旬，以疾杜門，再疏求去，並荷皇上溫綸慰留，調理多時，今猶未出。臣等後進愚昧，凡百事體豈能周詳？本章或不得面商擬議，必時有失當，領袖所屬關係非輕。伏乞皇上趣諭臣賡，趣令即出，不惟臣等得藉表卒⑩，而所裨於國家幾務者尤多矣。臣等不勝懇切顒望之至。董⑪題。"

十一日戊辰，大學士朱賡等董⑫題："照得每年正月下旬，

校注：
①村 "村"當作"忖"。
②己 "己"當作"乙"。
③董 "董"當作"謹"。
④董 "董"當作"謹"。
⑤董 "董"當作"謹"。
⑥董 "董"當作"謹"。
⑦董 "董"當作"謹"。
⑧董 "董"當作"謹"。
⑨暗 "暗"應作"諳"。
⑩卒 "卒"當作"率"。
⑪董 "董"當作"謹"。
⑫董 "董"當作"謹"。

東宮講筵例應開講，臣等屢經擇吉催請，未奉綸音。今又春深，時難再緩，且侍班、講讀、侍書等官缺多未補，臣等謹推得詹事府少詹事兼翰林院侍讀學士吳道南、原任國子監祭酒給假陶望齡，俱堪侍班。原任右春坊右庶子兼翰林院侍讀給假已經起用黃輝、右春坊右庶子兼翰林院侍讀翁正春、左春坊左諭德兼翰林院侍讀顧天埈、右春坊右諭德兼翰林院侍講林堯俞，俱堪與見在講讀官馮有經一同講讀。制敕房辦事戶部山東清吏司郎中汪民敬、大理寺左寺左評事范可愓，俱堪侍書。其各官內資俸已深者，相應量陞。吳道南量陞占①事，陶望齡、馮有經、黃輝俱量陞少占②事，仍各兼翰林院侍讀學士，汪民敬、范可愓俱兼司經局正字，各供前項職事。其開講日期，臣等董③擇得本月十七日、二十日二日俱吉，伏乞欽定一日。仍乞敕下吏部遵照施行。董④題請旨。"

十二日已巳⑤大學士朱賡董⑥奏："爲劇疾難瘳三懇聖慈早賜生還事。臣手足俱痺，漸成癱瘓，其必不可起之狀具前二疏中，自分爲明時棄物矣。皇上天覆地容，不忍遽棄，猶爲⑦臣精力有餘，微疴易愈，促臣即出視事，戒臣慎弗再辭。臣欽誦恩綸，不覺潸然涕下。使臣精力果可撐持，何苦不思一當而託疾以欺君父？使臣疾果易瘳，何苦不急自調治而危詞以憂君父？惟是三年以來，筋力大非少壯，百奔走於星霜風雨之中⑧，歲無停日，才識愈見昏憒，而支吾於紛紜膠葛之際者，日無停咎，重以天時人事薰日⑨激衷，家難民艱驚心痛骨，所遭所行無非傷生代⑩命之事，七十歲之人，精力已竭，何望有餘？病勢已危，何望易愈？即今奄然一息，如牽牛入屠肆，步步近死，尚能出而視事、自誤而因以誤國哉？古者大臣，難進而易退，故年至則去，病至則去，而人主亦未嘗乏人，何日⑪？一世之才，自足備一世之用，此往彼來，如四時之有代謝，天道然也。皇上慎於進人，故亦重於退人，何不獨運斗樞，進退迭用，如寒暑之相推而歲成焉，乃爲執天之行乎？曩臣於沈一貫之去，爲之揭請者再，豈今日自爲身計，獨不及此？而惜乎無有爲臣一

①占 "占"當作"詹"。
②占 "占"當作"詹"。
③董 "董"當作"謹"。
④董 "董"當作"謹"。
⑤已巳 "已巳"當作"己巳"。
⑥董 "董"當作"謹"。
⑦爲 "爲"上當有"以"字。
⑧中 "中"下當有"者"字。
⑨日 "日"當作"目"。
⑩代 "代"代作"伐"。
⑪日 "日"當作"哉"。

贊決者，臣不乞之皇上而誰乞哉？伏望皇上親賜乾斷，允臣一去，免行閣議，又成牽綿。臣生不能爲犬馬，死當效蛇雀，以報聖恩於萬一也。臣不勝翹首企足待命之至。伏候敕旨。"奉聖旨："政幾煩重，正賴卿忠亮老成主持匡濟，何乃屢以疾辭？遽欲捨朕而去，於心何安？着太醫院堂上官診視，調理速出，以付①朕惓惓之意。所辭不允，吏部知道。"

十五日壬申，大學士朱賡等董②題："照得二月大選，時日已迫。昨遽③吏部左侍郎楊時喬揭帖，苦稱患病，欲令司官仍代掣簽，而該司郎中林學曾，亦以患病求去，再疏未下。臣等切④惟，大選，重事，司官代掣豈可常行？且選期屢更，尤非政體。臣等相與圖維，計無所出，即時喬、學曾二疏開票，臣等亦不知所爲擬矣。惟望聖明留神銓務，速點用尚書、侍郎，以濟目前之急，庶視事有人，選期無改。此政體所關，臣等不敢不言者也。不勝仰望懇切之至。謹題⑤旨。"

是日，大學士朱賡謹奏："爲恭謝天恩事。臣以手足不仁，三懇聖慈早賜放歸，方在候旨，伏蒙皇上欽遣大⑥醫院堂上官徐文元等，卒⑦御醫張國光等到臣榻前診脉處方。臣不勝感戴，不勝悲咽。竊念臣荷皇上天高地厚之恩，未能仰報萬一。區區老身，何足爲國家有無？而皇上時廑顧復，半歲而醫來者三矣。臣非木石，敢愛髮膚？惟是病勢濱危，留之無益，不得不割犬馬戀主之心，而爲狐死首丘之誠，萬萬不得已也。據徐文元等謂，臣手足麻木，皆由血氣兩傷，老年得此，非旦夕可瘥，宜大補已斷之元氣，而又静攝已喪之元神，庶可望其百一。顧臣身在朝廷，名挺輔弼，而乃偷安集静，臥消歲月，臣心何安？非皇上大開慈悲之心，特賜生還，臣有立斃而已。除用藥調將，少俟旬月，觀其緩急再爲陳請外，董⑧伏枕百叩，具本先行奏謝以聞。"奉聖旨："覽奏謝，知道了。卿素禀清健，但善加調理，早出輔政。使吏部知道。"

十八日⑨，大學士朱賡謹奏："爲恭謝天恩事。本月十八

①付 "付"當作"符"。
②董 "董"當作"謹"。
③遽 "遽"當作"接"，或"遽"下有脫字。
④切 "切"當作"竊"。
⑤題 "題"下當有"請"字。
⑥大 "大"當作"太"。
⑦卒 "卒"當作"率"。
⑧董 "董"當作"謹"。
⑨日 "日"下當有"乙亥"二字。

日，伏蒙皇上以臣患病，欽遣御前牌子劉昇，賜臣鮮豬一口、鮮羊一羫、白米二石、酒十瓶、甜醬瓜茄一壇。臣手足偏枯，不能成禮，茧①於榻前恭設香案，率臣孫體元叩頭祗領訖。伏念臣福過災生，命窮數盡，左癱右瘓，已非肱股之良，九死一生，何補腹心之寄？而我皇上不忍棄置，疊賜惠存，既遣太醫，飲以上池之劑，復馳中使，錫之天庖之珍。父母惟疾之憂不過是矣，天地好生之德，曷以加焉？臣感戴高深，益難罄處，恐效蓋之無地，指結草以爲期。臣無任感激惶恐之至，爲此具本奏謝以聞。"奉聖旨："覽卿奏謝，知道了。政務繁重，卿宜善調早出，以付②眷懷。該部知道。"

十九日③，大學士朱賡等謹題："伏蒙發下吏部左侍郎楊時喬告病一本。臣等切④見時喬患病尚未痊可，大選日子迫在目前，欲再擬促之，則恐未能奉⑤奉命即出，臨時貽誤，欲擬改期，擬司官代掣，則權宜之事委難常行。聖於時喬疏內所引先年考察欽命別部大臣代署之例，此又非敢臣下所⑥擬也。臣等再三籌度，計無⑦出，敢將原疏封上，伏望聖明裁示，發下擬票。臣等不勝悚息祈仰之至。"

二十四日⑧，大學士朱賡等謹題："臣等昨日伏睹明旨督促吏部左侍郎楊時喬，即出管理大選掣籤之事，隨接得時喬揭帖，又稱甚病，又不能出。今日吏⑨四司又到臣等私寓代講。緣時喬病在部內火房⑩，臣等不得會面，但見其累疏苦陳，蒙皇上屢旨催促，至以命⑪國體嚴加訓示，此在臣子豈敢有違？必是真病苦情欲出而不能出也。今選期在二十五日，不得不改，而使司官代掣，原非政體，萬難再行，惟得尚書及右侍郎，庶便供事，此不過聖明一點用間。若但發時喬昨疏，臣等又不知所擬票矣？伏乞皇上留神，臣等不勝顒望懇切，惶悚之至。伏候敕旨。"

①茧 "茧"當作"謹"。

②付 "付"當作"符"。

③日 "日"下當有"丙子"二字。

④切 "切"當作"竊"。

⑤奉 此"奉"爲衍字。

⑥敢臣下所 "敢臣下所"當作"臣下所敢"。

⑦無 "無"下當有"所"字。

⑧日 "日"下當有"辛巳"二字。

⑨吏 "吏"下當有"部"字。

⑩部內火房 "部內火房"四字當有誤文。

⑪以命 "以命"當作"命以"。

萬曆起居注

①三月四日 "三月四日"上當有"萬曆三十六年"六字，下當有"辛卯"二字。
②切 "切"當作"竊"。
③日 "日"下當有"壬辰"二字。

④多 此"多"字爲衍文。
⑤摽 "摽"當作"標"。
⑥感 "感"當作"歲"。
⑦寸 "寸"下當有"心"字。
⑧狐 "狐"當有"觚"。

三月四日①，大學士朱賡等謹題："臣等切②見，考選科道一事，臣等以事屬喫緊，不得不言，職居輔導，不敢不言，相與竭誠具揭上請者至頻數矣，迄今新年又復三月，朝夕翹企，未奉綸音。聖意淵微，不惟中外諸臣不知，即臣等備負密勿，而愚昧淺暗，亦未知聖意之所在也。伏乞皇上亟賜裁斷，完此一事。臣等不勝懇切祈望之至。"

五日③，大學士朱賡謹奏："爲病勢日促哀懇聖恩賜骸骨以正首丘納微忠以永治安事。臣自請告以來，蒙皇上温旨慰留，不厭數四，遣醫賜食，絡繹道途，天地父母之恩，手足腹心之視，無以加於此矣。臣有何功能堪以消受？每奉旨一番，增一番慚悚，加一番罪過。邇來多集多④羣醫，强吞藥餌，以冀萬一之生，而神氣兩傷，摽⑤本俱憊，如木根已發，枝葉復枯，雖賴露雨之滋，不勝感⑥月之蝕，有立槁而已。惟是寸⑦未滅，尚知戀主，一手未痿，猶解操狐⑧。欲有所言，而不敢遠引，姑以臣身爲喻。臣未病之先，以爲可幸無恙，而不知積憂傷神，積勞傷氣，潛消暗耗，遂至一潰而不可支。國家東西奏凱，水陸獻琛，豈不謂已安已治？而天災流行，人心鬱結，紀綱廢墜，財力空虛，稅使橫徵，盜賊滋起，種種亂兆，潛伏孔昭，誠恐一旦潰裂，無將無吏，無食無兵，即撫按之彈壓，監司之守巡，亦半虛焉。頃者滇夷餘孼，特疥癬耳，猶能直逼會城，如入無人之境，而況各邊强虜，近在肘腋者乎？今日之計，亦惟培元神，固元氣，以防其一潰而已。自朝廷以及百官萬民，宜合爲一心，無少疑貳，無少隔閡，是所以培元神也。自宮中府中以及百司庶政，宜合爲一體，無少偏陂，無少乖戾，是所以固元神也。而於此有要術焉，則點大臣，補撫按，用科道，起廢佚，疏淹滯，以天下人任天下事，而百孔千瘡可次第舉矣。又於此有至要至要之術焉，則大臣中補吏部尚書、左都御史，淹滯中下考選一疏，以急需濟急務，而百官庶職可次第舉矣。又或萬不得已，則臺省諸差，如救焚拯溺，須臾難緩，先下此疏，而隨及其餘，亦庶乎其可也。臣老詩無知，闇於謀身，而尚明於謀國，且監於身之危，而圖其國之所以安，或有當焉。是以再理今惜①之陳言，一吐於垂去垂死之際，以當尸諫，而其所未盡言，未深言者，尚多也。伏望皇上憐臣苦心，鑒臣苦口，顯放其身，而嘿用其言，天下誰不仰聖明之乾斷、頌中具之鴻烈哉？臣去就死生，在此一疏，伏枕百叩，不勝泣血懇祈之至。"奉聖旨："卿調攝已久，朕望速出，何乃又有此奏？方今國家多事之時，正賴卿共圖康濟，豈可遽欲求去？特遣鴻臚寺堂上官宣諭，即日入閣佐理，以副朕惓惓之意，慎勿再陳。其補尚書等官、考選等事，稍俟點用、檢發。該部知道。"

十日丁巳②，大學士朱賡等謹題："伏蒙皇上頒賜臣等每員銀綵扇六把、銀釘鉸扇十把、砷磦扇二十把，臣等頓首祗領，及講官楊道賓等三員，俱各照數分給訖。臣等不勝感戴天恩之至，謹具題謝恩。"

十三日庚子，大學士朱賡謹奏："為恭謝天恩事。該臣於手足不仁，屢疏乞骸，未蒙矜許，今月十三日，復蒙聖恩遣鴻臚寺堂上官李承華等到臣私寓，宣示聖諭：'卿調攝已久，朕望速出，何乃又有此奏？方今國國家多事之時，正賴臣③共圖康濟，豈可遽欲求去？特遣鴻臚寺堂上官宣諭，即日入閣佐理，以副朕惓惓之意，慎勿再陳。其補尚書等官、考選等事，稍俟點用、檢發。該部知道。欽此。'臣謹扶掖下牀，焚香跪聽，不覺嗚咽涕泣，叩頭伏地，遂昏暈不能起。伏念臣衰朽庸材，疲癃殘疾，調理兩月，百藥無功，天之所廢不可具已，而皇上猶不忍棄臣，親賜宸斷，諭以即出佐理，誡以慎勿再陳，並許補官、考選等事，聖恩體恤臣私，未有如此之真切者。臣非木石，頗有心胸，何敢自惜微④、忍離聖主？況國家多事之時，誠如聖慮，臣分當分憂自靖，何能安臥私居？惟是疾在膏肓，命懸絲縷，非草根樹皮所能療治。考之方書，惟針灸或可奏功，擬於本月二十三日立夏之候，正宜灸炷，以希萬一之效。伏望聖慈寬臣旬月之假，幸而少痊，即扶掖入直，以慰聖懷。如其不效，則有命

① 惜 "惜"當作"昔"。

② 巳 "巳"為"酉"之誤。

③ 臣 "臣"當作"卿"。

④ 微 "微"下當有脫文。

萬曆起居注

① 董 "董"當作"謹"。

② 己 "己"當作"巳"。

③ 講去 "講去"二字爲衍文。

④ 日 "日"下當有"己酉"二字。

⑤ 諭 "諭"當作"諭"。

⑥ 日 "日"下當有"辛亥"二字。

在天，當啣結於來生矣。臣病劇不能修詞，董①直抒愚悃如此，伏惟聖慈垂鑒。謹具本稱謝以聞。"奉聖旨："覽卿奏謝，朕知道了。政幾繁重，卿宜遵旨即出，以副眷懷。該部知道。"

十八日乙己②，大學士朱賡等謹題："頃兵部題覆遼薊總督蹇達所奏建州夷酋驕橫事情，臣等擬票，恭候聖裁，今已七、八日，未蒙發下。臣等子細訪得，此酋桀詰非常，雄行日甚，旁近諸夷多被吞併。其馬步精兵約有六萬餘人，恃強不貢，已經二年。又勒買參斤，多索車價。去歲通事官前去講去③講說，乃將步兵三萬、騎兵三萬，盡出擺陣，以威示之，其驕橫如此。遼陽凋弊之區，兵食俱詘，一旦內犯，何以支吾？自非天語丁寧督撫諸臣，亟行計議，振刷修舉，則人心玩愒，而邊事益不可爲矣。近來疆場日見多事，滇南叛夷尚未戡定，交南遺孽又復內侵，至於建州去京師甚近，肩背之患更爲可虞，臣等日夜徬皇，不勝憂慮。伏望聖明速將前疏省發，以便遵行。臣不勝激切祈懇之至。伏候敕旨。"

二十二日④，大學士李廷機、葉向高謹題："臣前日伏睹皇上批答首臣朱賡告病一本，不但眷戀之殷，更納其懇款之言，許以補尚書等官、考選等事稍俟點用、檢發，臣等不勝欣喜。如久旱之農見雷動雲合，以爲時雨將降，蓋數日間晝望夜望，入直亦望，退處亦望。抑不特臣等望之，即賡方告病調理，自奉有前諭⑤，將以爲良藥，爲靈冊，瘖瘵展轉，何能一刻少置於懷哉？今俟又已十日矣，猶未蒙點用、檢發也。凡人之情，望之甚而不獲，則五內焚灼，寢食起處必失其常，誠恐不獨賡病未能遽平，臣等採薪之憂亦將不免矣。惟望皇上慨然即賜點用、檢發，如就中有所斟酌，聖裁聖斷不過須臾。如霖雨一霈，三農九野但頌天工而歸帝澤，更非人所能與也。臣等不勝激切顒望悚息之至。"

二十四日⑥，大學士朱賡等謹題："臣等備員輔弼，當國家

萬曆三十六年

多事之秋，恨不捐此微軀以報知愚①，而臣齎老病日劇，智慮日昏，時方炙炷，未能即出辦理，臣廷機、臣向高新荷簡任，尚未練達時宜，以此三臣相對慚悚，憂心忡忡，未嘗一日舒其眉睫也。近所憂者，國家三處軍情一時告急，幾微之際，呼吸難知，不得不爲皇上陳之。其一爲雲南鳳夷，攻蹈城郭，殘殺官民，日久蔓延，事非細故，而杳無消息，不知更作何狀。其一爲廣粵交夷，乘虛突入，城中失守，雖云退遁，猶自出沒無常。其一爲遼左建夷，蓄謀甚久，屯聚甚衆，包茅不貢，跂扈可知。此三事者，視之若無足介意，而臣等私憂過計，以爲必不可緩圖者，非專爲兵食不支也，以積弛之法紀未振，積習之弊竇未釐，積怨之人心未收也。臣等不敢深言以泄機宜，亦不敢過望皇上以難行之事，第求皇上於淵微邃密之中，銳然以詰戎撥亂爲念，特降天語，嚴敕各該督撫鎮守等官，當用兵者，賞②實勦滅，使功罪惟明，毋務遮掩，當修備者，着實整頓，使戰守可恃，毋務虛聲。臣等稽之往事，皇上比擒劉綎，東逐島夷，西勦播酋，皆刻期而定，非獨其將士效力也，實由皇上注念疆圉，集用羣策，或發中外府庫，或調漢土軍兵，或遺③風力臺臣，或賜上方寶劍，督臣有稽緩者逮治不貸，諸不用命者立就軍中新④之，所以人人知奮，其將士曰：皇赫怒矣，與其死法，孰若死戰？其百姓曰：安我也，曷敢有越厥志？而諸聞者皆垂首喪氣，一鼓而擒之若拉朽。此我皇上聖神文武、一怒而安天下之明驗也。今即不煩前略，獨不可降一敕諭，令兵部傳檄而定乎？臣等謹擬敕一道，請皇上裁改，亟發岳⑤部施行，以振法紀，以釐弊⑥，以收人心，在此一舉。其體正正堂堂，其事至易至簡，所謂尺尺之牘，賢於百萬甲兵者此也。若待蔓而浚圖，決而後塞，臣等恐四方潛伏之寇，盡爲賊資，累年累亂之民，盡爲賊用，比時東征西討，應接不暇，徵兵運餉，調發不時，天下事有不忍言者矣。臣等又惟各處用兵，監軍紀功實惟巡按御史之責。今廣西尚未點用，廣西已缺六年，雲南差滿復留，恐無固志，而遼東無官可差，尚爾停閣，則考選之事尤其急之急者，此臣等所以日夜望之、不敢一息寧者也，統

① 愚 "愚"當作"遇"。

② 賞 "賞"當作"着"。

③ 遺 "遺"當作"遣"。

④ 新 "新"當作"斬"。

⑤ 岳 "岳"當作"兵"。

⑥ 弊 "弊"上或下當有脱文。

乞聖明鑒察允行。臣等不勝喘息稽首願望之至。"

是日，諭兵部："朔①雖靜攝宮中，心未嘗不念周天下，其於柔遠安邇、詰戎振武之事，尤惓惓焉。昨見滇夷②，撲滅非難，何至日久蔓延，任③失邑，戕官殺民，如入無人之境？撫鎮官平居防守何爲？臨事制禦何策？陳用賓、沐歝④都着住了俸，戴罪殺賊自牘⑤，如從寇遺患，並治不貸。其保身失事、爲國死事官員，了無分別，奚以激勸人心？著按察⑥御史作速勘來處分。又粵地遠在萬里，易行掩飾，交夷切⑦發，果否遁逃？作何防勦？失事地方作何保禦？着撫按也從實勘報。其遼東建酋，不思國恩，不遵貢典，招兇納叛，意欲何爲？地切陵京，豈容如此怠忽？該督撫鎮巡等官，務要申飭軍令，嚴戒將令⑧，毋習故役⑨克以失軍心，毋自弛威嚴以生戎心，若有疏虞，責有所歸。爾該部即便馬上行文與他每知道。前余懋衡閱視倏⑩奏邊事，業已有旨，未見奉行具奏，仍還傳諭各邊守臣一體振刷，以稱朕意。故諭。"

四①月丁已②，朔，諭內閣："聖諭：今春寒燠不調，朕屢次動火，頭目眩暈。廟享恐弗成禮，着遣官及陪祀各執事，務乘③精虔行禮，以體朕恭竭誠敬至意。卿等可傳示知悉。"

是日，大學士朱賡等謹題："廟祀大典，皇上孝思純篤，必欲躬親，乃以聖躬尚須調攝，命臣等傳諭各官，精虔行禮，仰見皇上尊祖敬宗、嚴重祀典之盛心。臣等謹遵奉傳宣伏外④望皇上加意珍攝，以慰宗廟臣氏⑤之望。臣等不勝惓惓。所有聖諭，尊藏內閣。謹四⑥奏以聞。"

三日己未，大學士朱賡等謹題："臣得⑦接得戶部尚書趙世卿揭帖，備陳財用出入之數與課額訴⑧損之由，條分縷析，至爲明白。臣等平日雖知府庫空虛，尚不知其窮迫之狀一至於此，讀未及終，已心寒股慄，凜然若不可一朝居、一息寧者。其中關係最大最緊又最難處，無如邊餉，此三軍之命，難緩須臾，而舊歲所欠已百二十餘萬，歲甚一歲，將何以支？細稽餉額，在隆慶初年僅二百餘萬，漸次加增，至於今于⑨，遂幾四百萬，而各邊一有事端，又輒求增兵、增餉。不知隆慶以前虜未款貢，塞下多事，餉何以少？今日安寧，餉何以多？有餉有兵，及至有事何以又不足用？若不嚴行稽覈，將來流弊莫知紀極，而邊事愈壞矣。至於宮中買辦，歲進二十萬，以十歲計之，則二百萬，其他一切慶賞、禮儀等項，故事取之於談監者，今皆責之該部，無名之供，無例之取，無額設之錢糧，苟非鬼運神輸，從何措辦？而自礦稅設立以來，各處正供多被侵削，監課壅篩⑩，關徵減少，曾未十年，其所虧損已四百六十百⑪。出者日贏，入者日詘，即使管仲、劉晏主計持籌，亦莫知其策之所出矣。人臣事主，凡有可爲，皆當竭心力、挤性命以圖報稱，惟此一事，則心力雖竭，亦無所施，性命雖挤，亦無所濟，自非皇上加意留心，振刷節省，與天下更始，則惟有坐觀其弊而已。今計臣窮苦，稱病杜門，爲日久已⑫，誠宜下明旨，督其速出，與九卿科道悉心計議，嚴責加臣，將兵稽餉⑬，痛革年來虛冒刻⑭剝之弊，其買辦上供錢糧一概停止，即稅使未能盡罷，亦

萬曆三十六年

二五〇一

① 四 "四"上當有"萬曆三十六年"六字。
② 已 "已"當作"巳"。
③ 乘 "乘"當作"秉"。
④ 伏外 "伏外"當作"外伏"。
⑤ 氏 "氏"當作"民"。
⑥ 四 "四"當作"回"。
⑦ 得 "得"爲"等"之誤。
⑧ 訴 "訴"當作"虧"。
⑨ 于 據《綸扉奏草》卷二"于"當作"日"。
⑩ 篩 "篩"當作"滯"。
⑪ 百 據《綸扉奏草》卷二，"百"當作"萬"。
⑫ 久已 據《綸扉奏草》卷二，"久已"當作"已久"。
⑬ 稽餉 據《綸扉奏草》卷二，"稽餉"當作"餉稽查"。
⑭ 刻 "刻"當作"尅"。

當權其利害最重，如遼東、雲南有事之處，先行擬回，則天下事尚不至於大壞極弊而不可收拾乎？抑臣等猶有請焉。唐憲宗嘗發內庫錢百五十萬緡以賜魏博，而謂宰相李絳曰：'朕所以惡衣菲食、蓄聚貨財，正欲爲平定四方。不然，徒貯之府庫，何爲？'蓋英斷之君識度卓越如此，史臣書其事以爲美談。今虜情叵①測，邊餉急在目前，滇事未平，軍需不容力②緩，各處錢糧搜括無餘，那借已盡，惟願皇上慨然發內帑所積，以解枵腹之危，救燃眉之患，使萬口同聲歡傳聖德，即唐宗不敢望焉。此尤臣等與天下臣民之大幸也。不勝激切祈懇之至。"

十五日辛未，大學士朱賡謹奏："爲病臣百療無功泣懇聖恩早賜生還事。臣福薄命窮，遘兹篤疾，自知無起色久矣。惟是戀主之心與貪生之心交結於衷，不得於藥而求得於艾，亦百死一生之孤注也。乃自灸炷之後，已經二旬，瘡不甚發，及以動大，麻痹如故，而燥結有加，明係血氣枯乾，更無生路矣。萬里家卿，骨肉凋瘁，顛倒夢想，恍與父母妻子正過者，俱皆陽氣棄微之微③也。令甲年老篤疾者去，註籍三個月以外者去。豈有七十四月歲之人，病勢至此，閉門謝事將及四月，而猶偃然號輔弼之臣，糜崇臚之祿，恬不爲恥者乎？臣極知四方多事，義當分宵旰之憂，而身已無用，留亦何裨？不若苟全末路，歸死牖下，猶愈於誤國妨賢爲萬世戮耳。伏望皇上哀憐苦情，亟放生還，臣不勝幸甚。不然准臣辭俸，暫移蕭寺候旨，臣亦幸甚。至於點用尚書等官，檢發考選等事，屢奉明旨，出自聖心，異旦暮遇之，臣去亦放心，死亦瞑目，又幸之幸也。爲此，不厭聒瀆，伏枕百叩，涕泣以請，顒候敕旨。"奉聖旨："卿調攝已久，知已平復，何爲又有此奏？今方隅多事，正賴卿精忠碩德，運籌贊襄，朕虛懷④即出輔政，慎勿再辭。其點用各官、檢發考選等事，俱即候旨行。吏部知道。"

十九日乙亥，大學士李廷機、葉向高謹題："臣等以考選一事，陳瀆至十餘次，未蒙聽納，方當引罪自責，豈敢復言？但

①叵 "巨"當作"叵"。
②力 "力"當作"少"。
③微 "微"當作"徵"。
④懷 "懷"下當有脫文。

今事勢窮迫已至萬分，臣等備負輔弼，入則愧心，出則報顏，自非懇求君父，計將何之？今御史在內止有二人，南京科、道各止一人，各省各差太半闕乏，而廣西且曠至數年，廣東、遼東皆目前有事，無人彈壓，遼東以奴酋驕橫，邊備空虛，需人尤急，若復因循不補，恐紀綱法度日益凌夷，禍亂之生又不止始①近日所奏報者。頃皇上於臣廣及兵部之請皆允檢發，今又數時矣，又有繼請者矣，中外之望日切一日，皇上之聽日煩一日，天下之事日壞一日，臣等區區血誠萬難自已，故復冒昧陳瀆，若有一毫市恩沽名之心，則得罪於皇上，得罪於神明，臣等雖愚，必不敢出此。伏望聖明憐察施行。不勝激切祈懇之至。"

二十日丙子，大學士李廷機謹奏："爲佐理無能感時增惕懇求退休以逭誤國欺君之罪事。臣初入翰林時，內閣景象猶屬可觀，而人之責備者已不少矣。及去南京來爲禮部，漸見景象日昇而月不同，然猶未盡知也。自昨歲誤蒙拔擢，日與二臣同事，則向所未盡知者，乃親見而備嘗之，每顰蹙相對，愁苦相憐。而臣私自念，涼德菲才，受皇上非常之遇，不能少効涓埃之報，其負皇上尤甚，自知自愧，自怨自責，前日亦嘗獨具一揭披歷至尊之前矣。昨日閣中復接得科臣姚士慎揭帖《爲目擊時艱敬效責難之誼以裨治理事》，疏內所國②真心匡時急務，而末一段忠告之言尤爲懇切。臣閱而歎曰：'此真識臣心，代臣言矣。'蓋閣臣以輔導贊襄爲職，果不在趨直票擬、卯入酉出也。皇上所爲拔擢臣而用之者，亦將使之輔導贊襄，果不專使之趨直票擬、卯入酉出也。天下一日不安，一方不靖，一事不理，咎則在臣。自臣受事以來，災害並至，饑饉薦臻。雲南、兩廣之寇敢於橫行，遼左建夷之驕深可憂慮。每見外來參劾將領之章，多是尅餉剝軍之弊，與士卒同甘苦者何人？爲國家出死力者何人？兵弱甚矣，而餉尤急，太倉之空久矣，而太僕亦就空。內帑難捐，稅使難撤。卿貳久缺，考選久稽，即曹有積滯之嗟，遺佚無登庸之望。人心日以泛散，政事日以廢弛，法例日以動

萬曆三十六年

① 始 《綸扉奏草》卷二"始"作"如"，是。

② 國 "國"上當有脫文。

搖，士習日以澆簿①。鹽法積蠹，大爲邊計之害而不可禁除，京商苦累，舊有牌甲之規而莫爲計議。至於工作之虛糜，官吏之貪墨，刑獄之淹抑，風俗之奢靡，閭閻之怨咨，天下事尚不能盡言者。《書》曰：'四海困窮。'《詩》曰：'天之方蹶。'在此時矣。蓋緣臣至不肖，至無能，本非經濟之才，謬參鼎軸之地。譬如舟之行也，有柁有篙，而使一不能者參焉，舟必不濟。車之行也，有推有挽，而使一不能者參焉，車必不前。豈惟不濟？又將覆舟。豈惟不前？又將償轅。皇上既誤用之，尚包容而不亟斥去之，其必覆耳償，萬萬無疑也。切②見趨直票擬、卯入酉出果爲徒勞，而臣以望七之年，常有腦漏口瘡脅痛脫肛之病，論義則不可當止，論力則不能當止，當止不止而曰不容身特位、不憂讒畏譏，誰則信之？伏乞皇上特賜罷歸，不使政地有濫厠之人，庶天下有太平之望，而臣誤國負君之罪，亦或可少逭矣。臣不勝懇切悚息待命之至。"奉聖旨："卿忠清正直，朕所鑒知，況今國家多事之時，豈可因人浮言求去？卿宜即出贊襄，勿得介懷。不允所辭。吏部知道。"

二十一日丁丑，大學士朱賡等謹題："臣等連日以建夷巨③測爲遼東憂，尚曰未形之禍也。近得前屯各軍揭帖，知高淮在遼東萬般尅剝，敲骨吸髓，年甚一年。遼人既缺其當與之月糧，又受此無名之徵榷，當抵④不過，窮極計生，遂率合營男婦數千人，北走投虜，賴將官攔住。眾恕⑤未平，仍歃血擺塘，誓殺高淮而後已。昨將淮所遣需索者四人，撻其二至死，其二尚禁囹中。彼此相持，見在騎虎之勢矣。萬一不利於淮，恐楊榮之禍又在目前。比時不正其法則傷國體，一有擒治則相率而走虜，徒爲建夷增兵眾耳。天⑥建眾日盛，遼東愈益不支，遼東不支，陵京愈益可慮，此其關係豈特前日之雲南而已哉？又況中外人心憤稅使之虐而思以一逞者，不止一處，相率效尤，亂豈有極？臣等日夜憂之，寢食俱廢，不敢不以上聞。爲今之計，惟望皇上亟下一令，數淮罪過，撤其回京，則淮既全其首領，眾亦銷其忿心，淮安而遼人亦安，遼安而天下亦安，一轉移之

①簿 "簿"當作"薄"。

②切 "切"當作"竊"。

③巨 "巨"當作"叵"。

④當抵 "當抵"應作"抵當"。

⑤恕 "恕"當作"怒"。

⑥天 "天"當作"夫"。

間而家頌聖德、人樂太平者徧寓內矣。臣等愚見無便於此，伏惟聖明采納，早賜施行。謹將所得遼軍揭帖錄呈密覽。臣等不勝懇切願望之至，伏候敕旨。"

是日，大學士葉向高謹奏："爲殷憂日甚贊理無能懇乞聖明俯容休致以免曠瘝亟採讜言圖修實政事。臣以樸遬下材，濫膺簡命，備員伴食，數月於茲。雖兢兢飭勵，不敢苟且，以負恩私，而行能淺薄，才質疎庸，實無尺才分毫可裨萬一。每見大小臣僚條陳，時事岌岌惶惶，有禍亂之憂，輒慨然太息。事明聖之君，參輔弼之任，而坐觀世界如此，能不愧心？頃接吏科給事①姚士慎揭帖，臚列中外危困情形，更爲深切，而望臣等以轉移之術、死生去就之争。概其所言，皆臣之所欲言，其所望臣，尤臣之所展轉反側於喪，圖之而不得其方，憂之而莫訢②其苦者。臣，書生也，不習今事，頗知古事。古來致亂之故多矣，然未有上下隔絶、中外乖離、處處隱憂、人人語難如今日者。十餘年間亂端數見，皆幸而無事，今西南東北夷孽並興，建州夷孽尤稱雄黠，道路流傳，甚有侮慢窺伺之意。加之税使誅求，邊人怨憤，控訴無門，勢將走虜，外訌内叛，將何以支？國家大計，不過兵食兩端。今自京營以至九邊，兵籍雖存，空名無用，每年額餉又苦不敵③。遼薊宣雲之間，流言四布，邊臣撫膺，計臣束④手，累疏籲天，終不得請，此何等事而泄泄若是？大臣言官，所稱股肱耳目、不可一日無者，今九列共止數人，又强半卧病，御史閣署止有二人，巡差半闕，綱紀陵遲，嚮日擯廢諸臣，老死牖下，茫無賜環之期。皇上試思，一旦有事，中外何人可以倚杖？何項錢糧可以動支？何處兵馬可以殺賊？何方百姓知感朝廷恩德，可以得其死力？念及於此，豈不寒心？往嘉靖時，倭以數千之衆蹂躪東南，竭天下之力，更十餘載而後撲滅。虜一闖郊關，肅皇坐齋宮，召問羣臣禦虜方略，皆莫能置對，勤王之兵麇集城下，而不敢發一矢。維時公私充羨，法令修明，軍實未隳，庶官無闕，而狼狽已若此矣。使在今日，又當何如？皇上端拱穆清，所托重恃力，實臣等二、三人。天下人鬱結無聊，不能自通，延頸跂足望有斡旋，亦惟

①事 "事"下當有"中"字。

②訢 "訢"當作"訴"。

③敵 "敵"當作"敷"。

④東 《綸扉奏草》卷二"東"作"束"，是。

臣等二、三人。臣初至時，二臣喜臣之來，謂如車之有輔，家之有亞旋①，相與計畫回天，殷勤補牘，意氣甚銳。顧未幾而臣賡以病告矣，今臣廷機又求去矣，豈無戀主之心？豈無報恩之念？而恝然若是，則二臣之苦心，無臣之薄劣無足爲二臣助，亦概可見。夫爲臣子而避怨辭艱，惟身名是恤，固義之所不敢出也。若不量時力②、隱忍浮沉，以負恩誤國，亦心之所甚不安也。以臣自度，積誠感悟力所不能，票擬尋常無須贊助，臣之當去固已百倍於二臣矣。而又多病早衰，瘍疾痛楚，每一溺血，輒至數升，黽勉出入，非但無顏，亦終顛仆。伏望聖明憐察下情，允其休致，毋使遷延日久，罪戾愈深，臣之幸也。至於軫念時艱，咨諏衆正，弘問③聽納之達④，亟講綢繆之策，以維宗社萬年基業，則臣雖旦夕去國，有餘寵焉。臣不勝激切祈懇之至。"奉聖旨："卿忠誠端謹，朕所鑒知，況今國家多事之時，豈可因人浮言求去？卿宜即出贊襄，毋得介懷。不允所辭。吏部知道。"

二十二日戊寅，大學士朱賡謹題："臣昨聞同官二臣皆以人言求去，病中不勝驚惕。當此多事之際，一日萬機，豈可使君父獨勞？目下一應票擬，臣雖昏憒，不敢不忍死供職。惟是二臣之疏，臣不敢擅擬。何者？臣屢次辭疏，多由二臣奉旨擬留，今二臣辭疏，又臣奉旨擬留，外人不知出自聖意，必謂臣等互相留行，自爲施報，又啟紛紛之口，而臣等一段真病真苦之情，翻成罪案矣，臣是以不敢擬也。皇上聖神乾斷，無不至明至公，乞將二疏親賜裁奪施行。其餘本章，臣不敢不力疾暫擬，以聽皇上改用。伏惟聖明鑒亮，臣不勝惶恐待罪之至。"

二十五日辛巳⑤，大學士朱賡謹題："臣年老血枯，已成半身不遂之症，卧牀四閱月矣。近以湯藥過多，致傷脾氣，飲食不思，自⑥昏不辨字畫，連日文書，皆令中官書⑦從旁口誦，臣亦口授票語。國家大政，寧無差誤？臣甚恐之。頃又聞禮部主事鄭振先有所參劾，臣與臣廷機皆在劾中，不知所指何事。既

---

① 旋 《綸扉奏草》卷二"旋"作"旅"，是。

② 力 《綸扉奏草》卷二"力"上有"度"字。

③ 問 "問"當作"開"。
④ 達 "達"當作"途"。

⑤ 巳 "巳"當作"巳"。
⑥ 自 "自"當作"目"。
⑦ 官書 "官書"當作"書官"。

已聞之，即當席藁待罪，何敢再行票擬？除見全抄另行奏請外，今日本章，即乞發臣向高票上，臣決不敢與聞國政也。伏惟聖明憐察。臣不勝戰慄待罪之至。"

　　二十六日壬午，大學士葉向高謹奏："爲天語彌温臣心滋愧再瀝悃誠懇祈罷免辜①。臣以贊理無能，自求休致，奉聖旨：'卿忠誠端謹，朕所鑒知，況今國家多事之時，豈可因人浮言求去？卿宜即出贊襄，毋得介懷。不允所辭。吏部知遵。欽此。'臣伏奉温綸，祗承無地，感極涕零，英②知所報。惟臣求去之意，實以受事數月，莫展一籌。政本何地？輔弼何官？而可汶汶容容、苟且度日？反復思維，不能安處，初不因士慎之言而萌此念也。下情未伸，愈增鬱結，憂愁困苦，生意槁然，即欲扶病入直，而幾務六③殷，萬難展有。銓臣問臣曰：'庶官曠矣，職何以修？'計臣問臣曰：'邊軍譟矣，餉何以處？'臺臣問臣曰：'憲署空矣，要緊各差急何以應？'諸如此類，臣皆不能置對。身居此地，當任此責，即臣自忖自思，亦不能自恕，而敢望天下之恕臣乎？人情有所冀而不得，必有後言，刻合天下如焦如焚之心，舉天下至危至急之事，盡責之臣等，而臣等實無以副？疑端一啟，則猜度滋多，悠悠之談，何所不至？今二臣既已堅卧，而欲使臣以了④然之身，當四海九州之望，顧影無侶，呼二⑤天無門，臣誠莫知其死所矣。功名富貴，臣已厭心，報主酬知，臣待來世。惟望皇上哀臣憐臣，亟賜臣歸，臣即身先朝露，敢忘聖恩？不勝激切祈懇之至。"奉聖旨："覽卿所奏，具見忠悃。補官、考選等事，俟朕詳覽裁度、檢發。因推官考選時，言公言私，頻瀆聒激，故此遲疑。方今國家時事多艱，正賴卿協贊臣濟，豈可恝然求去？宜即出入閣辦事。不允所辭，吏部知道。"

① 辜 《綸扉奏草》卷二"辜"作"事"，是。
② 英 "英"當作"莫"。
③ 六 "六"當作"方"。
④ 了 "了"當作"孑"。
⑤ 二 "二"當爲衍字。

萬曆三十六年五月丙戌，朔。

二日丁亥，大學士朱賡謹奏："爲病劇將危聞言愈惕泣懇聖明亟賜顯斥以正臣紀以遂首丘事。臣臥病不事事者四月，不穀食者累日，正欲再疏乞骸，免爲客死之鬼，忽聞禮部主事鄭振先上疏《爲直發古今第一權奸事》，內數臣等十二大罪。不言第一庸臣，而言第一權奸，似非實錄，然其氣固可壯也。臣嘗怪大臣被論，呶呶爲與後生辯是非、爭口舌，殊失大體。況今鼎趾欲顛，袞職實闕，用人行政不滿人意處極多，臣既不能展布四體、揭日月而行之，又不能剖破胸腹、出肺肝而畀之，無論人不恕臣，臣亦不敢自恕，祇合捐此身名，聽天下之督責，諉之劫數，盡此生之磨障而已，尤人乎哉？《宋史》稱韓琦聞人傾己，言笑自若，如說尋常事。不知當時所傾者果大事耶？抑亦尋常事也？臣所指摘者大矣，雖無介於言者，亦宜有以自明，請畢一言而死。皇上聰明神聖，遠邁千古，臣自爲講官十二年，及今叨政地六年，何日不頌皇上堯舜之德？每有一謀一猷入告，蒙皇上山海茹納，多所施行，以故愈自感激，何敢泄漏一語？惟是貴州巡按馮奕垣，移書責臣不請卜相，其時皇上已用四臣，而奕垣未知也，臣乃抄錄舊疏以示之，其所述生死去就云云者，即疏中告①皇上納諫用賢之美也，前疏在御前可覆。而謂臣誣上以自爲名，臣不敢承。皇上宮中喜怒，如隔九天，臣何從得知？而謂時時告人：今日怒某人，明日怒某人。臣所告者誰也？臣不敢承。皇太子春秋出講，臣每次題請，外人不知，若臣一一發抄，則無范汝梓之疏矣。汝梓爲臣同鄉門生，嘗誨之曰："無實之言，不可輕形章奏。別無他語，且以皇上聖慈，皇太子純孝，天下莫不聞，何嫌何疑而謂臣包藏禍心？欲陷臣於何罪？臣不敢承。東廠詗事，其來舊矣，原與內閣無關。臣何曾知之？何曾一言及此？而謂臣每向人言，東廠記事人若干在外，以此嚇人，以此誣上。不知臣向何人言之？所誣者何事？所嚇者何人也？臣不敢承。枚卜之事，上有聖明裁斷，下有九卿、科道公評，臣原非會推之人，其時適聞臣男凶信，哀痛杜門，不見

① 告 明抄本"告"下有"皇上語，正以彰"六字。通行本脫。

一人，不預一議，賴皇上知人善任，點用三人，而又特召舊臣王錫爵，臣驚喜不勝，中外亦皆悅服。乃謂臣受沈一貫心傳，薦用錫爵、廷機，以爲過去、見在、未來三身，盤結政地。臣曾有此事否？此惟聖心明白。臣不敢承。請用冢宰，請下考選，屢奉明旨批示臣疏，有目者失見，而謂臣懸冢宰之缺以餌衆心，畏科道之發其奸而故扼之。臣不敢承。臣自正月初四日杜門，概不收一書揭，雲南之亂，陳用賓揭帖亦無所投，而謂臣受其珍好重賄。所賄者何物？遇付接授者何人？臣不敢承。臣性本寡合，口無甘言，每見前人皆以幕客害事，懲噎太過，絕無私交，即一二親戚朋舊，或見臣之疎淡，不復繾①，或畏人之物色，皆務自全，風氣柔弱，從來如此。皇上試令緝事衙門察臣，先後臥病一年以來，有一人及門否？振先輩亦必偵知，而謂聚蟻盈除，飛鷹當路，密授衣鉢，顯露封章，此非由衷之語，不過欲使臣無一朋侶，滿朝無一公論耳。最可痛者，臣男敬循，粗知清謹，聞有訛臣害臣者，鬱鬱成中滿之病，爲臣而死，今又以臣故而遭身後之謗，能不傷心？鄉里不良之徒，有散在各處稅局者，臣痛恨之，每移書撫按緝究。乃謂投入臣家爲奴，凡幾千人，臣所得不可勝算，以致皇上之不罷稅皆坐此。則臣又爲窩主，爲盜魁，爲亂首，滅門破家不足盡其辜矣。臣鄉月旦甚嚴，可審問也。又謂去年巡按，坐名至臣家拏出首惡六人。必有姓名，必有招案卷宗在原籍各衙門，可調②查也。臣三世叨祿仕，田不過數頃，不及吳中大姓一家僕之産，而謂紹興良田美宅皆歸臣家，册籍在本縣可調③查也。惟是臣身秉國成，地居表率，凡人才進退、士風端邪、吏治污隆、民生休戚，以及風俗、紀綱、錢穀、兵刑之屬，何者非臣所當劑量？而人人鬱滯，事事陵夷，誠有如振光之所責備者，聽之眞可汗顏，挽之無處下手，既不可盡諉氣運，亦不可全責所司，臣直任之，曰：'此則庸臣之罪也，不必加以權奸，而去有餘辜矣。於言者何尤哉？'臣生平與人無枝，有何騎虎之勢？既被醜詆，惟席藁以聽皇上之處分束身以謝言者之忠告而已。且臣左癱右瘓，萬無出理，早罷一日，免一日之謗，稍遲則伏④戎者又次第而至，臣死無及矣。

① 繾 "繾"下當脫"綣"字。

② 調 明抄本作"吊"。通行本作"調"。

③ 調 明抄本作"吊"。通行本作"調"。

④ 遲則伏 通行本此三字不清晰，據明抄本補。

臣手顫目昏，萬種苦情，不能寫其一二，伏望皇上矜憐。臣不勝涕淚悲泣懇祈之至。"十一日奉聖旨："卿輔朕多年，篤誠恭慎，亮節小心，惓惓以愛君憂國爲念，如勸學東宮及請補輔臣、大僚、言官等事，皆悃款諄切，至於奉職公忠，素履清白，尤朕所鑒知。頃調攝多時，甚懷延佇。妄言的已有旨處分了。若因此堅欲求去，豈不負朕眷倚？且非君臣一體相信之誼。宜即出輔政，匡濟時艱，慎勿再辭。吏部知道。"

是日，大學士李廷機謹奏："爲求退方殷人言疊至再懇聖慈亟賜罷免以全臣節息煩囂事。臣頃因言官責備閣臣，隨具疏乞休，伏奉皇上親灑溫綸，褒臣以忠清正直，勉臣以即出贊襄，臣感恩遇之非常，傷付託之不效，措躬無地，感極涕零，欲再有陳而未敢也。昨又見禮部儀制司主事鄭振先一疏，歷數閣臣大罪十二款，中間所指有在臣未任前者，或在臣既任之後而不專坐臣者。至末一款除'清公任事'四字臣不敢當外，其指臣始進之非，則臣由廷推而皇上點用，實於吏部列名之疏，始進甚正，臣可無言。其指臣行所無事一言爲失故步，則此乃聖人治水治天下大道理，夫人幼而學之者也，臣亦可無言。惟是説臣在禮部，密遣序班李維葵，與夷人私講車價一節，臣查得三十五年正月有豐潤等驛牛頭于大秀等通狀，告稱貢夷到驛，除應付外，仍肆需索，每車一輛先年索銀四五兩，今索至十七八兩，五驛共一千五百餘兩，典妻賣子，賠累不堪。臣不勝憐憫，隨委主客司主事毛堪、何起陛與兵部主事王一楨商確，因會同兵部，差通事序班李維葵，齎領咨文，前往遼東撫鎮衙門，從長計議，曉諭戒飭，亦見彼鎮有通官時常差與夷人折講，聽其從便而行，臣部所給維葵劄付，並無經往夷境字面，原非密遣，原與范仲淹通書元昊事體不同。況夷恃強而輕中國，意氣甚驕，而吾歲委吾民以飼之，民糜爛矣，夷肯饜足乎？即與一講，未嘗僇其使，搗其巢，何謂開釁？今貢雖愆期，逆形未著，講至十五兩，業赴鎮謝恩，願來補貢，度此後需索止十五兩之内，不出十八兩之外，則此講良亦有益，何嘗差也？要之今日封疆之事，惟當脱去舊套，選將練兵，使中國有不可侮之威，而彼不敢有傲然輕中國要脅之意，然後堅守約以待之，遇索則拒，犯順則剿，此爲至計。今嚴諭方頒，當積玩積弊之秋，稍一振刷節制，釁不在夷人，即在將卒，而持文墨議論者已隨其後，則任事何若推事之便？制虜孰與媚虜之安？此孟子所謂'由今之道，無變今之俗'，天下事終不可爲，惟恃聖主威靈國家連祚而已耳。若撫鎮臧否，自有耳目之者，閣臣必面承顧問而後可言，必部覆殫①章有明言當另推者而後得擬。臣素寡交寡情，即鄉曲、同年、門生、故吏，平日不相往來，臣無私於彼，彼亦無私望於臣，此天下人所知也。昔議臣者以王安石爲比，而今行所無事，不類安石，則又謂並故步失之矣。方臣之始進也，人有疑臣與二臣矛盾者，今臣等幸而和衷，則復有未來、見在、續燈、傳薪之喻矣。蓋臣自知不才，終不能久事皇上，恃以受恩深重，涓滴未酬，未敢固爲骸骨之請耳。今振先教臣及早抽身，尚可救得一半，不至狼狽，此正臣夙夜寢食未嘗頃刻少置於懷者。臣與臣向高，同年同鄉，而臣犬馬之齒長於向高者十七歲，蓋無一日不與言精力難前，才力艱強，豫以代臣求故託之者，不一而足。臣下可告友，上可告君，無二詞也。伏望皇上鑒臣衷情，允臣休退，使臣救得一半，不全喪其節，活得一日，亦少延其身，而廟堂無議論之煩，穆清省塵瀆之擾，尤爲至便。臣不勝戰慄隕越懇切待命之至。"十一日奉聖旨："卿清正持躬，忠誠任事，小心勤慎，朕素鑒知，輔政以來，凡事皆從公協贊，何處容私？至於建夷勒索車價，差官曉諭，既經二部司官會議商確，亦非密遣。妄言的已有旨處分了。時事多艱，卿宜即出贊襄，一心爲國，不必因此介懷。不允所辭，吏部知道。"

五日庚寅，大學士朱賡等謹題："伏蒙皇上以端陽令節，頒賜上尊珍饌，臣等頓首祗領，不勝感戴天恩之至。謹具題謝恩。"

六日辛卯，大學士葉向高謹題："該本月初十日夏至祭方

① 殫 "殫"疑當作"彈"。

澤，蒙遣大學士臣李廷機分獻，適廷機以人言具疏恭請改遣，未蒙發下。今爲朝已迫，且日使當傳制，恐臨時有誤，伏望聖明亟發原疏，或仍令廷機行禮，或准改遣，統維聖裁，以便遵行。其户部尚書趙世卿蒙遣視牲，亦再疏請改，並望裁發，以昭聖明慎重祀典至意。謹題。"奉聖旨："改遣大學士葉向高分獻，右侍郎蕭雲舉輪看。"

是日，大學士葉向高謹題："臣自審庸劣，無以報國，適因困苦，遂欲乞身。伏蒙皇上再發溫綸，諭以即出，而又明示以考選、補官遲疑之故，且將檢發。臣感激天恩，不敢再辭，兼以二臣方杜門候旨，閣直久虛，臣萬不得已，於今早廷見謝恩，入閣辦事。惟是二臣未出，則機務殷繁，既非臣愚之所能獨當，庶政未修，則物情迫切，又非臣力之所能獨副，碌碌因循，必將隕越，此臣所以雖黽勉承命，而尤不勝其恐懼之私者也。惟望聖明軫念時艱，亟頒明旨，將補官、考選諸疏次第檢發，如中有遲疑，特加乾斷，誰敢不服？仍諭二臣早出供事，庶臣得有所憑藉追隨，少效犬馬之力，而於罪戾亦稍逭矣。臣不勝感戴懇祈之至。謹具題以聞。"奉聖旨："覽卿所奏入閣贊襄，朕心忻慰。其補官、考選等事，已知道了，候旨次第檢發。"

十日乙未，大學士朱賡謹奏："爲輔弼無狀自召人言懇乞聖明止坐臣罪俯宥小臣以宏聖度事。臣以禮部主事鄭振先論臣與廷機種種罪狀，方具疏自諉，席藁候旨，今日見邸報奉聖旨：'日每章奏皆朕親覽，裁度詳斷，閣臣有何專擅、賄賂？這厮屢屢逞臆，捏無根無影之事，誣衊輔臣，傾害忠良，以自固位榮身。這本內説點用推用考選諸事，皆有屢旨曉然，且東宫講學，啟沃開導，有何嫌疑？原因今春寒暖不調耳。簡用閣臣，祖宗時悉由上擢簡任用，後皆會推公舉，非單詞隻奏，鄭振先這厮出位沽名，詆污大臣，好生狂肆，本當拏問重治，姑且降三級，調極邊方用。范汝梓故先狂吠窺探，也着降三級，調邊方用。都不許朦朧推陞。若有黨救激擾的，還一併追治不饒。吏部知道。欽此。'臣一則感泣，一則惶懼。伏念臣任事最久，諸不滿人意處最多，皇上親賜宸斷，事事爲臣解紛，日月之明無所不照，臣安得不感泣？惟是振先以論臣重謫，范汝梓不論臣亦重謫，雷霆之下，無所不摧，臣安得不惶懼？皇上明旨不許黨救，臣非二臣之黨甚明，願進一言而就斧鑕。振先與臣原無平生亦無宿怨，其挺身論臣者，非得之風聞，則激於意氣，其心固可原也。皇上怒其誣衊而處之，脫他日真有權奸在側，人亦以振先爲戒而不敢言，皇上何由得聞乎？故恕一狂言，以作敢言之氣，亦鼓舞人心之一端也。皇上視大臣小臣本同一體，寬小臣以安大臣，皇上昔有是言矣。正以見覆載之無私，汪涵之無際，亦光昭聖德之一端也。自振先之疏一出，長安輿議多有爲臣稱屈者，公論尚存，今以臣故而謫二臣，則在臣增一番罪案，在寓內增一番廢棄之人，臣方懇懇焉求起一人不得而又增之，公論其謂臣何？臣無地可自容矣。臣平生守不爭之訓，惟恐無欲害人之心充拓不盡，而至垂去垂死之時，復遭此事，尤臣所拊心而竊痛者也。伏望皇上開天地之心，念振先本無他腸，汝梓實由波及，各復原官，策勵供職，並念臣禍且方來，病將就木，或削奪，或罷歸，惟所命之，第求早賜一處，斯所全於臣者多矣。語出肺肝，絕無矯飾。干冒天威，不勝戰慄惶恐之至。"十四日，奉聖旨："卿純忠體國，開誠布公，朕所素知。妄言亂政的鄭振先等，姑從輕處分了。方今多事之時，卿宜即出輔政，匡濟時艱，勿生疑畏，不必固辭。吏部知道。"

是日，大學士李廷機謹奏："爲乞宥敢言之臣以示包荒以勵直節事。臣奉職無狀，致被人言，方反己責躬，席藁待罪，乃昨日伏睹嚴綸，切責鄭振先妄言，重降職級，調任邊方，而併及於范汝梓。伏惟皇上爲閣臣昭雪庇護，至動天威，而臣以庸劣招尤，上之重煩聖主之處分，下至復累直臣之降謫，罪案之上又添出一層罪案，蹈踣之中更增了一番蹈踣，臣憂心忡忡，夜不能寐。切①謂朝廷求言之路，但欲其廣，聖主容言之量，寧過於寬，故言無當否，皆可兼容。今振先論臣不爲不當，所舉以咎臣者猶是禮部主客之往事，所援以責臣者乃是范仲淹、歐陽修之名人，至慮臣狼狽而教之抽身，臣以爲良規、爲益友，

①切 "切"當作"竊"。

其敢言直節與范汝梓同也，彼自謂不愛官，正不必加譴以成之。而況臣等所屢入告者，常在下僚林壑邊謫廢棄之儔，乃謫者未復而加之謫，廢者未起而益之廢，是臣等救過目前之不暇，又何補過之云乎？即身退而心豈能安？即人能諒臣，而臣自無所逃其責。此臣所以不得已而有此塵瀆，非爲二臣，實自爲也。伏望皇上弘開聖度，曲賜包容，免二臣降調，姑令供職，一以廣求言之路，一以安愚臣之心。臣不勝激切悃款悚息隕越之至。"十四日奉聖旨："卿忠直清正，朕素鑒知。妄言亂政的鄭振先等，姑從輕處分了。方今多事之時，卿宜即出，安心協濟佐理，勿生疑畏，慎勿固辭。吏部知道。"

　　十三日戊戌，大學士葉向高謹題："頃臣賡、臣廷機俱以人言求去，祇臣一人在閣辦事。竊念政本重地，關係非輕，每日票擬多軍國大計，一有差錯，非但不便施行，即傳之四方，亦爲不雅。臣本書生，受事日淺，朝綱政務夙未練習，若非二臣領袖，差錯之愆勢必不免，臣不足惜，其如誤國家之事、失朝廷之體何哉？今二臣已奉旨慰留，更望聖明諭令即出，毋杜門日久，以致誤事。或俯從二臣所請，寬鄭振先、范汝梓之罪，以安其心而速其出，尤甚便也。至於票擬一事，從來皆首臣主張，其餘協贊，惟首臣請告，則在直者暫爲代擬，間有重大事情，仍送首臣詳定，此舊例也。自二臣被言，臣賡遂具揭，將一應本章令臣擬票，臣雖冒昧供役，心甚不安。蓋無論差錯可虞，而於事體亦甚戾矣。伏望聖明並諭臣賡仍舊擬票，其諸尋常事務可以代擬者，臣方在直，自不敢辭，亦彼此相成之誼也。年來治理壅塞，凡百艱難，舉往時朝上夕報之常規，今皆成轉日回天之事業，人情喁喁，中外交責，臣等欲辭不可，欲爲不能，踢天踏地，無以自容，度日挨時，將何爲計？雖有慷慨報主之熱心，亦至是而窮①，雖有貪戀富貴之俗心，亦至是而淡。二臣對臣每相憐相戒，毋相留行，臣同官同好，豈不相信，而敢復以此相苦？良以幾務所關，不容漫視，先公事而後私情，臣固籌之審矣。伏望聖明察臣萬不得已之情，曲念所以留二臣

① 窮　《編扉奏草》卷二"窮"作"寒"。

之道，將緊要本章，如補官、考選等事屢允檢發者，亟賜施行，毋復遲疑以虛明旨，即臣等一息尚存，敢忘圖報？臣不勝激切祈懇之至。謹題請旨。"

十六日辛丑，大學士朱賡謹奏："爲病勢靡留報恩無日瀝陳謝悃懇請放生事。伏念臣本以凡庸，承之老耄，誤當重地，拮据六年，誠不足以格天，信不足以孚衆，才不足以濟事，力不足以副心，雖有號天泣地之苦誠，轉石移山之愚慮，而功無可見，何怗人言？祇合含詬忍辱、吞刀自剸而已。頃者鄭振先一疏，併臣自陳及申救二疏，俱仰累聖心，親賜裁奪，庇之如天，照之如日，不曰擅權而曰恭慎，不曰行奸而曰亮節，至於東宮講學一事，爲臣等剖明，揭日月而詔萬世，臣如屠肆放豚，奔命逃生，不知驚魂之所之矣。尋常朋友之交，猶爲知己者死，臣何愛七尺之軀，不以報知遇之萬一，而忍於言去？惟是臣福盡命終，業成癱瘓之疾，臥牀一百五十日，儼如眠屍，而近復大傷脾氣，用參苓之末以代穀食，其存有幾？一息奄奄，且就鬼錄，尚安能爲皇上再作犬馬哉？顧臣臨死尚有一言以進。皇上於臣，恩則父子也。父之於子，不獨生之，亦必有以成之。皇上隆臣之體，不若行臣之志，乃爲成始成終，皇上留臣之身，不若用臣之言，乃爲一心之德。臣今手顫目昏，不能別措一語，惟是先後奏揭具在御前，望皇上一一檢發。凡考選之久鬱而不下者，大臣之久缺而不補者，山澤之久錮而不起者，章疏之久留而不發者，沛然與天下共行之，使人不得過疑聖心，則亦何疑於臣？不得雜議時政，則亦何議於臣？上保社稷，下保老臣，無出於此矣。臣言之平時，則爲直懟激聒之語，言之今日，則爲死生訣別之詞，惟聖明一鑒照焉。臣又惟死生，人所必有，何須饒舌？進退，人之大分，不可模糊。望皇上即日允臣之去，臣得舁出國門而死，亦見末路之不苟，庶幾結纓之遺意也。臣言及此，血淚盈牀，不勝耿塞嗚咽之至。"二十五日，奉聖旨："卿贊政多年，公清廉慎，朕所鑒知。方今邊疆多事之際，正望卿匡襄籌畫，豈得以人言疑惑，遽欲求去？至不忍聞。卿宜仰體朕眷懷之意，安心調攝，痊可即出輔理，慎勿再陳。其考選諸事，俱俟朕次第檢發。吏部知道。"

是日，大學士李廷機謹奏："爲聖恩難報臣義難留謹瀝悃乞身懇祈允放事。臣頃因鄭振先論劾，席藁待罪，伏蒙皇上批發振先之疏，凡閣中事情，人所以交譖閣臣，與閣臣所以受人之譖者，既已盡白於天下，而又特爲臣進用一節，引祖宗故事，並據會推公舉，以明臣始進之無私。及臣小疏，復奉聖旨：'卿清正持躬，忠誠任事，小心勤慎，朕素鑒知，輔政以來，凡事皆從公協贊，何處容私？至於建夷勒索車價，差官曉諭，既經二部司官會議商確，亦非密遣。妄言的已有旨處分了。時事多艱，卿宜即出贊襄，一心爲國，不必因此介懷。不允所辭，吏部知道。欽此。'及臣疏救鄭振先等，復奉聖旨：'卿忠直清正，朕素鑒知。妄言亂政的鄭振先等，姑從輕處分了。方今多事之時，卿宜即出，安心協濟佐理，勿生疑畏，慎勿固辭。吏部知道。欽此。'臣每捧綸音，焚香叩頭，未嘗不嗚咽流涕也。蓋臣累皇上久矣，皇上爲臣費聖心、煩天語亦多矣。臣觀自來閣臣，會推有爭論，由特達奉獨斷者，臣一人而止耳。如臣任未浹歲，而跋前躓後，如負芒刺，如坐鍼氈，亦臣一人而止耳。譬之嬰兒胎氣不足，諸媼所欲棄不收者，而慈母不忍而強舉之，疾疢迭遭，徒勞乳哺顧復，而竟無長盲之望也。夫知恩報主，臣素心也。偏黨好惡，臣所不敢作也。史遷有言：'絕賓客之驩，忘室家之業。'諸葛亮有言：'臣死之日，不使廩有餘粟，篋有餘帛，以負其主。'臣所誦法，嘗爲皇上言之者也。然而硜硜何補？矻矻何爲？報靡涓埃，竪無尺寸。蓋臣之德薄，果不足以格君，臣之望輕，果不足以鎮俗，臣之迂闊，果拙於濟時，臣之拘方，果難於應務，臣之戇直，果無調和之能，臣之狷狹，果非博天之器。臣之自知甚明，人之言臣皆當，皇上用臣爲誤用，信臣爲誤信，庇臣、獎臣、不忍斥去臣，皆誤也。夫誤不可再，而況終之乎？皇上爲臣所誤而不知，臣誤皇上而不去，尚棲棲依依？以戀主報主爲名，靦顏而處於此，則始猶爲庸劣尸素、無所短長之凡品，終爲貪戀頑鈍、不識廉恥之小人，其誤皇上不愈深、而其罪不愈大乎？爲此，披瀝血誠，懇求罷免，伏惟皇上矜而允之。臣不勝悃款懇切悚息待命之至。"二十五日，奉聖旨："卿贊襄政幾，忠誠端亮，朕所鑒知。方今邊疆多事之際，正望卿分猷佐理，豈得以人言疑惑，遽欲求去？至不忍聞。卿宜仰體朕眷懷之意，即出入閣辦事，慎勿再陳。吏部知道。"

十七日壬寅，大學士朱賡等謹題："先該吏部題准，願告教職歲貢恩貢生員，行移翰林院考試。臣等欽遵會同禮部右侍郎兼翰林院侍讀學士掌院事蕭雲舉，出題彌封，嚴加考試，取中歲貢文理平通上卷四卷、文理亦通中卷一千五十四卷，恩貢文理亦通中卷二卷，俱堪授教職。謹將各試卷封進，伏乞聖裁發下，開送該部，查照先後題准事理施行。謹題請旨。"奉聖旨："是。該部知道。"

二十二日丁未，大學士朱賡等謹題："臣等竊見近日各邊疏請兵餉，皆情詞危急，而薊遼宣大尤連章累牘，訴苦告窮，心欲嘔而語欲涕，凡在聽聞，無不動念。臣等於細詢訪，皆云邊軍無糧日久，盡向撫鎮司道及管糧郎中環擁泣告，各官懼其爲變，多方曉諭，使之安心，而曠日經時，未見給發，終難以望梅畫餅之空談，而安枵腹待哺之戎伍，鼓譟之禍，匪朝伊夕。兼之黠虜窺邊，累謀入犯，近日喜烽口諸處警報屢聞，凡此饑軍，豈堪防禦？雖欲督率，孰肯向前？昨見宣府撫臣揭帖，又謂將今歲市賞之費那借給軍，轉盼秋初，又當開市，並無別項錢糧可以抵補，犬羊之性，易動難馴，市賞無資，將何撫馭？邊疆之釁，殆有不可言者矣。似此事情，皆安危所係，急於燃眉，寧容泄泄坐觀，不爲之所？伏望聖明檢發督撫諸臣之疏，敕下戶部，令尚書趙世卿速出，會九卿、科道從長計議，如何那借以救目前，如何區畫以垂永遠，斟酌上請，恭候聖裁，是今日萬分難緩之急務也。臣等伶仃困苦，力盡計窮，敢謂微言足回天聽？惟是安危大計，不忍不言，萬口沸騰，歸罪臣等，亦不容不言，仰祈聖慈俯垂憐察。臣等不勝悚息懇瀆之至。"

二十七日壬子，頒賜三輔臣，每員藕三枝。

二十九日甲寅，大學士朱賡等謹題："臣等頃接薊遼督臣及順天撫臣各揭帖，報稱山海關內外軍民，因遼東軍變，阻絕糧食，怨恨高淮平日暴虐，聚衆數千，攻圍稅府。高淮窘急，率領夷丁，劫挾管關李主事、王通判，護送逃回。軍民洶洶，陽雖解散，陰尚結聯，難以撫釋等同。臣等見之，不勝駭懼，竊惟高淮罪惡，聖心洞鑒，今既逃回，則雖欲爲暴於地方，亦不可得，自當靜聽皇上之處分，臣等不敢屢瀆。惟是遼東一百三十七城堡，十餘萬年，數十萬百姓，處處沸騰，人人疑懼，若非亟頒佈明詔，開示慰安，彼將謂朝廷不察其枉，尚欲深求，訛言震驚，何所不至？兼之點虜狡夷聞我內釁，必相煽誘，我之軍民計出無聊，必圖外向，一夫倡謀，萬衆響應，竊恐全遼之地，非復國家有矣，其爲宗社之禍，尚忍言哉？夫激變之事，盛世所不宜聞，一之爲甚，而況三、四？今遼東之變，不數月間一見於前屯，再見於松山，三見於廣寧，四見於山海關，勢愈猖狂，地愈迫近，燃眉剝膚未足云急，尚可置之罔聞，付之於不足問哉？又各鎮額糧，軍士旦夕倚以爲命，萬無可緩之理。今戶部不敢問及內帑，祇借工部、大①偉寺銀兩以救目前，而疏復留中，屢請不發，以此饑軍合於亂衆，臣等更不知其禍之所終極也。今謹擬敕一道，請皇上裁改，亟發該部，轉行地方，以安民心。仍乞檢發戶部借餉前疏，特賜施行，庶軍食少充，而戎伍亦戢矣。此安危大計，間不容緩，伏望聖明留神省覽。臣等不勝喘息稽首祈禱之至。"

是日，大學士朱賡謹奏："爲感激天恩敬陳赤悃以濟時艱事。臣不幸有痿痺之疾，度無生理，口占一疏，爲皇上作訣別之詞，內請下考選、補大僚、起廢佚、發章奏四事，皆救時急務，其鳴也哀矣。伏蒙聖恩親賜批答，獎臣以公清廉慎，寬臣以安心調理，許臣以考選諸事次第檢發。皇上何少一老諄庸臣，

① 大 明抄本"大"作"太"，是。通行本誤作"大"。

而恩眷如此？區區苦情，皇上猶不忍聞，臣何忍再瀆？每奉聖諭，不曰時事多艱，則曰邊疆多事。正主憂臣辱之時，臣又何惜一死，不以分君父之憂？連日廷臣有親至臣榻前者，有移書臣者，無不以大義相責望，臣訥訥不能置對，惟流涕太息、以首搶地而已。周覽此身，左手左足已成無用之物，僅僅右邊豐體尚屬皇上股肱，不敢望全而歸之，願於牀蓐間，以一手之力，操觚削牘，爲皇上獻替可否，以三寸之舌，疇諮公卿大夫，爲皇上少佐末議。儻借寵靈，允行一二緊切之事，以畢臣數年苦心，臣死不朽矣。漢臣諸葛亮有言：鞠躬盡力，死而後已，成敗利鈍，非臣所能逆睹也。臣三復斯言，感慨係之。自惟以身許國，不能展布四體，以全力報明主，而至事窮病劇，借一手一足補苴萬分之一，豈不痛哉？雖然，天下事尚可爲，過旬日不爲，則無及矣。今亦不敢別進責難之說，請於前疏四事中，遵次第檢發之旨，先行考選一事。且如遼東一鎮，與京師相爲安危，巡按官關係何等重大？往來①以康丕揚、蕭淳兩風力御史接連巡按，尚無奈高淮之剝貧軍之困苦何，今缺至半年，豈復有所忌憚？臣日夜憂其激變，固知聖心籌之必熟，處之必有道矣。今事變遂成，幾爲楊榮之續，願未至殺傷、未失敕印，朝廷尚可收拾。除興同官另具奏揭，請聖明處分外，乞皇上亟下考選之疏，於其中素有經濟者，啣天子之命，速往該鎮，與督撫官計議行事，一面正法，一面安撫，以定亂軍之狐疑，以杜外夷之窺伺，以解京師之鞀袴。由是而宣大，而甘肅，皆得其人，皇上無邊鎮之憂矣。由是而江西，而蘇松，而淮揚、廣東、廣西，皆得其人，皇上無省直之憂矣。由是而兩京科道一應巡視諸差，以及京師編審五城之差，皆得其人，皇上無根本重地之憂矣。在在有人，則在在安堵，化鬱結爲太和，易廢弛爲振刷，俄頃之間，別是一維新世界，豈直一方一處之福而已哉？且皇上深居九重，了此一局，免得許多激聒，省得許多憎煩，亦天清地寧之一會也。臣於此事，頗効移山之力，不意阻於垂成，仍作未完前件，而項且以此爲臣罪案，嗟嗟，復何言哉？此事原不必待臣出而後行，望皇上諒臣本非市恩，總是爲

① 來　明抄本作"年"，是。通行本作"來"，誤。

國，勿急臣之出，勿緩臣之言，勿忽略燃眉之勢，而貽噬臍之悔。萬一更有意外之事，臣當卹出朝房，爲皇上一力擔之，身非臣有矣。不勝涕泣懇祈之至。"六月初九日，奉聖旨："覽卿所奏，情詞愈切，知卿爲國忠誠，周詳遠慮。考選諸事，稍俟即次第發行。卿宜仰體屢旨，即日入閣佐理，以慰佇望眷懷至意。吏部知道。"

三十日乙卯，大學士葉向高謹題："臣惟臣賡、臣廷機杜門日久，頃雖奉旨慰留，而二臣尚未即出，臣隻身入直，孑然無侶，兼以痔瘍苦楚，溺血淋漓，委頓呻吟，幾無生趣。皇上奈何以綸扉重地，使一妄庸書生支離蹩躄於其間耶？今封疆多事，警報時聞，遼左軍民激變未靖，糧餉久缺，戎伍沸騰，督撫諸臣移書告急者日三、四至，其言皆如蹈湯火望人拯救，似此景象，固非二臣堅臥之時矣。況自臣一人入直，已再旬餘，綸音愈疏，庶政愈壅，非但考選等事唇焦舌敝望眼徒穿，即其他章疏稍有關係者，皆一概留中，臣之劣狀已自畢見，若非二臣速出夾輔，將見朝綱政體日壞一日，臣之罪過日增一日，少有人心能不愧懼？此臣之所以切望二臣，以日爲歲者也。臣每接諸臣疏揭，多爲臣等忠告，甚淺①者則望以積誠感動。臣開陳無效，感動未能，情急計窮，不於此時號呼同官，更將何冀？伏望皇上亟諭二臣，促其速出，左提右挈，天下事或尚可爲。臣進則協恭，退則止足，不至孟浪悠悠，負恩誤國，其幸大矣。臣不勝悚息稽首祈懇之至。"

① 甚淺　明抄本"甚淺"作"其淺者則望以補牘開陳，其深"，是。

萬曆三十六年六月丙辰，朔，大學士李廷機謹奏："爲直陳萬不得已之情瀆懇聖慈垂憐准放事。臣累疏乞身，頻荷慰留，未蒙俞允。臣豈不思聖恩當報，累旨當遵，而敢過爲聒瀆哉？臣之情有萬不得已者也。臣才望不愜乎羣情，彈文已幾乎盈篋，雖茹忍不足以遠咎，雖策勵不足以蓋愆，臣之不得不去，亦明甚矣。臣觀宋執政韓琦之辭神宗，持四方士人責退之書，以爲清議不容如此，豈敢安位？神宗留之至於流涕，而琦辭益堅，遂有出判相州之命。今堯舜在上，何言宋宗？臣之不肖，何敢望韓琦？而露章顯劾，不特責退之私書，莫非士大夫之清議也。乃臣堅辭，皇上不與臣去，使四方人士以臣爲頑鈍無恥，是皇上留臣適以辱臣，抑使人謂堂堂政地，有此頑鈍無恥之臣，辱又將及國矣。宋太宗時，錢若水嘆世無秉節高邁、不貪名勢、能全進退之道者，遂貽上之輕鄙，可見大臣以秉節爲重，即爲上所輕鄙且不可，況爲下所輕鄙者哉？臣捧誦綸音，以邊疆多事，勉臣分猷。臣人謂此無所俟臣也，不但邊疆，即國家事亦無所俟臣也。何者？邊疆、國家之事，即至重大、至急切，總之非有奇謀秘計，不但閣臣屢言，乃中外諸臣所屢言者，惟在皇上肯行之耳。皇上即行諸臣之言，與閣臣無異，即行二臣之言，與臣無異，臣故以爲無所俟臣也。臣不去，不惟邊疆多事，而廟堂更多事，去則廟堂寧，而邊疆亦寧。然則皇上何愛於臣，而不聽其去哉？臣至愚至直人也，苟猶可留，臣不言去，至於不得不去，臣亦難留。故今直以萬不得已之情，懇求皇上傳旨准放，令臣葉向高擬票。臣之情事，乃所深知，必能將順而贊成之。若再費煩御批獎臣留臣，則臣罪當萬死矣。臣不勝哀懇戰慄待今之至。"初八日，奉聖旨："卿之清忠，朕既素亮，朕之眷任，卿又備知，今日惟速出贊襄，庶不負朕，且不自負。即屢疏求去，朕終不允，徒費言辭。卿其體之。吏部知道。"

三日戊午，大學士葉向高謹題："今日蒙發下吏部左侍郎楊時喬一本，令臣擬票。臣觀本中稱科臣宋一韓所論新推雲南巡撫薛夢雷，乃係彼中士民公舉及自請給假等因。臣與夢雷同鄉，迹涉嫌疑，不敢擅擬，而臣賡、臣廷機亦杜門日久，臣不能強，當候聖明親自裁斷，以服人心。至於時喬清謹，皇上所素知，目下大選、會推事急，亦應候聖明裁定，以便遵行。但臣又恐過煩聖心，謹擬一票，不知當否，統乞上裁。謹具題知。"

七日壬戌，大學士朱賡等謹題："臣等聞有旨，以高淮奏同知王邦才貪酷殘害、逐殺稅使、劫搶錢糧等情，遂命錦衣衛差官校扭解來京究問，仍令督撫官嚴追錢糧解進濟工。臣等聞之，不勝驚駭。王邦才之事，臣等一時不能究其原由，但自高淮取回，中外歡呼，謂遼人方有更生之望，而猶恐其疑懼未釋，地方官難以諭解，臣等方請聖明亟下德音，安此反側。今一聞官校入境，數十萬軍民必謂皇上震怒，不赦其罪，其爲叛亂萬萬無疑。況遼東殘弊之區，被高淮剝削十室十①空，淮之錢糧已盡數搬回，毫無遺失，乃反令嚴追賠補，剜肉剝膚，終不可得徒促之使亂耳。此旨必行，則禍變之生必在旦夕，遼東一鎮必非國家之有，他日縱費千百萬錢糧，亦難收復，此臣等之所痛悼，而萬不容已於言者也。伏望聖明亟將明旨收回，毋使傳布以搖人心，臣等幸甚，宗社幸甚。不勝激切祈懇之至。"

是日，大學士葉向高謹奏："爲時政愈塞禍患可虞懇乞聖明矜察苦情留神大計以解倒懸以光聖德事。臣逐日搜得各處撫按官揭帖，告苦訴窮，千言萬語，其大較祇是巡按缺官、軍士缺糧，此兩事最爲緊急，即臣與同官亦焦唇敝舌，代爲祈請，而聖意未回，恩綸未渙。臣賡又以考進事獨請、邊餉事合請，皆未得報。將以此事爲尚可緩耶？則耳目風紀之司，內資糾絕，外資彈壓，毋論極治之世，言路弘開，即極亂之世，此官亦未嘗廢，豈在今日獨可不設？至於軍士月糧，關係性命，饑寒迫身，則父不能有其子，而能保嗷嗷窮軍、甘於饑死而不變乎？此度之事理，萬不容緩者也。將以聖心爲未慮及耶？則次第檢發之命，絡繹下頒，而頃有旨取回高淮，具言軍士披堅執銳、臥雪眠霜、九死一生、勞苦萬狀，蓋舉邊戍所不能自言、臣等所不能代爲之言者，皇上已盡言之，是聖心軫念更爲深切者也。

① 十 《編扉奏草》卷二"十"作"九"。

年來皇上每有溫綸，輒云時事艱難。以臣籌之，時事固未嘗艱難也，皇上下一德音，而壅滯者立通，馳廢者立振，枯槁者立蘇，枵腹者立飽，天回地轉，更無停留，雷動風行，誰能壅遏？尚何艱難之可言乎？而必以爲艱難者，是皇上自爲艱難也。皇上不下考選，則考選難矣，皇上不處軍餉，則軍餉難矣。考選難，則紀綱無人整頓，而治理難矣，軍餉難，則邊臣莫措手足，而疆事難矣。推之他事，莫不皆然。皇上以難諭臣等，固爲慰留之盛心，臣等若以難告天下，必蒙推諉之大詬，展轉思惟，無可爲說。自臣隻身入直，業已月餘，始者數日猶有可觀，今則緊要本章百無一發，日間票擬皆尋常套數之事，一胥吏而可辦者。日求二臣勉出，相與戮力，以免曠官，而臣賡伏枕涕泣，臣廷機稽首號呼，皆謂上不見聽，下又見疑，世事日非，人情愈迫，既不能出，人不得歸，進退路窮，生趣俱盡，平日思報聖恩，今事勢到此，亦無奈何。臣每聞之，輒淒然淚下，不忍聽其辭之畢也。皇上勉二臣之出，而不用二臣之言，是欲其入而閉之門，日增其困，豈但二臣，即臣亦有心胸，亦有面目，豈能長出入黃扉，恬然無羞愧之念乎？爲身爲名，臣等固所不敢，然身備股肱，坐觀時變，漠若胡越，則臣等亦有不忍，使天下後世相與指名謂今日國家之亂，由某人某人爲輔弼所致，則臣等更爲不甘。伏望皇上俯賜哀憐，將目前急切如考選、邊糧二事，先行檢發，更諭二臣即出輔政，他所奏請以次施行，則人心僉服，天下事無不可爲，而臣等犬馬之力亦可以自効矣。臣不勝迫切哀懇之至。"十三日，奉聖旨："朕覽卿所奏，悉見忠懇。但今國事多艱，正賴忠賢贊襄，且考選之事已有旨，即次第發行，軍餉着戶部從長計議，設法措處。卿可傳示鴻臚寺堂上官，宣諭二輔臣，速令即出入閣輔理，以慰眷懷。該部知道。"

十一日丙寅，大學士朱賡等謹題："爲公務事。照得內閣原設典籍二員，爲閣中首領，管理一應事務。原管典籍事評事郭安民，於去年病故，遺下員缺相應推補。隨該臣等查得制敕房辦事大理寺左寺左評事兼翰林院侍讀范可憫，堪補前缺，已經屢疏題請，未蒙批發。今典籍譚學閔，又患病註籍未出，是二典籍無一在職任事。況今百官誥敕旁午，文武各官領敕事宜，諸司章奏揭帖，收繳精微，監譯番文，併一切閣見禮儀，承上接下，關防官吏門校，嚴謹封鎖啟閉，此誠一日不可缺者。伏候命下，令其欽遵即日供事。臣等未敢擅便，謹題請旨。"

十二日丁卯，大學士李廷機謹奏："爲求去詞窮重陳萬不得已之情瀆懇聖慈垂憐准放事。臣累疏乞身，未蒙俞允，昨又伏奉聖旨：'卿之清忠，朕①素亮，朕之眷任，卿又備知。今日惟速出贊襄，庶不負朕，且不自負。即屢疏求去，朕終不允，徒費言辭。卿其體之。吏部知道。欽此。'臣每上疏，自覺煩言，不勝惶悚，每捧溫綸獎借慰留，益不勝惶悚。臣生平嘐嘐，志存乎立功，而事專乎報主，自謂不敢負皇上，亦不敢自負。惟至今日，處於不得不去之地，則不去爲負，而去爲不負，去之負猶淺，而不去之負深矣。臣之不得不去，皇上穆清之上焉能知之？而臣之章疏焉能盡言之？臣嘗見海瑞告休，以啞子喫苦瓜爲諭，言其苦說不出，臣今苦情有如此喻。臣又見昔時閣臣，往往再告、三告，多至四、五告而去，所奉旨則云：'覽奏情辭懇切。'蓋凡求之切，未有不放者，下得全其進退，上亦得全其始終，如是而後謂之體貌大臣，故大臣重也。今人見去之難，已多因循不輕言去，及其不得已而言去，累牘連章，積日閱月，縶之維之，使坐受頑鈍之名，而潛銷其耿直之氣，大臣奈何不輕？一輕矣，即將來繼此者亦必輕，即今之庶僚及其身爲大臣亦必輕，即朝廷亦必輕，此近來數年間一大病，未有爲皇上言之者。臣今求去，輒不敢隱，伏願皇上採臣之説，察臣萬不得已之情，即放臣歸。臣禀弱病多，亦非能久居人世，但得生遂首丘，不至辱身辱朝廷，幸矣。臣不勝哀懇激切惶悚待命之至。"十六日，奉聖旨："屢有旨留卿，昨又特遣官宣諭，何爲尚欲求去？輔臣爲國股肱，當殫忠竭力，以稱倚任。若但以身名爲重，苦情爲辭，將如國事何？卿宜勉體朕意，即出贊襄，

① 朕　明抄本"朕"下有"既"字。通行本脱此字。

慎勿再辭。吏部知道。"

　　十三日戊辰，大學士朱賡謹奏："爲恭謝天恩事。臣卧病日久，尚無起色，自知閣務曠弛，屢負恩綸，正具本乞骸，忽蒙聖恩，遣鴻臚寺堂上官李承華等，到臣私居宣諭，臣恭設香案，令孫輩扶掖案前，跪聽聖諭：'朕覽卿所奏，悉見忠懇。但今國事多①，正賴忠賢贊襄，且考選之事已有旨，即次第發行，軍餉着戶部從長計議，設法措處。卿可傳示鴻臚寺堂上官，宣諭二輔臣，速令即出入閣輔理，以慰眷懷。該部知道。欽此。'臣隨伏地叩頭謝恩訖。伏念臣一介老儒，久司政地，上無補於袞職，下未遂其初衣②，天實厭之，降以奇疾，人有唾其面者矣。而皇上猶屢旨慰留，再蒙宣諭，臣真豈③無良心、忍言去哉？顧臣一念苦誠，有不得不陳於君父之前者。夫人臣之義，專於報國而已，無疾而託之疾，是身爲重而國爲輕也。因人言而求去，是名爲重而國爲輕④。事有所不得不行而求去，是不以誠感而以要求，非體國之忠也。三者，皆臣之所不敢出也，請申言之。臣以年老積勞，成此危疾，一歲之内皇上三遣醫來，徐文元等皆云'手足不仁，脉多歇數'，每爲臣危之，臣非託疾可知。去年五月，以喪子過慟，十九在告，幸不爲人描畫，頃始有指摘之者，其不爲人言求去可知。至於考選、軍餉二事，臣單請、合請，皇上皆許發行，出自聖心，屢奉明旨，又何須萌一僥得之心以要明明之主乎？以上三者，決非臣之所敢欺，亦理之所易見者也，臣何庸言？臣昨疏中亦具陳一念苦誠矣，謂四體雖無全力，而一手一足尚屬皇上股肱，願以旦夕立盡之身，少效大海一滴之助，無事則以言盡職，有事則以身殉國，區區血誠如此而已矣。伏望皇上先督臣廷機入直佐理，先將考選之事早賜發行，容臣遵照前旨，寬限調治，幸而稍痊自當扶掖進閣，不敢虛負隆恩也。伏惟聖慈垂鑒。"十八日，奉聖旨："覽卿奏謝，知道了。卿既以報國爲心，豈宜堅卧不出？還即日進閣，以慰朕懷。吏部知道。"

　　是日，大學士李廷機謹奏："爲恭謝聖恩事。臣於本日伏蒙

① 多　明抄本"多"下有"艱"字，通行本脱此字。
② 衣　"衣"當作"衷"。
③ 真豈　"真豈"當作"豈真"。
④ 輕　"輕"下當有"也"字。

皇上批發臣向高揭帖，奉聖旨：'朕覽卿所奏，悉見忠懇。但今國事多艱，正賴忠賢贊襄，且考選之事已有旨，即次第發行，軍餉着户部從長計議，設法措處。卿可傳云① 鴻臚寺堂上官，宣諭二輔臣，速令即出入閣輔理，以慰眷懷。該部知道。欽此。'即日鴻臚寺堂上官李承華等，捧到臣寓，臣恭設香案跪聽宣讀。至考選發行、軍餉措處，此目前急切大事，聖心一動，則中外之望旦夕可償，臣曷勝忻忭及趣臣即出輔理，以臣之不肖，而皇上不摇於三至之口，尚欲責輔理之效，臚卿特遣，天語傳宣，殊常之恩，臣又曷勝感戴？謹望闕叩頭祗謝訖。但臣昨日有疏，重陳萬不得已之情，如蒙聖覽，必能鑒亮，今兹陳謝，不敢溷瀆。臣仰荷聖恩，隆天重地，即不得効犬馬之力，亦當啣環結草以報耳。臣不勝感激涕零惶悚踧踖之至。"十八日，奉聖旨："覽卿奏謝，知道了。宜遵屢旨即日進閣，以慰朕懷。吏部知道。"

十七日壬申，大學士朱賡等謹題："今日蒙發下吏部左侍郎楊時喬一本，令臣等票擬。內稱疾病日久，欲俟大選臨時疾勢稍可，方能遵旨供事。仍以會推事重，恐所舉未當，請點用尚書、右侍郎管理銓政。又恐聖明以前推數員，日久事體②，議論不同，請旨會同九卿諸臣再推數員，仍將前推內擇出數員，一併開列上請等因。臣等知時喬稱病情真，但目前大選、會推事急，擬令力疾供事。至於尚書另推數員，及將前推擇出數員，非臣等所敢擅擬，但恐遇煩聖心，謹擬二票上請，恭候聖裁。臣又念銓務繁重，乃尚書、右侍郎久缺，時喬又久病不出，百凡事體委屬不便，今日時喬之情③亦萬不得已、萬不容緩者，伏望聖明即賜點用，庶司銓有人，而時喬之進退去留亦可以餘裕矣。"

二十日乙亥，大學士李廷機謹奏："為國事必借身名謹披瀝衷情懇求准放事。臣於本月十二日具塵瀆，十三日伏蒙皇上遣宮宣諭，復於十六日伏奉聖旨：'屢有旨留卿，昨又特遣宮宣

① 云 明抄本"云"作"示"，是。通行本誤作"云"。

② 體 《綸扉奏草》卷三"體"作"更"，是。

③ 情 "情"似當作"請"。

諭，何爲尚欲求去？輔臣爲國股肱，當殫忠竭力，以稱倚任。若但以身名爲重，苦情爲辭，將如國事何？卿宜勉體朕意，即出贊襄，慎勿再辭。吏部知道。欽此。'十八日，伏奉聖旨：'覽卿奏謝，知道了。宜遵屢旨即日進閣，以慰朕懷。吏部知道。欽此。'伏念臣以至愚極陋，承①宣諭，累奉溫綸。夫有至重之恩而忍不報，至尊之命而敢不遵，必病狂喪心之人耳。臣心未喪，豈其冥頑至此？顧臣所爲嗷嗷哀求而不已者，正明旨所責臣以身名爲重者也。臣請以身名之關繫國事，爲皇上言之。人臣一己之身名，何足爲重輕？至於國事在前，而身名乃重，身不重不足以肩鉅，名不重不足以慎物。自古大臣，先置其身於粹然卓然之地，而後能感格君心，維持國是，調劑庶政，表率百僚，而後能有言必聽，有諫必從，有所擬議其進退必行，有所分別其是非必定，故其書於史册曰'身繫安危'，曰'名聞四夷'，其重如此。今無論其身之何如也，一蒙訾議，則身輕，無論其實之何如也，一罹彈射則名輕，方且負纍含瑕、皇皇救過之不暇，乃復抗章而圖袞職，人必曰：彼何人斯，而欲學仲山甫也？復強顏而議平章，人必曰：彼何人斯，而欲學阿衡也？況內之不足，必至將言而囁嚅，氣之不充，必至欲爲而蓄縮，其輕至此，則持祿容身已耳，尸位素餐已耳。誠計及國事，安得不去？皇上誠爲國事計，安得不聽之去？而猶眷戀顧惜，不忍棄捐，宜②俟其身名大敗，國事與國體併傷，而後已哉？大抵朝廷用人，亦須用言。人言其不堪者，必真不堪也，勿用可也，既用而舍之可也。人言其當去，必當去者也，聽之去可也。既以誤用而拂人情，復以不去而增多口，以處分損聖度，以聒瀆煩聖心，竟爲辜恩不報之人，尤有方命不恭之罪，臣當萬死矣。伏望皇上察臣之勢，鑒臣之情，准故臣去，所全者大，非獨區區身名也。臣屢瀆宸嚴，不勝哀懇悚息待命之至。"

二十三日戊寅，大學士朱賡等謹題："照得起居注館，例用史官六員編纂六曹章奏，今缺五員。臣等推得編修龔三益、吳宗達，檢討趙師聖、王陛、錢象坤，堪補前缺。合候命下，令

① "承"上似應有"累"字。

② "宜"當作"直"。

萬曆三十六年

各欽遵供事。臣等未敢擅便，謹題請旨。"

是日，大學士朱賡等謹題："爲清黃事。照得軍職貼黃，例用翰林院官一員。原管貼黃官詹事府詹事兼翰林院侍讀學士蕭雲舉，近奉欽依，陞禮部右侍郎，兼翰林院侍讀學士，掌院事，教習庶吉士。所有前項事務，缺官管理。臣等推得左春坊左庶子兼翰林院侍讀馮有經，資俸已深，堪以差用，伏乞敕下吏部，將本官量陞詹事府少詹事，兼翰林院侍讀學士，前去會同兵部、都察院各堂上官，清理貼黃。臣等未敢擅便，謹題請旨。"

二十四日己卯，大學士朱賡謹奏："爲痼疾難痊時事孔棘再申前請以畢愚忠事。臣德薄望輕，身名俱辱，不當復言天下事矣。惟是受恩最深，當事最久，曾無涓滴之報，心則何安？又兩蒙宣諭，屢荷綸音，每以時事爲憂，義則何忍？輒不自量，欲以一息未絕之身，少佐國家之急，以數年來竟之心，少抒宵旰之懷，是以忍死須臾，願見德化之盛而暝，無非一腔血誠，不能已已，非有絲毫痴戀，自取頑鈍之誚也。今目前急務，無大於考選、軍餉二事，皆蒙明旨許即發行。軍餉業有成命矣，而考選尚未沛，然且督病臣早出，豈真有待而後行耶？借令臣手可持、足可蹈，朝入直而暮行其言，亦何惜此多過之身、多訾之名、而不以先公家之急？所苦者，癱瘓之疾，非旦夕可以望瘳，緊急之務，非旦夕可以少俟，則不得不削牘再請，冀聖心之一轉圜耳。況以近日所聞籌之，益知科道不可一日缺人，尤非前日之比，請爲皇上略陳之。遼東激變之後，緹騎忽然而至，軍民危疑，亂且莫必，猶謂有撫鎭擔當也。今撫鎮皆以自劾罷矣，此時尚無巡按爲之彈壓，一鎮人心，誰與安定？臣恐憂不在遼，而在京師也。南京，高皇帝根本重地，蘇松常鎮，則財賦所自出也。近報積雨連月，大浸滔天，夏麥無收，禾①絕望，千里之殘黎可憫，百萬之漕粟何從？臣已與同官據實奏聞矣。而猶未及考選之急也。竊謂賑救蠲恤，必借臺省之協謀，而長江湖海之寇，尤賴按臣之振刷。今南京僅僅一科一道耳，東奔西馳，何以責其兼制？而蘇松四郡，且無巡按爲之料理，

① 禾 明抄本"禾"上有"秋"字，是。

此何等重地，而可屑越如此？一有變動，臣恐憂不在東南半壁，而在祖宗陵廟也。舉兩都而各鎮之急可知，舉各鎮而各省之急可知。天下以考選一事，環而責於臣等，臣安得不言？夫猶之與人也，刻印銷印何以解天下之倒懸？猶之霈澤也，爲雲爲霓何以慰農夫之望歲？臣前疏引諸葛亮鞠躬盡瘁死而後已之語，意同而時不同。何也？漢時主弱勢孤，成敗不由人主，故不得不聽之於天。皇上際重熙而操獨斷，用人則成，不用人則敗，其權不在於天，故不得不仰祈於皇上。伏望皇上亟下考選之疏，責令南北科道，各領差前去，以濟急需，則人人樂用，事事就理，在在處處皆荷聖恩，而臣亦無庸喋喋然置一喙矣。若夫臣之軀體，已如眠屍，臣之光陰，僅同朝露，自古年老無不死之人，官久無不去之日，臣自審甚明，自爲計甚決，尚圖別請而今未敢雷同臣瀆也，伏惟聖明垂鑒。臣不勝懇切籲望之至。"七月初五日，奉聖旨："覽卿所奏亟下考選之疏，朕知道了。卿還仰遵屢旨，即日速出贊襄，以慰延佇至意。吏部知道。"

是日，大學士朱賡等謹題："臣等連日接得南京科道、內外守備、大小九卿、應天巡撫各揭帖，皆稱地方因淫雨連綿，江潮泛漲，自留京以至蘇、松、常、鎮諸郡，皆被瀞汶，周迴千餘里茫然巨浸，二來垂成而顆粒不登，秧苗將插而寸土難藝，圩岸無不衝決，閭舍無不傾頹，暴骨漂屍，淒涼滿目，棄妻失子，號哭震天，甚至舊都宮闕監局向在高燥之地者，今皆蕩爲水鄉，街衢市肆盡成長河，舟航徧於陸地，魚黿游於人家，蓋二百年來未有之災也。臣等讀之，不覺潸然泣下，曰：天之虐斯民，一何甚哉？惟此數郡實財賦之區，國家所仰給以爲外府，其租賦極重，生計極難，每歲漕輓轉輸以供軍國不至乏絕，皆此數郡之民力也。向時雖有災傷，猶或此歉彼豐，夏凶秋熟，而民間嗷嗷便稱困苦，矧如今日，滔天之水等於懷襄，既奪民食，復毀民居，無地無人，不逢其害，其困苦之狀可勝言哉？聞諸臣發疏之後，水勢日增，未有底止，而各處窮民相聚爲盜，通邑大都肆行劫掠。不於此時速加拊循，多方賑助，大破常格，臣恐數郡生靈不但不爲國家出力，而且爲四方首禍，國家不但不得東南租賦之利，而且受其擾攘之害矣。臣等非不知今日國計空虛，軍儲窘急，議鬻議賑皆未易談，但事勢至此，不得不爲悉心講求，委曲處置，即輔臣申時行、王錫爵，皆以桑梓之故，移書臣等，託爲求救於皇上，其危困急蹙、哀痛迫切之情，殆不欺盡聞之天聽也。昨守候諸臣公疏，已蒙皇上軫念批發，更望將前後諸疏盡發該部，令其籌度經營，有權宜可行、便計可用者，悉爲酌量覆請，而其他樽節之方、通變之術、有諸臣所未及者，皆爲之紆畫詳慮，以共拯時艱，豈非東南數百萬生靈願緩須臾之死、延頸而想望者哉？抑臣猶有請焉。世之盛也，君明臣良，陰陽五行無不順軌，今年來變異層見疊生，即兩都重地，樞紐四方，而徂歲水災見於北，今歲水災見於南，陵廟震驚，郊圻蕩折，此豈尋常細故？而漫不加意，則真孟氏之所謂泄泄沓沓不至於危亡不止矣。陳平言宰相之職在於調燮陰陽，使百官各得其職，而漢世常以災異策免三公。今陰陽舛逆，庶職空虛，南北諸曹寥寥晨星，而南之臺省共衹二人，當此多事之日，何以支撐？臣等奉職無狀，宜盡行罷免，以塞天災。更望我皇上垂念天人之際，毋忽安危之機，於諸凡政理大小臣工竭誠祈請者，亟賜施行，庶幾轉災爲祥，易危爲安。豈但萬方臣庶共感天恩？即九廟神靈亦皆動喜色矣。臣等不勝流涕哀鳴激切祈懇之至。"

萬曆三十六年七月四日戊子，大學士朱賡謹奏："爲故鄉水患異常先壠被災可憫懇乞聖恩破格賑恤以安重地速放病臣以慰苦衷事。臣於前月間，聞留都及蘇松諸郡水災，業具疏奏聞，請皇上加意賑恤矣。己復惟念，三吳與兩浙接壤，未有吳災而浙獨得免者，但不敢以無據之言輕瀆宸聰耳。頃得浙江巡撫甘士价、巡監御史方大鎮揭帖，各稱四月初旬以後，大雨霧霪，連五旬晝夜不息，杭嘉湖三郡向稱澤國，會天目諸山之水建瓴而下，壅灌太湖，橫流旁溢，平疇悉成臣①浸，陸地盡可行舟，麥豆不及收，秧苗不及插，提②塘圮壞，廬舍傾頹，民無身家，安問賦稅？大約杭嘉湖三郡水患皆同，而湖郡獨坐下流，受禍尤慘。至於紹興之山陰、會稽等縣，嚴州之建德、淳安等縣，雖輕重稍異，而淹溺則同。即今米價高騰，流離載道，人情洶洶，乘機搶奪，愚民畏死甚於畏法，雖欲禁戢之不可得，則又全游③之所同也。孰非王土？孰非赤子？而忍使至於此極哉？伏望皇上垂念，重地奧區，關係不小，俯從撫臣之請，照十七年發帑之例，分別蠲賑，救此殘黎，仍賜敕戒諭，以安人心，以定反側。至於緩未完之袍段，留解進之稅銀，以及改折蠲租、通糶平糴等項，皆荒政之所不廢者，亦望敕下該部，酌議行之，所濟非淺鮮也。臣非不知國家空虛，邊餉窘急，然以東南半壁之區，而家爲魚鼈，路滿豺狼，此何等景界？有不可以遠近緩急論者，是以覼縷言之，非獨以區區桑梓之私也。乃若所私則有之，臣家山陰道上，受三江白洋麻溪諸壩之水，宛然在其中央，一月前得家報，臣祖坟堂忽被回祿，頃又知父母田間之墓淹沒月餘，不知中作何狀。驚心痛骨，甚於自焚自溺，久病就木之人，能堪此荼苦乎？由前言之，臣久叨輔弼，不能調燮陰陽，以貽四方之災，不可以爲臣，由後言之，臣久繫匏瓜，不能時展坟墓，以保一坏④之土，不可以爲子。不臣不子，尚可苟延過隙之陰，以遺罔極之恨哉？伏望皇上早賜罷歸，令臣得一展墓門，以慰化者於地下，臣死無所憾矣，夫鮮百萬生靈於倒懸，起三世白骨而肉之，皇上無量功德，壽國壽民，行且還而壽於一人萬萬年無疆之福，豈不與天地同其攸久矣？伏惟聖

① 臣　明抄本作"巨"，是。通行本誤作"臣"。
② 提　明抄本作"堤"，是。通行本誤作"提"。
③ 游　"游"當作"浙"。

④ 坏　明抄本作"杯"，通行本作"坏"，皆誤。當作"抔"。

明垂鑒，臣無任涕泣懇祈之至。"奉聖旨："朕連日見南直隸江浙各處報災，方深軫念，覽卿奏家鄉水患，益用惻然，便着該部行文各該撫按官，分別蠲賑，毋事虛文。請寬袍段，量留稅銀，已知道了。其改折等事，通將省直所奏酌議來看。今民窮財盡，又當此異常災變，國事艱危，方借卿忠謀至計，悉力匡維，奈何以修墓爲辭，堅欲引去？甚非輔臣爲國家分憂共患之誼。宜體朕此意，即出贊襄，勿得再辭。該部知道。"

是日，大學士李廷機謹奏："爲懇乞聖慈矜憐准放事。臣自四月以來疏已六上，累奉慰留，而臣猶不避煩瀆，期得請而後已。臣竊度聖心必曰：爾一介草茅，受此非常知遇，而忍辜恩，而敢違命。必且薄臣厭臣，以爲犬馬之不若矣。皇上蓋於臣下章疏，或置而不覽，或覽而不詳，且其不指職名而微辭隱刺，有非電覽所能盡知者，顧臣見其疏，即知其指臣矣，人亦皆知其指臣矣，臣心何安？臣何得不去？令臣之決去，衆亦已知之，而猶恐臣之不果也。官不必臺省，言不必露章，其機更深，其鋒更厲，其來更不可測，臣非木石，其何能堪？每私念人之責望臣者，指臣遇惡耶？猶可湔滌，無所施，如疲駑而鞭策，無所用，其責望不在乎他，而在乎臣之去，則臣惟有一去可以塞其望、快其心，而臣尚含忍隱諱、不一吐於君父之前，皇上何由知臣、亮臣、聽臣去也？夫以臣爲不肖、不退不休者，是彼之立意也。士君子進退去就，自有法度，不降志辱身，則臣之立意也。孔子稱：'賢者避世，其次避地，其次避色，其次避言。'至於避言，已爲下列，矧夫多言而不避者乎？故曰見細德之險微，遙贈繳而去之，此一段正氣，如貞女淑媛，寧死不辱，聖主必務培植此氣，俾常存乾坤世界中，以勵世風、維國脉，胡可羈縻縶繫，令其摧折銷磨以至於盡也？且皇上所爲用臣者，無亦謂臣生平砥礪，非糊塗苟且人耶？乃今不識去就之分，濡滯依違，實不堪也而不去，災異頻仍，實臣所召也而不去，銓臣會推，爲臣波及也而不去，則臣盡喪其生平，而人亦以皇上爲不知人，其累帝堯之哲，而虧日月之明豈淺也哉？若夫目前急務，臣在閣時陳讀不啻再三，今除公揭列名，此外不敢以必去之身，獨談天下之事，恐人又有因而疑臣者，臣累疏不言，意實在此。臣情已迫矣，詞已窮矣，伏望皇上慨然准放，尤乞勿用溫旨，令人有坐邀之疑，即聲臣抗違煩瀆之罪，加斥逐焉，莫非聖恩，臣之感戴皆無量也。臣不敢①哀懇激切悚息待命之至。"十二日，奉聖旨："卿求去迫切，情非得已，朕已悉知。但輔弼之臣能竭忠報國，是非毀譽自當明白，豈得以一時浮言決於引避？且卿公清任事，人亦未嘗不知，宜遵旨即出，毋復苦辭。吏部知道。"

是日，頒賜三輔臣，每員鮮鰣魚五尾，及講官楊道賓等有差。

十一日乙未，頒賜三輔臣，每員枇杷果一小簍。

十二日丙申，頒賜三輔臣，每員鮮筍二十根。

十三日丁酉，大學士李廷機謹奏："為哀懇聖慈垂憐准放事，臣於本月初四日一疏，十二日伏奉聖旨：'卿求去迫切，情非得已，朕已悉知。但輔弼之臣能竭忠報國，是非毀譽自當明白，豈得以一時浮言決於引避？且卿公清任事，人亦未嘗不知，宜遵旨即出，毋復苦辭。吏部知道。欽此。'臣當即望闕叩頭謝恩訖。伏念皇上隆天重地之恩，臣極口難名，捐軀難報，臣之求去，情非得已，聖鑒亦已洞然矣。但欲臣以負瑕含垢之身，而竭忠報國，則臣不能，欲臣不避人言，靦顏居位，以俟是非毀譽之明白，則臣尤不能。臣平居常論士君子大節，壯而行，老而休，乘流則逝，遇坎則止，不離此四句。在聖人可以止則止，可以速則速，在吾人不得不止，不得不速。至其身之所處，如水之冷煖，飲者自知。古人不告於妻子，不謀於朋友，自決而已。故臣出處之際，更不向人商量。人有遇坎而向臣商量者，輒以止對，今其人或在林下，或猶在仕途，臣中夜以思，屈指計之，蓋有十數人焉。儻謀人則明，自謀則昏，平日侃侃焉，能道止足之言，而今貿貿焉不識去就之分，則臣所與謀諸人，

①敢 "敢"當作"勝"。

豈不笑臣？臣亦何顏見之？夫臣雖挂名仕籍，叨冒衣冠，竟是一個喫齋修行之人，雖幸主人容納，而見其左右有不喜歡，便披衲躡履而去，彼何所求而甘受人呵斥嘲笑爲哉？昔李泌常云：願賜臣歸衡山。當時人主念其難容，亦嘗使寄館淮南以避之。今皇上但賜臣歸清源山足矣。臣前疏言，臣至愚至直，儻猶可留，則不言去，至不得不去，臣亦難留，今臣杜門七十餘日，疏八上矣。嘗歷考前此閣臣，雖甚眷留，至五六辭必放。竊度其時上則求之皇上，下則託之同官，皇上念其懇誠而傳放，同官見其真切而擬放，相體相成，猶是古意。乃今皇上不肯傳，同官不肯擬，直取不得不去之人而縶繫之，必令其污衊狼狽，或客死異鄉，豈聖主所以厚遇大臣？即同官自爲他日計，亦不應若此。臣求去之急，不識忌諱，伏惟皇上亮臣放臣。臣不勝哀懇激切悚息待命之至。"二十二日，奉聖旨："卿言流行坎止，此是常說。大臣之義，當國家有事，亦當權輕重以爲去留。今各處災傷，艱危日甚，若皆恝然引去，誰爲匡維？寧不負朕所望？宜遵屢旨，勉出贊襄。不准辭，吏部知道。"

十七日辛丑，大學士朱賡等謹題："前奉旨拏同知王邦才、參將李獲陽。臣等深恐因此激變地方，今幸軍民人等尚感朝廷恩德，只相率涕泣追隨，爲二臣請命，而不敢遽萌抗拒之意。昨接順天撫臣劉四科揭帖，乃知地方官極力調停，官校亦不出山海關，方得無事。今邦才、獲陽不日且到矣，臣等誠願皇上大普慈仁，曲垂赦宥，即不然亦望查照往年曾行事例，經于①法司，免其打問，則在二臣雖遭意外之禍，猶沐望外之恩，而在皇上雖施不測之威，尚有不枉之法，亦庶幾少慰人情於萬一也。自二臣被逮以來，大小臣工連章累牘，所爲振暴高淮之罪而申雪邦才等之枉者，固已不遺餘力，臣子微誠終不能動天，臣等待罪股肱，惟當反躬自責，豈敢煩瀆？獨念今日災變頻仍，陰陽舛錯，亙古未有，自非朝政垂違，人心鬱結，何以致此？匹夫匹婦之冤，能使六月飛霜，三年不雨，矧全遼百萬生靈，被高淮荼毒，怨聲憤氣未能發舒，而奈何復使邦才等以遼人之

① 于《綸扉奏草》卷三"于"作"下"，是。

故，桎梏繫縲、含冤灑血於詔獄之中哉？其爲重民怨而干天和，甚不細也。臣等萬不得已，昧死竭誠伏望聖明俯垂俞允，不勝激切哀懇之至。"

十八日壬寅，大學士朱賡等謹題："照得東宮講筵侍班、講讀、侍書等官，員缺數多，未蒙允補，此皆以輔導爲職，豈容久虛？臣等謹推得詹事府少詹事兼翰林院侍讀學士吳道南、國子監祭酒給假陶望齡，俱堪侍班，右春坊右庶子兼翰林院侍讀翁正春、左春坊左諭德兼翰林院侍講顧天埈、左春坊左諭德兼翰林院侍講李勝芳、右春坊右諭德兼翰林院侍講傅新德、右春坊右諭德兼翰林院侍講史繼偕，俱堪與見在講讀官馮有經一同講讀，制敕房辦事戶部山東清吏司郎中汪民敬、大理寺左寺左評事范可愨，俱堪侍書。其各官內資俸已深者，相應量陞，吳道南量陞詹事，陶望齡、馮有經、翁正春俱量陞少詹事，仍各兼翰林院侍讀學士，汪民敬、范可愨俱兼司經局正字，各供前項職事。伏乞敕下吏部，遵照施行。謹題請旨。"

十九日癸卯，以皇太子第四女三朝告奉先殿，收回脯醢果酒頒賜輔臣三卓。

是日，大學士朱賡謹奏："爲感荷恩綸備述苦衷以祈聖鑒事。臣自春及秋，僵臥於一榻之上，求生不得，求去不得，自分必死矣。惟憂國之心未死，報主之心未死，間嘗削牘言事，以附於鞠躬盡瘁之義，是以有請發考選之疏。近又以家鄉水患災及先塋，親骨何安？子心何忍？是以有乞歸省墓之疏。爲國爲親，皆出苦誠，非得已也。伏奉綸音，軫念災方重大，許令分別賑䘏，又以國事艱危，責臣分憂共患。臣欽誦再三，且感且泣，除身家之苦萬難忍耐另行陳乞外，所有考選未下，國事日非，議論滋多，猜疑益甚，幾微不可不謹，是非不可不明，臣不得不爲皇上陳之。去年臣等三人合請考選，四次不蒙賜答，至第五疏齋戒沐浴，素衣角帶，叩請於文華門，始奉有相評不公、是以遲疑之旨。已又於四月間，有言公言私、頻瀆聒激之旨，臣等相顧駭愕，莫知所自。不識此等旨意，果出聖裁乎？抑臣私相授受乎？設①出聖意，即可立斷，何必委曲其詞，至今作不了之局？設臣有所授受，則自疏而自票之，自請而自尼之，陰陽反覆，弄丸於遂密森嚴之地，聖明必且照破，何必顧臣體面，不以肆諸市朝？設有爲臣授受、交相朦蔽者，其端甚隱，其害甚大，何可忽爲細故，不以清其禍源？不然傳之四方，書之野史，謂白日之下有此魑魅，儒紳之中有此禽獸，名教棄之，神明殛之，生遭天刑，死墮惡道，亦同志之所羞也。臣一片樸忠，有死無貳，粗能自信，亦能信人，本欲忘於無言，而有激之使言者，不敢洟泗暗默、模棱完局而去，是以披心露膽，直明其所以不尼考選之故，此事一明，則所謂獨希內批、以示特眷者有無，又可類推，無庸置喙矣。總之叢奸作弊，人恥之，臣亦恥之，防微杜漸，人憂之，臣亦憂之，而臣得藉手以白此一段曖昧之事，絶此一段釁孽之端，未始非同之心言、想②長之益也。然非皇上亟下考選之命，臣心終無以自明，國是終無以自定，四方危亂之勢終無以救解。此臣所以瀝血再陳，必祈得請，然後爲身家計也，望皇上即慨然行之。抑臣猶有進焉。皇上深居九重，事皆乾斷，一切奏章入者，有出有不出，票者有下有不下，聞有獨勞聖心、徑從內降者，天下闃然疑之，遂謂臣等別有機緘，別有神通，衣鉢相傳，往輒③不改，而臣等覆盆之冤無由自白矣。以④中外章奏，望皇上一一發閣票擬，無復留中，有不當處，不妨諭意改票，無復停閣，仍一一發該科評駁，付該部院覆題，總聽聖明裁斷，即臣此疏，亦望付之閣擬，親賜查覽而後發行，則光明正大，聖政益隆，人心無不悦服，而後之需次入閣者，亦可毅然任事，無今日垂首蹙額、人人思去之苦矣，所裨於國體、閣體，豈小小哉？蓋臣見中外老成溘多彫瘁，恐一旦彌留，欲言無及，不覺饒舌如此。臣不勝竦仄哀懇待命之至。"二十九日奉聖旨："朕日總萬機，悉由獨斷。考選之事，已知道了。言公言私，是説部科寺諸臣下相訐之意，於卿有何授受？不必自生疑畏。方今邊疆多事之秋，正賴卿弘濟時艱，分猷贊治，宜仰體朕意，即入閣輔理，以慰

①設 《明神宗實錄》卷四四八"設"上有"抑有人爲臣授受乎"八字。

②想 "想"似當作"相"。

③輒 明抄本作"轍"，是。通行本誤作"輒"。

④以 "以"上當有"是"字。

佇俟眷懷。該部知道。"

是日，大學士朱賡等謹題："臣惟東宮輟講三年餘矣。元良睿質當此春秋鼎盛之時，正宜講學親賢，增修德美。而荏苒優游，曠歷年歲，天下之人私相揣摩，以爲深宮之中，所近何人？所營何事？不勝過計之私。而歷稽前代舊章，及聖朝家法，又並無東宮講讀久輟不舉之事，此皆聖心之所洞照也。臣等每遇春秋開講之期，輒連章懇請，至爲頻煩，未蒙俯允，而外廷不知，率疑臣等之不請，夫請而不得與不請同，臣等備員輔弼，受國厚恩，目睹宗社大計關繫若此，四海人情盼望若此，而任其悠悠，不能力爭，其爲曠罪，委無所逃。今溽暑已退，秋氣漸深，典學秉時，萬難再緩，若復因循停輟，仍如向日，此無論臣等負咎溺職，無辭以謝天下，而於皇上平日惓惓貽謀燕翼之盛心，亦大拂矣。臣等爲此敬竭愚誠，謹擬得本月二十二日、二十六日二日皆吉，伏乞欽定一日，命皇太子及福王俱出開講。臣等不勝懇切跂望之至。謹題請旨。"

二十二日①，大學士葉向高謹奏："爲時事愈急獨力難支萬不得已竭誠籲天仰祈鑒允以重政機以免狼狽事。臣至愚極陋，猥蒙眷知，未能報稱，豈惜捐糜？顧自臣賡、臣廷機先後陳乞，臣獨身入直，業將三月。中間票擬多欠周詳，事體多欠點檢，皆荷聖慈包容，不加罪責，臣猶得藏拙匿愆，苟延時日。惟是事勢艱危，至窮至急，非臣譾劣所能支撐，不得不冒死爲皇上言之。自古災異之生，說者謂天心仁愛。然不過日月告凶、星辰變異之類，猶是以虛文譴告。今乃舉天下財賦之區，東西數千里，盡爲馮夷所據，人民漂流，死徒不可數計，臣每讀各處報災之疏，輒爲隕涕。每日出入長安門，各處遺民匍匐至京、哀號望救於皇上者，又輒擁臣之輿，牽臣之衣，責臣以轉達天聽，臣每掩袂過之。自江淮以北，如陝西、河南等處，又旱魃爲虐，赤地千里。彼苦有餘，此苦不足，則是今之天下，幾無一處樂土，百姓從何安生？官司從何設法？明歲邊餉、漕糧從何措辦？其爲災傷實從古未見。頃者頻奉溫綸，議蠲議賑，人

①日 "日"下當有"丙午"二字。

情鼓舞，歡若更生。然而無米難炊，捉襟露肘，若不及今多方講求，臣恐北方無食，南方無民，邊兵枵腹，內地拋荒，其相挺爲盜，理勢必然，將不知國事之所終也。目前奉宣德意，查勘料理，全賴巡按一官，而考選一事經今已及三年，臣等揭請至爲頻煩，即臣賡頃者獨請①苦請亦已屢矣，其於地方乏人種種窮迫之狀，無復遺說，臣又何言？獨念明主待臣，固用其力，亦恤其私，股肱耳目原是一體，若棄之如仇讎，輕之如草芥，消磨摧折無復憫念之心，此非但國家不得賢才之用，而於君臣上下之情，亦大恝然矣。古稱帝王盛節，曰愛惜人才，曰待士有禮，而人臣尊君，輒謂之天，以天能覆蓋長養萬物，使遂其生。苟萬物枯槁，天不加澤，將何以奠高昇之位，成清濘②之世界乎？今聖壽屆期，嵩呼雲集，萬國臣民共逢嘉美，而獨此十百待命之臣，無職無官，逍遙於長安市上，前路欲窮，壯心且盡③，雖士各有志，無所怨尤，而我皇上如天之仁，亦豈能不動念乎？非獨此也。臣等備員輔弼，皇上所責以啟沃謨謀、命之曰政本者，而自臣待罪以來，未見有涓埃塵露之微，足以自貢其誠，而少伸其效。聞之往事，閣中疏揭甚稀，無有不報，故上無煩瀆之嫌，而下得盡贊襄之力。今外廷章奏既十九留中，不得已希望於閣中之疏揭，於是疏揭日多，至有一事而數十揭者，愈瀆愈輕，愈煩愈厭，至於今日，則閣中之疏揭，亦無以異于外廷之章奏矣。而自疏揭之外，又無可以自通於皇上者，天下人之責望臣等，彌甚於向時，而臣等之感動精誠，無加於往日，斯已困矣。又況閣中，從前皆謀斷相成，彼此相濟，無有一人獨任之理。今二臣屢奉溫綸，堅臥不出，臣廷機又以生平相知，日來迫臣爲擬票放歸，臣極力苦勸，而其意不回，乃至頻形章奏，反啟疑端，臣甚尤之。然猶委於情之不得已也。乃臣賡以帷幄元臣，身任天下，目前病患調理已痊，奈何久淹私第，自春及秋尚無趨朝之日乎？昔周之盛也，詩人美其臣曰：'夙夜匪懈，以事一人。'至其衰也，則曰：'三事大夫，莫肯夙夜。'由是觀之，羣工戮力，庶職修明，治之象也。上下離心，人情懈弛，亂之徵也。今九列空虛，百司廢曠，叢脞之形已成，

①請 《綸扉奏草》卷三"請"作"力"，是。

②濘 "濘"當作"寧"。

③且盡 《綸扉奏草》卷三"且盡"作"盡沮"。

倒懸之急莫解，甚至綸扉重地，乃使寥寥一人出入其間，瑣尾蕭條，不成體統，真有如言官之陳列者矣。臣智力短淺，雖有憂時之心，終無回天之術，真病而不敢言病，真宜去而不敢言去，真不能爲而不敢言不能爲，悒悒奄奄，中焦如火，荏苒因循，竟成誤國之罪。伏望聖明先賜臣歸，使得苟延殘生，少安愚分。責令同官，早出供事，力拯時艱。更念①念臣廣請發考選之疏，實其一念悃款之樸忠。萬分難緩之事勢，速賜俞允，以慰其心，臣幸大矣。臣以入直無人，猶强顔出入，顒望處分，以日爲歲，情事迫切，不避瀆煩。臣不勝負罪哀懇之至。"二十九日，奉聖旨："覽卿所奏，朕知道了。知卿爲君爲國，忠勤勞悴。卿②當嚴諭二卿速出入閣輔弼佐理，待朕檢發考選之疏。該部知道。"

二十三日丁未，大學士李廷機謹奏："爲萬懇聖慈垂憐准放事。臣於本月十三日又具一疏，二十三日伏奉聖旨：'卿言流行坎止，此是常説。大臣之義，當國家有事，亦當權輕重以爲去留。今各處災傷，艱危日甚，若皆悗然引去，誰爲匡維？寧不負朕所望？宜遵屢旨，勉出贊襄。不准辭，吏部知道。欽此。'臣不勝惶悚，不勝感激，當即焚香望闕叩頭謝恩訖。伏念各處災傷，皆臣召致，此人嘗以責臣者。夫召致之人，必不能爲匡維之事，必去而後政地可清，必去而後天災可弭。乃以一臣之不去，令廟堂之上寧静無期，公車之章省覽不暇，何暇爲國事時艱、吏治民生計乎？故臣之當去與其不得不去，不但臣知之，人皆知之。皇上儻覽臣疏，併徧覽先後諸臣之疏，在聖心亦必洞然。今皇上累旨留臣，不以煩擾聒瀆厭臣，伏惟聖恩，如天罔極，無以加矣。臣三月八疏，生平之懷抱，衷情之委曲，披瀝輸寫亦既反覆罄竭，無有餘而不盡者矣。臣今不敢再有所言，惟乞皇上憐臣亮臣，傳旨放臣，俾臣得全始終，臣生當隕首，死當結草，臣不勝哀懇激切待命之至。"二十九日，奉聖旨："屢有旨以國事多艱，賴卿殫忠夾輔，勿堅去志，乃屢奏不已，是終以人言介懷。當思君命爲重，即出贊襄，方見輔弼大臣愛

① 念　此"念"字爲衍文。

② 卿　《綸扉奏草》卷三無此"卿"字，誤。

君憂國之意。不允辭。吏部知道。"

二十四日戊申，大學士朱賡謹題："臣於十九日具疏，請皇上亟下考選之命，以濟時艱，以明臣心迹，後之六、七日，未奉明旨，不得不再申前請。蓋臣之病，在存亡危急之秋，夫豈不愛其身？然而不敢屢言去者何也？以天下之病，亦在危急存亡之秋，臣愛國甚於愛身，希得少佐明主，了一、二緊要政務，然後敢言其私耳。目下至緊至要，孰有甚於考選者乎？世之疑臣者，不過二端。以爲有所利於科道而故結其心與？則奄奄待盡之人，不求保留，不求固位，何利於諸臣而爲此盈庭聚蟻之計？以爲有所畏於科道而故尼其事與？則斤斤守分之人，不納貨賄，不作風波，何畏於諸臣而爲此蕭牆子孫之憂？明乎此，則臣之所爲敝精竭神、批鱗補牘、喋喋於三年之間者，何爲哉？無非爲皇上安社稷，爲皇上收人心，爲皇上開言路定國是，爲皇上察吏治安民生，如是而已矣。即今萬壽屆期，中外慶賀之臣，以及四夷朝貢之衆，無不歡忻鼓舞，祝明天子無疆之壽，而可使滿堂和樂之中有一夫向隅者乎？伏願皇上，即慨然賜允，敕下部院，各照所擬授職管差，以暢四海久鬱之心，以完數年未結之局，將見嵩呼之聲徹於上下，太和之氣溢於兩間，萬萬年靈長之慶與天無極，而臣一念愛國之誠、愛身之私，亦可兩全而無害矣。臣辭已窮，臣計已竭，不能復措一辭矣。伏惟聖明鑒察，無任懇切籲望之至。"八月初三日，奉聖旨："覽卿奏以朕壽節請發考選等諸疏，悉見卿忠誠懇切至意。知道了。卿可遵昨三輔往諭，即出輔政，以慰佇俟眷懷。"

三十日甲寅，大學士葉向高謹題："臣頃以災傷可虞、考選當發，請諭二臣速出贊襄，伏奉聖旨：'覽卿所奏，朕知道了。知爲君爲國，忠勤勞悴。卿當嚴諭二卿速出入閣，輔弼佐理，待朕檢發考選之疏。該部知道。欽此。'臣即祗奉溫綸，傳諭二臣，以主恩不可孤負，國事不可玩延，誼當即出以慰聖懷。二臣忠君愛國，實其夙心，其勉遵嚴命，速出佐理，當不待臣辭之畢矣。惟是考選一事，皇上欲二臣之出，以待檢發。而人情徯望，若願皇上旦夕速發，使二臣之出而無庸待者。當萬國嵩呼之日，二臣得率諸臣舞蹈於班行，則獻壽之典益光。乘人心鬱結之秋，諸臣得從二臣各修其職業，則中外之情盡暢，羣工輯睦，戾氣消除，豈但我皇上無疆運祚從此愈培？其所以光寵於臣等，造福於天下國家者，更不淺矣。至於臣猥蒙任使，未效分毫，日間所供，皆尋常職業，有何勞瘁，足許忠勤？獨念人臣事主，義專君①國，何恤身家？況臣一介書生，叨塵過分，身既遭逢，家亦溫飽，若無爲君爲國之心，則真犬馬之不如矣。此臣所以捧誦綸音，益增感激，而復惓惓效其愚衷者如此。蓋真以此爲今日爲君爲國之第一義，而非有一毫私意於其間也。臣不勝悚息惶懼之至。謹具揭回奏以聞。"

① 君　《綸扉奏草》卷三"君"作"報"。

萬曆三十六年八月乙卯，朔。

七日辛酉，大學士朱賡謹題："臣杜門謝事已歷三時，廢職曠官遂逾七月，皇上不問其素餐之罪，而賜大庖之餽者一，賜上池之劑者三，遣鴻臚宣諭者再，頃又命同官臣向高至臣榻前嚴諭速出。天之所廢，固欲興之，人之所棄，固欲取之，如是洪恩，又出天地父母之外矣。尚敢愛惜身名，不效疲駑一策之力哉？茲當華封稱祝之會，萬國攸同，而號輔弼近臣者，猶復偃臥一榻，又義之所不敢出，心之所不遑寧者也。用是強粥調將，扶掖而出，已於今早朝見，仍以數人擡之入閣矣。惟是手足拘攣，精神恍惚，一切接見之禮皆不能行。嗣是而欲蹩躠闕廷，日行數里，繙閱章奏，日佐萬幾，不能也。復不自量，欲丐皇上少寬常格，優恤老臣，仍令憩息私居，間數日一入直。少盡此心於末路，便當乞身於故丘，而非今日所敢瀆陳也。至於考選一事，蒙聖裁獨斷，即日發行，萬壽屆期，人心懽頌，恩出皇上，福歸皇上，實萬萬年無疆之慶矣。臣尤不敢①欣服。謹具題奏謝以聞。"

八日壬戌，大學士朱賡等謹題："昨蒙皇上慨發考選之疏，一時臺省濟濟師師，誠十餘年未有之景象也。中外手額相慶，謂悠久無疆之治可坐而至矣。乃科寺部諸臣之處，臣等不能不進一言。自古帝王有收羅俊乂之盛心，則必有愛惜人材之大度，故賞則宜重，罰則宜輕，仁可過而義不可過也。汪若霖遇事敢言，雅稱直諒，考選各據所見，亦其職掌。吳正志起用未幾，方佇猷爲，偶發無心之言，原非有意侵越。此二臣者，似宜以原官策勵供職者也。黃一騰、汪元功、黃汝亨，同官江右，並著能聲，雖互相訐奏，有傷雅道，不可以居言職，而官箴無損，才諝可用，即吏部原疏亦有愛重人才、論定優處之文。此三臣者，似宜量復原擬部屬，以示懲創者也。臣等於此五人，並無私昵，而爲皇上愛惜人才計，不敢不盡其愚，惟聖明採擇，收回成命，使人人得以效用，其於聖治非小補也。臣等不勝籲望

① "敢"當作"勝"。

之至。"

　　十日甲子，大學士朱賡等謹奏："爲幸際昌辰仰惟德意敬陳用人急務懇祈允行以光萬年盛治事。頃者蒙皇上沛發綸音，將考選諸臣盡皆授職，一時言路濟濟蒸蒸，朝端增色，士類騰歡，以爲國家景運方開，聖德自此益新，天心自此益祐，萬年無疆之福祚，自此益引益長，蓋數年以來人情之歡欣鼓舞，未有若今日之甚者，臣等備員輔弼，不勝慶幸。已又思之，君父有美而不能揄揚，臣子之過也，能揄揚矣，而不能將順擴充以助成美①，亦臣子之過也。今皇上之美多矣，臣等之所欲將順擴充、以少助於萬一者，其大端有三，請頌言之。皇上頃者點用南北卿佐及巡撫各官矣，臣等喜曰：此任賢之美也。然吏部尚書統率百官，左都御史職司風紀，缺皆數年矣，雖署事有人，不敢苟且，顧位任輕則衆心不肅，事權重則獨力難支，此二正卿不當亟補乎？至於薊遼總督，提衝三鎮，控壓諸夷，關係何如？而福建、貴州撫臣，皆候代日久，陳情頻煩。此三督撫不均當亟補乎？皇上誠將此數官速行簡用，以及南北大僚次第點發，則中外責任皆有擔當，天工亮而庶績熙，唐虞之治可立見矣。皇上頃起原任巡撫王汝訓於家、爲南京刑部侍郎矣，臣等則又喜曰：此求舊之美也。汝訓往嘗蒙譴罷歸，天下之人固日望其用，而猶恐不用，汝訓用，則凡此廢棄諸臣、人品行業足方汝訓者，孰無彈冠之思、拔茅之慶乎？天生賢才不可多得，苟取忤於一朝，而沉淪於終世，甚爲可惜。誠宜及今令吏部擇其尤者，先請收用，而漸及其餘，是亦所以增國家之光、而廓天地之量也。皇上頃逮同知王邦才等而不發詔獄矣，臣等則又喜曰：此赦過之美也。邦才等以高淮搆陷，觸雷霆之威，孰不震恐？今官校到已數時，金吾未奉明旨，臣等竊窺聖心亦必憐二臣之無辜，胥寬釋之後命矣。先年皇上出馮應京、華鈺、曹學程等於獄，海內歡呼之聲於今未已，自滿朝薦逮繫以來，人方日夜望皇上以宥應京等者而皆朝薦，其可復益以邦才等乎？今②萬國呼嵩、普天同慶之日，而獨此二三纍臣抱向隅之痛，諒非大

① 美 《綸扉奏草》卷三"美"上有"其"字，是。

② 今 《綸扉奏草》卷三"今"下有"當"字。

聖至仁之所忍也。此臣等之所以敢爲三人請也。此三事者，臣等皆因皇上之已行，而推廣其未行，且知皇上之必行，而特贊其速行，以爲早一日則增皇上一日之美名，添四海一日之頌聲，非敢有徼譽市恩、以瀆君父之聽也。皇上如俯鑒微誠，慨行採納，將見朝無曠位，野無遺賢，獄無冤繫，太平雍熙之氣象，在指顧間矣。豈非千萬世之一時、千萬人之共願哉？臣等不勝歡欣企望之至。"奉聖旨："卿等所奏周詳，遠慮國計邊疆，悉見忠誠、懇切。簡用尚書、都御史等官，統率百僚，職司風紀，委非久①缺，待臣②點用、檢發。其原推尚書、總督等官，着吏部各再添推一二員，共前推的一併寫來點用。其餘諸事，已知道了，候旨行。該部知道。"

十二日丙寅，大學士朱賡謹題："昨該臣與同官臣廷機、臣向高合疏《爲幸際昌辰請皇上推廣用人德意以光萬年盛治事》，其大端有三：一請推廣任賢之美，點用吏部尚書，左都御史，以及薊遼總督，福建、貴州巡撫。一請推廣求舊之美，令吏部於廢佚中，推擇其聲望尤著者，亟行錄用，而漸及其餘。一請推廣宥過之美，釋滿朝薦於獄，以及王邦才、李獲陽併從釋放。疏上三日，諒蒙乙覽，必有聖裁。臣等謹静聽德音外，伏念臣賡叨事皇上最久，受恩最深，一腔犬馬之誠雖與二臣同，而自顧桑榆之景，則與二臣異，故其惓惓望治，願早見德化之成者，尤汲汲也。伏望皇上於萬壽節前，即將前請三事併賜允行，以全中興極治之美，以綿萬世有道之長，臣等不勝幸願。抑臣又有無已之請焉。臣以奉職無狀，致有鄭振先之疏，臣方以爲藥石，藥皇上既因臣等而處振先，又因振先而及范汝梓，臣實瘖瘝不安。今二臣困衡日久，待命逆旅之中，以日爲歲，而臣猶强顏在列，何以謝二臣？昨吏部遵旨擬降邊方宣撫司經歷，實與中土經歷不同，懲之亦已甚矣。更望聖慈，併於萬壽節前檢發吏部之疏，即賜准放行。此數者則天地不測之恩，愈充愈擴，宇宙太和之氣益引益長，其自三十六年六六之數相生無窮，以至億萬斯年，與天地相爲悠久矣。臣不勝懇切祈仰之至。"

①久 "久"上當有"可"字。
②臣 《綸扉奏草》卷三"臣"作"朕"。

萬曆三十六年

十三日丁卯，以萬壽聖節，頒賜三輔臣，每金萬壽字二副、銀萬壽字二副、金篆字八個、金書紅符一道，及講官楊道賓等三員各有差。

十四日戊辰，以萬壽聖節，頒賜輔臣賡銀六十兩、綵段四表裏①，及講官楊道賓等三員各有差。

十五日己巳②，以中秋令節，頒賜三輔③上尊珍饌。
是日，以中秋令節，頒賜輔臣賡膳九品、秋露白酒五瓶、月餅五個，臣廷機、臣向高每膳七品、秋露白酒三瓶、月餅四個。

十六日庚午，大學士朱賡、葉向高謹題："恭遇萬壽聖節，臣等謹偕在廷文武暨天下華夷齎捧朝貢官員人等，於五鳳樓前大班行禮，恭伸祝頌外，伏念臣等備員輔弼，受恩深厚，與在廷諸臣不同，擬是日恭詣仁德門，行五拜三叩頭禮，少伸忠愛無已之心，竊比三祝聖堯之意。謹具題知。"

是日，大學士李廷機謹題："恭遇萬壽聖節，齊天大慶，率土騰歡，臣備員輔弼，欣戴尤倍恒情。因被論乞歸，屢荷恩綸慰留，未經見朝，不敢入大班行禮，擬於是日恭詣仁德門，隨臣賡、臣向高行五拜三叩頭禮，少伸臣子慶忭之誠。謹具題知。"

十七日辛未，大學士朱賡等謹題："恭遇萬壽聖節，臣等恭詣仁德門叩頭慶賀，伏蒙皇上遣司禮監太監成敬管待酒飯，頒賜輔臣賡甜食一大盒、燒割一分、酒飯一卓，臣廷機、臣向高每甜食一小盒、燒割一分、酒飯一卓。臣等頓首祗領，不勝感戴天恩之至，請④具題謝恩。"

是日，以萬壽聖節，頒賜三輔臣上尊珍饌。
是日，以萬壽聖節，賜輔臣賡膳十一品、壽麵全、長春酒五瓶，臣廷機、臣向高每膳九品、壽麵全、長春酒三瓶。

① 裏 明抄本"裏"下有"臣廷機、臣向高每銀五十兩、綵段四表裏"十六字。通行本脫。
② 己巳 "己巳"當作"己巳"。
③ 輔 "輔"下當有"臣"字。參見《明神宗實錄》卷四四九。
④ 請 "請"當作"謹"。

二十一日乙亥，大學士朱賡等謹題："臣等竊惟，東宮輟講三年餘矣，每過春秋開講之期，臣等連章累牘，懇請至切。即今入秋以來，請補講筵侍班、講讀等官，請擇日出講，疏已再上，未蒙批發。今秋已過半，天氣清和，正宜講學，此時若再因循，則轉眼之間便是嚴冬，而今歲開講又不可望矣。臣等常私相擬議，謂皇上聖知聰明，萬幾庶務有羣臣積思窮力而不得者，一經聖斷，動中機宜。此雖天縱英資，乃冲年講學，寒暑無間，功自不小。豈今日東宮之學，顧可緩耶？若恐睿質遇勞，則臣等以爲出講稍遲，休息稍早，儀文稍略，亦無不可。此又事之有益無損，而於我皇上慈愛之盛心、貽謀燕翼之遠圖，且兼盡矣。臣等頃以萬壽千秋昌辰，不敢瀆請，今謹擬得本月二十六日、二十九日皆吉，伏乞欽定一日，命皇太子、福王俱出開講，並查前次補官疏揭，統賜檢發。臣等不勝懇切跂望之至，謹題請旨。"

二十四日戊寅，大學士朱賡謹奏："爲篤疾不堪久任自裁進退大義以明心迹事。臣以老年患手足麻痺之疾，本非長久之物，無復塵囂之夢久矣。頃以明旨屢頒，同官嚴諭，又萬壽屆期，義不當雷同杜門，故不得不扶掖一出，亦欲乘此昌辰，少效愚衷，以佐皇上維新之政於萬一也。日來不任奔趨，病勢轉劇，正擬於節假之後具本請告，偶聞御史陳於廷有疏，大略以科臣汪若霖不宜外調，此公言也，新持繡斧能慷慨言事，臣甚韙之。第謂若霖之調，由臣挾怨密爲處分，則臣不能無一言矣。初七日，臣將見朝，待漏朝房，猶懷一牘以入，約同官詣文華門催請考選，又約部院上職名揭帖，以便批發，初不知是夕旨已先下矣。入長安門，始知之，不覺手額相慶，謂皇上施不測之恩如此。及見降調汪若霖等五人，則又不勝駭愕，謂皇上方避四門以登俊乂，而奈何有此不測之威也？固具疏言若霖素稱直諒，吳正志言出無心，乞復其原職，黃一騰、汪元功、黃汝亨才諝可用，量以部屬示懲，蓋爲國家愛惜人才，出於衷悃，非甘言也。皇上天縱聰明，事事皆由乾斷，無不出人意表，臣敢曰此疏宜如此批發、宜親灑宸翰？此視皇上爲何如主？臣雖至愚，敢有此大膽乎？既密處之，又顯救之，又向皇上前白眼相賴，轉換支吾，皇上視臣爲何如人？此自敗之術也。臣雖至巧，敢有此孟浪乎？且臣與若霖，雅有世誼，曾未嘗以白①及臣。所謂'政本單匱'之疏，乃憐臣之孤弱，而助請卜相，臣實感之。糾正山東科場，乃其職掌，不過罰考官兩月之俸，何至恨之刺骨？而所參元功、汝亨二人，元功未識其面，汝亨則隔府不甚相習，其所稱'阿附入幕'云者，安知非別有所指，而臣乃認之爲恭己耶？然則臣與若霖何嫌何怨，而藉事以圖之？必不然矣。臣鄉香火之情，淡然如水，自其習然，陳治則不過歲時旅投一帖，曩者會推閣臣，亦曾以語言刺臣，及臣病臥七月，未嘗一至榻前，何昵之有？若臣一片樸忠，但知積誠事主，絕不解世間有機關奧竇、附和驅除之事，皇天后土實式臨之。至於進退大義，裁之已孰，豈有年至七十四，病至手足癱瘓，而猶戀戀不忍割？意將何爲？壹臣之言，真愛臣以德矣，臣敢不自愛，負此良規？伏望皇上亟復若霖、正志於原職，以定國是，亟賜臣一去，以酬若霖而釋天下萬世之疑。臣不勝涕泣簽褥之至。奉聖旨："卿忠清端亮，朕所素知。日奏一應文書，皆朕獨斷，陞續詳覽、檢發，其中恐有情弊，致妨政務，與卿何預？陳於廷這廝，新進言官，輒逞臆狂肆妄言，本當重治，姑從輕，且罰俸一年。汪若霖等已有旨從輕處分了，不必又來救濟②。卿宜安心，即出輔理，慎勿再又託陳。吏部知道。"

　　二十五日丁丑③，大學士李廷機謹奏："爲待命日久衰病難支萬懇聖慈垂憐准放仍容辭俸以免素餐事。臣自四月避言乞休，疏今十上矣，詞窮意蹙，屢荷慰留。皇上之批答頻煩，臣之恥瀆不已，蒙遣官宣諭，復命同官嚴諭，而臣不敢趨承。昨萬壽聖節，蒙銀幣之賜，未經朝見，不敢廷謝，亦不敢隨大班行禮，惟請仁德門叩頭，而先是數日已患腰痛，勉強拜興，幾至失儀。若夫朝政、閣務，則一毫不敢與聞久矣。伏惟聖恩高厚，臣何忍負？君命嚴重，臣何敢違？其萬不得已之情，屢疏已悉。而

① 白　明抄本"白"下有"簡"字，是。通行本脫此字。

② 濟　明抄本作"激"，是。通行本作"濟"，誤。

③ 丁丑　"丁丑"當作"己卯"。

臣年近七旬，羸弱多病，數月以來，進退維谷，久困無聊，精神益損，氣血日枯，腰痛不愈，兼有唾血之症，臣今惟憂性命而冀生還，凡近日新舊科道所言，臣不暇辯，亦皆可無辯也。伏望皇上矜憐傳放，誠爲終始生全之恩。而臣既久不事事，所有俸薪，併乞照例罷給。臣不勝哀懇跼蹐待命之至。"奉聖旨："卿堅臥日久，屢旨慰留，切望勉出，以副眷懷，如何又以衰病爲辭，苦欲求去？知卿精力強健，佐理有餘。朕方勵精庶政，輔弼之任，深藉老成。宜遵旨即出贊襄，慎勿再辭。吏部知道。"

二十六日庚辰，以宣捷祭告郊廟，收回脯醢果酒，頒賜輔臣三卓。

二十九日癸未，大學士朱賡等謹題："今日蒙發下吏部左侍郎楊時喬一本，爲衰病求去，請點用尚書、右侍郎，以理銓政。臣等竊惟，時喬署銓清謹，皇上所素知，其求去懇切，雖以衰病爲辭，亦見銓政繁難，不能獨任，陳乞頻煩，情非得已。臣等前北①票擬慰留，亦已屢矣，今時喬又苦苦欲去，而尚書、右侍郎又未蒙點用，臣等欲擬留則重違其意，欲擬放則典銓無人。計無所出，敬將原疏封上，恭請聖裁。仍乞將尚書、右侍郎亟賜簡用，則銓政有寄，而時喬之進退去留亦餘裕矣。"

三十日甲申，大學士李廷機謹奏："爲病臣委難供職乞賜骸骨以遂首丘事。臣自四月乞休，連章累牘，未蒙俞允。乃本月二十五日告病辭俸一疏，伏奏聖旨：'卿堅臥日久，屢旨慰留，切望勉出，以副眷懷，如何又以衰病爲辭，苦欲求去？知卿精力強健，佐理有餘。朕方勵精庶政，輔弼之任，深藉老成。宜遵旨即出贊襄，慎勿再辭。吏部知道。欽此。'臣不勝感激，力疾叩頭。既而細繹明綸，則臣一毫無所矯飾之真心，與萬分不可勉強之精力，猶有未能自達於羣父之前者。臣年齡衰暮，精血虛枯，怔忡健忘，耳鳴目暗，鼻淵口瘡，胃痛肛脫，種種賤

① 北　明抄本作"此"，是。通行本作"北"，誤。

疾備於一身，而腰痛咳血，乃近日之新疾也。待命多時，求去不得，心肺燔灼，寢食失常，此在壯夫亦必成病，況素多病者乎？夫人之彈射猶可忍默，身之疾病豈能勉强？即上臣急君徇國，不顧毀譽，惓惓然爲建樹勳名計，而精力不支，則不能，即貪夫留戀，隱忍不恤笑罵，耽耽然爲身家祿位計，而死期將至，則亦不能，惟有一去而已矣。臣每見年來諸臣稱疾乞身，皇上亦多所不信，既而物故，有於京邸者，有於途次者，竟不生還，豈不可傷？皇上誠早念其至此，亦何忍留而不放也？今臣犬馬疾痛，實非矯飾，伏乞皇上憐憫放歸，得解觸藩之苦，庶幾殘喘猶可少延，感戴天恩曷其有極？臣不勝哀懇悚息待命之至。"九月初六日，奉聖旨："卿前屢疏以人言求去，兹又再疏引疾，懇切真情，朕已悉知，但政本重地，輔理攸資，以卿忠亮老成，特加簡用，乃獻爲未究？堅欲乞身，殊非大臣體國竭忠之誼。勉回去志，即出贊襄，是朕所望，卿其體之。不允辭，吏部知道。"

萬曆三十六年九月乙酉，朔，大學士朱賡謹奏："爲病勢萬分難支懇乞聖明早賜罷歸以定人心以正國是事。臣德輕任重，福盡災生，患此沉疴，命在旦夕，天之所廢，人亦廢之，不去則逆天拂人，禍乃滋大。故自去冬以迄今秋，求去之章月必數上，或急言之以決去爲去，或婉言之以不去爲去，見幾非不早矣。而每蒙明旨勉留，尚未得請。頃從萬壽前扶掖一出，百勞叢集，血氣愈衰，骨如柴，色如菜，方寸如麻，時常昏暈，不知身世所在，未有如此而得久生者，此天之所以厭臣也，臣其如天何？連日正在調治，戒家人勿言闕內外事，而中書官持閣中所收揭帖二十餘本來，臣不能悉覽，亦不能記其姓名，第令識字者從旁讀其梗概，大約敷陳國事者十之一二，指摘臣者十之六七，新舊科道交相攻訐，而株連臣者十之二三，人情如此，臣其如人何？總之無盈缶之孚，何怪有滿篋之謗？一切莫須之事？有天可籲，而天不言，有皇上言之，而人不信，則亦何能剖心抉腸、執塗之人而一一語之？惟有一去以自明而已矣。諸臣疏中，大都爲臣深思遠慮，以必去相助勉，正愜臣素心，皇上早放臣一日，則朝堂寧靜一日，且使諸臣懷忠抱義者，別抒讜議以贊維新之政，是臣在適以妨治，臣去尚可止亂，臣所以報皇上於萬一者，亦在此一去而已。臣以不肖之身，屢辱國體，屢煩聖心裁斷，滋不自安，此疏望皇上即賜允放，不敢再辱溫綸，以重臣過。轉眼且冬矣，免致長途守凍，又皇上曲體之恩也。臣不勝涕泣懇切待命之至。"十一日，奉聖旨："卿求去日久，近方勉出，正賴贊襄，以弘化理，乃又連疏力辭，逾加迫切，甚孤朕望。知卿精神有餘，何得言病？言官紛紜議論，都是猜度控誣，與卿有何干涉？本當重處，但念新進未諳事體，姑從寬恕，以成卿雅量。卿爲國忠誠，可對天日，何必以無根浮言遂決去志？宜即出輔理，慎勿再陳。以後科道官，着各體君上至意，毋得逞臆妄言，以傷國家平明之治。吳正志等、鄭振先等，姑各照部擬降調地方用。吏部知道。"

六日庚寅，大學士朱賡等謹題："爲公務事。照得內閣書寫制敕等項文書並四夷館教習官生年例，該用炭貳萬斤，合無照例於內府惜薪司、工部各支一萬斤應用？未敢擅便，謹題請旨。"奉聖旨："該衙門知道。"

是日，大學士李廷機謹奏："爲病臣待放日久情蹙詞窮懇乞聖慈俯垂憐憫事。臣前月三十日一疏，伏奉聖旨：'卿前屢疏以人言求去，茲又再疏引疾，懇切真情，朕已悉知。但政本重地，輔理攸資，以卿忠亮老成，特加簡用，乃猷爲未究，堅欲乞身，殊非大臣體國竭忠之誼。勉回去志，即出贊襄，是朕所望，卿其體之。不允辭，吏部知道。欽此。'臣不勝感激，力疾叩頭。臣疏多矣，蒙皇上慰留至頻數矣，而狗馬之疾委屬不支，呵斥之聲，況亦難受，呼天不聞，掛冠不可。因念古人接淅而行，不脫冕而行，明日遂行，三宿而出，彼時進退綽綽，即爲孔孟何難？使仕於今，不知其何如也？故曰古之成材也易，今之成材也難。臣觀今時，亦有惜名節、知止足之人，只緣引去之難，愛反爲害，榮反爲辱。位居大僚，而其去就遠不及庶僚之便，身在國門，而其情況殆不殊拘繫之苦，安得不病？而病又不放？安得不死也？今皇上誠憐臣、放臣，即聲臣違命之罪，而嚴其譴，忠乃過於溫綸，即治臣不職之罪，而削其籍，幸乃過於加官。臣進不能報聖恩，則有退而修身正俗以報，生不能報聖恩，則有死而結草啣環以①。何必戴星出入，橐筆左右？亦何必鞠躬盡瘁，死而後已矣②？臣千懇萬懇，惟求皇上傳出准放一聲，即是臣活命之丹，得生之日矣。臣不勝哀懇激切待命之至。"十五日，奉聖旨："政本重地，從來皆須數人協力贊襄。今二卿求去愈堅，甚非事體。惜名節，知止足，是卿雅志，朕已悉知。但朝廷愛惜老成，不輕進退之意，卿亦當體。還即遵旨勉出，以慰朕懷。前奏辭俸，俱不允。吏部知道。"

七日辛卯，大學士葉向高恭詣會極、歸極二門工所，薛候監柱，賜茶。

八日壬辰，大學士朱賡謹奏："爲病勢萬無起色泣申訣詞以

① 以 "以"下當有"報"字。
② 矣 明抄本作"哉"，是。通行本誤作"矣"。

畢微忠事。臣於本月初一日具本，爲病劇求去。候命將及旬日，尚未得旨。豈聖心仁愛，謂臣尚可勉出，而躊躇於去留之間耶？不知臣數日以來，米漿不入口，上下之氣不接續，痰火壅閉，昏暈無常，厥而復蘇，蘇而復厥，已經幾番輪迴矣。昨同官臣向高入臣臥內，見臣病狀，執手流涕，託以後事，皇上試一問之，恐終難避嫌不以實對也。嗟嗟，報不盡皇上深恩，此生已矣，願卜之來世，尚爲犬馬。所有一念血誠，前所合請、單請，皇上業行之而未充拓，業許之而未究竟者，望皇上一一檢發。如推廣用賢之美以補大僚，而吏部尚書，都察院左都御史，薊遼總督，福建、貴州巡撫，爲最急。推廣求舊之美，而林壑之中敕吏部拔其尤之尤者爲最急。推廣宥過之美，而囹圄之中釋滿朝薦、王邦才、李獲陽諸人，貸其冤之冤者爲最急。三者一行，而天下大綱領思過半矣。又如新選科道，待用日久，各思獻其謀猷，如喉中有物，各欲吐之，望皇上悉加採納，以開其樂告之誠，不宜復使壅滯也。蓋皇上天機已動，如火然泉達，充之足以保四海，苟不充之則通者復塞，泰者復否，天下事臣不知其所終矣。至於留中一事，最生疑端，最生釁端。皇上獨操乾綱，而天下不盡信者坐此。臣等竭誠匡贊，而心迹不白於天下者亦坐此。望皇王①幡然改弦，悉袪積中內降之習，而天下大根源思過半矣。其餘恤災荒，理財用，收稅使，飭邊防，一應未盡事宜，有諸名賢在，儘足以備皇上之股肱，有諸俊②在，儘足以新天下之耳目，無待臣言，而臣亦不能悉言也。臣身將隕矣，似不必苦苦言去，惟是進退，士之大閑，死生，人之大事，不可草草，但得皇上一去一語，則大義以明，可返此初服，灑然出國門，即不幸而死，可存此剛大之氣，浩然遠大虛，庶幾不爲苟去，亦不爲徒死。惟皇上亟許之，臣願畢矣。臣不勝痛哭流涕之至。"

九日癸己③，以重陽令節，頒賜三輔臣上尊珍饌。

十二日丙申，大學士朱賡等謹題："昨蒙發下永樂店景命殿

① 王 "王"當作"上"。
② 俊 "俊"當前有脫文。
③ 己 "己"當作"巳"。

及寺廟護敕，臣等欽遵恭寫。今日文書官劉用又傳聖母諭到閣，將華嚴寺爲保國慈孝華嚴寺，顯忠廟爲護國崇寧真①君廟，理合欽遵。但寺名、廟名原奉欽依，臣等未敢擅便。因恭繹名義，皇上之意惟在歸功於聖母，而聖母之意復欲闡孝於皇上，即此一稱名間，慈孝之德真足光天壤而冠古今矣。其寺名，已將'保國慈孝'加於'華嚴'之上。廟名，或用'顯忠'二字加於'護國崇寧至德真君'之上，更爲兩盡。其寺廟碑文，亦宜添入。謹將原發敕稿，及臣等再定敕稿，同進御覽，恭候聖裁。"

是日，大學士朱賡等謹題："該文書官冉登捧出御書聖諭：'諭內閣：今日聖母差官傳諭，朕昨景命殿寺廟額名，着照今賜額名。朕欽承，已傳諭卿等，改撰入敕諭及碑文內。朕思寺廟既改字多，其景命殿額名字少，且未顯奉安聖母萬壽景命之意，今可請添'慈聖景命殿'，庶顯朕恭承慈命之意。卿等可亦改入敕諭及碑文內行，特諭卿等知。欽此。'臣等欽承聖諭，盥手披宣，仰見我皇上肅將慈命，凡百周詳。至於以寺廟字多，將景命殿額名增爲'慈聖景命殿'，尤爲妥當。但臣等頃未奉傳諭之先，已有揭帖及前後敕稿恭候聖裁，今聖諭既明，即可欽遵將護敕改正，寺廟碑文俱添入，其廟內'顯忠'二字似不必加矣。臣等不勝欽誦仰服之至。所有聖諭，請尊藏內閣。謹回奏以聞。"奉聖旨："覽卿等奏，具悉敬慎。已知道了。"

是日，大學士朱賡謹奏："爲臣病愈危溫留愈固懇乞聖明質問同官別遣查勘以明不欺以祈早放事。臣於本月旬日之間，連上二疏，一言殘病支離之狀，萬無起色，一言國家喫係之務，用申訣詞。滿腔血誠，盡吐於二疏中，總之求必去而已。前一疏欽奉明旨，謂臣精神有餘，即出贊理。固知聖恩眷念無窮，豈不感激？其如臣之病苦有口不能訴何？後一疏尚留御前未發，若不急爲哀懇，或又如前旨勉留，立見臣客死長安，作不明不白之鬼，何以見父師於地下？臣滋痛矣。各衙門諸司有疾求去者，取同官同卿保結，即得挈家而行，去如脫屣。獨臣同官不肯票允，同卿不敢及門，家屬又次第先行，止留幼二子十餘歲者，呱呱於病榻之前誠恐一氣不續，登時了當，誰爲臣收此骸

① 真　據《明神宗實錄》卷四五〇，"真"上當有"至德"二字。

骨？今日之計，惟有哀懇皇上發慈悲心，念臣事皇上最久，雖無功能，亦屬犬馬，姑以蓋帷覆之而已矣。昔趙志皋、陳于陛、于慎行皆客死，當其時皇上皆不之信，及其死也，皇上雖憐之、恤之，竟何益於三臣？而亦何補於國家毫末哉？臣生不敢復被章服，死不敢希望卹恩，止求皇上予一去字，使臣可生出國門，全始終大義，臣進退存亡，綽綽然有餘裕矣。皇上如不信臣，乞一問同官向高，臣病果危急、執手流涕、託以後事否？或再命九卿大臣，勘臣精神顏色，果狼狽必不可起否？有一毫不實，請治臣欺罔之罪。如其不誣，即賜允放。故①天下豈真藉一庸老殯②死之人，而故留之以辱政本耶？臣千言萬言，只此一句衷言，千淚萬淚，只此數行血淚，以後不復言天下事矣。亦不能再草疏矣，惟將此疏大意，繙寫數本，接續而上，必期得請而後已。即冒激瀆之嫌，削奪之，斥逐之，非所敢避也。伏枕口占，不勝涕泣望恩之至。"奉聖旨："覽卿所奏，情詞懇切，朕心惻然。獨念股肱重任，倚伏耆碩，況卿精力未衰，豈可諄諄言去？殊非大臣體國竭忠之誼。卿宜倍加調攝，數日痊可，即出贊襄，以慰佇望至意。慎勿再陳。吏部知道。"

十五日乙③亥，敕諭一道："皇帝敕諭諭內外官員軍民諸色人等：順天府涿縣永樂店地方，我聖母慈聖宣文明肅貞壽端獻恭熹皇太后實誕生於此。本源之地，慈念所屬，乃於萬曆三十五年鼎建慈聖景命殿以標表里閈，顯揚靈瑞，祝我聖母慈壽於萬萬年。殿五間，後閣五間，廊廡堦墀規制咸備。大門之外，建中、左、右石碑坊三座。又於殿東西兩旁，蓋保國慈孝華嚴寺一座，顯忠④護國崇寧至德真君廟一座，各有室宇，以居僧衆，便焚香⑤。仍有先朝欽賜養贍地七百頃，今作本殿護殿地，及聖母欽降帑銀買給贍寺廟地二十五頃，俱給本家正枝滴⑥嗣子孫自行管業，以供萬年香火之用。尚慮愚頑之徒罔知禁忌，或致溷褻毀侵，特賜敕禁諭，凡內外官員軍民諸色人等，俱宜仰體至意，敢有不遵敕旨、輒行干犯者，必重罪不宥。故諭。"

紀事碑文："朕惟帝王之興，率本母德，華渚洽陽，鐘靈肇

---

① 故 "故"似爲衍文。
② 殯 "殯"當作"濱"。
③ 乙 "乙"當作"巳"。
④ 顯忠 《明神宗實錄》卷四五〇無"顯忠"二字。
⑤ 香 《明神宗實錄》卷四五〇"香"作"修"。
⑥ 滴 《明神宗實錄》卷四五〇"滴"作"嫡"。

祉，載之詩書，爍乎盛矣。朕以眇躬，御極已三十五年，仰馮慈訓，方內乂安。深惟聖母皇太后功德閎茂，千古稀聞，惟順天府通州潞縣永樂店乃誕育之地，淑氣所鍾，宜有表章，以示來許，用是恭陳慈命，量度經營，中創慈聖景命殿，前門後閣，繚以周垣，樹三坊於門外，左爲保國慈孝華嚴事①，右爲護國崇寧至德真君廟，爽閎宏壯，足以昭地靈，章濬發，稱聖母所爲篤念源本之意。告成之日，慈顏悅豫，朕志用寧，爰敕中官守護，仍各爲文勒石，垂諸永久。以朕涼薄，寧敢方古帝王？庶幾茲地之無遜於華渚、洽陽，則有聖母之烈在。其垂裕將千萬年，則景命亦千萬年，方且爲佛力所弘護，明神所擁衛，無疆之福朕與方內共祗承之。因爲紀其事如此，並係之詩焉。役始於某年某月某日，成而落之則某年某月某日。詩曰：翼翼京邑，潞水縈之。璇源遠瀋，載奠坤維。尊臨長樂，歡浹重闈。綿綿景命，百祿咸宜。睠茲湯沐，啟瑞集禧。周原膴膴，寶殿攸基。重門遂閣，崇敞逶迤。仁祠左拱，靈宇右麗。甍連棟接，烏②革翬飛。虹祥式闡，慈念載怡。爰及薄海，輝景咸熙。聖母之德，綏此蒸黎。百千萬祀，永永無隳。"

敕建保國慈孝華嚴寺碑文："朕惟象教之設雖起自後世，然用以邕澤導慈，延禧昭覘，歷代以來不能廢之。故宇內名區，梵宇相望。夫寧內典是崇？亦於福田善果良有助焉。近潞永樂店，乃我聖母皇太后誕育之區，其爲靈秀甲於宇內。聖母顧念枌榆，比於塗山謂③涘，命朕即其地創慈聖景命殿，又爲保國慈孝華嚴寺於左方，凡若干楹，規制宏壯，足與殿相護翼，營構之費一出帑金，不煩將作。既落成，朕具其事恭告聖母。尤念聖母慈仁之性，本自天成，含育之功，原於積纍，其所爲俯弘六度，兼濟衆生，蓋與西來宗旨，原自契合。頃歲每聞四方水旱，輒爲憫惻，至減膳金賑恤，而內庭之貝葉狼④函、朱提實錙絡繹布施於中外者，皆爲國祚民生，皈誠發念若斯之懇篤也。今方內喁喁，咸蒙聖母休澤，迦維有靈，必弘擁祐。矧茲地爲祥源所肇發，流衍未窮，加以柰⑤苑祇林，輝煌附麗，寧不足以導迎休祉，默護慈躬，爲宗社生靈無疆之福哉？此朕所

① 事 "事"當作"寺"。

② 烏 "烏"當作"鳥"。

③ 謂 "謂"當作"渭"。

④ 狼 "狼"當作"琅"。
⑤ 柰 《明神宗實錄》卷四五〇"柰"作"禁"。當作"禁"。

以既喜其成，因爲之記，而繫以詩。詩曰：有赫璇宮，箕尾分纏①。佛日繞之，瑞靄人天。靈秀攸鐘，篤生聖母。顧乃②乘前，洪慈啟後。衆生沉漠，咸度迷津。稽首頌贊，歸於至仁。聖母不居，原原本本。潞水潏泉，發祥斯遠。既營崇殿，乃啟雙林。雕樑文礎，玉垺金繩。法雨朝興，白毫夜映。香室增華，紺園遜盛。猗歟聖母，功德巍巍。於萬斯年，福履永綏。"

敕建崇寧護國真君③廟碑文："朕聞帝王爲百神主，精誠所至，神必從之，矧夫隆罔極之報，展不匱之孝。祝親壽於岡陵，綿國祚於箕翼，厥惟歆殼，尤藉神庥，而所重夫神者，必其聰明正直而壹者也。順天府漷縣之永樂店，蓋我聖母皇太后誕生之地，朕欽瞻慈範，仰瘵④慶源，念地靈之攸鐘，祈天眷之永固，爰建慈聖景命殿，復於其右創護國崇寧至德真君廟。堂廡既構，俎豆斯嚴，繫牲有石，宜書歲月。朕惟義士忠臣，實稟聞氣，生著偉伐，沒爲明神，理之恒也。侯起布衣，佐義旅，從故主於垂危，扶正統於將絕，精忠一念，天地式臨。以故血食萬方，盼蠻千載，庚夫聞而斂容，宥人望之纍息。蓋其靈爽，如日當空，無幽不燭，如泉行地，有觸則通。況聖母桑梓之區，山川迴合，風氣融結，乃夏代之涂山，周家之莘國也，侯得無誕降庚止，呵擁護衛於其間與？《書》曰：'惟上帝不常，作善降之百祥。'夫神布列在天，將上帝之命是奉。我聖母協德坤元，慈儉爲寶，軫嘆溢，恤孤惸，朕得以佩服訓辭，和柔百姓，慈非上帝所欲降祥者耶，其護⑤神祐，人何疑焉？況侯禦災捍患，扶困拯危，爲福於天下者，不可僂⑥數，今寧惟佑我聖母？其運玄機，翊隆理，陰陽調，風雨時，繇聖母湯沐邑，以迨山陬海澨，歲成蠟通，無扎⑦瘥疵癘之患，斯聖母之德益溥，而侯之聲名益煜，霑宇宙無窮時，則朕廟祀意乎？乃係之詩。詩曰：在昔昭烈，龍驤虎視。惟侯桓桓，扶漢之紀。赤驥青陽，前無堅壘。鳳雲爲變，天日可矢。百代精英，萬方煙祀。矧是京邑，聖母之裏。景命殿隅，新廟聿起。象設有嚴，輪奐且美。雲蓋電旗，惟侯庚止。佑我聖母，誕膺繁祉。蟄蟄繩繩，孫孫子子。福我烝民，躋之康年。玉燭金甌，千秋萬冀。"

---

① 纏 《明神宗實錄》卷四五〇"纏"作"躔"。
② 乃 《明神宗實錄》卷四五〇"乃"作"力"。
③ 敕建崇寧護國真君 《明神宗實錄》卷四五〇作"護國崇寧至德真君"。
④ 瘵 《明神宗實錄》卷四五〇"瘵"作"溯"。
⑤ 護 "護"當作"獲"。
⑥ 僂 《明神宗實錄》卷四五〇"僂"作"縷"。
⑦ 扎 "扎"當作"札"。

是日，大學士朱賡等謹題："該文書官劉用傳奉聖諭，捧出慈聖景命殿護敕一道，令臣等暫藏在閣，待工有次第，傳諭差官前去開讀。臣等仰見聖孝篤至，處置周詳，不勝欽服。謹遵諭旨，將護敕暫藏閣內，候命差官到彼開①。謹具回奏以聞。"

① 開 "開"下當有"讀"字。

十六日庚子，大學士李廷機謹奏："為病臣困苦已甚萬難復留懇求傳放事。臣本月初六日一疏，伏奉聖旨：'政本重地，從來皆須數人協力贊襄。今二卿求去甚堅，甚非是體。惜名節，知止足，是卿雅志，朕已悉知。但朝廷愛惜老成，不輕進退之意，卿亦當體。還即遵旨勉出，以慰朕懷。前奏辭俸，俱不允。吏部知道。欽此。'臣不勝惶悚，不勝感激，謹力疾叩頭謝恩。惟臣前疏哀求，至於自甘嚴譴，情願削籍，惟求傳放一聲，而微誠猶不足達天，急辭亦不能動聽，始知世所相加以頑鈍之名，有自己求者，亦有自天降者。緣臣器小而受大，積薄而取豐，天之所厭，將毀其末路，不欲與之生還也。臣一身百病，以藥代食，六月間，遇一僧人為臣灸頂心、太陽二穴，八月復灸一次，查②不見效，所謂枉燒肉者耳。蓋臣自見衰病侵尋，子繞七歲，送終之服已製於客邸，橐梩之事亦豫於家鄉，雖臣心尚長，而臣算已短。夫以諸葛亮之才，當危急存亡之秋，故宜鞠躬盡瘁，死而後已，而亮僅五十四歲耳。今無其才，又非其時，齒亦邁矣，病則甚矣，名辱身殞，為異鄉之鬼無益也。故臣惟求皇上傳出准放一聲，俾臣生出國門，歸而待盡，即身後帷蓋，臣敢援先臣魏驥之例，即於今日預辭矣。臣不勝哀懇激切之至。"

② 查 "查"疑當作"杳"。

十七日辛丑，頒賜三輔臣，每員楊梅一小簽。

二十日甲辰，大學士朱賡謹奏："為時窮命盡伏枕泣叩以祈聖恩亟放事。臣於初八日、十二日連上二疏，束身候旨，望眼將穿矣。今日伏奉聖旨：'覽卿所奏，情詞懇切，朕心測③然。獨念股肱重任，倚伏耆碩，況卿精力未衰，豈可諄諄言去？殊

③ 測 "測"當作"惻"。

① 測 "測"當作"惻"。

② 測 "測"當作"惻"。

非大臣體國竭忠之誼。卿宜倍加調攝，數日痊可，即出贊襄，以慰佇望至意。慎勿再陳。吏部知道。欽此。'臣不勝感泣，隨即焚香，令幼兒代臣望闕叩頭訖。伏念臣自去秋及今，臥病已周一歲，求去之疏不啻數十上。無論臣詞已窮，即皇上慰留之詞，亦無餘蘊矣。今幸有'情詞懇切，聖心測①然'之旨，臣如罪人聽審，一蒙矜疑，便有生路，欣幸可知。但臣病勢日甚一日，時不待時。昨晚痰氣倏陞，又復厥去，微聞耳邊哭聲，心知二孺子在側，魂欲斷而不忍斷，目欲瞑而不能瞑。此回情景，不敢屑言於至尊之前，然亦可想見矣。以萬死一生之疾，而猶謂'精力未衰'，以百孔千瘡之身，而猶謂'股肱''耆碩'，以口不能出一聲，目不能辨一字，足不能舉一武，而猶責以'痊可''贊襄'，此天地父母之心，愛之不欲其死，故爲之云云，而非皇上所以自爲社稷計也，亦非垂死老臣所以爲皇上社稷計也。載觀近事，天作之孽亦適相湊泊，若造物有以安排之而莫知其然者，此又足占時之窮而命之盡已。孟子曰：'莫非命也，順受其正。'臣惟得正而斃，便可浩然長往，與造物游，他何言哉？伏望皇上推此測②然之心，直批'准去'一語，於臣足矣，萬不敢再瀆溫旨，重臣罪愆，再緩須臾，稽臣行色，則天地父母之恩始終以之，啣結不足報矣。臣不勝痛哭流涕太息懇祈之至。"

二十二日丙午，大學士葉向高恭詣會極、歸極二門上樑，賜茶。

二十三日丁未，大學士朱賡等謹題："竊惟各處巡按缺人已極，蒙皇上噭發考選，人情欣慰，以爲可朝拜官而夕奉命矣。乃都察院題差諸疏，一概留中，即已經點用者，亦未蒙發下，今都察院又摧請矣。臣等或杜門求去，或扶病入直不敢以一揭言事者業已月餘，豈敢爲諸臣陳瀆？但地方關係，勢難停遲，不敢不冒死爲皇上言之。伏望聖明亟賜檢發，至於吏部右侍郎、福建巡撫二官，在大僚中更爲緊急，併乞點用，此實目前之至切至要者也。臣等不勝激切祈懇之至。"奉聖旨："覽卿等奏，知道了。"

是日，大學士李廷機謹奏："爲病勢難支懇憐亟放仍奪今銜以消災釁事。臣杜門求去於今半載，狗馬疾病，瑣尾猥褻，累疏已具，不宜重贅至尊之前。臣病中自念，入仕已來，硜硜兢兢，似亦無大差謬，祗爲入閣一事不理於口，久負特簡。近日言者又波及尚書趙世卿、科道官陳治則等，被以保舉之名，而將加以連坐之罪。臣每見邸報，不覺附膺。嗟乎，自非臣大奸大惡、誤國誤蒼生，何以累君、累友一至是乎？臣病中自愧自責，自怨自傷，五内如焚，病乃益甚。以臣觀於天下，南憂水災，北憂建戈，而中朝之憂有甚於洪水戈狄者，李廷機之一日未去也。乃臣所憂，獨此七尺之軀，一綫之命耳。語云：匹夫無罪，懷璧其罪。臣祗爲叨冒今銜，故明有人非，幽有鬼責。人之話柄，臣之病根，皆此爲之祟也。伏乞皇上奪臣今銜，令以前官去，而憐其病，傳一語亟放之，庶災釁可鎖，殘生可延。臣不勝哀懇激切待命之至。"

二十四日戊申，大學士朱賡謹題："伏蒙發下户部尚書趙世卿一本，大概爲李誠銘欽賜莊、田仍當官爲徵租，不應從其陳乞。該内傳聖諭：着自行管業，令臣等擬票。臣等惟此事已奉成命，義當將順。但皇親莊田，自祖宗以來並無自行管業之例，故户部以職守所關，不得不行執奏，中間所引，皆我皇上屢旨申飭，極爲森嚴。臣等前此尚未知其詳細，今觀奏中，禁例如此昭章，事體如何①明白。豈敢復冒昧票擬，以壞祖宗之法哉？極知我皇上孝奉聖母，無所不用其情，凡爲臣子孰不欲委曲承順，惟是此事關係既大，議論復多，臣等再三籌度，不敢妄擬。敬將原本封進，伏候聖裁。"

是日，大學士朱賡等謹題："爲起復事。准吏部手本，開送庶吉士韓文煥，係萬曆三十二年進士，改庶吉士，於翰林院讀書，本年閏九月二十五日丁繼母憂，回籍守制，三十三年十一月初二日接丁父憂，三十六年二月初二日服滿起復，本年九月

① 何　明抄本作"此"，是。通行本誤作"何"。

十二日到部，行移到院。臣等查得萬曆二十六年十二月題奉欽依，以後起送庶吉士，凡未經散館者，俱仍復館，與見在庶吉士一體讀書、考試，散館之日品題，分別授官。今韓文煥例該仍送入館就學，乞敕吏部查照施行。臣等未敢擅便，謹題請旨。"奉聖旨："是吏部知道。"

二十八日壬子，大學士朱賡謹奏："爲久病將危負君誤國泣請早賜斥放以應天變事。臣於旬日內三上辭疏，極陳病苦之狀，瑣瀆天聽，皇上即不厭臣，臣自厭矣。然今不得不言者，以病到劇處，勢在彌留，人鬼之關，判於頃刻，而同官避嫌，不肯票允，皇上斷以大義，即①行斥放，臣雖欲如趙志皋等安臥待斃不可得已，是以口占此疏，再瀆宸嚴。臣惟死生患難之時，乃人窮反本之際，不可有怨天尤人之心，不可無自怨自尤之心。臣逢堯舜之主，不能致治唐虞，燮理無狀，經濟無術，天變日警，人窮日蹙，法度廢弛，賢②淹滯，國計空虛，邊情反覆，皆臣本等罪案，昭昭在人耳目，不待人言已無置身處矣。況留都根本之地，天鳴一月，變非小可，皇上宜益修聖政，策免公卿，革故鼎新，猛加整頓一番，莫如光去老臣，上應天變。今濟濟多賢，皆可需次待用，皇上何患無股肱之良，而必留此萬不可活之病臣、萬不可活之罪臣，以辱政本而傷國體哉？臣請皇上悉發近來章奏，敕下部院九卿科道，於眾所共推者，或爰立，或賜環，使天下無遺賢，於眾所共非者，或削奪，或議處，使天下無倖位，則彰善癉惡，聖政自新，轉災爲祥，捷於桴鼓，此亦臣初當事時先資之言，而今日藉爲救過之地者也。臣若③一身，兩目昏花，四肢癱瘓，業已不屬爲人，死無日矣。有何欲用之人？有何不了之事？第乞此骸骨，從故山來者還歸故山，守此浩然氣，從天地來者還歸天地，不失故吾，而臣願早畢矣。豈能以夢幻泡影之身，汩汩於是非利害之場哉？臣此疏從五內吐出，便可當訣別之詞。語云：鳥之將死，其鳴也哀。人之將死，其言也善。臣不敢謂言之善，而鳴則哀矣。嗣後亦不復能鳴矣。伏惟聖慈早賜乾斷，放流罷職，無非皇上，報德酬知，擬於來世。臣不勝涕泣懇祈之至。"

① 即 "即"似當"不"。

② 賢 據《明神宗實錄》卷四五〇，"賢"下當有"才"字。

③ 臣若 "臣若"當作"若臣"。

萬曆三十六年十月乙卯，朔，大學士朱賡等謹題："該文書官王體乾傳聖諭：'諭內閣：朕昨沐浴更衣，偶微感冒，服藥稍瘳，身體尚軟，廟享恐勿成禮。着遣官及陪祀各執事，務秉虔潔行禮。卿等可傳示知悉。欽此。'臣等竊見我皇上敬事祖宗，各共廟祀，雖在深居靜攝之中，常存對越駿奔之念。臣等當即傳示各官，仰體聖衷，務秉虔潔，以祈歆享矣。惟是聖躬偶爾感冒，當此初冬之時，更宜加意調攝，慎防風寒，以益迓天和，彌康玉體，此尤臣等犬馬惓惓之私者也。所有聖諭，謹尊藏內閣。謹具揭回奏以聞。"

二日丙辰，大學士李廷機謹奏："爲哀懇聖慈亟賜傳放事。臣自四月乞休，經今七個月，疏已十有四矣。臣生平罪狀，先後言者摘發已盡，在聖明亦知臣之不肖、用之誤，而反之晚矣。臣病難支，亦已具於前疏，不敢重陳矣。臣今度日如年，在邸舍如在圜土，而皇上尚不放臣，坐視臣身無完膚，命不生還，竊度聖慈亦必不忍。伏乞皇上傳放一聲，臣不勝哀鳴激切待命之至。"

四日戊午，以中宮千秋令節，頒賜輔臣上尊珍饌。"臣①等頓首祗領，不勝感戴天恩之至。謹具題謝恩。"

是日，頒賜三輔臣，每中曆十五本、民曆一百本。"臣②等頓首祗領，及講官楊道賓等三員俱各照數分給訖。臣等不勝感戴天恩之至。謹具題謝恩。"

五日己未，大學士李廷機謹奏："爲差官札付見在謹據實辨明併甘罪譴以謝人言事。臣不肖屢被人言，少所置辯。即前月科臣彭惟成論臣，臣見所論煩多，若一一暴白，如賈竪爭言，又必有議其非大臣之體者，故但求去而已。比復見惟成所投閣揭《爲奸輔適夷媚酋》，言臣在禮部，實差序班李惟葵，親往奴兒哈赤營寨計議，而引壹臣所聞維葵之言以爲據，謂臣前辯鄭振先之疏爲説謊。臣隨取禮部文卷來查。萬曆三十五年二月差

①臣 "臣"上當有脱文。
②臣 "臣"上當有脱文。

維葵札付內閣：含差本官領咨前付遼東巡撫衙門，會同總兵官商議，宣諭奴酋部夷騷擾驛遞緣由。札付見在，則臣前疏所云'並無徑往夷境字面'者，豈有一字之欺？臣隨將原札送維成看訖，而臣不說謊亦明矣。臣展轉思維，此一事也，若以臣爲好攬事乎？則臣實憑通政司所送呈狀，而發之主客司也。以臣爲自用乎？則臣固令與兵部車駕司議處也。以臣爲密遣徑行乎？則又咨遼東巡撫，會同總兵商議也。若所云車價大約不過十五兩，與夷人赴鎭謝恩願來補貢者，則兵部尚書蕭太亨親對臣言，得之撫鎭者也。昨壹臣疏言建夷五百人齊來，則貢果補矣。若論車價，原係例外需索，又無編派銀兩，獨令五驛貧民賣男鬻兒以供之，年復一年，由三、四兩增至十七八兩，即未能頓革，而與之一講，亦以稍示節制，而遏其再增，存中國之體，蘇貧民之困，似亦未爲不是者。獨云差往遼東撫鎭亦須題請，則臣一時昏暗差錯，臣甘請其罪耳。若惟成指臣通夷，則此事會同許多官，經許多衙門，原無私通。指臣媚酋，則臣不忍小民爲夷人魚肉，乃媚於庶人，非媚酋也。至於臣生平種種過惡，惟成前疏之論列，臣業已忍默，今亦不敢復辯矣。而言者每責臣：何不學王家屏？夫家屏之去，固待命也，非逃也。臣苦難言，臣病難支，伏乞皇上用言官之言，即正奸輔之罪，加之斧鉞，臣所不辭。儻貰而亟放之，俾臣得生出國門，是皇上再生之恩，臣沒世之感也。臣不勝哀懇激切待命之至。"本月初八日，奉聖旨："建夷騷擾驛遞，爲害不輕，卿差官會同撫鎭曉諭，亦是正理。覽卿奏，朕已知道了。還遵屢旨，即出贊襄，不必以此介意。吏部知道。

七日辛酉，大學士葉向高謹奏："爲時事艱危病臣困急激切籲天俯垂憐念事。臣聞天下有必至之勢，因其未至而忽之，則其釁必深。天下有共憂之情，以爲不足憂而玩之，則其患更大。今日天下之禍患，蓋可謂必至而共憂者矣。南直隸及江浙湖廣各省，爲洪水淊沒，至今未退，數百萬生靈轉徙流離，未有還定之日，此亦二百餘年僅見之災也。近蒙聖慈軫念，多方蠲恤，中外歡呼，更生有日。惟是徵榷之令未除，採木之工未艾，織造之困未舒，哀此子遺，豈堪朘削？苟非大沛皇仁，終難盡蘇涸轍，事變之生尚未可量矣。六曹九卿，朝廷所倚以綱維庶務，一日曠官，則一日失事。年來卿貳寥落已如晨星，近又累牘連章稱病求去，其應聽與否，似當速賜處分，使其進退分明，公私各便。今十九留中，未蒙宸斷，間有一二曾經票擬者，亦復不發。至於卿寺科部諸臣，率皆如是。政體朝綱屑越已甚，加之虜酋跳梁，邊報警急，一旦突犯深入，如嘉靖庚戌故事，誰爲皇上制勝連籌？誰爲皇上分憂恤患？是能不爲之寒心乎？太倉者，軍國之所恃以立，如人身之有血脉，不可一日枯者也。今老庫懸罄，業已多年，各處轉輸，朝不謀夕，至於那移馬價，囷藏俱空。而日者薊鎮報警，羽檄紛紜，撫臣請餉，計臣告窮，彼此旁皇，莫知所措。此在賦額未虧、漕供無闕之時已如此矣，延至明歲，何以支吾？近言官條陳事關兵食，亦皆不報，皇上試思，此等貨物豈真有天降地出、鬼運神輸以供國家之用耶？豈真守邊之士、能餐風吸露、忍死耽饑以從事於戎馬之場耶？豈①實臣之所未解也。頃八月間，留都天鳴一月不止，中外惶惶以爲異變。占候事應之說，臣所不曉，第觀目前世界，民窮財盡如此，朝列空虛如此，百務廢馳壅塞如此，而欲僥倖無事，苟歲月之安，萬無是理。國家承平二百四十餘年矣，稽之史册，千載一時。無平不陂，無往不復，凡有心知，無不悼懼。以我皇上聰明神聖，其能晏然而不念及此乎？臣一介書生，擔負至重，徒有憂時之心，實無匡時之具，同官二臣，亦久卧不出，其觸藩維谷之苦情，難以言述。即臣孑然一身，復嬰血疾，重以痰火上炎，胸隔②飽脹，寒熱交攻，飲食損廢，奄奄餘息亦不知能有幾時，徒以閣直無人，匍匐供事，呻吟痛楚，兩房各官、閣中諸役皆所目見。似此屢病之軀，一旦有事，安能爲皇上效犬馬之勞，當勷勷之任？此尤臣之所大懼也。萬不得已，哀懇皇上察臣孤苦之情，深惟宗社之計，將確③稅盡收，採木暫罷，諸凡不急之務，悉皆停免，以固結民心，使有樂生之望。其卿貳大僚及各處督撫，遇缺必補，問有當去當留，亟行裁斷，

① 豈 《綸扉奏草》卷三"豈"作"此"，是。

② 隔 《綸扉奏草》卷三"隔"作"膈"。

③ 確 《綸扉奏草》卷三"確"作"榷"。

萬曆起居注

毋使遲回偃仰以誤國事。仍敕下廷臣，各抒碩畫，講求裕財節用之方，以收強兵足食之效。而我皇上，亦視宮中府中通爲一體，有可樽節，毋靳爬搔。綱維既飭，上下相聯，朝寧之間，歡然輯睦，無有煩言，則天鳴之變可消，而雖有南災北警，亦可以無患矣。若泄泄悠悠，日復一日，禍釁既成，天下之人必歸罪臣等，皇上亦必咎臣當日之不言，爲負恩誤國，臣雖萬死不足贖矣。此臣再三籌惟，竭其愚慮。若皇上復以爲過計，付之罔聞，則願首先罷臣，俾免督戾。不然，臣亦無可奈何，惟有鬱結愁思，無聊以死，以七尺之軀還之君父，償此一官而已，豈復有他策哉？臣不勝激切祈懇之至。"十一月十七日，奉聖旨："朕覽卿所奏忠君憂國、謀猷遠慮至意。各省災傷，黎庶困苦流離宜恤，昨已①有旨留銀賑濟，俾民得沾實惠。卿開陳諸事，朕已知道了。其補卿二②大僚、各處督撫，檢查點用。軍士守戍，饑餒請餉，着農卿設處。元輔次輔久臥在家調理，其疾以③瘳，且聖母萬壽節在邇，着鴻臚寺官宣諭，速出贊襄夾輔，興濟時艱。該部知道。"

八日壬戌，大學士朱賡謹奏："爲瀆請天恩亟賜罷斥事。臣半月以來，有三疏上御前，自怨自尤，懇祈褫奪，未蒙批發。本當靜聽處，但舊病愈劇，新病復增，腹中膨脹，不能飲食，醫云臍突者不治，又犯一死症矣。痛惟臣父以癱瘓亡，臣男以中滿亡，臣兼有之，安望得活？今亦不能再作疏矣，聊述俞三疏中大意，爲皇上複陳之。今中外百孔千瘡，岌岌多事，皆臣佐理無狀，何可不速斥臣？天鳴地動，洪水旱乾之災徧於天下，皆臣燮理無狀故，何可不速斥臣？昔史魚以不能進蘧伯玉而退彌子瑕，尚有身後之諫，今天下賢才厄窮而不用者不止一蘧伯玉，翕翕訿訿之輩不止一彌子瑕，臣雖不敢蔽賢而實妨賢路，雖不敢庇不肖而實未鋤未④肖，又何可不速斥臣？皇上以堯舜之資，何難致唐虞之治？但充其火燃泉達之機，勿使泰而複⑤隍，推其進用臺省之意，勿使通而復塞，一切言官章奏，盡下部院覆議，有所汲用者與衆登庸之，有所糾彈者，與衆議處之，

①已 據下文"已"上當有"都"字。
②二 《綸扉奏草》卷三"二"作"貳"。
③以 《綸扉奏草》卷三"以"作"已"。
④未 "未"當作"不"。
⑤複 "複"當作"復"。

沉於冤獄者，與衆釋放之，民間利便疾苦、及紀綱法度、錢穀兵甲之屬，有所條陳者，與衆興革之，天下自然肅清，災變自然消弭，奚必留此萬不可起之病臣、萬不可容之罪臣，以辱國體哉？臣一日未去，天下一日不寧，卧牀褥一日，如卧針氈一日。萬一再蒙慰留，寧賜臣一死，猶得以游魂歸故鄉，猶得以面目見父師於地下，猶得脱身是非利害之外，爲無掛無礙之鬼。不然，廉恥掃地，禍患通天，皇上雖欲全臣始終，不可得矣。爲此，略述前疏之語，泣血以請，仰惟聖慈哀憐。佇候敕旨。"

九日癸亥，大學士朱賡等謹題："爲印信事。照得右春坊右庶子周如砥，陞任日久，所有印信缺官掌管。臣等推得右春坊右諭德兼侍讀傅新德，量陞右庶子兼翰林院侍讀，掌管右春坊印信，原任編修今丁憂韓曠①，服制已滿，資俸並深，量陞左春坊左中允兼翰林院編修，相應催取前來供職。伏乞敕下吏部，查照施行。臣等未敢擅便，謹題請旨。"

十日甲子，大學士葉向高謹題："今日蒙發下兩廣總制戴耀一本，大約以被論乞罷。臣前日已於南京工科給事中全士衡論劾本官疏中，票擬罷職爲民，未蒙發下。惟本官在地方日久，兩次拾遺，屢經論劾，近又以欽州失事議論益多②，至謂當與陳用賓同罪。今用賓已經解問，而本官猶在地方，委屬不便。若仍前容忍，不行處分，竊恐兩粵之事日壞一日，而本官之罪亦日甚一日，臣等莫知其所終矣。今本官自行乞罷，相應俯從。如聖意以前擬爲民遇重，則臣等謹再擬一票，令其冠帶閒住。仍録前票同上，恭候聖裁。至河南巡撫沈季文，自到任以來，並未開門視事，百凡事體廢弛已極，中州重地，豈宜撫臣高卧如此？近本官有疏告病，臣等已票擬回籍，統望聖明留神檢發，此實爲兩地生靈之至計也。臣等不勝祈懇之至，謹具題以聞。"

是日，大學士葉向高謹題："臣在閣辦事，蒙皇上連日發下章奏頗多，仰見聖明留心庶政，興理有機，不勝欣幸。惟是同官臣錫爵辭疏，久以③票擬，未蒙批發，在錫爵雖控辭甚堅，

① 曠 "曠"當作"爌"。

② 議論益多 《綸扉奏草》卷三"議論益多"作"攻之者多"。

③ 以 《綸扉奏草》卷三"以"作"已"。

然皇上起之田野之間，恩眷甚隆，今日有疏，豈可寐而不報，使莫測聖意之所存哉？至於臣賡、臣廷機近日辭疏，亦未有發，二臣忠赤，皇上自能鑒知，無待臣言，惟臣獨出獨入，既綿力之難支，多懼多兇，又寸心之難訴，統望聖明俯賜檢發，微獨三臣獲被溫綸，即臣亦與有光寵矣。臣不勝激切祈懇之至。"

是日，大學士李廷機謹奏："為乞勘差官始末事情併甘罪譴事。臣頃者疏辯科臣彭惟成劾臣通夷媚酋之事，惟成復有疏劾臣，指此①為札，臣未及辯，而前疏已下，伏奉聖旨：'建夷騷擾驛遞，為害不輕，卿差官會同撫鎮曉諭，亦是正理。覽卿奏，朕已知道了。還遵屢旨，即出贊襄，不必以此介意。吏部知道。欽此。'臣流涕感激，以為聖覽已明，無辯可矣。召言者相繼不已，臣安得避煩瀆，不再為皇上一陳也？臣始固科臣札付之訐，隨取禮部卷宗來查，止有通狀手本、稟狀司稿、咨文批文，幾張用印鈐②連，並無札付，臣謂批即札耳。及見惟成再疏，重查一番，亦不見札付何在。適有主客司書辦來取原卷，臣親問之，乃云堂稿所載批文前有一稿，內稱'合札本官者'，便是札付。臣閱稿中主客司案呈，有'議差女直館序班李惟葵，前往遼東巡撫衙門，會同總兵官，選差通官同詣奴兒哈赤等營寨，商議宣諭'等語，及案呈到部，則有'合札本官，即將發去遼東巡撫咨文，齎赴本衙門投下，聽候會同該鎮總兵官，查照咨文內事理，從長商議，宣諭奴酋，務期恩威兼著，懾服夷情，節省驛遞，毋得苟且塞責，或別起釁端'等語，臣批一'行'字，此堂稿札付全文，惟葵所執諒即此也，乃但錄其前而遺其後，則所云'從長商議'，毋得'別啟釁端'之語，人不及知，安得不滋疑議？今惟一勘，顛末自明，惟成之論不為無因，臣之辯亦不為說謊。而臣本以腐儒偶署部篆，年久事多，罪過山積，即此一事，特因一紙通狀送來，及數十牛頭哀告，一時不忍，致惹禍端。止是官失題差，臣前疏既以昏迷差錯請罪矣，雖蒙聖鑒，難解人言，伏乞敕下再行一勘，然後正臣之罪，以謝言者，以警將來。臣不勝戰兢隕越待命之至。"十四日，奉聖旨："差官宣諭建夷，卿雖偶失題請，然其意只是欲約束夷人，

① 此 "此"疑當作"批"。

② 鈐 明抄本作"鈴"，誤。通行本作"鈐"，是。

以蘇驛遞，且札付中明言與撫鎮官從長商議，何云私通，覽卿奏事明白，朕知道了，不必行勘。該部知道。"

十二日丙寅，大學士朱賡謹奏："爲泣請聖慈俯憐病革，亟賜放還事。臣連具四疏，未蒙省發，豈以臣身可以去，可以無去，臣病可以死，可以無死，故躊躇而未決與？臣叨爲大臣，一經指摘，便當勇退，豈有彈章數十而可以復留者？臣年七十有四，一病便如風燭，豈有癱瘓蠱脹併集一身，而可以復生者？惟是厠名輔弼，生不可以掛冠，誦法聖賢，死不可以削髮，祇得堅忍須臾，守奄奄一息以待命下，即昇出都門，庶幾進退存亡，不失其正耳。臣前疏謂：千言萬言，祇此一句衷言，千淚萬淚，祇此數行血淚。今言亦盡、淚亦枯矣，伏望皇上憐匍匐入井之人，興怵惕惻隱之念，亟賜一決，全臣始終。謹伏枕百叩以請，無任涕泣懇籲之至。"十八日奉聖旨："覽卿此奏泣請，病勢沉篤，情詞愈懇，朕心測①然。方今南災北警，倚任股肱，爲朕主持分憂，古今大義，豈可諄諄求去？卿疾未瘳，准暫假數日，痊可即出贊襄佐理，慎勿再陳。吏部知道。"

十三日丁卯，大學士朱賡等謹題："爲公務事。照得《大明會典》開載，內閣原設典籍二員，管理一應事務，日不可缺者。原管典籍事評事郭安民，於去年八月病故，遺下員缺，相應推補。隨該臣等查得，制敕房辦事大理寺左寺左評事兼翰林院侍讀范可愨，資俸相應，堪補前缺，已經屢疏題請，未蒙批發。思得前項員缺，爲閣中首領，委難久曠，合再催請，伏候命下，令其欽遵供事。臣等未敢擅便，謹題請旨。"

十四日戊辰，大學士葉向高謹題："蒙發下同官臣賡一本，令臣票擬。臣前日有揭，懇皇上發同官三臣之疏，今賡疏發票，臣不勝大幸，即擬慰留溫旨上請。而臣賡偵知疏發，即連遣家人到閣，泣請爲之擬放，又力言其病勢沉篤，人言日多，不得不去之情。其所以責臣者甚迫甚切，臣雖再三陳說，而其意不

① 測 "測"當作"惻"。

回，臣亦無可奈何。蓋從來閣臣求去之苦，未有如是之甚，而從來閣臣之所爲同官留行者，亦未有如是之難。在臣賡，則非但平日忠君愛國之鳳心不能自明，即今日授簪解組之真心亦不能見亮。在臣，則非但殷勤挽留之私衷，賡不見縱，隨①奉命票擬之綸音，賡且見怨。此賡與臣之所以兩遭其窮也。今賡既迫臣如此，臣萬不得已，將原疏封進，伏望皇上斷自聖衷，特下明旨，則臣賡既自無辭，而臣亦可以免於同官之交謫矣。臣不勝悚息祈懇之至。"

是日，大學士朱賡等謹題："昨蒙發下戶部題覆應天府巡撫周孔教災傷本，令臣等改票。臣等昨已細閱此本，其各項款段俱已斟酌停當，相應依擬。惟念皇上頃於浙西災傷，已發戶部拖欠買辦銀及兩淮存積鹽銀賑恤，今蘇松各府災傷不下於浙西，而地方之廣闊、人民之衆多，不啻倍之，則賑恤銀兩亦不容已。但戶部買辦之銀原無所處，有名無實，而外間又無別項銀兩可以動支，則惟有請發內帑之一節耳。此出於皇上蕩盪之特恩，而臣等又不敢遽擬，今蒙發改票，臣等再三籌度其計，不得不出於此。又巡撫官原疏中欲將上供袍段暫停一年，或將三大運分作六小運，其所寬於小民者亦多。臣等今再擬一票，不知妥否？統候聖明裁定。又昨戶部覆湖廣巡按史弼本，亦係災傷，臣等亦已票擬依議。今事同一體，並望聖裁。蓋皇上一舉念啟口。數百萬生靈便有更生之望；其歡呼頌祝、福祚綿延，亦皆歸於皇上，臣等實所深願，而無所庸其力耳。臣等不勝祈懇之至。謹題。"

十五日己巳②，大學士李廷機謹奏："爲病苦難支哀懇亟放事。臣席藁乞骸，累月以來，今十七疏矣。臣受皇上再生之恩，即捐糜此身，不足爲報。然臣病已不可支，臣力必不可强，臣去再不可緩。諺云：'衆人所指，無病而死。'況以衰年多病之軀，而有從前人所未嘗之苦，食不下咽，坐不帖席，方寸憂煎，神魂驚悸，舊病復發，藥石難施。蓋涯分久逾，崦嵫已迫，皇上雖能再生臣，而度臣之勢，已配如朽株槁木，未有能生者也。

① 隨 《綸扉奏草》卷三"隨"作"即"。

② 己巳 "己巳"當作"己巳"。

今河將凍，而天未甚寒，輿疾陸行，乘此時尤爲少便。伏乞皇上垂憐，亟傳准放一聲。臣情蹙詞窮，不勝哀懇激切待命之至。"

是日，大學士朱賡等謹題："今日伏奉聖旨：'慈聖景命殿閣等處護敕碑文碑額，着中書官員人等，於十九日齎捧前去涿縣安置撰寫鐫刻，合用龍亭、鼓樂、校尉、馬匹，各該衙門給發，欽此。'除知會各衙門外，合用中書等官，臣等查有制敕房辦事太僕寺少卿兼司經局正字包漸林，尚寶司少卿兼司經局正字章伯輝，戶部郎中汪民敬，大理寺寺副吳子敬，評事范可愓、史鑑，堪以差委，合令各官於十八日欽遵前去供事。臣等未敢擅便，謹具題知。"

十七日辛未，大學士朱賡等謹題："伏蒙命臣等擬皇太子第四女名，臣等謹欽遵恭擬上進，伏乞聖裁擇點用。謹具題以聞。"

十八日壬申，大學士朱賡謹奏："爲病臣感荷恩綸恭陳謝悃併布苦衷仰祈慈鑑事。昨者同官臣葉向高恭捧聖諭，到臣榻前宣諭：'朕見近來中外妄言煩興，尊卑陵夷，朝綱紊亂，體統混淆，是以將諸臣之疏留中。方今國家多事，邊方擾攘，大臣疑畏，杜門註籍，小臣囂然，逞臆橫肆，是何國體？正賴二輔臣協心共理，豈可因小臣誣害讚①言，故爲身謀，意欲高蹈？且爲臣子大義，豈如是乎？何乃捨朕而歸？雖屢疏辭，義難聽允。卿可傳示朕意，宣諭二輔臣②入閣視事，爲朕分猷贊化，以副眷懷。卿欽承之。欽此。'臣不能起拜，就於榻中扶掖叩頭，不勝感泣。伏念臣潦倒餘生，誤當劇任，功無毫末，罪若丘山，天厭人非，辱身辱國，皇上猥存大體，不加顯斥幸矣。乃猶特荷溫旨，遣閣寮鄭重傳宣，若謂國家多事之秋，責以分猷贊化之義，而望之復出者。此天地之大，曲全蠢動之微，父母之恩，不錄子弟之過，臣安得不感而泣也？臣苟少可匍匐③，豈忍舍皇上而歸、自圖高蹈？惟是奄奄一息，命如朝露，醫者望之而

① 讚　"讚"當作"譖"。

② 臣　據下文，"臣"當作"速出"。

③ 匍　明抄本作"匍"，是。通行本誤作"匐"。

① 陳　明抄本作"除"，是。通行本誤作"陳"。

② 叩　明抄本無"叩"字。通行本補此字，是。

去，鄉党畏而不來，哀此孤身，不知誰爲收骨，而尚言贊襄之事，痛矣，痛矣。同宮執手流涕，頗見真情，而終以避嫌故，不肯實聞，此時不呼天、呼父母，又誰呼哉？陳①另行陳乞外，先口占數語，少伸謝悃，伏惟聖慈垂鑒。謹具奏聞。"二十三日，奉聖旨："覽卿奏謝，朕知道了。股肱重任，倚賴忠良，卿宜遵屢旨，即出贊襄，以慰眷懷。吏部知道。"

是日，大學士葉向高謹題："該文收官冉登，捧到聖諭：'朕見近來中外妄言煩興，酋卑陵夷，朝綱紊亂，而體統混淆，是以將諸臣之疏留中。方今國家多事，邊方擾攘，大臣疑畏，杜門註籍，小臣囂然，逞臆橫肆，是何國體？正賴二輔臣協心共理，豈可因小臣誣害譖言，故爲身謀，意欲高蹈？且爲臣子大義，豈如是乎？何乃捨朕而歸？雖屢疏辭，義難聽允。卿可傳示朕意，宣諭二輔速出入閣視事，爲朕分猷贊化，以副眷懷。卿欽承之。欽此。'臣即恭奉綸音，宣傳聖意，計二臣自當奔趨入直，仰副眷懷。惟臣竊念，自近來議論之煩多，致二臣相率以求去，物情震蕩，政本單虛，臣望實素輕，力何堪乎鎮壓？謨謀無補，心徒切於寅恭。幸我皇上，日月之明既足以燭煩囂之説，天地之量，又足以容狂妄之流，念國事之多艱，勉輔臣以大義，溫綸一渙，衆志維新，微獨二臣感激恩私，當竭忠於匡贊，即臣濫陪密勿，亦荷德於生成矣。所有聖諭，尊藏內閣。謹具回奏以聞。"

是日，大學士李廷機謹奏："爲天語難承臣去宜亟謹陳謝求放事。頃者同官臣葉向高，恭捧聖諭到臣，以國家多事，邊方擾攘，不宜謀身高蹈，責以大義，而勉其速出。臣望闕叩②頭？感激流涕。既又見部院所奉聖諭一道，所以告戒諸臣者，尤極諄切，在臣即有憂危慮害之心，亦當爲大義而排遣，即當束裝就道之際，亦宜抑微志而改圖。惟是臣終有不得不去，而去又不得不亟者。臣以至愚不肖，誤蒙簡擢，處非其據，蓋自爰立之日，而臣已知其不能久事皇上，嘗於疏中發之。展轉遲回，至於今年四月，自分決無再出之理，累疏求去，至於欽遣鴻臚寺官宣諭而不敢出，恭遇萬壽聖節而不敢出。臣於去就之分，亦或有一隙之明焉，而不蒙允放，以至於今，名檢既以盡捐，首領亦將不保。賴皇上察之鋒鏑紛拏之下，出之鼎鑊岌危之中，蕩蕩聖恩，如天罔極。而臣生平自好，惟不敢逾閑越軌爲兢兢，不意一旦跲踬窘辱，遽至於此。是以自愧自怨，自恨自傷，腸一日而九迴，寢一夕而數起，憂危日積，病乃轉增。皇上猶謂羣情衆怒、經數十彈擊之人，尚能爲皇上主張國事、籌畫邊方乎？猶謂一息奄奄、死期將至之人，尚能出而視事、分猷贊化乎？夫柱既蠹，則必更求木焉，駑既疲，則必更求駿馬，而猶望其支撐，疲矣，而欲責驅馳，此必不得之算也。故臣切①謂皇上爲國事計，則宜亟放臣，即欲全臣始終，爲國體計，亦宜亟放臣。苟猶因循不忍，以俟異日，至於事勢橫決，欲生臣而臣不可生，聖心亦將悔之矣。臣言至此，五內如焚。伏乞皇上憐臣蟻生，慨然放之。臣不勝泣籲激切悚息待命之至。"二十三日，奉聖旨："覽卿奏謝，朕知道了。已有旨諭卿即出，如何又有求放？爲言輔臣誼當體國，豈可專於潔身？宜即出賛襄，愼勿再陳。吏部知道。"

十九日癸酉，大學士朱賡謹奏："爲臣病愈危臣命愈蹙再懇聖慈早放事。昨奉聖旨，憐臣病勢沉篤，情詞愈懇，聖心惻然，又准暫假調理數日，真所爲天地生成之德，父母惟疾之憂，不過是矣。臣欽奉鴻慈，且感且泣，本欲暫假數日，再行陳請。奈氣息日微，痰涎日湧，徧身腫痛，度刻如年，十歲幼兒，形影相顧，萬里遠道，魂夢難飛，誰爲臣收此骸骨？若得聖慈早允一去，當以單車陸行，兼程遄往，或可歸死牖下。稍遲，則前途冰雪，非病軀所能禁，非刻期所能到，必無生還之望矣。爲此，泣請於君父之前，不辭瀆聒之罪。伏惟鑒察哀憐，不勝涕泣待命之至。"二十四日，奉聖旨："政本關係，日望卿之速出輔理，屢旨特諭，眷倚甚殷，卿夙懷忠愛，且事朕多年，豈能一旦恝然如此？宜遵慰旨，勉爲朕出，愼勿苦辭，吏部知道。"

是日，大學士朱賡等謹題："伏蒙欽點皇太子第四女名，臣

① 切 "切"當作"竊"。

等謹恭視中書官用印邊龍箋寫進請寶。謹具題以聞。"

二十一日乙亥，"伏①蒙聖母慈聖宣大明肅貞壽端獻恭熹皇太后，頒賜臣賡銀五十兩、紵絲四表裏，臣廷機、臣向高銀②四十兩、紵絲三表裏。"

二十三日丁丑，大學士朱賡等謹題："臣等竊惟，天下有必不可緩之事幾，則必有不可停之章疏。我皇上留神治理，即緩者終亦未嘗不行，而停者終亦未嘗不發。但事機所關，有遲一日則妨一日者，臣等不敢縷陳，謹取目前最急，條列數款，恭候聖裁。

一、戶部覆應天巡撫官勘災本，已經兩次票擬，未蒙發下。此乃臣等愚陋，莫窺聖意，寧敢瀆請？但本內有改折漕糧一款，極其要係，目下正是免糧之時，若不亟頒明旨，則各衛軍必至地方，責民交公，而各地方民必謂已請改折，不肯輪納，軍民相持，勢且生變。昨總漕官亦言及此，情甚迫切，伏望留神檢發。若臣等所擬未當，是在聖明一裁定耳。

一、朝鮮冊封陪臣，候命日久，每日在長安門跪訴。中國舉動，實外夷觀望以為重輕，且生向背。今既許其封，而又遲留顧惜，若印刓不與之為，得無為外夷所窺見乎？且陪臣在此，每日費光祿寺供給亦自不少，寒冬之時，羈旅困苦，尤當軫恤者也。伏望聖明將前疏亟發，其差官一節，或如禮部所請，或查前例舉行，統在聖裁。

一、大僚近日寥寥已甚，其最急者如左都御史、吏部右侍郎、兵部左③侍郎，乃銓衡、風紀與兵戎重寄，豈可久缺不補？而各處所推巡撫官，皆蒙皇上點用，獨福建巡撫缺且三年，屢催不下，新者無人，舊者移居境上，濱海要區，誰人彈壓？統望皇上將此數官亟賜簡用，而徐及其餘，則中外布列而朝綱始治，日以振肅矣。

一、各邊糧餉已極空虛，而宣大撫賞市本亦復告竭，即今夷情騷動之時，堤防制馭豈邊臣束手所能支吾？乞將各總督、

①伏 "伏"前當有脫文。
②銀 據《明神宗實錄》卷四五一，"銀"上有"各"字。
③左 據《明神宗實錄》卷四五一，"左"下當有"右"字。

巡撫餉本，亟賜檢發，令戶部議處。此尤今日第一急務也。
　　謹具題以聞。"

　　是日，大學士朱賡謹奏："為篤疾萬分難文瀝血懇祈早放以全天恩以存國體事。昨該臣恭謝聖諭，得①乞放歸，情急辭窮，謂必蒙聖鑒矣。今日欽奉聖旨，猶以股肱重任、倚賴忠良，督臣即出贊襄。臣不勝慚死，不勝惶恐。皇上信以為四體痿痺之人可當股肱之任乎？百口叢垢之身可稱忠良之名乎？皇上必欲得股肱，亦必速去臣而別任股肱，然後可以贊庶績，必欲得忠良，亦必速去臣而別用忠良，然後可以襄萬幾。況臣病勢日危，氣息日短，藥物罔效，痛苦難煎，旦夕之間，且為異物。皇上雖不欲棄臣，其如臣之命何？譬如臣男，臣豈不愛之欲生？即臣男之心，亦豈能捨臣而去？不幸無祿，只合仰天號泣而已。人雖至微，可以喻大。皇上何患乎無臣，而必欲誤留疲癃就木之人，以自誤其國耶？伏望聖慈即賜一允，及此冰雪未凝，使臣得兼程前往，或可生入里門，又望外之鴻恩也。臣不勝激切懇禱之至。"二十六日，奉聖旨："特諭屢旨，留卿至切，豈不恤卿私情？但以國事為重，難允所請。卿宜仰體朕意，勉遵朕命，慎勿苦辭。吏部知道。"

　　二十四日戊寅，大學士李廷機謹奏："為哀懇聖慈垂憐亟放事。臣狗馬疾病，痊可無期，顧此羈棲，如在縲絏，當慈短晷，如度長年，其間情景，言不能盡，皇上穆清之衷何由及知？呼天而天弗聞，叩神而神弗應，困窮無告，狼狽不堪，至臣今日極矣。臣在此一日，即臣一日之苦，得早放一日，即皇上一日之恩。伏乞皇上發慈悲念，即放臣歸，無復躊躇。臣生出國門，不至為異鄉之鬼。臣不勝哀懇迫切待命之至。"二十七日，奉聖旨："卿求去情詞日加迫切，朕豈不相體亮？但政本乏人，國事為急，故苦欲留卿。還遵諭旨勉出，以慰朕懷。吏部知道。"

　　二十五日己卯，賜皇太子第四女名徽孆（音盈，美好也）。

①得　明抄本作"並"，是。通行本作"得"，誤。

①測 "測"當作"惻"。
②測 "測"當作"惻"。

二十六日庚辰，大學士朱賡謹奏："爲殘命難捱泣請天恩亟放事。臣疾篤矣，藥物不能療矣，飲食不復思矣，身如尸而腹如鼓矣。屢蒙聖慈軫念，一則曰'朕心測①然'，再則曰'朕心測②然'，然是聖心已知臣之真疾矣，特謂臣未必真死，故躊躇未決耳。不知臣所苦者，正在不生不死之間，夢欲斷而未回，目欲閉而難瞑，乍厥乍蘇，無晝無夜，此其所以苦之苦也。同官親見其狀，非不流涕，而憐友之心終不勝其避嫌之心，必憑閣票，臣無去期矣。且從來問臣之去，無不斷自聖衷者。伏望皇上俯念四十年犬馬力竭之老臣，即賜聖斷，允臣一去，免填長安溝壑，臣生有涯，而恩無涯矣。不勝涕泣哀懇之至。"

萬曆三十六年十一月甲申，朔，大學士朱賡謹奏："爲危苦病臣泣請天恩早放事。臣於前月二十六日伏枕具疏，備言不生不死、度刻如年之狀，一字一淚，一淚一血，計聖慈必鑒察矣。而候旨數日，未蒙允放，或者聖心憐臣病革，與其死於道路，毋寧死於輦轂之下與？此愛臣太過，而非所以全臣始終也。臣嘗謂人生有二大關鍵，不可草草，進退與死生是也。臣若不得明旨，至死於輦轂之下，人將謂是夫戀戀祿位，忍勿能割，直待命斷而後已，其於進退存亡之道胥失之矣，豈能不貽笑萬世？故必堅請一命之下，舁出國門，或遠或近，任其自盡自化，庶幾無愧此心耳。昨已託人治木，不於長安，而於通灣，意可知已。伏望皇上即日賜臣一去，所全於臣者更大，臣之感荷聖恩更無極也。臣不能再作疏矣，君臣始終祗在此舉。臣不勝流涕泣血待命之至。"奉聖旨："覽卿此奏，情詞危迫，甚不忍聞。今長至屆期，中外同慶，卿爲首臣，乃欲捨去，又冒寒就路，朕心何安？宜遵旨勉留，勿復苦情①以申朕股肱一體至意。吏部知道。"

是日，大學士李廷機謹奏："爲哀懇聖慈垂憐亟放事。臣病深苦極，微誠不能動天，每對同官臣向高流涕，求其代臣上達，而向高但云皇上不放，臣之困窮無告，一至於斯。臣向苦乏僕，頃一僕方從家來，臣隨令送家小回籍，天寒子幼，非無老牛舐犢之情，以在此而舉家不寧，不如先行之爲便也。臣今隻身待命，抱病孤樓，若再延遲，必爲異鄉之鬼，後事誰託？孤襯②誰扶？臣言及此，皇上能不測③然一動念乎？今小民疾苦叩閽，猶蒙閔恤，以臣之哀鳴嗷嗷，而天心不爲感動，曾小民之不若矣。伏乞皇上憐臣放臣，毋復躊躇。臣不勝迫切涕零踽躇待命之至。"本月十四日，奉聖旨："覽卿屢疏，已軫朕心。茲聞遣家先行，益用悽惻。君臣一體，朕已頻煩慰留，卿豈可恝然若是？長至屆期，卿還勉出。不允辭。吏部知道。"

二日乙酉，大學士葉向高謹題："今歲各處災傷極爲重大，賴我皇上念切如傷，屢發溫綸，多方賑恤，如天之仁，海內含

①情 "情"當作"請"。

②襯 "襯"當作"櫬"。

③測 "測"當作"惻"。

萬曆起居注

生孰不頌載①？今日又蒙發蘇松四府災傷本，准留稅銀五萬賑濟，其餘皆依部議。聖恩廣大，隨處充周，臣等不勝欣服。惟日前戶部題覆應天等六府災傷本，已經票擬，未蒙發下，此六府與蘇松共一巡撫官，而以報災先後分為兩疏。今蘇松已發，則應天必不可遲。且蘇松有賑，則應天又必可②無。伏望皇上併發此疏，亟賜發下，仍照蘇松例給與稅銀，一體賑濟，庶皇恩無彼此之徧③，而窮民盡有更生之幸矣。又浙西三府，皇上先發買辦銀五萬，又發監鹽課銀伍萬，又發儀真稅銀伍萬，共有十五萬之數，較之直隸已為獨厚，是或可通融斟酌於其間乎？統候聖裁。臣不勝感戴欣忭之至。"

五日戊子，大學士朱賡謹奏："為苦情未蒙鑒允瀆請天恩早放事。臣旬日之內，又有二疏，具在御前，其於病苦危急之狀，進退存亡之義，悉陳於君父之前，淚盡而繼之以血矣。乃天聽逾高，天語逾靳，臣如未決之囚，旦旦而赴市曹，未斷之魂，時時而墮惡道，誠不如賜臣一死，猶得爽快決截也。昔人謂進難而退易，生難而死易。以臣觀之，退亦難，死亦不易，是在皇上發慈悲心，一語足以釋老臣矣。臣不勝涕淚悲泣待命之至。"

六日己丑，大學士朱賡等謹題："伏蒙皇上以聖母慈聖宣文明肅貞壽端獻恭熹皇太后萬壽聖節，頒賜臣賡銀五十兩、紵絲三表裏，臣廷機、臣向高銀各四十兩、紵絲三表裏。臣等頓首祗領，不勝感戴天恩之至。謹具題謝恩。"

七日庚寅，大學士李廷機謹奏："為萬懇聖慈垂憐准放事。臣伏睹皇上於求去之臣，多未放去，切④謂皇上即曲加愛惜，就中猶度其能留者留之可也，若臣則萬萬非能留之人，萬萬無不放之理，徒淹日月，徒滋塵瀆，徒煩聖心，且使獨抱一腔之志，而僇辱反過於賤人，尚餘一息之生，而性命卒捐於客邸，由是朝無令終之輔，世無善息之人，政地日輕，士風日下，未

① 戴 明抄本作"戴"，是。通行本誤作"載"。
② 可 《綸扉奏草》卷四"可"上有"不"字。是。
③ 徧 《綸扉奏草》卷四"徧"作"偏"。是。
④ 切 "切"當作"竊"。

必不由此也。人情急者無擇言，伏望皇上察臣所陳，憐臣病苦，亟放臣去，不勝急切隕越之①命之至。"十二日，奉聖旨："朕屢旨慰留，而卿求去不已，豈股肱一體之誼？今長至屆期，輔臣堅卧，尤非國體。宜遵旨勉出，以慰朕懷。吏部知道。"

　　九日壬辰，大學士朱賡謹奏："爲陽德方臨懇乞早賜放生以普皇恩事。臣有三疏在御前，乞歸之情，至懇至切，無剩詞矣。望眼已穿，未蒙批允，臣甚苦之。竊惟天地之大德曰生，而一陽來復，正生②不息之端，皇上對時育物之候也。草木含生之類，皆有以自遂，而臣獨呻吟於一榻之中，舉目無親，痛苦備至，曾不如道上貧者，猶得舒其四體，人皆憐之。皇上仁覆天下，加志窮民，豈其於四十年犬馬老臣、所視爲手足心腹者，而忍勿動念乎？伏望皇上發慈悲救苦之心，弘開籠解綱之惠，即日允臣一去，其於革故鼎新之義，亦有當焉。臣得旨即昇出國門，且行且止，以祝我皇上萬萬年無疆之廣也。不勝真切待命之至。"十三日，奉聖旨："長至屆期，卿爲首臣，宜即出贊襄，與朕同慶，何乃苦辭不已？屢旨慰留，皆朕眷倚至意，卿宜仰體，勿復再陳。吏部知道。"

　　十日癸己③，頒賜三輔臣，每鮮藕三枝。

　　十一日甲午，大學士葉向高謹題："臣惟目前最急一事，無如錢糧。各邊督撫連章苦告，又貽書臣等，具述艱難危迫之狀，有不敢盡形於奏牘者。前六月間，蒙皇上借發工部、太僕寺數十萬金，方支持數月，今又盡矣。聞太僕寺所貯，近亦垂罄，而臣在閣中連日接得揭帖，見工部又以撫夷二三萬金，疏請兵部給發，光祿寺又以進宮御馬監粟米等項數萬金，疏請户部給發。然則今日諸司庶府無一之不告苦訴窮，彼此責望，而終無所出也。在京衙門已自如此，又何以應外間督撫之求，令軍士之不枵腹乎？萬不得已，請及内帑，而皇上又屢以匱乏、支用不敷爲言。臣子卑微，豈能强之君父？況内外一體，亦何苦而

萬曆三十六年
二五七七

①之　"之"當爲"待"之類文字之誤。

②生　明抄本"生"下有"生"字，是。通行本脱此字。

③己　"己"當作"巳"。

① 長 《綸扉奏草》卷四"長"上有"共求"二字。

② 悅 明抄本作"忱",是。通行本誤作"悅"。

欲括內帑之積,以供外用?實以今日事勢窮促無聊,譬如大旱之歲,泉源盡涸,無處桔橰,惟有祈天降雨而已。皇上縱未即慨然,亦當責令廷臣悉心計議長①策,豈可坐觀其用,漫然不爲之所?夫臣子言事,欲動天聽,或不無張皇,至於帑藏之空竭,邊軍之饑而思亂,事理甚明,無所增飾。昨薊遼總督王象乾,又報軍士攫食,連營放砲,人情洶洶,朝不保暮。即京師中,亦無不危懼。臣觀此景象,安能默然?伏望皇上哀憐中外之苦,俯從計臣所請,不難割損以解倒懸。併將言官條陳有關國計者,盡賜檢發,令該部酌量覆請。仍廣集廷議,圖所爲經久之計、可行之無弊者,不至年年歲歲、日日時時,窘窘如此,煩瀆如此,宗社幸甚。臣不勝激切祈懇之至。"

十二日乙未,大學士朱賡等謹題:"伏蒙皇上以聖母慈聖宣文明肅貞壽端恭獻熹皇太后萬壽聖節,頒賜臣等,每金萬壽枝各二副、銀萬壽枝各二副、金篆字八個、金書黃綾符一道、金書紅綾符一道,臣等頓首祗領,及講官楊道賓等三員,俱各照數分給訖。臣等不勝感戴天恩之至,謹具題謝恩。"

十五日戊戌,大學士葉向高謹題:"恭遇長至令節,禮當慶賀,奉旨傳免,臣謹偕在廷文武暨天下華夷齎捧朝貢官員人等,於五鳳樓前大班行禮,恭伸祝頌外,伏念臣備員輔弼,受恩深厚,與在廷諸臣不同,擬是日恭詣仁德門,行五拜三叩頭禮,稱祝聖壽,以少伸臣子慶忭之誠。謹具題知。"

是日,大學士朱賡謹題:"恭遇長至令節,在廷文武官員人等皆行慶賀。臣備員輔弼,受恩最深,尤宜率先百僚,以伸微悃,乃因在告,不能恭詣午門、仁德門行禮,謹擬是日,於私寓敬設香案,扶掖望闕行五拜三叩頭禮,少伸臣子慶祝之悅②。臣不勝瞻戀感戴之至。謹具題知。"

是日,大學士李廷機謹題:"恭遇長至令節,禮當慶賀,臣因在告,不能恭詣午門、仁德門行禮,謹擬是日私寓恭設香案,扶掖望闕行五拜三叩頭禮,少伸臣子慶忭之忱。臣不勝瞻戀感戴之至。謹具題知。"

十六日乙①亥，大學士葉向高謹題："茲遇冬至令節，臣恭詣宮門外叩頭慶賀，伏蒙皇上遣司禮監太監成敬等管待酒飯，頒賜臣燒割一分、甜食一小盒、伏薑一小盒，臣頓首祗領。謹具題謝恩。"

是日，以冬至令節，頒賜三輔臣上尊珍饌。

十七日庚子，大學士朱賡謹奏："為恭謝天恩兼陳衷悃事。今日蒙皇上遣鴻臚寺堂上官李承華等到臣私寓，宣諭聖旨：'朕覽卿所奏忠君憂國、謀猷遠慮至意。各省災傷，黎庶困苦流離宜恤，昨都已有旨留銀賑濟，俾民得沾實惠。卿開②諸事，朕已知道了。其補卿貳大僚、各處督撫，檢查點用。軍士戍守，饑餒請餉，著農卿設處。元輔次輔久臥在家調理，其疾以③瘳，且聖母萬壽節在邇，著鴻臚寺官宣諭，速出贊襄夾輔，共濟時艱。該部知道。欽此。'臣恭設香案，就於榻中披戴冠服，俯伏聽宣，叩頭訖。臣不勝感激，不勝惶恐。伏念臣罪重福輕，久成痿廢，臥褥一載，百苦難言，即長至令辰，不能扶掖入賀，已無人臣禮矣。茲遇聖母萬壽，臣誼切股肱，心誠歡忭，稍可匍匐，何待聖諭傳宣？而自度步履不前，拜起失度，反於吉祥善事有礙觀瞻，上無以仰體聖孝，下無以恭伸祝忱，天壤雖寬，臣跼蹐無容身之地矣。萬不能出，伏惟聖慈鑒宥。除另行懇請外，謹具疏稱謝以聞。"

十八日辛丑，大學士葉向高謹題："恭遇聖母慈聖宣文明貞肅壽端獻恭熹皇太后萬壽聖旦，臣備員輔弼，仰戴隆恩，比之恒情，倍切忭忱。謹擬是日詣慈寧宮門，行五拜三叩頭禮，以少伸臣子慶祝之誠。謹具題知。"

是日，大學士朱賡謹題："恭遇聖母慈聖宣文明肅貞壽端獻恭熹皇太后萬壽聖旦，臣備員輔弼，仰戴隆恩，比之恒情，倍切忭忱。茲因在告，不能恭詣慈寧宮門行禮，謹擬是日私寓恭

①乙 "乙"當作"己"。

②開 據上文"開"上當有"陳"字。

③以 "以"當作"已"。

設香案，扶掖望闕行五拜三叩頭禮，少伸臣子慶忭之忱。臣不勝瞻戀感戴之至。謹具題知。"

是日，大學士李廷機謹題："恭遇聖母慈聖宣文明肅貞壽端獻恭熹皇太后萬壽聖旦，臣備員輔弼，仰戴隆恩，比之恒情，倍切忻忭。茲因在告，不能恭詣慈寧宮門行禮，謹擬日私寓恭設香案，扶掖望闕行五拜三叩頭禮，少伸臣子慶忭之忱。臣不勝瞻戀感戴之至。謹具題知。"

是日，大學士李廷機謹奏："爲恭謝聖恩併求准放事。日者皇上批發臣向高疏，奉聖旨：'朕覽卿所奏忠君憂國、謀猷遠慮至意。各省災傷，黎庶困苦流離宜恤，昨都已有旨留銀賑濟，俾民得沾實惠。卿開陳諸事，朕已知道了。其補卿貳大僚、各處督撫，檢查點用。軍士戍守，饑餒請餉，着農卿設處。元輔次輔久臥在家調理，其疾以①瘳，且聖母萬壽節在邇，首鴻臚寺官宣諭，速出贊襄夾輔，共濟時艱。該部知道。欽此。'伏蒙特遣鴻臚寺官宣諭，該寺卿李承華等捧到臣寓，臣恭設香案，扶掖跪聽宣讀，臣不勝感激，謹望闕叩頭祗謝訖。伏惟皇上嘉納忠讜，賑恤災民，卿貳督撫業許點用，軍士糧餉又命設處，皇上存士②於天下如此，臣豈不踴躍願佐太平？而況聖母萬壽，率土騰歡，臣近臣也，獨忍不恭詣宮門，一效岡陵之祝哉？惟是臣身委不能出，臣苦亦不敢重陳。聖恩如天，祗承無地，何顏以贊襄夾圖？何力能共濟時艱？惟望皇上貸其衡命之罪，憐其萬萬不得已之情，亟放臣歸，即犬馬餘生，猶可歌咏太平，祝我皇上、聖母萬萬歲壽也。臣不勝感激惶悚之至。"二十日，奉聖旨："覽卿奏謝，朕知道了。卿還遵諭勉出，以慰眷懷。"

十九日壬寅，大學士葉向高謹題："恭遇聖母慈聖宣文明肅貞壽端恭獻熹皇太后萬壽聖節，臣恭詣慈寧宮門外叩頭慶賀，伏蒙皇上遣司禮監太監成敬等管待，頒賜臣酒飯一卓、燒割一分、甜食一小盒、絲窩糖一盒、硬糖餅一盒、伏薑一盒。又蒙聖母賜臣葷善二盒、手盒一副、酒二瓶。臣頓首祗領，不勝感戴天恩之至。謹具題謝恩。"

① 以 "以" 當作 "已"。

② 士 "士" 擬當作 "心"。

萬曆三十六年

是日，伏蒙皇上以聖母慈聖宣文明肅貞壽端恭獻熹皇太后萬壽聖節，頒賜立輔臣上尊珍饌。

二十一日甲辰，大學士葉向高謹題："周官臣虞臥病日久，臣尚冀其痊可，協力贊襄。近於十八日復感寒疾，至二十日益加沉重，其夜遂不能語言。家人驚忙，以三更時呼臣往看。臣到則口眼歪斜，人事不省，臣令醫人灌藥解救，至今未盡蘇醒。度此病勢，儻得生還，已爲萬幸，必難黽勉再出，爲國家任事矣。臣參爲同官，不勝淒愴。伏望皇上先允回籍，以安其心，俟其調理稍痊，然後就道。天高地厚之恩，臣亦均戴之矣。"

是日，大學士朱賡謹奏："爲命盡福窮苦請恩放事。臣患病杜門以①及匝歲，閣職非經年卧理之官，痿痹非旦夕可起之病，前後疏辭，不啻數十上，詞盡而淚亦盡矣。即今長至慶賀、聖母萬壽，辱聖諭傳宣，皆不能仰副德意，密勿之地，可容此負恩負心之臣、偃然廁名於其間乎？昨奉聖旨，鑒臣情詞危急，甚不忍聞，又念臣冒寒就路，聖心未安。何勝感泣？皇上之愛臣，不啻父母之保其赤子。臣豈不自愛，以貽父母惟疾之憂乎？惟是病體決不可活，時勢決不可留。誠得開綱走曠，再見天日，則風霜冰雪，無非順景，嶮巇跋涉，總是坦途，臣當量力而前，以負皇上始終造就之恩也。臣又②十八日陡患傷寒，徧身顫栗，手足麻木，欲异出朝房候旨，亦不能已。恭繹明旨，必曰股肱一體，則必痛癢相關，病③相恤，夫何使臣至於此極也？伏望聖慈，先將臣疏批發，使臣進禮退義，無非④長安客死之鬼，貽笑青史，臣生有餘⑤，歹無遺憾矣。不勝涕泣痛懇之至。"

二十二日乙巳⑥，大學士朱賡謹奏："爲心迹宜明公論宜服臨行一吐衷言以祈聖鑒事。臣兩三月間備經指摘，幾罄南山之竹矣。然而未敢深言者，以臣實有罪不敢辯，臣實有體不宜辯，臣病阽危不能辯，而千篇一詞總是莫須有三字不必辯、故惟怨⑦自尤，堅求一去，聽其所止而休焉。不意皇上愈留，而人愈疑而說愈長，至將一片樸忠指爲鬼魅，一生曲謹化爲貪婪。

①以 "以" 當作 "已"。

②又 明抄本 "又" 下有 "於" 字。通行本脫此字。

③病 明抄本 "病" 上有 "疾" 字，通行本脫此字。

④非 "非" 似當作 "爲"。

⑤餘 "餘" 下當有脫字。

⑥巳 "巳" 當作 "巳"。

⑦怨 "怨" 上當有 "自" 字。

臣實痛之，故於一、二疏中關於心術者，據實直陳，關於贓私者，據實請勘，而本等罪過職所不得辭者，不敢不席藁以聽處分，統惟聖明一鑒察焉。

一、楚事甫定，湊有妖書之禍，臣早夜焚香告天，冀得罪人，以分君父之憂，而又恐波及士類，釀成大獄。會有聖諭切責諸問官，各官人人自危，引罪求退。比時臣方在告，急移書沈一貫，謂：'聖諭在皦生光未承認之光，今衆官嚴審的確，與昨諭元不相背，不妨急上一疏，慰解聖懷。'一貫答書曰：'會議本中尚未說實，今止可具疏，引爲輔導失職，亦當待罪。其疏或合或分，似不可少。'有手書存證。次日諸問官趙世卿等，俱來見臣，言：'皦生光事已真確，若必苛求，恐妨①子諸人不堪刑法，信口胡招，爲禍不小。'臣又移書一貫，謂：'皦生光屢次承認，與其妻子之言無不吻合，而刊印匠所稱工價字數不差毫釐。此足上慰聖懷，不須他求矣。'一貫答曰：'日與趙司徒、沈侍御面談頗暢，當具疏草請教。'亦有手書存證。臣又移書沈鯉，謂：'此事窮究不下已，恐朝端從此多事，我輩豈宜坐觀？須上疏力解，合疏則聽元輔具稿，分疏則各備一草待用。'鯉答曰：'既公事，合疏爲妥。'亦有手書存證。其後率用公疏。賴聖明乾斷，止坐皦生光正法，更不濫及一人。臣有何依違其間，助成重大之蹈乎？臣前收拾行李，檢出屢次手書，隨送臣向高收藏久矣。望皇上取而觀之，頒示廷臣，庶知臣一片苦心也。

一、楚宗歐殺撫臣，下手者自應顯戮，其有無劫貢，真否張掛逆詞，在楚有撫按奏報，在京有法司會議，在閣有二僚長主持，臣何所附和？獨記敍功疏至，沈鯉謂臣曰：'宗潢受戮，而諸臣敍功行賞，於心未安。'臣甚韙之，相與贊成此議，竟不敍功，其無附和可知也。

一、臣與沈鯉同講、同部、同蒙召用、同矢心圖報，雅稱莫逆，不意二僚長意見相左，臣脉脉調停於二臣之間，而二臣不知也。及後言官交論一貫，臣度其勢不可留，私謂鯉曰：'天下事公宜擔當，某願佐下風。有功則不敢分，有勞有過則願共

① 妨　明抄本作"奶"。通行本誤作"妨"。

之。'鯉曰：'吾與公原是一人，不必分形骸。'言猶在耳，不謂二臣同日罷去。臣急趨閣中，欲封還內降，而疏已發科矣。隨具揭請留，願與同去。候旨至暮，不報。次早欲再上，而無及矣。人情以此痛恨錢夢皋，至今切齒。嗟嗟，使鯉不去，臣安有今日之禍？使臣果有不肖之心，前何以封還夢皋之疏不票，後何以請去夢皋不少置耶？乃謂臣收漁人之利，刈當門之蘭，此等冤言，恐非鯉所樂問①也。

一、臣以至愚極陋，獨任一年，委無寸善可錄，惟是伎倆有限，支離不堪。哀請枚卜，脣枯舌敝，直至臣男訃聞，蒙聖心悲憐，始下會推之命。臣何利於獨任哉？乃謂仍此竊弄機緘，破綻已露。不知竊弄何事？破綻何事？近所共指共咻者，大都以部寺政訐，及科部寺相許之旨疑臣私授，又以汪若霖等之謫疑臣中傷。此惟天知、地知、皇上知之。臣曾有一字相授受乎？設有之，又於皇上之前白眼負賴，皇上必照破肺肝，豈容姑息？望皇上將臣密揭明示天下，即行寸斬。或果有左右之人爲臣傳遞，皇上手批之時應知此所從來，亦望明出其人，與臣同罪。又或另有宥人揭害若霖，而駕禍於臣，亦未可知，尤望明出其揭，以誅奸佞。三者之外，更無他途，而謂臣別有至工至巧不可思議之術，則臣不能解矣。臣又嘗於考選下日，取吏科原本來看，乃八月初四日吏部所上職名本，初六日夜半批發，左右莫能知。而謂一月前從臣家傳出，此真夢中語矣。以此爲竊弄、破綻之證，人人欲按劍而誅之，臣死不服也。

一、臣當事之初，首陳大僚不宜久缺，而大僚中吏部、都察院正卿尤爲至緊，蓋據事理如此，臣心實空然無物也。孰爲臣私人，而曲庇之？孰爲臣同心，而欲使秉政？孰爲臣所忌，而欲以驅除？何不直指其人？且二十年前吏部會推大臣，尚與閣臣商議，二十年後絕不相聞，九卿各舉所知，雖署銓者亦不能自主，臣向何人言之？乃推舉一不當意，則曰此閣臣之同鄉親戚也，不然則其門生故舊也。一經點發，則曰此閣臣之專擅也，不然則其神通關竅妙入神聖而人不知也。夫誰無親故？各有資俸，臣安能保其不推耶？九重如天，皇上明知日月，臣安

① 問　據《明神宗實錄》卷四五二，"問"當作"聞"。

能使御筆點其所欲用、無不如意耶？而未經點用者，則又曰留某缺以待某人，姑以某人支吾目前，以巧杜其異己者。則是銓部、九卿，臣以一手把持，深宮大內，臣以一綫牽引，真古今第一權奸矣。嗟嗟，古今有如此孤苦落莫之權奸耶？

一、臣自柄政以來，無日不以起廢爲惓惓，疏揭無慮二十餘牘，副在史局，可攻①。近蒙皇上幡然求舊，環命洊加，亦既拔其尤矣，從此次第彙徵，臣方注目以俟。何仇於諸賢而堅主永錮之意，爲軟禁之術乎？憶昔沈鯉與臣屈指廢佚諸臣，各記所知，具疏以請，緣人衆不敢盡列姓名，鯉欲獨署門生呂坤，臣亦欲署門生鄒元摽②，蓋內舉不避之意，而鯉恐反爲二臣之尼，竟併刪之。今坤現推部卿數處，元摽③現推通政，望皇上亟賜點用。及近日科道官所臚列，與二十年來指斥輔臣者，不問久近，一一用之，亦數十年來未有盛事也。

以上六事，臣久欲一吐，而囁嚅未敢，今幸有言官指出，故直攄其胸臆，臣所謂據實自明者此也。至於臣硜硜小廉，雖不足掛齒，亦自謂無愧本心，而復以贓私擴拾，舉其平生而盡蠛之，良可傷心。除會試、鄉試事迹彰灼人耳目者，無庸置辯外，至所謂吳士奇、倪承課、方承都者，不知何許人，查仕籍始知有此姓名，而謂賄臣以得陞，請行吏部勘覆。廣元王不知何時絶對，何時襲封，而謂賄臣以得襲，請行禮部勘覆。鄧鳳之爲總兵，必有薦之人，而謂饋謝於臣，請行兵部勘覆。王惟忠、程守訓罪惡滔天，恨不即付市曹，而謂賄臣以得緩死，請行法司、錦衣衛勘覆。倪凍、吳有孚，原係臣子女親，凍之起官知府，聞南京有思其前政而薦之者，楊時喬能言之，有孚陞副將，聞四年九薦，人地相宜，趙拱極辯疏能言之，皆與臣無與，而謂得至親重賄，此豈近於人情？胡澤有房，向爲縉紳傳舍，臣婿張汝霖僦居一年，出差即付還，人今現有僦居者。而謂以大房獻臣婿，因賄臣脫罪，今其房果誰屬乎？其罪果脫否乎？可勘而知之也。臣男敬循，在選司不敢私一人，人有怨之者，宜遭死後之謗。臣世以清白自矢，家不及中人之産，田不足百口之食，而謂十孫每授田千餘頃，都里魚鱗册可查。臣家

①攻 "攻"當作"考"。

②摽 "摽"當作"標"。

③摽 "摽"當作"標"。

奴不過十餘菜傭，而謂收稅監人三千，以致稅使之不罷皆坐此，里甲排門冊可查。又謂甘巡撫坐名於臣家拏出參隨若干，甘巡撫見在，地方道府縣官亦必有案卷可查，請行撫按勘覆。大抵攻閣臣者，必以贓私爲極着，非勘不明，臣所謂據事請勘者此也。

頃又得一揭，其說愈蔓，末導臣以長幼百口擔諸九廟。夫九廟禁地，臣不敢擅入，且又病不能入，謹諏日恭設香案，北向九廟，扶掖叩頭，而矢之曰：'臣果不忠不法，自私自利，如言官所稱，以摳①臣衛臣爲利，以滇南閩廣督撫爲利，受鄭汝鑛之寄頓，納李宗城之厚賄，通梓里之奸僞，共礦稅之剝奪，同僚、總憲、銓部、禮部無所不傾，劉九經、陳嘉訓、宋燾、汪若霖無不陰害，始與王錫爵會同密揭，既而勾引辯疏，信用私人，專據吏垣，桃②激宮府，密行專擅，有一於此，長幼百口盡受惡報，以爲爲臣不忠、罔上行私者之戒。'蓋臣非好誓也，言者導之以盟誓，臣何懼而不誓？亦非好辯也，言者激之以聾啞，臣何歉而不辯？乃臣所自懼自歉者則有之矣。臣叨居政府七年於茲，致天多災沴，人多怨咨，紀綱廢弛，人才淹滯，府藏空虛，邊備虛冒，夷虜跳梁。舉天下積弊而責之現在之身，公論也，舉天下百責而望之秉成之人，忠告也。臣何得不懼且歉？而又何說之辭？臣所謂席藁待罪者此也。

臣於病中逐日口占，累成此疏，尚冀生還，俟允放之日以進。今死在須臾，失此不言，無復可言之會矣，敢也冒昧瀆陳。惟願諸臣毋替讜言，願執政毋蹈前轍，願皇上毋勌勤於九仞，而虧功於一簣，相與共成雍熙悠久之盛，臣願畢矣，臣生順而歿亦寧矣。統惟皇上鑒察。"三十③奉聖旨："朕覽卿所奏辯明心迹，欲臨行一吐，甚見冤迫苦情。且妖書、楚事、考選諸旨，皆朕親裁處斷，有何密揭、陰害？其無稽控害，俱以洞悉。卿爲國忠誠直亮，端謹清苦，中外咸知，何必請勘？近來科道專以挾私，朋謀誑奏，綱羅誣陷，不以國體爲重，姑念新進，故將章疏留中，置之不理，如有仍前妄言的，定行重治不饒。卿疾未愈，宜益善加調攝，稍可即出贊襄治理，勿以無根之言介

萬曆三十六年

二五八五

①摳 "摳"當作"樞"。

②桃 "桃"當作"挑"。

③十 "十"下當有"日"字。

懷，亦不必再陳。吏部知道。"

是日，大學士葉向高謹題："今日蒙發下工部覆議商人困憊一本，令臣擬票，臣不勝忻幸。竊惟自古帝王建國，皆以京師爲根本之地，故必京師充實，民人得所，方成萬年不拔之基。近年以來，京民爲派商窮困，十無一免，哀鳴泣訴，至不忍聞。今蒙皇上憫念垂仁，特下部疏。溫綸一頒，則百萬生靈皆有更生之望，其歡呼鼓舞，祝聖壽於萬年，願皇圖之鞏固者，將聲殷於郊圻之内，而歡騰於薄海之遠矣。此眞大聖至仁、善政第一事也。臣歡忭之極，謹即擬票上請。惟此事須内外衙門共加體恤，方足以副聖心，故臣所以擬責該部者亦勘切耳。伏望聖明裁定。"

二十七日庚戌，大學士葉向高謹題："臣觀今日九卿大僚缺乏已極，每衙門不過一人，而又或以眞病，或以被言，皆杜門求去，其現在供職者，惟戎政尚書李化龍、禮部侍郎楊道賓、工部侍郎劉元霖三人，而道賓又欲給假，化龍又偶感寒疾，尚未出户，長安道上，遂幾無九卿之迹。昔嘉靖庚戌，膚闖郊關，凡治兵督餉，皆用大臣，即九門亦各使大臣分守。今薊鎮報虜五萬騎窺邊，雖以我皇上威靈，必不敢震驚畿甸①，萬一邊臣不戒，如嘉靖時事，將令何人任筦鑰之司、效奔走禦侮之力耶？臣竊憂之。戶部尚書趙世卿以邊餉匱乏，無可設處，苦困悲號，幾無生趣，日來祈控於臣。工部又以賞夷無措，求借兵部。光祿寺又以供應難支，求借戶、工二部。彼此束手，相怨相尤。臣每票擬此等章疏，則茫然莫知爲計，不得已委之所司，而所司無可奈何，又復瀝情告苦，展轉支吾，終無了日。窮迫如此，尚可以爲國乎？京民困苦，商賈破產傾生，逃亡流竄，每聞號訴，盡爲心酸。扣其受害之故，半爲鋪墊，半爲奸胥，於國家曾無分毫之利，而徒竭民脂膏②，填此谿壑，其亦倒置之甚矣。儻有風塵之警，及於國門，九列無官，倉庫無錢，京師無民，即有民亦不肯爲用，臣不知其何所恃也？人情洶洶，無可委咎，盡歸其責於輔臣，而輔臣身居此地，亦無以自解。故舊戚於慎

① 甸　明抄本作"甸"，是。通行本誤作"旬"。

② 高　《綸扉奏草》卷四作"膏"。是。

行之没，臣賡以爲羨，今賡已垂危，而臣廷機亦真病矣，臣之一身，難當天下之責，一旦有事，此屑然之肉，其足食乎？日夜憂惶，不能安處。伏望聖明垂憐，而軫念焉。臣不勝激切祈懇之至。"

二十九日壬子，大學士李廷機謹奏："爲懇乞聖慈垂憐准放事。臣患病多時，尪羸①已甚，然前蒙宣諭，尚能勉强跪聽，望闕叩頭。自此連日以來，内苦閉塞，外兼跌蹼，痛楚呻吟，竟日徹夜，扶而後能起，憑而後能立，病勢至此，蓋已難矣。臣與臣賡同病同情，今聞賡垂危，而臣復如此，亦可憐之甚者也。伏乞皇上俯垂憐念，即與尚書蕭大亨一視准放，臣心稍寬，病或可活，實皇上再生洪恩。臣不勝哀懇激切悚息待命之至。"十二月初二日，奉聖旨："卿求去懇切，慰留甚殷，況今新失首輔，政本單虛，卿豈可復有所請？宜即出贊襄，不必再陳。吏部知道。"

① 羸　明抄本作"羸"，是。通行本誤作"羸"。

三十日②，大學士李廷機、葉向高謹題："爲病故輔臣事。據少保兼太子太保吏部尚書文華殿大學士朱賡家人朱棟報稱，本官於本月二十九日酉時病故。看得臣賡學行兼隆，才猷素裕。早傳講幄，啓沃之功居多，後參政幾，贊襄之力不少。迨於當國，尤極苦心。祇緣時事之多艱，忠猷未售，復荷聖慈之眷念，去志莫伸，遂進退之兩難，致公私之俱困。加之寒疾，奄至殞軀，二子幼孤，諸孫在遠，惸惸旅邸，深可憫傷。所有應得卹典，伏乞敕下禮部，查例上請，以彰朝廷優禮首輔之意。又其家人出遺疏一通，乃其病時所豫草者，忠愛之忱，亦可概見，謹代爲奏聞。緣係病故輔臣事理，未敢擅便，謹題請旨。"

是日，大學士朱賡謹奏："爲病臣勢已瀕危一死未能報國謹據榻口占以獻餘忠以伸永訣事。臣以潦倒殘生，山林棄物，蒙皇上召至密勿，誤參政幾，荏苒七年，無裨毫末樣，行且違棄人世，旋返冥漠，報答無繇，罪咎何言？憶自入國以來，不獲一覲天日，每以片詞隻牘用代面陳，雖空言無當，而一念獻替

② 日　"日"下當有"癸丑"。

之誠，庶幾藉以敷布。而今已矣，茲亦不能別爲爻詞以煩天聽，第於皇上所聽納而行之未竟者，願推廣以盡其餘，使火然泉達之機，充之以保四海，所未蒙聽納而尚有待者，願設誠而力行之，使厝火積薪之憂，釐之以防其決裂。蓋智者急先務，則補大僚、開言路、賑災荒、釋罪臣、起廢佚、疏淹滯。聖政非不施行，而充拓得盡，乃爲日新而富有。爲政去太甚，則章奏未通，疑城未破，居積未施，稅監未撤，邊情未飭，國計未完。聖心非不開悟，而釐革得盡，方可易聽而改觀。漢臣有云：'勉強學問，則德日起而大有功。'是終始典學，事在勉強，緝熙不可不察也。《易》曰：'危者安其位'，'亡者保其存'。是戒於未雨，防於履霜，慮患不可不遠也。喜怒哀樂，益養天和，是法宮之珍攝不可不調也。東宮進學，益充虞質，是義方之儲教不可不預也。而其喫係關頭，則政本重地，用賢急矣。同官賢才出衆，誠不難輔佐，而揆路不可不早卜，衆正不可不廣延，如在朝啟沃之英，在野老成之彥，原不乏人，皆可爰立，在皇上詢之與①論，斷之宸衷，惟賢是舉，與衆共之，而天下之庶績凝矣。以上敷陳，無甚高論，聊以見垂絕之臣，不忘君父之餘忠耳。臣言畢矣，伏惟皇上行臣之言，則雖死之日，猶生之年，而犬馬微忱，永效唧結於世世矣。臨疏不勝哽塞，瞻天仰聖之至。"

① 奧 "奧"當作"輿"。

萬曆三十六年十二月甲寅，朔。

二日乙卯，大學士葉向高謹奏："爲首臣淪逝閣務繁難懇乞聖明俯從遺疏廣賜登延以重政本事。臣以匪才濫叨簡命，受事雖僅年餘，而自同官二臣請告以來，獨身入直，居其大半。維時閣事之大、臣愚暗所不能辦者，猶得咨請首臣，彼此商確。今首臣歿矣，臣廷機一味乞歸，不問朝政，而臣錫爵又堅臥里中，其來無期，臣之一身，如摧翼之鳥而不前，獨輪之車行惟恐覆，固已不勝其狼狽矣。兼之中外多事，宮府久暌，倉庫盡虛，封彊①屢警，昔人所謂三空四盡之病，畢見於今日，縱使夾輔有人，匡維協力，猶懼不濟，而奈何以臣庸愚獨當其任哉？故臣賡臨歿惓惓以再補閣臣爲請，老成憂國之苦心，臣深望皇上之俯念也。且臣之私衷，又不但是。輔弼之臣，從來稱位高任重。位高者如臨千仞之淵，其足易墜，苟非使之有退步之地，則必至於顛危。任重者如扛萬斤之鼎，其足易疲，苟非使之有息肩之期，則終虞其竭蹶。皇上試思，自御極以來，閣臣之承恩遇而善始終者，能幾何人？小者敗名，大者喪身，雖人品行業之不齊，亦以登進難，而在事者退步息肩之不易耳。今一年之間，連喪二輔，龍蛇方厄，帷幄無光，若不及今旁求名哲，共筦樞機，而復使碌碌如臣者羈維充數，不敢乞身，進退既窮，顛危立至。臣一身不足惜，其如壞天下國家之事何也？臣既讀賡遺疏，深爲有感，而又與臣廷機計之，皆以爲宜，顧廷機方在求去，未敢有言，臣輒冒進其愚。伏望聖明深惟天下大計，重念臣賡遺言，敕下九卿，從公推舉，亟賜簡用，其舊臣之忠貞夙負身係安危者，特賜召用，而又渙發溫綸，促錫爵之來，諭廷機之出，使仍足舊歲五人之數，或加溢焉，則衆正畢登，而太平之業端有望矣。臣不勝激切顒望之至。爲此，謹具本奏聞，伏候敕旨。"

是日，大學士李廷機謹奏："爲身危更憂國危謹冒死進言懇祈採納以奠安宗社事。臣在病中，同官臣向高常來看臣，輙②相與疾首蹙額而憂國家事之危急也。虜猖獗甚矣，餉不給久矣，

① 彊 "彊"當作"疆"。

② 輙 "輙"當作"輒"。

令户部設處無可設處矣。如有虜即入犯，匈糧何在？戰將、戰士、戰馬何在？朝中可分領調度防守者何官？即烽火通乎郊圻，有拱手而已。豈不至危急哉？故臣等及中外諸臣，屢以內帑爲請，誠見外無所措，而不得不求之內，下不能應，而不得不望之上耳。而聖心未動，渙發無期，邊軍之鼓噪必不可免，戎虜之縱橫必不可禦，金甌之天下必不可保，皇上睹此時勢，以爲危急乎未也？且榷稅久矣，財盡民窮，額外之賦既多，惟正之供轉縮，故臣等及中外諸臣屢以罷稅爲請。豈誠有利而故不取？亦見此事病民病國，利無毫毛，害若丘山，而皇上猶以爲自然之利，不忍據割。民即離叛，稅從何輸？與其停之自衆庶，孰若停之自朝廷？與其亂至而損貲，孰若及時而施惠？乃望者急於倒懸，而皇上尚欲遲之歲月。噬臍何及？雖悔何追？此事又非至危急者哉？臣伏睹皇上至明至仁，真有可爲堯舜之資，惟於利之一字無不牽挂。蓋皇上亦知臣淡薄，而臣本不自意草茅細行，能動九重之知，亦微覺其中有味存焉。臣入京六年，受皇上俸薪、不時賞賜，臣能節用，無不足而具有餘。人言臣五百金買房，而不知臣之蓄尚有不止此者，每領受無愧色，付之童僕無疑心，笥鑰不問，夜戶不扃，寐而甚寧，覺而甚適。此臣食芹之美，曝背之暄，每思獻之君父，而欲俟臣位稍安，事上漸久，而後乘間從容言之。今臣已矣，人之將死，其言也善。誠得皇上用臣之言，即臣死不望帷蓋之施，即生還不望金綺資斧之齎矣。夫天子富有四海，何必多藏？古人言有餘爲災，平爲禍，凡物皆然，而財尤甚。蓋金氣寒而寶難久，秘積而不散，必爲妖爲祟，人言良有所本，非欺謾也。臣願皇上奮然乾斷，掃去數年牽挂之利心，即發帑金濟邊，即停稅撤擊稅監，以阜民足國，保我祖宗艱難辛苦僅得之天下，無使動搖，毋以危亡爲未必然，毋以人言爲不足信。臣既病臥，例不敢具揭，即此疏臣不外傳。惟祈聖明裁察施行，臣不勝力疾冒死懇切仰望之至。"

四日丁巳①，大學士李廷機謹奏："爲留死不如放生哀懇聖

① 已 "已"當作"巳"。

慈鑒前憫後以終恩遇事。臣九月內一疏，言諸臣稱疾多不蒙放，既而物故，良亦可傷。今臣賡又若此矣。賡初未有必死之症也，祇因衆口沸騰，無所容其身，而皇上又固留之，進退狼狽，抑鬱無聊，處必去之地而不得去，故無必死之症而竟以死耳。今即恤之憂，何如放之早？使其被異數於身後，何如遂微願於生前？皇上但視賡可以知臣矣。皇上不放臣去，臣又爲賡之續矣。今大僚無無人言去者，去無陛辭，國門無祖道，必與櫬①而後返，哭而後行，盛時景象必不若此，聖主始終恩遇亦必不若此。臣今求皇上鑒已死者之無及，憫後死者之將然，亟傳一語放臣，無令一時二臣淪胥以逝，併辜聖主之恩，徒彰政地之厄。臣不勝哀懇激切待命之至。"十一日，奉聖旨："政本乏人，方思簡用，豈能聽卿之去？眷倚甚切，卿宜仰承，爲朕勉出，勿得堅辭。吏部知道。"

九日壬戌，大學士李廷機謹奏："爲哀懇聖慈垂憐亟放事。臣自四月杜門至今，乞休之疏已二十五上。初以大義時勢不得不去求放，繼以病求放，至本月初四日一疏，則因臣賡亡而援之以求放，臣之情亦甚迫矣。連日待命，未蒙俞允。蓋皇上向亦不信賡病，不知今聖心亦悔否？儻視甚②亡而不悔，是聖主至仁，不忍於一夫而獨忍於輔臣。如悔其不放，則又安忍留臣，以貽再悔也？臣蒙皇上遣鴻臚寺官宣諭至再而不能出，又命同官臣向高傳諭而不能出，萬壽聖節臣不能出，長至令節臣不能出，聖母萬壽臣不能出。蓋賡尚能於聖節前勉強一出，而臣則不能勉強矣。今家眷先去，孑然一身，稚僕僅二三人，一旦溘然先朝露，誰爲殯殮？誰爲扶櫬③而歸也？夫人非木石，豈有受人叱咤如奴隸、驅逐如寇賊，能夷然久忍而不病者？又豈有衰年長病抑鬱無聊之極而不死者？事有必至，理有固然。伏望皇上亟發慈悲，但傳放一聲，毋使臣爲賡之續。臣不勝哀懇激切悚息待命之至。"二十九日，奉聖旨："元輔既歿，卿又苦稱病困，朕豈不軫念？但今政本乏人已極，一時誰共贊襄？委難遽允。還遵旨即出，毋孤朕意。吏部知道。"

① 襯　"襯"當作"櫬"。

② 甚　明抄本作"其"，是。通行本誤作"甚"。

③ 襯　"襯"當作"櫬"。

是日，大學士葉向高謹奏："爲政本單虛愚臣窘迫再懇聖明俯察微衷亟行推補事。臣頃者因臣賡之没，具疏請添閣臣，候命數日，未蒙允發。臣欲補牘申請，而前疏中所云時事之艱難，臣愚之困苦，位高任重之可憂，求賢夾輔之宜急，於公私之情已自詳盡，語語由衷，毫無粉飾，亦不能更有説矣。總而言之，今天下事百孔千瘡，斷非臣一人所能補塞，今天下人情鼎沸絲紛，斷非臣一人所能壓服，臣之在此，如孤舟涉險，惟憂同濟之無人，如窮卒守邊，惟苦更番之不早。儻皇上不加憐念，復有遲疑，則臣屢病之軀不堪愁悶，將復爲臣賡之續，即幸而未死，猶玷綸扉，亦與臣廷機淪胥以溺而已，其於國事不愈壞哉？臣情甚危，臣詞甚苦，伏望聖明俯從臣請，此非臣之幸，乃天下國家之大幸也。至於枚卜之事，則下由廷推，上由聖斷，國典在前，公議在後，臣誓不敢萌一私，出一語，以沽恩市德，得罪於君父，貽譏於衆口，取殛於宗社之神靈矣。尤望聖明俯垂鑒亮，臣不勝懇切待命之至。"

十一日甲子，大學士葉向高謹題："臣廷機杜門已八閱月，求去已數十章，頃因臣賡之殁，心又感傷，去念愈切。臣寓宅相憐，朝夕相見，每勸其勉出以副眷懷，而廷機苦言欲去之情、不容不去之勢，託臣以轉聞天聽者，其詞極哀極懇，甚至於詬臣責臣，謂臣無休戚相關之誼也。臣欲爲之言，則失皇上所以慰留廷機之心，且閣中無人，難徇其請。欲終不爲之言，則見其情勢如此，不忍默默。再三籌度，竊以爲今天下事機極壅，議論極多，閣臣極爲難處，非但廷機當去，即臣亦當去，非但廷機不能自安，即臣苟延旦夕，亦終不能自安，此臣連日惓惓以推補閣臣爲請者，實萬不得已、萬不容緩之事體也。夫惟皇上難閣臣之去，則閣臣之勢愈窮，閣臣之勢愈窮，則其心愈危懼而無所措。誠使閣臣欲去得去，以其身處於進退從容之地，無觸藩維谷之憂，庶幾心志稍舒，而體貌亦重，其關係於政幾，殆不小矣。臣之行能，遠不逮廷機，豈不願廷機之留？而事勢已極，無可奈何，惟願皇上鑒臣私衷，容與廷機同去，不至羈留困苦，以誤天下事，是臣之所以爲廷機計，而亦自爲計耳。廷機疏臣且擬留，而附陳愚衷如此，以備聖明裁擇。臣不勝悚息惶懼之至。"

十三日丙寅，大學士李廷機、葉向高謹題："照得東宮輟講已將四年，中外人情莫不懸望，乃並侍班、講官日久盡缺，臣等屢次題請，未蒙允補，此尤從來無①之事也。揆之典制，參之時宜，元良輔導之職，萬不宜虛。臣等謹推得詹事府少詹事兼翰林院侍讀學士吳道南、右春坊右庶子兼翰林院侍讀翁正春，俱堪侍班，右春坊右庶子兼翰林院侍讀傅新德、左諭德兼翰林院侍讀顧天埈、左春坊左諭德兼翰林院侍讀李騰芳、右春坊右諭德兼翰林院侍讀史繼偕、右春坊右諭德掌南京翰林院事朱之蕃，俱堪充講讀官，制敕房辦事戶部山東清吏司郎中汪民敬、大理寺左評事范可愼，俱堪侍書。內各官資俸已深，者相應②量陞詹事，翁正春量陞少詹事，俱兼翰林院侍讀學士。顧天埈量陞左庶子，李騰芳、史繼偕量陞右庶子，俱兼翰林院侍讀。朱之蕃回坊兼翰林院侍讀。其范可愼向經侍書日久，量陞禮部儀制司主事，與汪民敬俱兼司經局正字。俱各供前項職事。伏乞敕下吏部，遵照施行。須③題請旨。"

十五日戊辰，大學士李廷機、葉向高謹題："照得每年十二月二十六日，例有涮除敕書，敕禮部三法司。臣等於初三日已將敕稿進呈，復於初九日再進，俱未蒙發。今照日期已迫，伏望即賜批發，以便寫敕、請寶、封奏、頒給。臣等未敢擅便，謹題④請旨。"

十六日己巳⑤，大學士葉向高謹題："臣在閣辦事，接得薊遼總督王象乾、順天巡撫劉四科各塘報，謂虜酋合兵七萬，將以此月二十邊⑥進搶，又聲言有兵百萬，將以明歲正月進搶，其虛實難未可知，然日前曾傳有進搶消息，未幾果然，則今日之報甚可慮也。目前邊餉匱乏，士卒饑疲，驅之臨敵，誰肯用

萬曆三十六年

二五九三

① 無 《綸扉奏草》卷四"無"上有"所"字，是。

② 者相應 《綸扉奏草》卷四"者相應"作"吳道南"，是。

③ 須 《綸扉奏草》卷四"須"作"謹"。

④ 題 明抄本"題"下衍"謹"字。通行本不衍。

⑤ 巳 "巳"當作"已"。

⑥ 邊 "邊"上當有脫字。

萬曆起居注

命？兼以本兵未推，侍郎久缺，只戎政尚書李化龍署事，戎務劻勷，何人協贊？至於部院大僚，節經吏部催請，未蒙允補，緩急需人，更難湊手。非獨此也，自來戎狄生心，每窺中國虛實，今夷使二三千人紛集闕下，見我九列無官，諸曹書閉，又中外庫藏盡皆空虛，甚至工部之犒賞、光祿寺之供給，皆彼此告窮，東那西借，窘麼如此，寧不為其所輕，而敢於肆侮哉？臣恐邊塞之憂方殷而未艾也。戶部尚書趙世卿杜門日久，臣每勸其計處，輒苦稱無策。人臣利害，不過一身一家，彼無可奈何，則委而聽之。我皇上為天下國家計，為宗廟社稷計，豈容晏然不加之意乎？臣一介書生，負此重任，九重天遠，下誠難達，見此邊報，甚切憂惶，莫知所措，故不辭冒瀆，披瀝私衷。伏望聖明俯垂鑒察，勿至危急之秋方責臣之不言，臣愚幸甚，天下幸甚。"

十七日庚午，大學士葉向高謹題："臣惟歲序將新，萬邦胥慶，我皇上悠久雍熙之盛福，固自此日臻，光明俊偉之治功亦自此日起，所有係要政事，中外喁喁望於歲裏舉行者，臣不敢縷瀆，敬開列上請，伏候聖裁。一、政本單虛，臣愚一人將致誤事，頃已兩疏懇請，未蒙批發，此雖聖明慎重至意，然事勢已窮，萬不容緩，所當亟命會推，以俟簡用者也。一、卿寺翰林科道諸臣，曾經人言及自行請告者，皆連章累牘，情詞迫切，而一概留中，未蒙裁斷，但非①諸臣進退路窮，其於國體亦甚不便矣。臣以為被言者既當別其是非，而引告者亦當裁其去就，肅朝綱，導主權，皆在於是。乞將吏部題覆諸疏，即行檢發，其未經題覆者，併發該部，令其從公分別應去應留，以聽聖斷，亦今日一大急務也。一、兩京大僚乏人已極，內則左都御史、兵部侍郎、南京兵部尚書，外則陝西三邊及兩廣總督、福建巡撫，更為緊急。臣等催請頻煩，自知罪瀆，但度之事勢，有不容不言者耳。尤望聖明亟行點用。一、東宮輟講將及四年，並侍班、講官亦日久不補。人情洶洶，皆歸咎臣等。頃者具揭推補各官，非但為勸講計，亦以舊書如此，不宜久曠，且以少慰

---

① 但非 《綸扉奏草》卷四"但非"作"非但"，是。

天下之望耳。伏望檢發。"

是日，大學士李廷機、葉向高謹題："爲起送事。准吏部手本，開送翰林院庶吉士來宗道，係萬曆三十二年進士，改庶吉士，於翰林院讀書，三十三年六月十三日丁父憂回籍守制，三十五年九月十三日服滿起復，三十六年十一月二十一日到部。又開送庶吉士張鼐，係萬曆三十二年進士，改庶吉士，於翰林院讀書，三十三年十一月養病回籍，三十六年十二月初二日到部。各行移到院。臣等查得萬曆三①十六年題奉欽依，以後起送庶吉士，一體讀書考試，散館之日品題，分別授官。今來宗道、張鼐例該仍送入館就學，乞敕下吏部查照施行。臣等未敢擅便，謹題請旨。"

十八日辛未，大學士李廷機謹奏："爲待命已及年終懇乞聖慈垂憐准放事。臣杜門日久，頻煩千言萬語，不足以動聖念，臣苦日甚，臣病日增，今一年又將盡矣。夫難回者，槁木之生，不奪者，匹夫之志。徒廷日月，徒虛官次，屢有瀆陳，徒重愚臣之罪，溘然長逝，徒傷聖主之心。伏乞皇上憐臣、放臣，俾臣及此年終生出國門。臣不勝迫切祈懇悚息待命之至。"二十五日，奉聖旨："從來輔臣求去，未有卿如此迫切，朕豈不體念？但政本乏人，邊疆多事，卿可不爲朕少留？正旦前還宜勉出，以慰眷懷。吏部知道。"

二十日癸酉，大學士李廷機謹奏："爲特辯賄情仰祈聖鑒事。臣伏自念不肖當斥，不待言矣，乞休二十七疏矣。人論臣疏内有賄②賊私，亦久不辯矣。乃所指臣受雲南巡撫陳用賓金帛，因爲擬旨從寬，至今牽連未已，則臣何敢終無一言？臣與用賓同是晉江縣人。臣猶記得臣以編修主考浙江，用賓爲按察使，送臣下程折儀，臣首郤之，至今十八年。用賓巡撫十六年，未嘗受其一扇、一帕，用賓亦不復餽臣。猶記得臣在禮部、沈鯉在閣時，一日語次偶及雲南、兩廣二撫臣，謂二臣未放，人多議其頑鈍。臣不願鄉人有此名，似以亟放爲便，此又用賓所

① 三 "三"當作"二"。

② 賄 明抄本"賄"下有"賂"字。通行本脫此字。

不及知矣。及雲南失事初次報捷覆本到閣，朱賡告病，臣與葉向高避嫌送賡不票，往還至再，日雲暮矣，臣不得已與向高同擬。以爲方將責之戴罪討賊，則未宜遇嚴以沮其氣，其失事輕重、隱匿有無，難於懸斷，則不得不付巡撫勘實，以服其心。及後來票本，臣與向高極力苦辭，賡乃票耳。臣病中再思，亦似當時事體止合如此。而臣素有寡情之名，在用賓父子與臣鄉人尚以爲過嚴，而論者則以爲賄，但知同鄉而未知平素無交。臣不庇用賓，用賓亦不望臣庇，晋江一縣京官最多，皆臣證也。今雲南罪狀，下有公論，上有聖裁，臣去國之人，久不與知，特恐皇上或因人言，以臣爲真受賄，則臣真爲嗜利徇私、弄權壞法、欺君誤國之人，不得已而有此一白耳。尤望皇上憐臣病苦，及此年終放臣，使臣得脫此身於風波之中、是非之外，庶臣節不至太污，臣生或可少延。臣不勝惶悚懇切待命之至。"二十六日，奉聖旨："卿正直公清，朕所素亮，豈有受賄之理？覽奏已知道了。卿亦不必以此介意。吏部知道。"

二十一日甲戌，大學士葉向高謹奏："爲同官被言情甘同罪事。臣廷機，因雲南巡撫陳用賓失事，言者以其同鄉，疑其受賄庇護，廷機具疏自明，謂臣與之同擬旨矣。臣惟此事初起，以滇南隔遠，情形未詳，而科臣臺臣之參劾、部臣之題覆，皆責用賓以戴罪殺賊，事平之日議其功罪，絕未有以逮治爲言者，臣之愚陋，亦未能獨出一見，助廷機之不及也。夫微獨臣，即臣賡之見，亦如是耳。其後議論寖多，臣等有聞，遂擬用賓之革任。又其後科參部覆情罪愈章，遂擬用賓之解問。蓋前後票擬之故，只是如此。中間思慮之未周，擬議之欠當，臣等之罪委無所辭。若以爲受賄、庇護，則廷機生平自負何如？豈遂至此？亦可以無辯矣。夫與人同事，而不與人同謗，心之所甚不安也。況臣自五月以來，隻身入直，商確無人，諸所擬票舛錯尤多，固有過泥乎舊章，而未參之物議，偶伸其獨見，而無當於憐才，臣之罪過，臣獨當之，寧有爲臣分者？伏望聖明將臣罷免，以爲輔臣不任職之戒，亟敕會推，以需簡用，其關係治理甚不小矣。臣以入直無人，猶報顏供事。不勝悚息俟命之至。"

二十三日丙子，大學士李廷機、葉向高謹題："先該題奉欽依，每年終將講過經書講章類寫進呈，以備皇上朝夕觀覽。已經節次進呈訖。今查撰進講章，謹將《通鑑纂要》制諫官言事起至張鎬聞睢陽圍急止一本、廣平王俶起至刑部尚書顏真卿止一本、二年李光弼與史思明戰於邙山起至吐蕃還圍鳳翔止一本、削程元振官爵起至以韓浣①判度支止一本、七年盧龍將吏殺其節度使起止②楊炎頓首於上前日③止一本、建中元年始作兩稅法起④以關播同平章事止一本、李希烈自稱天下都元帥起至以陸贄爲考功郎中止一本、陸贄言於上曰起至朱泚將奔吐番止一本，以上共八本，類寫裝潢進呈。伏望皇上萬幾之暇，時加觀覽，以求溫故知新之益。臣等不勝惓惓效忠之至。謹具題以聞。"

是日，大學士李廷機等謹題："爲詞臣久滯勢宜疏通謹遵舊例量擬序遷事。照得翰林各官，供論思代言之職，自前代以來，最稱隆重。國家崇儒右文，尤爲加意。其歷官遷轉，皆與他曹不同，往往有十五、六年至内閣者。即臣廷機，亦十六年爲侍郎，臣向高十七年爲侍郎，雖蒙恩拔擢，而人亦不以爲驟。今丙戌科已二十三年，尚有未爲侍郎者，己丑科二十年，未有一人至三品者，壬辰科十七年，未有一人至四品者，亦可謂壅滯之極矣。推原其故，蓋以往時翰林官資俸久者，他部卿貳皆可序遷，近來只吏、禮二部，其途已狹。而今二部尚書、侍郎又缺其三，詹事府缺掌印，南京禮部尚書、侍郎俱缺，屢經吏部催請，未蒙允補，故昔翰林之官至二品三品甚易，而今望四品、五品亦大艱難。前路愈窮，後薪愈積，尚不如他曹之官途徑稍多，猶可冀望也。雖諸臣各安分義，恬靜無營，而厄塞既久，志氣漸消，地望既輕，煩言易起。譬如鄧林之材，不加灌溉，任其摧枯，其何以充明堂樑棟之用哉？頃蒙皇上有愛惜人才之旨，人皆歡躍，仰見聖心於翰林諸臣甚不薄也。臣等查詞查典故，有年深序遷之例，即前歲臣賡題請，亦蒙俞允，今謹遵舊

① 浣 《明神宗實錄》卷四五三"浣"作"滉"。
② 止 "止"疑當作"至"。
③ 日 "日"似當作"曰"。
④ 起 "起"下似當有"至"字。

① 請 《綸扉奏草》卷四"請"作"伏"，是。

例，除養病未到、及見在陳乞、與資俸雖深尚可少緩者，俱不敢概開外，止將見任官年勞最久王圖等，量加陞擢，開列職名於後，其部堂大僚，例有廷推者，亦望檢發，以便疏通。惟是恩典出自聖裁，臣等未敢擅便，請①候敕旨。

　　　　計　開

擬詹事陞禮部右侍郎兼翰林院侍讀學士協理府事一員：王圖

　　擬少詹事兼翰林院侍讀學士二員：吳道南　劉曰寧
　　擬右庶子陞少詹事兼翰林院侍讀學士一員：翁正春
　　擬左諭德陞右庶子兼翰林院侍讀一員：顧天埈
　　擬右諭德陞右庶子兼翰林院侍讀二員：李騰芳　史繼偕
　　擬右諭德掌南京翰林院回坊兼翰林院侍讀一員：朱之蕃
　　擬右中允陞右諭德兼翰林院侍講一員：湯賓尹
　　擬右贊善陞司經局洗馬兼翰林院修撰一員：蔣孟育。"

二十四日丁丑，以正旦令節，頒賜輔臣廷機、向高每員二樣吊屏二對、大門神二對、招財利市二對、福祿獅子二對、箋紅葫蘆二對，及講官楊道賓等三員有差。

是日，大學士葉向高謹題："恭遇元旦令節，禮當慶賀，奉旨傳免。臣謹偕在廷文武暨天下華夷齎捧朝貢官員人等，於五鳳樓前大班行禮，恭伸祝頌外，伏念臣備員輔弼，受恩深厚，與在廷諸臣不同，擬是日恭詣仁德門，行五拜三叩頭禮，稱祝聖壽，以少伸臣子慶忭之誠。謹具題以聞。"

是日，大學士李廷機謹題："恭遇元旦令節，禮當慶賀，臣因在告，不能恭詣午門、仁德門行禮，謹擬是日私寓恭設香案，扶掖望闕行五拜三叩頭禮，少伸臣子慶忭之忱。臣不勝瞻戀感戴之至。謹具題知。"

二十七日庚辰，大學士李廷機、葉向高謹題："伏蒙皇上告祭太廟祧廟，收回脯醢果酒頒賜臣等二卓，臣等頓首祇領，不勝感戴天恩之至。謹具題謝恩。"

三十日癸未，大學士李廷機、葉向高謹題："照得本年十二月二十四日起該放除夕假，連年節、上元假，至新年正月二十日方滿。臣等查得連年日講皆於二月間照常舉行，容臣等於二月上旬另擇日恭進講章，以後接續上進。謹具題知。"

萬曆
三十七年

萬曆三十七年正月甲申，朔，大學士葉向高謹題："茲遇正旦令節，臣恭詣宮門外叩頭慶賀，伏蒙皇上遣司禮監太監成敬等管待，頒賜臣燒割一分、酒飯一卓、甜食一小盒、伏薑一盒、硬糖餅一盒、絲窩糖一盒，臣頓首祗領。不勝感戴天恩之至，謹具題謝恩。"

是日，大學士李廷機、葉向高謹題："伏蒙皇上以正旦令節，頒賜上尊珍饌，臣等頓首謝恩。"

是日，大學士李廷機、葉向高謹題："伏蒙皇上以立春令節，頒賜上尊珍饌，臣等頓首謝恩。"

九日壬辰，大學士李廷機等謹題："該文書官冉登傳出聖諭：'朕第五子瑞王年已長成，理宜婚配。欽此。'臣等仰見我皇上福履阜隆，本支昌熾，乘此陽和布令之時，復有桃葉宜家之慶，真宮闈之盛事，而奕世之洪休也。臣等謹即傳諭禮部遵行。所奉聖諭，尊藏內閣。謹具回奏以聞。"

是日，大學士葉向高謹題："今日臣入直，忽聞街市喧擾，安定、得勝二門百姓扶老攜幼，爭入避虜。臣隨遣人問之兵部，乃知達虜在邊講賞，而民間訛言①，致此擾動。雖事本無實，而虜賊窺伺，人心驚皇之情狀亦概可見矣。薊鎮去京師甚近，虜眾動稱數萬，我守邊軍皆饑寒窮困，勢必不支，萬一潰邊而入，其抵國門在呼吸間耳。夫安知今日之訛傳，不為他日之實事乎？都下人民以商役破家，一有事變，眾皆離心，誰為國家效守禦之力？而兵部、戎政兩署，祗李化龍一人，雖其威望才猷真堪倚任，而軍旅一動，凡百倥偬②，一人之身，何以答應？況化龍今尚臥病，未能出門，此皆臣之所甚慮也。大僚當補，臣已屢請，皇上縱未盡允，亦望將兵部兩侍郎先行檢發，使緩急有人，不至臨時失措，此實今日萬不容已之急務矣。至於戶部，錢糧苦稱匱乏，祗有老庫八萬，即使盡發，所濟能幾？而太僕寺雖尚存少許，警急之時，又須買馬。臣誠不知其計之所出也，不勝杞憂，冒昧上聞，伏望聖明留神省覽。臣不勝悚息祈懇之至。"

① 言 《綸扉奏草》卷四 "言" 作 "傳"。是。

② 偬 "偬" 當作 "傯"。

十一日甲午，大學士李廷機等謹題："臣等昨奉聖諭：'朕第五子瑞王年已長成，理宜婚配。欽此。'臣等隨具揭回奏。查得福王婚禮，有敕書一道發下禮部遵行，臣等恭撰敕稿呈覽，伏乞聖明裁定。謹題請旨。"

是日，皇帝敕諭禮部："朕第五子瑞王年已長成，理宜婚配。你禮部便出榜曉示，京城內外官員軍民人家，父母行止端莊，家法整齊，女子年十四至十六，容貌端潔，德性純美，言動威儀咸合禮度者，許赴官報名，聽候選擇。應行事宜，你禮部便開具來看。故諭。"

十二日乙未，大學士葉向高謹題："今日蒙發下署兵部尚書李化龍一本，令臣票擬。該文書官口傳聖諭：'內庫缺乏，難以給發。'臣連日與戶、兵二部臣計議此事，皆云大倉已空，民間雖少有拖欠，皆以災傷難追，且難應目前，自發帑之外，更無別策。而今日薊鎮督臣王象乾，又以書遺臣，極言虜情急迫，軍士饑餒，非但不能禦虜，而且生變。中外人情惶惶岌岌，朝不謀夕，皆歸罪於臣，謂坐觀事變，誤國負恩。臣展轉思維，無以自解。若聖意必難發帑，則必有別項措處，足救此急而後可，不然虜窺於外，軍變於內，宗社之憂非臣所敢任也。今臣且據此疏所請申飭京營添設哨探事擬上。其發帑一節，更望聖明再三籌度，今日事勢是否危急，該部庫藏是否空虛，別有何項錢糧可以動用，或暫借帑金令其日後補還，諭臣再擬，庶可以塞該部之請，而紓目前之禍患矣。臣萬不得已，乃為此言，非敢違君父之命也。謹具題以聞。"

是日，大學士李廷機等謹題："臣等竊惟東宮輟講已逾四年，臣等每遇春秋無不懇請，疏揭頻煩，其辭已窮竭而無所復措矣。天下之人，但知皇上之愛皇太子，遠過於古之帝王，而不知其所以難於講學者，出於何故，即臣等備員密勿，亦茫然莫測聖意之所存也。以為勞乎？則平明而出，移晷而入，不為勞也。以為睿德之已成乎？則急惰荒寧，古人所戒，不可以既成而遂輟也。臣等亦知我皇上宮中之教導時勤，皇太子之服習不息，然豈能如開銅龍親講席，其功夫有常而精神尤爲奮勵哉？且人當盛年兀坐一室，則血氣脈理無所動蕩，既非所以養身，而耳目心志有所遷移，又將至於導欲，此皆臣等之所深慮，而皇上亦必念及者也。今歲春氣和煖，勝於往年，正宜講學，臣等查得本月二十四日、二十七日皆吉，伏望欽定一日，以便遵行。謹題請旨。"

十五日戊戌，大學士葉向高謹題："臣待罪綸扉，日夕競惕，惟誤國負恩是懼。竊觀臘月以來，章疏差通，外僚多補，仰見聖明留神治理，太平可望，中外臣民不勝欣幸。惟是政本重地，臣庸愚之資，加以孤立，鞭策不堪，顛覆可俟。頃者屢疏懇請，未蒙允發，顒望之私，以日爲歲。今邊事方殷，物情震動，本月初九日城外人民訛言相驚，九門晝閉，臣即揭請點用兵部侍郎，及爲戶部訴錢糧匱乏之苦，而候旨數日，尚自杳然。臣連日接諸臣疏揭，多爲此事，其亮臣者，或以臣伎倆雖窮，而處心亦苦，其不亮臣者，若以近來凡事壅塞，皆臣等漫然無所匡救。臣每讀之，且愧且憂，徬徨咨嗟，茫然不知其計之所出也。姑無論其他，即錢糧一事，臣等披瀝祈求不知凡幾，而竊觀時勢，非但內者不出，且使外者復入承運庫，督拖欠矣，御用監請瑞王之婚禮矣。以罄空之戶部，將何支吾？薊鎮督撫諸臣疏請軍糧，至危至急，每當票擬，臣擱筆沉思，再無他策。不得已下之計臣，非不知計臣之無策猶之臣也，職掌所關，無可奈何。及至計臣告窮，又令設處，設處不得，又復告窮，展轉循環，終無休已。計臣之手足無措，而臣之唇舌亦枯矣。往者閣臣得關其忠，全在票擬，票擬不行，尚賴疏揭。今章奏留中，發票者少，票而不當，仍復留中。至於疏揭，亦十九不報，名爲閣臣，其隔絕之勢乃與外間不殊。而外間之一政一事所不能得者，無不委之閣臣，然則閣臣之罪真罄南山之竹，猶不勝書，而欲使臣以一人當之，寧不立見其斃乎？此臣之所以惓惓懇懇請補閣臣者，非憚勞也，蓋真度其力之必不堪，而勢之必不可已耳。伏望皇上憐臣困苦，腑賜允行，並俞內外諸臣之請，暫借帑金，限以歲月，令其補還，庶人情稍安，而臣亦可少逭罪戾於萬一矣。抑臣猶有請焉。今九卿諸臣缺者未補，補者未到，其見在者或真病，或引疾，列署俱空，不成景象，而自卿寺以下諸臣因人言求去者，一概留中，未蒙宸斷。以若有若無之官，居不進不退之地，既公私之兩妨，以無可無否之意，待一彼一此之人，又是非之俱混，廢官常，傷政體，其流之患，將不可言。臣下已矣，如國家之事何？此亦今日所當亟處者。更望皇上將內外大僚盡補。已補未到，如尚書孫丕揚等，令吏部移文催其速來，毋得推辭延緩。而兵部尚書尤安危所關，當亟賜點用。其求去諸臣，大者取自聖裁，小者悉下該部，虛心評論，勿有徧①主，應去者去，應留者留，毋令一概杜門以誤國事，天下幸甚，愚臣幸甚。臣言已頻數，自知煩瀆，然於衷懷鬱塞，猶不能盡。臣不勝迫切籲號之至。"

十七日庚子，敕禮部："今冊封朕第七女為壽寧公主，選南城兵馬指揮司副指揮冉逢陽男與讓為駙馬都尉，擇萬曆三十七年四月十三日成婚。合用冊誥儀仗等件，及一應禮儀，都依舊例行。故敕。"

二十一日甲辰，大學士李廷機謹奏："為候放逾年勢窮情蹙懇乞聖慈慨允以遂首丘事。伏念臣罪同山積，既嘖有煩言，而病與日增，又全無起色，疏復一疏，血已瀝矣，而未蒙聖主之矜憐，日復一日，歲已更矣，而猶為國門之濡滯。人謂此中自有聳動解脫之方，臣病且愚，莫知所出，自苦而已。臣鄉距京師八千里，家小先去，此時抵家，而臣篤病孤棲，奄奄一息，掛官不可，補牘徒煩，不謂尺五之天而隔於九閽，遠於萬里，乃至於此。今獻歲發春，正聖主布德施惠、除舊更新之日，請從臣始。伏乞慨然允放，無復躊躇，不但臣首丘有期，實我皇上放生之仁，維新之政也。臣不勝迫切懇祈悚息待命之至。"

二十四日丁未，大學士李廷機等謹題："臣等於本月十二日

---

① 徧　《綸扉奏草》卷四"徧"作"偏"，是。

揭請東宮出講，候命旬餘，未蒙賜允。在廷諸臣連章累牘，莫不以此事爲今日第一義。夫豈臣子之心，好爲聒瀆，以取厭於君父哉？蓋真念宗社大計關係至重，不容默默已也。今正月將盡，過此又是仲春，春而不講，又將至秋。日月如流，蹉跎已甚，回思前此四年之間猶旦暮耳。寸陰可惜，就將謂何？臣等備員輔弼，安得不任其責耶？謹擇得本月二十七日、二月初三日皆吉，伏乞聖明欽定一日，以便遵行。其侍班、講讀、侍書等官，亦皆久缺。臣等謹推得詹事府少詹事兼翰林院侍讀學士吳道南、右春坊右庶子兼翰林院侍讀翁正春，俱堪侍班，左春坊左庶子兼翰林院侍讀傅新德、右春坊右諭德兼翰林院侍讀顧天埈、左春坊左諭德兼翰林院侍講李騰芳、右春坊右諭德兼翰林院侍講史繼偕、右春坊右諭德掌南京翰林院事朱之蕃，俱堪充講讀官，帛敕房辦事戶部山東清吏司郎中汪氏敬、大理寺左評事范可愨，俱堪侍書，內各官資俸已深者，相應量陞，吳道南量陞詹事，翁正春量陞少詹事，俱兼翰林院侍讀學士。顧天埈量陞右庶子，李騰芳、史繼偕量陞右庶子，俱兼翰林院侍讀。朱之蕃四坊，兼翰林院侍講。其范可愨向經侍書日久，量陞禮部儀帛司主事，與汪民敬俱兼司經局正字。各供前項職事。並乞敕下吏部，遵照施行。謹題請旨。"

二十五日戊戌①，大學士李廷機等謹題："頃兵部尚書缺，蒙皇上點用李化龍，極爲得人。但化龍辭本未蒙發下，本官既已具辭，不敢到任供職。昨邊報緊急，虜賊十餘萬將分道入搶，調度防禦全在本兵，若因此耽延，誤事不小。臣等萬不得已，懇乞皇上檢發化龍辭疏，即令供職。臣等非爲化龍，乃爲國家安危計也。伏候聖裁。"

二十七日庚戌，大學士李廷機謹奏："爲病臣困苦至極懇乞聖慈准放事。臣自去年四月抱病杜門，乞休之疏三十餘上。新正遵守禁例，至二十一日乃敢疏懇。私計以爲歲序既更，天心必爲感動，候命纍日，疏猶留中。臣瀆告詞窮，膏肓疾痼，子

①戊戌 "戊戌"當作"戊申"。

然獨處，度日如年。蓋臣之困苦，莫甚於今日，即從前輔臣，其困苦亦無如臣之甚者也。伏乞皇上俯垂閔念，即放臣歸，全臣犬馬餘生，亦以彰聖主待輔臣之厚。不勝哀懇迫切悚息待命之至。"

二十九日壬子，大學士李廷機等謹題："為起送事。准吏部手本，開送翰林院庶吉士來宗道，係萬曆三十二年進士，改庶吉士，於翰林院讀書，三十三年六月十二日丁父憂，回籍守制，三十五年九月十二日服滿起復，三十六年十二月二十一日到部。張鼐係萬曆三十二年進士，改庶吉士，於翰林院讀書，三十三年十一月養病回籍，三十六年十二月初二日到部。梅之煥係萬曆三十二年進士，改庶吉士，於翰林院讀書，三十三年十月養病回籍，三十七年正月二十一日到部。各行移到院。臣等查得萬曆二十六年題奉欽依，以後起送庶吉士，凡未經散館，俱仍復館，與見在庶吉士一體讀書、考試，散館之日品題，分別授官。今來宗道、張鼐、梅之煥例該仍送入館就學。伏乞敕下吏部，查照施行。臣等未敢擅便，謹題請旨。"奉聖旨："是。吏部知道。"

萬曆三十七年二月癸丑，朔。

二日甲寅，大學士李廷機、葉向高謹題："伏蒙皇上以祭三皇於景惠殿，收回祭設頒賜臣等三卓，臣等謝恩。"

是日，大學士李廷機等議題："爲日講事。先該題奉欽依，每年開講日期，於二月上旬擇日恭進講章，以後接續每日進呈，奉聖旨：'是。欽此。'臣等謹擇本月十三日吉，恭撰講章，照常進覽。謹具題知。"

六①日戊午，大學士葉向高謹奏："爲閣揭留中愚誠莫效仰祈聖明留神檢發事。臣自臘月以來，速具奏揭，如請東宮講學，請會推閣臣，請發邊餉，請補大僚，請處分求去諸臣。皆目前至急事務，臣萬不得已而後塵瀆。雖智識短淺，無以仰副聖心，陳說滋多，未免上煩聖聽，臣自知罪，然其一念悃款之愚衷，惟恐有負知遇，有誤國家，則皇上亦必憐而鑒之矣。中間推補閣臣一事，尤爲臣切身利害。蓋緣臣以一身獨肩閣事，已十有餘月，政幾煩重，未易承當，又無一商量籌度之人，思之不得，則仰屋竊嘆而已。古人言：智者千慮，尚有一失。況以臣之至愚，而責其無失，萬無是理。惟是中外安寧，壅容伴食，猶可苟免。今何時也？逆虜猖狂，蜂屯蟻聚，既謀伺隙於薊，又欲修怨於遼，明搶暗窺，時時欲逞，東馳西突，處處難防。臣每日接薊遼督撫巡按諸臣揭報，深用寒心。在皇上必以臣等所言出於過計，且借此以恐②動至尊，爲索餉補官張本。不知今日事勢，實是如此。臣備員輔弼，常思委曲以紓宵旰之懷，若復謬說虛辭，貽憂君父，其罪可勝誅哉？此臣之萬萬不敢者也。今中外所恃，惟皇上聖明與萬年無疆之福，可以無慮，然而安危倚伏，從古已然，一旦戎馬闖於郊關，帷幄之地誰能佐皇上之半籌者？於此時而治臣罪，則已晚矣。自昔君臣相與，國有大計，必面相經畫。今穆清高拱，臣等下情既無由自通，即疏揭一路又復阻塞如此，萬一有危急之事，叩閽不聞，請旨無路，其爲狼狽尚忍言哉？此又臣之所深慮也。目前緊要之策，祗是

① 六　此條記事，原文錯簡嚴重，茲據《綸扉奏草》卷四加以糾正。

② 恐　《綸扉奏草》卷四"恐"作"聾"。

修政用人，臣不得不忘其塵瀆，再三陳奏。除東宮講讀另揭題請外，其餘當行要務，謹開列數款，恭候聖裁。蓋逐項具揭，愈恐煩聒，亦臣之甚不得已耳。

　　計　開

一、從來閣臣皆有四五員，多至六七員。今名雖三人，而在直者祇臣一人，何以支吾？臣前屢疏催請會推，伏望檢發。

一、大僚中如左都御史，兵部左、右侍郎及南京兵部尚書，更爲緊要。至吏部左侍郎楊時喬病甚沉篤，司官不得已代爲具奏，雖尚書孫丕揚不日當至，而時喬情不能待，其欲點用右侍郎，委屬迫切，伏望檢發。

一、軍餉匱乏，發帑之請未蒙賜俞。今雖暫借太僕寺馬價以應目前，而爲數不多，又終非經久之計。臣前屢請，責令該部會同九卿科道，講求長策，何項可以節省，何項可以清查，何項可以經理，必使一歲之入，足供其出，而不至如今日之窮竭無措，此固萬分難已之急務也。伏乞允行。

一、科①官章疏煩多，以致聖明槪行留中，但間有條陳議論，關係時政者亦多可採，若盡皆沈閣，則非但忠言不售，而即有浮漫無當者，亦無從別白，毋惑乎其言之愈多矣。誠宜下之該部，斟酌覆請，毋泛毋徇，悉取上裁，如吹竽者一一而聽之，則自無濫吹。豈非省議論、便國家之至要乎？伏乞允行。

一、求去諸臣連章累牘，備稱困苦，若其人可留則當明留之，可去則當速去之。今不去不留，使之進退無據，不知聖心以此爲優之乎？爲困之乎？今工科都給事中孫善繼已上章徑去，如付之不問，則大傷政體，必欲苛求，其情義有可亮。再有此等，何以處置？誠宜畫下其章，或取聖裁，或從部議，使去留進退，悉由朝廷，庶主權可尊，而羣紛亦息矣。伏乞允行。"

八日庚申，大學士葉向高謹題："爲檢舉事，前月二十八日蒙發下工部一本，爲通惠河道郎中徐良輔，以原差交待患病請告別行差官，臣以爲該部之事，只擬一'是'字。隨後思之，還須用'吏部知道'一語。今疏已發下，不便發抄，臣之罪也，

①科　《綸扉奏草》卷四"科"下有"道"字，是。

而當日中書官鄭重光失於詳慎，亦當罰治。但查得《大明律》有公事失錯自覺舉者免罪之條，伏乞聖慈俯賜寬宥，或仍加罰治。其原疏仍下吏部，以便施行。臣不勝悚息待命之至。"旨："既卿檢舉，鄭重光姑免究。"

九日辛酉，大學士李廷機謹奏："爲病苦至極哀求亟放事。臣前月下旬兩疏塵瀆，迄今未奉俞旨，不知曾經電覽否？或覽而天心未爲動也。古人可止可速，得如其志。今止則能決之臣，速則必求之上。且今日放臣，謂之久，不謂之速矣。先臣賡去年正月告病，冬仲而卒，計十一個月。若臣告病，今亦十一個月，此時非臣歸期，即臣死期，迫切極矣。同官向高所知，臣每見輒哀求代達，皇上但一問之，果無假託。即傳天語，准放臣歸，不但臣得遂首丘之願，感戴聖恩，而所省煩言尤多，益以彰聖斷矣。臣不勝激切悚息待命之至。"

十三日乙丑，大學士李廷機謹題："臣等今歲屢請東宮講學，吉已再擇，翹首企望，而未蒙允行。臣等請而不已，則皇上以爲瀆，止而不請，則自古以來無有元良主器，竟不講學之理，且無論進退①修業，功難久曠，即深宮之宴居，至於數歲，是教偷也，金聲玉裕之容節，弛於積年，是習慢也。以我皇上聖學已成，緝熙罔聞②，而四海臣民猶若以邇來之静攝，不無損於初年之勵精，況於皇太子春秋方富，正當進學之時者哉？此臣等之萬萬不得已，而冒昧進言，自甘煩瀆之罪者也。儻皇上以慈愛之故，恐其過勞，或命二三日内間停一日，以便休息，其出講皆以平明，不必太早，則起居有時，精神自裕，而於聖慈亦可慰矣。臣等謹擇得本月十九日、二十二日二日皆吉，伏乞欽定一日，以便遵行。其侍班、講讀等官，容臣等具揭另請。臣等不勝激切祈懇之至。"

是日，大學士李廷機等謹題："近奉欽依，撰寫襲封朝鮮國王李琿詔書，該用龍箋紙，欲照例於内府司禮監關用，未敢擅便，謹題請旨。

① 退 《綸扉奏草》卷五"退"作"德"，是。
② 聞 明抄本作"間"，是。通行本作"聞"，誤。

計開

描金雲龍邊襴涌祥雲背大黃箋紙一張。"

十四日丙寅，大學士葉向高謹題："臣惟天下之相維有二事：下有是非，上有賞罰。是非不明，則議論多，而爭端日起。賞罰不決，則功罪混，而大柄漸移。此皆關主權之得失，係天下之安危，非細故也。頃來諸臣以意見不同，互相矛盾，一人而甲以爲賢，乙以爲佞，一事而甲欲如此，乙欲如彼。甲乙既爭，而是甲非乙、是乙非甲者又助之爭，參商之迹已著，水火之勢漸成。所賴皇上神明旁燭，早賜剖裁，以服其心。而疏概留中，無所可否，薰蕕白黑既不爲之分明，進退去留又輒聽其自便，舉百司庶職泛泛如不繫之舟，朝①綱國②紀之謂何？而使朝端一至此也。雖臣下雷同，非國家利，然而風波不止，流禍安窮？亦大非盛世之景象矣。雲南巡撫陳用賓、總兵沐叡，逮解至京亦已多日，謂宜下之法司，定擬其罪，而候命旬餘，未蒙宸斷。夫讞獄輕重，自有主者，臣不敢知，然豈有地方失事，從萬里外逮鎮撫二臣，四海九州觀望此舉，而可復猶豫遷延，持不斷之意耶？以爲無罪，則前之逮解何心？以爲有罪，則今之遲疑何故？如雷如霆之謂何？毋乃令人窺朝廷之短長乎？且陳典等既已送問，而用賓等猶自稽留，悠悠道路，口語日滋，又大非清朝之法紀矣。臣待罪綸扉，職專票擬，豈敢多言？惟目擊朝綱國紀將就陵夷，不容不言。伏望聖明盡將諸臣彈劾辯論諸疏，敕下吏部、都察院，評其是非曲直，以聽聖裁，要於大公至正，足服人心，即有詿誤凟聞，不妨明說。仍速下陳用賓等於所司，議罪上請。如此則是非明於下，賞罰決於上，大權一而國是昭，其所裨於治理良不淺矣。臣不勝冒昧懇凟之至。"

十七日己己③，大學士李廷機謹奏："爲病苦至極懇求憐放事。臣自正月二月三疏鳴呼，不蒙省發。臣以衰年久病，羈絆都門，將及一載，吞聲屏息，備嘗生平所未有之苦，雖連章累

① 朝 明抄本作"之"，通行本改"朝"。
② 國 明抄本作"之"，通行本改"國"。
③ 己己 "己己"當作"己巳"。

牘，總難具陳。臣前疏求皇上問之同官向高，乃未蒙賜問。九重深邃，豈知外間情態，與臣一身之苦①，度日之艱難？今諸臣待命者多，獨臣最久。而官不可曠，勢不可延，義不可逃，志不可奪。與其斃命於此，而費齎糧種種之恩，孰若及今憐之放之，使曳尾涂中，之爲惠而不費也？伏乞皇上亟發慈心，賜臣骸骨。不勝迫切哀懇悚息待命之至。"

　　十八日庚午，大學士葉向高謹題："頃以會推閣臣一事，屢煩天聽，候命杳然。臣犬馬之力苟可自效，即至於損糜，何所顧惜？獨以天下國家事如此殷煩，臣質本庸愚，加之困病，閱歷尚淺，事體多所未諳，精神既衰，檢點時有不到，種種差訛，勢必難免。即皇上能原之，而天下人不能亮，即天下人能亮之，而臣心不能安。兼以時事紛紜，隱憂萬種，其大者則府藏盡空，災祲相繼，臣僚無師濟之風，封疆有馮陵之患，綢繆修弭，茫然無術。臣之私衷，自危自懼，日夜延頭企足，望有人來，不啻顛者之望扶，溺者之望拯也。今在朝在野，賢才不乏，或沉而未用，或用而未究，世道係其安危，人情甚於饑渴，皇上何惜綸扉一席地，不賜登延，而獨使臣力盡智竊②，卒誤天下事耶？且皇上所最疑者，臣下之專擅，而臣以獨身往事，何專如之？皇上所最厭者，臣下之瀆煩③，而閣臣一日不補，則臣不容一日無言，何瀆如之？臣進而供事，退而焦思，當食咨嗟與言涕泣，皇天后土，實鑒臣心。豈在君父而不哀憐？臣詞窮矣，自知罪矣，伏望皇上原其情而亟賜允焉。抑臣猶有無已之請，敢盡言之。六部九卿，皇上所與共治天下，其職位之重，不下閣臣。今吏部侍郎楊時喬業已病故，戶部尚書趙世卿病將一載，兵部尚書李化龍病尚未愈，刑部尚書沈應文、工部侍郎劉元霖、都察院副都御史詹沂，皆稱病篤，祇一禮部尚書④楊道賓尚在供職，而春分陪祭朝日壇，忽暈眩仆地，至今未蘇。然則今日大僚，非但少而且空矣。其已經點用未至者，雖尚有三、四人，而皆以時事艱危，徘徊趑趄，未即趨命。世卿等又宛轉哀號，迫切如此。夫諸臣之事皇上如天，禍福死生惟其所命。皇上之

① 苦　明抄本"苦"上有"痛"字。通行本脫此字。

② 竊　明抄本作"窮"，是。通行本作"竊"，誤。

③ 瀆煩　《綸扉奏草》卷五"瀆煩"作"煩瀆"。

④ 尚書　《綸扉奏草》卷五"尚書"作"侍郎"。

① 不敢 《綸扉奏草》卷五"不敢"作"敢不"。

待諸臣如子，疾痛疴癢，豈不相關？苟視同胡越，任呼天而不聞，加之係維，如樹的以受射，進無效忠之地，退無生還之期，旅邸長幽，游魂泣飲，寧不傷聖慈之心，而灭士大夫之氣乎？昨孫善繼掛冠徑去，世卿輩皆有羨心，徒以大臣分義，有所不敢。世道至此，成何景象？皇上愛惜官爵，不以予人，而不知今日人情，固真有以無官爲樂、去國爲幸者。臣之曉曉喋喋，請補大僚，請早決諸臣之去就者，實非爲諸臣地，乃爲國家計耳。用捨進退，皆在皇上，孰不敢①聽？惟毋於不用、不捨、不進、不退之間別設一法，以使列署空虛一至此極，則天下幸甚。統望聖明留神省覽。不勝冒昧悚息之至。"

是日，大學士李廷機等謹題："爲纂修事竣懇恩補敍微勞事。據誥敕房辦事通政司知事單禮呈稱：先蒙內閣題奉欽依，內閣丁憂官通政司知事單禮，候服滿之日，另行題敍。今禮復除原職，到房辦事，伏乞俯賜補敍等因。查得果係效勞在先，丁憂在後，委應補敍。今將單禮陞俸一級，照舊辦事。又據玉牒館書辦官于繼鯤、林鳳儀、王之佐、李榜、當該劉存義，各服滿，亦呈前事。查得于繼鯤係加納京衛經歷，量陞一級，留館供事。林鳳儀原係正八品，量加一級，王之佐原係正九品，照本等資格各於在京相應衙門職銜添注管事。李榜原係正八品，加一級，外職。劉存義免考，先給冠帶，候役滿之日，照依本等資格除受。伏乞敕下吏部，查照施行。臣等未敢擅便，謹題請旨。"三月初二日，奉聖旨："是。吏部知道。"

二十一日癸酉，大學士葉向高謹題："今日蒙發下禮部司務潘龍等一本《爲印信事》合臣票擬。臣惟往時掌印官缺，猶可令人暫署，令六部尚書、侍郎，共祇四人，皆以病杜門，即本部之事，尚不能理，況於兼攝？而吏部印務亦急，勢須用人，尤爲難處。今兩部右侍郎俱久缺未補，臣謹將原推各官開列上請，伏乞聖明欽定二員，分補二部，使臣得遵命擬上，庶供職有人，而部事不至於廢弛矣。謹將原本對進，伏候聖裁。

計　開

> 禮部右侍郎兼翰林院侍讀學士掌院事蕭雲舉
> 詹事府詹事兼翰林院侍讀學士王圖
> 詹事府少詹事兼翰林院侍讀學士吳道南。"

二十三日乙亥，大學士葉向高謹題："該文書官冉登口傳聖諭：'工部一本《爲京商坐派事》，與福王府第有相干否？'臣惟府第照潞府規則，已屢有旨，見在奉行，無容別議。今工部此奏，蓋爲河道①巡撫沈季文奏辯。疏中言及監造主事房楠，帶有京商，在地方告討預支，多增料價，甚爲擾害，故工部奏請行文該省禁止，或將京商撤回。蓋專爲此一事，與府第不相干涉也。臣以爲府第營造，費用甚繁，而奸商復夤緣冒破。據季文所奏，多增料價至三四十萬，爲害不小。工部此奏，所當允行。故臣票擬'是'字。其事如此。伏乞聖明裁定。謹具題以聞。"

是日，大學士李廷機謹奏："爲懇乞聖慈憐殘生矜微節蚤賜斷決以存國體事。臣新年四疏，未蒙覽發，一概留中。臣自朱賡亡後，感慨未已，數日間又見楊時喬、楊道賓相隨物故。因思古人就寢，輒與冠覆作別，人生如朝露，世間種種，真如幻影浮漚，何須計較？今臣年邁道賓，衰同時喬，而病故之，此鰲生之可憐也。臣平生頗知愛惜，不圖兩年來蒙被訾垢，至不得齒爲人，譬諸市撻，已無完膚。扶昇亟歸，猶得終於牖下，此微節之可矜也。然此就臣身言耳。顧使之疾病沉綿而不得去，使之跋躓狼狽而不得去，則國體關焉。自昔年至者許之引年，有病者許之養病。以臣所睹記，自國初以來，未有閣臣杜門經年，乞骸三四十疏，而不得去者。臣以爲臣之殘生不足憐，微節不足矜，而國體深可惜也。故臣願皇上早賜斷決，即放臣去，無使膂股肱之臣，屢有畢命於旅邸者，以孤恩遇，而汙都門。臣不勝激切哀懇悚息待命之至。"

二十四日丙子，大學士葉向高謹題："臣前以吏、禮二部缺官掌印，恭請點用，待命數日，未蒙允發。此在聖心，必欲爲

① 道 《綸扉奏草》卷五 "道" 作 "南"，是。

二部擇人，特加詳懼。惟是銓衡、典禮，事務煩多，難以停滯，若遲延一日，則廢一日之事。即大選定期，亦在明日，已無及矣。政體人情，深屬不便。伏望聖明早賜裁定，以便遵行。臣不勝悚息祈懇待命之至。"

二十九日辛已①，大學士李廷機②等謹題："爲印信事。照得禮部右侍郎兼翰林院侍讀學士蕭雲舉，近奉欽依，改吏部右侍郎，所有翰林院印信缺官掌管。臣等推得詹事府詹事兼翰林院侍讀學士王圖，資俸相應，堪以掌管。伏乞敕下吏部，將本官量陞吏部右侍郎，兼翰林院侍讀學士，掌前項印信，經筵、日講、教習庶吉士各照舊。臣等未敢擅便，謹題請旨。"

是日，大學士葉向高謹題："日前蒙發下吏部參工科都給事中孫善繼擅去一本，令臣票擬。臣隨即擬上，今已半月，未蒙批發。臣惟臣子以尊君爲大，去就以候命爲恭。今孫善繼倡首徑行，劉道隆繼之，較於顧天竣等雖已出都而尚在近郊者，更爲可罪。若皆無所處分，甚非政體。且諸臣因言求去者尚多，其中應去應留，亦當仰廑宸斷，示用捨之衡，明進退之義。而一概留中，置之不問，上之則煩瀆聖聰，次之則曠廢官守，下之則滋生議論，拯爲不便。伏望留神檢發，以肅臣工。如臣所擬未當，亦望聖慈矜其愚昧，親賜裁定，或傳示聖意，令臣改擬以進。此亦今日明法守、尊主權之要務也。臣不勝悚息祈懇之至。"

①已 "已"當作"巳"。
②機 明抄本脫"機"字。通行本未脫。

萬曆三十七年三月壬午，朔，大學士李廷機謹奏："爲懇乞聖慈聖斷賜玦賜骸事。臣自春來五疏，概蒙留中，今春又將暮矣。伏念臣受皇上深恩，如天罔極，使臣萬分中尚有一分稍可勉強，而遽忘盡瘁，屢爲聒瀆，臣獨何心？想皇上深居靜攝，凡諸臣之疏與近臣疏，俱不暇徧覽，則臣之極病極苦，皇上必有不及知者，故臣前日一疏，欲皇上一問同官向高。而聖心不動，並疏不發，一①復一日，茫無還期，此所以苦中增苦，病中加病。欲傚尤梅福之徒而不可，將爲朱賈之續而未能，惟有伏枕展轉、擁衾流涕而已。伏乞皇上亮臣之情，貰臣之罪，憐臣放臣。臣不勝哀懇激切悚息待命之至。"

① 一 "一"下似應有"日"字。

四日乙酉，大學士李廷機等謹題："爲作養人材事。照得教習庶吉士禮部右侍郎兼翰林院侍讀學士蕭雲舉，已改吏部右侍郎，兼翰林院侍讀學士，署部事訖，所有員缺合當推補。臣等推得司經局掌局事右春坊右庶子兼翰林院侍讀翁正春，資俸相應，堪補前缺。伏乞敕下吏部，將本官量陞詹事府少詹事，兼翰林院侍讀學士，專管教習。臣等未敢擅便，謹題請旨。"

五日丙戌，大學士葉向高謹題："臣屢次請補閣臣，未蒙賜允，九閽遠隔，無處籲號。近見吏、禮二侍郎連日淪謝，甚爲感傷，人生朝露，旦暮難知。而臣又素稟孱弱，加之多病，溺血痔瘍種種惡症每一舉發，便狼狽不支。同官雖有二人，或堅臥未來，或決意求去，如臣犬馬之軀，復填溝壑，將誰爲皇上供奔走之役者？而今日宇內尤稱多故，姑毋論其他，即遼東撫按二臣所言徵稅之苦，邊備之虛，軍民怨咨之聲，夷虜桀驁之狀，人人讀之無不寒心，無不掩涕。邊事破壞一至此極，而廟堂絕不講求所以綢繆備禦之方，抱火厝薪，豈足爲諭？臣內自思惟，無有分毫伎倆，可以匡濟時艱，轉移否運？徒抌以其身負他日誤國之名，非但可羞，亦爲可恨。昔鄭綮拜平章事而語人曰：'歇後鄭五作宰相，時事可知。'不踰時遂告去。而司馬光作相，遼人相戒曰：'中國相司馬矣，慎毋生事開邊隙。'臣雖愚陋，其自知之明不下於縈，而今日朝野賢才濟濟蒸蒸，豈無司馬光其人者？惟願皇上亟賜簡用，使夷虜知中國有人，亦自敬憚，而毋使臣欲爲鄭縈而不可得，愚臣幸甚，天下幸甚。臣不勝激切哀懇之至。"

七日戊子，大學士李廷機謹奏："爲病極苦極乞賜骸骨事。臣近日累疏，俱不蒙發下。臣自知疏多辭繁，瀆擾已甚，必爲聖心所厭。然臣非爲私便，非爲推託，非忘聖主深恩，非昧致身大義，臣不得已也。蓋臣極病矣，杜門伏枕，寒暑再更，脾土以不動受傷，而胃氣愈弱，心火以常動滋熾，而肝血愈枯，豈藥石可療？豈倉扁可治？諺曰：'真病難醫。'此臣病症也，臣苦極矣。節喪則唾面自乾不爲含忍，罪著則俯首自伏不足矜憐。如停糞穢，日費掃除，悻悻則義無所逃，奄奄而數猶未盡。諺曰：'啞子喫苦瓜說不出。'此臣苦喻也。臣所以連章累牘，千言萬語，惟求賜骸，如獸負矢而疾奔，如鳥將死而哀鳴。今皇上而不憐臣，惟憐臣者？尚不放臣，必死都門，放去再遲，必死於道路矣。爲此，不避瀆擾，再控聖慈。但傳准放一聲，臣得離苦海，少延殘生，即地下亦當爲草爲環，即來世亦願爲犬爲馬，以報今日未報之恩，終不忍負也。臣不勝哀懇迫切悚息待命之至。"

十二日癸己①，大學士李廷機等謹題："爲日講事。照得日講官原設六員，舊歲蒙允補四員，內禮部左侍郎兼翰林院侍讀學士楊道賓病故，詹事府少詹事兼翰林院侍讀學士劉日寧丁憂，只餘蕭雲舉、王圖二員，雲舉又署掌吏部，事務煩多，所有經史講章辦理不前，合當推補。臣等推得右春坊右庶子兼翰林院侍讀傅新德、右春坊右諭德兼翰林院侍讀史繼偕，資俸俱深，堪充是任。伏乞敕下吏部，將傅新德量陞詹事府少詹事兼翰林院侍讀學士，遺下右坊印信，即將史繼偕量陞右庶子兼翰林院侍讀掌管，俱辦理前項職事。臣等未敢擅例，謹題請旨。"

① 己 "己"當作"巳"。

十四日乙未，大學士葉向高謹題："蒙發下吏部參孫善繼一本，傅諭今臣票擬。臣於擅去諸臣，已擬重處，其餘被論者，或徑分別去留，或仍下部議覆。臣未敢專擅，謹擬兩票上請，恭候聖裁。臣智識愚昧，中間或議擬未當，亦望聖明改定。其大九卿諸臣進止去留，臣於此本中不敢擬及，伏乞另行宸斷。謹具題以聞。"

是日，大學士李廷機等謹題："臣等以翰林院缺掌印信官，推得詹事府詹事兼翰林院侍讀學士王圖，資俸最深，堪以掌管，具題半月，未蒙允發。竊念翰林爲文學侍從之官，掌院爲之統率，必難久缺，且每日有常行文移，皆須用印，而各處歲貢生已到，曾奉欽限於四月十五日廷試，若無掌院官，誰爲料理？今時日已迫，難以再遲。伏望敕下吏部，將王圖量陞吏部右侍郎，兼翰林院侍讀學士，掌管前項印信，以便供職，臣等亦不①免於催請，煩瀆聖明。不勝祈懇之至。謹題請旨。"

十五日丙申，"頒②賜臣廷機、臣向高每員銀綵扇六把、銀釘鉸扇十把、硨磲扇二十把，臣等頓首祗領，及講官蕭雲舉等二員俱各照數分給訖。臣等不勝感戴天恩之至。謹具題謝恩。"

十八日己亥，大學士葉向高謹題："該臣廷機，自入春以來七疏求歸，未蒙批發。臣子之義祇宜靜聽，臣亦何敢以同官之故代爲祈懇？但念近日閣臣體面已輕，困苦艱危，無人相恤，所恃者獨君父耳。若君父之前籲訴而不聞，頻煩而不應，留既不可，去又不能，此真所謂窮人無所歸耳，豈不殆哉？今臣錫爵又來告矣，伏望皇上並行檢發，以慰其心。仍望親賜裁答，勿令臣擬。蓋臣前此擬票已多，其辭已窮。今若擬放，則恐非皇上慰留之心，若擬留，則又大拂同官之意，且強以難堪，亦似不情。再三籌惟，萬分難處。惟是閣臣之用捨去留，斷自宸衷，其於事體實爲妥便，此臣之所以冒昧而進言也。伏祈聖明俯垂鑒允。臣不勝悚息待命之至。"

① 不 據《綸扉奏草》卷五"不"當作"得"。

② 頒 "頒"上當有脫文。

十九日庚子，大學士李廷機謹奏："爲哀求亟放事。臣七疏留中，久困無聊，病益增劇。終日吐痰，殆至盈陞，鼻涕淋漓，涕盡血出。及寢暫止，而胸肋作痛，寢不成寐，覺來辛苦異常。四肢惡寒，又似瘧症。總是晚暮衰頹，縶維困頓，精神血氣，日就焦枯，如經秋黃葉，遇風便脱耳。夫此地此官，世俗所羨，衆庶所争，至號爲大物，而有召而弗來，留而弗處者，必精力難强，廉恥難捐，有縶其中，有迫其外者也。今臣杜門不出一年矣，即王錫爵蒙召幾二年矣，皇上何爲苦此二臣？夫有堯舜之君，何患無堯舜之佐？用捨遞行，去來皆適，無曠官，無廢事，無瀆告，無煩言，誠至便也。伏乞皇上但傳准放一聲，令臣得將此垂盡之生，一登先人之丘隴而後就木焉，臣感戴天恩，曷其有極？臣不勝哀懇迫切悚息待命之至。"

二十四日乙巳①，大學士葉向高謹題："臣惟今日朝政之最急，與人情之顒望者，無如推補閣臣一事，前後疏請不知凡幾，而尚未蒙允發。豈謂庸劣如臣尚可支吾了事耶？不知臣之伎倆窮矣，劣狀著矣，世道日壞而不能維，議論日紛而不能止，是非日混而不能明，鬱孽日多而不能弭，一切時政廢墜，甚於往年，如言官之所列者，皆不能救，蓋臣早夜捫心自供自認，罪實難辭。而又展轉思惟，力盡智窮，終無他策，若不冒死哀祈君父，早簡忠良，俾思②政本，則雖黽勉出入，愈覺厚顔，而天下事愈陵夷潰決不可收拾矣。昔《小雅》《正月》之篇，憂時念亂，而終以將車爲喻，言必無棄其輔，以益其輻，又屢顧其僕，然後可以越險③而不墮，若既墮其載，而後號伯以助予，則悔之無及。今臣之號呼求助，情詞已竭，而皇上猶不爲置輔以益之，聽其推④輪傾軻而不顧，臣則已矣，其所墮之載誰之載也？即臣言不足恤，而昨臣錫爵再疏懇請，皆以此爲言，深慨今日國事，如無柂之舟，莫爲主持。蓋老成苦心真切如此，伏望皇上省覽錫爵之言，深惟詩人之義，早發俞音，會推簡用，毋使臣負妨賢誤國之罪。臣不勝激切哀懇之至。謹具題請旨。"

①巳　"已"當作"巳"。

②思　《綸扉奏草》卷五"思"作"司"，是。

③險　明抄本作"儉"，誤。通行本改"險"，是。

④推　明抄本作"摧"，是。通行本誤作"推"。

二十五日丙午，大學士李廷機等謹題："照得臣等近推日講、教習庶吉士等官，皆係急務，未蒙允發，相應催請。其清理軍職貼黃缺官日久，亦應推補。又去年十二月推轉翰林各官，資俸最久者，俱未蒙發。竊念內外官陞轉皆由吏部。而翰林獨係閣臣題請。今吏部推官尚陸續奉旨，而臣等所題十無一報，以致翰林各官名爲文學侍從清華之選，而其淹迴壅滯反甚於他曹，至於額定各差亦復不補，職業曠廢，人情懈馳，甚非國家所以優禮儒臣、培植人才之至意也。臣等不敢屢次煩瀆，謹將原題日講、教習，及令推清理貼黃，與資俸已深、相應量爲陞轉者數員，開列上請，伏乞敕下吏部，查照施行。謹題請旨。

　　計　開

　　擬右庶子陞少詹事兼翰林院侍讀學士充日講官一員：傅新德

　　擬右諭德陞右庶子兼翰林院侍讀掌坊事充日講官一員：史繼偕

　　擬右庶子陞少詹事兼翰林院侍讀學士充教習庶吉士官一員：翁正春

　　擬右諭德掌南京翰林院事改左諭德兼翰林院侍讀管理軍職貼黃一員：朱之蕃

　　擬右中允陞右諭德兼翰林院侍讀四員：湯賓尹　何宗彥　顧秉謙　鄧士龍

　　擬右贊善陞右諭德兼翰林院侍講掌司經局印信一員：蔣孟育。"

　　是日，大學士李廷機謹奏："爲苦楚異常籲天求放事。臣見自古人臣去就，無論接淅而行，不脫冕而行，至爲綽綽，即漢、唐、宋以迄我朝，惟患人臣不求去，與求去而不決不急者耳，未有求去之決，至終年不出、屢諭不出，而求之急，連章累牘、至數十疏，而猶不得去也。臣一日在此，實爲目前莫大妨礙。人見皇上未放臣去，則專罵臣不去，蓋臣自去秋，邸報已盡屏不觀，間或一、二得於傳聞，凡有血氣之倫，亦所難隱忍，而甘受者。七十歲將死之人，日食不過一粥，夜眠不過一席，從前有何冤業，此後更何求望，而異牀緘口，唾面自乾而未足也。辱既甚矣，病又劇矣，而聖主尚不矜憐，豈非自古以來異常苦楚乎？蓋自去冬，而人有謂臣求去之難，須行破格之事，臣闇不能解。及見近來相繼叩閽而去者，乃知人久以此望臣，遂以臣爲戀不肯去耳。夫無所逃者，臣之義也，體之恤之、不强其所不堪，聖主之仁也。臣一出國門，而苦楚蘇，妨礙亦徹，所省章奏不知許多，此甚易甚簡之事，皇上何難於一斷也？伏乞皇上憐臣放臣。臣不勝迫切涕零悚息待命之至。"

二十七日戊申，大學士葉向高謹題："今日蒙發下工部一本《爲神器急缺速行造補事》，該文書官張文元口傳聖諭：舊例内裏造，着分三連運。令臣擬旨。臣敢不遵行？但據疏所費錢糧至二十萬。此時該部萬分匱乏，而太僕寺馬價亦自無多，且備緩急買馬之用，委難借給。況此項火器，該戍①政官謂其體質重大，不便運轉，見存已屬無用，補造將以何爲？故該部再三爭執，不欲以時詘舉贏。臣反覆看詳，不敢輕擬者也。臣見連日風霾異常，慮有警報，極當爲綢繆防禦之具，但戎臣、部臣之言皆是如此，則此器之爲無用昭然可見，又何如留二十萬金以爲緩急之備乎？謹將原疏封上，伏候聖裁。謹具題以聞。"

二十八日②，大學士葉向高謹奏："爲議論混淆紀綱廢馳懇乞聖明亟賜裁斷以肅人心以維世道事。臣惟天下之治亂必有其形。治者非豐亨豫大之謂也，朝政清明，庶官輯睦，即謂之治。亂者非禍變擾攘之謂也，法紀陵遲，人心囂竸，即謂之亂。皇上視今之天下，治耶？臣不敢言其他，即如近日進言諸臣，意見稍分，門户遂立，藩籬既樹，釁隙彌開，始而臭味，繼而參商，又繼而水火矣。始而旁觀，繼而佐鬭，又繼而操戈矣。株連蔓引，枝節横生，暮跖朝夷，好莠自口，遂使盡言無諱之朝，反憂白馬清流之禍，一何諸臣之失計也？夫天下議論，有一時而定者，有一時未必定，而徐之日後則又自定者。有爭辯而明者，有愈辯愈不明，而置之不辯明③又自明者。揚湯止沸，不

① 戍　明抄本作"戎"，是。通行本誤作"戍"。

② 日　"日"下當有"己酉"二字。

③ 明　明抄本作"則"，是。通行本誤作"明"。

如去薪，可謂善喻。諸臣胡不思乎？然此爲諸臣言耳。朝廷者，臣下之紀綱威令所自出也。故言一事，則必決一事之從違，毋因一事而滋盈庭之議，言一人，則必斷一人之用捨，毋因一人而開羣枉之門。今皇上一切涵容，無所可否，當去不去，當留不留，當斷決不斷決，聚之使爭，養之使閧，奏牘日多，事端日起，職此之故。夫人主之明日月而威雷霆也，日月之明以其常運，雷霆之威以其遲速，非運非速，則毋乃自傷其明而威幾頓乎？自古忠邪不分，朋黨爲害，多見於叔季之世、庸弱之君。今日聖明在御，乾綱獨攬，豈容有此？誠宜盡發諸臣之疏，敕下部院，評其是非曲直，以聽聖裁。言當則行，不當則止，中有顛倒謬戾之甚者，量處一二，以警將來，則人心震肅，議論分明，而朝寧之間廓然有天清地寧之景象矣。皇上亦何憚而不爲乎？至於諸臣自處，亦宜平心和氣，正大光明，勿以國家公事而狥交游，句以兒女爭言而瀆君父。蓋臣嘗爲相知者言，天下事非一家私議，自譽爲君子無益也，天下後世以爲君子則真君子矣，見詆爲小人，未傷也，天下後世以爲小人則真小人矣。見詆爲小人未傷也①，公論甚晰，自古至今未有能逃。念及於此，將客氣自消，而爭端自息。此又臣一得之愚，而欲爲諸臣忠告者。臣與諸臣此肩事主，無嫌無疑，亦無一毫偏護私意，但目擊世界紛紜至此，而臣處輔弼之任，默無一言，安所逃責？故敢直陳其愚，伏望聖明留神採擇，早賜施行。臣不勝悚息祈懇之至。"

① 見詆爲小人未傷也　明抄本作"君子小人，界限甚嚴"，是。通行本作"見詆爲小人，未傷也"，誤。

萬曆三十七年四月壬子，朔，大學士李廷機、葉向高謹題："今日文書官冉登捧出聖諭：'朕自入春以來，屢次動火，昨又偶感風寒相激，頭目眩暈，見服藥餌，調攝未愈，身軟步履不便。廟享恐弗成禮，着遣官陪祀各執事，務秉精虔行禮，以體朕躬竭誠至意。卿等傳示知悉。欽此。'臣等仰見皇上孝思純篤，雖在調攝之中，於廟祀大典，猶深軫聖懷如此。九重嚴邃，臣等未得備承起居，伏望皇上加意珍攝，以慰宗廟臣民之望。臣等不勝惓惓。除恭傳聖諭，令遣官及各執事諸臣秉虔行禮外，所有聖諭尊藏內閣。謹回奏以聞。"

二日癸丑，大學士葉向高謹題："今日蒙發下同官臣王錫爵、李廷機二本，令臣票擬。臣惟錫爵老成端亮，廷機清公任事，皆臣所遠遜不如，只以勁直之過，與世不合，遂致攻之者多。而錫爵又以子死身病，其情甚苦，貽書於臣，懇為轉達。廷機亦迫切求去，杜門不出已滿一年，入春以來疏已八上，每見臣輒求要放，至於涕泣。臣惟聖明在上，而帷幄大臣進退狼狽一至於此，以後凡居此地，孰不自危？臣與廷機私相憐也，私相慮也。在廷機自處，進不得開①其忠，退自可明其志，在皇上處廷機，留之只是虛拘，放之乃是實惠，事理甚明，所當體恤。惟是從來輔臣求去，同官以迹涉嫌疑，莫肯代請，臣雖難至愚，亦知顧避。況今政本乏人，豈願廷機之去，獨以事窮勢極，無可奈何，而臣與廷機生平知契，不必更存形迹，政敢為一言如此。至於錫爵，乃特簡元輔，其准放與否，我皇上宜有獨斷，臣不敢定。但恐有煩宸慮，今各擬兩票，以聽聖裁。惟廷機之情，更為窘迫，尤有望於聖慈之曲軫者，臣真萬不得已而為此請耳。謹具題以聞。"

三日甲寅，大學士李廷機等謹題："為印信事。照得詹事府印信，自禮部尚書兼翰林院學士曾朝節病故，至今已經六年，無人掌管，然中間尚有協理詹事、少詹事等官，可以代署。今詹事王圖已陞掌翰林院印信，該府遂無一官，每有當行文書，

① 開 《綸扉奏草》卷五"開"作"關"。

無人用印，甚爲不便。臣等推得原任禮部右侍郎兼翰林院侍讀學士郭正域，前以詿誤回籍，今公論已明，相應推補。伏乞敕下吏部，將本官起改吏部左侍郎，兼翰林院侍讀學士，掌管前項印信。臣等未敢擅便，謹題請旨。"

五日丙辰，大學士葉向高謹題："惟今歲大比之期，巡按一官責在監臨，較之常年尤爲緊要。而南直隸提學御史舊者已陞，新者未蒙點用，各府生儒無人考校，懸望尤切。今去試期祇三月餘，再或遲延，必致誤事。伏望皇上將部院題差各疏亟賜檢發，令其速行，庶於賓興大典猶可及矣。事勢至迫，而部院屢請未發，臣不得已乃敢冒瀆，伏望聖裁。臣不勝悚息之至。"

八日己未，大學士李廷機謹題："爲放難再緩事在不疑懇乞聖斷事。臣於三月二十五日具疏求放，今又旬餘，未奉俞旨，望眼欲穿，食咽不下，一息奄奄如欲絕之綫，五内搖搖如不繫之舟，蓋其日久而苦極矣。皇上聰明睿智，人情事理無不周知，臣之萬萬宜放，萬萬不能留，久在聖鑒，此事何難一斷決，而使臣狼狽困頓至此極也？伏望皇上即允臣奏，賜臣一副骸骨、一條性命。臣之病勢苦情與其首丘而感恩誓報，前疏屢具，臣亦不敢復贅瀆矣。臣不勝哀懇迫切悚息待命之至。"

十日辛酉，大學士葉向高謹題："臣惟閣臣之設，主於輔導代言，原不以諫諍爲職。近因朝政壅塞，内外暌絕，臣等不得已而有言，遂致疏揭滋多，煩瀆聖聽，至於今日亦一概不報，是臣等之罪也。然而政機所關，義難緘默，非但天下以此責臣，即臣反之於心，亦不能自安。每深思默念，臣以千言萬語請之而不足者，皇上以片言決之而有餘，臣以千言萬語請之而天下猶不信，皇上以片言決之，而天下莫不服。然則皇上亦何愛於片言而遲疑不決之若是耶？夫天下事有必不可已者，皇上固未嘗終靳也，但行之有遲速耳。速則威權歸於上而議論自消，遲則議論多於下而威權反失。當斷不斷，及其斷人已玩矣。當行不行，及其行事已去矣。乾綱因而解紐，國柄爲之倒持。然則皇上亦何利於遲疑而堅持不化之若是耶？臣竊觀皇上，天縱聖明，於天下國家①雖在細微，無不留心，即臣所票擬容有疏失，一經聖裁無不妥當，獨於先後遲速之間未盡合宜，以致紛紛至此，心竊惜之。臣今不敢泛有陳瀆，謹將目前切要事務萬不容緩者，開列數款，仰祈皇上審度事勢，憐臣苦心，俯賜施行，臣愚幸甚。

　　計　開

一、擅去諸臣，如孫善繼輩，已經吏部參糾，臣屢次票擬，未蒙處分。此朝綱所係，漸不可長，伏望檢發。

一、科場在邇，應天提學御史有考較之責，各省巡按御史有監臨之責，皆不可缺。而應天生儒一半未考，福建巡按缺已三年，路途尤遠，及今點用，猶以爲遲，再或遲延，必致誤事。伏望檢發。

一、政本乏人，臣極病極困，不能支吾，屢請會推，萬非得已。伏望檢發。

一、求去諸臣，如尚書趙世卿等，皆杜門日久，進退狼狽。或去或留，大者斷自聖衷，小者下之部議，其在公私實爲兩便。伏望檢發。

一、臣等題推日講諸臣、教習庶吉士官、及翰林諸臣，資俸已深，應量陞轉者。此係臣等職掌，不得不請。伏望檢發。"

十六日丁卯，大學士李廷機、葉向高謹題："先該禮部題，照得順天等府州衛及浙江等布政使司，各赴送到歲貢生員，有補三十六年貢者，有應三十七年貢者，與起復病痊等項前來者，俱各查理明白，相應一併考試，分別發落。再照北直隸府州縣貢生，乃補三十六年分貢者，因提學御史左宗郢去年到任在後，不得與當年廷試之列，事與起復病痊者不同，合無將北直隸府州縣生補貢者另序一案，列於三②十七年貢者之前等因。已經題奉欽依外，又該禮部題，據雲南續到貢生，係應三十六年分貢者，緣阿克兵亂，不得前進，今來補試，事與北直隸事體相

① 家　明抄本"家"下有"事"字，是。通行本脱此字。

② 三　自"三"字起至"發下臣等欽"凡二百一十五字，通行本原脱，兹據明抄本補之。

同，應與北直一體序列等因。通行開送翰林院考試。臣等會同吏部右侍郎兼翰林院侍讀學士教習庶吉士掌院事王圖，出題彌封，嚴加考試，取中補考三十六年分歲貢生員文理平通上卷二卷、文理亦通中卷一萬五十八卷、三十七年分與起復病痊等項歲貢生員文理平通上卷三卷、文理亦通中卷三百六十六卷、恩貢文理亦通中卷一卷，俱應准貢。謹將各試卷進呈御覽，伏乞聖裁，發下臣等欽遵施行。謹題請旨。"五月初六日，奉聖旨："是。該部知道。"

十七日戊辰，大學士李廷機謹奏："爲窮極無聊號天乞放事。臣聞古人有言：難進易退。今乃見求退之難，更加於進。臣自去年四月乞休，今周一年矣。一年之間，中外大臣物故者若干人，臣猶得延犬馬之生以待賜骸，臣之大幸也。然今猶不放，不使生還，恐後人又有借臣爲辭，以瀆天聽者矣。臣頃見明旨處分徑去諸臣，人服其當，臣難束身待命，而負君負國之罪浮於去者。臣今誠得以罪行褫官奪級，人亦必服，臣亦願之。皇上，天也。窮極無聊，不號天將焉往乎？伏乞皇上憐憫允放。臣不勝哀懇激切悚息待命之至。"

十九日庚子①，大學士葉向高謹題："臣昨接得都察院揭②，請檢發南直隸提學御史，至爲懇切。竊惟科場日期甚迫，而南直生儒未經考校者尚多，何以應試？故南京科道諸臣連章奏請，而吏部、都察院亦題催數次，此真不可一刻緩者。至於各省巡按，有滿而應代，有缺而未補，而福建一差，已三年無人，目下科場事務，誰爲管理？揆之事勢，亦萬難再遲。臣不得已，冒昧代請。極知語言煩瀆，取厭聖心，然事情急切如此，而臣復隱忍不言，心何能安？伏望聖明亮臣愚衷，亟賜檢發。臣不勝悚息祈懇之至。"

二十八日己卯，大學士李廷機謹奏："爲窮極無聊懇乞放歸事。臣自去年四月二十日乞休，歷夏而秋，而冬，而春，而復

① 子 "子"當作"午"。

② 揭 《綸扉奏草》卷五"揭"下有"帖催"二字，是。

夏，今屆端陽矣。節序屢更，舌唇已敝，而天心不動，若以臣爲瀆擾而厭棄之者。臣前後四十餘疏，以去就大義請而不得也，以犬馬疾病請而不得也，以往事去者之故事請而不得也①。日復一日，月復一月，則皇上②放臣無期，而臣之生還無望矣。臣前疏願賜降點而去，此臣真心也。伏望皇上鑒之，憐之，亟賜俞允。臣不勝窮迫激切待命之至。"

二十九日庚辰，大學士葉向高謹題："臣惟今歲大比之期，各省巡按責在監臨，極爲緊要。頃蒙皇上發下南直隸提學御史，人皆喜慰，而都察院題差巡按尚未蒙允廢。今各省路途，遠者至七八千里，使即日承命，奔走趨赴，亦僅可及事，若復遲延數時，寧不耽誤省方重務、賓興大典？臣知聖明之必留念也。煩瀆之罪，臣無所逃，伏望聖慈原宥。不勝懇切之至。謹具題以聞。"

① 也　明抄本"也"下有"以近日死者之苦情請而不得也"十三字。通行本脫此十三字。

② 上　明抄本"上"下有"之"字。通行本脫此字。

萬曆三十七年五月辛巳，朔。

五日乙酉，端陽令節，頒賜①上尊珍饌。

八日戊子，大學士李廷機謹奏："爲待命又逾端陽懇乞聖慈俯憐病苦亟賜放歸事。臣自去歲端陽之前席藁乞休，竊計歸期不過旬朔，詎意濡滯以至於今。節序屢更，端陽再見，自來閣臣之去，未有若此其艱難者。臣病而益苦，苦而增病，禱祈勿應，占卜無憑，永日如坐圜扉，經年不出房闥，此苦人所未有，亦臣所未嘗。皇上其仁如天，忍令臣窮困至此？臣又見同時亦有一二求去之臣，久而不放，不惟鬱抑難堪，而朝廷之政事妨誤不少。況政地之重，過遇諸司，而久留衰殘狼狽之人，使揆路久妨，而獨勞者無助，尤不宜之甚者也。伏乞皇上曲體下情，軫念國事，慨然斷決，即放臣歸，而後諸臣之待放者，皆可以次推及矣。臣不勝迫切哀懇之至。"

九日己丑，大學士李廷機等謹題："竊惟國家設立各衙門，皆有職司，未有闕署虛無人者。即如詹事府衙門，向時掌印、協理有尚書、侍郎、詹事、少詹事等官，常不下五六員。今自詹事王圖陞掌翰林院印，少詹事吳道南陞禮部右侍郎後，該府遂無一官，而目下教習庶吉士尚缺一員。臣等推得右庶子兼翰林院侍讀翁正春，資俸已深，堪補前缺，伏乞敕下吏②部，將本官量陞詹事府少詹掌，兼翰林院侍讀學士，教習庶吉士，庶作養得人，而該署亦不至於空虛矣。臣等未敢擅便，謹題請旨。"

十四日甲午，大學士葉向高謹題："臣連日見發下本章，無通政司封進者，不知其故。今日詢之該司，始知右參議趙邦柱以左參議吳默新到，具本將印信推與吳默署事，未蒙檢發，遂致一概本章無人封進。臣惟通政一官，乃喉舌之司，不可一日壅滯。若使本章停閣，則外間有緊要事情，如軍機邊報之類，

① 賜　據《明神宗實錄》卷四五八，"賜"下當有"二輔臣"三字。

② 吏　此條記事自"吏"字起至末尾"旨"字，及下條記事自第一字"十"起至第一百五十五字"在"止，凡二百零六字，通行本原脫。茲據明抄本補之。

皆不得達，豈不誤事？至於吏、工二科，亦無人署印，章疏下部者久不發抄，大選等官不得領憑，日在長安門外遮臣號懇。夫國家精神血脈，惟章疏一路，今自下而上者既積於通政司，自上而下者復積於吏、工二科，揆之政體，實大不便。伏望聖明亟賜檢發，以便遵行，庶上下周流，而幾務不至於壅塞矣。抑臣又有請焉。通政司列在九卿，責任殊重，而通政使與左、右通政久缺不補，今趙邦柱署印業已年餘，資俸甚深，吏部屢次推陞右通政，未蒙允發，而吳默新到即令署印，於先後次序亦甚不安。若吏科都給事中，今歲考察乃其職掌，勢不容緩。統望聖明俯允吏部推陞之請，將此二疏亟行檢發，是亦慎納言、重計典之大端也。臣煩瀆已甚，而事不可已，尤望聖慈憐察。臣不勝悚息祈懇之至。"

　　十六日丙申，大學士葉向高謹奏："爲身病時危力窮情急懇乞聖明留神治理以彌天災早簡閣臣以隆政本事。臣一介寒儒，遭明盛之世，事神聖之主，厚澤鴻恩，隆天重地，即捐糜此生，何足顧惜？豈敢以困苦私情，頻煩籲訴於君父之前，自取干冒之罪乎？顧今日事勢萬分難處，委非臣愚所能勝其任者，臣不得不涕泣而申言之。向時閣臣祇以票擬爲職，票擬之不當，則閣臣罪也。自年來諸事留中，籲天無計，遂謂閣臣身居密勿，有肱股心膂之誼，力能得之皇上，凡各衙門章疏停寢不發者，無不責之閣臣。閣臣於各衙門之事，毫不與聞，徒以軍國大計所關，不得不請，甚至於題差掌印、請告乞歸①尋常瑣事，亦皆屢揭代陳。在臣私心，方自愧煩數，不足以感動君父，乃外間不知，尚羣然責臣之不言。臣爲國任罪，固所甘心，惟是天下事日危日迫，不容生視。如頃者遼東巡按揭稱，奴酋領兵侵迫北關，勢甚猖獗，兵部官封臣每嘆無餉無兵，窮窘無策，遼左之危困已甚於累卵矣。而直隸、山東一帶又盡皆荒旱，盜賊縱橫。昨山東巡撫揭報，濟南、青州二處各產犢牛一隻，兩頭三鼻，四目二口，考之《五行志》云：'牛一身二首，爲天下將分之象。'今國家全盛，萬無他虞，然當此水旱頻仍、民心離散

① 歸　《綸扉奏草》卷五"歸"下有"諸"字。

之日，而非常妖變著見於此，臣恐內地之憂，亦不下於邊鄙也。爲今日計，即使六曹諸臣各舉其職，如救焚拯溺，猶恐不支。而一事之請，難於拔山，一疏之行，曠然經歲，其將何以爲計哉？往者天下無事，朝政清明，閣臣常有三、四員，或多至五、六員。而今日在直乃祇臣一人，豈無事之時，數人爲之而不足，而多事之日，顧一人當之而有餘乎？六曹九卿，比肩事主，各懷忠藎，而事有壅隔，乃責專在臣。豈以諸臣之賢，相與補牘而不足，而如臣之愚，顧獨任回天而有餘乎？臣嘗譬之，今日事體，如大旱之歲，農夫束手，而羣以祈天請雨之一事，責之巫師，不知流金鑠石之秋，終無興雲致霧之術，此臣之所以力窮智盡，自傷孤苦之若是也。臣今腸胃日枯，飲食日減，每一下血，輒至傾盆，昏憒迷忘，生趣俱盡，常恐一旦溘先朝露，以憂君父。故敢及此一息之尚存，昧死哀號，望皇上速下會推之命，多簡忠良，共參政本，使臣得量力度時，自審進退，實天下國家之大幸也。臣聞之，朝中無不罷之官，世上無不盡之年，臣罪過已深，分當斥罷，病患已篤，身近死亡，惟此須臾間未斥未死，故尚妨賢誤國若是。惟求皇上視臣如已填溝壑，急擇人以代臣，以不遇先後遲速之間，而其利害得失相去遠矣。臣言及此，一字一淚，一字有欺，萬世爲僇。伏望聖慈哀憐賜允。臣不勝冒昧激切哀鳴之至。"

是日，大學士李廷機等謹題："先該吏部題，萬曆三十六年補考、及三十七年正考願就教職歲貢生員，開送翰林院考試。臣等會同吏部右侍郎兼翰林院侍讀學士教習庶吉士掌院事①王圖，出題彌封，嚴加考試，取中三十六年分歲貢文理平通上卷二卷、文理亦通中卷一百四十四卷，三十七年分歲貢文理平通上卷三卷、文理亦通中卷三百三十九卷，俱堪授教職。謹將各試卷封進，伏乞聖裁發下，開送該部，查照先後題准事理欽遵施行。謹題請旨。"十九日，奉聖旨："是。該部知道。"

十七日丁酉，大學士李廷機謹奏："爲懇乞聖慈憐放事。臣今年乞休十有三疏，俱不蒙賜允。臣自念犬馬之力，既不能報

① 事　明抄本作"士"，誤。通行本改"事"，是。

主，螻蟻之誠，又不足動天，困迫而上不憐，鳴號而上不應，此臣積過叢愆、辜負玷辱所致。然臣又思，自來大臣乞身，朝廷有察其誠懇而許之者，亦有知其不才而捨之者。臣至不才，無論其誠懇，宜就捨之之列。而況杜門伏枕一年有餘，靡俸給之金，以顧閒人，遲枚卜之期，以妨賢路，蠹國害政，莫甚於此。伏乞皇上即允臣去，不①臣感聖主放生之仁，亦所以章聖斷而重政幾也。臣不勝激切懇祈悚息待命之至。"

二十日庚子，大學士李廷機等謹題："伏蒙命臣等擬皇太子第五女名，臣等謹遵恭擬上進，伏乞聖明裁擇點用。謹具題以聞。"

是日，恭擬皇太子第五女名：徽婉（音媛，媚也，順也）、徽婧（音靜，女貞也）、徽婠（丸②切，體德好也）、徽嫺（胡間切，嫺雅也）。

是日，頒賜二輔臣每員藕三枚。

二十二日壬寅，大學士李廷機等謹題："伏蒙欽點皇太子第五女名，臣等謹恭視中書官用印邊龍箋寫進、請寶。謹具題以聞。"

二十五日乙巳③，大學士李廷機等謹題："照得熱審一事，乃祖宗二百餘年相傳之舊章，所以宣布皇仁而哀矜民命，至重典也。今歲逾期已月餘矣，而明旨猶然未下。當此酷暑之時，囹圄纍囚死亡疾病，我皇上至仁極慈，必有惻然於中者。而雲南叛賊阿克等久已讞上，亦至今未蒙允發。此賊擾亂一方，殺人無數，即使速正刑書，猶未足以泄萬人之憤、盡叛逆之辜，而遷延濡忍，未伏天誅，此人情之所深疑而不得故④也。惟此二事，臣等知我皇上在所必行，無容瑣瀆。但宜急而緩，人將謂皇上不忍於逆賊，而反惄然於可矜之獄囚，恩威之用容有未當。故敢冒昧陳請，以聽聖裁。臣等不勝悚息之至。"六月初一日，法司接出聖諭："如今天氣暄熱，兩法司並錦衣衛見監罪

① 不 "不"下當有"惟"字。

② 丸 "丸"上當有"烏"字。

③ 已 "已"當作"巳"。

④ 故 《綸扉奏草》卷五"故"上有"其"字，是。

囚，笞罪無干證的放了，徒流以下便減等擬審發落，重囚情可矜擬①並枷號的，都寫來看。"

是日，大學士李廷機謹奏："爲懇乞放歸事。臣惟《中庸》九經曰'體羣臣'，體之云者，設以身處其地，而察其心。孟子所謂'君子之視臣如手足'，蓋言體也。未有手足疾痛，而腹心漠然若不相關者。羣臣且體，大臣可知。今臣不肖，或可比於羣臣，其疾痛非一端，而其號呼至頻煩、至迫切矣，猶不蒙皇上曲體之仁。皇上以臣真邪惡可厭耶？則必斥逐而使之去。以臣真疾痛不得已耶？亦必矜憐而聽之去。而日復一日，月復一月，不憐之，亦不斥之，累牘連章，徒茲聒瀆之罪，經時度歲，杳無首丘之期。穆清之上，夫豈知羈臣荼苦如焦如燒，至此極也？伏惟皇上，俯垂軫念，省鑒臣疏，亟傳准放一聲。臣不勝惶恐哀祈控籲待命之至。"

二十九日己酉，大學士葉向高謹題："臣逐日入直，每至長安門，則諸大選、急選官羣擁臣，告訴以吏科無官掌印，不得領憑，守候日久，百凡不便，而歲貢就教者，貧窮困苦，言與淚下，尤爲可憐。至該科與工科，章奏奉旨下部者，一概不得發抄，堆積數月，且有數百通。該部無從題覆，其爲廢時失事，妨誤朝政，甚不小也。臣前已揭請，未蒙允發。今不得已，冒昧申瀆，伏望聖明將吏部所推吏科掌印官及工科請官署印疏，亟賜檢發，以便供職，庶候憑各官無留滯之苦，而章疏亦不至於沉閣矣。臣又見日來發票本章，多尋常瑣事，而於用人行政之大，寥寥罕見，人情悵望，以爲時政壅塞甚於日前②。如吏部尚書孫丕揚，公清正大，卓然爲名世元臣，皇上拔之田野之中，置之百僚之上，四海人心無不從服。丕揚年近八旬，宦情久息，而猶竭厥前來，不惜身命，思以報答聖主高天厚地之隆恩。臣竊敬其人，而傷其志。乃受事數時，諸所奏請，如推補大僚、科道年例之類，皆目前要緊事務，而無一得旨。如此因循，非但丕揚之效忠無地，其於皇上簡用之盛心，亦已拂矣。自昔稱羣德，無過明斷二端，皇上之特起丕揚，可謂至明，惟

① 擬 "擬"當作"疑"。

② 日前 《綸扉奏草》卷五"日前"作"前日"。

於用處再加以斷,則知人善任,真與帝王比隆,臣揚萬不敢市恩沽名以負皇上也。臣區區愚衷,輒敢陳述,統望聖明俯垂鑒納。臣不勝悚息祈懇之至。"

萬曆三十七年六月庚戌，朔。

二日辛亥，大學士李廷機謹奏："爲懇求放歸事。臣惟天地之大也，人猶有所憾。臣受皇上之恩，不啻覆載生成，其大過於天地，而臣尚有不如所願者，則皇上惟縻臣以爵祿，而不與臣以廉恥。夫唾面自乾，一唾猶可忍，再唾已難，安有唾之又唾，唾無已時，面無乾時，而皇上猶欲臣忍之乎？夫臣以極陋極貧之一書生，荷皇上作養拔擢，以至於此。臣志大言大，非寡廉鮮恥人也，臣不戀長安一片地也，而一年不得出長安者，皇上不肯成就臣也。今有良家之女，志慕貞潔，而有人焉，取而繫之衢路坊肆之中，使人得而侮之，哀訴不釋，脫逃不得，則惟有劓鼻割耳以自裁耳。今臣自念身爲皇上大臣，受恩深重，有如去不必待命，即不用郵傳一夫一馬，或覓騾或徒步以歸，臣心安乎？即人不言，上不督過，不默不降以歸，臣心安乎？途中不悔，牖下不悔乎？孔子有言：'汝安則爲之。'臣不安，故不爲也。此外則如貞女烈婦劓鼻割耳，然而非丈夫之行，非宗社所關，未有身之去就而以身徇身者，臣又不爲也。兩者既不爲，則惟望皇上一放。而今日不放，明日不放，臣所引天地之大人猶有所憾者，此也。臣不敢憾天地，自憾而已。語曰：朝廷有教化，而後士人有廉恥，天下有風俗。夫教化之行，能使頑者廉、懦者立。今反使廉者頑、立者懦，教化盡亡，風俗大壞。皇上勿以一士之去留爲細故而忽之也。臣言及此，馨矣，蹙矣。伏乞皇上即放臣歸，臣在則朝廷輕，臣去而後朝廷重。臣不勝窮窘迫切哀求惶息待命之至。"

八日丁己[①]，大學士葉向高謹奏："爲時政壅滯已極銓臣計窮求去謹力疾籲天懇乞聖明留神省鑒事。臣惟爲治之道，祇用人、行政二端，用人、行政之不當，猶足以致亂，若人皆不用、政皆不行，則毋論禍亂之可憂，自古至今亦無此朝廷，無此世界。我皇上神聖聰明，超然遠覽，豈不念及於此？顧自近歲以來，官多不補，事多寢閣，至於今日，隔塞尤甚。臣常望吏部

[①] 己 "己"當作"巳"。

① 轉 明抄本"轉"上有"一番"二字。通行本脱此二字。

② 措 明抄本作"惜"。通行本改"措",是。

③ 刺 "刺"當作"刺"。

尚書孫丕揚之來,皇上篤念舊臣,必有一番信用轉①移。而丕揚受事兩月,亦竭盡其心力,矢公矢慎以報皇上,乃所推上内外大僚,一概不報。即最緊最急,如左都御史,戎政尚書,真定、河南、山西巡撫,皆必不可缺之官,而皆未得請。甚至方面藩臬亦無一下。而春秋二季選過各官,以吏科無官掌印,不得領憑,困苦哀號於長安道上者且數百人,此亦從來未有之事也。丕揚每問臣:主上英明如此,今之隔塞出於何故?臣雖備員密勿,而九閽萬里,朕兆莫窺,安所置對?今丕揚窮窘無聊,且以病求去矣。皇上用一丕揚,天下之人方相與傳頌,以爲聖明盛事,曾幾何時,遽使丕揚不得已而有此請,臣竊惜之。天下者,皇上之天下也。年來水旱頻仍,災異疊見,元元離心思亂者衆。北虜、建夷憑陵橫肆,所恃以分憂禦侮,惟此二、三大小臣工。皇上奈何吝恤區區之爵禄,而不恤祖宗相傳無恙之金甌乎?夫承平無事,人主常視士大夫輕,而視官重,及至有事,士大夫亦視身家重,而視官輕,至於士大夫以官爲輕,則其禍不忍言矣,此尤臣之所深懼也。臣以血疾顛沉,今日已不能入直,忽聞丕揚此疏,惕息不安,故復黽勉匍匐而進,陳其愚哀。伏望聖明俯念丕揚感恩圖報之苦心,深惟今日用人、行政之大計,將吏部推舉諸疏,亟賜檢發,使丕揚得以少伸其志而安其身,其所光於聖德、聖治,真不小矣。至於臣之殘貌,病困已極,進退去留,無所關係,尚容另疏陳乞。臣不勝悚息祈懇待命之至。"十五日,奉聖旨:"覽卿所奏,具見忠悃。銓臣公清端亮,董率百僚,況今國家多事之時,豈可以疾求去?已有旨了。卿偶疾,暫假數日,慎加調攝,稍可即出佐理。其補官等事諸疏,朕知道了,候朕詳覽,即行檢發。該部知道。"

十一日庚申,大學士李廷機謹奏:"爲疏盡留中苦難度日懇乞聖慈省覽矜憐亟放事。臣數月間乞休之疏凡十七上,全不蒙發放。以疏,則意盡説窮,唇乾舌敝,無復可措②之詞。以時,則月又一月,年又一年,無復再延之理。以罪過,則積如丘山,著如共鯀,久不宜尚存仕籍之名。以擊刺③,則身無處所,體無完膚，久不能苟客堯舜之世。以情景，則孤棲久繫，永日難移，幾同圜土之中。以衰病，則精鑠神銷，大命將至，必爲異鄉之鬼。蓋自來大臣求去，未有如此之難、如此之苦者。伏乞皇上即發慈心，賜臣骸骨，俾臣得命而去，君臣大義始終兩全，皇上生臣全臣之恩，真天地未能擬其高厚，海嶽不足比其崇深矣。臣不勝激切悚息待命之至。"

是日，大學士葉向高謹奏："爲病困不支懇恩罷斥事。臣有痔瘍下血之病已二十年，以向者年力未衰，輔以藥餌，猶時發時瘳，不至狼狽。今殘軀頹暮，重以憂煎，鬱火上蒸，有同焚灼，痔瘍秉之，其痛如割，然猶黽勉供事，不敢告休。乃自入夏以來，血疾復作，每一便溺，輒如決溜傾盆，不可禁禦，眩暈數刻，然後少蘇。強至閣中，亦昏昏沉睡，常如夢魘，家人驚呼再三，始能開眼。諸凡本章，舉後則忘其前，讀此則遺其彼，固有昨日所票，而今日不憶爲何事者。怔忡慌惚，神理俱枯，雖具人形，已無生趣。兩房各官與閣中諸役，皆所親見，不敢一字之欺誕也。病勢如此，猶復隱忍不言，死而後已，其罪滋大。且古人鞠躬盡瘁，將以有爲，今皇上視臣，能有爲乎？否乎？積誠未至，既不足以感乎，補牘雖勤，竟何裨於尺寸？伎倆已窮，罪愆叢集，若多留一日，即爲國家一日之害。萬不①已，哀祈聖明將臣速賜罷斥，使得及旦夕未死即出國門，毋誤國事，臣幸大矣。今閣中無人，苟臣犬馬之力猶有分毫，可以自效，亦不敢以此而瀆君父，統望聖明垂憐鑒察。臣不勝迫切哀鳴祈懇待命之至。"

十七日丙寅，大學士葉向高謹奏："爲患病陳情蒙恩賜假敬述感衷並祈亟補閣臣以重政幾以免瘝曠事。臣以吏部尚書孫丕揚求去具疏請留，及以臣病困下情仰干天聽，奉聖旨：'覽卿所奏，具見忠悃。銓臣公清端亮，董率百僚，況今國家多事之時，豈可以疾求去？已有旨了。卿偶疾，暫假數日，慎加調攝，稍可即出佐理。其補官等事諸疏，朕知道了，俟朕詳覽，即行檢發。該部知道。欽此。'臣伏誦溫綸，不勝感泣。竊惟皇上，於

① 不 《綸扉奏草》卷六"不"下有"得"字，是。

丕揚則慰留，於臣則賜假，蓋聖心洞然知丕揚之求去，由於志之不行，而臣之求去，由於身之真病也。天地父母之恩，神明之見，凡爲臣子，孰不頌服？今丕揚已遵旨勉出矣，皇上許丕揚以推補各官即行檢發矣，下不惜竭力以效忠，上不吝用賢以明信，當豐蔀之後，而忽垂下濟之光，處屯膏之時，而漸闢彙徵之路，自非大聖人舉動卓越，何以有此？自今以後，皇上於丕揚所推舉，隨覽隨發，如用有不當，責在丕揚，章疏省而聖躬無詳覽之勞，臣惟延頸企望而已，無庸言也。惟是臣之私衷，有所大不安者，不敢不伏枕哀泣陳之。從來閣臣，地居密勿，時奉傳宣，祖宗以來常用五六員，非但以謀斷規隨可免於僨事，亦常慮死亡疾病或至於乏人。年來世事參商，揆端梲杌，遂致綸扉盡閉，擬票私家，雖聖恩寬大，曲體下情，而樞機之重地，闃其無人，軍國之密謀，公然屑越，揆之事體，萬分非宜。故臣前此雖極病極苦，猶不敢不匍匐而進，直至無可奈何而陳訴君父，亦不敢言假，而言去，以爲臣去之後，可以即補也。乃皇上既不允其去，而又勉以調攝，望以即出。臣自度將朽之骨，再肉無期，難驅之駑，雖鞭何益？游魂殘喘，未絕須臾，敢望任天下事哉？此臣所以誦溫綸而雪涕，感時命以灰心也。臣之同官，雖有賢如廷機足堪委任，然杜門日久，未肯入直，強之擬票，亦復苦辭。臣伏枕一日，多一日之艱危，未死一日，添一日之罪過。若不以此時哀祈君父，早賜會推，亟行點用，一旦奄然就木，寧不爲一生無窮之恨、難贖之愆哉？臣今謹遵旨調攝，未敢遽申前請，惟望聖明察臣迫切至情，原是爲國，非便身圖，哀憐賜允，使臣一聞此命，歡忻鼓舞，霍然起色亦不可知，即不幸而死，亦無餘憾矣。臣不勝哀鳴懇切之至。"

是日，大學士李廷機謹奏："爲哀懇亟放事。臣前疏已多，本月十一日臣所具疏，伏候明旨今又數日矣。臣亦知皇上厭煩，必一切束之高閣。然臣所陳，非政事得失，有煩聖心之圖維也，又非情節曲直，有煩聖心之剖判也，又非祈求恩澤，有煩聖心之斟酌也，又非辯白冤狀，有煩聖心之亭平也。不過求去而已，一放即了，一傳即放，更何煩難？更何躊躇而遲留如此？不但使臣冒頑鈍之名，而枚卜久滯，政地久虛，揆路久妨，勞者不得休，而賢者不得用，此臣所以日夜焦煩內益，熱病益深，而求益急也。臣自去夏束裝戒行，即冠服牌縧，以至轎棍扇傘，所有家活，盡散與人。家眷先行，途中喪一幼兒，臣皆不顧。念惟求此七十殘軀，歸而就木，不汙此長安一片地，是爲汲汲耳。臣忍耐已久，其苦難言，伏乞皇上憐臣放臣。臣不勝哀懇待念①之至。"

　　十八日丁卯，大學士葉向高謹題："爲恭謝天恩事。該臣患病乞休，伏蒙聖恩賜②調理，又欽遵③御前牌子于朝用，齎賜臣鮮豬一口、鮮羊一羫、白米二石、酒十瓶、甜醬瓜茄一罐，到臣私寓。臣謹焚香力疾，於牀褥中扶掖叩頭祇領訖。伏念臣濫叨逾涯，涓溪莫效，遂災生於福過，因身病而思歸。何意聖慈曲垂軫念，許之休沐，已特渙乎溫綸，錫之騈蕃，更重貺乎中伏。不知三生何幸，得承帝澤之旁流？即使二竪爲殃，亦望福星而遠避。儻苟全乎性命，皆仰借於生成，報德未能，銘心曷已？臣無任感激頂戴之至。"二十三日，奉聖旨："覽奏④謝，朕知道了。卿疾稍愈，即出輔理。吏部知道。"

　　二十日己己⑤，大學士葉向高謹題："臣臥病再旬，不知外事，但聞道路傳言，謂候憑教官無處揭債，饑餓病死者已十七八人。昨尚書孫丕揚顧臣於榻前，亦深言諸人苦楚之情，不得已而欲題請給劄，先令赴任，此蓋丕揚仰體聖心，不敢煩瀆，而爲此委曲權宜之計耳。臣惟給劄赴任，乃二百年來之所無，況今候憑者有七八百人，即使教官給劄，而其餘尚在守候，亦無了時。朝廷選一官，得一官之用，豈令其困頓淹留，坐索長安米乎？前蒙皇上發下吏科給事中胡應臺本，令臣擬票，臣欲即擬應臺署印。但念吏科今有大計之事，最爲繁重，而應臺一人難於辦理，故以吏部所推曹于汴擬上，至今未蒙允發，臣之罪也。夫皇上日照月臨之見，豈不知六垣職事，而難於于汴之一陞？皇上天覆地載之恩，豈故吝片紙文憑，而忍於各官之久

萬曆三十七年

① 念　"念"似當作"命"。

② 賜　《綸扉奏草》卷六"賜"下有"假"字，是。

③ 遵　明抄本作"遵"。通行本誤作"遵"。

④ 奏　《綸扉奏草》卷六"奏"上有"卿"字，是。

⑤ 己己　"己己"當作"己巳"。

候？必以吏科掌印責任頗重，詳慎而未欲遽發耳。以臣愚見，于汴爲吏部所推，其人與資必是相應，可以無煩聖慮。而今日候憑之苦，一至於此，銓臣至欲權宜以救之，其窘可知。是在皇上一點用間，而計典得人，舊章不失，各官皆雷動歡聲，感激天恩，倍於常日矣。臣伏念此事，窮困已極，故敢從牀褥中代爲哀懇，伏望聖明俯垂鑒允。臣不勝悚息待命之至。"

二十二日辛未，大學士李廷機謹奏："爲哀懇亟放事。臣於本月十七日復具一疏，伏候俞旨，今又數日矣。切①惟自古有不可則止之明訓，又有可以止則止之典刑。今臣杜門屛居，半歲不出戶庭，閣事不與，本揭不搜，邸報不觀，陞除不知，蓋自去夏而臣之仕已止矣。臣身在此，固與閒住無異。假令臣家京師，則如先朝李東陽，而其異者，惟仕籍之名未除，俸薪之給未罷，必去而後除名，罷給，得以飯蔬飲水，棲遲衡門之下，垢弊而人不疑，灑掃而人不哂，此其爲適，要非人之所及知也。臣念七十之壽，古來所稀。嘗考唐宋如韓休、李泌、張九齡、呂蒙正、韓琦、司馬光，皆六十八歲而終，若彼不肖小人有名者，史傳不著其年，必無遐壽之理。今臣至不肖，年已六十有八，而又甚病，竊度天意，似不欲令臣生還矣，豈不悲哉？臣聞前月二疏閣中擬放，蓋同官深知臣，而臣尤求之切也。伏望皇上憐臣蟻命，即依准前擬，亟放臣歸。臣不勝戰慄隕越待命之至。"

二十六日乙亥，大學士葉向高謹奏："爲痼疾難痊隆恩莫報懇乞聖明俯容休致事。臣以患病乞歸，蒙恩予假，及蒙賜陳謝，又寵以溫綸，諭令稍愈即出。臣感激天恩，逾於高厚，即捐糜此生，何足顧惜？但臣所患之病已將二十年，其來日久，與驟感風寒、旋發旋瘳者不同。尋醫問藥，徧於四方，即手抄方書，亦已成帙，而終無一效，今亦厭而棄之，聽其自生自死而已。日者中使臨問，臣灑血滿牀，實所親見，非敢飾辭以欺君父。昨見聖明允補各官，自巡撫已②至藩臬，已八、九人，又發餉

① 切　"切"當作"竊"。

② 已　《綸扉奏草》卷六"已"作"以"。

募兵，以拯遼左之急。臣伏在牀褥，不勝喜色，極欲乘時竭忠，少贊廟謨於萬一。且閣中無人，臣僵卧私第，業將再旬，於心何安？顧再三籌度，病困如此，即使匍匐復出，亦終不能長效犬馬之力，又不如早自斷決之爲愈也。伏望聖明，特賜哀憐，俯容休致，仍速下會推①之命，别簡忠賢以重政本，臣之生死皆有餘幸矣。臣不勝伏枕懇切哀祈之至。"七月初一日，奉聖旨："卿昨請假調攝，特爲勉從，朕望卿速出，弘濟國事。卿精力正强，何乃引疾求去？還即出贊政，仰體朕懷。其會推閣臣，朕知道了。該部知道。"

是日，頒賜二輔臣鮮鰣魚，各二尾。

二十八日丁丑，大學士李廷機、葉向高謹題："爲科舉事。准禮部手本，該本部題，應天府例該於萬曆三十七年八月初九日開科鄉試，合用考試官二員，照例行翰林院定擬，上請差用。奉聖旨：是。欽此。欽遵備行到院。臣等推得堪任正考官二員、副考官二員，列名上請，伏乞於內各欽點一員，令其照例馳驛星夜前去，及期考試。再照今歲坊局各官，患病求去者多，差用缺人，故不得已及於國子監司業南師仲，如蒙點用，乞量陞司經局洗馬，兼翰林院修撰。其何宗彥等資俸已深，如蒙點用，俱乞量陞右春坊右諭德，兼翰林院侍讀，以便供事，以光盛典。臣等未敢擅便，謹題請旨。

　　計　開
　　堪任正考官二員：右春坊右中允兼翰林院編修何宗彥　右春坊右贊善兼翰林院檢討蔣孟育
　　堪任副考試官二員：國子監司業南師仲　右春坊右贊善兼翰林院檢討趙用光。"七月初六日，奉聖旨："是。着點了的去。該部知道。"

①推　明抄本無"推"字，誤。通行本補此字，是。

萬曆三十七年七月庚辰，朔。

二日辛己①，大學士李廷機謹奏："爲懇求恩放事。臣於前月二十二日具疏哀求，伏候俞旨，今又七月矣。臣惡極罪大，萬難久汙都門，臣魄散魂銷，萬難久居人世，臣情迫心焦，萬難再羈一室，臣脣乾舌敝，萬難再措一詞。臣之命懸於皇上，但放臣去，貶秩可也，削籍可也，皆皇上之恩，皆臣之願也。夫人有大其聲而號泣、涕淚交流者，哀則哀矣，而未極也。至於聲盡淚乾、口噤目閉，人不聞其哀，而哀極矣。臣今哀求，實類乎是。伏望皇上憐臣、放臣，臣孑然一身，朝放朝行，夕放夕行，林下感戴，地下亦感戴矣。臣不勝戰慄隕越待命之至。"

七日丙戌，大學士葉向高謹題："今日蒙發下工部侍郎王汝訓一本《爲覆內官監太監陳永壽奏請給發錢糧事》。該文書官王體乾口傳聖諭：'宮內多繁，比不的別衙門，着全與他。出旨來。欽此。'臣即欲遵依擬票。但細讀本內該監所請找給之錢糧，經今已五六年，辦納之鋪戶已無一人，其爲乾没充橐如部科諸臣所言與否，臣不敢知。但今各部錢糧匱乏已極，分文難處，而此項數目，且至七千九百有餘，糜費不少，科臣部臣如此執事，皆爲皇上節省愛惜，以充軍國之用，臣獨何心，坐視其困而不爲之一言乎？若啟祥宮未放四千餘兩，理所當給，則部臣已自無辭，惟此項補給似在可已，伏望皇上俯允部臣之請，以示寬恤至意，是亦聖明一盛德事也。內臣外臣事屬一體，臣何所私？但度之事勢，自當如此，謹冒昧擬上，恭請聖裁。臣不勝悚息之至。"

是日，大學士李廷機謹奏："爲懇求恩放事。臣於本月初二日具疏哀求，連日候旨，猶未蒙允放。臣今五十疏矣，臣惡極罪大，萬難久汙都門，臣魄散魂銷，萬難久延人世，臣情迫心焦，萬難再羈一室，臣脣乾舌敝，萬難再措一詞。獨念臣雖不肖，叨爲皇上手足，皇上爲臣腹心。夫手足疾痛，不待求救於

① 己 "己"當作"巳"。

腹心，而腹心未有漠然不動者。從前閣臣之去，不過三五疏，今臣五十疏，此古來所未有之事。臣之惡極罪①，冥謫固宜，祇恐他日書之史編，稱聖主英斷未免以此一節爲未盡耳。即日立秋，時序屢變，臣之望放，如七年之旱之望雨也，伏乞皇上憐臣、放臣，勿復躊躕。臣不勝哀懇迫切戰慄隕越待命之至。"

　　八日丁亥，大學士李廷機等謹題："爲清黃事。照得軍職貼黃，例用翰林院官一員。自原管官詹事蕭雲舉陞任去後，至今年半，屢經推補，未蒙允用，所有前項事務，缺官管理，甚爲不便，且詹事府衙門並無一官，亦非事體。臣等謹推得右春坊右庶子兼翰林院侍讀掌司經局事翁正春，資俸已深，堪以差用。伏乞敕下吏部，將本官量陞詹事府少詹事，兼翰林院侍讀學士，前去會同兵部、都察院各堂上官，清理貼黃，庶職務克舉，而詹事府亦不至於盡空矣。臣等未敢擅便，謹題請旨。"

　　十一日庚寅，大學士李廷機等謹題："照得起居注館編纂六曹章奏，例用史官六員，向缺五員，只有檢討盛以弘一員兼管，已稱不便。今本官又差江西主考，此項事務遂無一人料理。惟今日之章奏，乃他日之國史，關係甚重，不②可已。臣等推得修撰張以誠，編修孫承宗、吳宗達、駱從宇，檢討彭凌霄，堪補前缺。合候命下，令各欽遵供事。再照起居注館當該一名，日逐謄寫，皆要緊事務，相應比照刷卷衙門事例，免考冠帶，照本等資格聽選。其六曹當該，不得援以爲例。臣等未敢擅便，謹題請旨。"奉聖旨："是。"

　　十三日壬辰，大學士李廷機等謹題："竊惟我皇上貽謀燕翼，卓越千古，四海臣民孰不欽仰？惟是東宮講讀之曠，且將五年，請講揭疏不啻百十，而尚未蒙俞允。人情鰓鰓不勝企望，望而不得，則又相興揣摩，疑端百出，即臣等身依帷幄，參列親臣，亦不能測聖意之所存也。臣等千思萬想，別想或猶可已，而此事萬不可已，日挨月延，至於五載，可謂極矣。今炎署已

萬曆三十七年

二六四三

①罪 "罪"下似當有 "大"字。

②不 明抄本 "不"上有 "萬"字。通行本脫此字。

過，秋氣漸涼，乘時講讀，猶可以補從前之曠，而圖將來之益，此實臣等犬馬之微忱，而亦我皇上之所深鑒者也。謹擇二十一、二十四二日皆吉，伏望欽定一日，以便遵行。謹題請旨。"

十四日癸巳[①]，大學士李廷機謹奏："爲久候無聊懇天憐閔事。臣前疏自劾惡極罪大，萬難久汙都門，魄散魂銷，萬難久居人世，情迫心焦，萬難再羈一室，唇乾舌敝，萬難再措一詞。儻蒙皇上覽觀，天心能無感動？今疏五十又一矣。臣查得宣德年間，閣臣張瑛出爲南京禮部尚書，今南禮有缺，即以畀臣，使臣得出都門，是亦聖主之恩。先朝故事，臣所求望也。又查得隆慶年間，閣臣陳以勤未去，閣中揭帖奉旨准不列名。今臣一年以來，毫事不預，除同官向高入告單揭外，至於一二公請，如東宮講讀之類，向高猶列臣名、臣求免不依，揭在閣中寫進，臣不能阻。誠恐皇上但見揭有臣名，或謂臣尚預事。今求傳旨閣中准不列名，則同官可遵旨而行，而王庶得放去。此亦先朝故事，臣所求望也。又查得《大明會典》，官員患病三個月之上，俸糧截日住支，故臣去年八月一疏，並辭俸給。及奉明旨：'前奏辭俸，俱不允。欽此。'臣思辭俸不如辭官，官去則俸何待辭？自是屢屢乞休，日日望放，而俸給如故，心切[②]不安。今敢再申前請，容臣辭俸。此令甲故事，亦臣所求望也。若不候放徑去，則前此所未有之事，臣前疏已言其不敢。若移居郭外，上無益於動天，下無益於止謗，且疏中難著'生出國門'一語，亦先令大臣所未有之事，臣未敢刱行。要之，臣千言萬語，不若皇上准放一聲。一放則事事安妥，始終完全，皇上可以恭默旁求，而臣悠然而逝，亦可無再瀆天聽矣。臣不勝迫切哀求悚息待命之至。"

十六日乙未，大學士李廷機等謹題："恭惟皇上聖德格天，至仁裕後。瑞鐘甲觀，衍福祉於三男，秀挺文孫，兆本支於百世。況當既望之日，式迓如恒之休，慈闈恍豫有加，社稷藩屏益固。臣等歡忻，倍萬常情，不勝踴躍之至。謹具題稱賀以

[①] 已 "已"當作"巳"。

[②] 切 "切"當作"竊"。

聞。"

十七日丙申，頒賜二輔臣，每員鮮筍二十根、枇杷果一小簍。

是日，皇太子第三子三朝，告奉先殿，收回脯醢果酒頒賜二輔臣三卓。

十九日戊戌，大學士李廷機等謹題："臣等今月十三日，具揭恭請東宮講學，候命數日，尚未得旨。頃者皇孫誕育，麟趾振振，中外臣民，歡欣鼓舞。咸謂我皇上福履方興於萬斯年，撫此瑤圖，長享雍熙悠久之治。皇太子春秋鼎盛，亦於萬斯年，率諸皇孫，共修問安視膳之敬。千古盛事，並萃聖朝，上壽呼嵩，與天無極，臣等亦何庸爲宗社過慮，豫設千萬歲後之圖？惟是犬馬私心惓惓無已者，但以深宮邃穆，起居游息之節，或有所難調，便嬖周旋，嗜欲玩好之萌，或有所易啟，無以宣揚儲範，仰稱聖慈，此之關係自不小耳。具我朝東宮講學，禮節甚嚴，講臣出入，皆有常度，自旅進而外，無私覿也。其所陳說經史，皆祇發明大義，自本文而外無他說也，神明①貽謀，原自深遠，此皆皇上之所知者。今天佑聖躬，吉祥疊見，而又當此萬壽千秋之期，使皇太子出御講帷，一修曠典，合四海之歡，增萬年之算，其爲延休介福可勝言哉？前擬二十一日已迫，臣等謹再擇得二十四、二十七二日皆吉，伏乞欽定一日，令皇太子與福王同出講讀。臣等未敢擅便，謹題請旨。"

是日，大學士李廷機謹奏："爲哀懇亟放事。臣病臥日久，計出無聊，本月十四日具疏引例，一求南京禮部之職，一求閣揭不列名，一求住俸，而終之求放之一言。臣望眼欲穿，今又數日矣。中外人士見臣狼狼趑趄若此，頗多見憐。而又疑以爲從來閣臣未有求去之堅且久而不得去者，今臣連章累牘，而皇上不動，誠厭惡之耶？胡不褫其職而逐之？如非厭惡耶，胡不體其情而允之？以爲費處耶？則至易事也。以爲螻蟻不足動其中耶？則又大臣、近臣也。以爲聖心不斷耶？則皇上英斷性成，

① 明　明抄本作"聖"。通行本誤作"明"。

萬曆起居注

千古帝王之所希有也。蓋衆皆疑之，即臣亦莫得其解矣。夫從容寧耐，茹苦忍痾，纍時越歲，即無聊之極而強抑其情以俟上命者，人臣之義也。見其哀鳴，知其疾痛，計其時日，念其困滯，曲垂體恤，賜之殘骸而予之生路者，聖主之仁也。伏乞皇上，即發臣疏，放臣回籍，早一刻即一刻之恩，生死感戴，與天無極矣。臣不勝迫切哀懇悚息待命之至。"

二十一日庚子，大學士葉向高謹奏："爲閣臣罪責日深推補萬分難緩哀懇聖明俯垂俞允事。臣自徂冬以來，以推補閣臣一事，竭誠祈請，其辭極煩，而其情極苦，即夢中囈語，病中號呼，皆是此事。九閽甚遠，無路能達，不知聖明亦肯①覽臣本章，察臣窮困，一加惻隱與否？臣以夙病纏綿，本不能出，再三籌度，臣子有請於君父，而偃卧牀褥，坐需君命，非但迹疑於要，抑且情涉於慢，臣不敢也。今臣匍匐強出，親詣文華門，叩首以請者，又旬餘矣，而皇上又不報也。臣昨日在閣，又眩暈數次，且兩目近盲，方寸憒亂。將盡之火，不續以後薪，垂斃之駑，不代以騏驥，天下之人盡知其不可，而皇上猶緩視之者，豈以今日閣臣，不過票擬尋常本章，無甚難事，即獨力爲之，亦自可辦乎？不知閣臣雖輕，號稱輔弼，皇上以名爲②任之，天下人遂以實而求之。東宫不講，則問閣臣，官僚不補，則問閣臣，章疏不發，則問閣臣，紛爭不息，則問閣臣，去留不決，則問閣臣，自大至小，自內至外，無一人不相責望，無一事可以推辭。皇上試思，此等情景，閣臣易爲乎？不易爲乎？庸劣如臣，能爲乎？不能爲乎？往者閣中有③人多，有事則衆畫之，然猶未免失也。有過則衆分之，然猶未免敗也。今臣孑立如此，狼狽乎？不狼狽乎？皇上亦可以哀臣矣。臣窮窘之極，形難存而神已瘁，心欲訴而口難開，千言萬語，只望聖主矜憐，千艱萬難，只望聖主拯撥，捨此之外，曉曉無益。惟恕④煩聒之罪，而俞允施行焉。臣不勝瀝血披肝冒昧祈懇之至。"

二十三日壬寅，大學士葉向高謹題："該同官臣建極，自舊

① 肯 《綸扉奏草》卷六"肯"作"曾"。

② 爲 《綸扉奏草》卷六"爲"作"而"，是。

③ 有 明抄本無"有"字，是。通行本衍此字。

④ 恕 《綸扉奏草》卷六"恕"下有"臣"字，是。

年四月杜門求去，抵今一年四個月矣。從來閣臣求去不遂，曠日經年，間或有之，然猶或出或入，旅進旅退，未有一味杜門、隻身羈絆如是之久者。自入春以來，廷機所上二十餘疏，皆未奉旨。中間曾兩次發臣擬票，臣既上體皇上眷留之盛心，而又下念廷機萬不得已之苦情，各擬兩票上請聖裁，復另具一揭，爲廷機代懇，經今數月，亦未蒙發下。竊窺聖心於此，必有難於廷機之去，而又重違其請，故遲疑未決。臣亦久之不敢爲言。至於今日，則廷機之情愈迫，而其勢愈不能留，其所以大聲疾呼以籲祈於皇上者，蓋無所不用其極矣。廷機之生平，皇上之所知也。其自登第，以至今日，皆皇上之所拔擢而成就也。皇上即①知廷機於平日矣，豈忍坐視其進退去留狼狽困苦之若是乎？年來政地甚輕，本難展布，所恃君父假之禮貌，體恤其私，而後有以自立。見今連章不報，疾痛不聞，縶之維之，與小臣無異，且不如小臣之尚可自便，飄然掛冠，自此以後，臣恐輕者益輕，而此地之難居日甚於一日也。皇上即不爲廷機惜，獨不爲國體慮乎？廷機立身行己，有以自信，於是非毀譽未嘗介懷，獨此欲去不得去，不得去而人又責其不去，一段極苦極鬱之衷，終有不能釋然而自遣者。此實臣之所深知、深憐、不容默然而已者也。非臣誰肯爲此言？非臣與廷機相信、誰敢爲此言？臣亦非爲廷機，爲國家耳。伏望聖明垂鑒，將廷機疏速賜裁發。臣不勝悚息冒瀆之至。"

是日，大學士李廷機謹奏："爲臣苦已極懇乞聖斷以存國體事。臣於本月十九日具疏，伏候俞旨，又數日矣。臣切②惟君德以斷爲貴，其馭臣下也，或見其宜去之罪狀而毅然亟斥，不俟於崇朝，或見其求去之懇誠而慨然俯從，無煩於瀆苦，故謂之賜玦，玦者，決也，斷也。而大臣近主，稍與羣臣不同，尤當愛惜其廉恥，而曲全其始終。自來大臣皆二三疏而去，多不過四五疏，故雖訾垢可忍，雖旬朔可俟，自非大不肖之人，其名猶不盡毀裂，其體貌猶可觀。寧獨大臣之體哉？亦國體所係耳。今皇上英斷天縱，剖決如流，獨於臣一去，遲至一年又三月而不決，五十餘疏而不決，得無爲聖斷之累乎？臣誠不肖，

① 即 《綸扉奏草》卷六"即"作"既"，是。

② 切 "切"當作"竊"。

然閣臣也，亦未至寡廉鮮恥得罪於名教也，祇爲求去不得，以至此極。今臣如坐漏舡之中，伏燒屋之下，而皇上視之漠然不動念，此累朝大臣所未有者，而今乃自臣始。臣何足惜？但恐所傷國體亦已多矣。近日竊睹諸臣辯疏從外來者，並蒙省覽發票，而臣疏獨不報，此臣所自怨自傷、求其故而不得者也。伏乞皇上少動慈心，憐臣放臣，毋以一人之不肖，而貽纍聖斷，且傷國體。臣不勝哀懇苦求惶悚迫切待命之至。"

二十五日甲辰，大學士李廷機等謹題："爲清黃事。照得軍職貼黃，例用翰林院官一員。自原管官詹事蕭雲舉陞任去後，至今半年，屢經推補，未蒙允用，所用前項事務，缺官管理，甚爲不便，且詹事府衙門並無一官，亦非事體。臣等謹推得右春坊右庶子兼翰林院侍讀掌司經局事翁正春，資俸已深，堪以差用。伏乞敕下吏部，將本官量陞詹事府少詹事，兼翰林院侍讀學士，前去會同兵部、都察院各堂上官，清理貼黃，庶職務克舉，而詹事府亦不至於盡空矣。臣未敢擅便，謹題請旨。"

二十七日①，大學士李廷機謹奏："爲窮極堪憐籲天乞放事。臣於本月二十三日具疏，以臣之未放，上纍聖斷，及傷國體爲辭，蓋置此身私情不言，直言大義。而同官臣向高，先曾有揭，爲臣請命，久而不報，至於是日，復申前懇。蓋與臣最厚，知臣最深，見臣狼狽窮極，不忍坐視，而揭中於國體一節尤惓惓焉，亦足以明臣之不欺，與屢疏之非得已矣。連日伏候，繞榻而行，每聞敲門或人急走，則勃然心悸，以爲捧旨者至乎？蓋臣久患怔忡，今愈急愈甚，方寸中終日如杵動，如磨轉，此其情臣尚不能形容，況皇上何及知之？今人有求於上而未得者，輒責望閣臣，乃臣亦閣臣也，而同官則又以閣臣代閣臣懇也。又非爲之求官爵、求恩澤也，而其難如此，臣不肖不足憐，乃代懇者皇上亦不少留意乎？臣心忙意蹙，不識忌諱，伏乞聖慈鑒之、憐之，即放臣歸，以章聖斷，以存國體。臣不勝激切隕越待命之至。"

① 日 "日"下當有"丙午"二字。

二十八日丁未，大學士李廷機、葉向高謹題：“爲起復事。准吏部手本，開送翰林院庶吉士汪元極，係萬曆三十二年進士，改庶吉士，於翰林院讀書。三十四年五月初十日丁憂，回籍守制，三十六年八月初十日服滿，三十七年六月十六日起復到部，行移到院。臣等查得，萬曆三①十六年題奉欽依，以後起送庶吉士，億未經散館者，俱仍復館，與見在庶吉士一體讀書、考試②，散館之日品題，分別授官。今汪元極例該仍送入館就學，乞敕下吏部查照施行。臣等未敢擅便，謹題請旨。”

① 三　"三"當作"二"。
② 試　明抄本誤作"式"。通行本改正作"試"。

萬曆三十七年八月己酉，朔。

二日①，大學士李廷機、葉向高謹題："爲科舉事。准禮部手本，該順天府題，萬曆三十七年八月初九日例該本府開科鄉試，合用考試官二員，伏乞簡命等因。奉聖旨：'是。欽此。'欽遵備行到院。臣等謹推得堪任正考官二員、副考官二員，列名上請，伏乞於內各欽點一員，令其前去考試。再照各官，除張以誠外，其三員資俸甚深，如蒙點用，蔣孟育乞量陞左春坊左諭德兼翰林院侍講，趙用光量陞右春坊右諭德兼翰林院侍講，劉一燝量陞司經局洗馬兼翰林院修撰，以便供事，以光盛典。臣等未敢擅便，謹題請旨。

  計　開

 堪任正考官二員：右春坊右贊善兼翰林院檢討蔣孟育　右春坊右贊善兼翰林院檢討劉一燝

 堪任副考官二員：右春坊右贊善兼翰林院檢討趙用光　翰林院修撰張以誠。"初七日，奉旨："是，着點了的去。該部知道。"蔣孟育、趙用光有點。

三日辛亥，以萬壽聖節，頒賜二輔臣，每金萬壽字二副、銀萬壽字二副、金篆字八個、金書紅符一道，及講官蕭雲舉等二員有差。

五日癸丑，大學士葉向高謹奏："爲萬壽屆期普天同慶敬陳君臣一體之誼以效愚衷以光盛治事。臣惟自古國家之治安，必由君臣之共濟，故爲臣者，莫不願其君之壽考久長，與天無極，而爲君者，亦莫不欲其臣之進退始終，承恩勿替。《鹿鳴》、《天保》、《南山》、《蓼蕭》諸什，其君臣上下遞相祝頌，不啻家人父子，此周之所以盛也。我皇上以神聖御極，福履之盛，超軼百王，四海臣民奉萬年之觴而祝無疆之壽者，已三十七年於茲矣。臣子之心，其依戴皇上，真如天地、父母，無有窮時。顧自深宮靜攝以來，上隔之勢漸成，下濟之光未普。臣主之情容

① 日　"日"下當有"庚戌"二字。

有鬱塞而未盡暢者。今此萬壽齊天嵩呼匝地之日，因亦否泰循環之一時也。臣未敢泛有陳瀆，請以其事之最急與其情之最當體者，爲皇上言之。都察院紀綱百僚，而經年無人入署矣。大計在近，何以贊襄？戎政整齊六師，而以兵部尚書帶管矣。邊事方殷，豈能兼任？巡撫保釐一方，而廣東、應天皆候代日久，移居境上矣。軍民百萬，誰爲拊循？此臣所謂事之最急者也。其他如續選科道，尚有七人，未點之巡差，尚有三省，耳目所關，激揚攸係，亦豈容以緩視乎？九列，至重任也，而尚書趙世卿、沈應文，侍郎劉元霖，副都御史詹沂，請告俱已經年。而京堂、翰林、科道，皆要職也，京堂如侯慶遠等，翰林如馮有經等，科道如熊鳴夏等，杜門亦復歷歲。求去之章動至數十，詞急情哀，莫回天聽。以爲可用，則當留之，以爲可捨，則當聽之，以爲可用可捨，則當且聽其去，而徐議之，輕重高下，斷自聖心，誰敢不服？而乃令其進退路窮，籲天無計，小臣之望眼已穿，大臣之體面亦掃，悠悠世路，孰不寒心？此臣所謂情之當體者也。其他如災傷之赤子賑恤無資，窮餓之邊軍轉輸不繼，雁鴻未集，良癸長呼，亦豈容以恝視乎？臣聞庶人之家，一有吉祥善事，則其家之子弟、僮僕，無不歡呼醉飽，以共沾其家長之惠，故滿堂燕笑，而一人向隅，則衆爲之不歡。今以萬國承恩、普天同慶之佳辰，而中外臣民有向隅而悲如此之甚者，皇上其忍不爲之一處分耶？至於點用都御史等官，則又皇上自爲天下國家計，不爲臣下①，臣之惓惓而祈請者，亦欲爲皇上萬年之盛治助耳，豈有他哉？抑臣又有感焉？往歲萬壽之日，與元旦、長至二節，閣臣常有數人，濟濟蹌蹌，共詣宮門，拜舞稱慶，皇上賜之酒食，相與醉飽而出，誇爲盛事。自舊歲長至以來，祇臣一人，踽踽涼涼，不成景象。況今四海衣冠雲集闕廷，而使臣以孑然之身，強顏趨走，人孰不措而竊笑曰：'此竊位妨賢之具臣，赧然在百僚之上者也。'其爲辱盛典而損觀瞻，更無甚於此者。蓋曾百里之國耳，其臣之祝君，至於俾昌俾熾、'萬有千歲'、眉壽無害，而必繼之曰：'三壽作朋，如岡如陵。'豈以聖明之世，而揆路寥寥一至於此，此尤臣之所日

① 下 《綸扉奏草》卷六"下"下有"計"字。

夜翹首而不能一息安者。統望聖明俯鑒愚衷，留神採擇施行。臣不勝悚息齋沐祈懇之至。"

六日甲寅，大學士李廷機等謹題："爲印信事。照得詹事府衙門，自詹事王圖、少詹事吳道南陞任後，並無一官。臣等前此屢推掌印官，並未蒙允發。今印信虛懸，又無人可以代攝，常行文移一概沉閣，甚爲不便。臣等謹推得右春坊右庶子兼翰林院侍讀翁正春，資俸甚堪以署掌。伏乞敕下吏部，將本官量陞詹事府少詹事，兼翰林院侍讀學士，協理詹事府事，暫管前項印信。臣等未敢擅便，謹題請旨。"

九日丁已①，大學士葉向高謹題："臣竊惟聖節已屆，人情喁喁，謂當此聖心悅豫之時，必大渙溫綸，旁流闓澤，以益增無疆之休，慰中外臣民之願。而目前有二事，人望最切，其關係於聖德最大，綸音一沛，則其騰歡聲而揚盛美者，尤最爲弘博，臣敢冒昧陳之。其一則山西、福建之災傷奏報未發。昨山西一省官於京師者，皆於朝房見臣，備言天時亢旱，赤地千里，人民流移，餓殍載道，而福建撫臣移書於臣，謂該省地方半爲洪水淹沒，毋論田園廬舍，即丁口損失且將十萬，今歲錢糧委難出辦。故在山西，則以留稅賑濟爲請，在福建則以蠲免錢糧爲請。此皆皇上舊歲所已行於江南者，而今此二處之災，視江南爲更甚，所當並蒙曠蕩之恩者也。其一則鎮撫司監犯滿朝薦等，錦衣衛拿到同知王邦才等，向爲梁永、高淮連累，致觸天威，拘囚禁獄，遠者數年，近者洽歲，中外人情皆望皇上矜放。昨見掌鎮撫司事李禎國，亦深爲滿朝薦哀請，至於王邦才等尚在頌係，則聖心亦必憐其無辜，而不欲遽加之罪者。今遼東稅銀已充軍餉，陝西稅雖未罷，梁永亦久撤回，皇仁沾彼②，如地如天，而獨此數臣尚在縲絏之中，未睹天日，似亦宜從寬恤之例者也。年來朝政闕失甚多，所當與③行者甚衆，而臣當此時惓惓以此二事爲請者，蓋人情有所祈祝，則必以救命、放生爲第一義。而昔人有以渡蟻獲報，放龜獲報④，在蟲介之屬，

①已 "已"當作"巳"。

②彼 《綸扉奏草》卷六"彼"作"被"，是。

③與 《綸扉奏草》卷六"與"作"舉"，是。

④報 《綸扉奏草》卷六"報"下有"救蛇活雀獲報"六字。

尚且如此，今皇上一下留稅蠲租之旨，其所救兩省生靈何啻百萬？一下放釋滿朝薦等之旨，其歡呼頌德且徧海内，祈天永命之道未有過於此者。況災傷賑恤，尤聖心所最留念，無待臣之仰贊者乎？臣萬不敢藉此沽名市恩，自干罪淚①。伏望聖明將山西巡按、福建巡撫報災二疏，亟賜檢發允行，特渙德音，將滿朝薦等釋放，或且送刑部擬罪，奏請定奪，將聖德彌光，福祚彌永，天長地久之壽命莫知所紀極矣。臣不勝懇切冒昧之至。"

是日，以萬壽聖節，頒賜二輔臣，每銀五十兩、綵段四表裏，及講官蕭雲舉等二員有差。

十日戊午，大學士李廷機等謹題："作養人才事。萬曆三十五年七月内，該臣等題奉欽依，考選得進士錢龍錫等十八名，改翰林院庶吉士，並一甲進士施鳳來等及前科復館庶吉士來宗道等四名，俱在館教習讀書，每月二次考試。今經三年，驗其所學，頗有成效。查得舊例，該内閣題請考試，分別授官，歷科遵行。今次合無俯容臣等查照前例，於本月二十二日將見在庶吉士十七名，從公考試，評品文字高下，擬開等第名次，封卷上進，恭候聖明裁定施行？再照前科庶吉士汪元極起送到部，行移到院，已經具題復館，未蒙批允，今遇散館之期，相應一體考試授職。臣等未敢擅便，謹題請旨。"十八日，奉旨："是"。

十五日癸亥，以中秋令節，頒賜二輔臣上尊珍饌。

是日，以中秋令節，頒賜二輔臣，每膳七品、秋露白酒三瓶、月餅四個。

十六日甲子，大學士李廷機等謹題："照得東宮輟講，已將五年，中外人情莫不懸望，乃併侍班、講官日久盡缺，臣等屢次題請，未蒙允補，此尤從來所無之事也。揆之典制，參之時宜，元良輔導之職萬不宜虛。臣等謹推得右春坊右庶子兼翰林

① 淚 《綸扉奏草》卷六"淚"作"戾"，是。

院侍讀傅新德、翁正春，俱堪充侍班官，右春坊右諭德掌南京翰林院事朱之蕃、左春坊左諭德兼翰林院侍講蔣孟育、右春坊右諭德兼翰林院侍講趙用光、右春坊右贊善兼翰林院檢討劉一燝、翰林院修撰張以誠，俱堪充講讀官，大理寺左寺左評事范可慥、工部虞衡司主事李憲，俱堪侍書。內各官資俸已深者，相應量陞。傅新德、翁正春俱量陞少詹事、兼翰林院侍讀學士，朱之蕃量陞右春坊右庶子、兼翰林院侍讀、掌坊事，劉一燝量陞司經局洗馬、兼翰林院修撰，范可慥向經侍書日久，量陞禮部儀制司主事，與李憲俱兼司經局正字。各供前項職事，並乞敕下吏部遵照施行。謹題請旨。"

是日，大學士李廷機謹題："恭遇萬壽聖節，欽賞銀幣，臣因在告，不能廷謝，今復不能恭詣午門、仁德門行慶賀禮。謹擬是日，私寓恭設香案，扶掖望闕行五拜三叩頭禮，少伸臣子慶忭之忱。臣不勝瞻戀感戴之至。謹具題知。"

是日，大學士葉向高謹題："恭遇萬壽聖節，臣謹偕在廷文武暨天下華夷齎捧朝貢官員人等，於五鳳樓前大班行禮，恭伸祝頌外，伏念臣備員輔弼，受恩深厚，與在廷諸臣不同，是日恭詣仁德門行五拜三叩頭禮，少伸忠愛無已之心，竊此三祝聖堯之意。謹具題知。"

十七日己①丑，大學士葉向高謹題："恭遇萬壽聖節，臣恭詣仁德門叩頭慶賀，伏蒙皇上遣司禮監太監成敬等管待，頒賜臣甜食一盒、燒割一分、酒飯一卓，臣頓首祇領。不勝感戴天恩之至。謹具題謝恩。"

是日，以萬壽聖節，頒賜二輔臣上尊珍饌。

是日，以萬壽聖節，頒賜二輔臣每膳九品、壽麵全、長春酒三瓶。

十八日丙寅，大學士李廷機等謹題："爲起送事。准吏部手本，開送庶吉士汪煇，係萬曆三十二年進士，改庶吉士，於翰林院讀書。三十四年八月給假回籍，三十七年八月十四日到部，

①己 "己"當作"乙"。

行移到院。臣等查得萬曆三①十六年題奉欽依，以後起送庶吉士，凡未經散館者，俱仍赴館，與見在庶吉士一體讀書、考試。今值散館之期，已經具題，奉聖旨：'是。欽此。'合無將汪煇與見在庶吉士相應一體考試、品題，分別授職？臣等未敢擅便，謹具題②請旨。"

二十一日己己③，大學士葉向高謹奏："爲懇恩憐憫准補閣臣事。臣愚劣書生，無經世之志，誤蒙簡拔，自知非遽④然，猶冒昧而來者，以身在四臣之後，雍容伴食，可免罪責。不意此四臣者，半厄於天，半厄於人，特召者既不肯來，杜門者又難於出，而臣遂突然當重任矣。蓋從來閣臣之任事，未有如臣之驟者，而又值中外多事之秋，宮府隔絕之日，上之所難不敢告於下，下之所祈不能得於上，孑然一身，孤立其間，有口難開，有心難剖，蓋從來閣臣之孤苦，亦未有如臣之甚者。今妖怪頻生，水旱屢報，軍儲無措，邊釁方興，人心惶惶。咸謂皇上神聖聰明，留神治理，於此等隱憂，豈不洞燭？必是密勿之臣開陳未切，不能感動，以致上下之間壅隔如此。臣揣分捫心，實難逃罪，所以屢疏哀鳴，懇祈皇上亟行推補者，蓋真非爲一身利便之圖，而以天下大計萬不容已耳。頃聖政日新，天恩廣被，諸允推困，多蒙檢發，而最緊最急如閣臣者，豈容獨緩？臣前後所奏事理甚明，不知聖意何以遲回不決，從使臣極病極危，將復困斃，以當天人之厄？臣不足惜，天下後世且謂聖明之朝，閣臣顛連相繼一至此極，國家亦何利焉？臣情辭危切，自干罪戾，伏望聖明哀憐、賜允。臣不勝激切祈懇之至。"

是日，大學士李廷機謹奏："爲懇恩准放事。伏念臣昨歲萬壽聖節，臣能勉詣仁德門叩頭，今歲則欲匍匐而不能矣。臣乞休已五十三疏，頻數極矣。杜門一年又五月，亦久極矣。臣竊見凡事皆有故典，事雖難亦有方法。如臣今日去就之際塞澁艱難，歷考古今，真故典所不載，思所以處此者，而古人未有之事，無方可按，無路可尋，思之又思，而竟不可得也。臣今特以其不可得者，千懇萬懇於皇上。皇上，天也，父母也。匹夫

萬曆三十七年

二六五五

①三 "三"似當作"二"。

②題 明抄本無"題"字，通行本增此字。

③己己 "己己"當作"己巳"。

④遽 明抄本作"據"，誤。通行本改"遽"，是。

日夕呼天，天亦必聞。豈有人子疾痛，日夕啼號，而父母恝然終不一動其念者哉？伏望皇上即以聖節之後，施放生之仁，准放臣歸。臣不勝激切顒望悚息待命之至。"

二十二日庚午，大學士李廷機等謹題："該臣等具題，庶吉士教習已成，例應散館授官，合無併前復館庶吉士來宗道等，從公考試，品騭高下，對卷上進，恭候聖明裁定等因。十八日奉聖旨：'是。欽此。'臣等謹遵欽定，二十二日於東閣糊名考試，評品得庶吉士上卷文理優長十三卷、中卷文理亦順五卷，謹封進呈御覽，伏乞欽定發下，拆卷填名，查例上請，銓除官職。其原題奉欽依部屬二人，因今科庶吉士丁憂養病者多，臣等擬用一人，以俟後來酌量題補。再照庶吉士之選，往時每隔一科，自丙戌以來，科科皆選，以致翰林官壅滯日甚，難以疏通。合無查照往例，仍以隔科一選，明歲暫停？庶疏密得宜，而人才亦不至於困頓矣。臣等未敢擅便，謹題請旨。"九月初二日，奉旨："是"。

二十三日辛未，大學士李廷機等謹題："臣等竊惟東宮輟講日久，大小臣工連章懇請，未蒙允發，頃以萬壽聖節，臣等不敢煩瀆，今慶典告竣，羣情胥暢，以紫禁稱觴之暇，修青宮勸學之規，推大聖燕翼之心，慰四海臣民之望，是亦清朝一盛事也。且時光易邁，歲月如流，春而不講，尚云待秋，今秋又過半矣。去歲不講，尚雲茲歲，今茲歲又不可知矣。雖皇上儲訓甚嚴，皇太子睿資風茂，臣子所言不無過計，然而遠觀前代，近考本朝，並未有元良國本深居曠學如今日者，則臣等雖不欲曉曉陳請，安可得哉？惟是皇上慈愛篤至，不欲過勞，則臣等以為或兩日、三日一出，寒暑之時早行輟講，亦無不可，是在聖明一裁定耳。臣等謹擇得本月二十七日、九月初三日二日皆吉，伏乞欽定一日，命皇太子與福王同出講學。臣等未敢擅便，謹題請旨。"

二十六日甲戌，大學士葉向高謹奏："異災疊見咎由愚臣謹陳輔理無狀懇恩訴免並祈察補閣臣急修實政事。臣聞災異之生，何代無之？而出於異常重大者則少。異常之災，間或有之，而至於並見疊出者則少。自頃者山東以牛妖報，已而薊鎮地陷矣，遼東地震矣，江西、福建同日大水、淹死人民各十餘萬矣，山西大旱矣，又民間產女，頭面相連，身體各判，異形怪狀，從古稀聞矣，甘肅地震如雷，搖倒邊牆一千一百餘丈，壓死軍民八百餘人，城垣衙舍毀壞無算矣，山東旱蝗矣，畿南真保諸處，皆大旱赤地千里矣。此皆在數月之間同時之事，訪之傳聞，稽之史冊，自非大禍亂失道之世，未嘗有此。我皇上聖明御宇，威德覃敷，此等災異，奚爲而至？臣反覆思之而知其故矣。古者三公，燮理陰陽，鼎足承君，苟非其人，必有折足之凶，乖戾之應。今自臣賡云亡，廷機不出，臣以一足當鉉鼎之任者已多時矣，碌碌悠悠，茫無寸樹，中外知臣之不堪，至於扼緊拊膺，憂其孑立，妻孥恐臣之顛覆，至於祈神拜佛，願其速歸。有臣如此，皇上猶久賜優容，不加譴責，災異之生，又何怪乎？夫治敗屋者必易其棟，戒覆車者必更其御，漢人以災異策免三公，良爲有見。故願皇上首先罷臣，亟簡賢良，以代此任，是今日弭災第一義也。如聖心無已，更求所以挽回修省之實，則臣請竟言之。盈天地間，祇是一氣，相爲感召。自古言災異者雖多，乃其大要不過曰和氣致祥，乖氣致異，祥多者其國安，異衆者其國危，考之往時，分毫不爽。今閭閻之膏脂竭於徵稅，邊塞之戍守困於饑寒，其氣不已怨乎？逐臣無賜環之期，病臣無賜玦之日，纍臣無出獄之望，其氣不已鬱乎？名腹心手足也，而痛癢不關，本主伯亞旅也，而門戶各立，其氣不已舛乎？王封未定於款虜，宣雲之釁方開，兵威未震於屬夷，遼左之憂更大，其氣不已驕乎？最關係者，惟章疏一路，氣脉之所以流通，今御前之奏牘，其積如山，列署之封章，其沉如海，咽喉已塞，茹吞難咽，此尤結轖底滯之症，元氣神氣皆受其傷，而害有不可勝言者，召災致變，豈偶然哉？自開闢以來，一治一亂相爲循環，並未有數十年安靜無事之世界。今國家之承平極矣，天下人情僬僬僥僥，若將有禍亂之發，朝不及夕之虞，而又值天變人離，交會並至如此，我皇上清宴之時，試將各處報災本章一一省覽，當必有蹵然而動念者。犬馬私衷，不勝過計，伏望聖明俯賜鑒原，許臣之去，行臣之言，速下會推之命，而後於用人行政大節目關係諸臣所惓惓陳請者，次第舉行，而又嚴敕大小臣工，各捐偏黨之私，共成和衷之雅，君臣上下一體交修，將見協氣薰蒸，天心立格，何災之不可消？何祥之不可致？宗社萬年之福，在一反手間耳。臣不勝激切祈懇之至。"

二十七日①，大學士李廷機謹奏："爲災異頻仍皆罪臣未去懇乞亟放以便消弭事。臣德至劣，福亦至薄。自臣入京爲禮部，每年終類奏四方災異，盈楮累牘，已不勝書。及入閣辦事，未及一年，災異疊見。而求去未得一年四、五月間，災異之多，至有甚妖極怪、睹記所未有者。臣因思聖明在御，賢哲盈朝，何得有此？祇緣臣以德福劣薄之人，人所共棄，而猶然濡滯輦轂之下，今日未去，明日未去，閱歲經年，妨賢病國，是以有此災異也。今夫人家將有祈禳之事，則必掃除屏去溷濁不潔之物，而後可以薦馨香、迓神明，銷災而得福。今臣之溷濁不潔已甚矣，人以爲當掃除屏②亦久矣，而皇上猶持不斷之意，久留不祥之人於國中。臣膏肓沉錮，終負恩私，忍耐以需而有去日。惟是皇上誠一思災異之由，圖祈禳之方，則必先將臣亟放，而後用人行政以次而舉，反災爲祥，乃可望也。臣誠懼以愚不肖之身，纍君、纍國、纍世界、纍生民，故特乞以放逐便銷弭，伏望聖明鑒憐，慨然賜玦。臣不勝激切悚息待命之至。"

二十九日丁丑，大學士李廷機等題："世等以庶吉士散館，遵奉欽依，於二十二日從公考試，分爲上卷、中卷二等，恭請聖裁發下，拆卷填名，擬授官職。今已數日，未蒙發下。各官已不進館，日在候命，揆之事體，亦難久稽。臣等敢冒昧催請，如或所擬未當，亦望聖明裁定，以便遵行。臣等不勝悚息之至。"

① 日　"日"下當有"乙亥"二字。

② 屏　"屏"下當有"去"字。

萬曆三十七年九月己卯，朔。

二日庚辰，大學士李廷機、葉向高謹題："爲作養人才事。萬曆三十七年八月二十二日，該臣等將庶吉士十八人糊名考試，評品得上卷十三卷、中卷五卷，對進御覽，請乞裁定發下，拆卷填名，查例上請，銓除官職等因，奉聖旨：'是。欽此。'臣等查得舊例，庶吉士授官，上卷照依原中進士甲第銓注翰林院編修、檢討，中卷量除科道部屬官。臣等謹拆卷填名上請，伏乞敕下吏部查照施行。緣係作養人才事，臣等未敢擅便。謹題請旨。

  計　開

銓注翰林院編修、檢討十三員：林欲楫　李康先　來宗道　張鼐　成基命　韓文煥　韓日纘①　汪元極　張廣　李光元　唐大章　李標②

量除科道、部屬官五員：梅之煥　姚宗文　徐養量　傅振商　潘潤民。"

四日壬午，大學士葉向高謹題："昨屯田印馬御史徐鑒於朝房見臣，言該差新奉明旨，一年一換，而敕書仍以三年，恐以後交代不便等用。臣查得屯田一差，原係三年一換，近時御史史學遷始題請一年，而該房中書官孫胤奇祇照舊稿謄寫，未及查考改正。理合題明，令御史徐鑒仍遵近旨，一年滿日，差官交代。其中書官孫胤奇雖係失錯，情有可原。查得《大明律》有覺舉免罪之條，伏望聖慈俯賜寬宥。惟復量加罰治，以警將來。臣未敢擅便，謹題請旨。"

是日，大學士李廷機謹題："爲天氣漸寒懇求亟放事。臣乞休一年有半，去歲歷夏而秋，秋而冬，今歲歷春而夏，夏而秋，至於今則秋又將盡矣。臣生長南方，本不耐寒，加以暮景病軀，久爲歸計，緼袍盡棄，單給僅存，數日之間，頓覺寒氣侵肌，感時序之屢遷，慮殘生之將盡。賤孥既去，一榻蕭然，犬馬之疾日增，丘里之思轉急。竊惟天道運行，寒亦有時而暑，暑亦

① 韓日纘　據下文，"韓日纘"下當有"丁紹軾"。
② 標　明抄本誤作"摽"。通行本改"標"，是。

有時而寒，無滯而不轉之氣機，無久而不更之節令。我皇上聰明憲天，乃於臣子去就之際，任其淹頓窮極，而聖心略不見推移旋轉。臣爲揣摩，必是臣所上封章未經聖覽，人間情故穆清之上容有未洞然者。不然，則臣非有希覬而乞恩，又非有推託以圖便，皇上何靳臣、苦臣一至於此也？伏望覽臣此疏，即發玉音，賜臣骸骨。臣不勝激切悚息待命之至。"

七日乙酉，大學士李廷機謹奏："爲懇乞俯順輿情准放病臣歸去事。臣守候一年六個月，凡五十六疏，未蒙俞允，日夜徬徨，計無復之。適聞科道公疏，請皇上放臣。蓋知臣萬不可留，念臣久不得去，亦見揆地不可久曠，賢路不可久妨，上之爲皇上謀至忠，而下之爲臣助至不淺也。臣杜門伏枕，日與一二僮僕談家園風景，海物滋味，預商量抵家敦匠築墳、及歸途舟車行宿之事。第以天寒漸近爲憂，尤以不能久延、如朱賡及楊時喬、楊道賓輿櫬①而歸爲懼。今幸有公疏，遇臣獨疏萬倍，庶幾仰回電矚，上動聖心。益信臣之嗷嗷哀鳴真非得已，皇上可以諒臣、憐臣、放臣。臣得及此時，扶病而出國門，歲暮抵家，臣感皇上始終之恩，真山海不足望其崇深，天地未能擬其高厚矣。臣不勝激切懇祈顒望踧踖待命之至。"

九日丁亥，以重陽令節，頒賜二輔臣上尊珍饌。

十日戊子，大學士葉向高謹奏："爲同官被論出於風聞義難緘默據實剖明事。臣今日在閣，接得南京廣東道監察御史王霖揭帖，條陳時政，深言李廷機、趙世卿、詹沂三人之當去。夫三人既已被攻，無地自容，謂之當去，亦確論也。惟謂臣逐日票擬，廷機必遣狡僕偵問，娓娓纏詰，不得其詳不休，臣爲其所苦，念忍難言。茲說也，臣不知霖何所受之？而事既連臣，茫無情實，臣安得默然而已乎？自舊歲四月，臣賡、臣廷機被言，獨臣在閣供票擬之役。臣以賡爲首臣，且綜練日久，每有重大事情，時與商確，賡猶據其所見，直以告臣。至於廷機，

① 襯 "襯" 當作 "櫬"。

臣實未嘗問也。癀沒之後，臣以廷機孑然獨處，情緒荒涼，寓舍相鄰，時往共語，皆生平故舊之私，鄉井田園之事，如長安市中講說平話，以資排遣而已。至於朝政，絕口未嘗及，即及之，廷機亦不對也。而乃謂其遣僕偵問，纏詰不休，豈不誤哉？且今日朝政，下由部議，上由聖裁，即臣所擬票，亦不過循行舊套，如諺所謂'依樣而畫葫蘆'，非敢有輕重高下於其間者。廷機之纏詰將何爲乎？彼其對臣，日日哀求，言言欲去，甚且嘆息悲酸，淒然泣下，迫切如此，而猶欲向臣無端牽纏，寧不爲臣之所嘆乎？年來人情變幻，口語日多，疑上生疑，影中捉影，即如臣與廷機，先後交情本無厚薄，而前此人疑其離，今疑其合，浮游展轉，莫可端倪。御史何心？其或有造此言以毀廷機而並中臣耳。病源所在，總由廷機欲去而不得去，以至於此。臣向者曾屢爲廷機請矣，而猶未敢深談也。今請畢其說。近世閣臣，冒稱執政，地居密勿。執政則怨德之所必歸，密勿則耳同之所不到。怨德必歸，則議論易起，耳目不到，則心迹難明。所恃以自表暴者，惟有去之一策耳。去則無貪位固寵之疑，去則無妨賢忌才之謗，一旦休官，萬事都罷。惟其拘留不去，日復一日，以致疑竇叢生，譏彈肆起，政地由之日輕，時事因而愈壞，其流之弊不可勝言。皇上但知愛惜大臣之當然，而不知其事體之不便一至此耳。夫小臣一有齟齬，猶思引避，況於大臣？又況於股肱之臣？今在朝在野人才非乏，此之不能，必有能者，此之不可，必有可者。皇上何惜於登延，而必苦見在之一二臣，使進退觸藩之若是乎？臣竊願皇上速聽廷機之去也。臣非不知嫌疑所在，非所宜言，但區區愚衷以爲，今日閣臣事勢，實當如此。臣不獨爲廷機計，亦以自爲計耳。自廷機被言以來，臣不敢深爲置辯，誠以辯之無益，徒滋紛擾。且廷機生平人品，亦不待臣之辯而後明者。惟此一事，書之邸報，傳之天下，將謂此言出自臣口，臣無面目以立於天地間矣。故不得已嘵嘵若此。伏望聖明俯垂鑒察，臣不勝悚息之至。"

是日，大學士李廷機謹奏："爲南北之正論宜從病臣之苦情可憫懇求賜玦以遂首丘事。臣乞休至五十八疏，未蒙俞允。前日見科道公疏，臣心喜之，以爲臣獨疏既不能動天，藉衆口之公言，庶幾可望天心之轉動，故曰'爲臣助至不淺也'。今南中之疏復至，其措詞雖稍與北異，而言臣宜去則同，其爲臣之助尤同。譬如行走艱難之人，一扶其左，一掖其右，一挽其前，一推其後，又將護而置之安樂之鄉、自在之境，而謂有不悅、有不感者乎？夫當戶之蘭，亦必鋤蔓，況以糞壤而當戶，妨礙尤甚，掃除安得不亟？今下之爲衆正之憂，而上之爲穆清之累者，祇爲臣一奸貪小人一日未去耳。切①謂疏合臺省，論符兩京，公惡公非，甚明易見。至於臣病苦之極，則累疏已具，今亦不敢贅陳矣。伏乞皇上省覽諸疏，俯順羣情，及此重陽之後，天氣尚和，放臣歸去，庶賢路不妨，朝端無競，而臣得以垢汙之身藏納丘隴，不貽玷於清時。臣不勝激切悚息待命之至。"

十二日庚寅，大學士葉向高謹奏："爲閣臣推補萬分難緩冒死哀祈萬非得已事。臣自舊歲臘月以來，懇補閣臣，詞已窮、舌已敝矣。九閽遠隔，不知臣所陳奏，曾一一經聖覽與否？如其經覽，豈有不爲臣而動心者？日來各項章疏，省發愈少，人情驚疑，不知何故，而臣之私心，更爲惶惑。以爲臣雖不才，亦已蒙聖主之知，備帷幄之列，而何其艱難困苦之情，頻煩籲訴，不少動天聽之若是也？我祖宗設官分職，毋論大小，皆有長貳，至於教官倉官未入流之類，猶有二三員或四五員，不以爲冗。而奈何以政本重地，使謁然孤臣獨處其間，自形影之外，更無相憐，自心口之外，更無相語乎？天下萬世，寧不以皇上爲厭薄萬幾、而並視此官爲可有可無、付之不問乎？此臣之所甚惜也。況此官號稱揆路，其名甚壇，臣以不才竊據日久，悠悠世情，孰能相亮？展轉猜疑，何所不至？行且視綸扉尺地，爲魑魅魍魎之場，而臣妨賢病國之罪，日甚一日，雖欲勉強自效，其道無繇矣。此又臣之所甚懼也。臣之惓惓祈請，蓋上爲國謀，下爲身謀，皆不容已，而要之臣之爲身謀者，亦所以爲國謀耳。皇②上以閣中名籍尚有三人，可以緩補，則臣觀錫爵之來，查③無程期，廷機之去，急如星火，即臣狼狽病軀，分

① 切 "切"當作"竊"。

② 皇 《綸扉奏草》卷六"皇"上有"如"字，是。

③ 查 《綸扉奏草》卷六"查"作"杳"，是。

毫無益，名雖三人，實同無有。一旦有緩急之虞，皇上何所託重恃力，是可不深長思乎？臣查閣臣之設，自永樂年間，至今僅二百年，已滿百人，截長補短，每人不過二年，蓋先後乘除理勢如此。今臣之備員已二年矣，其爲參竊亦已過矣。伏望聖明將臣苦瀆情詞，哀憐省覽，早行推補，以慰天下之望。臣不勝激切祈懇之至。"

十七日乙未，大學士葉向高謹題："臣前日在閣，接得吏部尚書孫丕揚揭帖，以考察事急，推①請都察院左都御史、左僉都御史，未蒙允發，今日又接得御史徐兆魁等合署公揭，以副都御史詹沂求去懇切，勢不能留，乞亟點左都御史等因。臣惟都御史一官，秉持風紀，振肅百僚，其職任在平時已爲至重，況今大計之年，大小官員將以萬計，所與吏部共持衡鑑分別賢不肖而去留之者，惟此官是賴。今詹沂封印上章，各道御史皆爲之請，於勢已萬不能留矣。此時再不點用，則今歲計典之協贊，將屬之誰？我皇上加意吏治，於考察一事尤爲留心，即近者懲貪旌廉之旨，諄復惓惓，人心聳動，丕揚之急於催請者，蓋欲得人協力，爲奉行德意計耳，豈有他哉？堂堂風紀之地，閉署經年，已非事體，今又並文移章疏一概停閣，其於窮急之勢，亦無以復加矣。伏望聖明，俯從丕揚所請，即賜點用。其他如協理戎政，南京兵部尚書，廣東、應天巡撫，皆至急之官，萬不容緩，並乞點用，庶內外重地，皆得人料理，而天下事不至於廢壞矣。臣非不知言已煩瀆，取厭聖心，惟是事關一體，不忍坐視，心在急公，聖明所亮，故復曉曉如此。若以爲請之愈急，則靳之愈甚，君父之於臣子亦若有成心云者，此則庸衆謬悠之見，臣斷不敢以爲然也。伏惟聖明俯垂鑒允。臣不勝激切祈懇之至。"

是日，大學士李廷機謹奏："爲天氣日寒懇求賜放事。伏念臣不肖不才，爲人所共指斥，自來未有如臣之甚者也。乞骸至五十九疏，自來未有如臣之疏者多②也。犬馬疾病，經一年又六月，自來未有如臣之久者也。杜門面璧③，公車之報勿觀，

① 推 《綸扉奏草》卷七"推"作"催"，是。

② 者多 "者多"當作"多者"。

③ 璧 "璧"當作"壁"。

引罪責躬，噴室之言無辯，臣之茹忍亦極矣。蕭然旅舍，更無骨肉之親，七十殘生，付之僮孥之手，臣之情景可憐亦極矣。今重陽已過，霜降將臨，日寒一日，凍沍又將至矣。伏乞皇上俯垂日鑒，少動天心，及此杪秋，賜臣骸骨。臣不勝哀懇迫切踧踖待命之至。"

十九日丁酉，大學士李廷機等謹題："爲作養人才事。萬曆三十七年八月二十二日，該臣等將庶吉士十八人糊名考試，評品得上卷十三卷、中卷五卷，封進御覽，請乞聖裁發下，拆卷填名，查例上請，銓除官職等因。奉聖旨：'是。欽此。'臣等查得舊例，庶吉士授官，上卷照依原中進士甲第，銓注翰林院編修、檢討，中卷量除科道部屬官。臣等謹拆卷填名上請，已將再旬，未蒙允發。謹將填過名次，再行開列催請，伏乞敕下吏部查照施行。緣係作養人才事理，臣等未敢擅便，謹題請旨。

計　開

銓注翰林院編修、檢討十三員：林欲楫　李康先　來宗道　張鼐　成基命　韓文煥　韓日纘　丁紹軾　汪元極　張廣　李光元　唐大章　李標

量除科道、部屬官五員：梅之煥　姚宗文　徐養量　傅振商　潘潤民。"

二十日戊戌，大學士葉向高謹題："臣惟詹事府衙門與翰林院並重，往時自掌印外，尚有詹事、少詹事四、五員，今無一員矣。前此屢以掌印請，未蒙允發，今只以協理暫管請，而亦不發矣。印封閣中，日久不用，一切關支俸薪等事，盡皆沉閣，則此一衙門幾若裁而不設者，臣誠不知其可也。今九列大僚員缺甚多，臣何敢獨爲此汲汲？緣此官推補係臣閣中職掌，而印署無人，又各衙門所無之事，故敢冒昧催請。伏望敕下吏部，將臣前所催①右庶子翁正春量陞少詹事，兼侍讀學士，協理府事，暫管印信，是以②完今日不容已事也。臣未敢擅便，謹題請旨。"

① 催　"催"似當作"推"。

② 以　"以"當作"亦"。

二十三日辛丑，大學士葉向高謹題："臣惟年來朝政廢馳甚多，而目前最急最要必不容已之急務，蓋有二端。如左副都御史詹沂封印求去，臣爲揭請處分，並點用左都御史，未蒙允發。今沂已出城矣，其勢難再入矣，乃國子監祭酒周如砥又相繼出城矣，刑部尚書沈應文又封印謝事矣。國子監衙門尚有司業代管，乃都察院、刑部自詹沂、沈應文之外，堂上更無一官。此兩衙門一司風紀，一司刑獄，至重至繁，凡百事體不容一日停閣。而都察院又有考察之事，刑部又有審錄之事，皆急在目前。審錄較之往例，又已過期，或行或免，未奉宸斷，此尤急中之最急者。臣願皇上速下應文之疏，定其去留。仍俯從吏部尚書孫丕揚所請，將左都御史、右僉都御史即賜點用。其餘求去諸臣，皆斷自宸衷，使其進退有據，乾綱肅而庶政修。臣所謂必不容已之急務者，此其一也。又頃者各處報災，遠而福建、江西，近而山東、山西，又近而真、保諸郡，或遭洪水，或被旱蝗，人民死徙流離，不可勝計，而山西近邊一帶，赤地千里，其人皆拋妻棄子逃入虜中，官不能禁，自徐洲①以北至於郊畿，飛蝗蔽天，所過殘滅，餓死屍骸徧滿原野。撫按諸臣連章累牘，爲百姓請命，其言皆痛徹心骨，而籲訴徒勤，德音未沛。哀此殘黎，更何仰望？弱者委之溝壑，强者轉爲盜賊，國家之禍寧忍言哉？舊歲江南大水，賴我皇上多方蠲賑，幸而全安。今歲各處之災，甚於江南，誠宜特頒明旨，或留稅，或蠲租，酌量重輕，以爲救助，即未必能大有所濟，而使窮民知朝廷有不忍坐視其死之意，相與頌戴，亂萌消而邦本固。臣所謂必不容已之急務者，又此②其一也。臣聞之，堯舜之聖，孟氏稱之，惟曰：'急先務。'所謂先務，則知人安民二者是已。今皇上每日發行之本章，皆尋常套數，無所關係，至於列署之空虛，民生之憔悴，反一切置之，堯舜先其所急，而皇上先其所緩，以此希恭己垂衣之治，不亦例置之甚哉？夫人君之所以尊者，以其託於百官、萬民之上也。無百官、萬民，何以成其尊？今上至九卿，下至縣令，自留自去，漫無稟承，則亦不知其有君矣。萬姓嗷嗷，宛轉待盡，號天不聞，投生無計，則亦無利於有君

① 洲 "洲"當作"州"。

② 又此 《綸扉奏草》卷七"又此"作"此又"，是。

矣。長此不已，毋論爲宗社之憂，臣不知皇上之所爲威命靈爽以臨制天下者，果安在也？臣言至數至瀆，顏厚心慚，義當緘口。顧念聖恩深重，責任艱危，一日居此地，不得不言，一息尚存，不忍不言，故復冒昧痛切舉其最急①言之，伏望聖明俯垂省覽，少賜施行。臣不勝悚息待命之至。"

二十五日癸卯，大學士李廷機謹奏："爲病臣六十疏求去懇乞聖慈憐憫放生事。臣久病之軀，衰羸以②甚。霜降之後，風氣漸寒，連日以來愈覺精神憔悴，魂魄飛揚，坐臥不寧，飲食少進，心如杵擊，耳似鼓鳴，孤子一身，家鄉萬里，幽懷鬱抱，不能盡言。每思古人接淅出晝，去就自由，其後君乃制其去就，然苟有堅決之心，再三之請，則必從之。蓋事尊之禮，必告必面，君子之行，不竇不徑，至於鑒其衷情，全其體貌，出之以禮門，使得循其告面之節，與之以義路，使不迫而爲徑竇之由，如此而後爲禮義，爲紀綱，天下可以治而無亂。今一朝之中，未及一年，窘迫無聊而徑去者若干人矣。臣以爲皇上何不放去，使之自去也？臣以爲皇上何不使之從容以去，而貽之窘迫也？不放去而使之自去，去就之權何不自操，而使人操也？孟子曰：'上無道揆'，'下無法守'，'君子犯義，小人犯刑，國之所存者幸耳③。'皇上誠念及此，則諸臣之去就不可以爲無關而置之弗聞，諸臣求去之封章不可以爲煩瀆而閣之弗聞省矣。況臣雖不肖，叨爲閣臣，自來閣臣之體貌，至臣而玷辱決裂已無復存。今猶不放，則必如趙志皋、朱賡之死而後已乎？皇上待臣，極其優隆，無一事俟臣之求去④，臣事皇上二十七載，未嘗有一事干求皇上，獨此一去，皇上始而靳之，疏而厭之，既而拒絕之，臣誠不得其解者。伏乞皇上憐臣困臣⑤，准臣休歸，以全臣之餘生，亦以全閣臣之終始。臣無任哀懇激切踧踖待命之至。"

二十七日乙已⑥，大學士葉向高謹題："蒙發下工部侍郎王汝訓一本，爲瑞王婚禮期迫，懇貸囧金，今臣票擬，臣即當擬

①急 《綸扉奏草》卷七"急"下有"者"字，是。
②以 "以"似當作"已"。
③耳 明抄本作"也"，是。通行本作"耳"，誤。
④去 此"去"字當爲衍字。
⑤臣 "臣"當作"苦"或"迫"。
⑥巳 "巳"當作"巳"。

上。但昨太僕寺有揭，極言庫藏匱乏，近年那借已多，今歲又被薊遼二鎮借馬五疋，恐一旦有事，該寺銀馬俱乏，何以支吾？欲比照潞王婚禮事例，酌議裁省，以免那借。其言甚為懇切。臣伏而思之，瑞王，皇上之愛子也，婚禮，莫大之吉典也，凡為臣子，苟可將順，豈宜有愛？而況於該寺所藏，皆皇上之財，何必爭執？但此項錢糧委係買馬之用，軍國大計，關係非輕。年來邊餉無措，不得已借給，已至數百萬，藏金竭矣，並馬羣而空之矣。若屢借不已，從何答應？寺臣之所言，是固一說也。潞王以愛弟之親，費只①八萬餘金，福王之浮溢，出於一時偶然，不可以為定制。以愛弟而例愛子，當無厚薄。寺臣之所言，是又一說也。乃臣之意，則徒以府藏空虛，百凡難處，皇上肯節一分，即為國家留一分之用，為今日計不得不如此耳，豈敢過有較量而不仰體君父慈愛之心哉？惟是婚禮期迫，需用甚殷，難以稽誤。臣謹擬兩票，恭候聖裁，即聖意未肯全依潞王之例，但就中減省，以示樽節，其所裨於國計亦自不小，而使天下頌傳聖德，是亦盛典之一光也。臣不勝悚息之至。"

二十八日丙午，大學士李廷機等謹題："為作養人才事。該臣等具題，假滿庶吉士汪煇，與見任庶吉士來宗道等一體考試，分別授職等因，本月二十七日奉聖旨：'是。欽此。'臣等遵旨，於二十八日考得汪煇文學優長，堪任翰林院官。謹將原卷進覽，伏乞敕下吏部，將汪煇照依甲第除授本院官職。臣等未敢擅便，謹題請旨。"十月初二日，奉聖旨："是。吏部知道。"

三十日戊申，大學士李廷機等謹題："該文書官劉用捧出聖諭：'諭內閣：朕自入秋以來，屢屢動火，頭目不時眩暈，昨又偶感風寒，服藥調攝，身體軟弱，廟享恐弗成禮。卿等可傳示遣官及陪祀各執事，務秉虔潔行禮，以體朕竭誠恭敬至意。諭卿等知。欽此。'臣等竊見我皇上敬事祖宗，恪共廟祀，雖在深居靜攝之中，常存對越駿奔之念，臣等當即傳示各官，仰體聖衷，務秉虔潔，以祈歆享矣。惟是聖躬偶爾感寒，當此初冬之

① 只 《綸扉奏草》卷七"只"作"至"。

時，更宜加意調攝，慎防風寒，以益迓天和，彌康玉體，此尤臣等犬馬惓惓之私者也。所有聖諭，尊藏內閣。謹具揭回奏以聞。"

萬曆三十七年十月己酉，朔，頒賜二輔臣，每中曆十本，民曆一百本，及講官蕭雲舉等二員有差。

二日庚戌，大學士李廷機、葉向高謹題："該臣等奉旨考過庶吉士林欲楫等十八名，題請未蒙批發。臣等竊惟，庶吉士之選，原欲作養人才，爲國家效一日之用。今解館已將兩月，尚未受職，優游汗漫，虛度時光，殊可惜也。謹將填過名次，再行開列催請。優乞敕下吏部，查照舊例，銓注除授，以便供職。臣等未敢擅便，謹題請旨。

　　計　開

銓注翰林院編修、檢討十三員：林欲楫　李康先　來宗道　張鼐　成基命　韓文煥　韓日纘　丁紹軾　汪元極　張廣　李光元　唐大章　李標

量除科道、部屬官五員：梅之煥　姚宗文　徐養量　傅振商　潘潤民。"初六日，奉旨："是。吏部知道。"

三日辛亥，大學士李廷機謹奏："爲懇乞聖慈賜骸賜玦事。臣束身待命，今又十月，冬令已屆，爲四序之終，新曆初頒，亦一年之始。皇上放生施惠，此正其時。而風寒日見其侵肌，衰病益難於度日，堅冰將至，歸路阻修，臣之望放，至此時而益急矣。夫人之所寓，身苟安焉，心苟在焉，雖歷歲月度光陰，不覺其淹，亦不覺其速，身一不安，心一不安①，形雖留而神往，景雖住而意馳，至於初爲觸藩之羝，而竟爲走險之鹿者，則迫逼不堪之極也。今旬日之內，副都御史詹沂、祭酒周如砥，相繼而去，皇上責其封印出城，處之冠帶閒住，然則印無可封、城不敢出者，獨非聖心所當體悉而矜憐之乎？臣竊以爲，與其自去而後處之閒住，不若與以閒住而從之去，不過先後一着閒，而下爲待命之恭，上爲制命之義，俱全而兩得矣。如臣罪惡滔天，其罰當浮於閒住，伏望皇上慨然即以閒住放臣。臣歸而未填溝壑，臣亦有環堵之室，將額其堂曰'賜閒'，臣之榮多，臣之願愜，臣感皇上始終生成之恩與天無極矣。臣不勝哀懇激切

① 安　"安"似當作"在"。

屏營待命之至。"

四日壬子，以中宮千秋令節，頒賜二輔臣上尊珍饌。

是日，大學士李廷機等謹題："臣等惟詹事府衙門，與翰林院併重。往時自掌印外，尚有詹事、少詹事四五員，今無一員矣。前此屢以掌印請，未蒙允發，今只以協理暫管請，而亦不發矣。印封閣中，日久不用，一切關支俸薪等事，盡皆沉閣，則此一衙門，幾若裁而不設者。臣等誠不知其可也？今九列大僚員缺甚多，臣等何敢獨為此汲汲？緣此官推補，係臣等閣中職掌，而印署無人，又各衙門所無之事，故敢冒昧催請，伏望敕下吏部，將臣等前所推右庶子翁正春量陞少詹事，兼侍讀學士，協理府事，暫管印信，是亦完今日不容已事也。臣等未敢擅便，謹題請旨。"初八日，奉旨："是。吏部知道。"

五日癸丑，大學士葉向高謹奏："為議論日多紀綱日馳懇乞聖明早賜乾斷以尊主權以明臣節事。頃者大小諸臣，以被言求去，經歲杜門，章數十上而不得請，計出無聊，於是有掛冠徑去者矣，有封印出城者矣，始猶出於庶僚，今且至於九卿浸淫不止，臣恐將來尚無紀極，雖有貶秩奪官之嚴旨，不能禁也。堂堂盛世，而使臣下之去留，盡不由於君父，是尚可以為國乎？從來人臣求去，無有不報，即彈劾之章，亦無有不下，或是或非，或進或退，下採銓評，上憑宸斷，主權尊而人心服，臣下惟俯首聽命而已，無越志也。今言者留中，被言者亦留中，薰蕕白黑莫為剖明，於是言者愈言，被言者愈苦，紛紜攻擊，茫無了時。皇上但知諸臣擅去之有罪，而不知其情亦大有不得已也。以臣愚慮，去留用捨，俱是君恩，遲速後先，總關聖念。與其遲疑不決，使議論日多於下，何如事至立裁，使威權盡歸於上之為愈乎？臣非不知皇上愛惜人才之盛心，但念時勢已窮，不容再緩，況臣子分義，何處不勉？鞠躬盡瘁，固足以效忠，難進易退，亦足以勵俗。若必至於業疑集謗，觸禁負愆而後已，則身名俱傷，而皇上之所以惜之者，乃所以困之耳。今都察院堂上已無一官，刑部封印日久，毋論事體壅滯，而二百餘年所無之景象，見於此時，亦大非吉祥善事矣。皇上執八柄以御臣，一言發則窮谷回春，一令行則萬方聳聽，何嫌何疑而難於片時之裁決哉？臣區區愚衷，不勝爲朝綱國體計，而陳瀆如此。伏望聖明悉發諸臣之疏，自九列而上，或去或留，斷自聖心，傳諭臣等擬票以進，其餘盡下該部分別上請，而於都御史等官即行允補，如臣等所擬及吏部所奏，有未當聖心，不妨明示更易，使天下曉然知用捨進退，悉出宸衷，非臣下所能干預，乾綱攬而羣議消，其所裨於聖治非淺鮮矣。臣不勝激切祈懇之至。"

　　八日丙辰，大學士葉向高謹奏："爲閣臣久缺理極勢窮懇乞聖明亟賜推補事。臣惟天下之事，有心所可盡而不盡，力所能爲而不爲，則猶可勉強以責後效，而無籍於人。今臣之薄劣，其所能爲與其所自盡者，祇是如此。靜言思之，不知今日世界，更有何神機妙策，可以挽回，今日聖心，更有何忠謀至計，可以感動。四海之廣，賢才之衆，豈遂無人能辦此事？而臣不及今哀鳴，推讓能者，徒以不肖之身，備員塞責，因循荏苒，直至敗壞決裂而後已，則是臣之罪妨賢猶輕，而誤國更重，皇上寬臣於今日，乃所以禍臣於他日耳。臣爲此憂懼，寢不能眠，食不下咽，每有疏請，輒延頸以望，而①不得，且淒然而泣②下也。頃六月間，臣以篤病乞歸，蒙恩慰留，臣扶病復出，亦以此事未了，不敢再陳。今又三閱月矣，時序以更，而浮沉如故，臣每出入閣門，輒引領睇瞻，與兩房③嘆息，謂：自此去帝閽咫尺耳，乃其隔絕之勢，雖千萬里不足以喻。積思之極，時從夢國望見天顔，叩首籲訴，且驚且喜，覺而知其夢也，又復惘然。鬱私④苦楚，填集寸衷，人非木石，何以堪此？萬不得已，冒昧懇瀆。伏望聖明敕下吏部，速行推舉，但視與論所歸、安危身負者，盡開列上請，斷自宸衷，或特召，或簡拔，使展其忠猷，以慰中外之心，而一洗從前負乘覆餗之誚，豈非宗社神靈、四海蒼生之所共想望歟？臣既了此一事，然後乞身田里，尋醫問藥，延此殘年，寸心尚在，誓於來生墮爲犬馬，化爲螻

① 而 《綸扉奏草》卷七 "而" 上有 "望" 字，是。
② 泣 《綸扉奏草》卷七 "泣" 作 "淚"。
③ 房 《綸扉奏草》卷七 "房" 下有 "官" 字。
④ 私　明抄本 "私" 上有 "結無聊，前病日增，而又妻病於室，子病於家，公" 十八字，是。通行本脱此十八字。

① 肓　明抄本作"肓"。通行本誤作"盲"。
② 疾痼　"疾痼"當作"痼疾"。
③ 足　"足"上似當有一"不"字。
④ 無所不　《綸扉奏草》卷七"無所不"作"務酌其"。

蟻，以報聖恩，不敢負也。臣不勝懇切籲呼祈禱之至。"

十一日己未，大學士李廷機謹奏："爲懇乞聖慈覽憐俞允事。臣伏惟凡事有限期，令人可計日而待，待雖緩，猶未難也。今臣之守候，殆無期矣。《詩》曰：'譬彼舟流，莫知所屆。'臣之謂矣。凡人年力未衰，身無疾病，即緩爲之期，猶可俟也。今臣犬馬之齒，至膏肓①之疾痼②，而崦嵫之景迫矣。《傳》曰：'俟河之清，人壽幾何？'臣之謂也。臣之生命，如蠛蠓螻蟻，足③一動聖心之矜憐，臣之名節，如敝帚破甑，不足一動聖心之顧惜，情苦極矣。臣義雖逃，不敢不濡忍。詞窮久矣，臣舌尚在，不能不鳴號。伏望皇上鑒之憐之，慨然放之。臣不勝哀懇苦祈激切惶悚待命之至。"

十三日辛酉，大學士葉向高謹題："前四月間蒙發下同官臣錫爵、臣廷機辭疏，令臣擬票。惟時錫爵方有哭子之戚，貽書懇臣，爲之揭請，而廷機之求去又甚力，故臣於二臣所奏，皆擬兩票，恭請聖裁。今已半年餘矣，未蒙發下，臣亦嘗代爲催請，而不能得。錫爵以前疏未發，不敢再陳。廷機屢陳不報。臣之愚昧，不能窺聖意之所在，但念二臣皆位居輔弼，而有所奏請，概不見答，於國體已甚輕矣。況政本何地？今日何時？協力匡維，猶恐不濟，而乃使在野者有類於銜銜，在朝者徒困於羈縶，去就不明，進退無據，祖宗設此官之意謂何？而虛拘若是耶？伏望聖明，亟檢二臣之疏，將臣所擬兩票親賜裁定，或放或留，無所不④可。如以日久難尋，亦乞傳示聖意，令臣再擬。上以顯皇上優禮之盛心，下以存輔臣求去之大體，而中以爲國家求匡濟之實用，其所裨益甚不小矣。臣不勝懇切祈禱之至。"

十四日壬戌，大學士葉向高謹題："今日蒙發下吏部推補山西副使秦大夔及邵武府知府楊一桂二本，皆經本月初一日票上，未蒙檢發。又昨日發票文選司主事王宗賢、刑部郎中史文煥二本，亦於初一日票上未發。臣謹各再擬以進。但初①一日所票，尚有十六本未發，中間如應天巡撫及南北通政司，皆係大僚，勢不容缺，而應天巡撫尤關係地方，難以延緩，其餘皆方面官員，責任併重。伏望聖明概行檢發，以省吏部屢次瀆請。臣不勝祈懇之至。"

是日，大學士李廷機、葉向高謹題："爲公務事。照得誥敕房官，專管謄寫文官誥敕，一向缺員數多，前項事務缺官辦理。查得起居注館辦事中書舍人鮑佑、鄧士昌，俱寫字端楷，堪補誥敕房辦事。再照制敕房近亦缺員，合將誥敕房辦事山東布政使司右參議張大續、通政使司經歷司知事單禮，俱改制敕房辦事。其制敕房辦事管典籍事大理寺左寺左評事范可慥，資俸最深，侍書日久，相應量陞禮部儀制司主事。各供前項職事。伏乞敕下吏部，查照施行。臣等未敢擅便，謹題請旨。"

十六日甲子，大學士葉向高謹題："竊惟今日政務壅滯甚多，各衙門無日不行催請，無人不以職事控訴，臣入直則投以揭帖，出至朝房私寓則相率面言，其辭皆直，其勢皆甚不容已，臣緘口結舌，無可應答，不可不爲懇之君父。謹將最緊最急數事，開列上請，其餘少②可緩者，不敢概瀆。伏乞聖明憐察施行，不勝幸甚。

　　計　開

一、都察院自詹沂出城，刑部自沈應文封印，今已一月無人管理，法紀重地，豈容久曠？其左都御史等官，當亟行點用。沈應文辭疏亦應檢發，使其進退有據，不至耽誤。伏候聖裁。

一、兩廣地方，爲山海奧區，內而猺獞，外而海寇，眈眈窺伺，即舊歲欽州之事可見已。今總督戴耀，久已爲民，不敢管事，且以丁憂告矣。巡按御史李應魁，已經陞任，總兵孔憲卿又告病回衛，雖有司道等官，不相聊屬，誰爲彈壓？一旦奸人作亂，方數千里之地必受荼毒，而南方數省皆被其害矣。至於應天等府，乃根本重地，舊巡撫官久杜門候代，諸事寢閣，人情惶惶，均屬可慮。其兩廣總督官當亟行點用，而應天巡撫

① 初　《綸扉奏草》卷七"初"上有"查"字。

② 少　《綸扉奏草》卷七"少"下有"有"字。

官亦應檢發，以便交代。伏候聖裁。

一、巡撫官舊例一年一代，今山東、湖廣皆已兩年，尚未得代。至於真定巡官①，已丁憂去，業已數月，亦無代者，遂使三年武舉之常典，寢閣不行，此地近在郊圻，又遭荒旱，人民流離，盜賊四起，新巡撫②官尚未到任，該地方事務何人管理？其爲關係非細故也。都察院爲三③處題差已有數十疏，俱未蒙發。臣敢冒昧並爲催請，伏候聖裁。"

二十日戊辰，大學士李廷機謹奏："爲懇求賜放事。臣切④見輦轂之下四方之人久處於此者，或守選聽補，或居賈行商，或筆井⑤傭書，或百工技藝，必有事焉。今臣在此何事乎哉？夫久羈無事之人於輦轂之下，今日削牘，明日補牘，日呼書史，日煩公車，而又日糜俸薪廩給以豢養之，敗局未結，訾語時聞，此敝政之甚者也。況以重而不容久曠之地，急而不容久壅之塗，而一無事之人橫壅其間，此其妨誤，尤非特一官一職而已。伏乞皇上亟放無事之人，使臣及此冬月扶病而歸，臣既得以遂獸鹿之生，而朝廷亦可以察圖梅楫之助。臣不勝懇切控訴惶悚待命之至。"

二十四日壬申，以皇太子第三子百日命名告奉先殿脯醯果酒，頒賜二輔臣三卓。

二十五日癸酉，大學士李廷機謹奏："爲家難⑥傷心沉疴轉篤懇乞聖慈憐憫放生事。臣父母蚤亡，二弟相依爲命。其一弟廷柱孝廉恬靜，臣甚愛之，由選貢爲廣⑦教諭，今春到任，不幸八月病卒於翁源。臣昨方聞報，一慟幾絕。蓋臣德涼福薄，命運屯邅，自去冬家小去後，喪兒喪侄，今又喪弟，手足骨肉之變迸輳於半年之間。七十老人，久病孤棲，日夕涕淚，憂思悒鬱，誠恐臣亦不久，且與弟俱亡矣。伏望皇上俯垂憫惻，俾臣得扶病而歸，一上父母丘墓，送往撫存，少盡鶺鴒之義，而後首丘。臣感戴聖恩如天罔極，啣環結草未足言也。臣不勝涕

① 官 《綸扉奏草》卷七"官"作"按"，是。
② 撫 《綸扉奏草》卷七"撫"作"按"，是。
③ 三 《綸扉奏草》卷七"三"上有"此"字，是。
④ 切 "切"當作"竊"。
⑤ 井 "井"當作"耕"。
⑥ 家難 明抄本作"難家"。通行本改"家難"，是。
⑦ 廣 "廣"下當有脫文。疑所脫爲"東翁源"三字。

泣懇切惶息待命之至。"

二十六日甲戌，賜皇太子第三子名曰由楫。

是日，大學士葉向高謹題："臣惟國家建設九列，共襄庶政，而都察院綱紀之司，最爲緊要，刑部則職在庶獄，民命所關，皆不可一日曠者。今詹①沂去位，沈應文對印，皆已一月，一切文移詞訟悉從停閣，兩署空虛杳無人迹，是亦從古及今未有之事也。至於應天巡撫，乃留幾②根本重寄，較之地③方，更爲關係。自舊撫臣陞任被論，杜門歲餘。昨接按臣鄧澄揭帖，言其諸事寢閣，百凡不便，地方災傷之後，誰爲拊循？今親④撫臣已經點用，又復留中，臣之愚陋，誠莫測聖意之所存。但竊見昨者宣府巡撫官一推即下，仰見聖明留心邊務，頃刻不忘，或未知南畿地方其利害尤甚於宣府耳。伏望皇上將左都御史待官亟賜點用，沈應文辭疏亟賜檢發，其已點用應天巡撫官併賜檢發，庶內外重地皆稱得人，天下皆知聖明雖深居高拱，而於緊要政務盡關宸衷，未嘗曠廢，其所以作臣工之玩愒，而增聖德之光明者，真不細矣。臣不勝激切懇祈之至。"

① 詹 明抄本誤作"澹"。通行本改"詹"，是。
② 幾 明抄本作"畿"，是。通行本誤作"幾"。
③ 地 《綸扉奏草》卷七"地"作"他"，是。
④ 親 《綸扉奏草》卷七"親"作"新"，是。

萬曆三十七年十一月戊寅，朔。

二日己卯，大學士李廷機謹奏："爲痛苦不堪懇乞聖慈賜臣骸骨事。前月二十五日，臣以家難具疏求放，今又數日，未奉俞旨。臣犬馬之疾久痼，其體鶺鴒之義，重傷其心，臣竊自度決無生理。臣惟死者，人之所必有也，而莫不善於客死。臣見臣弟客死，心甚痛之，而以其顧戀一官，依違五門，祇爲區區鷄肋，舁屍而歸，臣又甚恨之。今日留滯都門，淹延歲月，意者將與臣弟同作異鄉之鬼乎？臣誤蒙知遇，叨爲閣臣，但願皇上乘臣一息尚存，予以首丘。至於身後之恩，則臣預辭久矣。夫死即有知，不若生者之尤爲有知也，埋狗馬以帷蓋，不若恤其生不拂其性之尤爲恩也。地下之結草啣環，不若林下之棲遲，祝岡陵而謠衢壤之尤爲歡忭也。臣言及此，至真至盡。伏望皇上俯垂憫惻，即放臣歸。不勝迫切惶悚隕越待命之至。"

五日壬午，大學士葉謹題："臣觀近日各撫按官奏報災傷，近則河間、保定、真定各府，遠則山東、山西、河南、陝西、福建、江西、四川各省，或水或旱，或蝗蝻，或冰雹，無地不災，無災不甚，漂蕩流離，僵屍枕藉。窮急計生，必至叛亂。昨接御史徐鑒揭帖，言河南磁州已集屯作梗，天津、霸州諸處密邇輦轂，乃流民哨聚，剽掠公行。觀此景象，甚屬可憂。而報災之疏一概不下，朝廷之上並無片字隻語以慰窮民之心，彼蚩蚩之氓，何所眷戀維維①係，甘於就死而不變也？往時災傷雖重，賴皇上憫念，發帑留稅，多方賑䘏，以救元元之急，故雖有亂萌，旋復底定。今民窮如此，聖心憐念豈異昔日？其所以停寢而不行者，庶必意有所靳，而難於明言耳。臣日夜焦思，委無他策，萬不得已，敬擬敕諭一道，發明皇上軫念窮民之盛心，責成地方官講求恤民之實政，使海內聞之，知朝廷與百姓猶稍相聯屬，不至漠然泛然，坐視其顛連而不顧，即窮困之極，猶庶幾忍須臾毋死，以待皇仁之沛發，而不至甘於叛亂，是亦急救目前之一策也。若皇上能慨然從諸臣之請，惠留稅銀，以

① 維 此"維"字爲衍文。

資賑濟，起災民於溝壑，播聖澤於寰區，此尤臣與普天之所同願，而未敢强瀆①。所擬敕諭，恭請聖明裁定發行。臣不勝激切祈懇之至。

諭吏戶二部：今歲各處災傷重大，人民流離困苦，無以爲生，朕每覽奏報，輒用惻焉。但以帑藏空虛，難於徧賑，各地方撫按官宜仰體朝廷德意，督率司道府縣官，設法極救，多方安輯，以弭亂萌。有功效顯著的，破格擢用，其貪污害民，及闒茸怠惰，不修職業的，不時拏問、參奏，從重處治。今考察在邇，爾吏部便將救荒一事加意甄別，明示勸懲。至於各處抽稅有司害民更甚，着撫按官另行開報，爾部另行細訪，加一等處治。如或彙緣漏網，發覺之日，罪連撫按。其各項錢糧，有可量行蠲免改折的，該部即爲分別題請，以昭朝廷加惠寬恤至意。不得違玩。故諭。"

七日甲申，以祭三皇於景惠殿祭設，頒賜二輔臣三卓。

八日乙酉，大學士葉向高謹奏："爲奉職無能聞言心服懇乞聖明亟賜罷斥事。臣今日方欲入直，適聞御史鄧澄有疏論劾，其大端摘臣爲同官臣廷機辯雪疏中，有'凡所票擬，循行故套'之一語，又催補閣臣疏中，有'揆路名壇，竊據日久，悠悠世情，孰能相亮，展轉猜疑，無所不至'之數語，遂以爲明己無權，杜絕人口，暗中躲閃，就裏擠排，上以歸過於君，而下以中傷善類。因及於時政之壅滯，邊事之紛紜，東宮之不講，責臣不能開悟上心，挽回世道。其議論皆侃侃鑿鑿，足以使臣內愧而心服。但臣所謂'循行舊套'者，固云下由部議，上由聖裁，此票擬事體實是如此。至於綸扉重地，臣以一身竊據多時，天下之人安得不疑？臣安得不懼？御史或徒據其措辭之久融，而不知其宅裏②之甚苦也。總之，臣待罪兩年，受恩深重，實無分毫可以報塞。時事至此，誰當其辜？臣之罪狀已如丘山，御史皆略而不言，僅以疏中語言之謬相疵議，其用意甚厚。至云'重其人，故望，望不副，則疑'，尤爲忠厚婉至之語，臣所

萬曆三十七年

二六七七

① 瀆　《綸扉奏草》卷七"瀆"下有"耳"字，是。

② 裏　明抄本作"裡"，是。通行本誤作"裏"。

面熱內慚而不敢當者也。臣多病殘軀，力窮智盡，久思歸去，徒以閣中乏人，靦顏濡滯。得御史直言，成臣之志，臣舉家感頌，世世無窮。伏望聖明察臣下衷，暴臣罪戾，亟賜罷斥，使臣得即日退歸田里，以全餘生。天高地厚之恩，即啣結不足報矣。臣不勝激切哀懇之至。"奉聖旨："卿亮節鴻猷，清慎忠勤，政幾繁重，隻身勞苦，朕所洞知。方今國家多事之秋，正賴卿匡襄佐理，豈可以浮言求去？小臣妄言，朕置之不理，卿宜安心，即出入閣辦事，慎勿再辭。該部知道。"

是日，大學士葉向高謹題："臣自舊年四月供票擬之後，以至於今，蓋因同官臣廷機被言，杜門不出，無可推辭。今臣亦被言矣，亦杜門矣，彼此之挂議既均，則自當以資序爲據。伏望聖明將一切本章，發廷機處，諭令票擬，臣斷不敢冒昧供役，以重不職之罪也。臣不勝激切祈懇之至。"

是日，大學士李廷機、葉向高謹題："爲纂修玉牒事。伏睹玉牒，紀載宗支，係朝廷重事。臣等查得舊例，十年一次纂修。自萬曆十二年起至萬曆二十七年止，欽奉聖旨，命翰林院委官，並制、敕①兩房官員，續修完備、進呈訖。查得前次襲封新生，計有一十五萬七千餘位，玉牒共計二百九十餘冊。迄今又逾十年，宗支日益綿衍，冊籍日益浩繁，比之昨年不啻百倍，若不及時續修，益難考據。請敕宗人府、禮部通行查照取勘明白，照例委官續修，揆之事理，勢難再緩。臣等未敢擅便，謹題請旨。"

九日丙戌，大學士李廷機謹奏："爲候久事生放還宜亟事。臣向以病請者一年八個月，近復以家難請，臣之望放，其急如持漏甕沃焦斧，特欲候命而行，全閣臣始終之禮，守臣子無所逃之義耳。乃昨者同官向高因御史鄧澄有言，遽上一揭，欲辭票擬而推之臣，臣不勝駭愕。無論臣疾病沉痼，彈射業集，即如鄧澄疏末所加於臣者，曰'都下奉朝請'，曰'大奸大頑，人所共見'，斯何言也？而尚欲使之與機務、分票擬之役，有是理乎？有是事乎？若澄所議向高，不過章疏中一二語，未有損於

① 敕 "敕"當作"誥"。

向高之品望，特其耿介之性，遽不自安，而爲此辭讓，臣能諒之。伏乞皇上念幾務繁重，諭令向高即出，如常票擬，不得因微言而疑沮，亟放臣歸，亟允錫爵之辭，亟簡當世名流，與向高興襄聖政，庶太平可望，而中外人心亦可少安矣。臣不勝悚息懇切待命之至。"

十一日戊子，以聖母慈聖宣文明肅貞壽端獻恭熹皇太后萬壽聖節，頒賜二輔臣，每金萬壽枝各二副、銀萬壽枝各二副、金書黃綾符一道、金書紅綾符一道、銀書紅綾符一道，及講官蕭雲舉等二員有差。

十四日辛卯，大學士葉向高謹題："該文書官劉用恭捧聖諭到臣私寓：'諭次輔：朕自入冬以來，動火頭暈，又害眼怕風，服藥調攝。昨覽卿具揭所奏，朕已悉知。但日每本章擬票，關係國家重典，卿當仰體朕意，將發下本章還照常擬票進覽。況今國家多事，卿勿以浮言介意，宜即入閣，輔政佐理，庶政務不致廢馳。特諭卿知。欽此。'臣謹焚香望闕叩頭謝恩訖。竊念臣以奉職無狀，致被人言，誼當引罪，不敢與聞國政，故懇請皇上將一切本章發臣廷機擬票，乃聖意似知廷機求去之堅，不欲苦之，故仍以命臣，臣捧誦溫綸，不勝感愧。惟臣子之事君父，以奉命爲恭，安敢故違？況聖躬偶有違和，方在調攝，臣又安敢不效犬馬之勞，以寬君父之慮？謹將發下本章票擬進覽。仍望皇上加意調攝，保養聖躬，勿冒風寒，以致動火，此又臣一念惓惓忠愛之私衷也。至於臣積悆多病，久思陳乞，其入閣事情，尚容另疏籲祈，未敢遽瀆。謹將聖諭送內閣尊藏外，謹具回奏以聞。"

是日，大學士葉向高謹題："竊見郊祀在邇，前日票擬分獻官，臣亦預焉今臣已被言待罪，又連日痰壅火蒸，偏身痛楚，度其勢必難供事。誠恐臨期具辭，有所不便，謹另擬一票，上請批發，庶大禮不誤，而臣亦得以少安矣。臣不勝悚息之至。謹題請旨。"

是日，頒賜二圃臣，每鮮藕三枝。

十六日癸己①，大學士葉向高謹奏："爲聞言蒙恩感懼交集再懇聖明節賜罷斥事。頃御史鄧澄論臣，臣具疏乞罷，隨蒙聖諭令臣照舊票擬本章，促其入直。臣捧誦綸音，惟有感泣。竊念本章重事，本非私家所可坐擬，亦非挂議之臣所可妄擬，但以君命嚴重，政務殷繁，不敢故違，已經遵旨回奏外，至於入直輔政，則揆之分義，萬難勉承。蓋今日朝政壅塞已極，其所責望於臣者，不止澄之一人，臣出而無以副天下之望，則負罪日深，愆尤愈集，不如及今決去，猶可以附不能者止之義，此臣之萬不敢出者一也。人臣之罪，莫大於妒賢嫉能，今臣已蒙躲閃排擠、中傷善類之疑，豈可復立聖明之朝，居百僚之上？此臣之萬不敢出者二也。況臣摧苦餘生，百感交集，連日間精神恍惚，腸胃枯焦，舊患未除，新疴復作，其不能黽勉馳驅、效犬馬之力明矣。今長安之內，列署半空，綸扉並掩，甚非盛世景象。臣待罪之人，不敢復言其他，惟是閣臣推補，萬不容已。且臣廷機杜門日久，去意已堅，臣困劣如此，即私家擬票，亦暫時奉命，終非久計。閣中事務將以屬誰，此臣之所不得不言者也。伏望聖明敕下吏部，即行會推，以憑點用，將臣放歸田里，全其餘生，庶賢才有效用之機，而世運有挽回之日矣。臣不勝激切祈懇之至。"奉聖旨："卿秉公持正，忠亮老成，朕所鑒知。況今國事多艱，正望卿分猷佐②理，豈可因小嫌介懷，堅欲求去？卿宜遵前旨，即出輔政，慎勿再陳。其餘政務，朕知道了。該部知道。"

十七日丙③午，大學士葉向高謹奏："爲恭謝天恩事。該鴻臚寺卿李承華等，恭捧聖諭到臣私寓：'諭次輔：朕因動火，頭目眩暈，又害眼服藥，調攝未愈。但念國事多艱，正賴卿分猷佐理，方今聖母萬壽聖節在邇，履長屆期，豈可因小臣譖言，杜門不出，堅欲求去？卿心安乎？還着鴻臚寺堂上官宣諭即出，入閣輔理，以慰眷懷。特諭卿知。欽此。'臣謹恭設香案，望闕

①己 "己"當作"巳"。

②佐 《綸扉奏草》卷七"佐"作"化"。

③丙 "丙"當作"甲"。

叩頭謝恩訖。伏念臣賦性庸愚，受恩深重，奉職不效，致被人言，仰煩君父再渙溫綸，中使鴻臣繼臨私寓，且以聖母萬壽在邇、履長屆期，今臣即出輔理。臣捧誦諭音，隆天重地，苟有心胸，寧敢忘於啣結？苟有鷄筋①，寧敢惜乎馳驅？惟是臣萬不得已之情，已經兩疏申請，今亦未敢再瀆，惟望聖明加意調攝，以膺自天之祉，至於聖母萬壽佳辰，臣自當匍匐宮門，叩首稱慶，以少盡臣子之愚衷耳。臣不勝激切感戴天恩之至。爲此，謹具本奏謝以聞。"奉聖旨："覽卿奏謝，朕知道了。但政務繁重，國事多艱，卿二疏奏辭，朕已悉知，卿公忠清謹，守正無私，豈可因浮言介意？卿宜遵諭旨即出，入閣贊襄，慰朕懸望之意。該部知道。"

① 鷄筋 《綸扉奏草》卷七"鷄筋"作"筋力"，是。

十八日乙未，大學士葉向高謹題："恭遇聖母慈聖宣文明肅貞壽端獻恭熹皇太后萬壽聖節，臣備員輔弼，仰戴隆恩，比之恒情倍切忻忭，謹擬是日恭詣慈寧宮門，行五拜三叩頭禮，以少伸臣子慶祝之誠。謹具題知。"

是日，大學士李廷機謹題："恭遇聖母慈聖宣文明肅盧壽端獻恭熹皇太后萬壽聖節，臣備員輔弼，仰戴隆恩，比之恒情倍切忻忭。茲因在告，不能恭詣慈寧宮門行禮，謹擬是日私寓恭設香案，扶掖望闕行五拜三叩頭禮，少伸臣子慶忭之忱。臣不勝瞻戀感戴之至。謹具題知。"

十九日丙申，大學士葉向高謹題："恭遇聖母慈聖宣文明肅貞壽端獻恭熹皇太后萬壽聖節，臣恭詣慈寧宮門外，叩頭慶賀。伏蒙皇上遣司禮監太監成敬等管待，頒賜臣酒飯一卓、燒割一分、甜食一盒、絲窩糖一盒、硬糖餅一盒、伏薑一盒。又蒙聖母賜臣膳品二盒、手盒一副、酒二瓶。臣頓首祗領，不勝感戴天恩之至。謹具題謝恩。"

是日，又以聖母萬壽聖節，頒賜二輔臣上尊珍饌。

二十一日戊戌，以聖母萬壽聖節，頒賜輔臣廷機銀五十兩、紵絲三表裏，向高銀四兩、紵絲三表裏。

二十四日辛丑，大學士葉向高謹奏："爲臣衷未遂君命難違謹遵旨勉出並瀝愚誠仰祈採納事。臣以不才，引分求去，乃蒙君父爲臣焦勞，兩勤宣諭，五奉溫綸，臣何功何能，被此隆渥？即今長至屆期，南郊將事，臣不敢固違嚴命，安臥私家，謹於今早匍匐廷見供事外，惟是言者之所責臣，皆國家大計，臣尚未能得之皇上，則雖靦顔强出，終不自安。誠望皇上乘此履長之時，一新庶政，補閣臣，點都御史，下各差巡按，一切章疏盡皆檢發，使天下翕然稱皇上爲堯舜之君，臣雖駑劣，亦得苟安時日，勉效馳驅，豈非大幸？如仍前壅隔，無所轉移，日復一日，遷延苟且，則是近日諸臣之所以責臣者，僅爲臣恃此幾①番之溫綸，而臣之所苦口而力爭者，僅得皇上'其餘政務知道了'之一語，於國家大計，毫無所裨，於天下疑議，毫無所解，竊恐臣今日之出，無以終事皇上也。年來求去諸臣，皇上每責其好名潔身。臣竊謂人臣之所以事主，全在身名。名且不顧，則何事可顧？身且不恤，則何事可恤？以若人而能憂國愛君，未之前聞。皇上亦安用此臣爲哉？聖賢之所云不可則止、不能則止、難進易退、禮義廉恥云者，又何説也？臣此番量度必②當決去，顧惟君父之大分、天高地厚之大恩，不能恝然，故復不惜身名，冒昧一出，伏乞皇上哀臣憐臣萬不得已之苦心，將臣所請，俯賜允行，使③之輔理少有分毫之效，而皇上之留臣亦不爲虛拘，豈臣一身之慶？實天下之大幸也。如使③復不得已而求去，以自甘好名潔身之罪，臣有辭矣。臣不勝激切祈懇之至。"

二十五日壬寅，大學士葉向高謹題："臣頃連接聖諭，仰見聖躬以動火頭暈，害眼怕風。臣隨於回奏中附陳，願皇上善自珍攝，以膺自天之祉矣。此係暫時所感，今已經數日，必迪吉無疑。惟是今歲天氣乍寒乍溫，難以調護，稍有失宜，風邪易入，加以萬幾④殷繁，深勞聖慮，虛火一動，則頭目暈痛，其

①幾 明抄本作"幾"，是。通行本誤作"畿"。

②量度必 《綸扉奏草》卷七"量度必"作"度量實"。

③使 《綸扉奏草》卷七"使"下有"臣"字。

④幾 明抄本作"幾"。通行本誤作"畿"。

勢然也。日下長至已屆，陽氣初回，伏望皇上順時攝躬，平情和氣，總攬紀綱政務之大，而不以瑣屑分心，致謹於飲食起居之微，而毋使風寒乘隙，則天休滋至，而萬福畢臻，履常之慶與天地而無極矣。臣下情無任惓切，謹具題以聞。"

二十六日癸卯，大學士葉向高謹題："恭遇冬至令節，禮當慶賀，奉旨傳免。臣謹偕在廷文武暨天下華夷齎捧朝貢官員人等，於五鳳樓前大班行禮，恭伸祝頌外，伏念臣備員輔弼，受恩深厚，與在廷諸臣不同，擬是日恭詣仁德門，行五拜三叩頭禮，稱祝聖壽，以少伸臣子慶忭之誠。謹具題知。"

是日，大學士李廷機謹題："恭遇長至令節，禮當慶賀，臣因在告，不能恭詣午門、仁德門行禮。謹擬日①私寓恭設香案，扶掖望闕行五拜三叩頭禮，少伸臣子慶忭之忱。臣不勝瞻戀感戴之至。謹具題知。"

二十七日甲辰，大學士葉向高謹題："茲遇冬至令節，臣恭詣宮門外叩頭慶賀。伏蒙皇上遣司禮監太監成敬等管待酒飯，頒賜臣燒割一分、甜食一小盒、伏薑一小盒。臣頓首祗領。不勝感戴天恩之至。謹具題謝恩。"

是日，以冬至令節，頒賜二輔臣上尊珍饌。

二十九日丙午，大學士葉向高謹題："竊惟目前最緊一事，無如都察院缺官。蓋天下計吏旦夕至京，考察之期相去僅一月，若有吏部而無都察院，是祖宗二百餘年舊制壞自今日，一不可也。且吏部獨司考察，而無人與之參伍，非但咨訪不詳，亦恐事權偏重，二不可也。即無論計吏，而堂堂風紀之司，百僚瞻望所係，乃閑門空署已及兩月，何以振肅朝綱、奉行國憲？三不可也。皇上神聖天縱，於此等大事皆洞然聖心，無待臣下之言，其點用之命，亦必在旦夕，無待臣下之請。但臣之愚衷以爲，早一日則此官有一日之用，而中外人心亦早安一日，故敢冒昧瀆陳，以祈聖明之速斷耳。臣不勝悚息待命之至。"

① 日 "日"上當有"是"字。

萬曆起居注

① 之 明抄本"之"下有"虜"字。通行本脱此字。

② 降 明抄本作"虜"。通行本誤作"降"。

三十日丁未，大學士葉向高謹題："今日蒙發下兵部尚書李化龍覆薊遼總督官塘報建夷事情一本，令臣票擬，臣謹即擬上。竊念今日邊疆之事，惟建夷最爲可憂，度其事勢，必至叛亂，而今日九邊空虛，亦惟遼左最急。昨李化龍告臣，謂此酋一動，勢必不支，遼陽一鎮將拱手而授之①，即使發兵救援，亦無所及。且該鎮糧食罄竭，救援之兵何所仰給？非反戈内向，必相率投降②，天下事將大壞不可收拾矣。臣聞其言，寢不安席，食不下咽。仰知聖明亦必爲此縈念，欲講求備禦之方。顧所爲備禦，豈有他法？惟有食則有兵，有兵則封疆之臣可以責其戰守，而酋雖强横，我亦何至坐受其禍哉？今遼薊兵餉，皆缺至數月。其養馬之軍，皆牽馬還官，云：'身且無食，安能及馬？'似此景象，即使平居無事，猶恐生變，況欲責其出力以禦虜乎？祖宗相傳金甌無缺之天下，一旦危急至此，誠可憂也，誠可痛也。中外臣工共望皇上發帑以濟此急，而聖意必不肯從，户部又萬分匱竭，冏寺又那借將盡。萬想千思，策將安出？不得已且下廷臣會議，看其作何計較，再行區處。伏望皇上將此疏亟發，勿俟之日，如復遷延遲緩，視爲故常，則臣真不知其禍之所終矣。臣不勝激切祈懇之至。"

萬曆三十七年十二月戊申①，大學士李廷機、葉向高謹題："爲纂修玉牒事。伏睹玉牒紀載宗支，係朝廷重事，臣等查得舊例，十年一次纂修。自萬曆十二年起至萬曆二十七年止，欽奉聖旨，命翰林院委官並制、誥兩房官員續修完備進呈訖。查得前次襲封新生計有一十五萬七千餘位，玉牒共計二百九十餘册。迄今又逾十年，宗支日益綿衍，册籍日益浩繁，比之昔年不啻百倍，若不及時續修，益難考據。請敕宗人府、禮部通行查照取勘明白，照例委官續修。揆之事理，勢難再緩。臣等未敢擅便，謹題請旨。"初四日，奉旨："是。禮部知道。"

三日庚戌，大學士葉向高謹題："臣以都察院缺官，屢次催請，未蒙檢發。豈聖意以考察一事自有吏部官主張，不必都御史耶？此其事體緊要，臣前言之已詳，不敢再贅。惟臣愚慮以爲，此官之萬難久缺，蓋不獨爲考察一事。祖宗設立都察院，專以糾察官邪，振揚綱紀，使大小臣工有所畏憚，而不敢非爲。自年來總憲無人，百凡馳廢，各衙門堂上官缺者缺，告者告，泛泛悠悠，茫無統攝，宴會日多，職業日曠，昔人所謂盤樂怠敖、泄泄沓沓之病，畢見於今日，一旦禍亂，則盡舉而委之君父，亦可嘆已。此非得剛嚴果毅、豐裁獨持、爲衆所憚服之人，使之秉執臺綱，激揚振作，尚未知其弊之所終也。昨都察院經歷司以署印請，此亦無可奈何之計。臣竊計今尚書、侍郎共祇八人，中有三人杜門日久，其餘皆有本部事務，誰可兼攝？即使暫時兼攝，亦非久計。且官屬代庖，終是苟且，望以起弊維風，勢必不得。臣日夜憂此，至於痰火上蒸，咳嗽喘急，即勉強入直，恐難久延。所爲冒死陳瀆若是者，誠迫於勢不容已，不敢有一毫矯飾以欺君父也。伏望皇上留神省察，如聖意有所未愜，亦望俯賜明示，使臣可以奉行。臣不勝激切哀懇之至。"

六日癸丑，大學士葉向高謹題："同官臣李廷機，自去年四月以人言堅意求去，至於冬月，又遭家先歸，僅以二僕自隨，荒涼病苦，情緒不堪，臣與鄰居，每爲寬慰。經今一年九個月

① 申 "申"下當有"朔"字。

矣，人言紛紛，催迫不已。廷機自以爲閣臣，受恩深重，未蒙君命，不敢擅出國門。今見朝覲在邇，居處不便，且欲移居荒僻之處以待命。臣念廷機事皇上將三十年，清苦勤勞，一心報主，蒙皇上知遇拔擢，以有今日，乃暮年衰病，窮迫無聊，一至於此，因聖心所深憐也。彼之日夕哀祈，不過一去，皇上但以片言允放，即是終始造就之恩，亦聖心所不靳也。頃者臣因被言待罪，求以票擬歸之廷機，而皇上仍以屬臣，蓋已洞悉廷機之苦有甚於臣，而不欲以此困之矣。則何如早放一日，使廷機早免一日之苦之爲愈乎？廷機又言，今年四十疏，一概留中，今亦不敢煩瀆取厭，屬臣代懇，極其哀求，故臣輒敢不避嫌疑，饒舌如此。伏望皇上鑒其苦情，將其屢次辭疏隨便檢出一通，發臣擬上，使廷機身退心安，始終兩全，目前亦得省於搬移。皇上體恤之恩，臣與廷機共戴之矣。臣亦進退維谷之人，而惓惓此請者，先僚友之急而後其私，有萬不容已者在也。臣不勝激切祈懇之至。"

七日甲寅，大學士葉向高題奏："爲微臣時刻難容萬言只是一苦哀懇聖明垂憐超拔事。臣頃奉溫綸，強顏再出，亦冀皇上察其苦情，於緊要政務有所允行，以少伸其報效之私。乃旬日之間，四請都察院而不報，再請兵餉會議而不報，在廷諸臣移書罪臣、詈臣者，逐日不絕，其輕者責臣以去，而甚者責臣以死。臣孱然之身耳，萬罪千愆、萬怨千恨，無不總集，雖使金石爲軀，亦將銷鑠以至於盡也，而況於血肉之形骸乎？今禍亂未作，天下人已以臣爲罪首，紛紜如此，一旦變故橫生，恐雖死不足以快人之意，以二十年來蘊崇之釁毒，而使臣獨當其辜，甚可痛也。大小臣工苦口力爭，不能動皇上之分毫，而謂庸劣如臣，獨有神謀秘策可以回天，亦可憫也。今之責臣者曰：每日當詣宮門力請也，請必涕泣也，又當合九卿科道郎署，伏闕以請也。夫宮門禁地，臣子不得到，九卿諸臣各受國恩，各懷悃款，苟可效忠，何待臣言？若我①之淚已無時而不揮矣，即送本文書官亦親見之矣。萬想千思，終無計策，即欲含羞忍辱，

① 我　《綸扉奏草》卷七"我"作"臣"。

遷延以待，而臣亦有心胸，亦有面目，豈能如此？且今之罪臣者，又不止在廷諸臣已也。災傷徧天下，不能叩闕籲祈，爲之拯救，至於橫斂重徵一概如故，則萬姓罪臣矣。內變將生，外憂復至，戎馬一闖於郊關，勢必震驚宗社，則九廟之靈罪臣矣。書之史册，傳之後代，以爲我明禍亂自某人爲輔臣始，則萬世罪臣矣。臣每念及此，忽忽忘生，宇宙雖大，將何地以自容？聖恩雖深，將何福以消受？然則臣雖不能遽死，而似此情形，亦必死而後已耳。臣聞之，仕官之道，有如飲酒，席將殘矣，主人怠矣，首席之容自宜引避以謝主人，彼其爲衆賓者，即不速而至醉飽而歸，誼呶爭坐，亦自無妨。臣濫居首坐者也，故敢哀祈皇上許臣一去，以稍寬其罪責。如必不容臣去，而困之以死，臣死而見二祖八宗於地下，矣①有以逃罪矣。臣滿腔鬱結，五內俱焚，氣喘聲悲，言無倫次，更望聖明原宥。臣不勝哀號迫切惶懼之至。"

八日已②卯，大學士葉向高謹題："蒙發下户部一本，爲金花、買辦銀兩，該文書官劉官③傳命票擬。臣細觀本內金花欠至五十六萬四千餘兩，買辦欠至六十七萬餘兩。此二項雖俱係上供之數，但金花原有額派，買辦則起自萬曆六年，原無額派，皆係該部設處那借軍餉等項錢糧以進，計其所費已六百餘萬。至於今日，部帑盡空，無可設處，皇④上耳。今邊餉逼迫，軍士號呼，勢將爲變。昨見薊遼總督王象乾揭報，可爲寒心。該部智慮已窮，困急欲死，今日合部十三司官皆來見臣哀訴，臣但對之太息而已。軍糧如此，買辦銀兩又將安出？即以嚴旨督之，亦何益哉？臣謹擬令該部將積欠金花銀作速催解，其買辦銀且暫停緩，以救該部之急，亦其勢之不得不然者也。伏望聖明憐察賜允。謹具題以聞。"

九日丙辰，大學士葉向高謹題："今日蒙發下都察院經歷趙士吉請官署印本，令臣票擬。臣念今九卿中甚爲乏人，祇總督倉場右都御史孫瑋、工部侍郎王汝訓二人堪用。然昨吏部尚書

① 矣　《綸扉奏草》卷七"矣"作"亦"，是。

② 已　"已"當作"乙"。

③ 官　《綸扉奏草》卷八"官"當作"用"。

④ 皇　明抄本"皇"字上有"故不得已而祈免於"七字。通行本脱此七字。

孫丕揚告臣，謂孫瑋與之同鄉，共事考察稍有不便，而汝訓又見署工部，難以兼攝。臣不得已，謹擬兩票上請聖裁。其都御史官必當點用，與代庖不便之故，臣項已具揭奏聞，並望聖明留神省覽。臣不勝悚息之至。"

十一日戊午，大學士葉向高謹題："臣昨接薊遼總督王象乾揭報，言達虜頭目十個，共聚精兵五萬餘，要明犯鐵嶺衛等處，暗搶廣寧東西地方，傳約諸虜，但有不到者加以重罰。此其勢已極為猖獗，而督臣又遺書於臣，恐此虜與奴酋合謀，東西併舉，遼東孤鎮何以支吾？即欲發兵應援，而糧草久缺，兵不肯行。然則邊鎮之危急，未有甚於此時者矣。前戶、兵二部請餉之疏，皆至窮至迫，至明白易曉，臣四次票擬下廷臣會議，而皆留中。我皇上神明聖武，留心邊事，何至今日獨玩忽若是？豈恐廷臣會議首及內帑，而故難之耶？臣觀士庶之家，苟有積蓄，則必高其垣墉，多其奴僕，以為捍衛，即糜費不惜，何也？小有所損，則大有所全也。今內帑充盈，傳於中外，蠢爾犬羊，生心日久，有如邊鎮不支，士卒離叛，戎馬一至國門，誰為皇上守此者？誠使割內帑之十一以充軍儲，資之捍衛，其為利害得失，固不待智者而後知也。即聖心未肯慨然，亦亟①令廷臣講求長策，人出所見，必有可採。何至束手待斃，坐觀其變之若是哉？年來邊備廢弛已極，封疆之臣當任其罪，乃以糧餉不敷之故，使之有辭，一旦地方失守，彼必委過於朝廷，而皇上反為之受惡矣。三尺之法縱無所逃，亦何以服其心耶？大小臣工談及此事，無不慄慄驚危，若禍在旦夕，相與謀伏闕力爭，臣恐其太激，勸之且止。然細觀事勢，萬不容緩，臣若不懇切極言，則誤國之罪當在於臣，故敢冒昧直陳如此。伏望聖明即將戶、兵二部前疏檢發，使得奉行，以少紓倒懸之急，少安中外之心。臣不勝悚息待命之至。"

是日，大學士李廷機等謹題："為印信事。照得掌右春坊印信右庶子傅新德已經陞任去訖，遺下印信缺官掌管。臣等推得南京翰林院掌院事右諭德朱之蕃，堪陞右庶子，兼翰林院侍讀，

① 亟 自"亟"字始至"監"字止凡二百八十七字，明抄本因錯簡誤入本月六日記事中，通行本予以改正。

掌管右春坊印信。及照國子監管司業事左諭德湯賓尹，右中允孫慎行、顧秉謙、鄧士龍、郭淐，南京國子監司業朱延禧，各資俸已深，壅滯日久，擬將湯賓尹量陞右春坊右庶子，兼翰林院侍讀，孫慎行量陞右①諭德，顧秉謙、鄧士龍、郭淐量陞右諭德，俱兼翰林院侍讀，朱延禧量陞左春坊左中允，兼翰林院編修，以稍示疏通之意。伏乞敕下吏部，查照施行。臣等未敢擅便，謹題請旨。"十四日，奉聖旨："是。吏部知道。"

十二日己未，大學士葉向高謹題："今日蒙發下薊遼總督王象乾請計糧餉一本，令臣票擬。臣讀之，其言至危、至急、至為可憂。此事責在該部，然該部連疏奏請廷臣會議，皆在御前未發，今若泛泛下部，無益於事，必須依其所請，速集廷議，庶幾人出所見，或有長策，亦不敢專望內帑也。至於急救目前，則須暫借馬價銀以應其請，此當於戶部疏批發，今未敢遽擬耳。事勢窮極，無可奈何，故敢附陳愚見若此。伏候聖裁。"

是日，大學士葉向高謹題："該文書官冉登口傳聖諭：'寶和店條稅銀兩，係聖母宮中御用之資，如何縱容經紀棍徒，包攬錢糧，侵漏條稅？前誣告事情，已有旨了，今又改名控告劉彌等。司官受賄故違，着降調，於山等着錦衣衛拿送鎮撫司打着問了來說，劉彌等俱免提，照舊應役。出旨來。欽此。'臣細觀本內所奏，只為劉彌之拘提，並無司官受賄之說，劉彌既奉明旨免提應役，而司官復行拘提，自是有罪，但中間亦或別有事情，未可懸斷。我皇上聖度如天，億百優容，今以中使之一言，而遽降處司官，人情疑駭，必復紛紜，而臣愈無所逃罪矣。如使司官果有受賄實迹，確然無疑，則雖治以重罪，亦不為過，而況於降處乎？惟其事既無的據，而原奏亦無一字言及，突然坐以此罪，揆之情法，實②未安，此臣之所以再三躊躇，而不敢輕擬也。臣尚不知司官為何人，豈敢曲護？但愚見如此，故敢冒昧陳瀆。仍恭遵聖諭，謹擬一票上請聖裁。伏望聖明弘加矜恕，以光聖德，微獨司官蒙恩，即臣與大小臣工無不頌戴矣。臣不勝悚息祈懇之至。"

① 右 《綸扉奏草》卷八"右"作"左"。

② 實 明抄本"實"下有"為"字。通行本脫此字。

十五日壬戌，大學士葉向高謹題："今日兵部各官，共至閣門投遞揭帖，其言兵餉匱乏、邊事危急之情狀，讀之真寒心變色，凛乎不可一朝居者。皇上試一覽之，便自洞徹，不待臣言，今內外空竭，百計已窮，發帑之請不能強得之皇上，該部無可奈何，乃以會議為請。蓋一會議，則邊備之作何整飭，軍餉之作何清查，逋欠之作何催徵，廢墜之作何修舉，人出所見，以①該部之折衷，而皇上又以神明之見獨斷於上，必有一番經畫，救此危急，不至於岌岌惶惶、茫然無措之若是也。若復猶豫遷延，付之不理，一旦禍亂大作，不可收拾，封疆之臣必歸咎於該部，曰：兵食之不給也。該部之臣，必委責於皇上，曰：嘗力請而不報也。則是今日宗社之憂，天下之亂，皆皇上一人任之，豈不甚可惜哉？事勢至窮至迫，臣雖欲不言，情不容已，故敢冒昧具揭，親詣文華門稽首恭進，伏候敕旨。"

是日，大學士葉向高謹題："臣惟翰林院各官陞差事務，原係臣等職掌，年來壅塞已多，百凡寢廢。頃蒙聖恩，於臣等所題誥敕撰文及右春坊掌印等官，俱行允廢，積滯稍通，臣與諸臣不勝感戴。惟庶吉士散館日久，臣等擬授職銜蒙允下部亦以三月，而吏部銓除之疏屢上未發，諸臣無所事事，閉戶逍遙，殊失皇上作養優待之盛心，而亦臣等未完之一緊要事也。伏望聖明慨賜俞音②，敕下吏部查照原覆所注各衙門，行令各到任供職，庶朝廷之作養不虛，而臣等亦免於煩瀆矣。臣不勝悚息祈懇之至。謹題請旨。"

十六日癸亥，大學士李廷機等謹題："為公務事。照得誥敕房官專管謄寫文官誥敕，一向缺員數多，前項事務缺官辦理。查得起居注館辦事中書舍人鮑佑、鄧士昌，俱各寫字端楷，堪補誥敕房辦事。再照制敕房近亦缺員，合將誥敕房辦事山東布政使司右參議張大續、通政使司經歷司知事單體，俱改制敕房辦事。其制敕房辦事管典籍事大理寺左寺左評事范可愼，資俸最深，侍書日久，相應量陞禮部儀制司主事。各供前項職事。伏乞敕下吏部，查照施行。臣等未敢擅便，謹題請旨。"十八

① 以 《綸扉奏草》卷八"以"下有"待"字，是。

② 音 《綸扉奏草》卷八"音"作"旨"。

日，奉聖旨："是。吏部知道。"

十七日甲子，大學士葉向高謹奏："爲艱危日甚籲訴已窮懇乞聖明亟補閣臣以維世道以救殘生事。臣以庸愚獨擔國事已一年九個月，論精神則日昏一日，論時勢則日難一日，其所爲泣血陳情以求皇上之推補者，不知其幾矣，而至今尚杳然也，請以不容不補之故，再臚列而申言之。古稱輔弼之臣，責任雖多，然其大者不過於安國家，保黎民，鎮撫四夷，使中外寧謐而已。今水旱災傷幾徧天下，人民流離死徙在在不絕，逢夷、達虜連結窺邊，國家之危有如累卵，自非宏猷淵畫，真足以投大遺艱、挽回氣運者，曷勝此任？此其不容不補者一也。天下之事有如一家，主伯亞旅不和不可以爲家，羣臣不和不可以爲國。今中外譊呶茫無底止，向者置臣於是非之①中，何從辯折？若非政本有人，平心劑量，愈見決裂。此其不容不補者二也。文皇帝初置閣臣，即用黃淮、胡廣、楊士奇等七人，列聖相沿，少亦不下三四人，豈爲此具員哉？蓋以密勿心膂之地，濟濟師師，則氣勢自壯，人心自服，朝廷之體統亦若因而尊嚴。今孤單若此，輕弱可知，加之以庸愚，救過不瞻②，何暇論匡濟之事乎？此其不容不補者三也。國家庶政，名曰幾務，幾者動之微，吉凶悔吝之所由分，議擬一不當，其害立見。古之名臣，如魏丙房杜之流，猶必同心輔政，謀斷相資，今奈何取幾輔③之重，令豎儒冥冥決之、嘗試爲之乎？其亦忽天工、輕社稷甚矣。此其不容不補者四也。人才之生於世，長養甚難，摧殘甚易，故鄧林之木可爲棟樑，大匠必亟採焉。今朝野之間舊德名流、人情歸向者，良可指數，及今不用，臣恐老成者有剝落之憂。精強者有梡朾之患，霜雪斧斤同歸於盡，國家將何賴焉？此其不容不補者五也。凡天下之物，必有主者則人無競心，置璧於途而莫適與，爭者必至矣。今自此官空缺以來，内外南北衆論滋紛，推戴擠排疑端四起，盈庭聚訟大率由兹，其流之禍將有不可言者。誠使一旦慨然補用，則衆喙俱休，息囂競之風，養和平之福，何利如之？此其不容不補者六也。夫此六者，利害得

① 之　明抄本"之"下有"外，猶可平停，今已扯臣於是非之"十三字。通行本脱此十三字。

② 瞻　《綸扉奏草》卷八"瞻"作"贍"，是。

③ 取幾輔　《綸扉奏草》卷八"取幾輔"作"以幾務"，是。

① 章 《綸扉奏草》卷八"章"作"彰"。

②之 明抄本無此"之"字。通行本衍此字。

③日 "日"似當作"曰"。

失，較然甚明，臣不敢飾一語以欺皇上也。臣聞之，月爲臣象。昨者月食至既，自初更以至半夜，較之往時最甚且久，天象昭章①，甚可畏懼。故敢不避瀆煩，詳陳其説，以冀聖心之一動。至於萬折苦心，萬行清淚，固有萬言不能盡者，伏望聖明哀憐省覽，亟賜施行。臣不勝激切祈懇之至。爲此謹具本，親詣文華門奏聞。伏候敕旨。"

十九日丙寅，大學士葉向高謹題："前十五日蒙發户部借給邊餉疏，臣已擬上，而至今未發。昨薊遼總督王象乾、順天巡撫劉四科又各有揭帖，言軍士以歲暮無糧，喧呼擾動。其勢至急，其言至爲迫切，若不速爲處置，臣恐嗷嗷之衆，計出無聊，而督撫諸臣，亦不能繩之以法矣。且非但薊遼爲然，即宣大管糧官亦來告急，其所欠之數，皆多至數十萬。然則今日户部所借，尚不足供兩月之需，而將何以善其後哉？此會議之舉，所以必不容已，而臣之惓惓而苦請者，亦其勢之必不容不言者也。伏望聖明亟將前疏檢發，以救目前，且使窮餓邊軍，得沾升斗以度殘年，亦皇上無量之功德耳。臣不勝激切祈懇之至。"

是日，大學士李廷機謹奏："爲病臣移徙荒涼不堪懇乞聖慈垂憐亟放事。臣乞休七十疏，在去年者未蒙俞允，在今年者一概留中。臣感動無術，困苦無聊，本月初九日移居真武廟。廟在演象所極北，本無舍宇，遠隔人烟，僅小房一間，廟夫二人，蓋自來未有托宿於此者。緣臣盤桓日久，遘閔既多，義不敢徑出國門，尤不敢偷安旅寓，不獲已，以之②衰病之身，暫棲極荒極涼之地。臣本一介窮儒，猶耐寒苦，動心忍性，誠罪省愆，耿耿寸心，皇上之所鑒知，亦真武神明之所照察。然而臣之跋胡疐尾、踢天踣地，則至此極矣。日③維隆冬，終風且暴，一年已暮之光陰，萬里未歸之病骨，臣望放之急，什百往時。伏乞皇上憐臣居處荒涼，哀情迫切，即放臣去，以遂首丘。臣不勝哀懇隕越待命之至。"萬曆三十八年正月初五日，奉聖旨："覽卿所奏，朕已洞知。卿任怨任勞，贊襄籌畫。方今邊疆多事之秋，正賴卿等分猷佐理，豈可以人言堅欲求去？卻又移徙廟宇，朕心測①然。但今歲春寒，卿宜安心復歸私寓，候旨行。不允所辭。該部知道。"

二十三日庚午，大學士李廷機等謹題："照得本年十二月二十四日起，該放除夕假，連年節、上元假，至新年正月二十方滿。臣等查得連年日講，皆於二月間照常舉行，容臣等於二月上旬另擇日恭進講章，以後接續上進。謹具題知。"

是日，大學士李廷機等謹題："先該題奉欽依，每年終將講過經書講章，類寫進呈，以備皇上朝夕觀覽，已經節次進呈訖。今查撰進講章，謹將《通鑑纂要》帝發梁洲②起至詔和耀粟麥止一本、四年以諸道稅外錦帛輸大盈庫起至赦吳少誠復其官爵止一本、貶韓愈爲陽山令起至上嘗欲近獵苑中止一本、李藩罷爲太子詹事起至服其藥日加燥渴止一本、十四年遣中使迎佛骨至京師③至出宮人止一本、韋處厚請避位起至蘆龍軍亂止一本、羣臣上尊號起至復禁私度僧尼止一本、七年以鄭光爲右羽林統軍起至十四年遣使迎佛骨至京師止一本，以上共八本，類寫裝滿進呈。伏望皇上萬幾之暇，時加觀覽，以求溫故知新之益。臣等不勝惓惓效忠之至。謹具題以聞。"

是日，敕宗人府："朕惟玉牒所以紀載宗支，乃朝廷大事。自萬曆二十六年以前已經修輯，至④十一年未及增修。爾宗人府即會同禮部，查照各王府自萬曆二十七年以後，凡有薨逝、襲封及男女新生、亡故等項，逐一明白開寫，該部仍將各王府照降去式樣造到本冊送館，以憑修輯。其欽承之，毋忽。故敕。"

是日，大學士李廷機等謹題："爲纂修玉牒事。先該臣等具題，將萬曆二十七年以後玉牒照例續修，已敕宗人府會同禮部，查取各王府宗支冊籍開報外，照得舊例纂修，該用翰林官二員。查有原任禮部右侍⑤郎兼翰林院侍讀學士郭正域⑥，陞吏部左侍郎兼翰林院侍讀學士掌詹事府事，方從哲陞禮部右侍郎兼翰林院侍讀學士協理詹事府事，行取來京，令其專管纂修玉牒事務。其書寫該用制、誥兩房官，查得二十七年用官二十三員，今宗

萬曆三十七年

二六九三

① 測 "測"當作"惻"。

② 洲 《明神宗實錄》卷四六五"洲"作"州"。

③ 師 "師"下當有"起"字。

④ 至 《明神宗實錄》卷四六五"至"下有"今"字，是。

⑤ 侍 明抄本"侍"字誤作"亻"。通行本改正作"侍"。

⑥ 域 明抄本"域"下有"原任國子監祭酒方從哲，俱堪起用，合將郭正域"十九字。通行本脫此十九字。

支繁衍，更加數倍，兩房官止十六員，並起居館官二員、翰林院孔目一員，合無俱令供事，一體謄録玉牒？内汪民敬見辦理講章，應改禮部祠祭司郎中，兼司經局正字。吴子敬、李憲、鄭崇光直票有年，合爲量敍。吴子敬原大理寺右寺副，今量陞禮部祠祭司主事，加服俸一級。李憲原工部虞衡司主事，今量陞本司員外郎，加俸照舊。鄭崇光原中書舍人，今量陞大理寺左評事，加俸照舊，仍與從六品服色。伏乞敕下吏部，查照施行。緣係纂修玉牒事理，臣等未敢擅便。謹題請旨。

   計　開

  纂修臣二員：禮部右侍郎兼翰林院侍讀學士郭正域　國子監祭酒方從哲

  書寫官十九員：太僕寺少卿兼司經局正字包漸林　山東布政使司右參議張大續　户部山東清吏司郎中汪民敬　工部虞衡清吏司員外郎鮑佐　周林　禮部儀制司主事兼翰林院典籍范可愕　工部虞衡清吏司主事李憲　孫胤奇　大理寺右寺副吴子敬　林如梓　鮑佑　大理寺左寺左評事兼司經局正字羅萬英　中書舍人鄭崇光　吴大山　鄧士昌　通政使司經曆①司知事單禮　大理寺右寺副周廷臣　中書舍人馬應坤　翰林院孔目楊永亨。”

  二十四日辛未，大學士葉向高謹題：“惟歲除在邇，節屆復端，我皇上無疆之運祚，日引日長，而中外屬望之人心，日殷日迫。蓋庶人之家，每當改歲之時，必取其一年停積之事務，而料理遣發，以使新歲得以從容恬適、無煩擾之累，而況於國家政事，停積如今日之多，寧可再遷延不決以待來年乎？臣今不敢概有陳瀆，謹擇緊要數事，開列上請，伏望聖明慨賜允行，不勝大幸。

   計　開

  一、兩廣地方，界在山海，内有猺獞，外有盜賊，控馭極難。今督撫巡按官俱缺，地方事無人統攝。彼處兩司官具揭到臣，及吏部吏科極言：灣夷盤據，連結海賊，勢必爲亂，責臣

① 曆　明抄本作"歷"，是。通行本作"曆"，誤。

等轉聞皇上，亟爲點用督撫官，使作速赴任，毋致誤事。其言甚切，其勢萬不容緩。臣不敢不爲之請，伏候聖裁。

一①、刑部尚書沈應文封印已數月，三尺不行，法令廢馳。近日都城內外，盜賊縱橫，公行劫掠，無所忌憚，甚可憂也。頃應文辭疏發票，臣已擬允其去，而又留中。如未當聖心，亦望傳諭令臣再擬，使其或去或留，有所歸結，毋以一人而誤一衙門之事。其餘求去諸臣，皆賜裁斷，以便奉行。是今日肅紀綱、省議論之一大綮係也。伏候聖裁。

一、今日邊疆多事，夷虜縱橫，制勝運籌，惟兵部及戎政二、三臣，關係甚重。尚書李化龍，文武具備，真堪委寄。但去歲一病，至今尚未全瘳，加以部事無人佐理，又兼攝戎政，勞苦已極。昨以月食救護，臣與之聊班，見其足軟力弱，不能成禮而去，心竊慮之。皇上既眷留化龍，須爲點用侍郎及協理戎政官，以分其勞，且可以爲緩急之用。蓋此官與他曹不同，必須曉暢戎機、熟知邊務者方可。臣竊觀朝臣中足當此任者甚少，殊不可不豫圖之也。伏候聖裁。

一、庶吉士散館考授，奉旨日久，而該部題覆至今未發，諸臣茫無職業，優游閒曠，殊失朝廷一番作養之盛心，而於事體亦不便者也。此關臣職掌，不得不爲屢請。伏候聖裁。

一、工科無人署印，章疏久積，不敢發抄，極爲不便。至於山東、湖廣、真定各處巡按，或報滿已久，或空缺無人，都察院催請之疏，無慮數十，應興工科署印概賜檢發者也。伏候聖裁。"

二十八日乙亥，大學士葉向高謹題："該左春坊左庶子馮有經以被言求去，二十九疏未蒙批發，遂於昨日申時，具本親詣文華門叩辭，將坊印送至閣中，臣不敢受，有經徑留印而去，臣不得不爲奏聞。竊念臣子進退，當候君命。近來挂冠徑去者已多，雖明旨森嚴，加以重罰，終不能禁。此在諸臣之罪，信無所逃矣，但杜門經歲，哀請頻煩，九閽茫然，終無一報，固從來未有之事也。進既不可，退又不能，拘繫縶維，無所控訴，

① 一　明抄本有此"一"字，通行本脫此字。

亦從來未有之苦也。古稱人君之德，曰'使臣以禮'，曰'體羣臣'。今日諸臣望皇上之體切矣，皇上一爲處分，使得以禮進退，是諸臣之幸也。不然，彼窮迫無聊，自甘忿罪，臣子不足惜，而其如國家之體統何哉？夫功名爵祿，人情所甚愛，潔身勇退，人情所甚難，今使人棄其所甚愛，而就其所甚難，則亦足以觀世道矣。伏望聖明留神省發。其馮有經之送印辭官，併望聖裁，非臣所敢擬也。謹具題以聞。"

三十日丁丑，大學士葉向高謹題："恭遇元旦令節，禮當慶賀，奉旨傳免。臣謹偕在廷文武暨天下華夷齎捧朝貢官員人等，於五鳳樓前大班行禮，恭伸祝頌外，伏念臣備員輔弼，受恩深厚，與在廷諸臣不同，擬是日恭詣仁德門，行五拜三叩頭禮，稱祝聖壽，以少伸臣子慶忭之誠。謹具題以聞。"

是日，大學士李廷機謹題："恭遇元旦令節，禮當慶賀，臣因在告，不能恭詣午門、仁德門行禮。謹擬是日，就於寓所恭設香案，扶掖望闕行五拜三叩頭禮，少伸臣子慶忭之忱。臣不勝瞻①戀感戴之至。謹具題知。"

① 瞻　明抄本作"瞻"，是。通行本誤作"贍"。

萬曆
三十八年

萬曆三十八年正月一日戊寅，朔，大學士葉向高謹題："茲遇正旦令節，臣恭詣宮門外叩頭慶賀，伏蒙皇上遣司禮監太監成敬管待，頒賜臣燒割一分、酒飯一卓、甜食一小盒、伏薑一盒、硬糖餅一盒、絲窩糖一盒。臣頓首祗領，不勝感戴天恩之至。謹具題謝恩。"

是日，以正旦令節，頒賜二輔臣上尊珍饌。

五日壬午，大學士葉向高謹奏："爲青陽肇布聖德維新懇補閣臣以隆政本事。臣受事綸扉三更歲矣，每見節令一新，則中外臣民欣欣相慶，曰'我皇上真亘古未有之完福也，萬曆之治，其與天而無極乎？'則又相與顒望曰：'聖天子其必有所舉動，法天道而順人情乎？'今歲上計之吏，偕計之士，遐方絕徼咸至於闕廷，其思覩揚德化以共耀休明者，尤甚於往歲。臣竊計聖明，於諸凡政務之緊要、大小臣工之所力請而未得者，且以次施行，以答天下之望矣。惟臣之所最急，則無如推①閣臣一事。蓋昔人有言，善觀人之國者，觀其相何如。今閣臣非相也，而已覥然冒相之名矣。岩岩具瞻之地，而零丁孑立一至於此，非所以爲觀也。即使其人而賢，猶且不可，而況不肖如臣乎？即使天下無事，而②猶且不可，而況多事如今日乎？詢之輿論，皆謂近來議論愈紛，人心愈怪，天下之可憂，有不徒在於水旱災傷、盜賊夷狄，而即在於朝寧之間者，假使密勿有重臣焉，當不至此。此臣之所自愧自傷，而不得不急懇於皇上也。夫乘開泰之佳辰，以行爰立之盛事，於天道至順也。因四海之會同，使瞻新輔之丰采，於人心至愜也。拔孤臣於愁山苦海之中，使得與窮陬寒谷之草木同被於③春陽，於皇上之功德至大也。臣所曉曉而陳瀆者，至矣，盡矣，伏望聖明憐察施行。臣不勝激切祈懇之至。"

八日乙酉，大學士李廷機等謹題："爲纂修玉牒事。先該臣等具題，將萬曆二十七年以後玉牒照例續修，已敕宗人府會同禮部，查取各王府宗支册籍開報外，照得舊例，纂修該用翰林

① 推　明抄本"推"下有"補"字。通行本脫此字。

② 而　《綸扉奏草》卷八無此"而"字，是。

③ 於　《綸扉奏草》卷八無此"於"字，是。

官二員，查有原任禮部右侍郎兼翰林院侍讀學士郭正域、原任國子監祭酒方從哲，俱堪起用。合將郭正域陞吏部左侍郎，兼翰林院侍讀學士，掌詹事府事，方從哲陞禮部右侍郎，兼翰林院侍讀學士，協理詹事府事，行取來京，令其專管纂修玉牒事務。其書寫該用制、誥兩房官，查得二十七年用官二十三員，今宗文繁衍，更加數倍，兩房官止十六員，併起居館官二員、翰林院孔目一員，合無俱令供事，一體謄錄玉牒？內汪民敬見辦理講章，應改禮部祠祭司郎中，兼司經局正字。吳子敬、李憲、鄭崇光，直票有年，合無量敘？吳子敬原大理寺右寺副，今量陞禮部禮祠祭司主事，加服俸一級。李憲原工部虞衡司主事，今量陞本司員外①，加俸照舊。鄭崇光原中書舍人，今量陞大理寺左評事，加俸照舊，仍與從六品服色。伏乞敕下吏部，查照施行。緣係纂修玉牒事理，臣等未敢擅便。謹具題請旨。

　　　　計　開

　　　纂修官二員：禮部右侍郎兼翰林院侍讀學士郭正域　國子監祭酒方從哲

　　　書寫官十九員：太僕寺少卿兼司經局正字包漸林　山東布政使司右參議張大續　戶部山東清吏司郎中汪民敬　工部虞衡清吏司員外郎鮑佐　用②林　禮部儀制司主事兼翰林院典籍范可慳　工部虞衡清吏司主事李憲　孫胤奇　大理寺右寺副吳子敬　林如梓　鮑佑　大理寺左寺左評事兼司經局正字羅萬英　中書舍人鄭崇光　吳大山　鄧士昌　通政使司經歷司知事單禮　大理寺右寺副周廷臣　中書舍人馬應坤　翰林院孔目楊永亨。"

　　九日丙戌，大學士葉向高謹題："照得庶吉士散館已五閱月矣，業經奉旨於各衙門授職，惟吏部題覆至今未發，諸臣既蒙作養之恩，乃淹回困頓不得一官自效，彼其同科進士皆銓除已盡，各有職司，而諸臣為皇上所拔擢顧反不如，舉二百餘年之盛典而屑越之，誠可惜也。年來朝政壅格，六曹事務所不能得者，悉歸罪於臣等，臣等已困苦極矣，而自己職掌如此等事，

① 外　據上文"外"下當有"郎"字。

② 用　據上文"用"當作"周"。

亦頻煩疏揭而不得請，寧不愈困愈窮，而無所措手足乎？今歲庶吉士既已停選，不敢復煩聖明，惟此前件必當結局，臣不得不爲之瀆請。伏望皇上慨賜俞音，敕下吏部，查照原覆所注各衙門，行令到任供職。微獨諸臣感恩，即臣之戴德亦不淺矣。臣不勝悚息祈懇之至。謹題請旨。"

　　十一日戊子，大學士葉向高謹題："照得今歲大計將竣，稽之舊章有大班糾劾一事，係刑部職掌，歷來遵行不廢。今刑部尚書沈應文，告病封印已五閱月，堅辭不出。昨該司官已將此事具奏，恭請聖裁，未蒙發下。臣惟考察糾劾，係國家二百餘年功令，必不容已。該部尚書不出，誰爲舉行？臣不得不爲中請，伏望聖明將沈應文辭①，或允或留，斷自宸衷，發臣擬上，使應文之進退得以分明，而於大計重典亦有光矣。臣不勝祈懇之至。謹具題以聞。"

　　十二日己丑，以立春令節，頒賜二輔臣上尊珍饌。

　　二十日己②酉，大學士葉向高謹題："臣惟今日天下事雖多，然國家最關係、人情最仰望者，無如東宮請學一事。毋論大小臣工奏牘如山，即臣閣中連年題請，其疏揭亦且將百通，於一切當講之故，及講與不講之利害，固已聞陳無餘，臣即有喙三尺，無所復加矣。惟是居恒私念，皇上至聖至慈之心，光絕千古，而每以遲迴猶豫之迹，致天下之煩言。如往者元良未建，聖衷何嘗不默定也？祇因遷延數年，遂紛紜如許。今皇太子春秋方盛，聖衷何嘗不欲其勸學親賢、陶成睿質也？祇因輟講日久，悠悠之口又復滋多。以神聖之貽謀，當人倫之極盛，顧使海內人情皇皇岌岌一至於此，此臣之所甚惜也。夫天下事苟少有可已者，臣子何苦必欲煩瀆君父？惟此一事，皇上試思可已乎？不可已乎？毋論臣民顒望於下，即列聖在天之靈，顧念宗社，其傾耳於青宮誦讀之聲者，亦已年復一年，歲復一歲矣。皇上獨不可③爲之仰體乎？今青陽肇布，正堪進修，臣謹

① 辭　《綸扉奏草》卷八"辭"下有"疏"字，是。

② 己　"己"當作"丁"。

③ 不可　《綸扉奏草》卷八"不可"作"可不"。

擬得二月初四日、初六日二日皆吉，伏乞欽定一日，命皇太子及福王俱出開講，是真目前萬不容已之切務也。臣不勝懇切跂望之至。謹題請旨。"

是日，大學士李廷機謹奏："為荒廟難以久居伏候綸音懇求早發事。頃者臣伏蒙皇上以臣移居真武廟，惻然動念，許以候旨而行。臣自奉旨以來，翹首跂足，望眼欲穿，迄今旬有五日，而臣之移來則四十餘日矣。臣雖不敢出城，而既已離次，與出城無異，其荒涼殆又過之。臣今更不能措一詞，但以此一疏求皇上准放一聲，俾臣得全進退始終大節，而天下亦從此太平，此新春新政第一事也。臣不勝顒望懸切悚息待命之至。"

二十一日戊戌，大學士葉向高謹題："該庶吉士散館日久，吏部銓除之疏已屢上矣，臣等亦為屢催俱未蒙允發。今會試在邇，舊例分考官用翰林官十二員，而目下翰林諸臣，或以出差，或以避嫌，或以舊歲曾經主考，甚為寥寥，不足充數，惟得庶吉士命下，始不乏人，此臣之所以復冒昧而有請也。伏望皇上慨賜俞音，敕下吏部查照原覆所注各衙門，行令到任供職。微獨諸臣得借此服官，少答恩遇，即會試大典亦有光矣。臣不勝悚息祈懇之至。謹題請旨。"

是日，大學士李廷機等謹題："本月二十三日，該六部科道等衙門糾劾朝覲官，所有宣答聖旨，臣等謹擬上進，伏乞聖裁。謹具題以聞。"聖旨："你每說的是。且都饒他這遭，著回任用心供職。在外的行文與他每知道。"

二十八日已①，大學士葉向高謹奏："為聖政當新人言宜省謹陳目前要務乞賜施行事。臣惟國家三歲舉計吏比士之典，至為隆重，四方萬國之耳目，盡在此時。我皇上臨御以來，此典十三舉矣，自古帝王陳玉帛於明堂、而操威福於五位如是之久者，自羲黃堯舜外不可多見，茲亦千古極盛之事也。顧四海人情常汲汲惶惶，若有觸望於衷，以為聖德有未盡光、世道有甚可慮者。其大端有二：曰時政之壅塞也，議論之煩多也。所謂

① 已 "已"當作"巳"。

時政之壅塞者何也？九列六曹，朝廷之股肱，不可一日缺者，而今大半不補，即見在數人亦相率求去，無有固志，刑部印且無掌管，兩廣總督屢推不報，則大僚之壅極矣。遷謫諸臣以激瀆蒙譴，不爲無過，然其堅①固多出於忠君愛國之真心，其所言之事，亦多有蒙皇上之採納者，此皆一代難得之才也。顧一行擯斥，卒老丘園，凋零相繼，錄用無期，則廢棄之壅極矣。內外臣工諸所奏請大概留中，至於彈章辭疏兩無處分，是非不明，邪正俱混，而求去待今諸臣尤爲困苦，頃沈應文得旨，都門歡動，以爲曠世待恩，則章疏之壅極矣。其他如州縣之淹遲，選補之濡滯，庶吉士之久不銓注，種種停留，難以枚舉，循此不已，其弊安極？臣故謂聖政之當新也。所謂議論之煩多者何也？人臣之義，協恭爲國，廉藺冠賈，千載美談。而今一言違戾，動成戈矛，一事參商，便形奏牘，引繩披根，牽蔓無已，則辯訐之煩極矣。立朝之道，忠厚正直，言必當罪，始服人心。而今一罹口語，概入於深文，但挂雌黃，無分乎流品，次②求洗索之風日熾，簠簋帷簿③之義奚存？則彈論之煩極矣。章疏之體，明白正大，君前臣名，古有成訓，而今俚言隱語，動達至尊，邑里官稱，全無名姓，彼此相沿，恬不知怪，則奏對之煩極矣。其他如內外之交爭，門戶之各立，是非黑白之互混，種種喧呶，亦難以枚舉。長此不已，其禍安窮？臣故謂人言之當省也。夫此二端，其一如隔食之病，令人困悶而不聊生，其一如霍亂之病，令人昏憒而不自覺，病雖不同，症則皆然④。而臣之愚衷又竊以爲，惟聖政新⑤，則羣情攝服，而人言自當斂戢，惟人言省，則宸衷感悟，而聖政庶可挽回。症雖難異，治藥則相須，自非上下之間各盡其道，相與匡扶，天下之亂其何日之有哉？至若臣之庸劣無狀，自揣甚明，上不能感格乎君心，下不能調和於衆口，即國家大計，如東宮講讀，閣臣推補，曉曉言之，亦尚不能得，又何怪乎政本之日輕，而紛紜之日甚也？量力度時，真有難以一朝居者。伏望聖明先行罷斥，以示溺職之愆，而後將時政所急，次第允行，用以風勵臣工，挽回世道，宗社靈長之慶將在茲矣。臣不勝激切祈懇之至。"

① 堅　《綸扉奏草》卷八"堅"作"間"，是。

② 次　《綸扉奏草》卷八"次"作"吹"，是。

③ 簿　《綸扉奏草》卷八"簿"作"薄"，是。

④ 然　《綸扉奏草》卷八"然"作"惡"。

⑤ 新　明抄本此字模糊不清，似作"親"。通行本作"新"，是。

是日,大學士葉向高謹題:"該臣於二十日具揭,恭請東宮講學,仍擇於二月初四日、初六日二日皆吉,恭候欽定。今時日已迫,而天氣又漸就融和,纍年曠典惟待今日舉行,不容再緩。乃尚未蒙批發,天下臣民無不翹望,臣萬不容已,竭誠催請。伏望聖明即於臣所擇二日內欽定一日,命皇太子與福王俱出講學。臣不勝悚息祈懇之至。謹題請旨。"

萬曆三十八年二月一日丁未，朔，大學士葉向高謹題："臣前以會試缺分考官，揭請庶吉士銓注授任，未蒙允發。今去試期祇六七日，事體愈迫，不得不行催請。伏望聖明軫念重典，及諸臣守候日久，有虛作養之意，亟賜俞音，敕下吏部查照原覆所注各衙門，行令到任供職。臣不勝悚息祈懇之至。謹題請旨。"

是日，大學士李廷機謹奏："爲懇乞聖慈一視併放事。臣見前年兵部尚書蕭大亨放去，計其家居優游，今已年半。比者一月之內，見刑部尚書沈應文放去，光祿寺卿王守素放去，此皆皇上慈悲至仁，體其苦情而予之生路，諸臣乃得進退始終不愆其常，身去而心安，皇上曲成之恩大矣。若臣之於諸臣也，以杜門則獨先，以待命則獨久，以上疏則獨多，而棲止荒涼則諸臣之所未有也。皇上待臣，視諸臣似亦有加焉，則臣之得放似亦不當在諸臣之後。伏乞皇上一視而放之，即以臣過予臣聞住，但得皇上發放一聲，徒步出國門，皇上之大恩，臣之至願也。臣不勝激切悚息待命之至。"

二日戊申，大學士李廷機等謹題："爲科舉事。准禮部手本，該本部題，萬曆三十八年會試天下舉人，合用考試官二員，欲照例行翰林院擬請簡命，奉聖旨：'是。欽此。'欽遵備行到院。臣等推得①吏部右侍郎兼翰林院侍讀學士掌院事王圖，堪充考試官，合候命下，令其入場供事。臣等未敢擅便，謹題請旨。"奉旨："是。"

是日，大學士李廷機等謹題："爲日講事。先該題奉欽依，每年開講日期，於二月上旬擇日恭進講章，以後接續每日進呈。奉聖旨：'是。欽此。'臣等謹擇得本月初六日吉，恭撰請章，照常進覽。謹具題知。"

四日庚戌，大學士葉向高謹題："竊惟今九列大臣，寥落日甚，至於尋常遣祭，亦遂無人。而吏部尚書孫丕揚、兵部尚書李化龍，又以病求去，疏皆留中，未蒙批發。惟此二臣，碩德

① 得　明抄本"得"下有"吏部右侍郎兼翰林院侍讀學士蕭雲舉"十六字。通行本脫此十六字。

壯猷，老成鎮重，真國家之柱石，中外人心共相倚賴，以匡維世運。皇上即①知而用之矣，於其求去，寧可不慰而留之乎？吏、兵二部，責任最重，二臣杜門，則事多寢閣。即如刑部尚書、薊鎮總兵，亦無人推舉，堂堂六曹，率皆空署，甚非盛世之景象也。二臣之心，皆主於決去，言甚懇切，臣知皇上必不聽二臣之去，但疏久不發，則二臣之去志愈堅，而天下事愈爲難處。故敢冒昧言之，伏望皇上將此二疏亟賜檢發，諭令即出供職，毋復堅卧以至廢事。其吏部侍郎蕭雲舉、掌翰林院事王圖，亦以給假告病爲請，目今有會試主考重事，更無他人堪用，併望聖明檢發其疏，責令供職，庶有以紓目前之急務矣。臣不勝悚息祈懇之至。"

是日，大學士葉向高謹題："該禮部題請會試知貢舉官，臣已擬票翁正春供事。查舊例知貢舉官，從來皆用禮部侍郎，至近年甲辰、丁未兩科，侍郎無人，始以少詹事代充。今正春已經吏部屢推侍郎，故臣擬陞一秩，以存舊典。而至今未蒙發下，試期已迫，不得不爲催請。如聖意不欲遽陞，則令以原官供事，亦無不可。今翰林官四品以上者，共止四人，吳道南見掌禮部，蕭雲舉、王圖擬充主考官，自正春之外，更無可知貢舉者。伏望聖明亟賜允發。謹題請旨。"

六日壬子，大學士李廷機等謹題："臣等前擬於初四、六二日皆吉，恭請欽定一日，命皇太子與福王講學，未蒙允發。今日期已過，謹再擇得十二日、十九日二日皆吉，上請聖裁。今②四海之人情屬望，急③於此事，舉六年之曠典緊要，無過於此時，若再復遷延，則轉眼之間便將及夏，而出講又無期矣。臣等所以不避煩瀆、再三祈請於皇上者，蓋度其事之必不容已，而時之必不可緩也。其侍班、講讀、侍書等官，又皆盡缺，自古以來未有東宮已建、乃宮僚顧虛而無人若今日者。臣等謹推得原任國子監祭酒方從哲、詹事府協理府事少詹事兼翰林院侍讀學士翁正春，俱堪侍班，右春坊右庶子兼翰林院侍讀湯賓尹、右春坊右諭德兼翰林院侍讀何宗彥、右春坊右諭德兼翰林院侍

① 即　《綸扉奏草》卷八"即"作"既"，是。

② 今　明抄本作"合"，是。通行本誤改作"今"。

③ 急　明抄本"急"上有"莫"字。通行本脫此字。

講趙用光、司經局洗馬兼翰林院修撰南師仲、司經局洗馬兼翰林院修撰劉一燝，俱堪充講讀官，禮部儀制司主事范可愨、大理寺左評事兼司經局正字羅萬英，俱堪侍書。内方從哲、翁正春資俸已深，俱陞禮部右侍郎，兼翰林院侍讀學士、協理詹事府事，范可愨兼司經局正字。各供前項職事。併乞敕下吏部，遵照施行。謹題請旨。"

七日癸丑，大學士葉向高謹題："該工部郎中邵輔忠、御史徐兆魁各論劾總督漕運戸部尚書李三才。隨該三才具疏奏辯，又三疏乞休，及工科給事中馬從龍，御史董紹舒、彭端吾，南京工科給事中金士衡，相繼爲三才辯雪，俱未蒙批發。臣惟三才夙著時名，屢效忠讜，在淮上十三年，甚有保障功。言者所云，或別有所見，臣不敢知，且三才事皇上日久，其行事人品，具在聖覽，臣不敢言，但兩淮重地，督漕重任，國家咽喉命脉寄於一人，關係甚大，今三才已杜門待罪，百事沉閣，若久不得旨，則妨誤實多，臣不得不爲之請。伏望聖明將諸疏檢發一、二，傳示聖意，令臣擬上，使三才之去就分明，而於漕撫大計亦大有裨益矣。再照近來論劾章疏，一概留中，此雖聖恩寬厚，普示優容，然自古帝王爲治，忠佞邪正必須別白，若言人者與言於人者兩無可否，則彼此混淆，是非倒置，茫茫天壤大似混沌世界，而天下事愈紛紜潰亂而不可支矣。更望皇上與①諸凡辯論之疏，時行檢發，或斷自聖衷，或敕下吏部，定其是非曲直，以待處分，是亦今日尊主權、肅人心之一大窾係也。臣不勝悚息祈懇之至。"

是日，大學士葉向高謹題："該吏科給事中喻安性推陞廣東按察司僉事②，皆久奉俞旨，當赴任供職。而二臣所有敕書，該臣擬上，至今未蒙批發。臣惟科道外轉，名曰年例，原非優處，若併其敕書而靳之，則是塞其效用之疏③，於政體欠平。且二臣既無敕書，不便赴任行事，而吏部又不敢更推。臣查喻安性係羅定兵備道，胡嘉棟係建南分巡道，皆緊要地方，難以久缺，故敢爲之一言，非但爲二臣請，亦爲地方計耳。伏望聖

① 與 《綸扉奏草》卷八"與"作"於"，是。
② 事 明抄本"事"下有"兵科給事中胡嘉棟推陞逼建按察司僉事"十七字，其"逼"字當爲"福"之誤。通行本脱此句。
③ 疏 "疏"當作"路"。

明俯賜批發。臣不勝悚息祈懇之至。"

八日甲寅，大學士葉向高謹奏："爲萬懇天恩速補閣臣事。臣之請補閣臣章已數十①上，詞已千萬言，斯亦從前未有之事也。而聖心猶未動者，蓋祇見臣言病，則尚能入直，言苦則尚能支吾，以爲如此亦足以搪塞而了事耳。不知臣之力竭精亡，爲日已久，屢欲杜門陳訴，而以票擬重事，無可推託，勉強奔馳，日復一日，每望閣門而歔欷，對妻孥而飲泣也。在皇上既以臣之未去而政緩其補，在臣又以皇上之未補而不敢言去，兩相挨延，兩相耽誤，其究且以浦柳之軀與國家之事而俱敗也。豈不痛哉？往時閣臣職掌祇在票擬，天下人亦祇以票擬之當否，定閣臣之忠邪？自年來章疏留中，九閽隔絕，惟密勿一路差可上通，天下人遂以章疏之阻塞罪閣臣之奸欺，即甚懷忠恕之心者，亦尚能②袖手坐觀，不行力請。臣鬱抑私衷，從誰告語？皇上憐憫孤臣，曲加容貸，亦嘗爲臣一念及此否乎？今世事多艱，殷憂未艾，仁賢困厄，中外空虛，大小臣工欲進不能，欲去不得，無不責望於臣，臣逐日疏請揭請，率多不報，身且如此，何況其他？若多留一日，徒添一日之罪，此所以展轉思維，不得不哀祈於皇上也。臣聞之，牛馬至賤，然驅牛者猶哀其喘，駕馬者猶兩其驂，牛馬力疲，猶別求壯健者以代其困。臣所哀祈無他，但得比於牛馬足矣。伏望聖明留神省覽，亟賜施行。臣不勝激切祈懇之至。"

九日乙卯，大學士李廷機謹奏："爲懇恩急放事。臣乞休匝兩年矣，移徙又兩月矣，疏八十上矣。前者伏奉溫綸，諭以春寒，許以候旨。今春深寒薄，候亦久矣。臣猶記得，先年趙志皋八十疏而死，沈一貫八十疏而去，今臣亦八十疏，可以放矣。一放而皇上待閣臣之禮全矣，臣所以堅忍寧耐一片愚心亦暴白於天下後世矣。臣不勝迫切隕越悚息待命之至。"

十四日庚申，大學士李廷機等謹題："爲纂修玉牒事。先該

---

① 數十 《綸扉奏草》卷八"數十"作"十數"，是。

② 能 《綸扉奏草》卷八"能"作"謂臣"，是。

臣等具題，將萬曆三①十七年以後玉牒照例續修，已敕宗人府會禮部，查取各王府宗支冊籍開報外，照得舊例，纂修該用翰林官二員，查有原任國子監祭酒方從哲、詹事府協理府事少詹事翁正春，俱堪推用，合將方從哲起陞吏部右侍郎，兼翰林院侍讀學士，掌詹事府事，翁正春量陞禮部右侍郎，兼翰林院侍讀學士，協理詹事府事，令其專管纂修玉牒事務。其書寫官該用制、誥兩房官。查得二十七年用官二十三員，今宗支繁衍，更加數倍，兩房官止十七員，並起居館官二員、翰林院孔目一員。合無俱令供事，一體謄錄玉牒？內汪民敬見辦理講章，應改禮部祠祭司郎中，兼司經局正字，吳子敬、李憲、鄭崇光直票有年，合為量敍。吳子敬原大理寺右寺副，今量陞禮部祠祭司主事，加服俸一級。李憲原工部虞衡司主事，今量陞本司員外郎，加俸照舊。鄭崇光原中書舍人，今量陞大理寺左評事，加俸照舊，仍與從六品服色。伏乞敕下吏部，查照施行。緣係纂修玉牒事理，臣等未敢擅便，謹題請旨。

　　計　開

　　纂修官二員：國子監祭酒方從哲　詹事府協理府事少詹事兼翰林院侍讀學士翁正春

　　書寫官二十員：太僕寺少卿兼司經局正字包漸林　山東布政使司參②議張大續　戶部山東清吏司郎中汪民敬　工部虞衡清吏司員外郎鮑佐　周林　禮部儀制清吏司主事兼翰林院典籍范可愨　工部虞衡清吏司主事李憲　孫胤奇　大理寺右寺副吳子敬　大理寺右寺副兼翰林院典籍譚學閔　林如梓　鮑佑　大理寺左寺左評事兼司經局正字羅萬英　中書舍人鄭崇光　吳大山　鄧士昌　通政使司經歷司知事單禮　大理寺右寺副周廷臣　中書舍人馬應坤　翰林院孔目楊永亨。"

　　十八日甲子，大學士葉向高謹題："臣昨接都察院揭帖，言漕運屆期，巡漕御史未蒙點用，誠恐有誤國計。其言甚切。竊惟漕運係國家命脈，第一重事，地方遼遠，軍民刁頑，非有御史一官持斧巡行，綱紀而統率之，則人心必不肅，而奸弊滋多

①三　"三"當作"二"。

②參　明抄本"參"上有"右"字。通行本脫此字。

矣。往歲此時，御史皆已唧命出都，僅能集事，今爲期已過，而都察院屢疏尚未允發，臣竊慮之。且總漕尚書李三才，又以人言杜門，今歲運事誰人料理？御史之速遣，尤事勢之萬不容已者。至於山東、湖廣兩差，候代皆已踰年，舊巡按官皆以告病①，其情甚苦。而真定巡按缺官，遂令武舉大典因之曠廢，亦二百餘年未有之事也。該院題催之疏無慮數十，即臣之揭請亦已屢矣。皇上神明之見，豈不知此事必不容已？特以遲滯之，故而使臣等焦脣敝舌，以煩瀆天聽，亦何利之有乎？伏望聖明將此數差，先行檢發，而後徐及其餘，庶軍國之大計不誤，而該地方亦皆有賴矣。臣不勝悚息祈懇之至。"

十九日乙丑，大學士李廷機謹奏："爲候旨日久懇乞聖慈慨然賜放事。臣自正月初間伏奉候旨之諭，迄今又逾四旬，累疏哀鳴，更不敢及人情口語之猥繁，與荒廟棲居之瑣尾，蓋亦學古人所謂三緘百忍，惟求一放。臣病宜放，臣三年不供職宜放，臣乞休八十疏宜放，即放亦已後矣，而聖心尚未慨然，臣竊惑之。語云：'待河之清，人壽幾何？'臣今桑榆之景，即早晚溘然而逝，已是古來所希，但使臣不獲首丘，而畢命於都門，則臣直候死，非候放也。臣之所望在生還，臣之所求於皇上者在放生。今天氣融和，歸途良便，伏乞聖慈憫臣久候之苦，慨然賜放。臣不勝感激，不勝哀懇跼蹐待命之至。"

二十三日己己②，大學士葉向高謹題："該臣於數日前具一揭，催請刑部掌印官，又一揭催請趲運及各差御史，俱未蒙允發。昨刑部司官又來見臣，極言該部堂上無官，百凡壅滯，衙門空虛，不成景象，責臣不爲代請。而右都御史孫瑋又極言，各差巡按屢請不下，缺者不得補，舊者不得代，甚爲不便，而巡漕趲運一差更爲緊急，數千糧艘皆賴此一官催督，且約束官旗，稽察奸弊，皆其職掌，今較之往歲已爲愆期，萬不可再緩，以誤運事。其言甚切，其意亦咎臣不爲力請。臣念此二事，實目前要務，難以推延，臣雖言之諄諄，而皇上不行，亦臣微誠

① 告病 《綸扉奏草》卷九"告病"作"病告"，是。

② 己己 "己己"當作"己巳"。

不能感動之罪也，夫復何辭？近日方面部屬各官，多蒙恩允補，人情欣慰。惟是大僚各缺猶未點用，此根本所在，其重且急甚於他官。昨吏部已推上刑部尚書、侍郎，伏望聖明即賜點用，使部印不至於久懸。其趲運各差御史，併賜檢發，以便行事。臣非萬不容已，不敢如是之煩瀆也，統望聖明府垂炤察。臣不勝激切祈懇之至。"

二十五日辛未，大學士李廷機謹奏："為懇恩賜放事。臣惟士君子不得進而行其道，則有退而藏其身。乃臣年來以都門為鄉山，以旅邸為林泉，以吞忍為修煉，以封章為功課，近且以廟為家，以真武為居停主人，而以二、三廟戶為友矣。蓋自前年四月二十一日以來，以歲計者三，以月計者二十有四，以日計者六百有三十。夫人年至七十，來日有幾？而擲此六百三十日於風波之場，醉夢之境，何為者哉？陶潛有言：'悟已往之不諫，知來者之可追。'故臣日夜翹首跂足，望皇上放臣，每聞人足音，則心輒怔怔然動，以為或得旨傳報者乎？每日令人掃除廟宇，雖甚病每辰必焚香參神，致虔默祝，冀神默贊皇上放臣也。人生如隙中駒、石中火，自臣癸卯七月入京，至今七年之間，朝野大臣物故者幾六十人，今臣病久不去，日復一日，恐此廟中為臣牖下，又且損一番齋糧麻布之惠矣。莊周有言：'寧死而貴乎？寧生而曳尾於塗中乎？'此理此意，可與老者語，而少壯之所未知，可與見道者語，而庸鄙之所未喻。故臣之至急在生還，惟不敢冒擅去之罪耳。伏乞聖慈體恤矜憐，及臣之生而放之。即貶秩，聖恩也。削籍，亦聖恩也。臣不勝哀懇苦求迫切悚息待命之至。"

二十九日乙亥，大學士李廷機等謹題："為纂修玉牒事。先該臣等具題，將萬曆二十七年以後玉牒照例續修，已敕宗人府會同禮部，查取各王府宗支冊籍開報外，照得舊例，纂修該用翰林官二員。查有詹事府少詹事兼翰林院侍讀學士翁正春、右春坊右庶子兼翰林院侍讀朱之蕃，俱堪推用。內翁正春資俸已深，量陞禮部右侍郎，兼翰林院侍讀學士，協理詹事府事，與朱之蕃專管纂修玉牒事務。其書寫該用制、誥兩房官，查得二十七年用官二十三員，令宗支繁衍，更加數倍，兩房官止十六員，並起居館官二員、翰林院孔目一員。合無俱令供事，一體謄錄玉牒？內汪民敬見辦理講章，應改禮部祠祭司郎中，兼司經局正字。吳子敬、李憲、鄭崇光直票有年，合爲量敘。吳子敬原大理寺右寺副，今量陞禮部祠祭司主事，加服俸一級。李憲原工部虞衡司主事，今量陞本司員外郎，加俸照舊。鄭崇光原中書舍人，今量陞大理寺左評事加俸照舊，仍與從六品服色。伏乞敕下吏部，查照施行。緣係纂修玉牒事理，臣等未敢擅便，謹題請旨。

　　　　計　開

　　纂修官二員：詹事府少詹事兼翰林院侍讀學士翁正春　右春坊右庶子兼翰林院侍讀朱之蕃

　　書寫官十九員：太僕寺少卿兼司經局正字包漸林　山東布政使司右參議張大續　戶部山東清吏司郎中汪民敬　工部虞衡清吏司員外郎鮑佐　周林　禮部儀制司主事兼翰林院典籍范可愨　工部虞衡清吏司主事李憲　孫胤奇　大理寺右寺副吳子敬　大理寺右寺副兼翰林院典籍譚學閔　鮑佑　大理寺左寺左評事兼司經局正字羅萬英　中書舍人鄭崇光　吳大山　鄧士昌　通政司①經歷司知事單禮　大理寺右寺副周廷臣　中書舍人馬應坤　翰林院孔目楊永亨。"

① 司　明抄本"司"上有"使"字。通行本脫此字。

萬曆三十八年三月一日丁丑，朔。

三日己卯，大學士葉向高謹題："臣惟刑部封印已經半年，既不命官暫署，其吏部推上尚書、侍郎，又未蒙點用，然則此一衙門可虛而不設者耶？今六部堂上官共七人，又有三人告病，天下之大，庶事之多，豈此四人所能料理？而刑獄一事，關係尤重，乃讞議久停，纍囚長繫，以愛惜官爵之故，而使如天好生之仁並壅遏而不暢，甚非計也。至工部侍郎王汝訓，頃因偶疾，亦具疏求去，在汝訓雖出於真情，而當此乏人之際，豈可容其閉門堅臥、自遂其私？乃辭疏至今未蒙發擬，去留無據，亦甚不便。臣見皇上近來於方面各官，點用甚多，而遼東巡撫旋推旋發，仰窺聖意軫念藩方，留神邊圉如此真切，孰不頌服？第臣之愚衷以為，藩方固重，而大僚尤重，邊圉固急，而朝廷更急。譬如人身，四肢雖盡精強，而腹心之內空虛，日久其何以為運用之樞、綱維之本哉？臣屢次揭請，煩瀆聖明，自知怨罪，然欲默而不言，則理所不可，情所不安，故復曉曉如此。伏望聖慈俯鑒微誠，將刑部尚書、侍郎亟賜點用，如所推未當聖心，不妨令該部再推上請。其王汝訓辭疏，併乞檢發，責令供事。庶於朝政不致久誤，而我皇上知人任使之明，亦益顯矣。臣不勝悚息祈懇之至。"

五日辛巳①，大學士李廷機等謹題："為印信事。照得南京翰林院掌院事右春坊右諭德朱之蕃，已經轉陞，遺下前項印信，缺官掌管。臣等推得右春坊右贊善兼翰林院檢討孫如游，資序相應，堪補前缺。伏乞敕下吏部，將本官量陞右春坊右諭德，掌南京翰林院印信。臣等未敢擅便，謹題請旨。"

是日，大學士李廷機謹奏："為懇乞賜放事。臣惟必去者，臣之義也，必待命而去者，朝廷之法、臣子之禮也。自臣移居，伏蒙皇上命臣候旨，臣竊喜不自勝，以為天心已動，不過少需旬日賜玦必矣。不謂伏候至今六十餘日，即計吏褫職者竣事皆散，舉人下第者放榜皆歸，而臣尚羈留於此，不但不得比於兵、

① 己 "己"當作"巳"。

萬曆起居注

①益又 "益又"當作"又益"。
②切 "切"當作"竊"。

刑二部大臣，且不得與褫職之吏、下第之士等也。念臣入仕二十八年，中間還里之日，惟丙戌奉差半年，壬寅、癸卯請告年半，合之僅僅兩年。古稱遊子思故鄉。老則益思，病則益又①思。今臣二載以來，精神飛越，魂魄飄揚，何日何時不在家山丘隴之間？而皇上不肯放臣，切②觀聖意，若不欲臣生還者，何苦臣一至此哉？今天氣融和，過此炎熱又將至矣。伏乞皇上軫臣苦迫之情，慨發慈心，亟賜一放。臣不勝感戴，不勝哀懇激切待命之至。"

③六日壬午大學士 此七字明抄本無。通行本衍此七字。
④向 《綸扉奏草》卷九"向"作"尚"，是。
⑤有何 《綸扉奏草》卷九"有何"作"而有"。

六日壬午大學士③

六日壬午，大學士葉向高謹題："臣惟東宮講讀，大小臣工相與苦請，而臣閣中之請視諸臣更為頻煩，即今春疏揭亦已屢矣，而荏苒遷延，又將春暮，向④無出講之期。聖意淵微，臣等委不能測，但遠稽往事則殷鑒甚明，近考朝章則儲訓具在，仰體聖慈則燕翼貽謀極其周至，旁參事理則宮府內外毫無所妨。向者冊立之舉，重而且難，皇上猶斷自宸衷，慨然舉行，豈以尋常出講一事，而顧遲回若此耶？或者謂皇上厭臣等之煩瀆，因而致疑，愈加凝滯。臣竊以為列在股肱，於國家大計安得不言？此聖心之所亮也。況臣以旦暮欲去之人，事萬壽無疆之主，何嫌何疑有何⑤所諱避？此尤臣之所自亮也。故復冒昧竭誠擇於本月十二日、十七日二日皆吉，恭請聖明欽定一日，命皇太子與福王同出講學。青宮朱邸并聞弦誦之聲，主器分藩共受進修之益，豈非今日一盛事哉？臣不勝悚息祈懇之至。謹題請旨。"

十二日戊子，大學士李廷機謹奏："為辭免讀卷併乞放歸事。臣杜門二載，一切公務毫不與聞。乃今殿試屆期，禮部題讀卷官猶列臣名於數內，臣不勝駭愕。夫此鴻鉅之典，隆重之後，不惟劣臣病體萬萬不能趨承，即該部多此一題，臣之慚愧亦已甚矣。諒在聖鑒，謹此題知。而臣淹困之久，孤寂無聊，渴望首丘，以日爲歲。伏乞聖慈矜憐即放。臣不勝惶恐激切待命之至。"

十三日己丑，大學士葉向高謹題："臣惟玉牒纂修，前此多十年一次，今已踰期，而天潢之派其繁衍視前更爲加倍。頃該臣等具題，已奉俞旨，而纂修各官屢次列名上請，未蒙允發。若遲延日久，則簡帙愈多，有難辦理。我皇上率祖展親，百凡周渥，而此一事關係宗支，亦臣等職掌之緊要者，故敢冒昧申請，伏望聖明留神檢發。臣不勝悚息之至。"

十九日乙未，大學士葉向高謹題："該吏部尚書孫丕揚，於十五日以廷試供事入朝，偶爾感疾，扶掖而出，隨具疏乞歸，今已數日，未蒙發下。竊惟丕揚年已八十，屢欲求去，徒以聖恩深重，不忍孤①負，每對臣言，輒至淚下。老成之人，不堪勞苦，忽然眩暈，遂有不測之憂，亦可憫也。惟是銓衡重任，耆碩若丕揚，豈容遽遂其請？乃辭疏不發，則其求去愈堅，而於銓務亦大不便矣。伏望聖明將原疏檢發，勉其供事。臣不勝悚息祈懇之至。"

是日，以皇太子第六女三朝告奉先殿收回脯醢果酒，頒賜二輔臣三卓。

是日，大學士李廷機謹奏："爲懇乞賜放事。臣乞休八十餘疏，自正月迄今②疏凡八上，一概留中，未蒙省發。今清明又五六日矣，春既暮而暑將來，數已窮而理亦極。而此荒涼廟舍，方之邃廬猶爲不堪，臣聞釋子不欲三宿桑下，今臣宿此輒踰十旬。以臣之不肖，爲清議所不容，同類所共擯，而久居方丈，長汙神棲，即真武能憐臣、容臣，而臣亦不安甚矣。如舊輔王錫爵，病苦甚真，今復來辭，一腔赤誠，似亦聖主所當曲體者。伏乞皇上放臣，並及錫爵，俾在林下者享一丘一壑之安，出國門者免縶之維之③，而聖主所以待輔臣之禮，真可謂有始有終矣。臣不勝激切悚息待命之至。"

① 孤 《綸扉奏草》卷九 "孤" 作 "辜"，是。

② 今 明抄本 "今" 下衍一 "今" 字。通行本不衍。

③ 之 明抄本 "之" 下有 "之" 字，通行本刪此字。兩本似皆不妥，"之" 下似應有 "之苦" 或 "之困" 二字。

萬曆起居注

二十日丙申，大學士葉向高謹奏："爲感事觸衷苦陳愚悃祈補閣臣併及九列大僚事。臣昨以廷試大典備員讀卷，因查歷來故事，讀卷官該有十八員，至近年始漸不如額，然猶皆十人以上，即萬曆三十五年，稱爲至少，亦有十一人。而今歲遂止六七①人，寥寥已極，雖亦勉强完事，而蕭條索莫之狀，殊不堪觀。假使國家一旦緩急有重大艱難之役，亦此數人，能辦之耶？此臣之所深有慨於衷也。臣猶記萬曆二十年春，皇上敕諭吏部：'朕思我祖宗時，閣臣常有三、四員，至五、六員，以佐襄治理。今閣臣雖有四員，且首輔錫爵敦催未至，輔臣張位行取未到。國家多艱，閣務繁重，況又試期在邇，爾該部便會同九卿推堪任的五、六員來用。'大哉皇言，所以加意閣臣者如此其周至而懇切也。彼時閣臣尚有四員，今併具銜者祇三員矣。彼時錫爵雖辭，尚有幡然之念，今其辭俞堅，昨又以疏至矣。彼時九卿尚濟濟有人，今併九卿亦缺過半矣。皇上於彼時不難再推五、六員，而獨靳於今日，何耶？豈以時事之易爲耶？則中外紛紜之景象，固聖心所具知也。豈以愚臣之足任耶？則庸劣不堪之罪狀，亦聖心所洞燭也。即毋論重大事體，祇如廷試一事，臣若卒然不可知，伏在牀褥，不能强出，誰爲皇上綱紀而了此乎？日前臣在閣中眩暈數番，幾於長暝，深以不能供事爲懼。今幸而畢役矣，其能不動念而戒心乎？自前歲四月至今，臣獨身力疾、竭奔蹶②走者已滿兩年，即金石爲軀，猶將銷鑠，鐵石爲腸，猶將糜爛，此臣所望於皇上之哀憐也。其他毀譽是非、怨德功罪，皆可付之東流，等之飄瓦，不敢復問，亦不敢爲皇上道也。昨臣錫爵書來，自訴其苦，而又憫臣之苦，臣讀之凄然淚下。臣廷機又羇棲荒廟，進退無門，堂堂聖朝而使二三閣臣相憐相哀一至此極，是豈清進之盛事哉？錫爵疏薦沈鯉、郭正域自代，此老臣憂國之苦心，亦今日朝野之公論，臣竊願皇上採而聽之。至於在朝諸臣中，其才品尚多可用，更望皇上查二十年之故事，槪令該部會推上請，多賜點用，而又念大僚缺乏已極，併行點用，則不出旦夕間，而朝端赫然改觀，薄海內外翕然頌天子之聖明矣。臣不勝激切祈懇之至。"

① 七 《綸扉奏草》卷九無"七"字，是。

② 奔蹶 《綸扉奏草》卷九"奔蹶"作"蹶奔"，是。

是日，頒賜二輔臣每員銀綵扇六把、銀釘鉸扇十把、砷碌扇二十把，及講官蕭雲舉二員有差。

二十二日戊戌，大學士李廷機等謹題："爲纂修玉牒事。先該臣等具題，將萬曆二十七年以後玉牒照例續修，已敕宗人府會同禮部，查取各王府宗支冊籍開報外，照得舊例，纂修該用翰林官二員。查有詹事府少詹事兼翰林院侍讀學士翁正春、右春坊右庶子兼翰林院侍讀朱之蕃，俱堪推用。內翁正春資俸已深，量陞禮部右侍郎，兼翰林院侍讀學士，協理詹事府事，與朱之蕃專管纂修玉牒事務。其書寫該用制、誥兩房官。查得二十七年用官二十三員，今宗支繁衍，更加數倍，兩房官止十五員，併起居館官二員、翰林院孔目一員。合無俱令供事，一體謄錄玉牒？內汪民敬見辦理講章，應改禮部祠祭司郎中，兼司經局正字。吳子敬、李憲、鄭崇光直票有年，合爲量敍。吳子敬原大理寺右寺副，今量陞禮部祠祭司主事，兼司經局正字，加服俸一級。李憲原工部虞衡司主事，今量陞本司員外郎，加俸照舊。仍①與從六品服色。伏乞敕下吏部，查照施行。緣係纂修玉牒事理，臣等未敢擅便，謹題請旨。

　　計　開

　　纂修官二②員：詹事府少詹事兼翰林院侍讀學士翁正春　右春坊右庶子兼翰林院侍讀朱之蕃

　　書寫官十八員：山東布政使司右參議張大續　戶部山東清吏司郎中汪民敬　工部虞衡清吏司員外郎鮑佐　周林　禮部儀制司主事兼翰林院典籍范可慢　工部虞衡清吏司主事李憲　孫胤奇　大理寺右寺副吳子敬　大理大右寺副兼翰林院典籍譚學閔　鮑佐③　大理寺左寺左評事兼司經局正字羅萬英　中書舍人鄭崇光　吳大山　鄧士昌　通政使司經歷司知事單禮　大理寺右寺副周廷臣　中書舍人馬應坤　翰林院孔目楊永亨。"

二十三日己亥，大學士葉向高謹題："頃該都察院題請各差巡按，蒙旨諭令每差一本，已經遵奉具題，而至今尚無一差得

① 仍　明抄本"仍"上有"鄭崇光原中書舍人，今量陞大理寺左評事，加俸照舊"二十一字。通行本脫此二十一字。
② 二　明抄本"二"下衍"官"字。通行本刪去。
③ 佐　明抄本"佐"作"佑"，是。通行本誤作"佐"。

蒙允發。昨接掌都察院孫瑋揭帖，具言各差壅滯之苦，今一時當代者至有二十一差，而真定、應天、廣東等處則皆久缺未補，地方事務尤爲廢弛。今早瑋又來見臣，言承皇上簡命俾署院事，常懷溺職之憂，乃院中事務以題差爲急，而屢請、苦請，並不見報，則安用其署院爲哉？今糧運且到，兼理爲難，意欲具辭。臣告以大僚乏人，誰可代攝？勸其且勉强任勞，以稱皇上委用至意。瑋亦無辭而去。臣竊惟祖宗設立巡按官，一切官邪民隱，皆責其糾察，關係甚重，而其行部只以單車，不携家室，其巡歷必徧郡國，日逐奔馳，蓋亦極勞極苦之官，人情所難久處者也。故國制每一年一代，以節其勞，而恤其私，令其精神不倦，得以盡其激揚之職耳。今差近者亦已年餘，其久者至二三年不得代，情緒困苦，往往稱病乞歸，杜門謝事，公私上下，極爲不便。而在京應差各御史，意氣方新，又不得自效其用。均此一官，均此差遣①，何必靳其當行者，而苦其當代者，使在事之臣，日嘵嘵呶呶，煩瀆君父爲哉？臣之所以不辭冒昧，而屢爲之請者，蓋爲此也。伏望聖明俯鑒愚衷，祇循舊制，將都察院題差各疏，慨賜檢發，庶勞逸適均，而於地方亦大有賴矣。臣不勝激切祈懇之至。"

① 遣 明抄本作"遣"。是。通行本誤作"遺"。

萬曆三十八年閏三月一日丙午，朔。

　　三日戊申，大學士葉向高謹題："臣竊見今歲入春以來逐日風霾異常，黃埃黑霧匝地連空，較子①往年氣候獨惡，而又日久不雨，麥苗焦枯，人情嗷嗷，復以荒旱爲慮。昨河南巡撫官又以兩頭、兩口、四眼、四耳、四足之牛妖來報，且備陳地方人民之流離，盜賊之橫發，岌岌然有禍亂立至之憂。其言甚爲切至。以皇上神聖覽察，今日宇内之情形，或安或危，豈不洞矚？臣每見邊陲有事，聖心極其留念，批答分處，較常獨速，是何嘗一日忘國家之大計哉？顧臣以爲今日之可憂，在邊陲固急，而在内地爲尤急，内地之可憂在各直省②固甚，而在朝廷爲尤甚。大臣者，朝廷之股肱也。今户部祇一尚書，而外困於多口，内困於病魔，伏枕哀號，無復展布之望矣。刑部自舊歲八月至今，印封貯庫，頃雖點用侍郎，遠未得至，而署印之官又屢請不報矣。兵部、戎政，原各專官，難以兼攝，今只尚書李化龍竭蹶支吾，其左、右侍郎亦久不補矣。夫兵刑錢穀，乃國家精神命脉所係，不可一日缺人料理，今或空署無人，或有人而不得其用，或得其用而力不能兼，經年累歲，玩忽因循，事務之停閣而馳廢者不知其幾。假令如此而可以長治久安也，則唐虞之九官，成周之六典，皆爲冗員，而聖帝明王所爲惟幾惟康、率作省成、兢兢業業、惟叢脞之是虞者，不幾於多事而過計哉？臣嘗竊論，今天下必危必亂之道，蓋有數端，而水旱災傷、夷狄盜賊、物怪牛妖尚不與焉。承平日久，一也。上下隔絶，二也。士大夫好勝喜争，三也。多藏厚積，必有悖出之釁，四也。風聲氣習，日趨日下，莫可挽回，五也。此非皇上奮然用一番精神，率勵振作，簡用老成深慮之士，布列朝端，將年來廢馳政事，一一講求修舉，臣恐宗社之憂，且有萬倍於逹夷者矣。至於臣只身奔走，精力已竭，愁困憂思，如焚如灼，勉强支持，轉加狼狽。每念先臣趙志皋、陳于陛、朱賡死時，閣中皆尚有人，今臣若溘先朝露，同官遠者不來，近者欲去，即求如志皋輩之安然瞑目，亦不可得。皇上不爲臣憂，獨不爲

①子　明抄本作"之"，是。通行本誤作"子"。

②直省　明抄本作"省直"。通行本作"直省"。

天下國家憂乎？此又臣之最切最急，而不得不誓死哀鳴者也。統望聖明留神省察。臣不勝激切祈懇之至。"

八日癸丑，大學士葉向高謹奏："爲病苦已難支持聞言益增愧懼一去之外實無他策泣懇聖明亟賜罷斥事。臣自任事以來，以病苦至情哀訴於皇上者不知凡幾，至於今歲，血氣消枯，精神昏憒，日甚一日，鬚髮之蒼者盡皆變白，每一闔眼，便如死人，夢中展轉，求醒不得，遊魂飄蕩，莫知所之。屢欲杜門求去，而苦無代者。又見日來聖政較前少通，芹曝之心尚有冀望，故隱忍至今，未敢控陳，然亦廩廩乎其有死亡之慮矣。臣祇有一子，舊歲聞臣疾病，自家奔來，從臾臣歸，留此三月餘，見臣事勢如此，旦夕難行，又復辭臣而去。昨日送之出門，尚欲勉強入閣供事，而私衷耿耿，嘆骨肉之分離，悲此身之留滯，痛哭移時，因而僵仆。今早又接福建參政張應槐揭帖，責臣優遊釀禍，而引申時行、趙志皋、沈一貫爲戒。其言深得肯綮。至於悠悠觀望、苟且目前之説，則又臣所心服情輸，萬口不能自解者。甚哉，應槐之謀國忠而知臣害也。夫非獨應槐，自鄧澄論臣以來，臣之門生故人移書誚讓者，不可勝數，臣感其相愛之情，而慚其相責之義，默念深思，莫知所處，亦不敢以聞之皇上也。今天下隱憂至多，而東宮輟講一事，則毋論智愚、賢不肖，皆知其不可，應槐疏中所云實千萬人之同心，即臣日夜焦思不能安處者，亦惟此一事最急，縱使人不罪臣，臣亦無顏以立於廟堂之上矣。其或以臣嘗言之而皇上不聽耶？則漢武、唐宗，中主耳，猶能從諫如流，何難於皇上？且皇上嘗以人言行出閣冊立之典矣，又以人言釋放吳寶秀矣，何難於今日？應槐之言又鑿鑿其有據也。臣雖欲逃罪，安可得哉？萬想千思，實無他策，祇求皇上亟放臣去。如復因循勉留，則臣之病與國家之禍皆日深一日，及至決裂之時，雖殺臣亦無益矣。萬望聖明垂憐賜允，仍即敕該部會推閣臣，上請點用。臣去賢於留，死賢於生。不勝激切祈懇待命之至。"十八日，奉旨："朕覽卿奏病苦，情詞懇切，朕心測①然。況卿精力未衰，正賴分猷佐

① 測 《綸扉奏草》卷九"測"作"惻"，是。

理，豈可以浮言意欲求去？不必介懷。即出入閣視事。其東宮講學、會推閣臣，朕知道了。吏部知道。"

十一日丙辰，大學士葉向高謹奏："爲愚臣萬難再留推補萬難再緩懇乞聖明即賜允行事。臣昨以抱病被言，即具疏控辭，伏枕候命，惟逐日猶勉供票擬之役，甚自不安，而又不敢復有推委①以滋紛紜。蓋勢極窮而情極苦，其仰望皇上之亟補閣臣，真以日爲歲。夫寧但臣，盡中外之人情，岌岌惶惶，有不以此事爲急者乎？皇上即不哀臣之窮極，獨不念輿情之不可拂耶？即不俯恤輿情，獨不慮國家之禍不可久釀耶？夫擔石之負，非壯夫不勝，百里之途，非健足不至，股肱心膂之重任，非豪傑非常之人，斷不能堪。今求之於內，而資望相應者固有人也。求之於外，而衆所推轂者亦有人也。求之於已事，而如言者所引，能感悟聖心者，亦有人也。四海之大，本非乏才，皇上奈何靳之，而獨使愚臣長處不堪之地，至於狼狽顛沛而後已耶？即無論釀禍他日，而試觀目前景象，已自如此，臣又何可一日少留，以誤國家，添士大夫一話柄乎？明者睹未萌，況於已著？故敢不避煩瀆，哀懇聖明即賜推補，使重任得人，臣亦可以早息肩而去，實今日宗社之至計也。臣不勝激切祈懇之至。"

十八日癸亥，大學士葉向高謹奏："爲病苦日深羈留無益懇恩亟放以免罪戾事。該臣以抱病被言，具疏乞罷，奉聖旨：'朕覽卿奏病苦，情詞懇切，朕心測②然。況卿精力未衰，正賴分猷佐理，豈可以浮言意欲求去？不必介懷，即出入閣視事。其東宮講學、會推閣臣，朕知道了。吏部知道。欽此。'臣捧誦綸音，仰見聖明鑒臣苦情，勉臣供事，天地父母之心藹然溢於言外，臣非木石，能不感激？但臣年雖未邁，而病則已深，形雖尚存，而神則已耗。兩載馳驅，無刻休暇，固已不勝其困瘁矣，而又百司庶府之事，有一壅礙，無不罪臣，臣之一身如入籠之鳥，奮飛不能，游釜之魚，煎熬更急，有何心情戀此一官？徒以君父恩私，臣子分義，不能恝然，荏苒遷延以至今日，而臣

① 委 《綸扉奏草》卷九"委"作"諉"。

② 測 《綸扉奏草》卷九"測"作"惻"，是。

之罪遂不可逭矣。臣聞之庶人之家，有紀綱之僕不能事事，將破壞其家，或以告其主人，則爲主人者，將逐其僕而別求勤幹者以代之乎？抑將聽其飽食安居，置其家於度外乎？而爲之僕者，亦將恬然不顧破壞主人之家而後已乎？閣臣者，皇上紀綱之僕也。其上者則能積誠悟主，康濟艱難，德業聞望足以壓服天下之心，使身安而志行。次者則量力度時，決於去就，使天下之人雖知其不能，而猶亮其非貪戀富貴、患得患失之鄙夫。最下則貪昧隱忍，敗名喪檢而不恤矣。捨此三者，更無他途。臣力不能爲其上，當勉其爲①次者，亦望皇上哀憐成就，使得遂其微志，可以戴顔面於人間也。若夫聞言而杜門，言已而視事，遞出遞入，如登場之傀儡，憑人提弄，臣竊羞之。而皇上亦安用臣爲哉？臣區區愚衷，實是如此，不敢有一毫矯飾，以欺君父，自干罪僇。至於東宮講學、推補閣臣二事，則在今日理窮勢極，萬難再緩，臣言亦至詳至切，無可復陳，願皇上即賜施行。若但以'知道了'之一言而遂了事，則天下之望愈孤，而臣之罪愈無所逃矣。臣不勝懇切哀鳴待命之至。"二十九日奉旨："卿忠清廉慎，朕所鑒知，況今邊疆多事，正倚賴贊襄，豈可以浮言堅欲求去？卿宜安心即出，入閣佐理，慎勿再辭。其東官講學及枚卜，朕已知道了，候旨行。該部知道。"

十九日甲子，大學士李廷機謹奏："爲懇求即放事。臣惟凡人有求而不與，至於屢求，今日求之，明日求之，頻數煩瀆，無論人厭其求，將求者亦自厭矣。臣連章累牘，積日累歲，臣已自厭，況皇上豈有不厭臣者？顧臣不得已也。頃者同官葉向高，偶有微言，亦欲求去，昨奉温旨，猶復疏辭，臣見其意，實以閣務殷煩，無人共濟，不惟勞瘁，抑見妨賢，中外縉紳責望進讓，此向高所爲汲汲焉累疏而請耳。臣願皇上亟行會推，以安其心而趣之出，而臣病廢守候之久，伏乞皇上憐臣放臣，俾得與蕭大亨、沈應文共沐聖恩，始終兩全，進退以禮，臣不勝感戴激切悚息待命之至。"二十九日，奉旨："卿調理日久，疾已平復，何爲懇請屢奏？乃今閣務煩②重，正賴謀猷匡濟贊

①其爲 《綸扉奏草》卷九"其爲"作"爲其"，是。

②煩 據下文，"煩"當作"繁"。

襄，豈可堅辭求去？還體朕意，即出輔政，慎勿再陳。吏部知道。"

二十二日丁卯，大學士李廷機等謹題："爲纂修玉牒事。先該臣等具題，將萬曆二十七年以後玉牒照例續修，已敕宗人府會同禮部，查取各王府宗支册籍開報外，照得舊例，纂修該用翰林官二員。查得詹事府少詹事兼翰林院侍讀學士翁正春、右春坊右庶子兼翰林院侍讀朱之蕃，俱堪推用。内翁正春資俸已深，量陞禮部右侍郎，兼翰林院侍讀學士，協理詹事府事，與朱之蕃專管纂修玉牒事務。其書寫該用制、誥兩房官。查得二十七年用官二十三員，今宗支繁衍，更加數倍，兩房官止十五員，併起居館二員、翰林院孔目一員。合無俱令供事，一體謄錄玉牒？内汪民敬見辦理講章，應改禮部祠祭司郎中，兼司經局正字。吳子敬、李憲、鄭崇光直票有年，合爲量敘。吳子敬原大理寺右寺副，今量陞禮部祠祭司主事，兼司經局正字，加服俸一級。李憲原工部虞衡司主事，今量陞本司員外郎，加俸照舊。鄭崇光原中書舍人，今量陞大理寺左評事，加俸照舊，仍與從六品服色。伏乞敕下吏部，查照施行。緣係纂修玉牒事理，臣等未敢擅便，謹題請旨。

計　開

纂修官二員：詹事府少詹事兼翰林院侍讀學士翁正春　右春坊右庶子兼翰林院侍讀朱之蕃

書寫官十八員：山東布政使司右參議張大續　户部山東清吏司郎中汪民敬　工部虞衡清吏司員外郎鮑佑　周林部①儀制司主事兼翰林院典籍范可愨　工部虞衡清吏司主事李憲　孫胤奇　大理寺右寺右寺副吳子敬　大理寺右寺右寺副兼翰林院典籍譚學閔　大理寺右寺右寺副鮑佑　大理寺左寺左評事兼司經局正字羅萬英　中書舍人鄭崇光　吳大山　鄧士昌　通政使司經歷司知事單禮　大理寺右寺右寺副周廷臣　中書舍人馬應坤　翰林院孔目楊永亨。"

① 部　明抄本"部"上有"禮"字。通行本脱此字。

二十九日甲戌，大學士李廷機謹奏："爲疾痼難痊懇乞聖慈垂憐即放事。臣待命二年，移居半載，本月十九日復有疏陳，二十九日伏奏聖旨：'卿調理日久，疾已平復，何爲懇請屢奏？乃今閣務繁重，正賴謀猷匡濟贊襄，豈可堅辭求去？還體朕意，即出輔政，慎勿再陳。吏部知道。欽此。'臣隨即於真武廟恭設香案，扶掖望闕叩頭恭謝訖。臣蒙聖主隆恩，天高地厚，捐糜報效乃臣本心。惟是臣之罪過，人所屢言，而臣亦自知其不可洗雪。臣之疾病，人所不言，而臣則自知其不可療治。蓋凡治病者，少壯易而老則難，驟感易而久則難，順適易而鬱則難。臣年七十，老矣，病自前年迄今，久矣，求去不得，幽居於此，岑寂無聊，鬱矣。臣所以苟延至今者，實爲天幸，亦爲量力而要之，膏肓沉痼，視息僅存，在《易》所爲①'貞疾恒不死'者也。以臣殘廢如此，而明綸尚欲責以'匡濟'、'即出輔政'，傳之四方，人必謂聖主始不知臣之不肖，今併不知臣之痼疾，何帝堯之明，乃亦有時而蔽乎？蓋臣初嬰疾，即無生理，即自知不能終事皇上，報答聖恩。是以皇上再遣鴻臚卿諭臣，一命同官諭臣，凡臣有疏，輒荷温綸慰留，不啻數四，真千載希曠之恩。使臣病尚淺，調理一年亦可望痊，不待至今而後脱體矣。臣素直腸，雖妻子朋友莫之或欺，豈於君父至尊之前，敢爲矯飾？伏惟皇上始終鑒察，准臣休歸。臣不勝感激哀祈惶悚待命之至。"

① 爲　"爲"當作"謂"。

萬曆三十八年四月一日丙子，朔，大學士葉向高謹奏："爲國事艱危日甚微臣展布愈難儲講會推萬宜速舉冒死瀆陳懇恩俞允併賜罷斥事。臣再疏乞歸，再奉溫綸，君父之於臣子如此勤篤，一介書生何福消受？敢不黽勉馳驅，圖報萬一？顧臣之求去，不在於人言之指摘，而在於衷曲之不安，不在於一身之去留，而在於國家之治亂。今天下到處災傷，人民死徙，畿輔近郊流離載道，中州齊晋更不堪言，加之中外空虛，人財俱盡，一旦禍作，天下人必不以罪他人，而專以罪臣。臣觀自古危亂之①，去，亦當與此等同被惡名，皇上雖哀臣憐臣，欲爲煎②雪，亦不可得，臣於此時悔之晚矣。且皇上之留臣者，將以用之也。用之，則當少行其言。而今章疏不下，大僚不補，起廢不行，按差不發，刑部尚書不點，請署不報，臣之微誠皆不能得之皇上。至於東宫講學，閣臣會推，尤臣所延頸企踵、日望皇上之允行者，而兩奉明旨，皆祇云'知道'，杳然無期。然則臣雖勉留，亦復何益？天下人亦誰肯容臣居於此地，而默默無言哉？頃者，禮部奉詔修省祈禱，臣竊以爲祈之於天，不若祈之於皇上。蓋皇上即臣等之天也，且天之沛澤，猶待風伯雨師興雲致雨，而皇上一言之發，便是甘霖，一事之行，便成沾溉，至速至神，無所停待。故臣敢不避煩瀆，哀祈皇上，將儲講、會推二事既賜允行，憫臣之窮，即賜罷斥，而後將切要時政次第修舉，將頃刻之間，驕陽回災，旱魃退舍，太平之理從此可期，臣雖先犬馬填溝壑有餘幸矣。此實臣一念惓惓不能自已之愚衷，若夫疾病昏迷，呻吟痛楚，祇關臣一身之生死者，尚不敢以控於君父也。伏望聖明俯垂憐察。臣不勝激切祈懇之至。"

是日，大學士葉向高謹題："臣杜門乞歸，於一切朝政皆不敢言。今早接得薊遼總督王象乾揭帖，言虜賊四五萬衆侵犯遼陽，從來聲息之大，未有如此，甚爲可憂。該地方道臣田立家尚未到，一切戰守之具無人料理。象乾欲敕下吏部，另推就近才望官一員，立令到任，以濟燃眉之急。其情甚迫，伏望皇上將象乾疏亟行發擬，仍即賜批發，以便推用。以後凡有邊情緊急，俱望皇上留神檢發，毋致耽延誤事，其所裨於邊計，良不

① 之 《綸扉奏草》卷九"之"下有"朝，必有奸邪之臣欺君誤國，書之史册，萬世爲僇，臣若不"二十二字。《起居注》脫。

② 煎 "煎"當作"湔"。

小矣。臣不勝懇切之至。"

三日戊寅，大學士葉向高謹題："臣在伏枕中，不知外事。今日午間，始聞人言昨夜二更時分，正陽門火光突起，焚燬箭樓，人情驚惶，以爲災變。臣亦不勝憂懼。伏望皇上仰慰聖母，併寬聖懷。臣無任惓惓悚息之至。謹具題以聞。"

五日庚辰，大學士葉向高謹奏："爲求去情真遇災倍切懇求罷斥以免罪戾事。該臣被言之後，三疏乞歸，兩奉溫綸，一尚未發。竊計聖心或亦憫臣窮苦，放臣使歸，臣義當靜聽，何敢瀆陳？但昨見門樓被災，大小臣工皆望聖明勵精圖治，維新庶政，而臣忝居政本，不能盡忠匡贊，極力轉移，天災之見咎實在臣，則今日弭災切務，宜先以罷臣爲第一義，臣若不激切哀求，早避賢路，於心何安？蓋昔人言，宰相之職，在於燮理陰陽，奠安天下。今方隅之內，無地不災，無歲不災，各處撫按之所奏，四川撫臣之所圖，聞之刺心，觀之墮淚，即輦轂之下，亦流亡滿目，盜賊公行，旱魃未驅，鬱修復繼。哀此殘黎，皆上天所生，祖宗所養，以有此性命，一旦顛連至此，彼雖無所控訴，然當其轉徙溝壑、號呼待盡之頃，寧不相與怨詈曰：'輔相何人？使我至此極也。'此猶可籍①口於天也。刑部之獄囚八百餘人，無贖無糧，難挨旦暮，被遠知縣滿朝薦等幽繫多年，未蒙釋放，而各衙門參送人犯，皆隨在羈禁，不得結局，熱審屆期，無人料理。古稱一婦含冤，三年不雨。今愁怨之氣，充滿貫城，鬱爲驕陽，蒸爲孽火，青天黯慘，人類咨嗟。凡此纍囚，亦寧不相與怨詈曰：'輔臣何人？不爲我一籲呼乎？'其他如人才廢棄，九列空虛，種種厄塞，人實爲之，於天何預？頃者百官奉詔修省，臣竊以爲修首則必自閣臣始。而臣自省甚明，欲修無地，伏枕思惟，若非一去，亦無以塞咎殃而回天意，故不能候前疏之發，而冒昧申請。伏望亟先罷臣，即行會推，人情既協，天心必格，今日修省大端，更無切於此者。至於火發城樓，占爲兵象，庚戌之事，恐將再見。樞臣、廷臣，皆有條

① 籍 《綸扉奏草》卷九"籍"作"藉"。

列，統望聖明留神省覽，宗社幸甚，臣愚幸甚。臣不勝激切哀鳴祈懇之至。"十五日，奉旨："覽奏知卿憂國苦心，忠愛切至。今春以來，恒風亢暘，又兼門樓被災，朕甚敬惕，精心虔修消弭。所奏關係朕躬事情，稍俟而行。豈忍恝然求去？還着鴻臚寺堂上官宣諭朕意，佇望速出，贊襄匡濟，慎勿再陳。該部知道。"

七日壬午，大學士李廷機謹奏："爲痼疾委難望痊哀求即放事。臣於前月二十九日伏奉溫綸，隨即具疏，備陳犬馬之疾沉痼而不可治，但求殘喘以遂首丘。蓋自前年迄今，將近百疏，千言萬語所求，不過一條性命，更無支詞。而杜門日久，形如槁木，心如死灰，自身以外一切不聞不見。惟昨城樓之災，聞而驚懼，而不敢具疏問安、陳言修省者，亦以疲癃殘廢之人，分固宜爾也。然因思火稱鬱攸，鬱能生火。今天下人心之鬱，具列諸臣疏中，無待臣言，即如臣至不肖，爲人所共擯斥，而尙延日月，以妨賢路，令人有積久而不得舒之衆怒，望久而不得邑之輿情，此其鬱最大。以臣，兩年嬰疾，百疏乞休，孑然一身，棲棲荒廟，祇爲分義不敢不待，而縈維踟躕，真同散拘，自來輔臣未有困苦至此者，此其鬱最大。今欲宣鬱弭災，則放臣爲第一義，臣去而諸政事可次第舉矣。伏乞皇上，俯垂憐察，即准放歸，無使痼疾之臣，尙淹都門，頻煩天聽。臣不勝迫切哀懇悚息待命之至。"

十三日戊子，大學士葉向高謹題："該臣旬日之內，又有兩疏乞罷，俱未蒙發，竊計聖心徘徊，必有允臣之意矣，臣惟虔禱以俟，未敢再陳。但蓋臣之誼，雖身已去國，猶不忘社稷之憂，況臣一日未去，則一日不能恝然。今何時也？逐日風霾，經年不雨，自京畿以至山之東西、河之南北，又至於西蜀，盡天下大半，皆成赤地，流離餓莩之狀，至耳不忍聞，目不忍見，近且有父食其子者矣。村墟市肆，稍有貨物米穀，輒公行搶奪，莫之能禁，若復旬日不雨，又不知作何景象。往者劉六、劉七、

① 嬴 《綸扉奏草》卷九"嬴"作"贏",是。
② 測 "測"當作"惻"。

石和尚、趙風子、鄢本恕之類,皆以饑荒作亂,荼毒生靈,地方力不能制,至出京兵,調邊兵,擾動數年,糜費無算,僅乃勝之。豈在今日能晏然而無慮耶?度我皇上之意,必以年來災傷,言者動稱禍亂,而卒皆不驗,故漫不加省耳。不知前此雖災,民間尚少有嬴①餘,有司尚能設法賑救,今公私竭盡,無可奈何,如癰疽之病,屢發則難醫,奔潰之流,久防則必決,理窮勢極,豈復可僥幸希冀如前此之不亂乎?即使不亂,而甘心束手就於死亡,我皇上天地父母之心,亦寧不測②然而動念乎?而皇上向年之所爲步禱郊壇、發帑遣官各處賑濟者,又何爲也?今編戶齊民有發心修善者,尚能捐金布施,自種福田,況我皇上至聖至仁,千古罕儷,內帑之積充牣如山,豈不能割其毫毛,救元元於溝壑之中,貽宗社以無疆之慶哉?皇上誠發一德音,而臣民鼓舞,歡聲聚而爲雷,喜氣蒸而成雨,傳之寰區,書之史册,即桑林雲漢猶掩其徽,是亦千古一大快事也,果何憚而不爲乎?臣非不知此事,言之極難,不宜輕瀆,但旱災如此,必不得不救,捨此之外,又別無救法,故臣今日亦不得不言,言又不得不出於此。如聖明高見,另有處分,可以拯此危急,則亦可傳諭臣下,使之奉行,不宜坐觀其變,而不爲之所耳。臣伏枕待罪,又復嘵嘵,自知愆戾,統望聖慈俯垂鑒宥。臣不勝悚息祈懇之至。"

是日,大學士李廷機謹奏:"爲懇求准放事。臣疾病沉痼,耳目昏瞶,筋骨萎薾,精神瞀惘,心志散亂,已爲廢棄無用之人。自古以七十爲稀年,臣年六十有九,正當其數。自前歲乞休,預治後事,衣貯於筍,木蓄於家,今但願生還故鄉,一上先臣之丘隴,而後待盡,少延一日,即臣一日之幸,即聖主一日之恩也。夫人氣倦意闌,雖有綺筵,所思者枕簟而已矣,然必辭而去,而後不愆於儀,今臣所處實類乎是。伏望皇上鑒憐之,成就之。臣不勝懇戴天恩激切屏營待命之至。"

十六日辛卯,大學士葉向高謹奏:"爲恭謝天恩事。該臣三疏乞罷,伏蒙欽遣鴻臚寺官,恭捧聖諭到臣私寓:'覽奏知卿憂國苦心，忠愛切至。今春以來，恒風亢旸，又兼門樓被災，朕甚儆惕，精心虔修消弭。所奏關係朕躬事情，稍俟而行。豈忍恝然求去？還着鴻臚寺堂上官宣諭朕意，佇望速出，贊襄匡濟，慎勿再陳。該部知道。欽此。'臣恭設香案，扶掖望闕叩頭謝恩訖。竊念臣奏職無狀，不副物情，蒿目時艱，匡維無策，真病真窮，無從告語，不得不哀祈君父，憐憫放歸。乃蒙皇上屢渙溫綸，諭令入直，不誅其誤國之罪，而嘉其憂國之忠，不以災旱之頻仍委咎於股肱之失職，而以精虔修弭自盡其儆惕之精①心，蓋非但勉臣以使留，而且復爲臣而任過，即天地父母之德，何以復加？凡血氣心知之倫，豈能忘報？惟是恩踰其分，欲消受以何從？志困於才，願馳驅而無力。不可則止，不能則止，已自萌於夙心。以道事君，以人事君，恐終違其始願。況此天變又窮之會，正當捨舊謀新之時，臣留則深誤乎政幾，而去或不妨於賢路，此所以徘徊躑躅，而不能自已於哀鳴也。臣不勝悚惶感戴之至。爲此，謹先具本奏謝以聞。"

是日，大學士李廷機、葉向高謹題："先該禮部題准，萬曆三十八年分應貢及三十六等年起復、病痊、補貢等項歲貢生員，開送翰林院考試。又該禮部題，陝西臨、鞏二府、甘肅一鎮歲貢生員，係該三十七年分貢者，因巡按陝西監察御史侯執蒲，於萬曆三十七年三月內甫到地方考選，去試期僅半月，各生途遠難到，茲與三十八年廷試先後無分，乞要比照上年北直、雲南歲貢補考事例，另序一案，仍列於三十七年之末等因，已經題奉欽依，通行關②考試。臣等會同吏部右侍郎兼翰林院侍讀學士掌院事王圖，出題彌封，嚴加考試，取中補考三十七年歲貢生員文理亦通中卷十五卷，三十八年應貢及三十六等年起復、病痊、補貢等項歲貢生員文理平通上卷③、文理亦通中卷一千四百七卷，恩貢生員文理亦通中卷二卷，俱應准貢。其三十八年歲貢生員徐昇胤有草無真，張文濬早不繳籤，俱未經彌封，臣等未敢一概閱取。謹將閱過試卷併未閱二卷俱進呈御覽，恭候聖裁。其徐昇胤，查係有病扶出，其試卷草稿文義亦通，張文濬雖不繳籤，亦係一時錯誤，並無別項情弊，其試卷亦堪准

① 精　《綸扉奏草》卷九"精"作"誠"。

② 關　明抄本"關"下有"送"字。通行本脫此字。另，此"關"字當作"開"。

③ 卷　明抄本"卷"下有"五卷"二字。通行本脫此二字。

貢。合無念其貧儒，准同各貢生一體收錄？惟復別有定奪，統候聖明裁定發下，臣等欽遵施行。謹題請旨。"二十九日，奉旨："是。該部知道。"

十七日壬辰，大學士葉向高謹奏："爲天恩愈重圖報愈難泣血陳誠自甘罪戾仰求憐放事。該鴻臚寺官奉旨宣諭，趣臣入閣，臣已具疏陳謝外，竊惟人臣受恩，至閣臣而極，其官尊祿厚，亦至閣臣而極，以分義言，則犬馬猶知報主，而況於人？以俗情言，則富貴人所同欲，而臣何獨不然？矧君命薦至，鴻臣肅將，何物豎儒，徼此隆遇？即臣旦暮死亡，而有益於君父，臣不辭也。惟是臣籲呼雖迫，天聽尚高，始曰①知道，繼曰候旨，又繼曰稍俟，綸以漸而加溫，事猶然而如故，所以爲臣之一身則厚矣，如宗社之計何？臣若籍此以強顏亦可矣，如誤國之愆何？今亢陽已極，如焚如蒸，每日間雲氣乍騰，狂飈隨起，方仰天而望雨，忽走石以飛沙，豈彼蒼明示震怒、欲困此下民耶？抑聖心善念初興、復有阻遏，而天亦以此應耶？漕運者，國家之命脉也。今河水已枯，泉源盡竭，數百萬漕糧豈能飛到？新點河臣未知何日受事，而帶管河務之漕臣又以人言杜門，辭疏不發，臣頻爲催請而不能得，此非但漕舟阻滯，而聚百萬之饑民睥睨其旁，臣恐其禍更有不忍言者矣。臣每念及此，輒欲涕淚。竊計羣臣之中，必有絕綸超羣之才，補天浴日之手，可爲國家濟此危急，而皇上猶不允會推，但云稍俟。臣愚以爲，天下之事凡有所俟者，必其今日不可，明日方可，此時未急，他時始急也。以今事勢度之，可乎？不可乎？急乎？不急乎？以爲不必行，則無可俟，以爲必行，則不宜俟。俟之一字，其誤事真不小矣。臣愁苦之後，舊疾益深，溺血痔瘍，申吟痛楚，即欲黽勉自力以奉上命，而天實困之，無可奈何，一念杞憂，又不能自已，故復冒死瀆陳若此。伏望聖明憐允賜歸，亟行推補，仍將目前最急如刑部掌印、賑荒諸務，併賜舉行，庶天意人心猶可挽回，不至於大亂而不可收拾矣。其東宮講學，尤萬分難緩，或以炎暑屆期，明諭秋涼出講，以慰天下喁喁仰望之

① 日 明抄本作"曰"。通行本誤作"日"。

情，宗社幸甚，臣愚幸甚。臣不勝激切哀鳴之至。"

是日，大學士葉向高謹題："臣惟玉牒纂修，前此多十年一次，今已踰期，而天潢之派，其繁衍視前更爲加倍，頃該臣等具題已奉俞旨，而纂修各官屢次列名上請，未蒙允發，若遲延日久，則簡帙愈多，有難辦理。我皇上率祖展親，百凡周渥，而此一事關係宗支，亦臣等職掌之緊要者，故敢冒昧申請，伏望聖明留神檢發。臣不勝悚息之至。"

是日，大學士李廷機等謹題："爲纂修玉牒事。先該臣等具題，將萬曆三①十七年以後玉牒，照例續修，已敕宗人府會同禮部，查取各王府宗支册籍開報外，照得舊例，纂修該用翰林官二員。查有詹事府少詹事兼翰林院侍讀學士翁正春、右春坊右庶子兼翰林院侍讀朱之蕃，俱堪推用。內翁正春資俸已深，量陞禮部右侍郎，兼翰林院侍讀學士，協理詹事府事，與朱之蕃專管纂修玉牒事務。其書寫該用制、誥兩房官。查得二十七年用官二十三員，今宗支繁衍，更加數倍，兩房官止十五員，併起居館官二員、翰林院孔目一員。合無俱令供事，一體謄錄玉牒。內汪民敬見辦理講章，應改禮部祠祭司郎中，兼司經局正字。吳子敬、李憲、鄭崇光直票有年，合爲量敍。吳子敬原大理寺右寺副，量陞禮部祠祭司主事，兼司經局正字，加服俸一級。李憲原工部虞衡司主事，量陞本司員外郎，加俸照舊。鄭崇光原中書舍人，量陞大理寺左評事，加俸照舊，仍與從六品服色。伏乞敕下吏部，遵照施行。緣係纂修玉牒事理，臣等未敢擅便，謹題請旨。

計　開

纂修官二員：詹事府少詹事兼翰林院侍讀學士翁正春　右春坊右庶子兼翰林院侍讀朱之蕃

書寫官十八員：山東布政使司右參議張大續　戶部山東清吏司郎中汪民敬　工部虞衡清吏司員外郎鮑佐　周林　禮部儀制司主事兼翰林院典籍范可愎　工部虞衡清吏司主事李憲　孫胤奇　大理寺右寺右寺副吳子敬　大理寺右寺副兼翰林院典籍譚學閎　大理寺右寺右寺副鮑祐②　大理寺左寺右③評事兼司經

①三　"三"當作"二"。

②祐　"祐"當作"佑"。

③左　明抄本作"左"。通行本誤作"右"。

① 司　明抄本作"使"。通行本誤作"司"。

② 已　"已"當作"巳"。

局正字羅萬英　中書舍人鄭崇光　吳大山　鄧士昌　通政司①司經歷司知事單禮　大理寺右寺右寺副周廷臣　中書舍人馬應坤　翰林院孔目楊永亨。"

十八日癸已②，大學士李廷機等謹題："為缺官事。照得制敕房舊役中書舍人三四員，管理一應文書誥祭文等項。每間一科，於會試下第舉人內考選送用，六年滿日送部，量陞應得部屬，遺下員缺另行題取。自萬曆二十六年考取中書孫能傳、張萱、嚴自省進房供事後，因俸滿適當玉牒告成，能傳、萱俱題請陞部去訖，自省丁憂，隨又患病，不能前來，衹有續題試中書舍人吳大山充補前缺，每有撰述，皆係大山一人辦理，甚為勞困。臣等亦挨延至今，未敢題補。今大山歷俸已滿六年，例當遷轉，前項職事委實乏人。合無敕下吏部，於舉人內考取文學優長、字畫端楷者四名，題請授以試中書職銜，送赴制敕房供事，其吳大山照例陞轉，原因敘勞，加俸一級照舊？是亦今日閣務之不容已者也。臣等未敢擅便，謹題請旨。"

二十日乙未，大學士李廷機謹奏："為懇乞放歸事。臣以衰病之軀，孤棲荒廟，由冬及夏，已歷三時，日長正似小年，寂寞真同空谷，而久旱酷熱，尤苦不堪，自腹背脅肋以至胯股之間筋骸脉絡，不知何故而如掣如抽，痛楚經旬，膏藥徧體。臣自顧摧殘之已甚，切憂歲月之難延，儻天心尚未慨然，則首丘終無復望矣。伏乞皇上，大開慈念，亟放臣歸。臣不勝感激天恩悚息待命之至。"

二十一日丙申，大學士李廷機等謹題："伏蒙皇上以祈禱雨澤，祭告南郊、北郊、社稷、山川、風雲雷雨等壇、護國濟民神應龍王之神，收回脯醢果酒，頒賜臣等二卓。臣等頓首祗領，不勝感戴天恩之至。謹具題謝恩。"

二十三日戊戌，大學士葉向高謹題："當此旱災為虐之時，臣忝居輔弼，乃以奉職無狀，病苦不堪，杜門待罪，甚懷跼蹐，每日晨昏必扶掖叩拜，少助我皇上爲民祈禱之誠。其不敢匍匐入直者，實以人言紛紜，日相罪責，臣若強出，則攻者復至，毫無益於國家之事，而反取辱招尤，以累君父，此臣之所以展轉於衷而無可奈何者也。昨接九卿諸臣揭帖，其爲災民請命至切至苦，言言皆真，字字欲涕，不知曾經御覽與否？諸臣又移書責臣不爲力請。臣伏枕殘生，叩閽無路，惟有愧死，尚復何言？皇上引咎責躬，齊心虔禱，業已多時，而雨澤猶慳，風霾轉甚，夜來狂飆大作，震撼怒號，大地幾於動搖，人心增其恐懼。荒涼凄慘之景象，皇上即深居高拱，亦必有動於聖衷矣。其諸臣疏中所言百姓流離、父子相食之狀，皇上或不信，則使人一訪之而可知也。人情當窮迫之後，何事不可爲？一旦相聚爲亂，迫近國門，於此時而下蠲賑之令，人亦不感，即欲用兵剿除，人亦不肯用命，皇上雖有金如山，誰與共守天下？事尚忍言哉？爲今之計，必發帑金數十萬，分道賑濟，庶幾可①少救。如聖意未能慨然，亦乞發一二②十萬，再令外間設法措處，以相補助。其所以必用帑金者，蓋欲百姓知出自皇上特恩，歡欣感戴，一金而可當數金之用耳。不然，天下之財孰非皇上之財？而臣等何爲苦苦陳瀆，必欲割其所甚愛，以自取違忤之罪哉？今二麥已焦，秋種亦過，即使目前得雨，亦無濟於事，賑濟一策萬難再緩。臣聞畿南真、保一帶，每日死者常有數千人，早賑一日，便有數千人得活。畿輔如此，其在各省又當何如？非我皇上，誰能發此大慈悲心、作此無量功德？此實臣等之所日夜延頸而企望者也。臣謹望闕百叩首，泣血以請。不勝悚息哀鳴激切之至。"

二十六日辛丑，大學士葉向高謹題："該文書官趙金捧聖諭二道到臣私寓：'諭內閣：朕昨承聖母傳諭，因見自春至今雨澤稀少，旱魃爲災，小民饑饉，欽降銀十萬兩，着給該部差官賑濟，務使得沾實惠，仰體聖母憫恤元元至意。特諭卿知。''又諭內閣：朕見聖母頒降帑金賑濟，朕將累年御前積餘及新到浙

① 可 《綸扉奏草》卷九"可"上有"猶"字。
② 一二 《綸扉奏草》卷九"一二"作"二三"。

直稅銀共五萬兩，朕又諭令中宮等各出費剩之資不等，今一併給與該部，查發差官賑濟。且朕欲發米數十萬石，以救畿輔災民，卿可詳擬來行。今一併諭卿知。欽此。'臣方伏枕中，一聞德意，不勝歡欣鼓舞，頌聖母慈澤振古未聞，皇上仁恩與天無極。蓋任姒遜其徽，而堯舜讓其烈矣。普天臣民，孰不感戴？祝聖母、皇上萬壽無疆，永造蒸黎之福也。臣謹即傳諭該部遵奉施行，更擬敕諭一道，恭請聖裁。又① 見皇上將北直隸、山東、山西、河南稅銀俱留二季，充餉賑饑，浩蕩之恩比數處已皆沾被，惟四川饑荒不下數處，福建水災異常，各撫按具奏至懇至切，而稅銀尚未蒙留，不無向隅之嘆。臣於諭中敢僭擬及此，皆出自聖恩，非臣所敢瀆請，但愚衷如此，不敢不盡，伏惟聖明裁改施行，不勝大幸。至於時政緊要，人情切望，如刑部掌印、推補閣臣之類，伏望皇上益擴善端，弘敷解澤，概賜舉行，使頃刻之間斯世便爲唐虞，萬古承傳盛美，豈不休哉？仍望皇上將中外感戴之情，轉奏聖母，以慰②慈念，以永綏無疆福履。所有聖諭，臣謹尊藏內閣。謹具回奏以聞。"

是日，諭戶部："今歲北直隸、山東、山西、河南、四川各處災傷，人民窮餓，朕深懷惻念。恭承聖母慈諭，發銀十萬兩賑濟，朕將御前積餘及新到浙直稅銀共五萬兩，又諭令中宮等各出費剩不等，一併給發爾部，着酌量各處災傷輕重，分派多寡，選差廉慎官齎解各處，會同該撫按官，商議賑濟。務使分散得法，實惠及民，以稱聖母與朕憫恤元元至意。其畿輔災民及各處流來饑民，爾部還發京倉及附近倉米三十萬石，一體給賑。各省撫按等官，仍多方計畫，便宜措置，若拯民窮。所有罪贖銀兩，盡行買穀濟荒，不得那移他用。四川、福建水旱特甚，也准留三十八年春夏二季稅銀給賑。朝廷於小民體念周至，爲百姓的都當安分守己，挨度凶年。如有乘機搶奪，聚眾非爲，便是亂民，法所不宥，着各地方官禁緝懲治，毋致蔓延。故諭。"

是日，大學士葉向高謹題："近以災傷之故，盜賊縱橫，即輦轂下，亦公行剽掠，莫敢誰何。昨接巡視京營科臣朱一桂與

① 又 《綸扉奏草》卷九"又"上有"臣"字。

② 慰 《綸扉奏草》卷九"慰"上有"仰"字。

巡城御史王孟震揭帖，皆稱捕獲盜賊，又被脱逃。至於神棍由二等，橫惡異常，害人無數，今雖拘繫，而其黨又睥睨窺伺，希圖搶去。聞此輩聚集，千百爲羣，若復縱容不治，臣恐旦夕之間，且有蕭牆之禍，而京師不得安枕矣。昔人救荒之法，皆以治盜爲先，良以窮民困迫，易與爲亂，一搆難端，便難剪撲。況都門之內，逼迫宸居，奸宄所聚，尤宜慎防，萬不可以爲泛常而不加之意也。伏望皇上亟檢各衙門參疏，盡送法司究治，併點刑部尚書，或命署印，作速鞫問，不至浮係各城，以生盜賊之心，豈非今日弭亂銷萌之切務哉？至於事干內臣，亦乞發司禮監查究，以息外議。臣不勝悚息之至。"

是日，大學士李廷機謹奏："爲懇乞放歸事。伏念人臣去就，如臣所處，自古以來未有之艱難，亦自古以來未見之變異。蓋聖主之恩寵至厚，但臣之①受至薄，故屯邅至此，莫非命也。臣病極矣，困極矣，一日在此，則一日之苦，一刻在此，則一刻之苦。今四日而夏至，又四日而端陽，日月如流，犬馬餘生有幾？伏乞皇上即放臣歸。臣不勝感戴天恩，哀懇悚息待命之至。"

二十九日甲辰，大學士葉向高謹奏："爲捐俸助賑事。今歲災傷，蒙聖母、皇上發帑賑濟，至於中宮以下，亦皆捐助，恩德至厚。臣備員輔弼，深愧素餐，當爲國以分憂，尚何心而猶②飽？況今數省俱荒，饑民以千萬計，非十萬餘金所能周濟，臣恨不能剜肉割肌，救此垂亡之命，謹捐俸一年助賑。固知滄海之枯，無資於涓滴，然使溝渠之莩，微潤乎斗升，是亦臣區區自盡之一念也。臣不勝悚息之至。"

是日，大學士李廷機謹奏："爲捐俸助賑事。臣久在告，昨者伏睹聖母、皇上測③隱饑民，發帑賑濟，暨中宮以下併有捐助，臣雖即去，義當爲國分憂，而臣向以辭俸不蒙准許，遲留既久，冒昧實多。今謹將昨歲領過一年俸金，繳送戶部，雖不足比於涓塵，亦臣區區一念也。謹具奏知。"

①之 明抄本"之"下有"賦"字。通行本脱此字。

②猶 明抄本作"獨"。通行本誤作"猶"。

③測 "測"當作"惻"。

①五 "五"上當有"萬曆三十八年"六字。

五①月一日乙巳，朔。

三日丁未，大學士李廷機謹奏："爲病臣三度端陽懇求准放事。臣自前年端陽即已乞休，其時臣居邸舍，家小相隨，至去年端陽而臣孑然獨居，至今端陽則居荒廟半年矣。時序流易，情景屢遷，理數已窮，寧耐已極。日來胸脇作痛，喉舌皆瘡，膏藥幾篇徧乎身，湯藥不離於口。蓋臣每聞有物故者，問其年歲，多是六十内外，而臣年已六十有九，似難過此古稀一關，但得生出國門，歸正首丘，則聖主之大恩，臣之大幸也。伏望皇上推恤民賑饑德意，以及老病之臣，惻然矜憐，慨然賜放。臣不勝受恩感激懇切哀祈待命之至。"

八日壬子，大學士葉向高謹奏："爲哀祈罷斥未蒙賜俞懇恩速斷事。臣屢疏控陳，屢蒙温諭，猶復求去不已，臣自知罪。但臣病苦真情，雖稍見於各疏中，而其隱微委折，尚有不敢盡訴於居父之前者。當竊謂今日時勢，如登高山，一層未上，又復一層，愈進愈難，終無平坦之路。今日人情，如涉大海，前浪未平，又有後浪，相催相激，終無寧息之期。而皇上又置之不理，付之不聞，千疑萬恨總歸閣臣。此非碩德重望，足以服人心，偉略宏才，足以匡世難，必不能樹康濟之勳，而稱輔弼之任。臣寔非其人也，而不敢謂天下之大，遂無其人，此所以日夜籌惟，願早避賢路，萬不可優游尸素，以釀禍於無窮也。伏望聖明上念宗社大計，下體中外輿情，亟放臣歸，即行推補，毋使病臣罪臣覊留充數，臣之幸，亦天下國家之大幸也。臣不勝塵瀆哀懇之至。"

十一日乙卯，大學士葉向高謹題："該文書官張文元傳捧聖諭到臣私寓：'諭内閣：兩宫内外執事併各衙門及諸陵墳各門廠等處，各捐資俸進朕助賑饑民銀若干兩，着給該部，與同前降銀兩分發賑濟。諭卿知。欽此。'臣方伏枕中，强起跪誦，仰見我皇上念切饑民，多方賑恤，至於内外執事以及各衙門各門廠①聖心，咸有捐助，浩蕩之恩真近年所希見。當此驕陽尚熾、膏雨未敷之日，多得一金，即足救一人之命，此臣之所以呻吟困苦中，而猶不勝其歡躍者也。謹即傳諭該部遵奉施行。所有聖諭，謹尊藏內閣。謹具回奏以間②。"

十五日己未，大學士李廷機謹奏："爲三年百疏窮極無聊瀝血籲天哀求准放事。臣惟天至遼邈也，乃頃者旱既太甚，眾庶呼號，而甘霖應焉，即如內帑之金，皇上所愛惜，不輕用也，惟不忍民之饑餓，遂慨然發以賑之。今臣窮極無聊，何啻旱望雨、饑望賑哉？使臣得望見天顏，亦可伏蒲引裾③，叩頭流血，必求一放，而今安得蒲引④而伏之、裾⑤而引之？則惟有補牘而求、忍死以俟。而臣俟且三年，疏且百計矣。臣嘗念，天地，覆載臣者，父母，生育臣者。然臣赤身而出父母之腹，寓天地之間，乃今臣身所被，上而父祖，下而兄弟、妻子，以及親旌⑥，孰非皇上之賜者？即自臣乞休，伏蒙宣諭慰留至三十次，此自來臣子所希遘之隆恩，臣非木石，詎不敢⑦戀？而苦苦迫迫如此者，緣臣疾病事勢萬萬不容不去，亦不容再遲也。今臣身棲廟宇，魂游家鄉，連日虛火益熾，喉舌皆瘖，其痛異常，牽及於腦。用涼藥則非老人所宜用，補藥又恐因而助火，遷延不已，臣必無望生還矣。伏乞聖主哀憐，亟傳准放。臣但得奉旨而出國門，理順心安，鬱開火降，七十殘生，或得少延。臣不勝感激聖恩涕泣哀祈悚息待命之至。"

十六日庚申，大學士李廷機、葉向高謹題："先該吏部題，萬曆三十六年三十七年補考、及三十八年正考、願就教職歲貢恩貢生員，開送翰林院考試。臣等會同吏部右侍郎兼翰林院侍讀學士掌院事王圖，出題彌封，嚴加考試，取中歲貢生員文理平通上卷五卷、文理亦通中卷一千二百五十七卷，恩貢生員文理亦通中卷一卷，俱堪授教職。謹將各試卷封進，伏乞聖裁發下，開送該部，查照先後題准事理欽遵施行。謹題請旨。"二十九日奉旨："是。該部知道。"

萬曆三十八年

二七三七

① 廠 《綸扉奏草》卷一零"廠"下有"皆仰體"三字，是。
② 間 "間"當作"聞"。
③ 裾 "裾"當作"裾"。
④ 引 "引"字當爲衍文。
⑤ 裾 "裾"當作"裾"。
⑥ 旌 "旌"當爲"族"之誤。
⑦ 敢 "敢"當爲"感"之誤。

二十日甲子，大學士葉向高謹奏："爲病苦日深懇求罷免事。臣之病卧兩月餘矣，杜門養疴，優游度日，莫非主恩。然而擬票私家，則政體失矣。不進不退，則臣誼乖矣。以天下國家之事屑越若此，則亂本成矣。臣時而呻吟，時而嘆息，欲言則天聽愈高，欲默則寸衷愈結，欲漫爾延捱則泄泄沓沓之罪愈不可道，病上加病，苦中添苦，雖有善爲臣謀者，亦莫知其計之所出矣。今大僚至乏，列署多空，近日孫瑋、吳道南、王汝訓輩又相繼求去，臣每接其揭帖，輒爲咨嗟。而臣當去之勢，不得不去之情，較之諸臣萬分不同，我皇上神明之見豈不洞察？故敢冒昧瀆陳，伏望聖明允臣所請，賜以生還，即命會推，以慰輿望。如聖意真以此官爲可有可無，不甚關係，則併臣一人亦在可省，但先行罷臣，而後徐議其應補與否，亦未晚也。臣不勝懇切哀祈之至。"二十七日，奉旨："覽奏知卿疾尚靜攝，情詞益懇。但今中外多事，正賴拯救時艱，豈可屢疏求去？還勉遵前旨，即出佐理，以副朕延佇至意。不必再有託陳。其會推大僚等事，少待朕詳覽點用檢發。該部知道。"

二十四日戊辰，大學士李廷機謹奏："爲懇乞准放事。臣賦命本遲，因學耐性，平生遇事多以耐處之，雖遲而竟得焉。自前年乞休，待命稍久，臣語人曰：'祇合寧耐，豈有耐之一年而不得者乎？'及至去年，待命益久，臣語人曰：'祇合寧耐，岂有耐之二年而不得者乎？'今二年又兩月矣，臣之耐性至此而盡矣。皇上穆清之上，詎知臣居處是何室屋？朝夕是何侶伴？炎日雨夜是何風景？沉疴痼疾是何症候？茹荼忍詬是何情懷？邈乎不得而知也。幾日一疏，一月幾疏，一疏輒娓娓數百言，祇爲贅、爲瀆，不能動聖心也。夫以名爲閣臣、在輦轂下，而隔絕若此，又何怪乎窮蔀細民、伏在遐陬、函在覆盆者，何由睹日月、而伸其淹抑乎？太平所以不臻，雨暘所以不時，災祲所以不銷，囂呶所以不静，未必不由此矣。臣久不敢憂天下之憂，惟犬馬餘生、螻蟻微命是急。伏望皇上俯垂憐念，賜臣骸骨。臣不勝感激天恩懇切惶悚待命之至。"

六①月一日甲戌，朔。

二日乙亥，大學士葉向高謹題："該臣臥病三月，屢奉溫綸，臣子之情雖未能遽達，而君父之命有難以久違。再三思之，臣以病求去，所憂者性命耳，夫捨性命以徇君父，固可為也。以人言求去，所惜者身名耳，夫捐身名以徇君父，亦可為也。惟是身名性命之徒捐，而於天下國家之事毫無所補，非惟無補，反滋害焉，此則臣子之心所必不能自安，而有望於君父之曲成者也。今皇上諭臣以會推大僚等事少待檢發矣，臣謹遵旨於今早廷見入閣供事矣，歸念未舒，迹反成乎貪戀，主恩難報，力莫効於轉旋，碌碌悠悠，將何稅駕？此臣之所以望闕興嗟，出門卻步，而不勝其慚愧之私者也。伏望聖明毋爽德音，維新庶政。凡有本章，賜發擬，既經發擬，必賜施行，而於臣所屢請東宮講學、會推閣臣二事，更加聖意，則人望不虛，太平可冀，而臣亦可少敦其犬馬之力矣。臣不勝悚息祈懇之至。"

三日丙子，大學士葉向高謹題："該同官臣廷機杜門求去二載有餘，章疏百上，臣之代請亦六、七次，未蒙俞允，近日廷機又屢託臣哀求。臣身方求去，豈敢復為人求去？昨日臣勉強遵旨入閣，方欲以其情上達，而廷機已真病矣。問之，則為痢疾所苦，一日夜至二十餘次，委頓牀褥，形容消瘦，臣竊憐之，而又慮之，相對悽然，至於泣下。今早廷機扶掖至思善門叩首，文華門上疏，其詞極哀，而其情亦真，萬不得已矣。自臣入都以來，未及三載，大僚無多，又相繼死亡，閣臣則有于慎行、朱賡，部臣則有楊時喬、楊道賓、王汝訓，寺臣則有甘士价、趙標、何爾健、夏子陽、馬洙，撫臣則有連標、于若瀛②，中間惟朱賡、楊時喬年七十餘，其餘皆祇五十以上，惟于慎行、甘士價等三、四人以病死，其餘皆以求去不得，抑鬱無聊，無病生病，有病添病，至死而後結局。頃者王汝訓死，臣為之雪涕，廷機亦感傷痛哭，遂嬰斯疾，亦可悲已。夫人臣出身事主，苟有益於國家，何計死生？惟進不得盡其職，退不得乞其身，

①六 "六"上當有"萬曆三十八年"六字。

②瀛 "瀛"當作"瀛"。

① 若 "若"當作
"苦"。

② 熟 《綸扉奏
草》卷一〇"熟"
作"孰"。

③ 愛 《綸扉奏
草》卷一〇"愛"
作"憂"。

④ 披 《綸扉奏
草》卷一〇"披"
作"彼"。

輕同僕隸，若①甚纍囚。間有真病真危，無從告訴，於是小者扦罔而徑行，大者守正以俟死，廢國家之法，而傷天地之恩，莫此爲甚。臣竊痛之。世惟頑鈍無恥之徒，乃貪戀富貴，不肯割捨，其少知自好者，皆愛惜名節，義不受辱，所恃以竭力效忠、無所顧慮者，以有難進易退之一事可以自明。今皇上乃併其去路而塞之，悠悠世情，熟②能相信？將使愛惜名節之臣，皆冒貪戀富貴之誚，滋紛紜之口，而增愛③畏之心，亦莫此爲甚。臣更惜之。廷機生平樸直不欺，往者雖懇切求去，未嘗敢深言病，今非真病、病而未甚，亦不敢言。披④之苦情，於性命爲急，而於名節尚緩，臣第因其情而極言之。伏惟皇上哀矜裁察，毋使其有生死之恨。臣不勝冒昧悚息之至。"

是日，大學士李廷機謹奏："爲久病更加痢疾勢難苟延謹冒死齋疏赴朝懇乞聖慈哀憐急放事。臣七十老人，抱病日久，杜門謝事，猶冀殘喘可延，而居處既失其常，寢興皆違其節，乃於二十九日午時，忽覺畏寒，急急上牀，嘔逆不已，是晚遂作痢疾。每一日夜，二十餘次，欲用推盪之劑，則老人久病，恐傷其真元，仍依温補之方，則積滯不通，恐滋其纏結，此之醫道，我皇上素所旁通者也。醫家無計調停補瀉之間，而病愈淹纏，殊無起色。臣猶記先年閣臣馬自強，入閣半年，以痢卒於部下，而自強年貌六十有六，臣年過之，得無懼乎？要之，臣病總緣鬱生，但得一出都城，挾醫攜藥，舟行調理，亦可漸望乎痊。若再遷延，必無幸矣。爲此，力疾造朝，過恃恩私，先於思善門外叩頭口求，仍赴文華門上疏。臣病真否，朝内人衆所知，伏乞皇上慨發慈心，即放臣去。臣不勝感激涕洟戰慄待命之至。"初六日，奉旨："覽奏，知卿病尚未瘳，又兼入暑失調，扶掖具本親奏，情詞愈懇，朕心惻然，豈不體念？卿爲輔弼股肱，但天氣暄熱，宜慎加保愛，特遣太醫院堂上官前去診視。卿遠善加調攝，以慰朕至意。該部知道。"

是日，大學士李廷機、葉向高謹題："爲纂修玉牒事。該臣等具題，將萬曆二十七年以後玉牒照例續修，已敕宗人府會同禮部，查取各王府宗支冊籍開報外，照得舊例，纂修該用翰林官二員。查有詹事府少詹事兼翰林院侍讀學士翁正春、右春坊右庶子兼翰林院侍讀朱之蕃，俱堪推用。二官資俸已深，合將翁正春量陞禮部右侍郎，兼翰林院侍讀學士，協理詹事府事，朱之蕃量陞詹事府少詹事，兼翰林院侍讀學士，專管纂修玉牒事務。竊念天潢之派，其繁衍視前加倍，事不容緩。先該臣等具題，已奉俞旨，惟纂修官屢次列名上請，未蒙允發。我皇上率祖展親，百凡周渥，而此一事關係宗支，亦臣等職掌之緊要者，故敢冒昧申請。伏乞敕下吏部查照施行。緣係纂修玉牒事理，臣等未敢擅便，謹題請旨。"

五日戊寅，大學士葉向高謹題："竊惟刑部掌印官候命日久，催請之章至爲煩數，而至今未蒙俞允。獄囚積至千人，莫爲問斷，囚米無措，皆令鋪戶包賠。炎暑鬱蒸，煎熬難過，即重罪者不足深恤，而輕罪者亦自可憐？祖宗以來，每年有熱審之例，當流金灼石之時，弘解網縱禽之澤，浩蕩皇恩湛及囹圄，此祚運所以休隆，而亦聖明所最留意者也。今常期已過，勢當速行。而三年恤刑之差，舊例皆於二、三月題請，延至於今，亦難再緩。臣之所以懇懇惓惓以該部掌印爲請者，蓋亦萬不得已之苦衷耳。至於工部署印，已有成命，而劉元霖辭疏未蒙發擬，該部事務亦皆沉閣？統望聖明留神檢發。臣不勝激切祈懇之至。"

六日己卯，大學士李廷機謹奏："爲恭謝天恩事。臣乞休抱病已越二年，比因再加痢疾，不得已冒死叩閽，嗚咽流涕，求皇上矜憐一放而已。仍於本月初六日，伏奉聖旨：'覽奏，知卿病尚未瘳，又兼入暑失調，扶掖具本親奏，情詞愈懇，朕心惻然，豈不體念？卿爲輔弼股肱，但天氣暄熱，宜慎加保愛，特遣太醫院堂上官前去診視。卿還善加調攝，以慰朕至意。該部知道。欽此。'臣謹設香案，力疾望闕叩頭謝恩。太醫院官徐文元等，隨奉欽遣到臣牀前，臣復就牀叩頭診視訖。伏念臣年衰病久，不善攝調，轉致新疴，上廑聖念，膏肓病錮，更徵天語之温，草木焦枯，重煩御醫之遣，聖恩隆重如天罔極，豈臣捐糜所能酬答？豈臣筆舌所能名言？若臣形容悴甚，血脉虛甚，病根深甚，調治難甚，則文元等一入門知之，一下指知之，無待臣重陳也。伏望皇上即放臣去。臣但出城則心寬，登舟則心又寬，河水新添，舟行風動，且立秋近在十日，臣家遠不過七千，臣得歸正首丘，臣之報恩不在今生而在來世矣。臣不勝感戴天恩懇切悚息待命之至。"

十日癸未，大學士葉向高謹奏："爲議論日多紀綱大壞懇乞聖明早行裁斷以尊主權以肅政體事。臣竊觀年來攻訐成風，煩囂日甚，每有一事、一人之事①，必曹分角立，曠日經年，朝端化爲訟場，同舟判爲敵國，心竊傷之。而頃者以爭論淮撫李三才，更爲喧鬨，東牽西扯，連累已多，此救彼攻，相持更急，甚至一生砥礪如顧憲成者，徒以尺書之故，亦拖入其中，推敲不已，蓋從來是非之糾紛、議論之駁雜，未有如此之甚者也。當事初起時，臣即具揭言三才事皇上久，其人之忠邪夙在聖鑒，宜亟賜裁斷，以息紛呶，蓋已逆慮其有今日矣。不謂天聽尚高，醞釀至此。夫人臣進退聽於君，君而不斷，則爲誰②斷者？衆言淆亂祈③諸聖，聖而不決，則誰爲決者？尋常士庶之家，其子弟奴僕相與鬭閧，人猶病其主翁，況於朝廷之上，天子之尊，而可聽臣下終日爭言，徒以不見、不聞之法處之哉？雖聖度如天，無所不容，然此局不結，非但大臣之去就不明，而浸淫決裂，且成漢唐宋末年之黨禍，其爲關係甚不小也。其吏④有可異者，自孫善繼上章徑去，而劉道隆繼之，顧天竣、李騰芳、陳治則又繼之，詹沂以秉憲大臣亦繼之，近日姚士慎、侯慶遠與南京給事中段然又繼之，至於各處巡按御史亦有以不候代行矣，雖其中皆有大不得已之情，然而臣子分義，稟命爲恭，若皆以不得已爲辭，自行自止，如鳥飛於天，魚沉於淵，莫之禁遏，則紀法蕩然，而人主之所恃以統制萬方、網維上下者，果何物哉？此亦其漸之不可長者也。以上二端，皆目前切務，臣感憤於衷，不得不言。伏望聖明即將前後論救李三才諸疏，擇

① 事 《綸扉奏草》卷一〇"事"作"爭"，是。

② 爲誰 《綸扉奏草》卷一〇"爲誰"作"誰爲"。

③ 祈 《綸扉奏草》卷一〇"祈"作"折"，是。

④ 吏 《綸扉奏草》卷一〇"吏"作"更"，是。

其甚者批發一、二，明示當否，以肅人心。於三才辭疏，亦斷自宸衷，定其去留，使之進退有據。其求去諸臣盡下該部覆請定奪。以後再有擅去者，必行重處。則主權尊，政體重，不至於陵夷而不可收拾矣。抑此爲皇上言也。若在諸臣，則臣亦有一得之愚，請竟言之。夫封事不妨直陳，若俚言讕語宜稍芟除，所以尊君父也。糾彈不妨臚列，若蔓引株連，宜少顧惜，所以成人才也。是非不妨並見，若好醜稱譏宜毋至太溢，所以存公道也。意見不妨異同，若勝心客氣宜各務消融，所以防禍釁也。怨德不妨直報，若睚眥胸臆宜勿借國事以發舒，所以先公家之急而後其私也。人生天地間，百年瞬息，縱使事事如意，所得亦能幾何？況自古至今，邪自邪，正自正，君子自君子，小人自小人，並未有從口吻脣舌間能奪天下萬世之公論，而顛倒其是非者。則今日之多言爭辯，亦奚爲哉？程明道有言：新法之行？吾黨亦自有過。假使爲人臣者，人人能存此心，則天下長無事矣。此臣之爲諸臣忠告，而不知其有當否也。臣不勝悚息冒昧之至。"

十八日辛卯，大學士李廷機謹奏："爲殘喘終難久延即日立秋懇求准放事。比臣以舊痾新疾，冒死叩閽，伏蒙皇上惻然，特霈溫綸。念天氣暄熱，勉臣調攝，更遣太醫診視。臣感恩激切。遵旨靜調數日以來，痾幸少止，然而衰老尫羸之人，重輕①此一番剝削，其元愈涸，脾土益虛，飲食不消，四肢綿弱，奄奄喘息，僅如一系，而兼以居處失常，僮奴皆病，寂寥無侶，鬱悒不堪。皇上但知天氣暄熱，至其間情景，皇上寧盡知？而臣亦詎能盡言之？伏誦前旨，以臣爲輔弼股肱之臣，然則恩禮始終，惟此一放。而即日立秋，涼風將至，起死回生，亦維其時矣。不然，侍郎王汝訓猶得死於邸舍，而臣乃死於荒廟之中，聖慈寧忍乎哉？伏乞皇上慨然賜骸。臣不勝感激哀祈惶悚迫切待命之至。"

十九日壬辰，大學士葉向高謹題："臣項具奏，請發准撫李

① 輕 "輕"當作"經"。

三才辭疏及禁約諸臣擅去，蓋爲國家紀綱計，爲皇上威權計，是亦今日不容已之急務也。今擅去一事，已蒙皇上將吏部疏發臣擬上，可無容言。惟三才事，尚未蒙批示。豈聖心愼重，亦有難於遽發者耶？臣竊以爲，大臣被言，則當全其進退，使心迹得以自明，言官爭辯，則當剖其是非，使廟堂免於聚訟。此在皇上頃刻裁斷間，而天下翕然頌神聖矣。況淮安重地，督撫重任，或去或留，終當明白。伏望皇上，將臣前疏省覽檢發，或將三才辭疏，特加宸斷，不則敕下部院，令其擬議上請，以聽聖裁，亦無不可。如復荏苒遷延，置之不問，則盈廷議論，終無了日，紀綱法度，日就陵夷，臣深爲聖明之世惜也。臣不勝悚息待命之至。"

二十日癸巳①，大學士葉向高謹奏："爲懇恩亟補閣員事。臣頃者病臥中以推補閣臣哀請於皇上，屢蒙溫諭候旨行矣。或者謂臣曰②：'堅臥而請，迹疑於要，聖意所以難也。出而請，其庶幾乎？'臣於是匍匐而出。又將再旬矣，乃閣臣之推補尚杳然也。大小臣工每見臣，則必問曰：'會推在何日乎？'臣不能應，則又曰：'此何等事？可日復一日如此，挨延乎？'臣愈不能應。天下之望臣日急，而臣之陳請日窮，固已不勝其困苦矣，兼之中外多故，議論紛紜，危亂之形已著，蕩平之理難期，而臣乃以不肖之身久妨賢路，跼天蹐地，何處自容？苦海愁山，從誰堪訴？今精神昏憒，百事遺忘，即每日發擬本章少有難處者，輒執筆躊躇，茫然無措，四顧徬徨，又無一人可與商議，顛倒錯謬，將何紀極？此尤臣之最苦、最窮，每一念及，時刻難度，而不容已於哀鳴者也。臣一身利害固不足恤，惟望皇上以天下國家爲念，俯鑒愚衷，亟賜施行。臣不勝激切懇祈之至。"

二十七日庚子，大學士李廷機、葉向高謹題："竊惟東宮輟講，殆將七年，中外之望，日切一日，衆口諠呶，日甚一③，講席當開，若仍前因循，則人望愈孤，而疑議日起，臣等受罪

① 巳 "巳"當作"巳"。
② 曰 《綸扉奏草》卷一〇"曰"作"曰"，是。
③ 一 《綸扉奏草》卷一〇"一"下有"日，臣等懇請之辭業已窮竭，而無所復措矣。今秋涼已屆"二十二字，是。

受責，固自甘心，而朝廷爲此一事，紛紜糾結，不得時刻安寧，亦豈所以重國本、而肅人心哉？臣等謹擇得七月初九日、十三日二日皆吉，伏乞欽定一日，命皇太子與福王同出講學。臣等未敢擅便，謹題請旨。"

萬曆起居注

① 七 "七"上當有"萬曆三十八年"六字。

② 揄 "揄"當作"榆"。

七①月一日甲辰，朔，大學士李廷機謹奏："爲天氣漸涼懇求允放事。臣前月扶病叩閽，伏荷溫綸以天氣暄熱勉臣調攝，臣感皇上曲體之深仁，視臣如子，又竊幸病臣首立之有望，秋以爲期。今自六月十九日立秋，二十七日末伏，秋來伏盡，熱退涼生，加以霖雨之後，百川灌河，臣之羸弱，陸行則難於馳驅，舟行庶便於調理，皇上放臣此正其時。伏乞慨發慈心，允臣所請，放之久留之後，與之垂盡之生，即覆載僅足擬其恩，即環草未足効其報也。臣不勝懇切惶悚待命之至。"

十日癸丑，大學士葉向高謹題："臣惟國家定制，章疏奉旨者，必發六科抄送各部，然後施行。今工科掌印官缺已一年有半，署印無人，該科該部與臣閣中題請不知其數，俱未蒙俞允，而禮科、刑科以署印請亦久未奉旨。此三部疏抄，盡皆停閣，赫赫明綸所當朝下夕行，而壅格至此，毋論事體不便，而於朝廷之紀綱號令亦太褻矣。昨各部掌印官皆於朝房見臣，責臣代爲催請，臣自知語言瑣瀆，不足以動天聽，然事關政幾，不得不言，伏望聖明俯賜檢發。臣不勝悚息祈懇之至。"

十四日丁巳，大學士李廷機謹奏："爲天氣已涼懇求即放事。臣伏念臣杜門已三年矣，犬馬之疾萬不能出矣，匹夫之志堅不可奪矣，皇上察臣真情亦久，不強臣以所不能，而時聽之去矣。春初奉旨曰春寒，則臣計日望暖，而暖過矣。夏間奉旨曰天氣暄熱，則臣又計日望涼，而今涼又至矣。臣七十之年，奄奄一息，更經得幾度暑寒？皇上春秋鼎盛，如岡如陵，豈知臣桑揄②之景之甚迫促也？皇上九重之上，深宮之中，夫豈知臣棲宿之處，是何室屋，是誰侶伴也？皇上萬幾，日不暇給，夫豈知臣之寂寞蕭索、度日如年也？夫擅去者必處，而不憐久候之臣，非所以爲辦也。物故者已矣，而其後者復羈留之以候其物故，非所以爲仁也。以皇上至仁、至明、至斷，而所以處臣子去留之際，獨有所未盡，臣誠不得其解也。臣記得先年二輔臣並放，正在七月，其時閣中亦惟朱賡一人耳。伏乞皇上慨然及時放臣，毋再躊躇。臣不勝感戴激切悚息待命之至。"

十五日戊午，大學士葉向高謹題："臣自入秋以來，已再具揭請東宮出講，未蒙批發，而各衙門章疏連日疊上，其言皆極爲懇切，其深憂遠慮尚有不敢盡形之奏牘，而徒鬱積於胸中、囁嚅於口中者。臣竊以爲天下之事，凡有當行而不行，則必有説焉，而後可以自解。即如皇上之不御朝，臣猶可語人曰：'聖躬方調攝也。'皇上之不御講，臣猶可語人曰：'聖學已緝熙也。'今皇太子七年不講，天下之人日求其説而不得，微獨天下人，即臣備員密勿，亦不得其説，又微獨臣，即皇上欲明告天下人所以不講之故，亦難乎其爲辭也。以爲煩勞？而講學非勞也。以爲不當親近外臣？而外臣自勸講外無他説也。以爲別有難處？而前此東宮出講典章具在，又毫無難處也。夫如是，則人安得而不疑？情安得而不切？其爲議論又安得而不多哉？且非但皇太子當出講也，諸王有藩屏之寄，昔人所稱'穆穆皇皇，宜君宜王'者，其關係俱爲甚重。今福王輟講亦數年矣，瑞王年已二十，讀書進學已太遲矣。此皆帝室之輔，鞏皇圖而壯金甌者也，而可任其汗漫悠悠，不以義理學問、開擴其聰明哉？我皇上燕翼貽謀，篤念本支，無所不至，而何獨於此一事尚未加於聖心？此尤臣等之所再三籌惟而不得其解也。今事窮勢極，不可復緩，故臣敢復迫切言之，頻煩請之，亦知聖明必以臣言爲是，不責其瀆耳。前臣所擇初九、十三二日，今業已過，謹再擇得二十二、二十八二日皆吉，伏乞欽定一日，命皇太子與福王同出講學，仍敕禮部擇吉具儀，請瑞王出講，其東宮講官臣謹另揭上請，恭候聖裁。臣不勝激切祈懇之至。"

二十二日乙丑，大學士葉向高謹題："竊惟議謚一事，上奉聖裁，下參公論，足完年來曠典。祇因所擬謚號未蒙點發，以致鄭材讀①奏擾亂，而禮部、通政司及各衙門皆連章糾劾。至吏部尚書孫丕揚亦貽書於臣，謂鄭材無端牽扯，難受汙辱，義當決去，業已具疏矣，以臣再三勸阻而止。竊惟鄭材，本一無

① 讀《綸扉奏草》卷一〇"讀"作"瀆"，是。

賴小人，士林不鑿。其於趙用賢本無深怨積禍，徒以向時曾行論列，因之失官，遂成不解之仇，跧伏日久，無由自進，故因近日議諡，借用賢以爲題目，而自附於羅倫、鄒元標之流。疏中語言顛倒謬妄，不可勝數，至如孫丕揚之忠亮老成，吳道南、吳默之清正，皆爲所誹詆不遺餘力，是何其無人心、無王法一至此哉？近來上下因循，紀綱廢墜，奸徒罷吏布滿長安，蜚語謗書通衢四揭，臣入仕將三十年，未見有如此景象，而鄭材乃以參看爲民之人，欲搖感冢宰、宗伯，使之不得安於其位，甚且提力①乘馬，突入國門，此而不懲，臣不知其流之禍，又將安所極也。度材之心，蓋意皇上參疏不下，諡擬不發，以爲其説得行，遂肆無忌憚②如此。而又安知天威聖怒之不可測乎？臣與材素不相知，毫無嫌隙，向者見其狂誕，以爲不足計較，今狼狽已極，關係朝綱，不得不言。伏望聖明亟將材疏及禮部等衙門各疏發下，明加懲創，以肅人心，仍將臣所擬諡號即賜點發，庶國家之體統尚存，不至於大壞而不可收拾矣。臣不勝激切冒昧之至，謹題以聞。"

二十三日丙寅，大學士李廷機謹奏："爲懇乞放歸事。臣自夏間蒙恩奉旨，計日而待，惟苦夏之未去、秋之未反也。今立秋之後復爲白露即矣，涼風颯颯，寒氣蕭蕭。臣南人，羸體，畏怯風寒，數日以來，乃更解裝發篋，取冬衣而被服之。蓋此時氣候，鴻雁來而玄鳥歸，即孤③之首丘亦維其時。竊度皇上向所許臣以候旨者，今必慨然賜骸。而臣伏候三年，數窮理極，到此亦萬無再緩矣。且以無所事事之一閒人，而繫之輦轂之下，仍糜祿以養之，又使其告苦告憐，煩瀆至尊，甚無謂也。夫賢才不乏，而辦事者見有向高，臣未去無益，臣去無礙，皇上何難於一放而遲疑爲哉？伏乞即賜慨然，俾臣得及此秋涼，生還田里。臣不勝受恩感激懇祈急切惶悚待命之至。"

二十六日已巳④大學士葉向高謹題："竊惟科道各官，爲朝廷耳目，其任最重，故我皇上於考選一事，常其難其慎，不肯

① 力 《綸扉奏草》卷一〇"力"作"刀"，是。
② 憚 《綸扉奏草》卷一〇"憚"作"憚"，是。
③ 孤 "孤"當作"狐"。
④ 已巳 "已巳"當作"己巳"。

輕發，以致言路每患乏人，而臣等亦深苦於祈請之頻煩，自取冒瀆之罪。今歲吏部以考選請，蒙皇上慨然賜允，人心歡躍，以爲聖天子作爲，真有非常情所能窺測者。故雖疏上數月，未蒙允發，而臣等相戒不敢輕瀆聖明，即與選諸臣，亦皆杜門靜俟，未嘗有足迹及臣之門央求催請，可謂仰體宸衷，自安分義，絕無蹀躞之習矣。但目前科道又復乏人，在京御史祇有數員，各處差滿無可題代。署院臣孫瑋甚以爲苦，不得已復連章祈懇，而吏部尚書臣孫丕揚亦有疏矣。臣竊以爲，此事在聖心必有獨斷，無待臣等之多言，惟蚤發一日，則諸臣早效一日之用，而朝廷之上亦蚤了此一事，不致復煩口舌，其爲利便甚不小也。且前此考選，言公言私，無怪聖心之遲疑。此番則人人帖服，並無言說，更有何疑而復猶豫？況當此萬壽呼嵩之時，正前歲諸臣拜命之日，以昔準今，亦不容緩。故臣敢冒昧一言，伏望聖明即賜檢發，庶班行法從，咸有輝光，而海宇臣民，益增頌祝矣。臣不勝悚息祈懇之至。"

　　二十八日辛未，大學士葉向高謹題："竊惟今日國家之事，雖百孔千瘡，而其根源黎繁所在，寔在於大僚之不補。大僚者，皇上之股肱，所與共圖化理，而領率羣工，以成明作之治者也。皇上初年曾親發玉音，戒以正己率屬，一時人心儆惕，庶職修明，庶幾復見太平之盛。自頃年大僚不補，列署空虛，至有經年累歲不入衙門。於是凡百臣僚，皆懷苟且之心，日成偸情①之習，以歌呼宴飲爲職業，以談說是非爲品格，官常盡壞，國憲蕩如，蓋較之昔人所稱泄泄沓沓之病，殆有甚焉。昔世宗皇帝雖深居大內，而官無乏人，人無廢事，督責甚嚴，精神流貫，故得以晏然穆清而天下無恙。我皇上但法世皇之深居，而不得世皇所以駕馭臣工、振飭綱②維之術，臣恐天下之亂必自此始矣。夫進退予奪出自皇上，臣何苦而數數言之？惟目擊朝寧之間，人心玩愒若此，亂形已著，不忍不言。伏望皇上即將吏部會推大僚諸疏慨賜檢發，使領率有人，羣工知儆，天下事庶乎猶可爲也。至於日講官，以啟沃爲事，禮貌原優，禮部官以寅

① 情 《綸扉奏草》卷一〇"情"作"惰"，是。

② 綱 《綸扉奏草》卷一〇"綱"作"綱"，是。

清爲職，任寄亦重。今蕭雲舉、王圖、吳道南三臣皆有乞歸之疏，未蒙發擬，進退趑趄，亦深不便，併望聖明檢發，令臣擬上，恭請聖裁，是亦大僚中不容已之事也。臣不勝激切祈懇之至。"

八①月一日癸酉，朔。

二日甲戌，大學士李廷機、葉向高謹題："竊惟臣等備員內閣，凡有應行事務、歷來相沿、勢不容已者，皆須題請施行，至於翰林各官，將及百員，挨次陞轉，亦皆臣等題請下部填注。向時皇上優禮內閣，雖當朝政壅格之日，而閣臣所題常多得請。頃來天聽日高，一概停閣，自春初至今，疏揭無數，並未有一事得行、一官得轉，則是舉從前循習之舊章，自臣等而廢之也，豈不溺其職哉？今臣等不敢泛濫陳瀆。帷②如纂修玉牒一事，已奉俞旨，而纂修各官累請不得。臣等竊念天潢之派，國家所重，舊例皆十年一修，今過期已久，豈容再緩？謹推得詹事府少詹事兼翰林院侍讀學士翁正春、太常寺卿管國子監祭酒事傳③新德，俱堪充纂修官。二官資俸已深，合將翁正春量陞禮部右侍郎，兼翰林院侍讀學六④，協理府事，傳⑤新德量陞詹事府詹事，兼翰林院侍讀學士，令其專管纂修玉牒事務。伏乞敕下吏部查照施行。臣等未敢擅便，謹題請旨。"

三日乙亥，大學士李廷機、葉向高謹題："爲翰林各官壅滯已極查例題陞以明職掌事。竊惟翰林一衙門，自三品、四品應該會推外，其餘尋常遷轉，皆係臣等具題。頃於三十四年間，閣臣朱賡曾以疏壅滯爲請，伏蒙皇上慨賜俞允，一時而陞者十九人，於是詞林諸臣稍稍得以序進。今又五、六年矣，中間因事遷轉不過數人，其應轉而不得轉者甚多，稽之舊章，皆宜題請。但自坊局以上、官職稍崇、可以從容少待者，臣等未敢遽瀆，惟就史官中資俸已深、見在供職者言之，則有翰林院編修黃國鼎，翰林院檢討盛以弘、丘禾實，三人皆係戊戌進士，服官十三年未經一轉。其養病在家，則有翰林院修撰趙秉忠，亦與國鼎等資俸相同，而名第在前，國鼎等既已敍遷，則秉忠不宜獨後。合將趙秉忠、黃國鼎各量陞左春坊左中允，兼翰林院編修，盛以弘、丘禾實各量陞左春坊左贊善，兼翰林院檢討，令各到任供職，庶詞臣無壅滯之嗟，而臣等亦得以少伸其職掌

萬曆三十八年

二七五一

①八 "八"上當有"萬曆三十八年"六字。

②帷 "帷"當作"惟"。

③傳 "傳"當作"傅"。

④六 "六"當作"士"。

⑤傳 "傳"當作"傅"。

矣。臣等又念，翰林各官幾至百員，蓋內外各衙門無有如是之多，今次敍遷止於四人，較之臣虜所題僅五分之一，無非仰體皇上愛惜名器之盛心，不敢濫及，伏乞聖慈俯鑒愚衷，敕下吏部查照施行。臣等未敢擅便，謹題請旨。"

　　六日戊寅，大學士葉向高謹奏："爲萬壽屆期聖恩宜沛懇乞速補閣臣以慰輿①望事。臣惟人臣之事君，猶子之事親也。親有吉祥善事，則爲子者，必合一家之人歡欣奔走，而後爲孝於親。君有吉祥善事，則爲臣者，必合天下之人歡欣頌祝，而後爲忠於君。我皇上以神聖御查，萬壽無疆，當此呼嵩獻壽之辰，四海臣民孰不舉手加額幸吾君之有慶？而喁喁之情，若有所鬱結而未盡暢者，惟是時政之壅塞。而時政壅塞之中，其所最急而最關係者，無如閣臣之不補。蓋非但大小臣工望之，即蚩蚩氓隸亦無不望之。非但輦轂之下望之，即遠在萬里外亦無不望之。天②閣臣之補，不過二、三人，其進退用捨與天下人何與？乃合天下人羣而望此二、三人者，果何故也？以爲此二、三人者，吾君之股肱心膂，此二、三人得其人，則輔理有託，太平可期，而吾君之壽考福祿，愈綿綿而未艾也。昔召公告成王，稱其受命長，福祿康，而其歸在於馮翼孝德藹藹之吉士。蓋盡臣之愛其君，惟欲其賢才衆多，布列庶位，以共成休明之治者如此。而況於密勿之司，股肱心膂之寄，可任其伶仃孤苦，負乘覆餗，而恬不之問哉？臣竊度皇上之心必曰：閣臣尚有三人，未爲少耳。夫世之所望於有此人者，以其爲此事也，苟不爲此事，則何貴於有此人？今臣錫爵不來，臣廷機欲去，蓋久已不爲此事矣。而臣又智窮力竭，雖黽勉爲此事，而寔無尺寸之功，與不爲同。則是今之閣臣，謂之無一人馬③可也。有三人之名，而無一人之用，國家設此官之謂何？而其爲患害，又豈止於負乘覆餗而已哉？臣爲此祈懇，殆將兩年，肝腸盡摧，詞說已竭，更無可伸其喙。因見四方萬國皆來稱賀，輒敢舉羣情之所同欲者，以達於聖聰，庶幾詩人受命長、福祿康之誼，亦臣區區忠愛之一念也。伏祈聖慈俯垂鑒允。臣不勝激切祈懇之至。"

① 輿 "輿"當作"輿"。

② 天 "天"當作"夫"。

③ 馬 "馬"當作"焉"。

萬曆三十八年

　　七日己卯，大學士葉向高謹奏："爲大僚缺人已極考選候命多時懇乞聖明亟賜檢發以昭聖斷事。臣惟祖宗網維天下，設立六部、九卿，有長有貳，而又置六科十三道，俾司言責，科員數十，道員百餘，如此之多者，豈欲①樹此冗官，糜國家之廩祿哉？蓋真見股肱耳目，必有所託，少一官則廕②一官之事耳。今日之大僚不過六、七人，而李化龍、孫瑋、劉元霖皆以一人而兼兩署之事。夫一署原有三人，今以一人而兼兩署，則是兼六人之任也，其精神之馳騖，筋力之經營，固已不勝其困苦矣，而況又有告病乞休，經年不入署者，衙門文③已荒涼，官屬誰爲統率？偷玩弛廢，勢所必然。至於南京部院，見在祇有四人，每當署印，彼此推辭，至煩口語。而吏部尚書，至今未補，大計在近，誰爲主持？此尤其勢之至急者也。六科各官雖有數人，然已落落若晨星，而御史各差無可題代，即侍班糾儀亦復借及於首領，蓋依然前歲困乏之景象矣。夫前此兩番考選，皇上雖遲遲後發，然未嘗終不發也，徒以發之稍遲，遂令瑕釁因此而生，議論因此而起，聖聽因此而瀆，臣等之罪亦因此而增，以視萬曆二十年前有缺必選，有選必下，其利害得失相去亦較然矣。夫吝所必予之官，以聽下之紛紜，非所以示斷也。屯所必沛之膏，以待人之祈請，非所以明恩也。皇上亦何利於此而爲之乎？或者日④，皇上之不補大僚與未下考選，蓋愛惜官爵之心耳。臣竊以爲皇上之惜官爵是也，然官爵可惜，而紀綱法度更爲可惜，皇上試觀今日之天下，嚻競陵夷一至此極，是尚知有紀綱乎？知有法度乎？皇上徒惜官爵於昭昭，而不知紀綱法度已盡壞於冥冥而不自覺。譬如人家主翁，吝嗇衣食，筦籥自操，子弟僮僕無所委寄，自以爲能封殖矣，而奴不耕，婢不織，兒女爭言不休，家政蕩然，而主翁不知也。如此而家不敗，有是理乎？皇上但見目前苟且支吾，猶足了事，遂以爲官不必備。果若是也，祖宗之設立各衙門各官，不幾於過訃⑤而多事哉？臣受皇上厚恩，豈敢以聖心之所甚靳者，強以予人？惟目擊紀綱法度頹壞至此，不忍坐視，不得不屢行陳瀆。伏望聖明俯垂鑒察，即將吏部推舉大僚及考選諸疏，亟賜允發。至如薊門，

① 欲　《綸扉奏草》卷一〇"欲"上有"故"字。
② 廕　"廕"當作"廢"。
③ 文　《綸扉奏草》卷一〇"文"作"久"，是。
④ 日　"日"當作"曰"。
⑤ 訃　"訃"當作"計"。

捍衛京師，最稱重地，而督臣請告，撫臣會推，皆留中未下。秋防緊急，誰人料理？更望聖明併賜檢發，庶內之股肱耳目既皆得人，而外之封疆亦有所託矣。臣不勝激切祈懇之至。"

十二日甲申，大學士葉向高謹題："該臣近日催請亟補閣臣、大僚，及發考選科道、纂修玉牒諸事，皆目前切務，而伏候多日，未蒙一事允行。臣愚昧煩瀆，無當聖心，誠自甘罪，但念政幾壅塞一至於此，上關朝廷之得失，下繫四海之安危，臣焦心苦慮，不能自安。況聖節屆期，普天同慶，此時不發，人望愈孤。伏望聖明俯賜檢發，以慰輿情。臣不勝激切祈懇之至。"

二十一日癸巳，大學士葉向高謹題："竊惟東宮講讀，臣自入秋以來已四請矣。近以千秋令節、萬壽聖節皆有假期，不敢再請。今假期已滿，天氣漸寒，若更復蹉跎，則轉盼之間便是嚴冬，而今歲之事又無望矣。臣誠不知聖意之所存，而其難其慎一至此也？此事上關國本，下切輿情，臣待罪政地，此而不言，焉用臣爲？故不得不竭誠祈請。至於當講之故，不講之害，則大小臣工言之至詳、至盡，臣即更有陳説，不能有加於諸臣也。且臣等數年於茲，請講疏揭不下百餘通，今即欲更竭其愚，亦不能有加於前説也。惟望聖明深惟社稷之計，俯鑒愚誠，慨賜愈允，則真天下國家之大幸耳。謹擇得今月二十八日、九月初四日二日皆吉，伏乞欽定一日，命皇太子與福王同出講學。其侍班、講讀等官，臣開具別揭，恭請聖裁。臣不勝激切祈懇之至。謹題請旨。"

二十二日旦①午，大學士葉向高謹題："今日戶部十三司各官，羣至閣門，投遞揭帖，內稱尚書趙世卿病甚危篤，旦暮不保，各項錢糧簿書無人管理，乞亟賜處分，並命他官署理印務。其言甚爲迫切。臣昨已聞世卿病重，未敢上聞，今司官之揭如此，則其勢似已危殆，難以強留。戶部職司國計，一日不可無

① 旦 "旦" 當作 "甲"。

人,其請官署印,亦不容已之急務也。年來府藏空虛,億百匱乏,至計之官束手無措,每視爲極難極苦之地。故侍郎李汝華堅不到任,雖奉旨屢催,而猶以病推託,可謂無人臣禮矣。至總督倉場都御史孫瑋亦貽書於臣,欲具疏求去,此官之不可爲、人之不肯爲此官,一至於此,則其難可知也。然臣子分義,何處不勉?苟一當難處之地,即相率規避,他日國家更有危急,何人肯盡忠出力?而皇上將何所倚仗也?臣竊嘆之,亦竊憂之。目前九列卿貳不過數人,或以老病焦勞,或以兼署困苦,寂寥弛廢之景象,臣不忍言。甚至武舉重典,例用卿貳大臣,今不得已而借及於大理寺丞,是何聖代之乏才一至此哉?不知我皇上亦曾一念及否也?今户部事體更爲緊急,伏望皇上亟允司官之請,命官代署,仍許世卿之去,敕下吏部作速推用,其餘大僚併賜點用,庶國事猶可支持,而緩急不至於失措矣。臣不勝激切祈懇之至。"

　　是日,大學士李廷機、葉向高謹題:"該臣等屢次具揭,懇請東宮講學,所有侍班、講讀等官,並無一人,合當推補。臣等謹推得原任國子監祭酒方從哲、詹事府協理府事少詹事兼翰林院侍讀學士翁正春,俱堪侍班。右春坊右庶子兼翰林院侍讀湯賓尹、右春坊右諭德兼翰林院侍講顧秉謙、右春坊右諭德兼翰林院侍講鄧士龍、右春坊右諭德兼翰林院侍講郭淐、司經局洗馬兼翰林院修撰南師仲、司經局洗馬兼翰林院修撰劉一燝,俱堪充講讀官。禮部儀制司主事范可愨、大理寺左評事兼司經局正字羅萬英,俱堪侍書。内方從哲、翁正春資俸已深,俱量陞禮部右侍郎,兼斡①林院侍讀學士,協理詹事府事,范可愨量陞禮部儀制司員外郎,兼司經局正字。各供前項職事。伏乞敕下吏部,遵照施行。臣等未敢擅便,謹題請旨。"

① 斡 "斡"當作"翰"。

① 九 "九"上當
有"萬曆三十八
年"六字。

九①月一日癸卯，朔。

十八日庚申，大學士葉向高謹題："今日蒙將户、禮二部司務官各本發臣擬上。臣觀本中所請，在户部則以尚書趙世卿病篤，堂印空懸，欲皇上允世卿之去，而命官代署，在禮部則以侍郎吳道南守制，典禮乏人，欲皇上亟點尚書、侍郎，令掌部事，其辭皆至為迫切。竊惟世卿之在今日，一病奄奄，已無生理，即使餘息尚延，亦必不能以旦暮生死之身，而經營軍國之大計矣。臣前此擬允其去，而以孫瑋代署，蓋亦萬不得已而計出於此也。今仍錄原擬，及另擬一票，伏候聖裁。其禮部印務，則以九列乏人，無可署掌，其吏部所推尚書、侍郎各官，未蒙點用，又非臣所敢擅擬。伏望聖明將尚書、侍郎併賜點用，或先點一員，令其到任管事，是亦臣之萬不得已而敢有請者也。目前户部事務停閣已久，其最急者如各邊請餉，無人給發，各處解銀，無人批收，此如咽喉哽塞，一切飲食出納，皆不得通，最為困急。而禮部則頒曆、賀冬皆將屆期，典禮之臣，豈容久闕？即如進貢番夷，有六、七百人，久當發遣，亦以部堂無官，遂至停滯。留一日則費光祿寺一日之供給，該寺錢糧方極匱乏，而復有此冗濫之費，甚可惜也。臣屢欲揭請，而以煩瀆為嫌，欲言又止。今幸發此二本，仰見聖明留神二部事務，故敢附陳其愚。如臣言未當，更望傳示聖意，令臣另擬上請，毋以臣之愚昧而妨誤國事。臣不勝悚息之至。"

二十一日癸亥，大學士葉向高謹題："蒙將户部郎中王之都一本發臣改擬。臣之愚昧，莫測聖意之所存，謹改擬以進，亦未知當否。臣細觀此本，蓋以錢糧出納關係重大，必有該部印信，方可稽查，此祖宗以來一定之法，必不可廢。其言甚是。而該部尚書趙世卿久病沉綿，必不能出，臣昨擬令孫瑋代署，又未蒙允發。目今各項錢糧，盡皆停積，內外守候之人，不知其數，人情惶惶，咸懷危懼，此臣之不敢不言者也。伏望聖明亟賜裁斷。臣不勝悚息之至。"

二十二日甲子，大學士葉向高謹題："竊惟考選一事，臣與各衙門屢行催請，未蒙允發。候命長安積至六七十人，旅食優游，茫無職事。此皆皇上拔之科第、試之郡邑、以治行高等擢者也，求之如此其殷，而用之如此其緩，已非國家所以登進賢才之意矣。矧今日科道又極缺人，各處巡按有二十餘差無可題代，此亦理窮勢極，不容不補之時也。臣記初入都時，值前番考選候命未發，諸臣日來責備不爲催請，臣與同官殊爲苦之。今番諸臣感皇上之厚恩，亮臣之不能爲力，未嘗以片語求多於臣，而臣顧晏然坐視，日復一日，心甚愧之。諸臣一官之遲速猶不足較，而言路之空虛，地方之廢事，紀綱法度之陵夷，是誰之責？臣能因人之不言，遂默然而已乎？爲此，復冒昧瀆陳，伏望聖明亟賜檢發，臣與諸臣當共相勉勵，務竭其報效之私心矣。"

二十五日丁卯，大學士李廷機謹奏："爲路窮情蹙願求譴黜以遂生還事。切①惟臣今日止有去之一路，而求去止有章疏一路，乃百餘疏而不得也，臣路窮矣。久病支離，荒居岑寂，五內煩燥，若焦若燒，日甚一日，臣情蹙矣。然臣特爲候旨耳，而臣之候，非爲徼溫旨、望後恩也，但得一嚴旨以去，即譴黜而臣心安矣。古人有言：寧死而貴乎？寧生而曳尾於塗中乎？苟得生還，譴黜爲美，而況臣寔有罪焉。累聖主知人之明，其罪一。辜聖主如天之德，其罪二。屢違上命，其罪三。頻瀆宸嚴，其罪四。其他罪狀，尚不勝舉。即如詹沂之閒住，如孫善繼之爲民，如劉道隆等之降職，皆皇上之恩，皆臣之願。蓋均此嚴譴，諸臣以擅去得之，臣以求去得之，諸臣先去而被譴，臣被譴而後去，一先後間，而其義殊矣。此臣所以不得已而有斯懇也。伏乞皇上，鑒臣情非矯飾，語出由衷，即賜施行。臣不勝感激惶悚待命之至。"

①切 "切"當作"竊"。

萬曆起居注

①十 "十"上當有"萬曆三十八年"六字。

十①月一日壬申，朔。

八日己卯，大學士葉向高謹題："今日蒙發下工部侍郎劉元霖一本，該文書官王體乾傳聖諭：龍袍、紵絲等項，皆年例上用供用進賜之需，且各節令所費不貲，況係先年傳織未完的，着照該局原題數目，准陸續接織完，分運解進應用，不許停減，令臣擬旨。臣竊惟皇上富有萬方，服御之供皆臣子所當仰給，豈敢有違？但細觀本中所言，此項織造乃起於萬曆四年，原無額設錢糧，皆出各衙門多方搜括以應上命，至今尚未能完，該省巡撫官方移咨該部，請行停免，乃復有四萬疋之續派，計其所費又須百萬金，東南災傷之後，民力已竭，不堪朘削，而該部事例錢兩又以邊餉匱乏，併歸戶部，此百萬之金將何所出？近劉元霖曾見臣，言及此事，蹙額皺眉，不勝其苦，且託臣為之轉奏。臣謂該部有疏，則聖心必自感動，不必瀆陳，而不意皇上又有此諭也。夫皇上方謂所費之不貲，而小民無知，且意皇上積之於不用，撫臣方望皇上停免乎前運，而皇上諭旨且欲重派乎新運，此部臣之所以苦心，不得不激切籲祈，而臣亦不能默然以處此耳。伏望皇上念民力之難供，察外帑之已竭，將該部所奏詳加省覽，特准停止，即以御用甚多，有難盡免，亦乞天加裁減，以昭寬恤之恩，其於國計民生兩有利賴矣。臣子之於君父事苟可行，誰無順②之心？而臣與該部曉曉若此者，蓋真見公私困乏，萬分難處，但得節省一分，則生靈便受一分之賜，而皇上之功德且與天無極，此亦臣區區犬馬效忠之一念也。謹擬票以進，恭請聖裁。臣不勝悚息之至。"

②順 《綸扉奏草》卷一一"順"上有"將"字，是。

九日庚辰，大學士葉向高謹題："該都御史孫瑋，以戶部印務具疏懇辭，今日發臣擬票。臣惟孫瑋既再奉明綸署掌部印，自應遵命，力疾料理部事，何可復行推辭？但臣聞瑋寔有咯血之病，臥牀日久，其所管倉場事務本為煩多，加之以都察院，已難支矣，今又加之以極難極苦之戶部，則其力委為困頓，其陳情控辭亦非得已。而日③今大僚乏人，自瑋之外又更無可以

③日 《綸扉奏草》卷一一"日"作"目"，是。

代署者。臣展轉於衷，再三籌度，以爲戶部年來廢弛已極，內而帑藏之空虛，外而軍糧之急迫，上而大內之宣索，下而各省之積逋，種種艱危，難以言盡，必得精明強幹之尚書極力整頓，方可挽回。彼孫瑋雖賢，足以倚任，然終是代庖之官，事體不便，日復一日，因循苟且，而軍國大計終不可爲矣。是其關係豈淺小哉？今尚書趙世卿已移居城外，必無再入之理，不如允其所請，使之歸去，敕下吏部，亟推才能，早賜點用，仍諭孫瑋且勉強暫署，以俟代者，是今日萬分難緩之急務也。臣連日接得各邊巡撫官移書，皆言軍餉至緊至急，而延綏、宣大以虜警虜封尤爲迫切，且皆責臣當懇告皇上，速用該部尚書，軍餉始有料理之日。故臣敢冒昧進言，擬票上請，非爲世卿、爲孫瑋，乃寔爲皇上耳。伏祈聖明裁察。臣不勝悚息之至。"

十八①日辛巳②，大學士李廷機謹奏："爲病久歲寒再申譴黜之請以丐殘生事。臣疏至百餘，候經三載，計無所出，故前有願求譴黜一疏。夫譴黜，豈人之所欲？而臣顧求之者，誠以爲但一得旨，一得去，無擅之罪，無逖之名，可以明臣禮，可以安愚心，可以少延犬馬垂盡之年，可以不妨梅楫登庸之路，汙名可不頻挂於人口，病疏可無再瀆於宸嚴，則削籍貶秩何所不可？此臣所爲甘之如薺，而願求之非虛飾也。今天氣日寒，臣之居處甚爲不堪，伏乞皇上矜臣疾苦，俯從臣願，霜雪雨露莫非聖恩，與夫縶之維之而竟以畢命於此者，大懸絕矣。臣不勝激切哀祈悚息待命之至。"

十二日癸未，大學士葉向高謹題："頃該都御史孫瑋疏辭戶部印務，臣已擬上，令其即出供職，而候命數日，未蒙發下。各邊軍餉不得解給，各巡撫官皆以書揭來言，軍士饑餓，勢必搶掠，繩之以法，必至生怨，緩則鼓譟，急則投虜，即如往年哱拜之亂，亦由軍餉不足所致，其後費多少錢糧，多少氣力，乃始平定，此今日之萬③可慮者也。昨吏部尚書孫丕揚見臣，深言陝西諸鎮之危困，今早臣入直，又接得薊鎮督撫官請餉揭

① 八 "八"當爲衍文。
② 巳 "已"當作"巳"。

③ 萬 《綸扉奏草》卷一一"萬"下有"萬"字，是。

帖，亦急如燃眉。而宣大以虜封在即，錢糧匱乏，屢次催請。此尤邊鎮安危之大窾係，不可泛視。皇上試念及此，則戶部印務其尚可頃刻之延遲乎？至於趙世卿之必當允放，戶部尚書之必當推用，則臣前揭言之已詳，不敢有一毫欺皇上也。抑臣更有請焉。國家建立九邊，延袤萬里，其最所倚重恃力者，惟總督三人，夷虜之所觀望，將吏之所受成，皆在此三人，是豈泛常可有可無之官？乃宣大總督久未點用，虜封大事誰爲料理？薊遼總督王象乾、陝西總督黃嘉善，皆有疏告病，留中未發，二臣杜門日久，百務曠廢，封疆之謂何？而可聽其優游若此？伏望聖明併將王象乾、黃嘉善辭疏亟賜檢發，督令即出，毋誤邊事。而又點用宣大總督官，使其作速赴任，庶內外有人而釁端可弭矣。臣不勝激切祈懇之至。"

十七日戊子，大學士葉向高謹奏："爲章疏愈格官僚漸空懇乞聖明留神檢發事。臣觀自古人君，聽言之不明則有之，未有全不聽者，用人之不當則有之，未有全不用者。夫不明不當，猶或失之彼而得之此，利害尚相半也，乃全不聽而全不用，則上下隔絕，更無一綫之通，而其害不可言矣。今歲自夏秋以來，但有緊要章疏，盡皆留中，吏部推陞十無一下，大僚落落不過數人，非但國家大事難以倚辦，即尋常遣祭陪祀之類亦皆乏人，各處按差盡皆停閣，無可題請。皇上聖神，以爲愛惜官爵，計則得矣，獨不念邦國之將空乎？以爲謝絕人言，計則可矣，獨不思聰明之盡塞乎？從來天下禍亂，皆由於人情之鬱結，今日鬱結異常，必有異常之變，臣每念及此，憂心如焚。瘧疾復發，左目將肓①，然不敢不忍死爲皇上一言，謹將時事之最急必不容已者，列爲數款，上請聖裁，其間多已經陳請，未蒙允發，若復逐項具疏，未免瀆煩，故敢總具於此，伏祈俯鑒愚衷，稍加採擇，不勝幸甚。

一、科道官號稱言路，非但朝廷耳目。亦係咽喉，咽喉一塞，則飲食皆無從進，身何以存？今言官舉劾條陳，一概不報。雖其中固有枝蔓浮泛之談，而其慷②慨老成有裨軍國大計者，

① 肓 "肓"當作"盲"。

② 慷 《綸扉奏草》卷一一"慷"作"慷"，是。

亦自不少，即諸凡施行政務與臣等擬議未當者，亦賴以補救，萬無可以盡廢之理。今歲奉命考選科道，人皆欣躍，以爲皇上加意言路。而疏上日久，屢催未發，諸臣守候近者已是經年，遠者遂踰兩歲，蹉跎閑曠，甚爲可惜。見在者既不得言，候命者又不得官，咽喉之塞，至此而極，是尚可以爲國哉？伏望皇上將吏部考選疏①，悉下該部議覆，以聽聖裁，是今日第一之急務也。

一、大僚缺乏，日甚一日，即如户部、都察院、總督倉場三衙門原設官七員，今祇孫瑋一人帶管，雖有副都御史許弘綱，尚未到任。今歲考察屆期，都察院實與吏部持衡共事，豈可無官？至於戎政協理及宣大總督，皆奉有明旨，知其緊急，着吏部推上者乃仍復留中，内而京營，外而封疆，寧容泛視？伏望檢發。

一、大臣請告，或以真病，或以被言，或以初承召命循例疏辭，皆當爲之裁處。今在内則有户部侍郎李汝華、刑部侍郎林烴，在外則有總督李三才、王象乾、黄嘉善、巡撫崔景榮，在南京則有刑部尚書李禎②、僉都御史丁賓，各有告疏，留中未發。夫户、刑二部方在缺官，需人至急，李三才義在決去，王象乾、黄嘉善、崔景榮則封疆重寄，豈可堅臥？南京六部尚書見在者祇有一人，而都察院亦有考察之事，右都御史顧其志尚未至任，若丁賓又杜門不出，誰爲管理？伏望皇上將諸臣告疏盡行發擬，恭請聖裁，使去者不至於留滯以招尤，留者不至於耽延以誤事，公私兩得，何便如之？至於諸臣，亦當仰體君上之心，共存急公之念，自非情事危苦，萬不得已者，勿得辭艱避險，求便身圖，與爲門面套數，漫行陳請，溷凟聖聰。其請而未發、職務緊要者，亦當且出供事，是亦上下相成之至誼也。

一、詹事府與左右春坊，名雖閑局，寔係要途，各項印信豈可無人掌管，漫置閣中，從其封閉？而翰林各官多至百餘員，若概不遷轉，壅滯何堪？臣等所題印信及推陞疏揭，伏望檢發。

一、舉人歲貢選除教職者，經今二十餘日，未蒙允發。此

① 疏 《綸扉奏草》卷一一"疏"下有"亟賜檢發，其科道官上疏"十字，是。

② 禎 《綸扉奏草》卷一一"禎"作"楨"。

輩皆窮苦貧儒，年多衰耄，希望一官，朝不及夕，京師桂玉之地，度日亦難，當此隆冬之時，饑寒迫切，尤爲可憫。前歲曾有一次停滯，遂致餓死病死有十餘人，其在聖心亦必隱惻。今次少遲，諒必即發。但早一日，則各官受一日之惠矣。伏望檢發。"

十八日己丑，大學士葉向高謹題："該承天守備杜茂，參論罷斥兵馬劉文藻，窩盜害人，毆打樂官，致誤陵祀。臣向間① 劉文藻橫惡異常，爲兵馬時極其貪暴，幾搆縉紳大禍，心竊惡之，故一見杜茂之疏，遂以爲真，且以事關陵祀，係守備職掌，又詳查票擬簿中，前此亦有陳鑑之事，行杜茂提問枷號遣戍，故遂擬從其請。其後杜茂問明具奏，臣擬從輕處，蓋亦衹以違誤陵祀一節罪之，其他窩盜等情，非守備衙門所可擅問故耳。今彼處撫按及科道各官，皆有疏參劾，其言甚切，其所執甚正，則是臣之誤擬貽累皇上，貽累地方，臣罪滋甚，臣心何安？伏乞皇上發臣此揭，以明此事之失其責在臣，仍將劉文藻事情，敕下撫按衙門窮正其罪，則人心帖服，而奸惡亦有所警，且使臣得以改正此失，何幸如之？抑臣更有請者。閣臣供票擬之役，名爲幾務，其事至煩，其關係至重，必上昭主德，下合人情，遠稽故事，近酌時宜，庶幾不謬，若一字稍差，即成窒礙。故向時閣臣皆有三、四人，多至六、七人，蓋爲此也。今衹臣一人供事三載，每有疑難之事卒然而至，頃刻之間便須擬上徬徨四顧，誰可商量？而又賦性愚悚，世務未諳，縱使竭力經營，豈能無失？此事猶其小者，以後更有重大事情，而臣又復誤擬，此時即罪臣、譴臣，亦復何益？故推補閣臣，寔今日萬萬難已之急務也。統望聖明留神省覽，俯賜施行。臣不勝悚息祈懇之至。"

二十一日壬辰，大學士葉向高謹奏："爲孤臣至苦至窮萬懇天恩即賜推補事。臣頃者月餘不敢以推補閣臣請於皇上，非故緩之也，前此之陳懇，其說已窮，每欲操筆，無可措辭，譬之

① 間 《綸扉奏草》卷一一"間"作"聞"，是。

市上貧兒，大聲疾號而不見憐恤，則惟有吞聲待死而已。臣一身之困苦所不足言，惟是頻年愁病，智慮日昏，精神意氣亦日以衰竭，即勉供票擬之役，舛戾寔多，雖皇上寬容，不加督責，然而上誤政幾，下增愆罪，日夜捫心，不能安處。今方内災變頻仍，人人憂亂，而北虜種類桀驁，封事不就，四十年來邊疆所羈縻①籠絡恃以爲安者，必且變動，而我之中外財力、大小臣僚，無所不空，社稷之安危豈臣一身所能獨任？臣又安得不冒死哀鳴籲祈於君父，以求賢而自代也？夫輔弼重任，最稱華膴，今求去者依荒廟以恓惶，入直者望綸扉而太息，股肱心膂之間已不勝窮人無告之苦，臣恐盛世景象似不如此。皇上即不憐臣，獨不念及於祖宗相傳無缺之金既②，可使困病孱劣如臣者坐而壞之耶？而皇上三十八年太平之美業，亦寧不動念而顧惜耶？臣言及此，愈窮愈迫。伏祈皇上留神省覽，知臣之言字字由衷，毫無假飾，亟將閣臣即行推補，以拔臣於苦海之中，以奠宗社於泰山盤石之固。臣不勝激切祈懇之至。"

二十四日乙未，大學士李廷機謹奏："爲比例給假事。臣伏睹《大明會典》内一款：兩京文職，離家六年，欲給假省祭者，聽。蓋念其離家之久，而許之休沐，子得省親，孫得祭祖，著爲令甲，所以體悉臣下者，如此其周至也。自臣入仕，止有奉差過家半年，南京考滿歸，乞休年半，蓋服官寔歷二十六年，而自癸卯以迄於今，離家八年矣。臣自惟至愚不肖，既不克攄夙心以酬隆遇，又不能保晚節而逃初衣，日居月諸，已迫桑榆之景，雨濡霜降，不勝松檟③之思。臣見先年閣臣王錫爵、沈一貫各給假，並蒙允許，臣是以考據令甲，援引前規，輒以假請。伏望皇上慨然賜允，俾得回籍祭掃先塋，少展子情，以光考④治。臣不勝懇切悚息待命之至。"

① 縻 《綸扉奏草》卷一一"縻"作"糜"，是。

② 既 《綸扉奏草》卷一一"既"作"甌"，是。

③ 攢 "攢"當作"檟"。

④ 考 "考"當作"孝"。

萬曆起居注

十①一月一日壬寅，朔，大學士李廷機、葉向高謹題："竊惟臣等備員內閣，凡有應行事務，歷來相沿，勢不容已者，皆須題請施行，至於翰林各官將及百員，挨次陞轉，亦皆臣等題請，下部填註。向時皇上優禮閣臣，雖當朝政壅格之日，而閣臣所題常多得請。頃來天聽日高，一概停閣，自春初至今疏揭無數，並未有一事得行、一官得轉，則是舉從前循習之舊章，自臣等而廢之也，豈不溺其職哉？今臣等不敢泛濫陳瀆，惟如纂修玉牒一事，已奉俞旨，而纂修各官累請不得，臣等竊念天潢之派，國家所重，舊例皆十年一修，今過期已久，豈容再緩？謹推得原任國子監祭酒方從哲、太常寺卿管國子監祭酒事傅②新德，俱堪充纂修官。二官資俸已深，合將方從哲、傅③新德各量陞禮部右侍郎，兼翰林院侍讀學士，令其專管纂修玉牒事務。伏乞敕下吏部，查照施行。臣等未敢擅便，謹題請旨。"

十日辛亥，大學士葉向高謹奏："為陽氣已回窮臣愈苦懇乞天恩俯垂矜憫亟為處分事。臣待罪綸扉三年餘矣，中間惟兩次被言，杜門三月，其餘皆奔走供事，早出晚歸，雖值風寒雨雪，疾病痛楚，皆不敢避。蓋以受恩深厚，義當圖報，即捐軀畢命，亦不足恤耳。顧黽勉至今，力已寖竭，身已寖病，每日下血常至數升，眩暈欲絕。昨者郊壇分獻，無官可遣，臣又不得不身自備數，拜跪艱難，幾不成禮。皇上若以臣為欺，是欺天矣，赫赫神明，豈敢誑語？此臣一身之狼狙④有如此也。而朝政壅塞，人情憂疑，臣每下直接見，紛紛陳說，無非言某官當補，某事當行，某差當代，某章疏當發，某邊餉當處，責臣咎臣不行力請，臣但顰眉相對，忍辱含羞而已，三年之間，並未曾歡顏開口，向人談笑，此臣寸衷之憔悴又如此也。往者閣臣常有數人，故有病亦得少休，有事亦得共任，有人相責望，亦得告之日⑤：容某與同官商議。今臣孑然孤立，何以支吾？此月之朔，日有食之，當一陽來復之時而有此變，亦非小也。歷觀占書，大較在於陰盛陽微、夷狄侵中國、女乘男、臣蔽主數端而已。今聖明在上，乾綱獨攬，臣下必無敢蔽主竊權以行其私者。

---

① "十"上當有"萬曆三十八年"六字。

② 傳 "傳"當作"傅"。

③ 傳 "傳"當作"傅"。

④ 狙 《綸扉奏草》卷一一"狙"作"狽"，是。

⑤ 日 "日"當作"曰"。

惟是朝端寡率作之人，百司成怠弛之習，因循泄泄，職業日墮，而改本重地又單弱如此，無以助下濟之光明，而昭日新之盛美，日食之變殆亦由茲，甚可懼也。臣之同官，雖有錫爵、廷機二人，然錫爵頃又苦辭，廷機堅不肯出，臣欲請補，則皇上固曰：'吾有二臣在也'。欲請二臣之出，則天下人又曰：'是借此延捱，以塞後來之路也。'然則臣之計豈不窮？而其情豈不日困迫而無所訴乎？今冬至已過，萬類漸甦，而臣尚槁無生意如此，殊爲可憫。臣間①之，窮困必呼天，疾痛必呼父母，捨天與父母之外，別無可呼。臣是以不厭頻煩，再哀鳴於皇上之前，伏祈皇上憐臣恤臣，而爲之一處分焉。或多補新臣，或併留舊臣，俱在聖斷，但使密勿之地常有數人，不至誤事，即目②亦得比於寒谷之灰，以少應陽生之律，臣願畢矣。臣不勝迫切籲祈之至。"

　　是日，大學士葉向高謹題："頃同官臣錫爵具疏懇辭，仍移書責臣爲之代請，且言身既老病，祇有一孫亦病，情緒極苦，必不能來。其詞甚切。臣惟錫爵舊德元臣，皇上最爲眷注，使其在此，必有轉移感格之妙用，其所裨益，必萬倍於臣。臣方在孤立困苦中，日望其至，解此倒懸，豈敢從更其請？但錫爵既深責於臣，則臣又不敢不聞之皇上。而其疏留中又已旬日，若竟之不報，殊非皇上從來眷禮錫爵之盛心。且聞召四年，進退未決，屢次籲祈，茫無可否，差去行人守候日久，不得還朝，錫爵之所以自處，亦真有不能一日安者也。至於臣廷機，求去已兩年零八月，隆冬嚴寒，羈棲荒廟，凄涼委頓，所不堪言，無罪無辜而罹此困，臣竊傷之。伏望皇上槪將三臣之疏親賜批發，或傳示聖意，令臣擬上，其進退去留，俱憑宸斷，非臣所敢預也。臣自己苦情，不能上達，而復代同官祈請，能不汗顏？但揆之情義，參之事體，不得不言，併望聖明俯垂覽察。臣不勝悚息之至。"

　　十四日乙卯，大學士李廷機、葉向高謹題："頃聞聖躬違和，宣召太醫院官羅必煒等進宮，診視聖脉，臣等從而詢之，

①間　"間"當作"聞"。

②目　《綸扉奏草》卷一一"目"作"臣"，是。

云是飲食停滯，濕痰流注，微覺作痛。臣等不勝懸念。竊惟今冬乍寒乍燠，調護甚難，痰積之病，多乘風寒而生，苟飲食起居少失其郎①，則胸腹四肢之間必有不暢，而痛楚隨之。我皇上際亨履泰，福祉方隆，此等微痾豈能爲患？但人身中積食流痰，皆當消導，營衛氣血，俱貴調和。即臣等微軀，小有鬱礙，亦自不堪，而況於萬乘之尊，聖體之重，其可使有一息之不寧哉？伏望皇上順時節宣，隨事葆嗇，一切飲食、起居、嗜欲、喜怒，無不得其宜適，則無妄之疾自當勿藥有喜，而萬萬年無疆之筭，將愈綿而愈未艾矣。臣等以宮庭咫尺，阻奉天顏，下情無任惓切。謹具題恭候萬安以聞。"

十七日戊午，大學士李廷機、葉向高謹題："該文書官金忠捧到聖諭：'覽②卿等問慰，朕知道了。朕自夏受暑濕，七月遍體生瘡，服藥③過多所致。昨日聖母親到朕宮撫視，朕④慎加調攝。朕親承慈訓，見服藥調攝。特諭卿等知。欽此。'竊惟聖躬違和，臣等不勝憂念。九重深遠，無從時問起居。茲伏蒙聖諭，乃知以暑濕生瘡，服藥過多所致，又知聖母慈訓，皇上遵奉調攝，百福駢臻，萬靈佑助，計旦夕問必有勿藥之喜，臣等又不勝欣慰。惟是暑濕中人，多不自覺，而浸淫必至於釀毒，故防之宜先。藥物去病，或有近功而太過，必至於失宜，故用之貴審。今日調攝之要，惟在飲食、起居、喜怒、嗜欲，百凡謹慎，使心氣和平，營衛流暢，真元既固，百邪自祛，彼區區藥物之補助，又第二義耳。我皇上自天申命，福祚方隆，無疆之壽，此臣等所可豫卜者，亦不必煩聖母之過慮也。所有聖諭，謹尊藏內閣。謹具回奏以聞。"

二十三日甲子，大學士葉向高謹題："臣於十九日以聖母萬壽，恭詣宮門叩賀，因詢司禮監太監李浚，知聖躬調攝已有勿藥之喜，不勝欣慰，遂不敢具揭再問起居，以滋煩擾。而此兩日間，見一切本章俱未發擬，竊恐聖體或未至⑤安，倦於省覽，又不勝懸懸之私。蓋臣供事密勿，受恩深重，誼同一體，自非

① 郎　"郎"當作"節"。
② 覽　據《綸扉奏草》卷一一"覽"上有"諭內閣"三字。
③ 藥　據《綸扉奏草》卷一一"藥"下有"敷藥"二字。
④ 朕　據《綸扉奏草》卷一一"朕"上有"諭"字。
⑤ 至　《綸扉奏草》卷一一"至"作"全"。

在廷諸臣所可同耳。伏望皇上澄神遣累，怡①養天和，以綏遐祉。臣下情無任惓惓。謹具題恭候萬安以聞。"

二十六日丁卯，大學士葉向高謹題："頃以聖躬違和，方在調攝，諸凡政務，臣皆不敢瀆奏。惟邊餉一事，日急一日，當此年窮歲迫之時，人情惶惶，恐致生變，不得不爲一言。臣見户部揭帖，所欠邊鎮年例餉銀至二百餘萬，其已題差解而尚無銀者亦且百萬。各鎮告急之章，無日不至。宣府撫臣薛三才移書於臣，備言艱苦之狀，謂管糧郎中交代時，衹有銀數錢而已。至於他鎮，所言亦率皆如此。邊事之危困，可謂極矣。今欲促之該部，則該部已束手無措，欲借之他署，則他署亦已盡空。衹太僕寺稍有馬價，又經連年那借，並未補還，今所積不多，豈堪再動？以四海之大，貢賦之供，而其窮一至於此，真可慨也。若及今不爲商議處置，再遲一、二年，狼狽益甚。毋論一、二年，即目前亦莫知其計之所出矣。臣前此屢請廷臣會議，而不蒙允發，今事勢已極，不得已再中②前請，伏乞敕下户、兵二部，會集廷臣，將整飭邊備、清查軍餉、催徵逋欠、修舉屯田等項，凡可以裕國而濟邊者，開列上請。務在切寔可行，不得以浮漫無當之説支吾了事，亦不得專以内帑爲辭，致誤大計。庶幾一整頓之餘，遠可以貽數十年之安，近亦可支吾數載，不至如是之困急。且使邊鎮將士，知皇上雖在調攝之中，猶軫念其窮困若是，必歡忻感激，銷其悖亂之心，而作其忠義之氣，其爲神助亦不淺矣。所有敕諭，臣謹擬以進，伏候聖裁。臣不勝悚息之③。謹題請旨。"

諭④户、兵二部："朕在靜攝中，見各邊督撫官屢次請餉，情甚危苦。該部官又言帑藏空虛，無可解發。因思祖宗以來，中外錢糧皆有額設，何至今日匱竭如是？是⑤即各省直災傷，徵解不前，然拖欠數多，豈盡災傷之故？各鎮民運欠多者至百餘萬，豈盡百姓逋負？邊餉較數十年前加增數倍，豈盡無冒耗？累朝備邊，不全靠京運，原有成法，豈盡不可舉行？諸如此類，皆當講求，以爲長久之策。爾部還會同大小九卿科道官，詳細

萬曆三十八年

二七六七

① 怡 《綸扉奏草》卷一一"怡"作"頤"。

② 中 "中"當作"申"。

③ 之 《綸扉奏草》卷一一"之"下有"至"字，是。

④ 諭 "諭"前當有"是日"二字。

⑤ 是 據《明神宗實録》卷四七七，此"是"爲衍字。

計議，作何振刷？別有嘉謀長策可以足國濟邊者，俱開列上請。務在切寔可行，不得以浮言塞責，亦不得專以內帑爲辭，致誤大計。其各邊督撫巡按官，也着悉心規畫，以佐國家之急。孫瑋既署部事，着即出會議，不得推辭。故諭。"

十①二月一日壬申，朔。

三日甲戌，大學士李廷機謹奏："爲請告即踰三年懇乞放歸事。臣切②惟三年者，凡事之大期。如鄉試、會試、述職、給由、行取、復除之類，皆不越三年。孟子言，去國之臣三年不反，則收其田里。雖古昔待臣之厚，然至於三年，則臣之去堅，而君之禮盡，無復不決之理矣。臣見自來輔臣去位，連③則旬餘，遲不過月。内惟趙志臯待命滿三年，每對人流涕，竟不及歸，良亦甚苦。今臣自戊申求去，歷己酉、庚戌，三年已滿，及今而放，俾臣姓名不掛於仕籍，俸給不關於廩帑，是猶三年收田里之義也。再過臘月，則四年矣。伏望皇上念四年之將及，憐臣待罪之已久，慨然放歸。臣不勝受恩感激迫切悚息待命之至。"

十日辛巳④，大學士葉向高謹題："該臣以考滿，聽吏部引奏候旨，不敢入直，諸凡政務，亦不敢言，惟是承天守備杜茂與地方官爭奏一事，外間惶惶，謂該監連章訐訴，務激聖怒，恐過有處分，而承天士民怨憤已甚，若紛紜不已，且至生變，陳奉、楊榮之事，深爲可鑒，非但震驚陵寢，而該監之禍亦將有不可言者，臣恐此時益貽皇上之憂，而事體愈難處矣。以臣愚見，杜茂生平頗知向上，未必狼狽如是之甚，但在地方日久，其所用人役，倚勢害人，煽殃流毒，士民怨入骨髓，即茂亦不及知，而地方官激於士民之訴，未及曲處，所以致有今日。度其勢必不能相安於無事，惟在皇上渙發綸音，戒諭地方官禁戢士民，毋得喧闐⑤，將所訪拿杜茂人役量加懲創，即行釋放，其列文藻等仍行撫按官處治，俟彼此相安，而後召茂回京，另行擇人以代其任，則湯沐重地可以無虞，而茂亦得以保全。今日處置之宜，似當如此，臣不勝過計，敢效其愚，以備聖明採擇，蓋亦惟求事體之妥當耳，非敢於内臣、外臣有所輕重也。伏乞聖裁。"

①十 "十"上當有"萬曆三十八年"六字。
②切 "切"當作"竊"。
③連 "連"當作"速"。
④巳 "巳"當作"巳"。
⑤闚 《綸扉奏草》卷一一"闚"作"鬧"，是。

萬曆起居注

①人 《綸扉奏草》卷一一"人"作"大",是。

②咸 《綸扉奏草》卷一一"咸"作"成",是。

③闤 《綸扉奏草》卷一一"闤"作"閧",是。

④抄 "抄"當作"秒"。

　　十三日甲申,大學士葉向高謹題:"今日蒙發下承天守備杜茂一本,參奏知府馮勞謙,該文書官冉登口傳聖諭:'着照碑文出旨來。'臣捧誦碑文,乃皇祖敕諭'守備衙門中有官員旗校人等事犯重人①,奏請處治,不許擅自拿禁'之説,則馮勞謙之拿禁藺光裕等,誠爲有罪矣。但臣連日詢訪輿論,參之事理,尚有可原。蓋藺光裕等平日作惡爲非,士民怨憤已極,適巡按官經過其地,遮道哭訴,勢甚洶洶,若不少爲處置,必至生變,故令該府官員先行拘繫,以慰士民之心,而後奏聞皇上,恭聽處分。此權宜解紛、保安重地之計,非得已也。至於茂之所奏,亦係一面單辭,未免過激。且如撫按論茂,開列罪狀至一百三十餘款,臣亦未敢盡信。蓋人情彼此爭競,必多過甚之談,要在聽者虛心觀理,乃得其平,此膚受之愬不行,聖人所以謂之明也。我皇上天縱神明,無隱不照,近如李嗣善、馮進朝之事,亦下法司究問,仰見聖心虛平,無所執滯,且不以内臣、外臣有所分别。臣之私心,不勝頌服,茲於杜茂事亦仰體聖意,擬將劉文藻、藺先裕等俱令解至法司,從公究問。蓋此輩既與士民爲仇,難以徑放,若發撫按官,又恐咸②心未化,不如付之法司之爲得耳。至於馮勞謙之奪俸、改調,首領官之革職,揆之事體,祗宜如此。若復别有處分,則地方人民方且喧闤③,一失調停,禍亂立至,楚俗悍勇剽輕,深爲可慮,即杜茂不足惜,其何以慰皇祖在天之靈眷念湯沐之至意哉?而皇上他日罪臣之不言,臣將何辭以置對也?臣之此擬,蓋上爲陵寢,下爲地方,而中亦爲杜茂,若有一毫偏私以欺君父,則非但得罪於皇上,亦得罪於皇祖,天地神明當必殛之矣。伏望聖明省覽裁斷。其杜茂在地方既不相安,必須取回,但臣未敢徑擬,統候聖裁。臣不勝悚息之至。"

　　十七日戊子,大學士李廷機謹奏:"爲懇乞聖恩及此歲抄④了結久稽之事以活久困之臣事。臣前日一疏,言臣請告,歷戊申、己酉、庚戌,滿三年,過此辛亥則爲四年,求今遂放,猶合古三年收其田里之義。蓋臣謂皇上於臣之病苦,及臣未去之妨礙，或未盡知，而年歲則可屈指而數者。臣見古來二十一史，僅有宋末大臣江萬里，辭位半歲不得允，出關以待，史册書之以爲異常。今臣三年不得允，特不出關耳。夫此一事之久稽也，了結之在今日，臣之久困也，縱捨之亦在今日。伏望皇上及此歲抄①，放臣歸去，臣得放於久困之後，得歸於除夕之時，感恩祝聖尤當何如？臣不勝激切屏營待命之至。"

十九日庚寅，大學士葉向高謹奏："爲披瀝悃誠辭免殊常恩命事。臣以二品三年考滿，該吏部題奉聖旨：'葉向高簡任密勿，贊劾忠誠，兹當考滿，勞績茂著，着復職，加太子太保、文淵閣大學士，尚書如故，蔭一子中書舍人，照新銜給與誥命。欽此。'臣聞命自天，不勝感悚。竊念臣一介豎儒，謬承重任，犬馬之力雖不敢不盡，然伎倆止此，無補分毫，日夜水兢，懼深罪戾。令甲：滿考次日，即當移部引奏。而臣逡巡趑趄，已逾兩月。歷查從前閣臣，並無一人滿考不報。《會典》亦有多歷、少歷、無故不考參問之條。國家舊章不可自臣而廢，故循例報部，以聽聖明之譴斥耳。不謂天恩隆重，渥典薦加，晉秩貢延，種種踰溢。臣再三度惟，何福何功可以消受？姑舉其大端言之。今中外堂②虛，災祲迭見，朝野惶惶，朝不謀夕，臣曾無一得之愚、半籌之運，以佐時艱，而回天意，此其不可者一也。大僚未補，考選未下，在野仁賢，沉淪廢錮，未蒙收用，臣每一念及，汙③顏泚顙，恨不得棄此一官以謝天下，可復冒昧濫承天寵？夫滿堂宴笑，而一人向隅，則衆爲不歡，若滿堂向隅，而一人宴笑，於心何安？此其不可者二也。自年來政幾壅塞，議論混淆，四海之内無不罪臣，若受恩愈重，則責望愈深，即有三尺之喙，從何解釋？此其不可者三也。臣頃緣多病，志在乞身，獨以政本無人，未敢陳瀆，少延數時，當伸此念，乃復徼曠蕩之恩於將去之日，譬如傭工怠事而受直愈多，將何辭以謝其主人？此其不可者四也。又有甚者，臣與同官臣廷機，同被擢用，廷機之到任滿考，皆在臣前，徒以杜門日久，謙讓不報，今且棲遲荒廟，淹困無聊，陳乞之章至於累百，蓋亦從

①抄　"抄"當作"杪"。

②堂　《綸扉奏草》卷一一"堂"作"空"，是。

③汙　"汙"當作"汗"。

來閣臣所無之苦也。臣義等壎篪，情同休戚，若冒然受此，心尤不安。此寔臣迫切之私，普天共亮，而深有望於君父之曲體者耳。臣非不知前此閣臣考滿承恩，亦有故事，且凡爲臣子，孰不欲惠徽寵命以光先人？臣雖不才，豈無是念？惟是揆之分量，度之事體，委爲非宜，故敢瀝此悃誠，仰干天聽，與故事陳讓者不同。除遵旨復職、謝恩外，其他恩命，伏乞特准收回，以安愚分。俟臣他日少有可受之道，而後申詔有司，平其黜陟，庶清朝之課典不虛，而微臣之官謗可逭矣。臣無任唧恩激切引分祈懇之至。"二十三日，奉旨："卿令德弘猷，勳勞茂著，考績加恩，原係彝典，宜承眷命，不允所辭。吏部知道。"

二十日辛卯，大學士葉向高謹奏："爲恭謝天恩事。頃該臣以二品三年考滿，伏蒙聖恩，特遣牌子劉昇，齎賜原封鈔二千貫、羊一隻、酒十瓶，臣謹焚香叩頭祇領訖。伏念臣猥以庸愚，擢自疎遠，三年素食，曾莫效乎分毫，一旦奮庸，真何裨於殿最？方虞幽黜之必及，乃辱天寵之薦加。寶鏹頒來，分重珍於御府，黃封瀉出，流法醞於天庖，兼以牲饋之供，莫非駢蕃之錫。惟拊躬而悚惕，謹稽首以登嘉。口腹何饜？已犯鼯鼠飲河之戒。肝腸尚在，寧忘駑駘歷塊之勞。臣不勝感切頂戴之①，除報名廷謝外，謹具奏謝以聞。"二十三日，奉聖旨："覽卿奏謝，朕知道了。禮部知道。"

二十一日壬辰，大學士葉向高謹題："竊惟近日一概章疏批發甚少，人情惶惶，皆疑聖躬尚未大安，倦子②省覽。臣謂皇上一身，天地神明所保佑，今調攝多時，必已勿藥，不必過慮。惟是歲雲暮矣，所有緊要政務亦當舉行一二，以慰人心。且今冬絕無雨雪，來歲必復荒歉。目下都門內外，盜賊公行，而近畿各處，復有結黨嘯聚，千百爲羣，此亦不可不預防也。臣謹將時政之最急者，開列數款，伏望聖明留神省發，亟賜施行。

一、軍政考選，乃國家大典，必不可廢。前蒙發臣擬上，而留中日久，甚爲不便。已經兵部屢疏催請，伏望檢發。

---

① 之 《綸扉奏草》卷一一"之"下有"至"字，是。

② 子 "子"爲"于"之誤。

一、考選科道諸臣，候命甚久，臣與部院催請頻煩，非敢以此市恩，蓋度之事勢，必不容已，且各差乏人，早一日則得一日之用耳。伏望檢發。

　　一、戶部尚書國計所關，雖有孫瑋署事，然至今尚臥病未出，不可不擇人以代。至於協理戎政、宣大總督、江西巡撫，皆內外要任，軍國重寄，而久懸不補，甚爲非宜。伏望檢發。

　　一、在廷大臣祇有數人，而兵部尚書李化龍又告病不出，吏部侍郎掌翰林院事王圖又以浮言求去，愈意①寥寥。化龍身爲本兵，責任至重，王圖係日講官，久効勞誠，其疏當批答以促其出。至於內外各大僚告疏，亦當並賜裁處，定其去留，毋令進退不決，以誤國家之事也。伏望檢發。

　　二十二日癸已②，大學士葉向高謹題："臣頃接得直隸巡按顏思忠揭帖，言淮撫李三才杜門病困，地方事務一毫不理，即目下考選軍政舊例撫臣具題者，今亦辭罷，若久留地方，耽誤不小，宜允其回籍，別行推補，以安重地。其言甚切。臣惟李三才自被言杜門，且將一載，求去之事③已二十餘上，今又移駐徐州，臥病牀褥，文移案牘盡東④高閣，地方已無撫臣矣。淮揚四郡，祖宗根本之區，連歲災傷，人民逃散，拊循安輯惟巡撫是賴，豈容三才高臥其間？此猶爲一方言也。三才總督漕運，數百萬之漕糧皆待其分派督催，今歲因此遲延，守凍起剝，所費不貲，若明歲新運又無人料理，其害更大，軍國大計以一人而誤，豈可視爲泛常，而漫不加之意乎？又不但此也。自三才被論以來，朝端紛紜，甚於聚訟，株連蔓引，別戶分門，總之以三才爲辭，三才不去，則喧閧不了，而明歲考察、部院之臣，亦爲所牽掣，無所措手，其爲大典之累更不小也。臣亦素惜三才之才，豈欲迫之使去？但詳度今日事勢，去與不去其利害分明如此，故敢冒昧陳懇，伏望聖明重念地方大計與朝廷紀綱，亟將三才辭疏或顏思忠代請之疏，即賜處分，或發臣擬上，以待聖裁，真今日至切之急務耳。臣不勝陳⑤息之至，謹具題以聞。"

① 意　《綸扉奏草》卷一一"意"作"覺"，是。

② 已　"已"當作"巳"。

③ 事　《綸扉奏草》卷一一"事"作"章"，是。

④ 東　"東"當作"束"。

⑤ 陳　"陳"當作"悚"。

萬曆起居注

二十四日乙未，大學士葉向高謹奏："爲辭恩未遂重奉溫綸謹再瀝誠辭免事。該臣以考滿蒙恩，具疏控辭，奉聖旨：'卿今①得弘猷，勳勞茂著，考績加恩，原係尋②典，宜承眷③命，不允所辭。吏部知道。欽此。'臣焚香捧誦，愧感交併。非不欲仰體聖心，靦顏拜受，但臣所爲不可受、不敢受之故，已詳具於前疏，言言由衷，非有一毫之矯飾也。皇上試爲臣思之，臣之辭爲是乎？爲非乎？聖諭以考績加恩原係彝典爲言，若謂此乃閣臣之故事者。臣查《會典》開載閣臣滿考恩數，取自上裁，原無定格。雖聖明優禮輔弼，前此諸臣多蒙殊典，然皆才任股肱，力能辰布，課其勞績，良有可觀，未有如臣之庸愚陋劣，三載之間並無一事可稱，一長足述，而賞浮於功之若是者。此臣之所以奉溫綸而驚心，叩天閽而力控也。臣居恒弘④念，士大夫自處，當常存有餘不盡之急⑤，名位必不可太極，受亨必不可太濫⑥。臣海上書生，家世單寒，其始願不過通籍朝端，得一官半職自效，便自了足。今遭值聖明，叨濫至此，已是平生⑦夢想不到矣。乃復躋公孤之班，極人臣之寵，拖朱橫玉，出入黃扉，即使士紳見容，造物不妒，而反之本心，亦將何辭以自解乎？今時事艱難，人情鬱結，皇上若行臣片言，用一人，施一事，臣之寵光勝於一歲九遷、一日三錫也。不然，而默⑧典在前，公論在後，臣不昧寸心，耿然於中，雖欲循例祗承，寔所不可，故敢再吐其肝腸若此。伏望皇上俯鑒愚誠，收回成命，容臣仍以原官供職，庶鴻恩不至濫及，而臣亦得以戴顏面於人世矣。臣不勝悚息籲祈之至。"三十日，奉旨："卿獨任輔政忠勤，加恩酬勳，原非超格，何爲再疏固遜？宜遵成命勉承，以副優眷。慎勿復有所陳。吏部知道。"

二十八日己亥，大學士葉向高謹題："該掌翰林院事吏部右侍郎王圖，因被人言，將本院印信封送孔目廳，諸凡院事皆置不理。竊惟翰林院衙門雖稱清曹，而事務頗多，當此年終之時，閏⑨支俸糧，開送官吏，一切當行之事皆難停閣。主於考察重典，開歲舉行，翰林院官約有百餘員，皆須掌院定其賢否，若

① 今 "今"當作"令"。
② 尋 "尋"當作"彝"。
③ 春 "春"當作"眷"。
④ 弘 "弘"當作"私"。
⑤ 急 "急"當作"意"。
⑥ 濫 《綸扉奏草》卷一一"濫"作"溢"。
⑦ 平生 《綸扉奏草》卷一一"平生"作"生平"。
⑧ 默 《綸扉奏草》卷一一"默"作"黜"，是。
⑨ 閏 "閏"當作"關"。

掌院官不肯料理，誰其代之？臣念王圖素有學行，又係日講官，久劾勤勞，非他曹可比，浮言漫及，當爲昭雪。伏望皇上將圖辭疏或孔目楊永亨疏，發臣擬上，以聽聖裁，亦目前一大急務也。臣不勝悚息之至。"

是日，以皇太子第五子三朝，告奉先殿，收回脯醢果酒，頒賜二輔臣三卓。

二十九日庚子，以告祭太廟、祧廟，收回脯醢果酒，頒賜二輔臣三卓。

三十日辛丑，大學士葉向高謹題："恭遇元旦令節，禮當慶賀，奉旨傳免。臣謹偕在廷文武暨天下華夷齎捧朝貢官員人等，於五鳳樓前大班行禮，恭伸祝頌外，伏念臣備員輔弼，受恩深厚，與在廷諸臣不同，擬是日恭詣仁德門，行五拜三叩頭禮，稱祝聖壽，以少伸臣子慶忭之誠。謹具題以聞。"

萬曆

三十九年

萬曆三十九年正月壬寅，朔。

八日己酉，大學士葉向高謹奏："爲恩重難勝祗承增愧三懇聖明俯从辭免事。臣以考滿蒙恩，再疏懇辭，再承温諭。愚陋書生當此優渥，捧誦循環，銘肝勒膽，義不敢更有籲陳，以滋煩瀆之罪。第臣反覆思維，人臣受寵於君父，必度其心之所安，苟心所不安而冒承，則寵反爲辱。今臣之不安者甚多，姑不敢枚舉，惟其大端有二，有必不容以自昧者。其一則同官未考而臣已受恩，陵①節之愆曷逭？其一則衆正未登，而臣獨進秩，蔽賢之罪安逃？此兩事者，往來於臣之胸中，不能自遣，是以雖欲強顏承受，而有所不可也。臣生平素無他長，惟省躬揣己一念，頗爲明白。每有過分之事，非望之福，輒面熱内愧，見人羞縮。如其中所無愧，必不欲作違心之語以欺人，況於君上？今者苦辭，蓋真出於羞縮之極，萬不容已。伏望聖明，曲垂鑒亮，仍將成命收回，使臣得苟一日之安，以免三褫之辱，臣幸大矣。臣不勝悚息②"。十一日，奉旨："酬勞勸忠，朝廷彝典，豈得過於謙讓？卿宜勉承朕命，慎勿固辭。吏部知道。"

十一日壬子，大學士葉向高謹奏："爲懇恩憐念亟補閣臣事。臣之請補閣臣，章無慮數十上，大小臣僚之請，無③慮數百上，而一概留中，未蒙俞允。臣隻身受事已及三年，不知皇上於此將以臣爲賢乎？爲不肖乎？以爲賢，則未有賢者而碌碌浮沉、一籌莫展之若是也。以爲不肖，則未有政本重地，可使不肖之人久據其中，任其顛危敗壞而不顧也。頃吏部尚書孫丕揚疏請會推，其言甚切，且以臣爲盡瘁堪憐。夫盡瘁，非臣之所敢當也。若矜其困苦，以爲堪憐，則丕揚用心之厚，萬倍於尋常，臣竊感之。然而丕揚之憐臣也，不如皇上之憐臣，丕揚憐臣不過太息咨嗟，以尺一之疏爲之代請而止矣。若皇上肯憐臣，則今日會推，明白點用，頃刻之間，登庸濟濟，臣進可協力而輸忠，退可釋肩而謝事，百結之腸可舒，已朽之骨可肉，彌天匝地之罪皆可以解赦也。不然，臣訴苦無門，容身無地，

① 陵 《綸扉奏草》卷一二 "陵" 作 "凌"。

② 息 《綸扉奏草》卷一二 "息" 下有 "祈懇之至" 四字。

③ 無 《綸扉奏草》卷一二 "無" 上有 "章" 字。

惟有自衷自憐，甘負誤國之罪而已，尚何説哉？臣一生遭際，皆在聖明，天地父母未足云喻。竊度聖慈，必無終不憐臣之理，故敢復冒昧瀆陳，仰祈鑒允，臣不勝悚①。"

十五日丙辰，大學士葉向高謹題："臣昨接副都御史許弘綱揭帖，開列按差各缺無可代題，其於衙門之乏人、考選之當下，蓋已深切而著明矣。皇上拔弘綱於田里之中，俾之以内臺之重，其心固惟竭忠報主爲務，必不敢以泛漫不急之事市恩沽名，以負皇上也。夫地方之有巡按，如衣之有領，馬之有銜勒，吏民所恃以提挈操縱，不敢爲邪。故他官或有苟且，而巡按一官則非甚不肖者，亦率多自愛，能舉其職，何也？彼既以激揚爲任，合一省之吏民耳目觀聽，皆在於此，雖欲苟且而不可得也。祖宗設立此官，其制最善，二百餘年方隅乂安，奸宄②之懾服，吏治民生之未大破壞，率皆其力，是可任其匱乏而不爲之計哉？竊度聖心，或以各差尚自有人，可以挨延。不知彼巡歷已滿，例不再巡，往往杜門候代，稱疾乞歸，即黽勉羈留，亦甚不便，以令甲一年一代尤有深意，而非徒以恤諸臣之勞也。今歲序方新，聖躬康豫，薄海内外咸歡欣鼓舞，共耀休明，而獨御史一官，應代者既苦於擊鞄，堪差者又困於候命，臣竊嘆之。況六垣封駁之司，責任並重，今寥寥亦甚，豈可不補？伏望聖明慨賜檢發，朝廷之耳目既充，海内之精神自暢，欽萬方之福以歸於一人，是亦皇上順時珍攝之一助也。臣不勝悚③。"

十六日丁巳④，大學士葉向高謹題："臣惟目前有至急二事必不容緩，其一爲吏部考察日期，其一爲兵部考選軍政。考察日期臣曾擬於本月二十八日，後蒙聖諭擬於二月初二日。今已數日，未蒙發下。部院待此旨而後可以自陳行事，南京待此旨而後可以一體考察，若再有遲延，則必至耽誤，而紛紛人情變幻日甚，其爲察典之害更不小矣。至於兵部考選軍政，疏上已經兩月，未蒙允發，不敢揭榜。奸弁乘之爲非，人心因而疑駭，國家所以整肅紀綱、修明戎秩者，惟此六年一舉之舊章，其可

①悚 《綸扉奏草》卷一二"悚"下有"息待命之至"五字。

②宄 "究"當作"宄"。

③悚 《綸扉奏草》卷一二"悚"下有"息祈懇之至"五字。

④巳 "已"當作"巳"。

視爲泛常而不加之意乎？此二事者，皆目前急切要務，該部已經屢催，尚未得旨，故臣不得不言。伏望聖明即賜檢發，非但部臣便於奉行，而於我皇上馭吏馭將之大權，亦大有補矣。臣不勝……"

十八日己未，大學士葉向高謹奏："爲濫冒天恩恭陳謝悃并催同官考滿以便政體事。臣以考滿蒙恩，三疏懇辭，未蒙俞允，且屢渙溫綸，勉臣祇受。臣欲瀝誠再辭，則近於瀆，辭而不得，則近於虛，是以再三思惟，不敢屢控，謹於今早報名廷謝。天高地厚之鴻恩，臣萬言不能罄，萬口不能宣，惟有勉竭犬馬之忠，以庶幾報效於萬一耳。乃臣更有懇切私衷，敢復陳之，惟皇上一垂聽焉。同官臣廷機，考滿之期更在臣前，以杜門求去，不肯報部。臣查從前閣臣，或因不得已陳乞，往往堅卧私家，動經歲月，並未有因此遂不筭俸、而廢考滿之舊章者。毋論閣臣，即庶僚中亦未之聞也。廷機清忠介直，果於任事，其行品才能，遠在臣上，臣尚望其出而戮力，以展未竟之猷。今羈棲荒廟，進退兩難，國體既已盡傷，人情皆爲惋結，雖廷機自處泰然，毫無尤怨，而臣每與相對，輒用痛心，不能自已。目前考滿一節，揆之事理，似亦宜然，故敢輒行陳請。伏乞聖明，敕下吏部，查明具奏，以聽聖裁。俟此典既完，而後特加宸斷，定其去留。使其留也，臣得便於追隨，即去也，亦得善其終始，此於朝常聖德，皆大有禆助，而非徒關廷機之進退，與臣同官之情誼已也。臣前辭疏中，已屢陳此意，誠恐聖明未暇詳覽，故敢重伸其愚，恃恩懇瀆，仰祈慈鑒。臣不勝悚息冒①。"二十五日，奉旨："覽卿奏謝，朕甚嘉悅。知道了。輔臣廷機既應考滿，着吏部奏來。"

十九日庚申，大學士葉向高謹題："竊照閣中故事，凡有文移行各衙門，皆須發至翰林院用印轉行，二百年來相沿如此，若翰林院印封閉不用，則閣中一字亦不得達，而凡事盡壅滯矣。今掌院事侍郎王圖，因有浮言，遂將印信發至孔目廳，堅辭不

① 冒 《綸扉奏草》卷一二"冒"下有"昧激切之至"五字。

管，臣所當行文移悉皆停閣。而目前考察一事，舊係掌院填註考語，開送吏部，今爲期已迫，尚爾推延。昨翰林各官齊來見臣，言此係衙門舊規，必不可失。又到王圖家，勸其收回印信，料理此事，而圖尚力辭不肯。臣惟印信，朝廷之印信也，皇上未許圖去①，則圖安得而辭之？圖曾送至閣中，臣不敢受，孔目又安得而受之？今合翰林各官，仍將此印送還與圖，圖必當以朝廷之印信爲重，不得推委。至於進退去留，則候皇上之明旨。臣以爲大臣律身之道，當官之法，似宜如是。而其事又係臣衙門之事，故敢冒昧以聞。謹具題知。"

二十一日壬戌，大學士葉向高謹題："該吏部催請考察日期，至今未蒙允發。臣歷查從來考察，並未有過二月初二日②，今相距祇九日，南京之行已遲，而此中吏部、都察院及臣等大僚，皆將③此旨下而後敢自陳，聖明批發又須數日，度其勢委難再緩。臣不得已，冒昧再請，伏望聖明即賜檢發，以便行事。臣不勝④。"

二十二日癸亥，大學士葉向高謹奏："爲自陳不職乞賜罷免以清政本事。該吏部題奉欽依，京官考察，四品以上例當自陳。臣待罪輔弼，不職最甚，敢不具列以首應幽黜之科？蓋昔人有言，欲知宰相賢否，視天下安危。今之天下，安耶？危耶？國是則混淆矣，民生則窮蹙矣，災沴則頻仍矣，財用則匱竭矣，賢才則困厄矣，夷虜則猖狂矣，萑符之盜則時竊發矣。以皇上聰明神聖，爲堯爲舜皆所不難，而臣進無感格之誠，退無匡維之術，浮沉充位三載有餘，遂令時事艱虞一至此極，凡懷忠憂國之士，無不委罪於臣，曰：'何以一籌莫展之若是也？'臣中夜思維，慚愧欲死。往者閣臣尚有數人，其爲愆過亦有所分，今臣獨身受事，無可他委⑤，則是一人而兼數人之罪，較之尋常不職，更爲不同。皇上徒以其晨入暮出，少供票擬之役，遂過而寬臣耳，不知今之票擬，皆尋常本章，一中書官可辦，皇上之所以用臣，與臣之所以報皇上而毋溺其職者，僅如是已耶？

① 去 《綸扉奏草》卷一二"去"作"辭"。

② 日 《綸扉奏草》卷一二"日"作"者"。

③ "將"當作"待"。

④ 勝 《綸扉奏草》卷一二"勝"下有"懇切之至"四字。

⑤ 委 《綸扉奏草》卷一二"委"作"諉"。

萬曆三十九年

然則今歲大計，若非首先罷臣，斷無以服天下之心，而稱公平之典。使臣得罷，而天下人翕然頌皇上之明，又竦然服皇上之斷，相與改心易慮，以營職奉公，是黜臣一人，勝於黜百人也，臣亦藉此以少逭溺職之罪矣。臣見向者閣臣自陳，率蒙溫旨慰留，前後相緣，以爲故事，而臣今日情罪與前人不同，伏望聖明毋拘往例，大奮乾綱，將臣罷斥，以警百僚，實今日大計之第一義也。臣不勝①。"二十八日，奉旨："卿負②贊重臣，公清端亮，茂著勳猷，朕茲澄清百職，正資弼成化理，倚毗方切，不允所辭。吏部知道。"

是日，大學士李廷機、葉向高謹題："照得原題東宮福王講讀，每年年節、上元假至正月二十日止，自二十一日起照常講學。臣等查得二月初四日、初七日皆吉，伏乞欽定一日，照常講讀。其東宮講學所有侍班、講讀等官，並無一人，合當推補。臣等謹推得原任國子監祭酒方從哲、原任詹事府少詹事兼翰林院侍讀學士劉曰寧，俱堪侍班。原任右春坊右庶子兼翰林院侍讀黃輝，原任右春坊右諭德兼翰林院侍讀朱國禎，右春坊右諭德兼翰林院侍講顧秉謙、鄧士龍、郭淐，司經局洗馬兼翰林院修撰南師仲，俱堪講讀。禮部儀制司主事范可慢、大理寺左評事兼司經局正字羅萬英，俱堪侍書。各官資俸已深，擬將方從哲、劉曰寧俱量陞禮部左侍郎，兼翰林院侍讀學士，協理詹事府事，黃輝量陞詹事府少詹事，兼翰林院侍讀學士，朱國禎、顧秉謙俱量陞左春坊左庶子，兼翰林院侍讀，鄧士龍、郭淐俱量陞右春坊右庶子，兼翰林院侍讀，南師仲量陞左春坊左諭德，兼翰林院侍講，范可慢量陞禮部儀制司員外郎，羅萬英量陞大理寺左寺副，俱兼司經局正字。其方從哲、劉曰寧、黃輝、朱國禎即催取到京，各供前項職事。伏乞敕下吏部，遵照施行。謹題請旨。"

是日，大學士李廷機謹奏："爲在告年久公典屆期乞賜斥歸以彰乾斷事。伏念臣席藁待罪，自戊申年始矣，於今四年，復逢③大計，犬馬之齒正及七旬。大臣當大計而自陳，公典也，而臣種種罪狀何待自陳？臣不敢自陳也。七十而引年，亦公典

① 勝 《綸扉奏草》卷一二"勝"下有"懇切待命之至"六字。
② 負 "負"當作"輔"。
③ 逢 "逢"當作"逢"。

也。而臣未七十時固已當去，何待引年？臣亦不敢引年也。惟是臣淹延久矣，數窮理極矣，伏望皇上及此一時，斷然賜玦，即坐臣以不職，年老有疾，褫其既曠之官，而放之久羈之後，則蕩蕩聖恩，真高於天而原①於地，臣即辜負於今日，誓當効犬馬之報於來生。臣不勝……"

二十五日丙寅，大學士李廷機謹奏："爲病廢無考滿之理驚聞殊旨懇乞收回併求亟放事。臣同官葉向高以考滿加恩，再三辭讓，及至奏謝，復以臣不考滿爲言。臣服其謙，而怪其不當援臣也。乃本月本日忽睹向高謝疏奉聖旨：'覽卿奏謝，朕甚嘉悦。知道了。輔臣廷機既應考滿，着吏部奏來。欽此。'臣目眩手顫，汗流浹背，驚駭錯愕，生平所未有者。蓋閣臣考滿，必計其辦事之日，臣丁未五月被擢，閏六月入閣辦事，至戊申年五月被論，臣遂杜門不出，告病乞休，疏至百餘，未蒙允放，以迄於今。四年之間，閣中事務皆向高獨勞，臣毫不與聞久矣，乃有考滿之理乎？且非特此也。臣以至愚不肖，累皇上知人之明，辜負皇上如天之恩，罪過多端，彈章盈篋，即重加貶謫，未盡其辜，而尚言考滿，此尤理之所無者也。蓋臣嘗語向高曰：'甲考滿，即乙考滿，何分彼此？考得便考，考不得便不考，何曾加損？'臣所以語同官者，亦可以告皇上。臣切②謂向高每有敷奏，類當理可行，獨此失言，而皇上亦未免於過聽耳。伏望皇上俯察臣言，收回前旨，但發臣二十二日一疏，准臣致仕，則臣之感戴恩榮，視考滿何啻什百千萬過之哉？臣不勝……"

二十七日戊辰，大學士葉向高謹奏："爲恭謝天恩事。臣於三十八年十二月十三日，以三年考滿，伏蒙聖恩，加太子太保、文淵閣大學士，尚書如故，蔭一子中書舍人，照新銜給與誥命。臣謹於三十九年正月十七日赴鴻臚寺報名，十八日午門前行五拜三叩頭禮謝訖，例該十九日、二十三日、二十六日，俱候面恩，遇蒙皇上免朝。查得萬曆十七年三月初九日奉聖旨：'今後在京陞授等項官員應面恩的，如候過三次，着具本奏知，不必

①原 "原"當作"厚"。

②切 "切"當作"竊"。

再補。欽此。'臣謹遵奉明旨，理合具本恭謝天恩。下情無任感戴之至。謹具奏以聞。"

二十八日乙①巳，大學士李廷機謹奏："爲乞骸之章未發考滿之旨未收謹再瀝血誠懇乞聖明敕部免奏事。本月二十二日臣疏乞骸，二十五日因睹皇上所批向高謝疏，臣復疏乞收回殊旨。連日翹首跂足，望前章之發、復②命之收，而猶未也。臣不得不再披瀝以干天聽。臣惟爵祿，人之所愛，考滿，亦人之所欲。然有自然，無勉强，可留則留，當去則去，遇則考，不得則不考，此爲平正道理，經常法度，臣雖不肖，亦略見得幾分。自做秀才無干求，自入仕無請乞。當臣侍郎六年考滿，值覃恩之後，吏部臣楊時喬敍臣効勞，請加尚書，而臣疏辭。先輔臣朱賡，復查例欲加臣太子賓客，而臣又辭之。臣之志，固不在温飽，不在爵秩也。臣以不肖見棄於時，如共工、驩兜之兇惡，不可一日而容，如夷狄、猛獸之驅除，不可一日而緩。臣不勝其迫，始發家眷於隆冬之月。迫又不已，臣始移樓宿於荒廟之中。而近來大義不明，彝倫漸斁，自孫善繼不候旨而去，相繼者十餘人，方教臣以効尤，詆臣以觀望，嫚罵之言盈耳，叱咤之聲載途，臣所以忍之又忍，日復一日，祗是候皇上一旨放臣，欲臣子之義全其始終，以去留之權歸之皇上，不忍堂堂天朝，有掛冠都門、拜表輒行之事，而臣平生所學所守，亦不欲及其晚節而失之於造次之間。臣疏至百餘，數日一上，臣豈更有他念哉？考滿人謂美事，儻見其大者，亦是尋常。今人數我朝閣臣，不首稱薛瑄乎？瑄初以大理卿被劾下獄，擬重辟，如此其危也，天順元年正月入閣，六月致仕，不待考滿也，其官止於禮部右侍郎兼翰林院學士，竟無所以加也，今垂名史册，從祀廟庭。先後閣臣官高於瑄者何限？而不得與比焉。然則人之不在膴仕好爵、崇階峻秩，亦明矣。臣不以考滿爲歉，而恥德行之不如瑄。向高素知臣者，此擧不足爲臣重，反爲臣累，皇上善用言，正宜置之，不謂乃過聽而行之也。臣前事未結，重添出一事，愈益焦煩，喉舌皆瘡，頭腦作痛，不得已再有此聒瀆。伏乞皇上鑒臣真誠，愛臣以德，即敕吏部免奏，但發臣二十二日乞骸之疏，放歸田里，臣不勝受恩感激懇切悚息待命之至。"

萬曆三十九年

①乙 "乙"當作"己"。

②復 "復"似當作"後"。

萬曆起居注

①二 "二"上當有"萬曆三十九年"六字。

②勝 《綸扉奏草》卷一二"勝"下有"悚息祈懇之至"六字。

③陛 "陛"當作"階"。

　　二①月辛未，朔，大學士葉向高謹題："該臣等以自陳，伏蒙聖恩俯容供職，已於今早報名廷謝外，惟是考察日期，已改擬三次，尚未蒙允發。歷查從前考察，並無過二月初二日者，今展至初十，已失舊章，萬無再緩之理。且南京去此三千餘里，即馬上飛報，亦須十餘日方至。都下人情，因此疏不發，紛紛猜度，多生事端，況在留都，又當何如？此事體之大不便者也。伏望聖明亟賜檢發，以完大典。臣不勝②。"

　　是日，大學士葉向高謹題："該京官六年考察，四品以上例應自陳，臣與同官臣廷機俱於正月二十二日具奏，今臣疏已蒙聖恩批發供事，而廷機疏尚自留中。竊度聖心，或以其疏不言自陳而言求去，所以難於發行耳。不知廷機之意，固以自陳則皇上且以例而勉留，求去則皇上可以情而允放也。彼其杜門三載，困苦已極，欲效忠報主而時勢難容，欲拜表徑行而分義不可，微獨廷機自謀已窮，即臣爲廷機謀亦窮，固已無所復措矣。日者皇上俯允臣請，命吏部以廷機考滿奏聞，此實我皇上優禮輔臣之盛心，而亦國家舊典故如是也。乃未亮者復曉曉有言，廷機益不自安，求去愈迫，再三託臣爲之轉聞。臣見同官如此，亦跼蹐不寧，難以默默。伏望皇上將廷機前疏即賜批發，或傳示聖意，令臣擬上，庶輔臣之體面尚存，而朝廷之紀綱不失，其爲關係良不小矣。臣不勝激切祈懇之至。"

　　四日甲戌，大學士葉向高謹奏："爲比例乞恩准移妻封以及前母事。臣頃以正二品考滿，欽蒙聖恩，准給四世誥命，自臣曾祖母以至臣妻，俱贈封一品夫人，獨臣前母郭氏、康氏以例不得並贈。此自國家憲典，臣既叨冒過分，何敢復有覬覦？惟是臣前母二氏，其事臣父皆在臣母之先，而今贈陛③居下，且臣妻受封一品，直躐前母而上之，於情皆有大不安者。查得前大學士沈鯉，曾以二品考滿，乞移妻封於其前祖母張氏、李氏，奉聖旨：'卿前祖母俱准贈，不必以卿妻恩移贈。吏部知道。'此其事體正與臣相同，而臣爲前母，較之鯉爲前祖母其情更切。故敢比例乞恩，冒干天聽。惟是臣行能淺薄，何敢望鯉？臣妻亦不敢重徼天寵，惟望聖慈准將臣妻封典移贈臣前母郭氏、康氏，使臣一門之內，尊卑前後情禮俱伸，而臣亦得藉手以報前母佐助臣父之恩，幽明之感永矢無窮矣。臣不勝冒昧①。"初八日，奉旨："卿前母俱准贈，不必以卿妻恩移贈。吏部知道。"

十日庚辰，大學士葉向高謹題："日前蒙皇上發下總督漕運李三才求去本，命臣票擬。臣度三才事勢必不可留，而漕運事急，恐至耽誤，故遂擬旨允歸，其漕運事行河臣帶管。蓋亦萬不容已之計也，而至今未蒙允發。今日又接彼中巡按顏思忠、巡鹽彭瑞②吾各揭，稱三才已離地方，凡百事務無人料理，乞亟放三才，命官帶管等因。其言更切。臣惟鳳陽四郡，乃國家根本之區，南北咽喉，巡撫之任較他省尤重，而又兼以總漕，舉天下漕糧兌運徵發，皆待之而後行。每歲兌期，常在冬月，陸續前發，僅能集事，今已二月矣，而糧尚未兌，巡漕御史又以患病懇辭，臣不知今歲運事何以結局？而京師百萬之軍民，將安所仰給也？以一臣之去留，而誤天下之大計，臣甚惜之。伏望聖明將臣所擬三才前疏，亟賜檢發，庶漕事不誤，而地方亦大有利賴矣。臣不勝懇切之至。"

十一日辛已③，大學士李廷機、葉向高謹題："該臣等於正月二十一日具揭恭請東宮、福王講學，未蒙發下。今日期已過，謹再擇得本月十六日、二十七日二日皆吉，伏乞欽定一日，即行開講。其東宮講學所有侍班、講讀等官，並無一人，合當推補。臣等謹推得原任國子監祭酒方從哲、原任詹事府少詹事兼翰林院侍讀學士劉日寧，俱堪侍班。原任右春坊右庶子兼翰林院侍讀黃輝，原任右春坊右諭德兼翰林院侍講朱國禎，右春坊右諭德兼翰林院侍講顧秉謙、鄧士龍、郭淐，司經局洗馬兼翰林院修撰南師仲，俱堪講讀。禮部儀制司主事范可愿、大理寺左評事兼司經局正字羅萬英，俱堪侍書。各官資俸已深，將方從哲、劉日寧俱量陞禮部左侍郎，兼翰林院侍讀學士，協理詹事府事，黃輝量陞詹事府少詹事，兼翰林院侍讀學士，朱國禎、

① 昧 《綸扉奏草》卷一二"昧"下有"懇切之至"四字。

② 瑞 "瑞"當作"端"。

③ 已 "已"當作"巳"。

萬曆起居注

顧秉謙俱量陞左春坊左庶子，兼翰林院侍讀，鄧士龍、郭淐俱量陞右春坊右庶子，兼翰林院侍讀，南師仲量陞左春坊左諭德，兼翰林院侍講，范可愌量陞禮部儀制司員外郎，羅萬英量陞大理寺左寺副，俱兼司經局正字。其方從哲、劉曰寧、黃輝、朱國禎即催取到京，各供前項職事。伏乞敕下吏部，遵照施行。謹題請旨。"

十二日壬午，大學士葉向高謹題："該吏部題請考察日期，蒙傳諭擬於二十日行。今又數日，未蒙發下。此國家大典，終不可廢，即二十日行，其踰常期亦已再旬矣，豈可復遲疑而不決乎？近來紀綱法度，凡百陵遲，人心玩愒已極，若併此等事而緩視之，臣恐朝廷之威重從此日輕，而官邪愈無所警矣。且考察遲一日，則議論多一日，彼不肖之徒自知不不①免，謀張變幻，何所不至？此尤當事諸臣虞②而慮者也。伏望聖明亟賜檢發，以便遵行。臣不勝激切③。"

是日，大學士李廷機謹奏："為懇恩賜放事。臣待命四年，數窮理極。頃復聞王錫爵訃至，臣倍加感愴。錫爵年七十④，臣今年七十，而稟氣又不如錫爵之堅勁，臣之殞亡亦在旦夕。伏乞皇上憐臣、放臣，俾臣幸不客死，亦得如錫爵終於家園，此為皇上隆天厚地之恩。若身後惟蓋，則臣預辭屢矣。臣不勝哀懇迫切……"

十四日甲申，大學士葉向高謹題："該考察日期，吏部已十疏懇請，未蒙允發，臣亦屢揭代請，一概留中。適接尚書孫丕揚揭帖，遂求罷斥，蓋其意恐聖心之有疑，而欲引咎以謝天下耳。臣惟國家有大典，如京官六年考察，外官三年考察，鄉、會試三年一舉，此皆祖宗設立成規，二百餘年遵行不廢，非如他事，有暫行暫止，可以意為緩急者也。今舉朝大小臣工，捨其職業專待此事，而日延一日，屢票屢寢。人情驚疑，皆罪臣不行力請。蓋非但丕揚不安能⑤於其位，即臣與諸臣皆不能自安矣。臣等不足惜，而其如聖政之累何哉？臣亦知聖明留心吏

① 不　此"不"字為衍文。
② 虞　《綸扉奏草》卷一二"虞"作"所虞慮"。
③ 切　《綸扉奏草》卷一二"切"下有"祈懇之至"四字。
④ 十　"十"下當有"七"字。
⑤ 安能　《綸扉奏草》卷一二"安能"作"能安"。

治，必無終寢之理，惟是早行一日，則省一日之紛紜，且常期已過，實難再緩，故敢冒昧再三言之。如皇上以計典重大，有所疑遲①，則臣竊謂丕揚三朝老成，矢公矢慎，其②協贊諸臣亦皆一時之選，必不敢苟且徇私，以負皇上也。伏望聖明俯垂鑒允。臣不勝……"

　　十六日丙戌，大學士葉向高謹題："爲病故輔臣事。據少保兼太子太保吏部尚書建極殿大學③王錫爵家人王忠報稱，本官於萬曆三十八年十二月二十九日在家病故，齎有遺疏奏聞。臣忝同官，不勝悲悼。看得臣錫爵忠貞天植，剛介性成。初入詞林，已負天下之望，晚登綸閣，益承明主之知。贊襄備極其勤勞，擔任罔知乎謗議。追蒲輪之再召，以伏枕而頻辭。子牟戀闕之忠不忘夢寐，山甫補袞之志無替生平，蓋真憂國之藎臣，而清時之顧輔也。臣尚望其黽勉趨朝，共圖佐理，何期一旦遂爾淪亡？兼之家難頻仍，孤孫幼弱，身後情事尤可憫傷。聖明聞之，必爲動念。所有應得卹典，伏乞敕下禮部，從厚查例上請，以彰朝廷優禮元輔之意。臣未敢擅便，謹題請旨。奉旨："首輔王錫爵，忠誠直亮，夙著勤勞，甚望黽勉前來，贊襄治理。覽卿奏，知已淪逝，深惻朕懷。應得卹典，著該部從優查例來看。"

　　十九日乙丑，大學士李廷機謹奏："爲懇乞天心推亡及存慨然賜放以遂首丘事。近日亡臣王錫爵訃至，臣向高爲之請，皇上亦爲之動情矣。伏念當年，錫爵蒙召用，臣廷機亦蒙拔擢，既如④而同途之遭跋涉，同舟之遇風波，而錫爵竟不來。今長逝矣，臣犬馬之齒僅少數年，崦嵫之日已見逼促，而錫爵尚在其家，臣乃以孑然一身，棲棲於此，一聞其訃，甚有滕人築薛之憂。自古稱狐死丘首，臣卜兆久定，去秋屬臣弟治壙已畢，今但得一登，而後歸根復命，則聖主之深恩，臣之大幸也。蓋先輔臣趙志皋之求去不得而歿也，滿三年，今錫爵之辭召不得而歿也，亦三年，可見三年，人事之大期，不得則死耳。夫輿襯⑤孰與徒行？異鄉孰與故土？犬馬之被蓋惟於地下，孰與獸

萬曆三十九年

二七八九

① 疑遲 《綸扉奏草》卷一二 "疑遲" 作 "遲疑"。

② 其 《綸扉奏草》卷一二 "其" 上有 "都御史許弘綱忠清正直" 十字。

③ 學 "學" 下當有 "士" 字。

④ 如 "如" 似爲衍文。

⑤ 襯 "襯" 當作 "櫬"。

萬曆起居注

鹿之護①縱舍於林間？伏乞皇上推恤亡之念，以及未亡之臣，慨然賜放，毋使臣繼錫爵而同乎志皋。臣不勝受恩感激迫切屏營待命之至。"

二十日庚寅，大學士葉向高謹題："竊見聖明留神計典，已經欽定日期，其吏部尚書孫丕揚辭疏亦已蒙旨慰留，惟副都御史許弘綱辭疏尚未發擬。臣惟部院一體協衷②計典，不可偏廢，而弘綱又皇上所特簡，已奉明綸令其贊理，在弘綱固義不得辭，而非藉皇上申命，則其心亦有不自安者。伏望聖明即賜檢發，以便行事。臣不勝……"

二十二日壬辰，大學士葉向高謹題："竊惟軍政考選，五年一舉，乃國家大典，與京察並重，歷稽往事，並未有寢閣而不行者。獨此番考選，已四閱月矣，兵部屢次催請，臣亦頻為之吉③，俱未蒙允發。應黜應留，兩無著落，遂使奸貪之輩無所顧藉，愈肆誅求，堂堂聖朝，乃容此千百人，公然縱暴於輦轂之下，而國家之法反不得行，甚非體也，人情惶惶，猜疑四起。臣以為聖明在上，威柄獨操，必無他故，惟是該部考選之日，適逢聖躬靜攝之時，未及詳覽，遂致遷延。今玉體安康，章奏可閱，故願皇上留神檢發，早完此局耳。臣頻瀆宸嚴，自知罪戾，但皆朝廷公事，非有私意。伏望聖慈曲垂原鑒。臣不勝……"

二十四日甲午，大學士葉向高謹題："竊惟考選科道，各官候命已經一年。其未考之先，取到候考亦已年餘。凡此諸臣，皆剔④歷郡縣，多至七、八年，少亦四、五年，勞苦辛勤，為朝廷拊養百姓，經無限風波，受無限困厄，賢⑤能推擢遷轉一官，此皆沐我皇上成就長養之厚恩，以有今日，其感激圖報，情當何如？今旅食長安，茫無職事，舉內外大小臣工，未有如是之荒涼而閑曠者，日復一日，消磨挫折，非但勞臣志士為之寒心，而國家所為網羅人才以備耳目股肱之任者，其典不幾於

① 護 "護"當作"獲"。

② 衷 《綸扉奏草》卷一二"衷"作"裏"，是。

③ 吉 "吉"當作"言"。

④ 剔 "剔"當作"歷"。

⑤ 賢 《綸扉奏草》卷一二"賢"上有"乃得以"三字。

虚設哉？今在京御史不過數人，內而巡視京營等差，外而巡按各省等差，盡皆乏人，至於巡漕無官，不得已借及於巡鹽，而巡鹽又無可借，此六、七①萬餉邊錢糧，將使何人督理？臣不能不爲國計憂也。夫有人而不用，則病在人，欲用而無人，則病在國，人與國交病，而天下安得不受其弊？蓋前者兩番考選，皆經年後發，在皇上遂習以爲常，而不知長偷玩之風，釀鬱結之害，已不少矣，而況於今日之遲延，尤甚於昔哉？此臣之雖欲默默，而萬不容已者也。伏望聖明俯鑒愚誠，亟賜檢發，其爲公私利便莫大於此矣。臣不勝激切祈懇之至。"

二十六日丙申，大學士葉向高謹奏："爲首輔已亡勢當急補懇乞聖明垂憐苦請亟賜允行事。竊惟爰立一事，臣等與舉朝言之章疏殆以百千計，而竟不能一動天聽。意者聖心尚望臣錫爵之來，虛席以待耳，今錫爵逝矣，政本之地併空名亦寥寥矣。此時不補，又將何待？如以此官爲不急，則皇上何故稱之曰股肱心膂？如以人多爲冗員，則祖宗何故常用五、六人？此皆聖心之所悉也。況臣待罪日久，志氣衰頹，虛被隆恩，無能補報，即使畢慮焦思，經營尺寸，亦如農②夫挦挦然疲其筋力桔棒於流金鑠石之秋，曾沾溉之幾何，而足以慰天下之望哉？臣聞之，物極則變，勢窮則通。閣臣之空虛至此，可謂極矣，其束手而不能展布，窮亦無以加矣。若復不爲變通，必將下拂輿情，上乖天意，召災致釁，貽累無窮。即頃者三載之間，臺星三殞，人禍天刑，一時並萃，甚可痛也。所望君父曲軫時艱，廣登棐正，使綸扉尺地，氣勢稍增，即臣亦得藉手息肩，歸伏林壑，不遽爲三臣之續，何幸如之。臣不勝窮迫號呼懇切之至。"

二十八日戊戌，大學士李廷機、葉向高謹題："爲印信事。照得右春坊右庶子朱之蕃久未到任，右庶子湯賓尹又陞南京國子監祭酒去訖，該坊印信無人署掌。臣等謹推得見在右諭德兼翰林院侍講顧秉謙，量陞右春坊右庶子，兼翰林院侍讀，暫署該坊印信，俟朱之蕃至日，徑交掌管。其左春坊左中允兼翰林

① 七 《綸扉奏草》卷一二"七"下有"十"字。

② 農 《綸扉奏草》卷一二"農"上有"凶歲"二字。

院編修朱延禧、翰林院修撰趙秉忠，編修黃國鼎，檢討盛以弘、丘禾實、張光裕，皆資俸甚深，久當敘轉。擬將朱延禧量陞右春坊右諭德，兼翰林院侍讀，趙秉忠、黃國鼎各量陞左春坊左中允，兼翰林院編修，盛以弘、丘禾實、張光裕各量陞左春坊左贊善，兼翰林院檢討，以稍示疏通之意。伏乞敕下吏部，查照施行。臣等未敢擅便，謹題請旨。"

是日，大學士李廷機、葉向高謹題："爲清黃事。照得軍職貼黃，例用翰林院官一員，久缺未補。臣等推得右春坊右諭德兼翰林院侍講沈㴶，資俸已深，堪以差用。伏乞敕下吏部，將本官量陞左春坊左庶子，兼翰林院侍讀，前去會同兵部、都察院各堂上官，清理貼黃。臣等未敢擅便，謹題請旨。"

二十九日己亥，大學士葉向高謹題："竊見原任武昌府同知卞孔時，逮繫日久，近以父喪，哀求奔赴，部院諸臣皆爲之請。臣查孔時被逮，原由陳奉，奉之罪惡，固皇上所知也，前三十三年亦曾有釋放之詔矣。祇因該衛具題未報，遂爾遷延。今孔時罹此終天之痛，號呼哭踊於囹圄之中，臣等聞之，無不酸鼻。我皇上大孝至仁，凡在臣下有事關倫常、情出迫切，未嘗不蒙聖慈之曲軫也。豈於孔時而獨不爲之動念乎？且非獨孔時也，滿朝薦以梁永逮，王邦才以高淮逮，其情皆與孔時同。天下之稅使多矣，而獨此三臣遭奉與淮、永，以致幽囚，臣竊悲三臣之不幸也。然三臣雖繫，而奉與淮、永皆蒙皇上撤回，神明之見必有洞燭，臣又竊爲三臣幸也。年來逮繫諸臣，如曹學程、馮應京、華鈺①，皆蒙恩釋放，天下人感頌歡呼，至今未已。乃學程等出獄亡何，旋皆物故，如使釋放稍遲，則必斃命於圜扉矣。雖臣子死生聽於君父，何敢擇地？然以皇上慈祥惻隱之心度之，必欲其死家，而不欲其死獄。果其死獄也，寧不爲聖德之一累哉？頃梁心既已病故，而孔時又罹此苦，故臣敢爲之請。伏望聖明將孔時與滿朝薦、王邦才併行釋放，以昭如天之度，廣好生之德，傳之萬世，著之史書，亦爲聖朝一盛事矣。臣不勝悚息祈懇待命之至。"

① 鈺 "鈺"當作"鈺"。

三①月辛丑，朔。

三日癸卯，大學士李廷機謹奏："爲叩閣乞去事，伏惟臣至不肖，受恩至厚，負恩至深，罪至多，候至久，瀆擾至甚。臣今不敢重陳，惟乞一去。皇上即以輔臣之體，全其始終，亦一放之而足矣。臣計無所出，不得已，力疾赴文華門上疏，仍詣思善門叩頭，伏望皇上發臣此疏，即放臣歸。臣不勝迫切……"

五日己巳②，大學士葉向高謹題："昨見兵部尚書李化龍揭帖，以軍政考選屢疏催請，未蒙允發，遂引咎求去。其言甚切。臣惟國家大典，如文臣考察，武臣考選，與三歲開科並重，假如科舉後不行揭榜，天下有是理否？舊歲軍政，化龍與該司官秉公持正，甚愜輿情，蓋從來考選所僅見者。而留中日久，莫測聖意，人情疑惑，揣摩多端。雖無根之談不敢以聞天聽，然以聖明在上，而使二百年舊章反格於今日，奉公守法之臣，不得安於其位，其失非細故也。今京官察疏又上矣，悠悠之論，見軍政之久寢，遂併虞京察之遲留。六年以來，中外觀瞻，盡在此舉。在事諸臣，蓋亦竭其心力，參伍折衷而成此典，其不敢苟且以負皇上，明矣。如復少延時日，未即省發，臣恐紛紜復起，流禍無窮，前次三十三年之事可爲永鑒，大臣之不能安於其位者，當又不止一化龍矣。朝端九列，能有幾人？而可使其相與咨嗟，以失職爲苦乎？臣見化龍之疏，不勝過計，故敢併及之。伏望聖明，將軍政考選即賜檢發，以安化龍。其京官考察，併行亟發，以肅人心。庶文武諸臣各知懲勸，而於聖治大有光矣。臣不勝……"

十日庚戌，大學士葉向高謹奏："爲病臣孤臣萬分窘急懇乞聖明亟行通變事。臣惟天下之事不能無弊，苟弊而未窮，與雖窮而未至於極危極急、無所復之，則猶可苟且遷延，以僥倖於不敗。今臣自入直以來，除以③臣賡、臣廷機共事數月外，其獨身供役者已滿三年。歷查明興以來，並未有閣臣祗用一人如

①三 "三"上當有"萬曆三十九年"六字。

②己巳 "己巳"當作"乙巳"。

③以 《綸扉奏草》卷一二"以"作"與"。

是之久者。而又當朝政厄塞、人情紛擾之秋，臣仰而踞天，俯而蹐地，入而叩閽，出而仰屋，無時不咨嗟，無日不疏揭，其語言之頻數，蓋非但皇上厭之，即臣亦自厭之，而其情緒之窘蹙，蓋非但臣苦之，即皇上神明之見，亦必知臣之苦矣。今毋論講讀、考選、補官、起廢諸緊要事，一切停閣，即如兵部軍政，吏部考察，尋常舊典已經發擬者，亦復留中，尚書不安其位，杜門求去，以旦夕挂冠爲幸。臣身非木石，亦有心胸，亦有顔面，睹其景象，安能晏然？愁病相煎，度日如歲，度其情勢，亦不能久視息於人間矣。窮急至此，而皇上又不爲通變，不行會推，是真置天下國家①於度外也。年來海內水旱蝗蟲、牛妖物怪，種種變異，已自駭人心目，乃朝端事體，更有千古所未嘗見者，如閣臣羈棲於荒廟已及三年，部卿候命於近郊，亦經數月，公車不報之疏，積如丘山，言路無職之官，多至百十，諸如此類，其爲變異尤不可言。而又有病苦如臣者，踽踽獨行於闕庭之間，奄奄待斃於綸扉之下，此豈清朝吉祥善事？而皇上可不爲一動念乎？臣情出迫切，不暇擇言。伏望聖明即賜罷斥，別選賢良，以效贊襄，是今日通變之第一策，而頃刻不容少緩者也。臣不勝……"

是日，大學士葉向高謹題："頃兵部尚書李化龍辭疏及吏部考察各疏，俱蒙皇上發擬，臣竊喜幸，以爲庶幾可完此事。乃延至數日，又未見允發。部臣以不得其職，皆欲掛冠而去，臣苦留之。今滿朝臣工，共候此旨，若一日不發，則一日喧動，被察者日冀幸於多事，存留者亦曠廢其職業，而二部尚書斷乎不能安其位矣。二臣矢公竭力，所無②可疑，伏望聖明亟賜檢發，以安衆心。臣不勝……"

十三日癸丑，大學士李廷機謹奏："爲叩閽乞去事。臣於本月初三日，力疾造朝，持疏叩懇。蓋臣之所處，乃自來輔臣未有之變，情迫計窮，以爲補牘既不能得，或可以叩閽得之。日夜跂望，今又浹旬，每見章奏發下施行者頗多，獨臣③杳然，不見影響。臣在今日，真是無告之窮民。皇上其仁如天，何獨

① 家 《綸扉奏草》卷一二 "家" 下有 "事" 字。

② 所無 《綸扉奏草》卷一二 "所無" 作 "無所"。

③ 臣 "臣" 下似當有 "疏" 字。

忍於臣，而不一動聖念也？臣不得已，仍匍匐赴文華門上疏，隨詣思善門叩頭。伏乞皇上發臣此疏，即放臣歸。臣不勝哀鳴迫切悚惶……"

十四日甲寅，大學士李廷機、葉向高謹題："爲纂修玉牒事。先該臣等具題，將萬曆二十七年以後玉牒，照例續修。已敕宗人府會同禮部，查取各王府宗支册籍開報外，照得舊例，纂修書寫該用制、誥兩房官，查得二十七年用官二十三員，今次宗支繁衍，更①數倍，兩房官止十二員，並起居館官二員、翰林院孔目一員。合無俱令供事，一體謄錄玉牒？其書寫經筵日講講章二項，俱各缺員。內汪民敬見今辦理前項講章，改禮部祠祭司郎中，兼司經局正字，仍陞俸一級。吳子敬、范可愓、李憲、鄭崇光直票有年，甚爲勞苦，相應量敍。吳子敬原大理寺右寺副，范可愓原禮部儀制司主事，各量陞禮部儀制司員外郎。李憲原工部虞衡司主事，量陞本司員外郎，加俸照舊。鄭崇光原中書舍人，量陞大理寺左寺副。伏乞敕下吏部，查照施行。緣係纂修玉牒事理，先該臣等具題，已奉俞旨，各官屢次列名上請，未蒙允發，若遲延日久，則簡帙愈多，率②難辦理，況此一事關係天潢重務，勢不容緩，即各官缺員陞補，亦臣等再三斟酌，資俸相應方爲題請，非敢過濫也。冒昧申請，伏望聖明速賜批發。臣等不勝……"

十六日丙辰，大學士葉向高謹題："昨蒙發下南京吏科給事中黃起龍一本，參南京邢部尚書李禎③擅去，該文書官冉登口傳聖諭：'舊時祖宗年間也，有年高大臣，還候旨，怎麼如今不候旨就去了？大義爲何？'令臣議處。臣隨即具擬、恭聽聖裁外，竊惟人臣之去留，聽於君父，若不候命而擅去，既失臣義，亦壞朝綱，皇上以此責李禎④，即李禎⑤亦無辭以自解矣。但臣反覆思之，祖宗朝雖無擅去之大臣，亦無求去不得之大臣，其四品以下官，多一疏即允，至三品以上，亦祇再疏、三疏，至四、五疏而極，並未有十餘疏而猶不聽者。即我皇上初年，亦

① 更 "更"下當有"加"字。

② 率 "率"當作"更"。

③ 禎 《綸扉奏草》卷一二"禎"作"楨"。

④ 禎 《綸扉奏草》卷一二"禎"作"楨"。

⑤ 禎 《綸扉奏草》卷一二"禎"作"楨"。

是如此。當斯時也，臣下欲去得去，何事於擅？自頃十餘年來，大臣得請者百無一、二，今且一概不報，甚至如輔臣李廷機、部臣趙世卿，皆羈留數載，疏至百餘，困苦無聊，人人嘆息，而廷機又屢次叩閽，莫回天聽。蓋大臣之情急計窮，至此而極，若非二臣堅忍寧耐，以候命爲恭，亦豈能淹留以至今日哉？臣竊度聖心，或以諸臣之求去爲非，故厭而置之耳。不知其不容不去之故，自有數端，如疾病即當去，被言則當去，職業不得盡則當去，此皆出於迫切至情，非有矯飾，皇上所當曲體者也。臣聞李禎①之去，實由於真病，似難過責。今尚書孫丕揚、李化龍又以考察、軍政不下，相率求去，若復踵禎②之所爲。而繼此者又效尤不止，朝廷之紀綱，豈不日以陵夷？而天下後世謂皇上爲何如主乎？臣以爲欲禁諸臣之擅去，則必先體諸臣之至情，可留則留，且行其言，以安其身，不可留則聽其去，明白裁斷，毋事虛拘，使臣子之進退得全，則朝廷之紀綱不失，下之而煩言可省，上之而國體常尊，即諸臣退伏田野，亦頌聖德於無窮矣。臣故因李禎之事有概於衷，而敢陳其愚，伏望聖明察覽施行。臣不勝……"

是日，大學士葉向高謹題："今日蒙發下文書內，有吏部尚書孫丕揚一本，參刑部主事秦聚奎挾私反噬，撓亂察典，併被察湯賓尹等七人訪單，又有秦聚奎訐奏孫丕揚一本。反覆看詳，兼採公論，湯賓尹等既經訪單開列惡迹許多，丕揚處之宜矣，況七人之中，如王紹徽、喬應甲、岳和聲皆陞兩司方面，仍是好官，其所劣處不過三、四人耳，即有功過相準，不妨再爲敘遷。煌煌察典，祖宗二百餘年未③，無有一人敢干犯其間，如聚奎乃突有此疏，何爲也哉？此而不處，則後來大計更無人敢任怨主持，而此典遂不可行矣。至於賓尹等，既已列名計典，亦足示懲，若復下所司窮治，臣恐牽連枝蔓，茫無了期，似宜祗照考察處分，不必更行究問者也。臣謹擬票以進，恭候聖裁。乃臣更有請焉。人情誰不愛官？誰肯甘心被察？故往常大計之後，必有一番浮言，轉相煽惑，惟是疏上即發，事體已定，無可覬覦，而令甲自辨代辨之罪人甚重甚嚴，故人不敢犯耳。今

① 禎 《綸扉奏草》卷一二"禎"作"楨"。
② 禎 《綸扉奏草》卷一二"禎"作"楨"。
③ 未 "未"當作"來"。

留中踰旬，莫測聖意，所以躁妄之輩又復生心，致滋擾亂。若再延數時，紛紜愈多，臣誠不知其禍之安所極也。丕揚八十老臣，無家無子，何求於世？徒以感激聖恩，不辭勞怨，爲國家完此大典。今困苦不堪如此，良爲可念。伏望皇上亟將考察及年例推陞各疏，俯賜檢發，庶人心自定，而大典有光矣。臣不勝……"

十八日戊午，大學士李廷機、葉向高謹題："爲日講事。看得《春秋》講章，見今將及進完。臣等竊惟，五經俱已講過，惟先年閣臣沈一貫等題請，我朝太祖高皇帝、成祖文皇帝嘉謨善政，備載《寶訓》，可爲萬世子孫法程，允宜進講。彼時因皇上命講《春秋》，故未及《寶訓》。今《春秋》講章既將進完，伏望皇上仍從前請，容臣等傳講臣將《寶訓》一書預撰講章，接續進呈，惟復別有裁示，令臣等得以遵行。臣等未敢擅便，謹題請旨。"

二十三日癸亥，大學士李廷機謹奏："爲叩閽乞去事。臣於本月初三日、十三日兩次叩閽，竊冀聖心感動，而賜玦可期也。乃既浹二旬，寂然如故。伏念臣乞休杜門，自戊申年四月二十一日，迄昨二十一日，滿三十六個月矣。戊申年臣方六十七歲，今則七十歲矣。自癸卯年離家，至今不上父母之丘墓九年矣。自戊申年家眷遣歸，惟臣一身孑然獨處，今四年矣。自己酉年臘月移寓真武廟，今一年五個月矣。念臣暮景餘生，如朝露將晞，風燭將燼，所以棲棲忍死，惟候皇上半通之綸，而後理順心安，死而無憾耳。今臣不得已，三叩天閽，伏乞皇上慨發慈悲，即放臣去。臣不勝迫……"

二十五日乙丑，大學士葉向高謹題："蒙發下兵部尚書李化龍一本，命臣票擬。臣惟化龍前此曾以軍政不下，具疏求去，經臣擬上，未蒙賜發，今之所言，亦是前疏之意，而又加切。蓋人臣守官，不得其職則去，自是常理。況軍政大典，尤爲職守之至重，二百餘年相沿不廢，若當化龍之在兵部而忽然沮格，彼之心將何以自安也？事理至明，我皇上豈不洞燭，而延遲若是？臣等真相與揣摩不得其故。或疑軍政疏中有所澄汰未當聖心，而臣細詢物論，又極服其公平，如其有之，亦不妨傳示，令臣議擬，以聽聖裁，決不可因此而廢大典也。除化龍此本，臣謹擬票慰留外，其軍政疏伏望即賜檢發，或照原擬，或命臣再擬，庶化龍得安其位，而戎務不至於廢弛矣。今邊事方殷，虜情猖獗，而本兵杜門候命，推陞題覆一概俱停，甚爲不便，故臣敢附言若此。至於吏部考察疏不下，尚書臣孫丕揚亦力求去，統望聖明併賜檢發。臣力竭辭窮，外間又罪臣無已，臣之失職當去甚於二臣，併祈聖明哀憐而賜察焉。臣不勝悚息……"

二十八日戊辰，大學士葉向高謹題："竊惟考察疏上，經今將一月矣，臣與該部屢次催請，未蒙允發。事關大典，難以久稽，而羣百十被察之官於國門，使之觀望覬覦，日以多事，亦甚非所以肅政體而重朝綱也。臣故不避煩瀆，再爲申請，伏望聖明即賜檢發。臣不勝仰望之至。"

四①月一日庚午，朔。

三日壬申，大學士李廷機謹奏："爲曦誠不能動天苦極病增懇乞聖慈矜憐允放事。臣屢次力疾叩閽，勉強匍匐，冀或有所感動，而天聽愈高，賜玦無日。臣以七十之年，多病之軀，荒廟之寓，雖學忍耐，而日既久不免焦煩，雖勉攝調，而心不寧終難痊可。自臘月以來，爲口瘡所苦，日夜痛楚，飲食艱難，若腦漏之病則今已八年，日甚一日，鼻涕淋漓，涕盡血出。蓋心火、胃火、肺火所致，而心火爲病根，乃求去而不得去，則又心火之根也。臣伏睹去年嚴旨，以不遵紀法責擅去諸臣，頃又伏睹嚴旨，以恣意徑行大失君臣之義責李楨，伏惟皇上於祖宗舊章、君臣大義，極其洞晰，則如臣者亦在所矜憐，特未斷耳。矜憐，仁也。斷決，義也。皇上一放臣，而仁義兼矣。臣不勝……"

十二日辛巳，大學士葉向高謹題："該同官臣廷機告臣，謂其求去已一百十餘疏，候命三年零一月，移寓荒廟已年半，寢處祇一小房，妻子久已回籍，僅僅僕四、五人，亦切於思歸，將欲散去，七十老年，又有腦漏、口瘡、諸病協痛②，勢難再延，乃皇上未肯體恤，將何結局？再三懇臣爲之轉聞。臣惟廷機所言，一一皆真，其荒涼之狀，苦楚之衷，更有言不能盡者，若皇上終不垂念、裁處，則廷機真爲無告之窮人矣。臣亦萬不得已，乃敢爲言。伏望聖明，將廷機辭疏亟賜批發，或傳諭聖意，令臣擬上，以聽聖裁。聖裁③臣不勝悚息……"

十三日壬午，大學士李廷機謹奏："爲籲天求放事。臣伏惟皇上，天也，天非推測之所能知，非祈禱之所能格。今皇上之久而不放臣去也，臣莫④其解，日夜展轉思所以求皇上者，亦莫得其方。謂至誠可以動天，則誠懇極矣。謂寧耐可以候天，則寧耐極矣。而皇上漠然如天之無心也，寂然如天之無言也。豈未知臣之苦乎？抑知而不爲動念乎？夫人未有不聽命於天者，

萬曆三十九年

二七九九

①四 "四"上當有"萬曆三十九年"六字。

②諸病協痛 《綸扉奏草》卷一三"諸病協痛"作"脇痛諸病"，是。

③聖裁 此"聖裁"二字當爲衍文。

④莫 "莫"下當有"得"字。

天愈邈而呼天者愈哀。臣子未有不聽命於君父者，君父愈恝然而呼號君父者愈急。臣願皇上不徒爲穹窿之天，而爲仁覆閔下之天，閔其老，閔其疾，閔其久候。覽臣此疏，即賜批允，則皇上真其仁如天，而臣之感恩真與天同其罔極矣。臣不勝涕泣哀祈……"

十七日丙戌，大學士葉向高謹奏："爲朝端空虛已極政本獨任更難萬懇天恩亟行推補事。臣惟高皇帝革中書省，以天下政事付之九卿，文皇帝設文淵閣，以密勿匡贊責之儒臣，竭二聖之心思，成一代之綱也。具思慮至詳密矣，豈以此官爲可有可無、而姑以備責①爲也？今之九卿僅有數人，而尚書孫丕揚、李化龍、侍郎蕭雲舉、王圖，副都御史許弘綱，通政使張養志，皆杜門不出，其見在供事者祗都御史孫瑋，侍郎翁正春、劉元霖，三人而已，長安道士②幾絕驪唱之聲，九列署中遂稀堂卿之迹，凡有心知，無不慨嘆。而閣中供事，祗臣一人者又三年有餘，海內寒心之日久矣。假使士大夫和諧輯睦，共恤公家，猶庶幾少延旦夕。今門戶愈分，煩囂愈甚，即考察一事，亦費許多言辭，尚未結局，此惟政本乏人，無能感動聖心、聯屬衆志，以至此也。臣每一思惟，慚愧欲死。若不及今亟行推補，將來禍釁更不可言。具人才有限，長養甚難。而摧殘甚易，議論煩多，吹求甚易，而昭雪甚難。臣見近年士大夫能全其身名者少矣，而詞林諸臣爲尤甚，浸淫不止，更將何人以應登庸之典？此尤臣之所甚懼也。伏望聖明俯鑒愚誠，敕下該部，即行會推，以待簡用。其九卿諸臣應補者補，應出者出。諸以職事請者，皆速賜檢發，毋復停留。庶廟堂之上尚自有人，而二祖之創制不虛，四海之人情亦慰矣。臣不勝激切祈懇之至。"

十九日戊子，大學士葉向高謹題："本日酉時，伏聞怡神殿失火，臣即趨進恭視，見火勢頗盛，竊恐驚動聖母、聖躬，甚懷憂慮。今火已就息，伏望皇上安神定念，仍轉奏聖母，勿致驚惶。臣下情不勝惓惓。謹具題恭慰以聞。"

①責 "責"當作"員"。

②士 "士"當作"上"。

二十日己丑，大學士葉向高謹題："昨因怡神殿災，臣趨進恭視，具揭恭慰，今早文書官劉用口傳聖諭：'東邊空宮官們直房起的事，先生每候旨問安，知道了。'臣惟聖躬方在靜攝，見此火驚，恐致驚惶，今蒙傳諭，知火起空宮，未至震動，臣之下情不勝大幸。但事關大內，災切鬱攸，亦非細故，伏望皇上寬慰聖衷，默圖消弭，是臣惓惓一念不能自已者也。臣不勝懇切之至。"

是日，大學士葉向高謹奏："爲火災頻見中外驚惶懇乞聖明寬慰聖心舉行聖政事。該怡神殿災，臣具揭恭慰，隨奉傳諭，謂係東邊空宮直房起事。臣復具揭回奏外，竊念連年天旱①，陽氣燥烈，故蒸而爲火。且神火名曰鬱攸，故鬱結之極，亦能致火。舊歲正陽門箭樓災，其象已見，今怡神殿雖係空閒，然去奉先殿甚邇，祖宗神靈不無震驚，未可以爲細故而忽之也。近來朝端庶政隔塞不行，人情鬱結之狀從古未有，其憤悶無聊，咨嗟慨嘆，足以招旱②乾而致回祿，若不亟行寬解，恐其災不徒在於空宮，而且及於宗社矣。臣竊懼焉。他事臣未敢遽言，惟目前緊要政務，如考察、軍政、枚卜、考選、補大僚之類，伏望聖明慨賜舉行，則人情欣慰，災變自消，聖德從此益況，聖躬從此益享千萬年之福矣。不然，天內何地？而十餘年間火災頻見，乃不聞警悟修省之實，其何以下慰人心、而上承天意哉？臣輔理無狀，理宜省愆，恭聽罷斥，惟是一念芹曝之私，不能自已，伏望聖明俯賜採納。臣不勝……"

二十一日庚寅，大學士李廷機謹奏："爲乞亟屏薄德薄福一臣以謝祝融弭災變事。臣杜門伏枕，忽聞怡神殿災，不勝驚怖，而不敢隨諸臣之後，焦頭救火，削牘問安，亦自分當然耳。既而思之，災由臣致，蓋臣不祥之人也，無一善可稱，無一長可取，人皆厭棄，衆共憎嫌，至薄德者莫臣若也。又臣本是個窮秀才，一味寒酸，淪膚洽髓，自少到老，不曾一日安樂，至薄福③莫臣若也。不祥之人，所居之方殃咎隨之，而使居輦轂下，爲三年淹④，安得有吉祥善事乎？切見祈禳者，掃除湔滌，務

①旱 "旱"當作"旱"。

②"旱"當作"旱"。

③福 "福"下當有"者"字。

④淹 "淹"下當有"留"字。

令潔清，而後可以薦馨香，降明神，禳災而祈福。伏乞皇上穆然深惟，毅然斷決，令臣亟出國門，以應祓除不祥之義，則祝融永弭，旱魃亦消，時和年豐可望矣。臣不勝驚惶激切。"

二十三日壬辰，大學士李廷機、葉向高謹題："爲印信事。照得詹事府協理府事少詹事翁正春，近陞禮部左侍郎去訖，該府印信事無人掌管，一切應行文書事務無人料理，勢不可缺。臣等推得吏部右侍郎兼翰林院侍讀學士蕭雲舉，資俸深隆，堪以改任。伏乞敕下吏部，將本官量改吏部左侍郎，兼翰林[①]侍讀學士，令其掌管前項印信，其經筵日講俱照舊。臣等未敢擅便，謹題請旨。"

二十七日丙申，大學士葉向高謹題："今日最急政務，莫知[②]軍政、考察、枚卜、考選四事，該臣屢次催請，未蒙批發。今不得已，再行開列，上塵宸覽。自非理窮勢極，不敢言之頻數如是，伏望聖慈俯賜施行，不勝幸甚。

一、考察疏停留已將兩月，滿朝皆素服待命，夏至在邇，甚不雅觀。且被察一、二百人不得出都，日逐生事，以致彼此紛争，煩言四起，尚書孫丕揚、侍郎蕭雲舉、都御史許弘綱，皆因此求去，且欲掛冠徑行。今大僚甚乏，若丕揚等又去，成何紀綱？伏望檢發。

一、軍政疏停留已半年者[③]，應黜者不得離任，應補者不得管事，奸弊叢生，各軍嗟怨，其害不小。伏望檢發。

一、各處巡按已積至二三十差無可題代，在京御史祇有三、四人，缺乏已極，其考選科道官候命日久，深爲不便。伏望檢發。

一、閣中祇有臣一人，獨身供事已三年零一月，從來無此事體。又兼朝政壅塞，天下人皆以爲臣罪，臣病苦已極，委難支持，屢次請行會推，情非得已。伏望檢發。

二十八日丁酉，大學士李廷機、葉向高謹題："照得誥敕房

①林 "林"下當有"院"字。

②知 "知"當作"如"。

③者 "者"爲衍字。

原有翰林院坊局官五員，管理文官誥敕令①諭德沈㴶等公差等項去訖，止有贊善張邦紀等二員，辦理不前，相應題補。臣等推得右春坊右諭德兼翰林院侍講郭淐、左春坊左中允兼翰林院編修朱延禧、翰林院檢討盛以弘，俱堪管理前事。恭候命下，令其遵照題奉欽依事理，管撰文官誥敕。臣等未敢擅便，謹題請旨。"

是日，大學士李廷機、葉向高謹題："爲缺官教書事。照得內府司禮監書堂，例用翰林官六員教書。原題各官，俱有別項差用，相應題補。臣等推得翰林院編修汪煇、檢討錢象坤、徐光啟、來宗道、張鼎、李標，堪以前去教書。臣等未敢擅便，謹題請旨。"五月初一日，奉旨："是。"

① "令"當作"今"。

萬曆起居注

二八○四

① 五　"五"上當有"萬曆三十九年"六字。

② 疏察　《綸扉奏草》卷一三"疏察"作"察疏"。

③ 休　《綸扉奏草》卷一三"休"作"体"。

④ 致　《綸扉奏草》卷一三"致"作"攻"。

⑤ 廷　"廷"當作"延"。

⑥ 未　"未"當作"禾"。

⑦ 未　"未"當作"禾"。

⑧ 伏　"伏"下當有"乞"字。

⑨ 賜　《綸扉奏草》卷一三"賜"當作"腸"。

　　五①月一日庚子，朔，大學士葉向高謹題："昨該臣具揭，以大臣留去，請皇上裁斷。今日又蒙發下尚書孫丕揚本，令臣擬票。臣恐仰煩聖心，不敢不擬，第或留或放，未知聖意所存，尚望皇上裁定。且丕揚爲被察諸人所怨，攻擊不休，其疏中固云，值此風波，一日亦難自立，則其危迫之情已可見矣。諸臣方欲丕揚之速去，而臣乃擬留，必復致恨於臣，是臣代丕揚受禍也。惟是國體所在，不敢遽爲擬放，仍附臣愚衷如此，統望聖慈裁斷。"初三日，奉聖旨："覽卿奏，情詞切至。朕疾雖愈，尚爾虛弱，不耐勞煩，點用大僚及疏察②等事，朕即陸續檢發。孫丕揚公忠直介，着出溫旨，勉留供職。且大臣分義，休③國奉公，何爲自便，相率恝然求去？蕭雲舉、許弘綱，都着即出供職。以後各官，不得立黨徇私，紛紜致④訐，貽禍國家，違的重究。吏部知道。"

　　是日，大學士李廷機、葉向高謹題："爲印信事。該司經局洗馬南師仲，奉差册封去訖，本局印信無人署掌。臣等謹推得左春坊左中允兼翰林院編修朱廷⑤禧，堪陞右春坊右諭德，兼翰林院侍講，暫掌司經局印信。其翰林院修撰趙秉忠，編修黃國鼎，檢討盛以弘、丘未⑥實、張光裕，皆資俸甚深，相應敘轉。擬將趙秉忠、黃國鼎各量陞左春坊左中允，兼翰林院編修，盛以弘、丘未⑦實、張光裕各量陞左春坊左贊善，兼翰林院檢討，以示疏通之意。伏⑧敕下吏部，查照施行。臣等未敢擅便，謹題請旨。"

　　二日辛丑，大學士葉向高謹題："該臣揭奏孫丕揚徑去事情，未蒙批發，今日都察院合衙門御史等官又來見臣，言都御史許弘綱於一、二日間亦決意徑去，責臣奏聞。臣惟考察不下，人言不息，大臣不能自容，苦苦求去，皇上又不批發，其勢必至於徑去，朝廷之上臣僚如此，天下安得不亂？伏望皇上即發察疏，其孫丕揚、許弘綱二疏，皆亟賜檢發，如再遲一、二日，則二臣必去，而天下事愈難處矣。臣連日賜⑨風下血，不能奔走，因都察院各官來言此情，故復扶病入直。臣言盡力窮，伏祈皇上憐察。不勝懇切之至。"

四日癸卯，大學士葉向高謹題："今日蒙發下考察各疏，計典已竣，人心自定，非大聖人至明至斷，何以有此？疏下之日，天即大雨，感通之理，何其神也？惟是部院一體，今孫丕揚已奉溫旨，而許弘綱疏尚留中，伏望聖明再賜檢發，以便供職。昨翰林院掌院事王圖又封印送閣，出城候旨。圖係日講官，爲人所逼迫，不得已如此，情亦可憫，併望聖明俯允其去，使臣得另行推補，其於公私亦兩便矣。謹具題以聞。"

五日甲寅①，大學士李廷機謹奏："爲遇節感時籲天②天乞放事。臣自戊申四月杜門，迄今四度端陽，而移寓以來，則再度矣。祇爲候命遲回，日復一日，歲又一歲。前日臣嘗力疾三叩天閽，而皇上未垂憐也。同官葉向高亦嘗爲臣具揭，求皇上發臣封章，早賜結局，而皇上未垂聽也。然則臣更有何路可吁？此犬馬之生亦更有幾何年，可長爲河清之俟？必且以無告終矣。臣聞一婦含冤，三年不雨，恐一臣無告，亦未必不能致災。今端陽之候，禱雨之時，伏乞皇上俯垂憐憫，放臣生還。臣不勝哀……"

六日③，大學士葉向高謹題："臣兩日冒寒，未能進④，昨蒙發票侍郎王圖求去本，臣已擬允放，今日又蒙傳諭，令臣擬留，此見我皇上優禮講臣之至意。但臣觀近來大臣，但經論列，皆難強求。而王圖以考察一事，受疑蒙議，彈劾之章業已屢上，圖自度勢不能容，故求去之情極其迫切，即愛圖者亦爲⑤其當去。今圖已出郊候命，萬難再入供事，即強之再入，而言者必不肯已，反致多事。不如早允其去，使得脫身於是非之外，他日再行召⑥召用，亦未爲晚，是乃皇上之所以曲體圖情而成就之也。臣今遵命另擬一票，仍將昨票併行封進，以待聖裁，而附陳愚見如此。又侍郎蕭雲舉亦係日講官，亦有辭疏在御前未發，此二臣同功一體，更望聖明將雲舉疏檢發，傳示聖意，令

① 寅 "寅"當作"辰"。
② 天 此"天"爲衍字。
③ 日 "日"下當有"乙巳"二字。
④ 進 "進"下當有"閣"字。
⑤ 爲 《綸扉奏草》卷一三"爲"作"謂"，是。
⑥ 召 此"召"字爲衍文。

臣擬上，庶二臣之進退有據，而政體亦便矣。謹具題以聞。"

七日①，大學士葉向高謹題："臣頃以瘍疾血疾苦楚不支，屢欲哀祈罷免，而以察事未完，部院諸臣方相率求去，臣未敢雷同煩瀆，故疏屢具而屢止。今北察下矣，而南察尚留，南北一體，則南察亦必不容緩。文察下矣，而軍政尚留，文武一體，則軍政亦必不容緩。至於兩京科道之糾拾，皆察典中事，了此而後為完局，其為不容緩均矣。自新歲至今，業將半載，祇考②一事，牽纏不了，始而請期，繼而請發，連章屢瀆，滿朝閧然，即臣閣中疏揭，亦不計其數，本易事也，而反難。本無事也，而反多。本旦夕可完事也，而反不得了。且不獨此一事為然，即他事亦然。朝廷亦安得有安靜之日？天下安得享和平之福哉？臣每念此，腸胃如焚，頃刻難度，今之勉強延挨，蓋亦無可奈何，而報③顏以供事耳。早間孫丕揚又移書於臣，謂皇上所允考選、補大僚等事，尚未檢發，終難展布，託臣展④聞皇上，仍許其去。臣告以皇上聖明，眷注老成如此，諸事必當舉行，祇宜懇請，不必決去。而李化龍以軍政不發，催請不報，其情亦甚迫切。故臣不得已，復扶病入直，代為籲祈。伏望聖明即將軍政並科道糾拾各疏，悉行檢發，以免瀆煩。其枚卜、考選、補大僚三事，皆目前至緊至急，併望檢發，使老成得安其位，而聖明⑤亦一新矣。至於諸臣議論不同，遂成門戶，臣以為共事聖主，共恤公家，即有意見參商，何必停留不化？儻自今以後，兩釋疑端，同捐細故，以成協恭和衷之美，而二、三大臣，又以無偏無黨相為倡卒⑥，期於消前釁而弭後爭，天下事庶哉猶可為耳。臣愚衷不勝懇……"

十二日辛亥，大學士葉向高謹奏："為懇補閣臣事。臣聞天下，大器也，非一人所能舉。政本，要津也，非一人所當據。不能舉而強之舉，則必有顛殞之虞。不當據而使之據，則必有盈滿之禍。今臣以隻身而居此地，已三年零二月，自有此官以來，未有此事。非但人厭之，即鬼神亦忌之矣。非但鬼神忌之，

①日 "日"下當有"丙午"二字。

②考 《綸扉奏草》卷一三"考"下有"察"字。

③報 《綸扉奏草》卷一三"報"作"靦"，是。

④展 《綸扉奏草》卷一三"展"作"轉"，是。

⑤明 "明"當作"政"。

⑥卒 "卒"當作"率"。

即臣之妻子亦危之矣。而又無涓埃之效，無分寸之補，坐觀大僚之空虛，臺省之缺乏，萬民之餓莩，邊鎮之艱難，而無能爲計，而猶靦顏竊位，不求人以共濟，則臣之形雖存，而其心已死矣。皇上亦安用臣爲哉？伏望聖明鑒臣苦衷，即賜推補，其同官臣廷機，才品百倍於臣，今杜門日久，求去不得，併望聖明諭令勉出供事，以救臣之苦。臣窮困之極計，無復之，故敢哀祈如此。謹具本親詣文華門奏聞。伏候敕旨。"

是日，大學士葉向高謹題："竊惟軍政、考察，爲國家二大典，以留中日久，遂致煩言。今考察已蒙聖斷批發，而軍政尚留，外聞①不知聖意，東猜西疑。尚書臣李化龍極不自安，屢疏懇請。臣度此事終不可已，皇上必有檢發之時，但各官或去或補，兩無着落，非但虛糜俸祿，抑且貽害各軍，此在聖明必有洞見，無待臣言。惟望早賜檢發，以安羣情，以完重典，是臣之不得已而籲祈者也。臣不勝……"

十四日癸未②，大學士李廷機謹奏："爲愚臣不專爲乞骸直陳國體宜惜主權宜尊懇乞聖明亟行乾斷事。臣聞漢臣賈誼有言：人主之尊譬如堂，羣臣如陛，故陛有九級則堂高，陛無級則堂卑，高者難扳，卑者易陵。由此觀之，羣臣體貌，亦不可令陵夷，況大臣乎？孔子曰：大臣以道事君，不可則止。又曰：不能者止。又曰：避色。曰：避言。夫見不可、不能，而不止，當避而不避，此則真齷齪廉鮮恥鄙夫小人，何足道也？若夫知止，知避，移疾乞身，其志甚堅，而求之又甚力，大臣去就如是而已。而不蒙上之體悉，縶之維之，以供人之冒罵呵斥，至於幽憂疾病而不得去，三年、四年而不得去，遷移轉徙而不得去。以天子心腹手足大臣而陵夷至此，輕亦極矣，不惟大臣輕，而天子之勢亦輕，幾如堂之無陛者矣。臣閱前史，惟逢萌掛冠，則王莽時也。桓溫拜表輒行，則叛臣事也。留正逃去，蔡抗徑行，江萬里出關，葉夢鼎宵遁，則宋之季世也。今聖主熙朝，而使大小之臣不以放去，而以擅去，不以君命去，而以迫逐不可忍而去，以淹延不能待而去，猶爲國有體乎？猶爲主有權乎？

①聞 "聞"當作"間"。

②未 "未"當作"丑"。

此危萌亂徵,猶可漫視之,以爲不足介意乎?蓋大臣重輕,全無①出處去就之際,而尤在於主上之體悉而成就之,能成就則人皆得安全,不能成就則志士至於塗炭。臣見自來惟有苦求官不得者,未有苦辭官不得者,惟有苦罷官速者,未有苦罷官難者。不意數十年大臣,極厄之數,忽在今日,而臣偶值之,此臣所以自傷、自恨、若焦、若燒。自去冬患口瘡,日乃彌甚,破爛痛楚,不能飲食,七十老人,朝不保暮,即待命長畢於此,臣之義得矣,而以言於乾斷、主權、國體,則安在哉?皇上聰明天縱,伏乞三思臣言,亟允臣去,而後推之以及夫候於郊者。臣不勝……"

十五日甲寅,大學士葉向高謹題:"今天下事之最急而必不容已者,惟會推閣臣與考選二事。會推事,臣昨已苦言之矣,考選之緊要之不下於會推,而其事體之不便,殆有甚者。臣頃接御史彭端吾揭帖,言以巡漕帶管巡鹽,恐致妨誤。夫漕、鹽二差,皆財賦所關,必不可無人料理者也。而巡漕御史尾漕舟而行,其與鹽政必不能相反②者也。即此一端,其利害已自不細,而況於各省之按差多至二、三年無可題代,南北直隸久缺督學,今去鄉試祇一年,何人考校?該部院題請以在藉③御史陳宗契起補,遼東巡按熊廷弼改差,亦未蒙允發。目前掣肘之事,率皆如此,紀綱安得不壞?天下安得有太平之日哉?頃考選南京科道,諸臣以守候艱難,不得已請假而去,其淹留長安者尚有數十人,薪俸不給,假貸爲生。我皇上大聖至仁,即無論自爲天下國家計,亦豈忍使臣下窮困一至於此也?今部院諸臣,皆杜門未出,臣不得不爲懇請。伏望聖明慨賜檢發,使各差不致缺人,而諸臣亦得效一日之用,天下幸甚。爲此,謹具揭親詣文華門奏聞。伏候敕旨。"

是日,大學士李廷機謹奏:"爲懇放久候之臣亟敕推補以實政地以圖化理事。臣昨方有疏,直陳國體、主權,求皇上放臣,以彰乾斷。乃上疏後,見葉向高請補閣臣而末④,乃謂臣求去不得,可諭令勉出供事。臣一見之,不勝駭愕,此又是前日欲

① 無 "無"當作"在"。

② 反 "反"當作"及"。

③ 藉 《綸扉奏草》卷一三"藉"作"籍"。

④ 末 "末"當作"未允"。

臣考滿之奇事也。臣老且病，罪如山積，心如死灰，形如槁木，先後瀆陳至一百十有餘疏，祇求皇上一旨放臣，而臣子進退之義全，聖主覆載生成之恩大矣。至於推補閣臣一節，臣向以去國之人可無預此事，而今日則似乎可言。自來閣臣常有四、五員，即先年閣臣有朱賡，而皇上用于慎行、葉向高及臣，仍起用王錫爵，蓋一時而有五人焉。今三年惟向高一人，雖才力之優，而既苦獨勞，亦嫌獨任，相須共濟誠不可無人。況四海九州之幾務，所與共理者，亦必翕受四海九州之英賢，惟愜乎人情，斯賢於夢卜。今中外佇望此舉，而會推之命未聞，坐視賢才播棄，政地單虛，皇上獨不爲萬幾計慮乎？臣記得萬曆二十二年六月王錫爵乞休，並請催補，惟時皇上用沈一貫、陳于陛二臣，命下旬餘，錫爵乃去，臣今日情景有類彼時。伏乞皇上追惟前典，或先放臣去而後會推，或即敕會推而後放臣去，旬日之內，政地實而病臣歸，豈非中外一大快事哉？若向高疏未所云，萬無此理，聖明洞鑒，必不如前日考滿之事，增臣玷辱也。臣不勝悚息……"

十六日乙卯，大學士李廷機、葉向高謹題："先該吏部題萬力①二十九等年補考及三十九年正考願就教職恩貢歲貢生員，開送前來，例該會同翰林院掌印官出題考試，適掌院事侍郎王圖已出城候旨，已經具揭題知，奉有欽依外，臣等嚴加校閱，取中恩貢生員文理亦通中卷一卷，歲貢生員文理平通上卷四卷、文理亦通中卷二百五十五卷，俱堪授教職。謹將各試卷封進，伏乞聖裁發下，開送該部，查照先後題准事理欽遵施行。謹題請旨。"六月初一日，奉旨："是，該部知道。"

二十三日辛酉②，大學士葉向高謹奏："爲會推考選屢次哀祈懇恩亟允事，臣於十二日具疏請會推閣臣，十五日具揭請補考選諸臣，皆親至文華門叩懇，接本內臣亦見臣哀苦之狀、迫切之情矣。而佇候旬日，未奉俞音，不知聖明曾爲臣省覽與否？臣見近來朝綱國政日以陵遲，世道人心日以囂競，而又到處災

① 力 "力"當作"曆"。

② 二十三日辛酉 應作"二十三日壬戌"，或作"二十二日辛酉"。

①早 "早"當作"旱"。

②各 "各"當作"閣"。

③仁 "仁"當作"上"。

④邪 《綸扉奏草》卷一三"邪"上有"去"字。

傷，連年荒早①，考古準今，必成禍亂。大小臣工泛泛悠悠，各圖趨避，將盡舉其咎歸之於臣。臣自傷自懼，寢食不安。向者各②臣員多，其行事得失亦有人相爲證明，今臣自言自語，自見自聞，爲忠爲奸茫無質對，甚且疑其如鬼如神，能爲禍福，或行或止，由其轉移，如近日嚴嵩杞檜之譏，臣雖甘受，然而皇上亦何樂於有此臣哉？此會推之所以必不容已者也。考選諸臣，淹困旅邸，寸祿不沾，已非國家待士之誼。而項者尚書臣丕揚，有感於民生之憔悴，復苦陳荒旱以請，都御史臣弘綱，深慨於巡方之匱乏，復臚列各缺以請，此皆老成忠藎之臣，言言恫切，毫不敢有矯飾市恩，以欺君父，臣即有所言，不能復加，皇仁③試取而詳覽之，當必惕然而動念矣。此考選之所以必不容已者也。臣今日見皇上俯允吏部之請，將前年考察留用科道錢夢皋等並賜處分，仰見聖心至虛至明，毫無執滯，真自古聖帝明王所難得者，中外人情孰不欣服？竊以爲邪④如此，則用賢可知，故復敢冒昧以二事上請，非出於至窮至急，無可奈何，亦不敢如是之塵瀆耳。伏望聖慈憐察，即賜允行，仍俞臣前請，諭令臣廷機併出供事，天下幸甚。爲此，謹具本親詣文華門奏聞。伏候敕旨。"

二十四日癸亥，大學士李廷機、葉向高謹題："爲公務事。照得內閣原設典籍二員，管理一應事務。今制敕房辦事大理寺右寺副兼翰林院典籍譚學閔考察去任，遺下員缺，相應選補。臣等推得制敕房辦事大理寺右寺右寺副吳子敬，堪補前缺。及查本官與原管典籍事禮部儀制清吏司主事范可慢，直票劾勞俱各年深，擬各量陞禮部儀制清吏司員外郎，吳子敬仍兼翰林院典籍。伏乞敕下吏部，查照施行。臣等未敢擅便，謹題請旨。"

二十九日戊辰，大學士葉向高謹題："蒙發兵部尚書李化龍本，令臣擬旨。臣惟化龍求去，其有病與否臣不知之。但聞人言，以爲五年軍政，從來成規，皆隨上隨發，歷查二百餘年並無一次不下。今番化龍在事，而獨致停寢，大臣爲國守法，豈能晏然而安其官乎？彼其屢請不報，爲計已窮，惟有一去，可以自盡。化龍之心，或出於此，而不敢明言以告君父也。伏望聖明亟將軍政疏檢發，使化龍得安心供職，即王之楨亦得免於疑議，且於國家大典亦有光矣。臣愚見如此，冒昧柎①聞，統候聖裁。"

① 柎 "柎"當作"附"。

萬曆起居注

① 六 "六"上當有"萬曆三十九年"六字。
② 己巳 "巳巳"當作"己巳"。

③ 占 "占"當作"詹"。

④ 諫 《綸扉奏草》卷一三"諫"作"建"。

六①月一日巳巳②，朔，大學士葉向高謹題：照得閣臣職掌雖在於票擬，然而詹事府，左、右春坊，司經局，翰林院及制敕、誥敕兩房之事皆屬焉，故印信缺則須題掌，員額缺則須題補，資俸應陞者須與題陞，事務當行者須與題行，自祖宗設立此官以來，皆是如此。頃十餘年間，頗多寢格，然亦未有一概不行如今日者。臣查自前歲冬月至今，凡推轉各官，祇一南京掌翰林院孫得遊得旨，此外並未蒙允一人，其各項事務，祇近日題請管理誥敕、教習內書堂傳旨，此外並未蒙允一事。今占③事府、坊、局、翰林院五印皆在閣中，而纂修玉牒、清理貼黃、六曹章奏、正字、典籍諸不容已不容緩之事，皆不得行，尚不如外間各衙門章奏猶有一二之得請者。然則閣臣之失職甚矣。以臣庸愚陋劣，宜無當於聖心，然此皆朝廷公務，閣臣職掌，不可因臣之不才而廢，即臣所揭請或有未妥，亦望皇上教誨，使其改圖，不可漠然置之不問，此臣之所以既慚懼，而不容已於言也。伏望聖明將臣屢次疏揭省覽裁擇，量賜施行，使衙門之職事不虛，而臣亦稍得藉手以報效於萬一矣。臣不勝……"

二日庚午，大學士葉向高謹奏："為請發考選事。臣惟考選諸臣候命之苦，各差缺乏之狀，臣與部院諸臣言之至詳至切，無容贅矣。惟是皇上所以遲留之故，人不能窺，妄相揣摩，似有二端。其一謂皇上愛惜官爵，未能割捨。其一謂皇上厭畏煩囂，故為沮抑。則臣請冒昧一言，以廣聖意。夫官爵雖朝廷之官爵，然非朝廷所得私也。天生民，立君以治，立臣以佐治，故虞廷諫④官必曰天工，曰天命有德。以帝王之威命靈爽，而必舉其推還之於天，若不敢自主然者，此所以為敬天之至也。天以四海九州奉人主，亦以其餘養天下之賢才，使之有祿以食，有職事以展布。若使人主盡靳官爵，不以與人，違天之命，而曠天之工，其能當於天意否乎？我皇上寅畏事天，無所不至，乃用人一節執吝知此，臣誠不知其解也。如以諸臣多言之故，則臣以為官曰言官，安能禁之不言？頃者議論太煩，不為無過，然其中可採者不多，使皇上肯留神省覽，別其是非，或令部院議覆，恭聽聖裁，公論在下，宸斷在上，安知煩囂之風不轉為安靜和平之福哉？此皆臣與外廷意想測度之私，未敢遲謂聖心果出於此。然而詞窮情竭，無可置喙，故復掇拾言之。總之非為諸臣，為國家也。伏望聖明俞允施行。臣不勝……"

三日辛未，大學士李廷機謹奏："為懇求放去事。臣去年六月感患痢疾，蒙皇上遣醫診視。乃今年又六月矣，臣思聖恩之難報，嘆日月之如流，傷衰病之殘生，苦淹延之太久。室家回藉①已踰三冬，廟宇孤棲遊經三夏，既不能鞠躬以酬聖主，又未獲奉命而返故園，臣景逼崦嵫，心懸桑梓，丘壠荒蕪欲歸治之，弟姪暴露欲歸葬之，孤寡辛酸欲歸撫之，而臣後事久豫亦欲歸而就之。近日每聞中外士大夫物故，問其年有僅七十者，有纔過七十者，有未及七十者。人生真如隙駒，功名皆是蕉鹿，歸根復命，不過一丘首，聖主與之以為恩，在暮年得之以為福。臣所以朝夕焚香，呼天祝神，此真武之所鑒憐，亦士紳之所閔惻也。蓋臣自來不敢有求，惟自晚節一去若求者四年，中間百十餘疏，妄自謂硬堅脊梁，牢立根腳，必得君父之命而行，冀存萬古之綱常，無為將來之口實，但恐七十老人，溘先朝露，臣雖無悔，而人且有笑臣者耳。伏乞皇上，及臣未死而放之。臣即死於道路乎？猶為生出國門。辛而死於故鄉乎？則為狐死正立首矣。皇上之恩何如其大，臣之感戴何如其深也？臣不勝激切哀祈悚息……"

六日甲戌，大學士葉向高謹奏："為列名原奉明旨同官謙讓非宜事。今日同官臣廷機，有疏乞免署名，意以臣官一品而列銜在後，有所不安。臣念從來閣臣先後次序，祇以進閣之日為定，臣與廷機名次之先後，當時已奉皇上欽定，安可改也？自廷機杜門已來，屢戒臣勿列具名。夫皇上一日未許廷機之去，則廷機一日猶閣臣也，閣中公事安得不列？惟是有所陳請、執奏，事關利害，原係臣自己意見，則祇用臣名，此亦已明廷機

① 藉 "藉"當作"籍"。

不與事之意矣，豈可併名次而紊之哉？臣生平以父執事廷機，以人品行業推服廷機，今廷機杜門，而臣當事，此所謂捨藕合之丸而求蛣蜣之轉，清夜捫心，慚愧無地，而敢復躡居其上、爲天地鬼神之所惡乎？近來人情多端，猜疑百出，即臣於廷機，不請其出則罪其坐視，請其出則罪其不情，臣甚憚於有言。惟廷機既有此讓，臣又不得不言，故敢直陳其事體如此。伏望聖慈垂鑒。臣不勝……"

是日，大學士李廷機謹奏："爲閣揭乞免署名並乞速放事。臣不預聞閣務久矣，而臣向高今官在臣上，則爲首臣矣。乃向高過爲推讓，如昨試歲貢、補典籍具題，猶稱'大學士李廷機等'，以臣久在事外、旦夕即去之人，依然署名，且以二品官加於一品之上。向高撝謙則善矣，而事體不妥，臣能安乎？臣屢言、直言，向高不聽，是以不得已訴之皇上，伏乞天語一傳，令其勿復推讓，並乞速放臣去，不惟凡事妥便，即汙名亦免掛人口齒，臣之大幸也。臣不勝……"

七日乙亥，大學士葉向高謹奏："爲懇補閣臣事。臣聞之，王道本乎人情，人情之所在，即天意之所在也。今合中外之人情，無不言閣臣之宜補矣，而皇上獨若漠然不加意者，豈以閣中尚有臣在，足了尋常之文書耶？臣困病餘生，目不能視，足不能行，心已昏昏，不能思慮，雖忍死支吾，實同無有。閣中稍暇，每取古人乞休謝政之事，彙而讀之，輒低徊神往。至見歐陽修告人，謂欲以病去，以人言去，以得罪去。心益傷之。在宋時，臣子去就猶未甚難，而修之言已如此，況今日乎？臣垂死之人，其爲欲去，豈但如修？所以隱忍旦夕、欲請復輟者，祇望皇上簡用二、三人，使臣得以弛擔息肩，進退俱便。而祈求萬端，莫回天聽，臣欝悶無聊，不但苦此官爲累，亦苦此身尚留人世矣。皇上如念臣數載犬馬之微勞，似當亟爲一處，以全其性命，且以毋誤國家之事，不宜概付之不聞也。臣情迫詞窮，伏望聖意垂鑒，即賜推補。臣不勝激切……"

十日戊寅，大學士葉向高謹題："昨蒙皇上慰留尚書孫丕揚，又文書官連日傳示聖諭，謂俯從臣擬，寬宥言官。臣仰見聖德之大，聖度之宏，即附文書官口奏，臣與丕揚皆感戴聖恩，不獨言官矣。惟是考察一事，紛紜未了，彼此爭競多爲蕭雲舉、王圖二臣。王圖既已出城，志在決去，而雲舉亦以母病思歸，情緒迫切，皆日遣人懇臣轉聞，祈求早放。臣於王圖已屢爲之請，而聖意謂二臣皆係講官，屢傳慰留，臣敢不仰體？但度今日人情事勢，二臣不去則議論必不得休，皇上終不得二臣之用，而徒爲朝端開此訟場，殊不便也。如聖意不欲困人言而去講臣，則臣睹二臣同年同官，素稱莫逆，前後意見原無相左，今之求去固自爲母病身病之至情，非因人言而後發者，皇上亦可以曲體矣。頃來人心多疑，議論易起，即如臣請同官臣廷機之出，其本意不過以時①艱難，欲其分憂共患，以救目前而已，甚明甚淺，而談者或以爲是，或以爲非，或以爲有深意，甚者至以爲有人逼臣，展轉揣摩，言愈奇而愈失情實一至此也。臣今爲二臣求去，又不知作何擬議。惟是二臣之責望於臣者，至懇至急，臣不得不爲之言，而揆之事理，亦當允其去，以成其美，或且予假以歸，候論定而後再用，庶二臣之私情既遂，而朝端之煩言亦可少省矣。伏望聖慈裁斷。臣不勝……"

十二日庚辰，大學士葉向高謹題："該南北直隸久缺提學御史官，已經推補陳宗契、熊廷弼，未蒙允發。吏、禮二部，都察院及南京科道官，屢行催請，皆未得旨。臣念直隸地方，最爲遼闊，三年考試常苦不周，故南直隸向時曾分兩提學，後復歸併。今去明歲科舉祇有一年，使提學官即時奉命，亦須八、九月方得到任，時日幾何？已難完此試事。況又遲留而不發哉？今天下事緊要當行者甚多，臣欲言則無處說起，聖明又不見聽，欲不言則外間責望甚切，臣又不能坐視，萬苦千愁莫知所出，惟此提學御史二官尤目前最急而不容不言者，伏望聖明即賜檢發。臣不勝祈懇之至。"

是日，李廷機謹奏："爲王道本乎人情終懇聖慈俯垂體恤

① 時 《綸扉奏草》卷一三"時"下有"事"字，是。

事。臣伏惟《禮記》有曰：人情者，聖王之田也。故宋儒祖之，而爲王道本乎人情之說。有人情，必有體恤。我皇上至聖至明，臨御多年，人情無不洞燭。惟是邇年臣下去就之際，聖心容有未加者。如臣最不肖，其身既無所容而不聽之去，疏至百十餘上，候至三、四年而不得也。意者螻蟻微情，無足體恤，而塵瀆聒激，更取厭於聖心耶？夫臣在此一日，不但臣一日不安，人亦一日不安，人既不安，則臣益不安。史傳有云：君平厭世，世亦厭君平。臣初志本欲報主立功，自遭跋躓以來，神倦意闌，初志之厭久矣，而人或有未知也，即臣向高代臣申懇疏揭十餘，及至催補閣員疏末，忽添出諭臣勉出一語，臣面責其謬，向高答以屢催不得，無聊而姑言之，而臣知其必滋人之疑，而益臣之苦矣。今疑臣者不啻竊鈇①，而憂臣者甚於憂邊，防臣者甚於防虜，即荒寓不足容身，即旁引不徑不寶必告必面之交，歷舉古史前朝之事，不足白臣意，計獨有從先臣王錫爵於地下，臣乃得安耳。而數一日未盡，將若之何？此臣所以屏息吞聲，終無一言，而惟望君父體恤，求一去也。伏乞皇上亮臣、憐臣，亟放臣，臣不勝受恩感激涕泣懇祈悚息待命之至。"

十四日壬午，大學士葉向高謹題："連日大雨不歇，滿城皆水。昨早臣五鼓而起，方擬趨朝候領誥命，而自臣所居至長安門一帶，皆如長河，水深五、六尺，輿馬徒步皆不得施。無可奈何，祗於私宅叩首，仍另行報名恭謝天恩外，竊惟今者雨水，實爲異常，即臣私寓房屋垣牆盡皆倒塌，無處棲身，滿城小民之苦復當何如？說者謂萬力②三十五年之水，與此番相同，而今歲春夏久旱，二麥無收，正喜得雨，可望秋成，乃不意雨復過多，苗稼浸損，秋成又是難望，是何天之困斯民一至此也？今天氣陰霾，雨勢未已，若再加一二日，將何以支？臣輔理無能，義當引咎，更望聖明垂念時艱，將目前緊要政務俯賜施行，以答天心，以消災沴，天下幸甚。臣不勝……"

十六日甲申，大學士葉向高謹奏："爲懇發考選事。竊惟今

① 鈇 "鈇"當作"鈇"。

② 力 "力"當作"曆"。

日科道之缺，非但各差乏人，即在內臺者亦不過三四人，寥寥已極。此與萬力①三十六年臣初入都時，事體相同。彼時考選停留一年，已是創見，今且一年餘矣。彼時臣同官三人，合力共請，猶曰懷憂悶，今祇臣一人，情愈苦矣。悠悠議論，不但疑皇上慮其多言，亦且疑及於臣。臣觀史傳，凡人主而諱言，必非明盛之世，凡人臣而忌言，必是奸邪之徒。此毋論聖明無是，即臣亦萬不敢受也。然而考選不下，則毋論臣疑莫解，即聖心亦何以自白哉？今歲各處大旱，都下又繼以大水，二災並至，振古所無，所賴以奔走救援，惟臺省耳目之官最急，而民既危困，官又空虛，皇上豈真以如是世界，尚可僥倖於不亂乎？此尤臣之萬不敢任者也。伏望聖明留神亟發，使差用有人，民艱可恤，亦今日救災之第一義耳。臣不勝……"

　　是日，大學士葉向高謹奏："爲大旱大水相繼爲災民窮已極懇乞聖明亟行修省賑②恤事。臣觀自古稱禍災者，必曰水旱，之③害最切於民生，尤非他之變異可比。二者而有一焉，已不堪矣，乃令歲之旱與去歲同，今歲之水又與三十五年同，且有甚焉。人自南來者，皆言自徐州以北，陰雨連綿，陸地皆成巨浸，田疇淹没，禾黍絕收，而又到處蝗虫羣飛蔽天，所過之地千里如掃，蓋從來天災之頻仍，生靈之困苦，未有如今歲者。其遠者皇上猶不及見，乃輦轂之下，都城之中，洪流漂蕩，房屋傾頹，九衢罷市，萬室無煙，啼號之聲與狂颶猛雨相爲凄慘，蓋縉紳不免，況於小民？此亦大聖至仁所必惻然而動念者也。今人情所望，不過二端：曰修省、賑恤。夫修省而僅取青衣角帶何益於事？惟大小臣工實心思咎，各勤職業，以補愆違，而我皇上又亟行緊要政務，以率之於上，乃有濟耳。政務之緊要，莫過於用人。今自閣臣以至九列、臺省，無不空虛。而南京九卿只有史繼偕、丁賓二人，其餘皆已推未點，即已點如衛承芳者，又以新巡撫不下，不得離任。留都重地，何以支持？其他各省方面官，自去秋至今，未嘗點用一員？撫按請討之章相繼而至，銓部逐日推上，盡皆留中，臣不知地方之事誰爲料理？而聖心何以不念及也？此修省之最急者也。至於賑恤，則皇上

①力　"力"當作"曆"。

②賑　"賑"當作"賑"。

③之　《綸扉奏草》卷一三"之"上有"以水旱"三字。

於三十五年，曾以大水發帑金十萬，付五城給散，又出太倉粟平糶矣，於三十八年，曾以大旱發帑金倉粟賑濟，又請聖母捐賑矣，彼時或水或旱，猶厪聖心如此，況今日兼之，其救助又當何如急哉？臣聞之，國家所以立，惟臣與民，無臣無民何以為國？皇上徒見士籍之未空，則以為有臣，而不知賢者不用，用者不聽，有臣猶無臣矣。皇上徒見版章之未改，則以為有民，而不知死者不生，生者不保，有民猶無民矣。年來人心洶洶，思亂日久，而逡巡未亂，皇上遂以為天下長如此耳。臣恐其一亂而不可收拾也。今都民十室九空，不成景象，天復降異災以重之困，臣不知彼蒼之意欲以何為？宗社誰之宗社？國家誰之國家？而玩忽至此，深可悼懼，此臣之不得不苦口而深言者。伏望聖明留神省覽。至於臣燮理無狀，召譴至災，尤不可一日居於此位，併望速行罷斥，別選忠良，匡維襄贊，庶猶不至於大壞而決裂耳。臣不勝……"

十八日丙戌，大學士葉向高謹題："該兵部尚書李化龍，以軍政事屢請苦請，未蒙允發。此國家之大典，化龍不得不言，臣亦不得不代為之言，而言又已竭，無可復言。惟望聖明念朝廷必不可廢之典，體臣子必不容已之情，即賜檢發。其化龍告病疏，曾經臣擬上，亦乞併發，以便供職。秋防在邇，本兵任重，萬不可令閉門堅臥，致誤戎機也。臣不勝……"

是日，大學士葉向高謹題："該戶部侍郎李汝華以奉旨署印，具疏辭讓，曾經臣擬上，未發。戶部事務繁多，已停寢再旬，甚為不便。且淫雨連綿，到處損壞，該部積儲所關，尤當急為整頓，此項印務真不容一日緩者。伏望聖明即賜檢發，使部事得有管攝，其便多矣。臣不勝……"

二十日戊子，大學士李廷機、葉向高謹題："為缺官事。照得制敕房舊設中書舍人四員，管理一應文書誥文等項，已經陸續陞轉去訖，只有吳大山一人辦理。今大山又奉旨陞工部虞衡司主事，前項職務遂無一人辦理，其勢不容不補。查得舊例，於舉人內考選。伏乞敕下吏部，將舉人內考取文學優長、字畫端楷者四名，或三名，題請授以試中書查舍人職銜，送赴制敕房供事。臣等未敢擅便，謹題請旨。"

二十三日辛卯，大學士李廷機謹奏："為窘寓堪憐懇天賜放事。臣席藁真武廟，元是荒野之區，頃者霪雨異常，傾頹坍塌，竟與外路相通，臣孑然獨處，晝依廟戶，夜靠巡軍，此中情景何由上徹至尊之前？儻皇上令人一視，必有惻然於中者，其放臣不待詞之畢矣。臣窮苦哀號，伏乞聖慈憐憫。臣不勝……"

二十五日癸巳，大學士葉向高謹奏："為懇發考選事。今日吏部尚書孫丕揚、副都御史許弘綱皆以考選事迫，具疏親至文華門，叩懇皇上早發，此非萬不得已不敢如此。其中事情，二臣言之已詳，臣亦無所容喙。惟臣備員輔弼，稱為股肱。夫科道，耳目之官也，人身而無耳目，則雖有股肱，亦悵悵其何之？然則皇上非但廢耳目之用，而亦廢股肱之用矣。今天災頻仍，妖怪疊見，海內人情鬱結已極，而皇上又靳惜此官，使言路盡虛，臺差盡闕，數十年來作養之人才盡投閒地，臣誠不知其可也。頃者皇上點用江西巡撫，稍下方面各官人皆踴躍，以為轉圜有機。要其最緊最急，無過考選一事，此事一了，則其他皆可次第舉行，而四海翕然頌聖主矣。臣病苦已極，幾欲無生，然猶忍死以待此事。惟皇上俯鑒下情，亟賜允發，臣即溘先朝露，亦感聖恩矣。臣力止此，臣言止此，皇上竟不信臣，則乞即行罪黜，以謝天下，毋使臣長蒙怨咎無已時也。臣不勝……"

二十七日乙未，大學士葉向高謹題："前日蒙發軍政疏擬上，臣不勝喜慰，以為此番必發無疑矣。乃經今數日，尚自留中。豈皇上以武弁而輕之耶？不知文武兩途，從來並重，文臣不職，尚時有糾劾，而武臣之不職，其在京衛則惟有此五年軍政之典，以澄汰之而已，若此典不行，則此輩益肆無忌憚，而其剝軍貽害不可言矣。此祖宗相告之令甲，所以必不容已者也。

今歲軍政，外間皆稱公平，如中有供事雜流，我關戎伍，皇上欲留用者，亦乞傳示，令臣擬上，萬不必遲疑猶豫，以滋悠悠之口，累皇上之聖斷也。事延八月，理勢已窮，非但尚書臣化龍不安其官，即臣亦無顏以居此地，故復懇切言之。伏望聖明即賜允發，其化龍請告本併賜檢發，以重樞政。臣不勝……"

是日，大學士李廷機、葉向高謹題："爲清黃事。照得軍職貼黃，例用翰林院官一員，久缺示補。臣等推得右春坊右諭德兼翰林院侍講朱國禎資俸已深，堪以差用。伏乞敕下吏部，將本官量陞左春坊左庶子，兼翰林院侍讀，前去會同兵部、都察院各堂上官，清理貼黃。臣等未敢擅便，謹題請旨。"

是日，大學士李廷機、葉向高謹題："照得日講官原有六員，前歲蒙允補四員。內揚道賓不久病故，劉曰寧丁憂，祇蕭雲舉、王圖二臣供職，而王圖又已出城，其辦理請章，祇蕭雲舉一人，甚爲不便。今劉曰寧服滿，相應起補前缺。本官資俸極深，合無量陞禮部右侍郎，兼翰林院侍讀學士，行文催取來京？其禮部左侍郎翁正春，亦可不妨部事，並同蕭雲舉等辦理前項職事。伏乞敕下吏部，遵照施行。臣等未敢擅便，謹題請旨。"

是日，大學士李廷機、葉向高謹題："看得內外各官，不過三年、五年，皆有陞轉，近雖壅滯，而吏部題請亦間有得旨。惟翰林衙門官有百餘，皆由閣臣題推，而停寢日久，其最淹滯者尤是戊戌一科，經今十四年未得遷轉，此從來所無之事。盡皆委罪於臣不爲力請，臣亦無辭以對。今萬不得已，擇其資俸最深，如修撰趙秉忠，編修黃國鼎，檢討盛以弘、王毓宗、丘禾實、張光裕，委當量陞。合無將趙秉忠、黃國鼎量陞左春坊左中允，兼翰林院編修，盛以弘、王毓宗量陞左春坊左贊善，兼翰林院檢討，丘禾實、張光裕量陞右春坊右贊善，兼翰林院檢討，以稍示疏通之意。伏乞敕下吏部，查照施行。臣等未敢擅便，謹題請旨。"

二十八日丙申，大學士葉向高謹奏："爲患病乞罷事。臣連年有痔腸①下血之病，甚覺不支，而今歲愈劇。因二、三大僚方相率求去，隱忍而不敢言者久之，昨日在閣中一暈不醒，幾乎長逝，今日欲勉强出門，隨行隨跌，半步難移，故復中止。伏枕思之，人身憂則病，鬱則病，勞則病，兼此三者即金石爲姿，猶將銷鑠，況於孱弱衰頽之②夙嬰重患之殘軀哉？今朝政壅塞至此，財用空竭至此，水旱頻仍至此，民生困苦至此，誰秉國成能安然坐視？於③兩頭四目之妖到處疊見，昨陝西所報尤爲駭人，變不虛生，必有徵應，臣之憂極矣。章疏不發則問臣，官僚不補則問臣，大小政事不行無不問臣，其最急如枚卜、考選二事，望臣尤殷，罪臣尤重。臣亦人耳，祇有此心，祇有此口，心已折矣，口已乾矣，此外更有何術可以通神？可以回天？詢之今人，則今人不知，考之古人，則古人無有，欲留既難展布，欲去又苦縶維，日日煎熬，人人埋怨，臣之鬱極矣。至於馳驅奔走，終歲不休，雨雪風寒，無日得避，此雖中外諸臣所無之勞，然臣受恩獨深，名位已極，縱使盡瘁鞠躬，亦其常分，何敢爲君父言也？惟是憂鬱之餘，加之委頓，勢必顛危，若不堅决一去，妨誤愈多，臣罪愈大。豈不戀主恩？豈不知政本無人？顧情勢至此，無奈何耳。臣聞之高位難居，危機易伏。臣事皇上三四年間，未嘗敢有一言半語於御前傷一人，害一物，即士大夫彼此争競，臣亦祇求和諧，無所黨護。如今歲御史金明時，以考察事被參，又以干犯觸聖怒，臣勸解調停，不遺餘力，此皇上與部院諸臣所共明者，而傳聞悠悠，謂臣搆陷，是臣生平寸長至此盡失，亦足傷也。臣於此事甚不欲言，今且去矣，故敢併自引咎。統望聖明垂憐，即賜罷斥，或准令休致，別選賢才，以襄政理。臣生生世世啣結無窮矣。臣不勝悚息祈懇之至。"七月初三日，奉旨："卿輔政數年，忠誠清正，朕所悉知，諸有陳奏，具見懇誠。政務方次第舉行，卿如何據④欲求去？國事何人主持？宜即出贊襄，以副眷懷。金明時干犯字樣，是朕親覽，已從輕處了。小人疑誣，卿不必介意。吏部知道。"

① 腸 《綸扉奏草》卷一四"腸"作"瘍"。
② 之 此"之"字爲衍文。
③ 於 《綸扉奏草》卷一四"於"上有"至"字。
④ 據 《綸扉奏草》卷一四"據"作"遽"，是。

① 三 "三"上當有"萬曆"二字。

三①十九年七月一日戊戌，朔。

四日辛丑，大學士葉向高謹奏："爲病臣感恩力難圖報再懇聖慈俯容休致事。臣頃以患病乞罷，奉聖旨：'卿輔政數年，忠誠清政，朕所悉知，諸有陳奏，具見懇誠。政務方次第舉行，卿如何遽欲求去？國事何人主持？宜即出贊襄，以副眷懷。金明時干犯字樣，是朕親覽，已從輕處了。小人疑誣，卿不必介意。吏部知道。欽此。'臣從牀褥中稽首跪誦，感極涕零，即欲黽勉匍匐，祇承明命。無奈臣病患纏綿，腸胃枯損，一日之中數番下血，下血之後必至昏沉，延至數刻，乃始復甦。凡發下本章，皆不能詳閱，諸所票擬，皆呻吟口佔，常多疎失，以此臣心愈苦，臣病愈增。向猶問醫調治，今度此病難瘳，亦不復醫，以生死委之命運而已。情勢如此，皇上猶可望臣之贊襄，而不求人以代之乎？臣觀近日士大夫，每以門户分争爲慮，在臣私心竊謂，以争止争，必不能止，惟以讓止争，庶有止日。而崇讓之風，當自大臣始。今天下賢才甚多，而臣獨居政地，且將四年，非但誤國罪深，即律以推賢讓能之道，亦當愧死矣。造物忌臣，鬼神禍臣，宗社之靈亦知臣之愆戾而不佑臣，此臣病之所由生，而萬難以強留者也。臣今所控於皇上者，祇有兩言，曰：今日此官必不可爲，臣之屢劣必不能爲。實情實語，毫無矯飾。伏望皇上哀臣窮迫，亟賜罷歸，即行推補。仍將目前必不容已急務，如吏部考選，兵部軍政，立賜檢發，庶朝綱振飭，耳目一新，非但臣得延殘喘於田間，而國家自此亦可享安静和平之福矣。臣不勝……"十二日，奉旨："今朝端多事，卿殫忠爲國，鎮定主持，朕所倚賴，已有旨慰留，如何又堅欲求去？宜體朕至意，即出贊襄，毋得苦辭。政本乏人，朕慎於簡用，故此稍遲，知道了，考選疏候檢發。吏部知道。"

六日癸卯，大學士李廷機、葉向高謹題："爲纂修玉牒事。先該臣等具題，將萬曆二十七年以後玉牒照例續修，已敕宗人府會同禮部，查取各王府宗支册籍開報外，照得舊例，纂修該用翰林官二員。查有右春坊右庶子兼翰林院侍讀黃輝、朱之蕃，堪以推用。二臣資俸俱深，相應各量陞詹事府少詹事，兼翰林院侍讀學士，協理府事，令其專管纂修玉牒事務。其書寫該用制結①兩房官。查得二十七年用官二十三員，今次宗支繁衍，更加數倍，兩房官衹十員，並起居館官二員，合無俱令供事，一體謄錄玉牒？其書寫經筵日講講章二項，俱各缺員，內汪民敬見今辦理前項講章，應改禮部祠祭司郎中，兼司經局正字，仍陞俸一級。鄭崇光、孫胤奇、鮑佐直票有年，甚為勞苦，相應量敍，鄭崇光量陞大理寺左寺副，孫胤奇、鮑佐各陞俸一級。併乞敕下吏部，查照施行。緣係纂修玉牒事理，甚為緊要，伏望聖明速賜批發。臣等不勝悚息祈懇之至。謹題請旨。"

　　計　開

　　纂修官二員：右春坊右庶子兼翰林院侍讀黃輝、朱之蕃

　　書寫官十二員：山東布政司右參議張大續、戶部山東司郎中汪民敬、禮部儀制司員外郎兼翰林院典藉范可愍、吳子敬、工部虞衡司員外郎鮑佐、工部虞衡司主事孫胤奇、大理寺右寺副鮑佑、通政司經歷單禮、大理寺左評事兼司經局正字羅萬英、中書舍人鄭崇光、大理寺右寺副周廷臣、中書舍人馬應坤。奉聖旨："吏部知道。"

　　十一日戊申，大學士李廷機、葉向高謹題："為印信事。該左春坊左庶子馮有經，以糾拾調南京，右春坊右庶子朱之蕃以纂修玉牒陞任，兩坊印信無人掌管。臣等謹推得右諭德沈㴶、堪陞左庶子，兼翰林院侍讀，掌左春坊事，右諭德顧秉謙，堪陞右庶子，兼翰林院侍讀，掌右春坊事。其左諭德孫慎行，右諭德何宗彥、趙用光、郭淐、洗馬南師仲，左中允朱延禧，俱資俸極深，合無將孫慎行、何宗彥各量陞左庶子，趙用光、郭淐、南師仲合量陞右庶子，俱兼翰林院恃②讀，朱延禧量陞左春坊左諭德，兼翰林院侍講。伏乞敕下吏部，查照施行。臣等未敢擅便，謹題請旨。"

① 結 "結"當為"誥"之誤。

② 恃 "恃"當作"侍"。

十二日己酉，大學士李廷機謹奏："爲懇恩亟放事。臣惟自古及今，人臣求去未有若臣之難者，待命未有若臣之久者，求去之疏未有若臣之多者。臣自知煩瀆，爲聖心所厭，必至棄擲，不蒙省覽。然而皇上未放臣，則臣不得去，臣不得去，則不得不瀆也。今情極殫而無復可陳，詞極窮而無復可措，惟得奉旨一出國門，而四五年紛紛之事皆了，臣一生之事亦了矣。伏乞皇上憐臣放臣，臣不勝哀求激切悚息……"

十三日庚戌，大學士葉向高謹題："臣再疏乞歸，重奉溫綸，隆天重地，既諭臣即出，且念政本乏人，慎於簡用，臣仰見聖心未嘗不留神於閣臣之推補也。臣雖伏枕呻吟中，不勝感激，不勝欣躍，即欲力疾遵命，仰答聖恩。緣臣痔瘡疢舉發，奔走艱難，尚容調理數時，再決進止，今亦未敢遽有陳瀆。惟是閣中無人，臣僵卧私家，甚爲不便，推補之命，萬分難緩。且中外人情顒望此事，如饑如渴，臣若因循不行力請，將上誤國家之事，下失四海之心，一旦溘先朝露，亦不瞑目矣。爲此冒昧謹擬聖諭一道，敕下該部，即行推舉，以待簡用，是臣牀褥中之所百叩而懇祈者。至於考選疏，併望檢發，以信明旨。臣尤不勝大幸。謹具題以聞。伏候敕旨。"

諭吏部："閣臣員缺數多，朕因輔弼重任，得人爲難，故久未推補。今特命爾部會同九卿科道官，不拘在任在藉①，會推堪任的五、六員來，待朕簡用。不得濫及匪人。故諭。"

十五日壬午，大學士李廷機、葉向高謹題："竊惟東宮輟講日久，海內人情懸望甚切。今秋氣涼爽，正當開講之時，臣等謹釋②得本月二十一、二十四二日俱吉，伏乞欽定一日，命皇太子與福王同出講學。所有侍班、講讀等官並無一人，合當惟補。臣等謹推得原任國子監祭酒方從哲、左諭德孫慎行，俱堪侍班。右諭德郭淐，左中允朱延禧、黃國鼎，左贊善盛以弘、王毓宗，國子監司業邵景堯，俱堪充講讀官。禮部儀制司員外兼翰林院侍書范可愍、大理寺左評事兼司經局正字羅萬英，俱

①藉 "藉"當作"籍"。

②釋 "釋"當作"擇"。

堪侍書。内方從哲、孫愼行、郭淐、朱延禧、邵景堯資俸已深，合將方從哲量陞禮部左侍郎，兼翰林院侍讀學士，孫愼行量陞左春坊左庶子，郭淐量陞右春坊右庶子，俱俱①兼翰林院侍讀，朱延禧量陞左春坊左諭德，兼翰林院侍講，邵景堯量陞司經局洗馬，兼翰林院修撰，羅萬英量陞大理寺右寺副，范可愨兼司經局正字，各供前項職事。伏乞敕下吏部，遵照施行。謹題請旨。"

　　二十日丁已②，大學士葉向高謹奏："爲患病難痊聖恩難報懇祈罷免事。臣抱病兩旬，再疏乞休，俱荷溫綸，臣捧誦迴環，惟有感泣，苟犬馬之力，尚可黽勉自效，以副聖心，何敢不盡？何忍不盡？故躊躇數日，未敢再陳。乃今心火上攻，氣血内竭，怔忡恍惚，百事昏迷，縱使旦夕未死，亦僅留此槁然之形骸，與枯木朽株同耳，安能有籌畫謀猷可仰佐聖明於萬一哉？近日大臣中，以病以情乞身於皇上者，皆不蒙俞允。臣每私念，人臣委身事主，苟非狼狽困迫之極，固不宜輕有所陳，取厭君父。而臣心力既窮，責任復重，留一日則貽國家一日之禍，爲宗社一日之憂，生死之係於一身者小，而安危之關於天下者大，萬分之中更無一分可留之理，以視諸臣事體迥異，此所以不避瀆煩，而哀鳴不已之若是也。伏望皇上察臣下情，亟賜允放。其會推閣臣、考選二事，已蒙有'知道了''檢發'之命，臣誠忍死須更待之望。臣不勝……"八月初一日，奉旨："覽卿奏，情詞懇切。卿忠清直亮，贊襄機務。方今國事多艱，正倚卿謀猷佐理，豈不以國事爲重？如何堅意求去？卿速出入閣贊襄，庶政務有賴，表率得人，以副朕惓惓之意。慎勿再陳。吏部知道。"

　　二十二日己未，大學士李廷機謹奏："爲懇恩准放事。臣候命日久，即今年自春而夏而秋，今七月又過二旬矣，秋聲四起，孑然一身，形景相憐，仰屋竊嘆。不材不肖既已長負聖恩，又未能徼一旨以去，日復一日，杳不可知。景迫崦嵫，將填溝壑，即百事都無計較，獨螻蟻性命猶未能遽遣之胸中。今臣別無生

①俱　此"俱"字爲衍字。

②已　"已"當作"巳"。

路可尋，惟有君父可告，誠知煩瀆取厭，不得已也。伏乞皇上及此秋涼，放臣歸去，臣之報效當在來生。臣不勝哀……"

二十三日庚申，大學士李廷機、葉向高謹題："該吏部開送庶吉士魏廣微、麻①傪，起復到部，行移到院。臣等遵例考得，魏廣微文學優長，堪任翰林院官，麻②禧才智識疏通，堪任諫職。於二月、五月各具題催請，未蒙檢發。竊惟庶吉士起復授官，從來成規，內魏廣微係甲辰進士③，亦是五載，守候日久，其情甚苦。伏乞敕下吏部，將魏廣微照依甲第除授本院官職，查有六科給事中員缺，將麻④禧除補供職。臣等未敢擅便，謹題請旨。"

二十四日辛酉，大學士葉向高謹題："爲恭賀萬安事。竊惟聖躬自舊歲稍有違和，雖隨即勿藥，而臣子私心尚懷憂念。近聞起居亨泰，動履迪康，聖體視前愈加強健，上而聖母，下而臣民，內而宮庭，外而朝野，無不歡欣鼓暢，以爲天祐，宗社億萬載無疆之慶，在於此日。臣忝備股肱，蒙恩深厚，其爲欣忭尤當何如哉？今聖節在邇，當萬方入賀之期，所望皇上敬迓天庥，戀凝帝杜⑤，癸政施仁，將一切緊要政務，如枚卜、考選、補大僚、起遺佚、釋寬繫之類，次第舉行，使太和元氣流行於宇宙間，則世界一日便成唐虞，皇上萬年長爲堯舜，此尤臣與普天之所同願者也。臣不勝……"

二十八日乙丑，大學士李廷機謹奏："爲懇乞賜放事。臣瀆擾宸嚴至一百二十餘疏，候旨四年，今七月又將盡矣。哀⑥殘困苦之情，臣今不敢猥敘，辜負恩私之罪，亦無俟臣贅言，惟是一去，則臣進退之義明，得皇上一旨放臣，而臣三四年間千忍萬忍以聽君父之命者，此心亦得白於天下來世矣。秋候漸深，荒居漸冷，伏乞皇上即日憐而放之。恐過此月，又非補牘之時。臣不勝……"

①麻 "麻"當作"麻"。
②麻 "麻"當作"麻"。
③士 據下文"士"下應有"經今已是八年，麻傪係丁未進士"十三字。
④麻 "麻"當作"麻"。
⑤杜 《綸扉奏草》卷一四"杜"作"祉"，是。
⑥哀 "哀"當作"衰"。

萬曆三十九年

八①月一日戊辰，朔。

二日己巳②，大學士葉向高謹奏："爲微臣情極勢窮蒙恩愧懼謹再陳事理懇求允罷事。臣一月之間，三疏乞休，三奉溫綸，君父之於臣子，至矣，盡矣。臣何功何能足以當此？欲再有陳控，而其辭已窮。今聖節在邇，又不敢以疾病不祥之語仰瀆宸聰，惟以臣之庸劣不堪，與事理之必當去者，再冒昧言之，祈聖明之垂炤焉。我朝之設閣臣，原持文墨議論，與前代宰相事權過③不相同，在尋常無事時，猶易於充位。至於今日，則中外多故，百責攸歸，加以章疏留中，人望愈切。在各衙門祇以上本爲職，本既上自可以有辭，在閣臣專以下本爲職，本不下終無以自解，千疑萬恨，從此而生，於是閣臣之擔負遂日加重，其勢亦日以狼狽而不可支。又適逢有庸劣如臣者，備員茲地，其微誠不足以大感聖心，其煩言不足以盡動聖聽，其粗心浮氣不足以聯屬士大夫，而又隻身獨立，莫爲幫助。蓋時與人兩窮，而兩相值，故其困一至此也。今萬國呼嵩，普天同慶，而中書政本古所稱師尹具瞻之任，乃使臣靦顏竊據，無一善狀，豈聖朝之光、中外之所仰望哉？臣之屢疏祈求，非敢負恩，實是量力，蓋量力亦所以報恩也。伏望聖明俯鑒下衷，准令休致，即行推補，使四海之耳目一新，而我皇上億萬年無疆之慶，亦因之而愈衍矣。臣不勝悚息祈懇之至。"初九日，奉旨："近來議論煩多，卿佐理勤苦，朕所悉知。求去懇切，已屢旨慰留，特遣鴻臚寺堂上官宣諭，卿宜勉遵即出，毋負朕意。其各項章疏，緊要當行的，朕自檢發，卿不必過慮。閣臣員缺，稍俟候旨行。吏部知道。"

六日癸酉，大學士葉向高謹題："考選諸臣候命已一年半矣，在諸臣分義自安，遲速惟在皇上，無所不可。但各差委是乏人，即毋論候代之苦，而見缺如遼東、貴州、兩淮巡鹽之類，皆邊地安危之所關，國家財賦之所出，最爲緊要，是寧可聽其不差已耶？我皇上履全盛之瑤圖，爲太平之天子者已四十年，

①八 "八"上當有"萬曆三十九年"六字。
②己巳 "己巳"當作"己巳"。

③過 《綸扉奏草》卷一四"過"作"迥"。

明歲五十之期，則人生稱壽之始，自此而百千萬年尚未有艾，又①又上奉聖母，下撫神孫，蓋開闢以來帝王福履未之前聞。四海臣民遭逢此日，亦千古未有之奇遇，其揚休頌德，何所不至？而獨用人一節，似於聖衷未甚廓然，他日書之史册，亦將以此項爲聖朝之闕事，臣竊惜之。昔之稱盛世者，必誇其多賢，而召公頌成王受命長、福祿康，即繼以馮翼孝德、藹藹之吉士。今皇上神聖遠邁成王，而賢才亦未必遽遜於周室，乃獨無能爲《卷阿》之詠，以感動聖心，此尤臣之所爲愧也。臣伏枕餘生，方在陳乞，必不敢以浮漫不切之語涴瀆君父，惟念賢才當用，與各差需人，至緊至急，展轉於衷，不得不言。伏望聖明俯賜採納，臣雖退伏田野，有餘幸矣。臣不勝激切祈懇之至。"

十日丁丑，大學葉向高謹奏："爲恭謝天恩宣諭事。該臣四疏乞休，隨蒙鴻臚寺官恭捧聖諭：'近來議論煩多，卿佐理勤苦，朕所悉知。求去懇切，已屢旨慰留，特遣鴻臚寺堂上官宣諭，卿宜勉遵即出，毋負朕意。其各項章疏，緊要當行的朕自檢發，卿不必過慮。閣臣員缺，稍②候旨行。吏部知道。欽此。'該臣恭設香案，扶掖匍匐叩頭恭謝訖。竊念臣庸劣無能，因病求去，致煩君父屢沛溫綸，且特遣鴻臣，諭臣即出。聖意勤惓，聖恩隆重，萬非愚臣所能消受，誠恐因此愈生咎殃，負愆彌甚，此所以徬徨悚仄，不能一息安者也。義當即日遵命趨朝，竭力供事，緣臣體尚虛弱，須少寬數日，庶幾可以勉出，謹先具本陳謝。伏望聖慈俯垂鑒宥。臣不勝感戴惶懼之至。"十二日，奉旨："覽卿奏謝，朕知道了。卿還即出，以慰眷懷。該部知道。"

是日，大學士李廷機、葉向高謹題："該吏部開送庶吉士魏廣微、麻③僖起復到部，行移到院。臣等遵例考得，魏廣微文學優長，堪任翰林院官，麻④僖才智識疎通，堪任諫職。於二月、五月、七月俱各題催請，未蒙檢發。竊惟庶吉士起復授官，從來成規，內魏廣微係甲辰進士，經今已是八年，麻⑤僖係丁未進士，亦是五載，守候日久，其情甚苦。伏乞敕下吏部，將

① 又 此"又"當作"而"。

② 稍 《綸扉奏草》卷一四"稍"下有"俟"字。

③ 麻 "麻"當作"麻"。

④ 麻 "麻"當作"麻"。

⑤ 麻 "麻"當作"麻"。

魏廣微照依甲第除授本院官職，查有六科給事中員缺，將厤^①僖除補供職。臣等未敢擅便，謹題請旨。"

十二日己卯，大學士葉向高謹題："該臣四疏乞休，俱蒙溫綸，又遣鴻臚寺官諭臣即出。臣惟君父以制命爲義，臣子以順命爲恭，屢奉旨而屢苦辭，迹涉偃蹇，臣之所甚懼也。況聖節屆期，普天同慶，雖遠在萬里外猶奔走而至，乃臣任在股肱，身依日月，而敢堅卧私家，不匍匐而勉出哉？謹遵旨於今早廷見，入閣供事矣。惟是天下事至重至繁，委非臣一身所能獨任，浮沉不止，必至誤國，上負聖主之厚恩，下叢天下之謗議，雖欲強顔以居此地，亦安可得？伏望聖明留神政本，廣賜登延，使臣得早避賢路，少逭罪愆，仍乘此獻壽呼嵩之時，舉行善政，將吏部推陞各疏盡賜檢癸，其最要如考選者更亟賜俞音，以慰中外之望，以增臣民之歡，其於聖德、聖治所裨亦非淺鮮矣。臣不勝……"

十三日^②，大學士李廷機、葉向高謹題："爲印信事。該左春坊左庶子馮有經以糾拾調南京，右春坊右庶子朱之蕃以纂修玉牒陞任，兩坊印信無人掌管，臣等謹推得（同前）。"

十四日辛巳^③，大學士葉向高謹題："竊照閣中舊例，凡有文移行各衙門，皆用翰林院印信轉行。今掌院事侍郎王圖，已出城候旨，印信封送閣中，諸凡事體，悉皆停閣，且今歲天雨連綿，米價騰貴，一應官吏俸糧等項俱不得支，甚屬不便，相應酌處。合無將此項文移，臣今暫爲用印，俟王圖去留定日，仍令掌院官照舊施行？謹具題知。"十七日，奉旨："覽卿所奏，官吏俸糧等項文移暫准用印。王圖着即出供職。該部知道。"

十五日壬午，大學士葉向高謹題："該臣昨日遵旨入直，隨柱^④見同官臣廷機，而廷機再三言杜門已三年半，求去至百二十疏，無言不盡，而天聽未回，日復一日，將何究竟？苦苦託

萬曆三十九年

二八二九

①厤 "厤"當作"麻"。

②日 "日"下應有"庚辰"二字。

③巳 "巳"當作"巳"。

④柱 《綸扉奏草》卷一四"柱"作"往"。

臣爲之轉奏①，不忍不奏。伏望聖明裁斷，使廷機去就得明，感恩無量矣。臣不勝……"

十九日丙戌，大學士李廷機、葉向高謹題："爲印信事。照得詹事府缺掌印官今已八年，合當推補。臣等謹推得吏部右侍郎兼翰林院侍讀學士蕭雲舉，資俸已深，擬將本官量改吏部左侍郎，兼翰林院侍讀學士，令其掌管前項印信，其經筵日講俱照舊。伏乞敕下吏部，遵照施行。臣等未敢擅便，謹題請旨。"

二十一日戊子，大學士李廷機謹奏："爲懇恩允放事。臣在告四年，恭遇萬壽聖節四度矣，臣所受欽賞銀幣②，與金銀篆字、賜腥賜食，重疊頻蕃，蓋筐不勝藏，腹不勝饜，而冒濫饕餮，尤不勝其愧怍矣。臣每念人生所受有數，盈則止焉。臣候至四年，須受此幾度萬壽聖節之賞而後得③，此所謂恩數也。而臣以至劣不肖，久不事事，損內帑而糜大官，至於今而日數盈矣。尤有大者，以臣不肖之未去，致稽大典而妨賢路至於四年，則臣之罪貫更盈矣。項臣託同官向高代臣申懇，向高亦已奏聞，伏乞皇上即日允放，俾臣及此秋涼，出都歸里，臣猶冀以犬馬餘生祝聖主萬萬歲壽，且教臣子子孫孫祝聖主萬萬歲壽。臣不勝懇……"

二十三日庚寅，大學士葉向高謹奏："爲請補閣臣事。該臣三年間，屢以推補閣臣爲請，近始奉旨，令臣'稍俟候旨行'。今又旬餘日矣，未蒙德音。臣寢不能安，食不能下，延頸企踵，顒望此事，焦思之極，血疾愈作。今兩目昏花，字畫不辨，僅能開眼，已類青肓④，綸扉何地？可使如此之人悢悢然獨行於其間哉？縱使臣身無病，力足馳驅，而軍國大事，幾務殷繁，亦豈容以一臣獨肩其任？悠悠之談，寧不謂臣利於竊據，幸皇上之不補也？妨賢誤國，將爲萬世之罪人。臣雖至愚，安得不懼？爲此，冒昧具疏，躬詣文華門奏聞，伏望聖明俯賜允行。臣不勝……"

① 奏 《綸扉奏草》卷一四"奏"上有"聞。臣與廷機同官同年，誼同休戚，其情辭迫切如此，不得不"二十三字。

② 弊 "弊"當作"幣"。

③ 得 "得"下似應有"止"字。

④ 肓 "肓"當作"盲"。

二十五日壬辰，大學士李廷機、葉向高謹題："爲纂修玉牒事。先該臣等題奉欽依，將萬曆二十七年以後玉牒照例續修。其纂修、當寫官已經照常題補外，臣等看得，紀載宗支、事體重大，先朝成化、弘治年間，玉牒止是二册，正德年間四册，嘉靖九年八册，二十四年三十餘册，萬曆四年七十册，十二年增至正副本二百三十册，三十三年增至二百九十册。查得彼時親郡王、鎮輔奉國將軍、中尉等爵宗支共計一十五萬七千餘位，見今各王府襲封新生已踰十三年，又有六七萬餘位矣，宗支愈益綿愆，册藉①愈益繁多，比之弘正等年間不啻百倍。開局纂修，必須設法定限，分委責成，庶不致耽延歲時，妨誤重典。臣等謹將合行事宜，逐一開款上請聖裁，臣等未敢擅便，謹題請旨。

　　計　開

一、舊例纂修官原用二員，今照舊，仍該臣等提調。

一、舊時玉牒原在東閣南北空房，分爲四館，俾各編輯、收掌、校對、謄錄，並收貯新舊册藉②。今須行工部作速裝修，以便供事。

一、纂修既已分館，例用當該吏役。今次册籍浩繁，合用當該吏十四名、貼寫吏二十名，令謄寫草稿，照臣等立限張數，如有偷安誤事參送另補。其當該吏役滿，照例送部，題定名數，俱不得加增。所有前館効勞書辦今在部候選官刁本敬、白澍，冠帶書辦官王嘉言、劉存義，俱堪取回，合無照本等職級，除授在京相應職銜，與同在館所正章如鐵、胡坤誠、于繼鯤、所副何承順，一體供事？

一、玉牒草稿紙劄，合用中夾紙，照前次開館例，於刑部、都察院見收紙劄内陸續關用。筆墨於順天府，照纂修例按月支給。

一、提調纂修謄寫等項各員役，日給酒飯、冬月木炭，查照纂修事例，移文各衙門支給。

一、各館合用豎櫃、屏風、卓櫈、火盆、硯炙等項，自災後一無所有，照例合行各衙門造辦應用。"

① 藉 "藉"當作"籍"。

② 藉 "藉"當作"籍"。

二十七日甲午，大學士李廷機、葉向高謹題："照得東宮輟講日久，人情懸望甚切。今秋已過半，冬寒將至，難以再緩。臣等謹擇得九月初六日、初七日二日皆吉，伏乞欽定一日，命皇太子與福王同出講學，庶七年之曠典復行，四海之人情咸慰矣。臣等不勝祈懇之至。謹具題請旨。"

二十八日乙未，大學士李廷機、葉向高謹題："竊惟東宮輟講日久，侍班、講讀等官並無一人，合當推補。臣等謹推得原任國子監祭酒方從哲、詹事府少詹事兼翰林院侍讀學士黃輝，俱堪侍班。左春坊左庶子孫慎行、右春坊右庶子郭淐、左春坊左諭德朱延禧、司經局洗馬邵景堯、左春坊左中允黃國鼎、左春坊左贊善盛以弘，俱堪充講讀官。禮部儀制司員外郎兼翰林院侍書范可愼、大理寺左評事兼司經局正字羅萬英，俱堪侍書。內方從哲、黃輝資俸已深，合無將方從哲量陞禮部左侍郎，黃輝量陞禮部右侍郎，各兼諭①林院侍讀學士，協理詹事府事，羅萬英量陞大理寺左寺副，范可愼兼司經局正字，各供前項職事？伏乞敕下吏部，遵照施行。臣②未敢擅便，謹題請旨。"

二十九日丙申，大學士葉向高謹奏："爲請補閣臣事。臣之請補閣臣已將百③疏矣，凡宗社大計、四海輿情、與微臣庸劣不堪之狀，已竭盡無餘。今人望愈急，臣罪愈增，若再遲延，則宗社之安危愈爲可慮。臣雖木石，其心何能一息安也？臣初受事時，閣中共有立臣，今王錫爵、朱賡、于慎行相繼沒矣，皇上能使存者之強留，不能使死者之復生，以臣之愁病顛危，餘生何幾？皇上但視臣如錫爵單④，則此官之補亦何能一息緩也？臣窮迫之極，謹再具本躬詣文華門奏聞，伏望聖慈留神省覽。臣不勝悚息惶懼之至。"

九①月一日丁酉，朔。

三日己亥，大學士李廷機謹奏："爲懇恩允放事。臣於前月二十一日具疏陳瀆，竊冀聖節之後聖心悅懌，必有放生之仁，俾臣遂首丘之願。日夕翹跂，今又九月，外臣齎捧來者皆辭去矣，寒露之候，天氣浸寒，而臣所居雖在城内，乃荒涼不殊乎曠野，孤寂有類乎老僧，桑榆之景幾何？鄉土之思彌切。蓋自古初以來，人臣去就之際，未有如臣之偶值其變，獨當其難者。四載盤桓，祇候一旨，誠得天語半綸而去，上以彰聖主始終高厚之恩，下以明愚臣進退令恭之節，他日史冊不書擅書逃，而臣亦無憾矣。老年羸體，此時天未甚寒，道途猶便，伏乞皇上即批臣此疏，准放臣歸。臣不勝受恩感激懇切……"

是日，大學士李廷機、葉向高謹題："爲公務事。照得誥敕房官，專管謄寫文官誥敕，一向缺員數多。近因中書舍人鄧士昌考察去訖，前項事務缺官辦理。查有起居注館辦事大理寺右寺副周廷臣、中書舍人馬應坤，俱各寫字端楷，堪補誥敕房辦事。遺下起居注館事務，亦屬員缺。查得四夷館教師光祿寺大官署署正劉登瀛、詹事府生②簿成九皋，堪補起居注館辦事。合候命下，行令欽遵供事。臣等未敢擅便，謹題請旨。"

五日辛丑，大學士葉向高謹題："看得目前政務壅塞已極，朝綱日弛，人情日玩，甚爲可憂，其大者如會推閣臣及考選科道，臣皆另具疏揭懇請，佇望檢發，其餘更有切緊數事，不得不行，亦甚易於行者，臣謹開列上請，庶行一事有一事之便，而且於煩瀆亦少省矣。伏候聖裁。

一、吏部司官見在祇有五人，又有兩人註藉③，其南直隸、廣東各省司官，俱未蒙點用，今尚書孫丕揚又堅意求去，銓曹事重，堂司乏人，誰爲料理？伏望檢發。

一、今歲各省巡撫官自陳，俱已奉旨，惟雲南巡撫周嘉謨曾經發擬，又復留中。近嘉謨再疏申請，亦未蒙發。西南重地，且當兵亂之後，巡撫官非得明旨，何以行事？嘉謨因此且欲決

萬曆三十九年

二八三三

①九 "九"上當有"萬曆三十九年"六字。

②生 "生"當作"主"。

③藉 "藉"當作"籍"。

去，臣甚爲地方慮之。伏望檢發。

一、各省巡按官候代日久，不復巡歷，極爲不便。今考選既未得旨，都察院不得已，以前資御史張五典、荊養喬題差雲南、應天二處，蓋以此二處候代更久故也。憲臣苦心，勢難停寢。伏望檢發。

一、今歲南、北考察及南京糾拾各項，俱蒙允行，惟北科道糾拾疏留中日久，其後吏部催請，經臣擬上，又復留中，此亦大典中一件未完之事，且中有巡撫官去留未定，何以奉職？其關係亦不小也。伏望檢發。"

十一日丁未，大學士葉向高謹奏："爲請補閣臣事。臣待罪政地，於今滿四年矣，中間愆戾萬端，皆蒙皇上容宥，即天下人亦以其獨身受事，不欲求多，荏苒因循，日復一日，在臣雖可藉此以苟容，而國家之患，將日以醖釀而莫知其所終矣。夫貪一時之寵祿，忽無窮之利害，則①庸臣不敢也。徧②用一臣之微，致誤萬幾之重，則明主不爲也。今鳳曆將新，鴻休薦至，皇上祉福之盛，駕堯舜而軼羲皇，四海臣民喁望皇上，以遊豫之歡情，暢爲普天之慶澤，而臣身依日月，望恩更切。故敢再陳下悃③，躬詣文華門奏聞，伏望聖慈俯垂鑒允。臣不勝悚息籲祈之至。"

十二日戊申，大學士李廷機謹奏："爲懇天允放事。臣口瘡不愈，復患怔忡，臣觀醫書，爲虛火上升、心血枯竭之症。蓋臣自少心血不足，思慮耗費，以至於老，所餘者無幾矣。數年以來，無論風波之怵其心，骨肉之傷其心，淹頓之苦其心，即臣疏至百二十餘，每具一疏，恐不切不足以達情，又恐過切或流於不敬，即疏具必越宿而後敢上，及其既上，則心又與疏俱馳，恐不達御前，恐不經電覽，恐不蒙天鑒，日夜跂望，心搖搖如懸旌，聞人足音，則心怵然而動，如杵擣焉。如是者四年，而臣之心血盡矣。然則安得不怔忡？安可望長久乎？夫人所惡，莫甚於客死，今有惡而詛其人者，則以是詛之。臣恐臣之不免

① 則 《綸扉奏草》卷一四"則"作"即"。
② 徧 《綸扉奏草》卷一四"徧"作"偏"。
③ 悃 "悃"當作"悃"。

也。深秋雨後，天寒已寒①轉盼冬來，不如及今之便，伏乞皇上少垂憐念，即允放歸。臣不勝感激……"

十三日己酉，大學士李廷機②謹題："竊惟諡典一事，所以襃賢尚德，章往勸來，自古帝王以此佐爵賞之所不及，其關係亦甚鉅也。往時皆以請恤之時，禮部即爲具題，中間容有濫及。自我皇上，慎重兹典，始命會議。舊歲禮臣集九卿科道，再三評隲，擇其公論允乎、粹然無議者，方敢上聞，蓋可謂至公而至慎矣。隨該臣等將各諡擬上，經今兩年，未蒙點發，臣③亦不敢頻行催請。惟是朝廷襃勸之典，終不可虛，幽明仰望之心，在所當慰，而臣等職掌，亦是未完一事，不得不爲一言。謹將前次會議及禮部續題候④奉欽依者三十四人，再錄原擬諡號以上，伏乞聖明少留半刻之神，親賜裁定，庶公論明，國典肅，而我皇上所爲慎重於先，沛發於後，其明其斷亦爲萬世所頌服矣。謹具題以聞。"

是日，大學士李廷機、葉向高謹題："照得東宮輟講日久，人情懸望甚切。今秋已將盡，冬寒且至，難以再緩，臣等謹擇得九月十八日、二十二日二日皆吉，伏乞欽定一日，命皇太子、福王同出講學，庶七年之曠典復行，四海之人情感⑤慰矣。臣不勝悚息之至。"

十六日壬子，大學士葉向高謹題："連日外間喧傳：皇貴妃王氏於十三日薨逝。宮禁事秘，臣不及知，但傳聞如此，想必不妄。而經今四日，未見傳諭，人懷疑惑。臣備員密勿，不敢不請。如聖心以禮節未定，所有⑥遲回，則臣查《會典》間⑦載皇貴妃喪禮甚明，且近有皇貴妃李氏之例可行。惟皇太子之於母妃，則朝⑧前此所未有，所當敕下禮部斟酌上請者也。事關典禮，不容稽遲，故臣敢冒昧奏聞，以備聖裁。臣不勝悚息之至。"

十七日癸丑，大學士李廷機、葉向高謹題："伏接聖諭：皇貴妃王氏於十三日酉時薨逝。臣等聞之，不勝驚駭。竊念當此

萬曆三十九年

二八三五

① 寒 "寒"當作"甚"。
② 機 "機"下應有"葉向高"三字。
③ 臣 "臣"下當有"等"字。
④ 候 《明神宗實錄》卷四八七"候"作"俱"。
⑤ 感 "感"當作"咸"。
⑥ 所有 《明神宗實錄》卷四八七"所有"作"有所"，是。
⑦ 間 《明神宗實錄》卷四八七"間"作"開"，是。
⑧ 朝 《明神宗實錄》卷四八七"朝"上有"我"字，是。

宫闈大故，皇情震悼可知，但命由天定，悲挽莫回，伏望皇上寬釋聖懷，珍重慎攝，以慰臣民之望。更望皇上傳諭皇太子，抑情節哀，以保膚體。臣等忝列股肱，義同休戚，不勝懸切仰祈之至。謹具題奉慰以聞。"奉聖諭："皇貴妃王氏，朕以誕育皇太子，命居一宮自適。前月間偶爾有疾，即着皇太子自問安數次，不意昨以疾終，朕深悼惜。覽卿等奏，已知道了。"

二十日丙辰，大學士葉向高謹題："竊惟考選諸臣，待命日久，吏部、都察院頻行催請，每一催請，則尚書臣丕揚、都御史臣弘綱，必再三託臣為之轉達，其言衙門之空虛、各差之困苦、吏治民生朝綱政體之關係，至詳至切，臣聞之但有面熱內慚，無所置對。因念前此考選雖停閣一年，尚未至如此番之久，彼時紛紛議論已罪閣臣之不能力請，況如今日，臣將何辭以自解哉？今自畿輔以至四方，災傷流離之狀，慘不忍言，各處奏報，一概留中，未蒙賑恤。所賴二、三令長，竭力拊循，庶幾少救萬一。而又見考選諸臣困頓如此，寧不灰其任事之心，而長其偷惰之習？此尤臣之愚衷，不為一身毀譽計，而為天下安危計者也。臣為此事日夜不安，顧頻言則皇上見以為煩，不言則皇上又見以為緩，再三籌度，萬不得已，復伸其愚。伏望聖明留神省覽。臣不勝懇切之至。"

二十一日丁巳①，大學士葉向高謹題："該臣等以皇貴妃王氏薨逝具揭恭慰，伏蒙聖諭：'皇貴妃王氏，朕以誕育皇太子，命居一宮自適。前月間偶爾有疾，即着皇太子自問安數次，不意昨以疾終，朕深悼惜。覽卿等奏，已知道了。欽此。'臣莊誦再三，仰見我皇上於皇貴妃恩禮之厚，體念之周，而皇太子於母妃又得以侍疾問安，母子之際兩無遺憾。蓋皇上以恩篤宮庭，以孝治天下，故凡事盡倫盡制有如此耳，大小臣工無不欽服，臣復何言？惟昨禮部擬上一切應行事宜，經今五日，未蒙允發。明日便當輟朝之期，已甚迫促，而該部所擬亦皆稱考②舊章，參酌情禮③，必有當於聖意，無可遲疑。若再復稽留，則外間

① 巳 "巳"當作"巳"。

② 考 《明神宗實錄》卷四八七"考"上有"稽"字。

③ 禮 《明神宗實錄》卷四八七"禮"作"理"。

又將妄有揣摩，而於典禮亦大不便矣。臣因恭謝聖諭，故附陳其愚。其臣所擬謚號、册文，併望檢發。臣不勝悚息之至。"

二十二日戊午，大學士李廷機謹奏："爲懇乞聖明俯循人望決久滯之事放久候之臣事。臣伏惟帝王之政，常循①，人望其用者，循人望而登庸之，人有望其去者，循人望而放捨之。今臣望放之切，不待臣言，即臣妻子、兄弟、親戚、童僕，日日占卦祈佛，願臣早歸，望皇上放臣也。即臣鄉之父老、子弟，日日問訊偵望，亦望皇上放臣也。若夫朝野縉紳，聚衆必談及臣，有誚臣不徑去者，有亮臣候旨爲是者，有憐臣久候荒棲之苦者，亦人人望皇上放臣也。今一放臣，豈惟臣之望慰，天下人之望皆慰矣。夫朝政日有萬幾，放臣固萬幾中之一幾，尤其大且急者，不可不決也。蓋臣初告時方六十七歲，又一年以六十八歲告，久②一年以六十九歲告，又一年以七十歲告矣。陽虎云：'歲不我與。'孔子聖人，亦祇活得七十二歲，陽虎之言未全非也。臣病中觀《易》，有《需》《夬》二卦。需之爲言待也，待命之義，臣道也。夬之爲言決也。決斷之義，萬幾所由理，君道也。伏乞皇上念臣久需而賜之夬，俾臣得及此七十歲而歸。俯循天下人之望，寧獨臣之感載無涯哉？臣不勝激切籲祈悚息……"

二十五日辛酉，大學士葉向高謹題："竊惟孟冬在即，頒曆屆期，中外臣民相與頌説，謂皇上臨御以來，頒曆已四十次，而聖壽又適逢五十，爲人稱壽之始，聖母萬壽又將屆七十，上極九重之色養，下撫四世之孫曾，其福履之盛，真皇娥任姒而後所僅見者。夫祿位名壽，聖人所難兼，在皇上固爲際昌履泰之一時，而豫大豐亨恒人所深慮，在臣等亦有憂盛危明之一念。竊以爲皇上深居靜攝二十年於兹，臣下之不奉天顔爲日九③矣，今天祐聖躬，起居增勝，慈闈謹問安之節，中禁騰遊豫之歡，吉祥善事，駢至並集。誠宜乘此頒曆之期，御文華殿，延見羣臣，維新庶政。諸凡幾務之久壅而未宣，人情之久鬱而未暢者，

萬曆三十九年

二八三七

① 循 "循"下當有"人望"二字。

② 久 "久"當作"又"。

③ 九 《綸扉奏草》卷一四"九"作"久"，是。

皆慨賜施行，於以維今日之泰運，邢①鞏萬世之洪圖，今②唐虞三代猶將遜烈，此其爲盛又當何如也？至於萃豫順之心以致隆於聖母，推尊親之念以錫類於萬方，則又聖孝之所自盡而無待臣下之仰贊者。臣忝在股肱，情不能已，輒敢冒昧上聞，伏望聖明俯賜施行。臣不勝……"

　　二十七日癸亥，大學士葉向高謹題："竊見兵部爲延綏大捷敍疏與宣大薊鎮閱視敍疏，已經四次發捷③，俱復留中，此乃聖明慎重爵賞之至意，非有所靳。但事關④鎮，國有舊章，非此無以鼓舞將吏之心而得其死力，且九邊一體，不可異同。今甘肅之捷功已敍，而延綏獨否，陝西之閱視已敍，而薊鎮宣大獨否，非但人情因此觖望，而揆之政體，亦似非平。其臣所擬陞賞等項，皆係兵部開送，非臣自出己意，如中有未當，統在聖明裁定，但使此典不廢，則人心自服矣。又昨遼東大捷，兵部題請先發銀二萬兩給賞，俟勘明另敍，該臣擬上，亦未蒙允發。竊惟遼東積弱之後，有此一捷，稍覺生氣，而點⑤酋之窺伺報復，勢尚猖獗，甚爲可慮，則夫捐一二萬之金錢，以激勸吏士，使之感恩用命，相率而死敵，此亦機之必不容緩者也。前此遼將遼兵無人肯戰，自皇上一置佟鶴年於重典，諸弁殆⑥不敢退縮，以有此捷。臣以爲有罰則必有賞。語云：軍無賞，士不往。而賞不及時，則人雖得之而不以爲恩，是尤疆事得失之一大䉶係，而臣不容於不言者。伏望聖明留神邊計，統將前疏檢發，以慰輿情。臣惓惓之私，實見事體如是，萬不敢假此以市恩也。臣不勝……"

　　二十八日甲子，大學士葉向高謹題："頃以皇貴妃王氏葬地，禮部題請遣官相擇，隨蒙發擬，臣即查遵皇貴妃李氏前旨擬上。經今數日，未蒙允發。今早禮部侍郎翁正春見臣，言從來癸引之期，皆在百日之內，今天氣漸寒，凝冰已近，若再有遲延，工作難具，必至誤事。而該部已兩次催請，皆未得旨。事關典禮，臣不得不爲轉聞。伏望聖明留神檢發，以便奉行。謹具題以聞。"

萬曆三十九年

三①十九年十月一日丁卯，朔。

二日戊辰，大學士葉向高謹題："切②見同官臣廷機，自被論求去，累蒙諭旨慰留，臣每以聖意挽之。近日廷機對臣曰：'聖恩深厚，捐糜不足爲報。惟是大臣被論，便合引去，祗爲候旨遷延，至論者百餘人，積二百幾十疏，不堪極矣。今豈有再遷延之理？'廷機素性忠實，言言皆真，而孑然一身，蕭然一寓，觀其情景亦已不似在朝之人矣。自戊申至辛亥四年，轉眼新春，便是五年。流光荏苒，雖甚易過，而在羈棲守候之人，則甚以度日之難爲苦。惟望皇上俯從所請，暫予回籍，進③退有禮，始終曲全，亦聖主所以優弼臣綏老臣之道也。緣廷機與臣至厚，屢屢懇切求臣代陳，而中外諸臣，亦多責備臣之坐視者，臣不得已，一吐至尊之前。伏惟聖明鑒亮裁處。臣不勝……"

四日庚午，大學士李廷機謹奏："爲籲天求放事。臣伏惟皇上，天也。天不能無水旱，然久旱之極，亦有甘霖，久雨之極，亦必開霽。若君之於臣，較之天人之際，其情尤親。凡臣子有所祈請於君父，自非分義所不當得，無不得者，即一時未得，久亦得之。至於有故而去，在臣子有不得已之情，在君父無難處之事，遲至數月已久矣，豈有遲至數年者？將臣疏不達御前耶？抑達而不蒙省覽耶？蓋不惟臣所未解，亦天下人所未解也。夫聽命於天者，人也，仁覆閎下者，天也。伏望皇上法旻天之大德，開閎下之洪慈，准臣以老病致仕回籍。數年久候之臣，一朝賜玦，如開籠放鳥，解網縱魚，此其恩德無窮，而在今日發政施仁，亦無先於此者矣。臣不勝……"

七日癸酉，大學士葉向高謹奏："爲請補閣臣事。臣在直無事，竊取起居注讀之，見前輔臣沈一貫、沈鯉去後，臣未嘗請補閣臣，只十一疏而得請，虞獨身任事尚未反④一年也。今臣且百疏矣，任事且四年矣。是豈今日之閣務，易辦於昔日耶？

①三 "三"上當有"萬曆"二字。
②切 "切"當作"竊"。
③進 《綸扉奏草》卷一四"進"上有"俟再召用"四字。
④反 《綸扉奏草》卷一四"反"作"及"。

抑臣之才能力量，有過於虜耶？此皆聖心之所知也。夫人有身，必有耳目手足，人有家，必有主伯亞旅，況於天下之重，而可無人？今九卿科道無所不空，二三大僚請老、告病，常無虛日，乃至致本之地亦困頓若此。臣哀苦鳴號，至於口中無聲，眼中有血，而尚不能動皇上之聽聞也。則今日之爲臣子，不真窮哉？伏望聖明以國事爲重，留神允發，天下幸甚，臣愚幸甚。臣不勝……"

十四日庚辰，大學士葉向高謹題："臣昨接都御史許弘綱揭帖，以遼左勘功無人，亟發考選爲請，此亦目前一急務也。然臣謂非但勘功緊要，即巡按官亦必不可缺。蓋此官奉天子之命，綱紀一方，以三尺從事，將吏士民皆在彈壓，使賢者爲之，其取效最速。前御史熊廷弼按遼三年，百凡振刷，貪懦玩愒①之習爲之一更，頃者撫臣告捷，猶歸其功。今候命諸臣，彬彬濟濟，豈無廷弼其人乎？得此用之，使與督撫諸臣協心僇力，所以轉弱爲强，使皇上無東北之憂者在此日矣。臣嘗問人自遼來者，皆云奴花黜②悍，雖兩經挫敗，而結連諸虜，日夜窺邊，其衆常以數萬騎。遼自撫臣而下，皆枕戈待旦，其人雖持③命死敵，而糧餉不充，不憂戰死而憂餒死，勢甚岌岌。當此之時，而得一巡按官，爲之吊死問傷，以固結其心，而振作其氣，亦一大助，則此官真不可旦夕緩者也。夫寧獨遼？各省各差之不可缺，率皆類此。而皇上猶靳於考選之一下，何哉？臣適又見科臣姚宗文揭帖，言今閣部同心力請考選，而不能收以人事君之效，與皇上無憎諫臣之意，而獨厄考選諸臣，爲不可解。此二端者，豈但宗文不解？即臣亦不解也。且今之同心而請考選者，何止閣部？普天率土苟有一人不欲考選之下，則世必以爲狂悖，皇上必以爲奸邪，天地鬼神必以爲妖孽，是舉天下人，無一之不同心也。而尚不能得者，則其爲不可解，乃更大矣。夫臣下負不可解之疑，亦有何傷？皇上操進退用捨之倆④，昭昭然揭日月而行，又何苦使人日猜度聖心、求之而不得其故乎？臣心血已盡，無可復言，因讀二臣之揭，有感於邊事，有愧於

① 愒 "愒"當作"愒"。

② 黜 "黜"當作"黠"。

③ 持 《綸扉奏草》卷一四"持"作"拚"。

④ 倆 《綸扉奏草》卷一四"倆"當作"柄"。

愚衷，故復披瀝言之，其終不足以動皇上，則臣罪也，臣何所逃？臣不勝……"

十七日癸未，大學士葉向高謹題："臣惟皇居四方之極，三門鼎建，尤觀瞻①所係，必不容緩。自前歲左右兩門已有次弟，惟皇極門以方面②不利，緩至今歲。今歲又將暮矣，工部屢請，未奉俞音。其做成木料，為風日雨雪所侵，已多毀壞。臣聞一木之費，常至數千金，甚為可惜。今沍寒已近，工作將停，若不趁此時擇吉豎柱，轉眼之間，便是明歲。假使明歲又復有所拘忌，則鼎建愈為無期，而前此之工費物力皆付之無用矣。當此庫藏匱乏之時，豈能堪此？況左右門已成而中獨闕，亦甚不雅觀，臣出入瞻望，有概於衷，故敢冒昧陳請。伏望聖明即將部疏批發，擇吉豎柱，以便明歲接續興工，非但所省不貲，而於朝廷體貌，亦增其嚴肅矣。臣不勝……"

十八日甲申，大學士葉向高謹題："竊惟今歲秋審已畢，又蒙停免，仰見皇上好生之德，同於天地，即大禹之泣罪，成湯之解網，何以過之？惟是矜疑篤疾人犯，該部再疏上請，未蒙允發。臣竊窺聖心，於法所當刑者，尚不忍即置之死，豈於情有可宥者，而不欲曲全其生？該部所奏，旦夕必當得請，無俟臣言。但昨見刑部尚書趙煥，謂獄中人多，天氣嚴寒，早一日則諸囚早蒙一日之恩，又今歲熱審未行，所望於此番者尤切。故臣敢冒昧申言，非但為各犯祈生，亦欲使皇仁之速布也。伏望聖明留神，將該部原疏亟賜檢發。臣不勝悚息祈懇之至。"

二十二日戊子，大學士李廷機謹奏："為數窮情迫哀懇聖憐事。臣自戊申年四月二十一日告乞休致，祇候聖旨至於今日，凡歷四年，計四十四個月，為一千三百日矣。陳情瀝血冒瀆宸嚴凡一百二十三疏矣。臣與王錫爵、朱賡同時被論，賡死四年，葬三年矣，錫爵死一年矣，自孫善繼去後，南北大小諸臣不奉旨去者二十餘人，今未死未去，獨臣一人矣。臣雖不肖，未必

① 瞻 "瞻"當作"瞻"。
② 面 《綸扉奏草》卷一四"面"作"向"。

盡出二十餘人之下也，臣之志可憐也，皇上不憐臣，誰憐臣者？此時未放，豈能終不放耶？與其畢竟不能不放而遲放之，不如即放之爲愈也。與其死而放之，尤不如生放之爲愈也。伏望皇上慨發慈心，予之生路，即批臣此疏，准臣以老病致仕回籍。臣不勝……"

二十七日癸巳①，大學士葉向高謹題："竊惟漕運一事，關係國家命脈，邇來年遲一年，今十月已盡，河冰已合，糧船尚有二千隻未至，不知明歲作何處置？向時趲運御史皆於八月間點差，故得從容料理，不至誤事。今歲因御史董紹舒告病，改差彭瑞②吾，故遲延至此。昨都察院題差巡漕御史孫居相，已蒙發擬，而數日未下，都御史臣許弘綱甚以爲慮。今見在御史無人可差，居相尚在家中，假使聞命即赴，亦須歲盡方可視事，如再停留不發，臣恐明歲運事之狼狽，又不止如今歲而已也。伏望聖明留神，亟將院疏檢發，庶漕事得人，而數百萬之軍儲皆有賴矣。臣不勝懇切之至。"

① 已 "已"當作"巳"。

② 瑞 《綸扉奏草》卷一四"瑞"作"端"。

十①一月一日丙申，朔。

二日丁酉，大學士葉向高謹題："竊見皇貴妃王氏薨逝，已將兩月，禮部屢請遣官擇地，曾經兩次發擬，皆未蒙允行。此事稽之舊章，參之事理，皆萬萬難以遲延，日復一日，徒使人情疑惑，不知其故，此臣與該部所不容不請者也。伏望皇上即將前疏檢發，以便奉行。如別有聖斷，亦乞傳示，今臣再擬上請，庶幽靈得安，而朝廷亦完此一事矣。臣不勝……"

四日己亥，大學士葉向高謹題："為懇補閣臣事。竊惟今閣中無人，國家一有緩急，誰為擔當？此毋論智愚賢不肖，皆相與憂慮，非臣敢以私意頻瀆君父也。而時已三年，請以百疏，終不能得之皇上，臣固自愧微誠之難通，而人亦深尤臣祈請之不力。其以形迹疑臣者，則謂臣貪戀要津，蔽妨賢路。其以道義愛臣者，則謂臣當挂冠解綬②，以去明心。臣一身是非雖無足恤，然目睹國事艱難，一至於此，而出入浮沉，日復一日，律以大臣禮義廉恥之道，實亦無顏。且政本重地，以一人獨當至於四年，開國以來實無此事，於國家為妖孽，於臣身為不祥，皇上獨不一念及乎？臣憂鬱寸衷，無可復展，惟以君臣大義，不能奮飛，赧顏濡忍。如使萬不得已，而從愛臣者之言，以甘受誅罰之罪，亦非臣之忍於負皇上矣。臣不勝……"

十日乙巳③，大學士葉向高謹題："竊見兵部屢次題請宣大薊鎮閱視功敘，曾屢蒙癸擬，未奉俞音，今兵部又以為請矣。尚書李化龍告臣，謂閱視之典，故事皆三年一舉，前此一番已經寢閣，今次名為三年，其實則六年矣。若又不得請，則此典遂廢，何以激勸邊臣？為封疆計，是以屢補牘而不憚煩也。臣惟國家慎重邊防，故三年一課功狀而敘賞之，非但酬其既往，亦以鼓其將來。然必其勞績④最著者，乃有加官錄蔭之恩，其輕者不過量予數金而已，該部斟酌其間，原無浮濫。三年不行，以待六年，六年不行，更將何待？臣觀此番所敘督撫諸臣，如

① 十 "十"上當有"萬曆三十九年"六字。

② 綬 "綬"當作"綬"。

③ 巳 "巳"當作"巳"。

④ 績 《綸扉奏草》卷一四"績"作"績"。

萬曆起居注

塞達、馬鳴鑾、劉四科、連標、霍鵬等，率皆已没。河清難俟，人壽幾何？竊恐邊臣之心，縱此愈息①，而邊事之廢壞，愈不可爲矣。且陝西三邊已蒙允發，而薊鎮宣大獨否，九邊一體，何厚何薄？臣故因該部之請而敢爲一言。伏望聖明俯垂裁斷。臣不勝……"

十三日戊申，大學士葉向高謹題："爲會推考選萬難再緩懇恩允發事。竊惟今官僚缺乏，人才鬱滯，可謂窮極而無復之矣。羣臣言之而不聽，猶曰煩囂之取厭也，閣臣言之而不聽，猶曰積誠之未孚也，至於部院大臣，老成忠赤，率皆皇上所眷倚者，亦既諄諄言之矣，頃刑部尚書趙焕新來田間，又深慨班行之寂寥，而披瀝款誠言之，至真切矣，此豈皆市恩沽名、飾辭以欺皇上耶？如概以其言爲不足採，則是舉朝臣子無一人之可信，而皇上所以共爲天下國家、以保祖宗萬世之基業者，果孰②誰哉？臣每見九卿諸臣無不咨嗟太息，以爲皇上之聖明，卓越千古，又享千古帝王未有之福，若若③使臣工濟濟，後久盈朝，豈不爲開開④以來第一盛世？而徒以少此一事，遂成缺陷世界，真可惜也。臣常聞此言，不勝耿耿，而慚⑤自恨庸陋疎愚，不足以取信明主。今當此長至屆期，休祥駢集，聖母萬壽又適與履長同日，竊意皇上純孝之心，當何如喜慰？故復敢以會推閣臣與考選二事，仰煩聖聽，亦深自愧其言之瀆而說之窮矣。伏望聖明俯垂鑒允。巨⑥不勝……"

十九日甲寅，大學士葉向高謹題："伏蒙聖諭：'諭內閣：朕自去冬以來，屢屢動火頭眩，調攝服藥過多，以致流痰注足甚痛。恭遇聖母萬壽節，適值履長之辰，理宜稱賀，但今步履不便，御門免。特諭卿知。欽此。'臣惟聖母萬壽節與履長同日，慈闈無疆之慶，國家有道之長，皆在於此，大小臣工誠望皇上御門受賀，以伸臣子歡忭之情，而臣泰⑦備股肱，私心倍切。兹奉聖諭，乃知聖躬以服藥過多，遂致流痰，因艱步履，而猶惓惓於聖母之稱賀，仰見我皇上純孝篤衷，卓越千古。臣

二八四四

① 息 《綸扉奏草》卷一四"息"作"怠"。

② 孰 《綸扉奏草》卷一四"孰"作"屬"。

③ 若 此"若"字爲衍文。

④ 開 "開"當作"闢"。

⑤ 慚 《綸扉奏草》卷一四"慚"上有"自"字。

⑥ 巨 "巨"當作"臣"。

⑦ 泰 "泰"當作"忝"。

謹即傳諭百官，共揚聖德。更望皇上葆嗇精神，和調營衛，思藥餌之不可過，而慎①之於起居，知流痰之所以②從來，而必戒之於動火，於以上副聖母慈愛之心，而下慰普天覆幬之願，是尤臣愚悃款之一念耳。所有聖諭，臣謹尊藏內閣。謹具回奏以聞。"

二十五日庚申，大學士葉向高謹題："竊見皇貴妃王氏薨逝為日已久，發引無期，禮部屢以墳地上請，未蒙允發，臣亦不知聖意之所存。近聞先歲皇貴妃李氏墳地，原有九穴，可以並葬，此事臣與該部皆所不知。如聖意以此為可用，乞將禮部原疏發臣再擬，以聽聖裁。萬不宜停滯不決，以滋中外之疑惑也。臣不勝悚息之至。"

二十六日辛酉，大學士葉向高謹題："該兵科給事事③朱一桂近已推陞參議，未蒙允發，而一桂杜門不出，該科更無別官，事體④一概停閣。凡下部章疏皆不發抄，軍機緊要留滯可虞。即其小者，如各處差役至京倒換勘合者，亦須該科挂號，而後得行，今已積至百十人，臣每入直，則羣聚跪訴於科前，臣苦無辭以發遣之。此輩多係各省撫按差來，為地方事務，日挨一日，豈不耽誤？伏望聖明將吏部推陞朱一桂疏即賜檢發，仍將該科官速補，或命別科官暫署，庶事務不至久停，而諸人⑤亦免守候之苦矣。臣不勝……"

二十八日癸亥，大學士葉向高謹題："蒙發下禮部一本《為夷人賞賜事》，傳臣出旨。臣仰見皇上柔遠之盛心，不勝慰服。此項銀兩已奉旨借太僕寺馬價，因該寺爭執，故遲延至今。謹擬旨令其速發，必當奉行矣。惟尚有一百五十人在良鄉守候挂號，而兵科朱一桂以例推杜門，該科更無別官，最為難處。又非獨夷人，凡各處守候挂號者甚多，日逐號呼於午門前，臣昨已具揭言之，未蒙允發。今不得已，將此夷人擬令兵部發遣，亦不知於事體可行與否。若繼此夷人又以挂號守候，將何以處？

萬曆三十九年

① 慎　《綸扉奏草》卷一四"慎"上有"惟"字。
② 以　《綸扉奏草》卷一四無"以"字。

③ 事　"事"當作"中"。
④ 體　《綸扉奏草》卷一四"體"作"務"。

⑤ 人　《綸扉奏草》卷一四"人"下有"役"字。

此中國體面、四夷觀瞻所係，非細故也。伏望皇上將吏部催①陞朱一桂疏，即賜檢發，其該科官或量行除補，或命別科官暫署，實今日事勢之必不容已者。統候聖裁。謹具題以聞。"

是日，大學士李廷機、葉向高謹題："爲推陞年深翰林官員事。照得翰林各官，年來極其壅滯，今歲秋間，蒙聖恩序轉數人，稍覺疏通。尚有南京翰林院掌院事右諭德孫如遊、翰林院修撰張以誠、翰林院檢討②周如磐，皆資俸已深，當與推轉。擬將孫如遊量陞右春坊右庶子，兼翰林院侍讀，張以誠量陞右春坊右中允，兼翰林院編修，周如磐量陞右春坊右贊善，兼翰林院檢討。伏乞敕下吏部，查照施行。臣等未敢擅便，謹題請旨。"

三十日乙丑，大學士葉向高謹奏："爲聞言觸衷懇恩罷斥事。臣從邸報中，見廣東按察司知事周道昌一本《爲天變地變妖變朋黨之變輔臣大臣諸臣乖離之變恭獻定變之策以安宗社事》，中間所言龐尚鴻曾上書於舊輔臣趙志皋，勸其伏闕苦爭，臣亦聞之，至謂揭請於臣，又託侍郎蕭雲舉從更，則臣年來昏憒健忘，都不記憶，要以臣職在輔弼，義當效忠，何必問尚鴻之曾請與否也？伏闕之説，談者亦不止一尚鴻，而或恐其過激，未敢遽行。臣力不足回天，忠不能碎首，浮沉素餐，是臣之罪。若以爲蒙蔽，則聖明在上，臣實不敢。惟是今日世界，天時人事，災變乖離，道昌之所慷慨而指陳者，言言痛心。問其所以致此，非臣而誰？臣若不去，則災變將愈大，而乖離將愈深，又不止如今日而已矣。天下之事，至於遠方小臣，皆切隱憂，皆陳忠告，臣爲輔臣，能不自愧？伏望聖明亟賜罷斥，即行推補，此固今日定變之第一策也。臣非敢因道昌一言而求去，實以時事至此，久無面目，而天下之所以罪臣而責臣者，且百倍於道昌，故不得不哀鳴於君父之前，仰祈矜允。臣不勝悚息懇切之至。"

① 催 "催"當作"推"。

② 討 自此"討"字以下之本月記事，原本有錯簡，校者作過調整。

十①二月一日丙寅，朔。

十一日丙子，大學士葉向高謹奏："爲感恩涕零再求罷斥事。臣頃者具疏乞休，奉聖旨：'卿年米②純忠廉慎，籌國陳列，朕所素鑒。況今多事之時，皆賴鎮定，豈以浮言冒謗求去？不必介懷，宜即出贊理，慎勿固辭。吏部知道。欽此。'臣捧誦溫綸，惟有感泣。竊念臣之求去，實是揣分度能，自審不堪，與周道昌所言毫無干預。道昌遠方小人③，以入賀而至，亦懷忠愛一念，其望臣則有之，未嘗謗臣也。臣待罪四五載，罪戾如山，如數而列之，儘有可說，何待於謗？今言者但以單辭責備，而臣遂欲求去，則真褊衷之小人矣。惟是臣賦性疎庸，原無經濟之具，暫時猶可支持，日久愈增窮蹙，雖欲披④索枯腸，竭盡努力，以自效其尺寸，而終不可得。每念人臣分義約有二端，力所能爲而鞠躬盡瘁以爲之，固所以報主也，力所不能而推賢讓能，以使他人爲之，亦所以報主也。臣今必不能爲矣，萬苦交叢，一身是病，有眉可皺，有⑤口堪開。苟有知臣愛臣者，皆當責之使去，不必強之使爲，而臣若少懷貪戀，難捨一官，便是喪盡良心，無復人理。我皇上四十年御天，五十年介壽，洪休遐福，萬歲無疆，普天率土，咸仰洪恩，而臣獨窮困至此，如市上乞見，大聲疾呼，萬⑥爲憐恤，亦聖心之所隱也。臣一點血誠，萬行清淚，伏望聖慈俯垂軫念，即削籍奪官，重以罪僇，無所不可。至如會推、考選二事，亟賜允行，臣雖旦夕就死，亦銜結無窮矣。臣不勝哀鳴激切之至。"二十四日，奉旨："朕覽卿奏，言詞懇懇，意欲高蹈。卿心忍乎？孰不忍乎？況節屆履端，卿爲表率，豈可久延私寓？還即出入閣贊襄，以慰朕佇望之意。吏部知道。"

二十四日己丑，大學士葉向高謹奏："爲微臣蒙恩愈厚量力實窮再瀝血誠哀求罷斥事。該臣再疏乞歸，奉聖旨：'朕覽卿奏，言詞懇懇，意欲高蹈。卿心忍乎？孰不忍乎？況節屆履端，卿爲表率，豈可久延私寓？還即出入閣贊襄，以慰朕佇望之意。

①十 "十"前當有"萬曆三十九年"六字。

②米 《綸扉奏草》卷一五"米"作"來"，是。

③人 《綸扉奏草》卷一五"人"作"臣"。

④披 "披"似當作"搜"。

⑤有 《綸扉奏草》卷一五"有"作"無"。

⑥萬 《綸扉奏草》卷一五"萬"作"莫"。

萬曆起居注

吏部知道。欽此。'竊念臣以奉職無狀，病苦煎熬，迫切求去，致煩君父屢渙溫綸。當此履端之時，臣實義不當去，情不忍去。但再三思之，臣在此一日，則有一日之責任，非徒尸位素餐、備閣臣之名數已也。今合天下之人，以臣忝任輔弼，凡事皆望之臣，乃臣將誰望哉？望皇上耳。皇上如天如神，天不可升，神不可側①。皇上之所不行，臣但自愧其積誠之未孚，轉移之無力而已，更有何神奇謬巧，能必得之皇上哉？夫竭駑駘之力，勉報隆恩，以答天下之望，臣之心也。事堯舜之主，而尺寸莫施，徒憔悴困鬱以哀乞殘生於君父，臣之命也。天與臣以遭逢建樹之資，而不與臣以經綸匡濟之具，臣可奈何？臣一去，則賢者得進，天下事尚有可為，是臣以去而報皇上也。臣每誦溫綸，輒一字一淚，苟使臣之力尚有一毫之可自效，臣之勢尚有一毫之可再出，而敢慕高蹈之名，孤聖主之望，則真犬馬禽獸之不若矣。臣情緒危迫，語不擇音，伏望聖明亟賜罷斥，別簡賢能，乘新歲，用新臣，行新政，四海九州歡欣鼓舞以頌維新之治，豈非一時盛事？臣幸而即填溝壑，當於來生化為螻蟻蛇雀，以盡此未了之一念耳。臣不勝……"二十八日，奉聖旨："卿輔政有年，清忠端慎，朕所洞鑒。諸有陳奏，具見懇切。方今多事之時②，皆賴主持，豈可諄諄求去？卿心何安？況履端在即，還着鴻臚寺堂上官宜③諭即出，以慰朕懷④眷注懸望之意。吏部知道。"

二十五日庚寅，大學士李廷機、葉向高謹題："為推陞年深翰林官員事。照得翰林各官，年來極其壅滯，今歲秋間，蒙聖恩序轉數人，稍覺疏通。尚有南京翰林院掌院事右諭德孫如遊、左中允趙秉忠、翰林院修撰張以誠、編修何如寵、檢討周如磐，皆資俸已深，當與推轉。擬將孫如遊量陞右春坊右庶子，兼翰林院侍讀，趙秉忠量陞左春坊左諭德，兼翰林院侍講，張以誠量陞右春坊右中允，兼翰林院編修，何如寵、周如磐各量陞右春坊右贊善，兼翰林院檢討。伏乞敕下吏部，查照施行。臣等未敢擅便，謹題請旨。"

① 側 《綸扉奏草》卷一五"側"作"測"。

② 時 《綸扉奏草》卷一五"時"下有"議論煩多"四字。

③ 宜 《綸扉奏草》卷一五"宜"作"宣"。

④ 懷 《綸扉奏草》卷一五無"懷"字。

是日，大學士葉向高謹奏："爲恭承溫諭感激涕零抆淚竭誠謝求放事。該臣三疏乞休，伏蒙聖恩，遣鴻臚寺官至臣私寓，恭捧溫綸，宣臣即出。臣俯伏跪聽，且聽且泣，何功何能而辱聖明勤惓至此？誼當即日匍匐入閣供事，以恭君父之命，以慶履端之辰，是少有人心者所不能自已也。但臣頻年困苦，精血銷亡，七尺之軀，百病交集，至於今日勢已不支，此猶是一身利害，臣不敢言。惟是朝政壅塞，日甚一日，大僚之見在供事者祇有七人，臺省之尚在班行者祇有十餘人，顧瞻朝寧，不成景象，而林下諸臣賜環無朝，摧折將盡，海內蒼生膏血已竭，重以災傷，半成餓莩，今長安市上攜呼就死，不忍見聞，臣何顏何心，能晏然居此，濫沐恩私？夫萬類焦枯，百昌畢瘁，而一草一木獨承雨露，縱覆載無心，乃其爲草木者亦妖怪不祥之甚矣。其何以自存於天地間哉？聖諭謂議論煩多，賴臣主持，不知臣受事日久，其權力伎倆盡在人之耳目，如拙婦操家，無一錢尺帛，而家人之求衣索食，羣起而譁，苟非爲主翁者別擇能幹之人，付以筦鑰，必無寧息之時，是臣留一日，議論反多一日，皇上亦何利於留臣也？臣今不出則違君命，出則必誤國事，再三較量，誤國之罪甚於違命，故敢冒死哀陳，懇乞罷斥。但使少動聖心，得俞所請，臣即旦夕淪亡，含笑地下矣，又何論區區之一官哉？臣不勝……"

是日，大學士葉向高謹題："伏蒙發下暹羅國王普埃進貢表文一道，臣即發四夷館鐸①字官生譯出來文，並原發金葉表文囊匣等物理合進繳。謹具題知。"

①鐸 "鐸"當作"譯"。

三十日乙未，大學士葉向高謹奏："爲蒙恩宣諭恭陳謝悃事。該文書官王體乾恭捧聖諭：'諭輔臣：卿忠靖端亮，朕素鑒知。匡政以來，躬行實效，諸務陳請，具見勤苦至意。目今時事多艱，正賴老成主持朝寧，振肅紀綱，何忍堅意求去？卿宜勉遵屢旨，即出入閣，贊襄軍國重務，以慰朕懷，乃是君臣大義。刻節屆履端，不必煩瀆。其缺員各疏，俟朕詳覽檢發。卿宜欽承之。特諭。欽此。'臣恭設香案，叩首謝恩訖。竊念臣乞歸未遂，反辱温綸，中使鴻臣繼臨私寓，臣上畏君命之難違，下愧報稱之無力，高天厚地無處容身，進退之窮至是而極。臣此生何幸，得承聖恩隆渥如此？亦何不幸，遭值時勢艱難如此？人皆以新歲爲歡，臣獨以新歲爲苦，人皆以被命爲寵，臣獨以被命爲憂，每奉一番温綸，輒一番涕泣，對椒觴以無顔，遇良辰而黯淡。造物何爲生臣於世，寧不爲聖朝多此一孽？爲皇上添此一累哉？聖諭謂'員缺各疏''俟詳覽檢發'，亦既體臣之愚衷矣。夫閣臣之員缺已滿四年，大僚、科道之員缺遠則七八年，近亦二三年，廷臣之苦口而陳，皇上之留神而覽，不爲不久矣，豈至今日而猶有待於詳覽乎？而猶未可以檢發乎？皇上神明卓越，凡所用之人無一不當，但一舉筆而天下人即頌服矣，何必詳也？詳之一字，爲累不小，甚非臣所望於皇上也。履端佳辰，臣當勉出，隨班行禮，以盡臣子之義。區區下情，容臣另行懇請，未敢遽瀆。所有聖諭，謹尊藏内閣。臣不勝感戴悚息之至。"

萬曆
四十年

萬曆四十年正月丙申，朔。

四日己亥，大學士葉向高謹奏："爲青陽肇布聖政宜新懇乞聖明早發德音以順天時以慰人望事。臣惟人君，奉若天道者也。天道當嚴寒之後，必有陽春，春令一布，則萬物之枯槁憔悴者，得以萌達。使天祗有寒而無春，則物皆澌盡，而乾坤無與立矣。年來天下景象，亦枯槁憔悴極矣，臣民望陽春之澤，年復一年，未有以對。今萬曆之紀已四十年，此亦人望更急之時也。臣歷稽三代以至宋元三千餘年，帝王享國四十年以上者祇有十君，惟殷之太戊高宗稱爲盛治，宋仁宗差治，其餘皆亂，周宣王、唐玄宗、梁武帝則始治而終亂，然則三千餘年享國久長而克終者，只二三君耳，何其難一至此也？天下大器，帝王大福，器久則必敝，福盛則必衰，自非嚴恭寅畏以保守之，未有不敗。此臣於皇上今日，既以爲喜，而亦竊以爲懼者也。今民窮財盡，內外空虛，虜封未就，而日肆要挾。臣適接薊遼督撫官揭帖，又言東虜大部糾集入犯，聲勢甚大，遼兵枵腹日久，何以禦敵？一旦邊疆不支，闌入內地，皇上試思京師中何事足恃？何策足以自安？是寧可不寒心乎？自古國家所恃，惟在人才。今自閣臣大僚，以及方面，無所不空，臣等苦口極言，幾盡心血，尚不見聽。此等官員皆祖宗建設以共理天下，當其時百司庶職無一不備，而列聖尚且宵旰動①勞，不敢暇逸。今皇上既深居端拱於上，而使二三寥寥之臣工苟且承順於下，乃欲求天下之不亂，有是理乎？人才雖天所生，亦須人主作養，乃克自立。自各官不補，日就消磨，造物之所摧殘，浮言之所牽蔓，不知其幾。姑毋論其他，即閣臣之推再遲，臣恐排蕩之勢無所紀極，而將來無人之可用矣。臣款款愚衷竊謂，會推、考選、補大僚三事，萬萬難緩。皇上如不以臣言爲然，則是臣之所瀆皆期君罔上，罪不容誅，必當速行罷斥，勿使一日留於此地。如以臣言萬一有當，則當早賜施行，使諸臣早得效用，天下國家之事庶不至於敗壞，而皇上萬年無疆之盛治，亦將遠邁殷宗，爲萬古之一人矣。"

① 動　《綸扉奏草》卷一五"動"作"勤"。

萬曆起居注

五日庚子，大學士李廷機謹奏："爲候命五年懇乞聖慈慨賜一放事。伏念臣受恩至厚，行能至薄，叨竊至濫，愆尤至多，物議至紛，陳乞至煩，淹延至久，妨誤至甚，哀憫至極，而臣所以忍性堅心，閱星霜，冒譏議，而猶在乎此者，夫亦欲以綱常令恭之大道理，捍茲已決之隄防，而以去留操縱之大權衡，歸之至尊之掌握，如斯而已矣。頃又私念，多疏之留中，必以聒瀆而取厭，用是逡巡彌月，積誠齋戒，直俟新歲方敢重①。臣自分譴斥，更無復有所徼，但乞皇上發臣此疏，即投閒削藉②，莫匪鴻恩，即策蹇徒行，不爲苟去。而守之五載，得之一朝，用成條理之終，實七十一歲人臣莫大之幸也。"

九日甲辰，大學士葉向高謹奏："爲顒候德音未蒙沛發謹再冒昧懇請事。該臣於新正初四日具疏，以會推、考選、彼大僚最緊最切三事爲請，而歷稽自古帝王享國長久治少亂多之大較，以爲聖明覽觀儆戒之一助，其事皆具在史册，鑿鑿可徵，非臣敢爲臆説。皇上若以臣言爲不足信，則是三代以來三千餘年之事皆是虛妄，而自古聖君賢臣兢兢業業以危亡禍亂爲憂者，皆是過計，而臣之所言亦欺誑、不忠之甚矣。夫以周成王之賢，周召佐之，詩書所載，無日不以祈天永命爲事，然其享國僅三十七年。我朝二祖、八宗之聖德，遠邁前代，然惟皇祖肅皇帝享國最久，亦僅四十五年。天之於帝王亦若有所靳之若是也。孔子云：'父母之年，不可不知③，一則以喜，一則以懼。'解之者曰：喜者喜其得年之多，懼者懼其將來之不可測。臣事君猶子事父母，其爲喜懼何獨不然？我皇上既享千古帝王未有之福，固必有非常功德以迓續之，乃併當行政事壅格如此，雖天所眷厚，非常情能測、常理能拘，然欲求自今以後天下，長如此四十年間之治安，恐亦必不得之數也。臣以新歲與九卿諸臣相見，孫丕揚則言，推陞不下，失職欲去，久④年老欲去。趙煥則言，見署兵部，邊事可憂。李汝華則言，兵餉窘極，舊歲所欠各邊額餉至二百五十萬，束手無措。許弘綱則言，各差乏人，無計處置。相與攢眉蹙額，意皆責望於臣，臣實無顔可

① 重 "重"下當有脱文。
② 藉 "藉"當作"籍"。
③ 知 《論語》原文"知"下有"也"字。
④ 久 《綸扉奏草》卷一五"久"作"又"。

以居此。因前疏未奉俞旨，不得已復此陳瀆。言愈危而稽①愈苦，臣知罪矣。臣亦得浮沈緘默，可以容身，然蒙恩愈厚，義不容已。伏望聖明留神省覽。"

十三日戊申，大學士李廷機、葉向高謹題："該吏部節次開送庶吉士魏廣微、麻僖、錢龍錫起復假滿到部，行移到院。臣等遵例考得，魏廣微、錢龍錫俱文學優長，堪任翰林院官，麻僖才識疏通，堪任科官。陸續具題，屢次催請，未蒙檢發。竊惟庶吉士，乃皇上拔擢作養，與他官不同。魏廣微係甲辰科進士，迄今已是九年，錢龍錫、麻僖係丁未科進士，迄今已是六年。其同科之人皆蒙皇上授職任使，而三臣獨以丁憂給假而來，守候經年，未沾一命，即較之觀政進士亦及②不及。且三臣皆起家貧儒，旅邸寒涼，無斗升之祿，何以自給？此亦聖明之所軫念也。伏乞敕下吏部，將魏廣微、錢龍錫照依甲第，除授翰林院官，麻僖除授科官，不惟三臣得蒙錄用，免向隅之悲，而臣等前件可完，亦省補牘之擾矣。"

十六日辛亥，大學士葉向高謹題："蒙發下吏部會推兵部尚書一本，傳聖諭：'薊遼總督有事，出旨來。'仰見聖明軫念邊方至意。但二臣未經點用，臣不敢擅擬。竊念薊遼雖有事，而本兵提衡內外，其任更重，其勢更急。今吏部所推二臣，才望皆極一時之選，皆在可用，而王象乾資俸在前，又係正推，如蒙皇上點用，其總督員缺令吏部推才望者往代，計象乾一時未得離任，尚可料理邊事，即得代後，而居中運籌，邊事亦有賴矣。惟復別有聖裁，乞再傳示，使臣得奉行，以免愚昧之罪。"

十九日甲寅，大學士葉向高謹奏："爲候旨日久竭誠申請事。臣於歲衷祗奉溫綸，謂員缺各疏詳覽檢發。隨該臣於新歲初四、初九日連章再請，俱未奉俞音。各部間有章疏，亦多不發，即發而擬上，如六科遷轉、及一二方面官，又復留中，臣逐日入直，無所事事。皇上見臣之求去，則必諭之使出，臣出

① 稽 《綸扉奏草》卷一五"稽"作"情"。

② 及 "及"當爲誤字。

① 再 《綸扉奏草》卷一五"再"作"且"。

②辰 "辰"當作"戌"。

則又一事不行，一官不用。是皇上之所以勤倦而加意者，祇欲愚臣之强留，而臣之所自效於皇上者，祇循閣中出入之故事，於天下大計毫無補也。匪但無補，其所妨誤再①將愈大。如此，則又不如負違命之罪，而堅於一去之爲得耳。臣非敢煩詞激瀆，取厭君父，實見天下事勢至窮至極，不容再緩。皇上一念轉移，則天下治、宗社安，一念不轉移，則天下亂、宗社危。治亂安危，决於皇上之一念，而皇上一念轉移與否，又决於今日。臣若不及今極言，更將何待？如皇上疑臣所言皆爲諸臣求官，故難其行，則臣觀自古大臣效忠報主，皆以用人爲第一義，捨是便爲娼嫉，爲妨賢病國，忠邪賢奸祇此兩途，更無他説。皇上試爲臣謀，將何從乎？夫愛其人者，尚欲其耳目聰明、手足强健。人主以天下爲身，以百官羣臣爲耳目手足，苟有愛主之心者，當復何如？此臣之所以惓惓懇懇，雖欲緘默而不能自已也。臣一片苦心，統望聖明垂鑒。"

二十三日戊午，大學士葉向高謹題："臣見禮部題請瑞王婚禮，其言甚切，未蒙俞旨。竊念瑞王年已二十一，婚媾之典久已過期。今春若再不舉行，委非事體。如以户部錢糧未足，必待此而後行，則該部以帑藏空虚，一時難措，愈成耽誤。臣愚以爲，該部所執者，皇上與潞王之例，亦自有説。儻聖意必欲從厚，則令稍增二三萬，而不必取盈，以示節省體恤之意，庶大禮得以早完，而皇上慈愛之心亦可慰矣。"

二十六日辛酉，大學士李廷機、葉向高謹題："爲推陞年深翰林官員事。看得南京翰林院掌院事右諭德孫如遊、左中允趙秉忠、翰林院修撰張以誠、編修何如寵、檢討周如磐，皆資俸已深，當與推轉。擬將孫如遊量陞右春坊右庶子，兼翰林院侍讀，趙秉忠陞左春坊左諭德，兼翰林院侍講，張以誠量陞右春坊右中允，兼翰林院編修，何如寵、周如磐各量陞右春坊右贊善，兼翰林院檢討。伏乞敕下吏部，查照施行。"二十七日壬辰②，大學士李廷機、葉向高謹題："該吏部開送庶吉士魏廣微、錢龍錫,起送到部,行移到院。臣等遵例考得,魏廣微、錢龍錫俱文學優長,堪任翰林院官,已經具題,屢次催請,未蒙檢發。竊惟魏廣微係甲辰科進士,迄今已是九年,錢龍錫係丁未科進士,亦是六年。守候日久,未沾一命,殊非朝廷作養之意。伏乞敕下吏部,將魏廣微、錢龍錫,照依甲第,除授翰林院官職。"

萬曆起居注

① 二 "二"上當有"萬曆四十年"五字。

② 切 "切"當作"竊"。

③ 熟 "熟"當作"孰"。

二①月丙寅，朔。

二日丁卯，大學士李廷機謹奏："爲藩封事經臣手乞敕再行查勘事。臣待命於此，不宜有言。因見代府一事，乃臣署部時事，與今侍郎翁正春絕不相干。臣記代王鼎勻以二子不明，自行檢舉，奉旨下部臣行該司，先查《玉牒·妾册》，則張氏有名，裴氏無名。猶恐未的，因時無巡按，移咨山西巡撫查勘去後。隨接撫臣霍鵬回咨，並取得司道府縣等官、十三郡王將軍中尉、及長史教授各印信結狀，俱與《妾册》代王所奏相同。因見得鼎莎果係張氏所生，而張氏原係奏選之妾，後乃陞內助，進封次妃也。鼎渭原報張氏名下，實係裴氏所生，而裴氏不經奏選，在《宗藩要例》所謂濫妾者也。據例，則鼎莎雖少應立，鼎渭雖長不應立。臣乃爲題覆，奉旨改正，准鼎莎承襲，封爲世子。是臣直據《玉牒·妾册》、《宗藩要例》，與外之查勘印結，爲代藩了此一事。而今乃奏訐紛然者，祇緣代王向來私情未斷，以鼎渭亦親骨肉，而憂其以庶人終也，故於渭母裴氏稱妾而諱其濫，以爲如是則莎繼王爵，而渭或可冒郡封。此則代王心曲隱微，而禍胎話柄亦始於此耳。臣切②見事情欲覈，處分欲當。況藩封何事？無論通賄徇私，即一時鹵莽疎略，以致啟爭釀亂，罪亦不細，安有如此大差錯，而可容隱，可遮掩，可苟且因循者也？臣甚欲無言，而事經臣手，義難終默。伏乞聖明敕下禮部，再將《宗藩要例》覆按，再將《玉牒·妾册》覆查，再行彼中撫按覆勘，要見得奏選與濫妾熟③爲低昂，張氏與裴氏孰爲奏選，當年鼎渭之生，所以借重張氏而冒報其名下者何意，直窮到底，自然明白。如有私弊或差錯，請先正臣罪，並追正巡撫司道等官、郡王宗室諸人扶同保結之罪，然後重新改正，不妨反汗，庶綱常正，倫理明，而代藩父子兄弟之爭息矣。"

五日庚午，大學士葉向高謹題："臣今日入直，接得吏部尚書孫丕揚揭帖，懇求休致，且云欲於大明門叩頭即行，又貽書於臣，謂於十二日的行。臣竊念丕揚以老病求去，情甚迫切，但未奉旨而去，則於事體殊爲難處。又部中乏人，銓務誰任？此不得不仰廑聖裁者也。伏望皇上將丕揚疏發下，或留或放，傳示聖意，令臣擬上，庶丕揚之進退分明，國體亦不失矣。"

九日甲戌，大學士李廷機謹奏："爲哀求一放事。臣逐於荒廟，今三年矣。此中有樹木，禽鳥棲焉，臣每見其載飛載鳴，搏①噬無虞，往還自便，臣竊自傷臣之爲人，不如禽鳥。而臣所以初能勉強者，惟是確乎必去，確乎必候旨而去，持此既定，而臣之心亦靜而安矣。臣見古人立身行己，皆有法度，傳之後人，是爲衣缽，臣所傳受，非今人富貴利祿之衣缽也。古人遇而仕，未嘗苟且，不遇而去，亦未嘗周章。臣處心積慮，自始至終，惟恐前愧古人，仰負皇上。即臣前年謝恩疏云：'必無一念不可與主知，無一事不可對主言。'又云：'決不敢負聖主之眷知、生平之學問、前輩之提攜、朋友之切嗟'。臣一時矢口據心，不自知其立言之有病，而至今吹求臣者，猶節略其語，以爲口實。總由臣不肖不才，又不幸而與庶吉士同讀書，致有館師之瓜葛，又不能背而去之，故雖以平日硜硜之細行，妖書時挺身作色，無所爲而爲之赤心，總不足以贖罪蓋愆，見諒於朋友，而暴白於天下耳。世事如浮雲，人生如朝露，自臣癸卯入京以來，朝野三品以上物故者八十餘人，臣七十一歲病身，若再遷延，必且終爲荒廟之鬼，不亦可憐甚哉？伏乞皇上即放臣去，既推補閣員，即遂臣之首丘，尤以慰中外人心之渴望。"

十日乙亥，大學士葉向高謹題："臣近以腰足楚痛，杜門數日，以閣中無人，不成事體，又復勉出。然行步艱難，俯仰困累，每日出入，皆須人扶掖，方能移動。又頭痛齒痛，徹夜呻吟，咳嗽吐痰，略無休息。醫者謂渾身是火，故渾身皆病，蓋臣之狼狽極矣。而不敢請，不敢言，日夜籲天，願閣臣早補，使臣亦有時可以少休，以不至即填溝壑。皇上大聖至仁，天覆地載，豈不爲臣一動念乎？況臣事勢實窮，伎倆實竭，即使無

①搏　"搏"當作"搏"。

病，猶當求賢以自代，而況其真病有如此也？至於考選事，臣前已詳言，吏部、都察院又合力苦言，其說已盡，併望聖明哀憐垂察，同賜檢發。"

十四日己卯，大學士葉向高謹題："臣待罪政地，遇有緊要事不得不言，雖自愧煩瀆，然勢不容已。今謹將目前急切事務，開具三款上聞，伏候聖裁。

一、吏部尚書孫丕揚、都御史許弘綱皆連章求去，丕揚以蒙皇上慰留，未敢遽行，但又有辭疏在御前未發，杜門候旨，今大選在即，薊遼總督亦當會推，不可遲延，而弘綱見掌臺事，久臥私家，亦甚不便。且大遼①既苦乏人，乃部院二臣又同時在告，豈不誤事？誠宜亟渙溫綸，責以君臣大義，使其勉留。二臣留，則部院猶不至盡空矣。

一、刑科遂無一官，兵科有周永春，又在請告，臣訪之，病實沉篤，不能供事。此二科章奏，無人發抄，盡皆沉閣。昨御史彭端吾蒙差巡按四川，舊例巡按官出差，必兵、刑二科移文內府，領精微批，今二科無官，則精微批無從得領，而御史不得行矣。其間更有他事不便，率皆如此。尚書趙煥欲將此二科官先行允補，亦是萬不得已之計，伏望聖明留神裁斷，或將科臣請署印本發擬，亦一策也。

一、今各省巡撫已皆有人，惟四川撫臣喬璧星已經論劾致仕，吏部推上日久，未蒙點用。臣惟四川重地，頃以兵荒之後，各處告變，人情岌岌，所為彈壓拊循，惟撫臣是賴。璧星候代之人，豈肯復任地方事？即使肯任，而人情玩視，號令亦必不行，豈非西南之大憂哉？伏望皇上即將吏部推疏點用，責其作速到任，以便交代。此地方一大急務也。"

十六日辛巳②，大學士葉向高謹題："竊惟今日最急之事，人情所最切③望者，無如考選，催請之疏且累千百。儻其可緩而故急之，以煩瀆君父，則臣子莫大之罪，天下人各具一心，何以萬口同聲、不謀而合、一至於此？頃御史彭端吾回道，席

① 遼　《綸扉奏草》卷一五"遼"作"僚"，是。

② 巳　"巳"當作"巳"。

③ 切　《綸扉奏草》卷一五"切"作"仰"。

未及煖，都察院印①題差四川，自端吾而外更無一人可差。而貴州巡按缺已數年，湖廣巡按見缺，今歲兩省科舉何人監臨？遼東巡按兼任提舉，雖奉明旨，令都察院具題，亦以無人久寢，今歲應試諸生何人考②送？至於江西、雲南、福建按臣，皆在地方三四年，情緒困苦，所不堪言。而考選守候諸臣，虛坐長安中，不沾寸祿，稱貸餬口，竟不知聖意何時幡然？何時肯發俞音？人人有向隅之悲，日日有河清之嘆，不意聖明在上，澤及含生，而乃使諸臣之困一至此也。夫豈但諸臣困，即臣與部院之催請，其困乃更甚矣。今事勢之急，已至此極，伏望聖明慨賜檢發，了此一事，朝端省多少議論？皇上省多少煩聒？何利如之？"

　　十七日壬午，大學士葉向高謹奏："爲申請罷斥事。該臣於歲衷連章乞罷，伏蒙聖恩敦諭臣出，臣以履端屆期，重違上命，匍匐勉出，亦妄意聖明當此新歲，必有一番新政，以慰天下之望，使臣得少免於曠職之愆。乃至今杳然，雖連章苦口，一切不報。臣始知螻蟻之誠，終不足以動天，其所日夜延頸而企望者，皆是妄想，諄諄陳請，皆贅辭耳。乃大小臣工猶以此望臣，若謂臣之力尚能得之。皇上而不肯盡者。天高於上，衆迫於下，臣以孤高身躑躅其間。譬如牛馬，主又③既縶其足，而諸欲乘駕者又鞭之策之，必令其行，彼牛馬雖賤，亦有知覺，其能不仰首而悲鳴哉？昔韓琦求去，神宗留之，琦乃盡取士大夫責望之書以奏，神宗遂聽其去。蓋人主之於臣，既不行其言，則亦使之有所容於天下而後可也。臣之庸劣，既遠非琦比，而人人罪責臣者，又萬倍於琦，臣寸心未死，何以自容？頃者以腰足楚痛，不能行步，杜門數日，又復勉出，令人扶掖而進。今一身之中，自頂至踵，無不作痛，即扶掖亦不能行，此所以萬不得已，哀祈皇上放臣殘生，使歸田里，以毋誤天下國家之事者也。臣聞之，畏途難涉，高位難居。臣起自孤生，素無遠志，叨濫至此，自揣非宜，無一時一刻不思退避，豈敢復營私貪位，以貽士大夫之憂？惟望皇上，召還耆德，妙簡名賢，爲天下所

① 印　《綸扉奏草》卷一五"印"作"即"。

② 考　《綸扉奏草》卷一五"考"作"可"。

③ 又　《綸扉奏草》卷一五"又"作"人"，是。

共信共服無偏無黨之人，使居此地，耳目一新，衆志咸附，世界庶有清寧之日，此尤今日安危治亂之一大機。而臣所欲以一去報國者，惟聖明鑒其誠而亟俞之。"

二十一日丙戌，大學士葉向高謹奏："爲銓臣去國時事日艱懇乞聖明留神治理事。頃吏部尚書孫丕揚掛冠出都，臣在病臥中聞之，瞿然嘆息。丕揚當出山時，年已七十有八，每對臣言，感激聖恩，思欲圖報，故黽勉前來，忘其老病。其後見朝政壅塞，章疏不下，推遷之請在庶官十不得一，在大僚百不得一，即其所平生心服之吕坤，連章累牘極力推轂者，亦終不報，而會推、考選二事尤極爲惓惓，無計可動天聽，於是浩然之志始不可挽，而雖有感恩戀主之心，亦付之無可奈何而已。此臣之所爲感嘆者一也。年來士大夫議論異同，各分門户，甲乙互争，邪正俱混，株連蔓引，無有紀極，雖以至公至平之心處之，未易消弭，以故大臣之自好者，多思引避，而不欲以其身與於甘陵朔落①之禍，人才且盡，邦國將空。此臣之所爲感嘆者二也。自來大臣告病，無不得請，六卿止於三疏，其餘則一疏、再疏隨即允矣。此非但成就士大夫難進易退之節，亦以見朝廷體恤臣子、得遂其私也。今請告之章一概不聽，甚至如輔臣李廷機，羈棲四載，欲控無門，視去國如登仙，盼俞音如望歲。而丕揚度勢不能得，遂至徑行。雖鳳翔麟舉，足爲聖代完人，乃國體亦少傷矣。此臣之所爲感嘆者三也。當丕揚在日，臣不能以此開悟聖心，少補萬一，今去矣，尚復何言？惟望皇上深念老成不得已去國之寸衷，垂情政治，亟發目前緊要諸務，使六卿大臣稍得行其志，以安其位。明諭羣臣，戮力公家，愛惜人才，捐誠心，省議論，以共成平明之治。而諸凡求去迫切、情勢難留者，亦乞俯從其請，使其進退以禮，不至於狼狽決裂，而尤先自臣始，此臣今日觸事惓惓之愚衷不能自默者耳。"

是日，大學士葉向高謹題："蒙發下吏部印信本，令臣擬票。臣惟部務緊急，必須令人署掌。見在六卿中，祇有兩尚書堪用，而趙焕資深，但已署兵部，若再署吏部，是一人而管三

① 落 "落"當作"洛"。

部，殊爲不便。故臣擬趙煥署掌吏部，而以兵部改令孫瑋署掌，蓋一時之①人，不得不如此，仍乞聖明裁定，非臣所敢專也。臣又惟祖宗設立六部，每部一尚書、兩侍郎，豈從備員？蓋念曹務重大，平居則此可以圖議，偶有事故，亦可以代攝。今各部有尚書則無侍郎，有侍郎則無尚書，所以一人之身，左支右吾，日不暇給。伏望皇上量賜點用，即一時未肯盡補，但使每部見在必有一尚書、一侍郎，亦庶乎曹事不誤，而於朝廷之體面尚有可觀，不至荒涼寥落如此之甚也。至於吏部尚書方當會推，以俟點用，即左、右侍郎亦斷不可少，其原推疏俱在御前，併望聖明留神檢發，以重銓務，毋使緩急之時，又復借才於他部耳。臣愚衷如此，輒敢附陳，統祈聖鑒。"

是日，大學士李廷機謹奏："爲哀求一放事。臣荒棲候命，已浹四年，所見南北小大之臣去者多人，昨吏部尚書孫丕揚亦遂挂冠矣。伏念臣初求去時，丕揚尚未履任也，今丕揚之去顧在臣先。臣雖德望行輩遠不及丕揚，而所受聖主之恩，所處之位，與所負之志，未爲不同，乃其年則俱在古人引年之後。近日有以鐘鳴漏盡論臣者，即臣前年有疏亦曰：'時異漢時，才遜孔明，何必死而後已哉？'蓋臣已久知去就之分，特爲君臣大義，是以猶在此耳。今見丕揚之去，臣益忪忪忡忡，終夜不寐。竊度聖心此際，亦必因丕揚而念及於臣。如蒙傳放一聲，俾臣奉旨而行，則臣之去益善矣，臣感皇上天高地厚始終成就之恩，曷其有極？"

二十四日己丑，大學士李廷機謹奏："爲感載天恩恭陳謝悃事。臣於本月二十四日，伏蒙欽遣文書房官劉用到臣私寓，恭捧聖諭：'諭輔臣：朕昨覽卿所奏，情辭甚見愁苦迫切，且欲比恣肆徑去。朕念丕揚耆德亟衰，寬恕歸田，卿豈可效尤，相繼而去，不以紀綱爲重？既爲股肱大臣，豈可不候明旨而任意所爲？綱常大義何在？卿當少俟，慎勿輕率，有傷國體。特諭卿知。欽此。'臣恭設香案，望闕五拜三叩頭謝恩訖。伏念臣受皇上天高地厚之恩，自愧菲材，仰幸知遇。惟是君父之義，臣亦

萬曆四十年

二八六三

①之 "之"當作"乏"。

素明，是以伏候五年，但求一放。乃今伏蒙聖諭，念臣愁苦迫切之情，教臣以綱常大義之重，諄諄天語，儼若親承。臣捧誦未終，涕淚橫集。臣今何敢違輕率之戒，效前人之尤？自當祗候明綸，叩辭鳳闕，而後敢就道也。所奉聖諭，臣謹什襲珎藏，以爲鎮家之寶。"

二十七日壬辰，大學士李廷機謹奏："爲仰遵聖諭伏候允放事。臣於本月二十四日伏蒙聖諭，戒臣徑行，而勉之少俟，臣不勝感戴，隨具疏奏謝訖。伏念臣自項至踵，莫非聖主之生成，臣一家兄弟妻子族人，莫不被聖主之恩澤。臣初亦不自揣量，期効涓埃，而材本駑庸，罪同山積，兼之年亦遲暮，痰疾常多，用是四五年間苦求休致。豈不戀主？實有萬不得已者以奪其情也。今既蒙皇上矜憐，臣敢再瀝下情，重干天聽，伏望皇上允臣所請，即發綸音，令臣以老疾致仕回藉①。臣即入地，當爲草爲環，來生亦當爲犬爲馬，雖負於今，必報於後，誓不敢忘也。"

① 藉 "藉"當作"籍"。

萬曆四十年

三①月乙未，朔。

三日丁酉，大學士李廷機、葉向高謹題："該吏部開送庶吉士魏廣微、錢龍錫，起送到部，行移到院。臣等遵例考得，魏廣微、錢龍錫俱文學優長，堪任翰林院官。已經具題，屢次催請，未蒙檢發。竊惟魏廣微係甲辰科進士，迄今已是九年，錢龍錫係丁未科進士，亦是六年，守候日久，未沾一命，殊非朝廷作養之意。伏乞敕下吏部，將魏廣微、錢龍錫照依甲第，除授翰林院官職。臣等未敢擅便，謹題請旨。"十八日，奉旨："是。吏部知道。"

是日，大學士李廷機、葉向高謹題："該吏部開送庶吉士麻僖，起送到部，行移到院。臣等遵例考選②得，麻僖才識疏通，堪任諫職。已經具題，屢次催請，未蒙檢發。竊惟麻僖係丁未科進士，迄今已是六年，守候日久，未沾一命，殊非朝廷作養之意。伏乞敕下吏部，將麻僖除授科官。臣等未敢擅便，謹題請旨。"十八日，奉旨："是。吏部知道。"

五日己亥，大學士葉向高謹奏："爲乞罷未允再陳苦情事。該臣於前月十七日具奏，申求罷斥，今已再旬，未奉俞旨。竊度聖心，必以允臣去則恐閣中之無人，不允臣去則亮臣力之不堪，且憐臣心之困苦，中有難處，故爾遲疑。臣以爲此甚無難也。今之閣臣，雖名爲相，其實毫無他事，祇票擬③一中才，亦能辦之。況在朝在野，濟濟賢才勝臣萬倍者甚多，皇上一簡用，而左右贊襄綽有餘裕矣。又何取於一庸駑之具臣，而必使之備員於此地哉？若以爲有臣在，可以無補，則是臣以一身之忝竊，而妨衆正之登庸，即此一端，便得罪於宗社，得罪於萬世，又何能一息安、一日容也？至於臺省各官缺乏至極，科臣以册封、典試且空署矣，臺臣以守候、羈留且無可題代矣，遼滇④之按差尚賴處置，黔楚之舉士誰爲監臨？廢國家之典章，塞朝廷之耳目，罪皆在臣。近孫丕揚去後，大小臣工皆知臣之難留，而亮臣之求去爲不得已，諸疏具在御前，皇上試留神省

二八六五

①三 "三"上當有"萬曆四十年"五字。

②選 "選"字當是衍文。

③擬 《綸扉奏草》卷一五"擬"下有"尋常之本章，即"六字。

④滇 《綸扉奏草》卷一五"滇"作"鎮"。

覽，則知臣言之不妄矣。況臣馳驅多年，筋力精神實已竭盡，頃又加以痰火大作，徧身腫痛，飲食盡廢，骨瘦如柴，日夜憂思，常至涕泣。皇上儻念其數載微勞，但視臣如已死之人，放此殘生，使歸田里，一息未斷，猶當口口聲聲頌聖恩於無極也。如罪其煩瀆，非所宜言，而譴之戮之，是臣自觸天威，自負聖主，亦何説之辭。"

十二日丙午，大學士李廷機、葉向高謹題："爲公務事。照得内閣原該典藉①二員，管理一應事務。今制敕房辦事禮部儀制清吏司員外郎兼翰林院典藉②吴子敬病故，遺下員缺，相應選補。臣等查得制敕房辦事工部虞衡司主事孫胤奇，堪補前缺。合候命下，令其與同官典藉③事禮部儀制司員外郎兼翰林院侍書范可愎，一體供事。"十八日，奉旨："是。"

是日，大學士李廷機、葉向高謹題："爲公務事。照得誥敕房官專管謄寫文官誥敕，一向缺員數多，近因中書舍人鄧士昌考察去訖，前項事務缺官辦理。查有起居注館辦事大理寺右寺副周廷臣、中書舍人馬應坤，俱各寫字端楷，堪補誥敕房辦事。遺下起居注館事務，亦屬員缺。查得四夷館教師光禄寺大官署署正劉登瀛、詹事府主簿成九皋，堪補起居注館辦事。合候命下，行令欽遵供事。"十八日，奉旨："是。"

二十二日丙辰，大學士葉向高謹奏："爲愚臣未去朝政不行中外艱危公私俱困懇乞聖明早賜裁決事。臣求去月餘，未蒙俞旨。竊度聖心必厭臣之多言矣，臣敢不省躬引咎，靜聽處分？然臣所言考選、會推諸事，非臣私事，乃國事也，非臣一人私言，乃天下千萬人之公言也，非可以不言而故言，乃理窮勢極萬不得已而後言者也。皇上以爲當則行之，以爲不當則譴之、斥之，頃刻而決，片言而定，何所難處而遲疑若是？若日延一日，久而不斷，臣一身痛苦猶是小事，竊恐天下後世有以窺皇上之淺深矣。語云：'君行令，臣行意。'進退去就，取自上裁，國有定法，君之所爲令也，可得而行諸臣者也。以道事君，不

---

① 藉 "藉" 當作 "籍"。
② 藉 "藉" 當作 "籍"。
③ 藉 "藉" 當作 "籍"。

可則止，聖有明訓，臣之所爲意也，不得而徇諸君者也。一介之士，固有可殺、可戮、志不可奪者，而況於天子之大臣乎？臣言不見聽，則必當去，不去一日則一日不能無言。皇上不聽臣言，則必聽臣去，臣去而皇上免於多言之煩瀆，亦便計也。臣蒙恩深厚，豈敢頻煩求去，取忤聖心？但揆之事理，委當如此，不得不如此。伏望聖慈俯垂鑒炤，即賜俞允。"

四①月乙丑，朔。

九②日癸酉，大學士葉向高謹題："今日蒙發下黔國公沐昌祚一本《爲莊田不③粒事》，内傳出旨自行徵收。臣惟此事，該省撫按官以莊丁爲盜之故，屢次疏爭，兵部覆奉欽依，令有司代徵，西南之人方不勝慶幸。今若復准該鎮自徵，則地方必復紛紜多事，貽害不了。内而兵部、科道，外而撫按，必復執事④，其爲喧鬨無有紀極，而明旨前後相違，朝行夕改，甚非事體，且通省人情搖動不安，將生事變，亦甚非該鎮之福也。此事關係甚大，臣萬不敢擬，伏望皇上將此疏留中，不必發行，致生議論。使該鎮與地方得以相安，乃所以全之耳。"

十一日乙亥，大學士葉向高謹奏："爲愚臣久羈負罪日甚懇乞聖明即賜裁斷事。臣伏枕五旬，屢疏陳請，病苦昏迷，語言無次，不足以感動聖心，臣之罪也。然使皇上羈臣而無害於國家，無損於聖政，臣即病困以死，可以無言。乃臣一日未去，則朝政一日不行，日復一日，將使紀綱盡壞，國體盡傷，廟廊不成廟廊，世界不成世界，臣雖木石，其心豈能安處？皇上即視臣如犬馬，可以羈縻，進退去留可以置之不問，乃官僚可盡空乎？言路可盡廢乎？各省之按差可終不代乎？浙江、湖廣、貴州之科場，可不用監臨乎？恐從古以來，無此事也。或者妄意皇上罪臣以去要求，故難其行。則臣以爲要之爲言，必有所挾，臣么麽堅儒，譴誅罷斥皆由君父，何憑何恃而敢言要？惟是受恩深重，情不能已，又生平讀聖賢書，事堯舜主，不欲以阿徇逢迎得罪於天下萬世，故冒昧煩瀆之若是耳。今中外離心，人人愁嘆，即輦轂之下，肘腋之間，怨聲憤氣已自滿盈，種種禍機無人敢説，臣方深憂皇上之孤危。而皇上顧閉塞愈深，務與臣下隔絕，帷幄不得關其忠，六曹不得舉其職，至於閣臣冢卿亦視若可有可無，舉天下無一可信之人，而自以爲神明不測之妙用，臣恐自古聖帝明王無此法也。皇上今日誠厭臣多言，欲臣緘默苟容，甚是容易，但天下人各有心，人各有口，一臣

---

① 四 "四"上當有"萬曆四十年"五字。
② 九 此日記事原本誤置於本月之末，茲予糾正。
③ 不 《明神宗實錄》卷四九四"不"作"子"，是。
④ 事 《綸扉奏草》卷一五"事"作"爭"，是。

之順從，不足以勝千萬人之怨怒，一旦禍變之來，即食臣之肉有何益耶？臣聞之，責難於君，謂之恭，臣之所望於皇上者，皆易事，非難事，律以責難之義，尚爲有愧。若復畏罪懼譴，併此不言，則真孟氏所謂'泄泄''沓沓''事君無義，進退無禮'，爲不忠不敬之大者矣。伏望聖明察臣愚衷，即行罷斥，亟下考選，以應目前之用，其推補閣臣、點用吏部尚書與卿貳、督撫等官，皆不可緩，併望次第施行，天下一日翕然稱聖主矣。"

十六日庚辰，大學士李廷機、葉向高謹題："先該禮部題准，萬曆四十年分應貢及三十八等年起復病痊補貢等項歲貢生員，開送翰林院考試。又該禮部題，應天、順天等府州衛續到歲貢生員，係應三十九年正貢，皆因學院久缺，至四十年方得遇考，不得與當年廷試，與起復病痊補貢者不同，今來補試，合無另序一案，仍列於三十九年之末數內？臨期不到一名，俟查明依例施行，已經具本題知外，通行開送考試。臣等會同右春坊右庶子兼翰林院侍讀署院事郭淐，出題彌封，嚴加考試，取中補考三十九年歲貢生員文理平通上卷一卷、文理亦通中卷三十六卷，四十年應貢及三十八等年起復病痊補貢等項歲貢生員文理平通上卷五卷、文理亦通中卷一千三百十七卷，俱應准貢。謹將各試卷進呈御覽，伏乞聖裁，發下臣等欽遵施行。"五月初二日，奉旨："是，該部知道。"

二十五日己丑，大學士李廷機謹奏："爲《條例》原非臣删《要例》原自明白謹因人言辯析以備聖裁事。臣署禮部，爲代府題覆改正二子，内憑司查，外憑巡撫司道府縣官與十三郡王宗室之勘結，奉旨改正，立鼎莎爲世子。彼時鼎渭帖然。及臣入閣，科臣載章甫、彭惟成指臣受賄萬金，廢長立少，而鼎渭聽人挑撥，遂致有今日之紛紜。代府之禍實由臣而起。臣方被論時，以爲惟當引去，賄不必辯也。及代府詰奏惟成疏頗侵臣，而不斥名，不及賄事，臣敬其忠厚，故惟疏乞再行查勘而止。

既而又論《嘉靖條例》萬曆三十二年緣何刪去？臣固瞭然，而亦不辯。蓋以爲此事，除無賄外，其當否無關於臣品之高低與官之去留，時當去國，還以無言爲得體也。今道臣馬孟楨①有疏，乞查明宗藩《條》、《要》二例異同之故，內舉嘉靖二十八年《條例》二款，萬曆三十二年所刻《要例》竟刪落增減，欲究何年刊行？何人作弊？則臣可以言亦不得不言矣。嘉靖以前《條例》繁多，至萬曆十年纂修《會典》，禮部尚書徐學謨題將《條例》二書刪去繁文，撮其節要，分爲四十一條，奏請書名，奉聖旨：'這宗藩事例，既將前後議奏刪訂畫一，依擬刊刻頒布，永爲遵守，仍送史館纂修，書名與做《宗藩要例》。欽此。'所云刪訂者，指《嘉靖條例》而言，秦府一款全刪，妾媵一款刪存具半。自萬曆十年奉旨刊行，自是相沿遵守，每遇題覆，但引《要例》，不復引《條例》矣。至於《要例》庶子襲封一款云：'親郡王娶有內助妾媵，不論入府先後，已未加封，所生之子皆爲庶子。如嫡子有故，庶子襲封父爵，定以庶長承襲。'今論者執此，謂鼎渭、鼎莎皆爲庶子。不知鼎莎可稱庶，鼎渭不得稱庶。庶之一字，從上文娶字而來。按萬曆十八年增定事例，開載親王子女報生、請名、請封、選婚奏本格式內，有如係庶子者，則云：'妃某氏，於其②年月日入府成婚，無出，於某年月日具奏選妾，於某年月日奉禮部某字幾號勘合，會官選到某府州縣某藉③某人女某氏，於某年月日入府，爲第幾妾，於某年月日庶生第幾子。'由此觀之，必奏朝廷，必奉禮部勘合，又會官選擇，而後謂之娶，而後所生子得稱庶子也。今若問其奏④勘合會官三者，張氏俱有，裴氏俱無，臣故曰莎可稱庶，渭不得稱庶，以裴乃陪從宮人，偶合而生渭，不謂之娶耳。至於《要例》濫妾子女一款云：'宗室庶生子女，必其母妾係額內應娶人數，曾經奏選明白者，方准請封。如不經奏選，或增立陪從宮人名目，或入府在正配未封之先，皆爲濫妾。查係額內人數所生之子，姑准請名，歲給本色米十二石，若在額外者不給。其女任其擇配，不給婚嫁之資。如有聽繼王爵係濫妾之子，有礙請封者，臨期請旨定奪。'今論者又執此謂濫妾之禁爲宗室設，非爲親郡王設。不知親王薨逝，僅有一子，卻係濫妾，例不得請封，而重絕其統，故請旨定奪。如並無濫妾子，許親弟親姪繼之。如無親弟姪，則以次推及備①序相應者繼之。然則《要例》聽繼王爵數句，正爲親王設也。臣據孟楨②一疏，辯析如此。臣又聞有引《祖訓》者。從來王府事，引例不引《祖訓》。又有謂鼎渭之生在《要例》前者，則《要例》濫妾一條，原無除例前之語，即濫妾之禁已自嘉靖二十二年始矣。大抵凡例以近爲據，今《要例》後尚有萬曆十八年于慎行增定事例，有二十一年羅萬化酌例四款，又有三十二年臣廷機簡便法二例，此四刻合爲一帙，惟禮部掌印儀制司掌印冊庫奏報房官詳思講求，然且有不知、知而未盡者，即以夷之禮而使蘷議之，以皋之刑而使益稷議之，見亦不同，議亦不一矣。近來人臣憂讒畏譏，每朝廷一事，便須九卿科道會議。臣在南京時，見議朝鮮撤兵，本後推之督撫、經略，督撫、經略推之廷機，仍不能決，推之彼國君臣從長計議，臣竊笑之。及臣在閣，疏撤蜀兵，而人論臣，臣始自知其愚，而伏向者老成明哲之操心危而爲計審也。臣今去矣，可以無言在此時，可以盡言亦在此時矣。若今代府一事，據十三郡王疏言，大同一府因母無封位而子失爵祿者三千餘人，即大同而八省各王府可知。如皆援例瀆求，即以《要例》特爲宗室濫妾而設諭之，未必止也。況恐代王堅執不已，徒令藩國傾貲，父子相夷，似非夫子不爲衛君之意。國家事着不得成心客氣，要於其當。上有聖明，下有九卿、科道諸臣虛心熟講，有部臣主張，非臣去國之人所敢與矣。伏祈聖慈鑒亮臣心，亟放臣去。俟代府事定，仍乞勘臣有無受賄萬金，果有當追，即無而差錯，亦當削藉③。至於禮部書役，臣馭下素嚴，即前年惟成疏言，代府行賄，吏書一錢不得，是其確證。今概從參問，盡謂真贓，儻猶可平反乎？亦所以廣皇仁，矜無辜，未可以爲庶獄而忽之也。"

①備 "備"當作"倫"。
②楨 "楨"當作"禎"。
③藉 "藉"當作"籍"。

萬曆起居注

五①月甲午，朔。

六日己亥，大學士李廷機謹奏："爲籲天乞放事。臣事皇上久，伏見皇上乾剛獨運，事事出自宸斷，非人所得參，亦非人所可求。而爲臣下者，不能體會，每以聒激失之，即臣求去章疏太煩，特爲羣言驅迫，而不自知其干聒激之罪，至於四、五年而不得去，臣實自迂其路，自尼其行，臣靜思之，臣愚甚矣，臣悔遲矣。臣因此自三月二十六日具疏，迄今四十餘日，端陽令節已過，而後敢請。不識皇上亦可以許臣否？"

八日辛丑，大學士李廷機謹奏："爲乞敕備查歷年親王選妾及親王庶子報生請名請封章奏文書以證明例以析羣言事。臣切②惟親藩至親，封典至重，至於詔命已頒之後，自非差謬甚者，往往重於更改，蓋所以重絲綸，尊天子，國體宜然。即去歲京察，人亦有建言，欲就中平反其一二者，尚書孫丕揚堅執，而閣臣葉向高亦對臣言，云：'寧屈了人，莫破了格。'臣甚服其識體。即各王府題覆出於禮部，允許出於聖裁，其間容或有未盡當者，如代王次妃之封不引《要例》，而比魯、蜀二王之例，而代之進封尚由奏選之內助，魯、蜀進封竟是濫妝之官人。此類頗多，而成命既頒，未聞有請。夫亦以典禮在於處始而成，事亦無樂乎紛紜也。況其不差者，而可輕動輕改乎？今代府之事，始於一人之私，而倡爲投鼠忌器之邪說，以簧鼓衆人，一時從風而靡，至云濫妾之例不行於親王，此則於故事舊章有未之悉者。孔子有言：'君子於其所不知，蓋闕如也。'查得濫妾之禁，嚴於嘉靖二十三年科臣李綸條議，所由來久矣。即臣署部四年，所見親郡王選妾，悉皆具奏，奉旨下部，部出勘合，會官選擇，取其藉③貫父母來歷，則日入府成婚，所生之子，方敢報生、請名、請封。即萬曆十八年所定親王庶生子女奏請格式，云：'妃某氏，於某年月日入府成婚，無出，於某年月日具奏選妾，於某年月日奉禮部某字幾號勘合，會官選到某府州縣某藉④某人女某氏，於某年月日入府，爲第幾妾，於某年月

---

① 五　"五"上當有"萬曆四十年"五字。

② 切　"切"當作"竊"。

③ 藉　"藉"當作"籍"。

④ 藉　"藉"當作"籍"。

日庶生第幾子。'今據奏式言妃'無出'，則其爲王妃甚明，言'勘合''會官'，則重奏選甚明，如濫妾子可得封，則奏不必具，勘合不應出，官不必會，藉①貫來歷不必明，而親王宮壼之內，得以惟意所欲，更無所禀承，而其體與朝廷等矣。然則濫妾之例，行於親王乎？不行於親王乎？今歷年親郡王選妾章奏、勘合一應文書，及堂司底稿，俱見在禮部，伏乞敕令備查進呈，則法例益明，是非自見。而臣側聞在朝之論不爲衛君者十之八九，特其不形於章奏，使聖主不得公聽並觀，而大臣禮臣閣臣俱逡巡而不敢任。臣前嘗再疏專言此事，而皇上概以爲臣求去之疏，亦不蒙省覽也。臣奉聖諭少俟，今俟至七十餘日，垂去垂死之人，惟如宋臣仰屋竊嘆而已。伏乞聖明俯鑒臣心，少採臣言，並乞亟放臣去。"

① 藉 "藉"當作"籍"。

十六日己酉，大學士李廷機、葉向高謹題："先該吏部題，萬曆三十六年、三十九年補考及四十年正考願就教職歲貢生員，開送翰林院考試。臣等會同右春坊右庶子兼翰林院侍讀署院事郭淐，出題彌封，嚴加考試，取中三十六年補考歲貢生員文理亦通中卷二卷，三十九年補考歲貢生員文理平通上卷一卷、文理亦通中卷三十五卷，四十年正考歲貢生員文理平通上卷五卷、文理亦通中卷一千五百五十七卷，俱堪授教職。謹將各試卷封進，伏乞聖裁，發下開送該部，查照先後題准事理，欽遵施行。"

十八日辛亥，大學士葉向高謹奏："爲病臣羈留致誤國事乞恩早放事。臣杜門乞歸，已滿三月，企望雖切，天聽未回。每伏枕思惟，上有聖主而臣不能事，下有羣賢而臣不能進。向之責臣者，謂其不能苦口以效忠，今之責臣者，謂其不能因機以納牖。向之責臣者，謂其以不去妨賢，今之責臣者，謂其以一去了事。蓋臣之所處轉難，心轉苦，而貽累於天下國家亦轉甚矣。憂鬱之極，疾患日深，終日昏昏，如醉如夢。不知生存人世能復幾時，又安能黽勉馳驅以報聖恩於萬一哉？昨見署銓臣越煥疏，請推補閣臣大僚考選，極其懇切，老成愛國之心，可對天日，臣願皇上聽之、信之，亟行其言，仍念銓曹事重，冢宰統率百僚，不可久虛，即賜點用。至於臣之篤病苦情，萬分宜去，萬不敢再辱溫綸，以虛君父之命，惟望皇上早放一日，則早全一日之生，且於朝事亦早免一日之耽誤，其爲公私利便甚不淺矣。"

二十六日己未，大學士李廷機謹奏："爲候旨已踰三月懇乞允放事。臣自二月二十四日伏奉聖諭，令臣少俟，臣屛氣積誠，以冀天心之感動，翹首跂足，以望明旨之渙頒，蓋踰三月於此矣。時氣盛行，臣亦染病。七十一歲老人，離家十年，席藁乞休，孑身待命者四五年，氣血乾枯，齒牙盡脫，大命將至，首丘何期？伏惟聖主至仁，將萬物無不得所，况聖諭呼臣爲股肱大臣，詎意視其困於繁維，日復一日，而不一動聖念也？伏乞聖慈垂憐，慨然允放。"

二十八日辛酉，大學士葉向高謹題："爲印信事。照得掌詹事府事吏部左侍郎蕭雲舉，已經奉旨給假省親，該府印信缺官掌管。臣謹推得禮部左侍郎兼翰林院侍讀學士翁正春，資俸已深，擬將本官量改吏部左侍郎，兼翰林院侍讀學士，掌管前項印信，其經筵、日講俱照舊。伏乞敕下吏部，查照施行。"

萬曆四十年

六①月甲子，朔。

二日乙丑，大學士葉向高謹奏："爲懇乞聖明亟發考選事。臣杜門候命，病困不支，雖黽勉擬票，而自念旦夕去國之人，不敢時有陳瀆。惟昨接得副都御史許弘綱揭帖，臚列臺臣缺乏各差緊急之狀，臣伏枕讀之，不覺拊膺太息，曰：'奈何當聖明御世、賢才布列之時，而闕人廢事乃至此哉？'他尚可言，三歲之賓興，何等大典？兩浙之與三楚，何等大藩？而聽其監臨之無人也。雖往時曾有以藩臬代攝，然皆御史臨期變故，無可奈何，而爲此權宜苟且之計，未有朝廷坐視其無人，而漠然不爲之處置也。毋論國家典章必不可廢，而四海之觀聽，豈不駭乎？於皇上四十年用賢求治之盛心，豈不亦有所未安乎？臣極知請者愈煩，則聖心愈厭，惟從容靜俟，自有沛發之時。但事勢急迫如此，不得不言。且念古之大臣，雖身既廢退，猶不忘愛君憂國之心，況臣受皇上厚恩，即一日未死，一日當思效忠，而敢以欲去未去之身，遂恝然忘情於國事哉？至於臣之懇切求去，委因馳驅多年，力窮身病，不得不哀求殘生於君父，乃未亮者，或謂臣以去就争，此非但昧臣之心，抑且重臣之罪矣。臣伏枕披瀝，諮②言無次，伏望聖明俯垂鑒炤，即允臺臣之請，將考選檢發，以救目前之急，臣去而心安，死而目瞑矣。"

三日丙寅，大學士李廷機、葉向高謹題："臣等於五月十五日，奉旨廷試過歲貢生員，分別上卷、中卷，具揭進呈。候旨日久，未蒙發下。竊照諸生皆日暮途窮之人，其來也皆計日齎糧，今資用已竭，稱貸無門，良有可憫。伏望皇上將原卷檢發，俾臣等得填名送部，以便發落。"初六日，奉旨："是。該部知道。"

六日己巳，大學士葉向高謹奏："爲宿疾愈增懇恩准放事。臣向有血疾，每遇夏秋輒發，發輒委頓不支，自頃以來，六、七月間無歲不請告，非得已也。今歲之發，視前尤甚，每一血

①六 "六"上當有"萬曆四十年"五字。

②諮 《綸扉奏草》卷一五"諮"作"語"，是。

下，常至傾盆，眩暈數刻，乃始甦復①。一身之中，爲血幾何？而能堪此，肌肉俱消，僅存支②骨，固已槁無生意矣。即不得已，勉供票擬之後，一切公事未能謝絕，然皆從呻吟唫囈中支吾答應，日覺憒憒。目下皇貴妃發引，乃國家大禮，臣爲輔臣，當匍匐奔送，度此病勢，殆必不能。展轉思維，何以安處？且中外章疏，大政所關，宜存秘密，顧使病臣僵卧擬旨，中使往來傳宣，屑越政幾莫此爲甚。皇上儻念及此，其可一日容臣於此地哉？夫以道事君，不可則止，此臣節③也，臣之所夙自天④者也。犬馬微勞，報以帷蓋，此君恩也，臣之所願有請者也。臣聞之，自古祇有貪戀不去之人臣，未有求去不得之人臣，有之自今日始。無聊之極，遂至徑行，始於小臣，漸及大臣，浸淫之勢，尚無底止。皇上如以法束之，不如以恩成之。成之，則臣其最急者。故敢冒昧哀鳴，仰干天聽，伏望聖明亟垂鑒允。"初八日，奉旨："覽卿屢奏目前諸務，朕已知道了。卿公清直亮，方且倚毗，義當勉出視事，共濟時艱，何乃稱疴求去？還着鴻臚寺堂上官宣諭，卿可遵旨即出，入閣贊襄，慎毋再辭，以副眷懷。吏部知道。"

八日辛未，大學士葉向高謹奏："爲伏奉溫綸恭陳謝悃再懇天恩俯憐病苦事。昨臣以患病乞罷，該鴻臚寺官捧出聖諭：'覽卿屢奏目前諸務，朕已知道了。卿公清直亮，方且倚毗，義當勉出視事，共濟時艱，何乃稱疴求去？還着鴻臚寺堂上官宣諭，卿可遵旨即出，入閣贊襄，慎毋再辭，以副眷懷。吏部知道。欽此。'臣恭設香案，扶病叩頭謝恩外，竊念臣賦性素愚，徒有心於報主，積誠未至，終無術以回天。頻年求去，皆蒙皇上慰留，臣亦妄有希冀，少竭犬馬之私。至於今歲，則自度其力竭計窮，無所復施，若再濡忍不去，誤國之罪將日深一日，故連疏哀鳴，懇求罷斥，杜門候命，遂將半載。歸念未舒，宿疴復作，一段苦情，已具前疏中，毫無欺謬。不意仰蒙聖慈，特頒溫諭，臣蒲伏跪聽，惟有涕零。誼當遵旨勉出，圖效贊襄，而病勢奄奄，恐遂顛仆，徒捐軀命，無補分毫，此所以萬不得已，

---

① 甦復 《綸扉奏草》卷一五"甦復"作"復甦"。
② 支 《綸扉奏草》卷一五"支"作"皮"。
③ 臣節 《綸扉奏草》卷一五"臣節"作"聖訓"。
④ 天 《綸扉奏草》卷一五"天"作"矢"。

而再籲號於君父也。臣聞明主之於臣，用其言，不困其身。臣之言具在，所欲效贊襄者，止於此矣。皇上若採而用之，臣雖死猶生，而況於去？如其不用，即竭蹷奔馳，贊襄何事？縱皇上不罪臣，天下尚容臣，而臣睹此時事，靦顏尸素，不病死亦愧死矣。伏望聖明，憐臣洪①事多年，賜以骸骨，返②故鄉，鑒臣一點血誠，少採狂言，用裨聖政，宗社幸甚，臣愚幸甚。"

　　二十八日辛卯，大學士李廷機謹奏："爲懇乞聖慈矜憐允放事。臣前月二十七日上疏，今又一月。而自二月二十四日伏奉聖諭，令臣少俟，以至於今，則閱四個月矣。兩月間，初染時氣，日夜嗽喘不寧，繼以口瘡破爛，牽及頭顱，痛若針刺，數旬而未愈也。蓋七十一歲老人，精血既枯，津液皆涸，重以憂愁之焦灼，歲月之消磨，苟延至今，已爲僥幸。臣移歸私寓，隨將前門鎖閉，僅留後門，以通薪水，斷絕邸報，一切時事，懵然不知，已似入山之深，入林之密，忘其在輦轂下矣。而空名未削於縉紳，苦志未蒙乎俞允，如懸斯③倒，以日爲年，犬馬殘生，螻蟻微情，雖皇上至聖至仁豈能盡知，而臣亦焉能盡述也？伏惟聖主非常之恩，天地父母未足比其洪深，齏粉捐糜不足罄其答報。然而臣之不肖，如穢物糞土、殘礫棄炭，委頓停留於庭除階礤之間至四五年，而尚不礙目動心，不令人斥而去之，臣實不知其解矣。今七月已臨，立秋且至，伏乞皇上憐臣老疾，念臣久俟，即賜骸骨，以成始終。臣不勝受恩感激跂④望……"

① 洪　《綸扉奏草》卷一五"洪"作"供"。

② 返　《綸扉奏草》卷一五"返"上有"使"字。

③ 斯　"斯"當作"似"。

④ 跂　"跂"當作"跂"。

萬曆起居注

七①月一日癸巳②，朔。

是日③，大學士李廷機、葉向高謹題："爲科舉事。准禮部手本，該本部題，應天府例該於萬曆四十年八月初九日開科鄉試，合用考試官二員，照例行翰林院定擬，上請差用，到院。臣等推得堪任正考官二員、副考官二員，列名上請，伏乞於內各欽點一員，令具照例馳驛星夜前去，及期考試。再照各官，如趙秉忠、邵景堯，資俸甚深，如蒙點用，乞將趙秉忠量陞左春坊左諭德，邵景堯量陞右春坊右諭德，各兼翰林院侍講，以便供事，以光盛典。臣等未敢擅便，謹題請旨。

　　　計　開

　　堪任正考官二員：左春坊左中允兼翰林院編修趙秉忠　左春坊左中允兼翰林院編修黃國鼎

　　堪任副考官二員：司經局洗馬兼翰林院修撰邵景堯　左春坊左贊善兼翰林院檢討盛以弘。"

是日，大學士葉向高謹題："臣爲參革逐鎮撫史晋上疏④，臣一見之，不勝驚異。隨取史晋邢傳疏伏枕讀之，汗漫恣睢，累千萬言，率難能曉，而其大較，祇是爲被察科臣宋一韓伸辯，因牽扯中外諸臣，若與一韓稍有不合者，皆羅織捏撰，肆其詆誣，而以孫丕揚、許弘綱二臣實司察典，故攻之尤力，即臣與同官臣廷機亦所不免。臣以爲此弁，乃一韓家奴，感其私恩，爲其效死，狐嗥犬吠，不足置之齒牙。惟是國家所以立，全在紀綱法度管擾⑤維持。今以一狂悖小人造作語言，顛倒是非，嘻笑怒罵於至尊之前，無復忌憚，舉朝大小臣工，自輔臣、九卿而下，盡在口吻，以許弘綱之清正，乃誣其受金代人報復，甚至托之漁父巷人怪誕之辭，以塵瀆天聽，從來奸徒之干紀犯義，未有如此之甚者也。且考察大典，秦聚奎出位一言，皇上即怒而罷斥之，天下莫不稱頌聖明。史晋何人，而敢爲一韓頌枉？一韓而果枉也，當日欲搜索考察之瑕以攻當事者，無所不至，又何待史晋而後發耶？臣竊謂史晋不處，則紀綱法度盡皆陵遲，而後來考察之典，亦可廢矣。今疏上三日，未見發下，竊意聖明厭其誕謾，未加省覽，故遲遲若此。臣以爲此事關係

① 七　"七"上當有"萬曆四十年"五字。
② 巳　"巳"當作"巳"。
③ 是日　"是日"二字當爲衍文。
④ 臣爲參革逐鎮撫史晋上疏　此句似有誤文。
⑤ 擾　《明神宗實錄》卷四九七"擾"作"攝"，是。

國家，不在諸臣，故敢不避嫌疑，力疾揭請。伏望皇上即將原疏及通政司疏批下法司，嚴行究問，以警刁徒。其許弘綱疏亦乞併發，庶朝廷之法紀尚存，奸宄猶有所畏而不敢肆矣。臣哀鳴求去之人，非萬不得已，不欲有言，統望聖明鑒炤。"

二日甲午，大學士葉向高謹奏："爲患病難瘥懇恩亟放事。臣以病乞歸，伏蒙聖恩遣官宣諭，臣隨具疏陳謝，併求允放。今又再旬，未蒙俞旨。臣欲頻請，則恐瀆聖聽，欲靜俟，則恐妨政務，跼天蹐地，莫知爲計。因思年來大小臣工以去請者，皇上率旨不允，遂併及於臣。其所以不允者，豈皇上不體臣下之情，而故難其去哉？臣竊度之，蓋有二端。其一則謂食君之祿，不官①自便身圖，其一則謂紛紛陳請，多是以去沽名。此二者皆臣子夫②罪，聖心所疑，故執之愈堅而請之愈厭耳。乃臣則謂人臣去國，於身何利？其間蓋各有一段萬不得已之情，乃敢控於君父，即年來求去不逐、羈留以死者甚多，亦可見矣。至於沽名之人，間或有之，然捨見前之富貴，博無用之虛聲，揆之人情，未必肯爾。且人臣何名？附君上以爲名。臣觀史傳所載，其臣有忠良恬退之名，則其君必有神聖之號，其臣有奸邪貪戀之名，則其君必有庸暗之譏。蓋臣之從君，如日月星辰之從天。未有日月星辰無光，而天不爲黯慘者。天能分日月星辰以光，所以成其大，君能與臣下以名，所以成其聖。今以聖明在上，而諸臣皆被不忠、不敬、無禮、無義之名，書之史冊，傳之後世，皇上亦豈願之哉？而況政本何地？閣臣何官？可任其浮沉忝竊，日延一日，直至敗壞顛覆而後棄之也？且臣而欲名，則當輔聖主，勉違功業，庶幾尺寸有聞，以附於占③先名哲之末流，乃爲真名。若居如此之地，而泯泯汶汶無所表見，徒乞其殘軀以就死林泉，與草木同朽腐，此昔人所謂入寶山空手回者，鄉黨且羞稱之，何名之有？而皇上亦可以亮臣矣。臣病苦至情，已具屢疏，不敢瀆陳。伏枕思惟，竊意皇上之所以不放臣，或在於此，故復披陳申懇，仰祈聖俞。如以進退去留當聽君命，罪臣非所宜言，則臣至於窮極無聊，亦將出於無可

① 官 《明神宗實錄》卷四九七"官"作"宜"，是。

② 夫 《明神宗實錄》卷四九七"夫"作"大"，是。

③ 占 《明神宗實錄》卷四九七"占"作"古"，是。

奈何之計，自甘誅戮而已。"

四日丙申，大學士葉向高謹題："該臣屢疏乞休，未動天聽，臣子之義惟有靜俟，何敢陳瀆？惟是政本空虛，閣門久閉，臣臥病擬票，心甚不安。日惟仰望我皇上速補閣臣，以濟一時之急，而俞旨尚羈，難以久待。竊見同官臣廷機，杜門日久，皇上既不允其去，當諭令勉出供事，使臣少得弛擔，亦今日之便計也。臣前曾屢爲廷機求去，而今復有此請者，非敢自異前說，蓋見事勢如此，無可奈何，與其使廷機久臥，又不如出而任事之爲愈耳。臣昨已具疏乞恩准放，茲又再陳其愚，以備聖裁。"

五日丁酉，大學士葉向高謹題："昨禮部侍郎翁正春到臣病榻前，言浙江、江西、湖廣、陝西四省考官，題催日久，未蒙發下，路途遙遠，時日又逼，恐不及事，託臣爲轉奏。臣念四省地方，距京師皆數千里，今去試期僅有一月，若亦或遲延，深爲不便，不敢不以奏聞。其應天考官，係閣臣具題，每科皆於初五日命下，今亦急矣，統望聖明留神，一併檢發。"

七日己亥，大學士李廷機、葉向高謹題："先該臣等具題，應天鄉試合用考試官，擬推正考官左中允趙秉忠等，副考官洗馬邵景堯等，各二員，於七月初一日具揭上進，經今數日，尚未奉旨。看得應天道路悠長，試期將近，伏望速賜點發，使二臣星馳前去供事，庶不致有誤大典。臣等不勝跂望。"

十日壬寅，大學士李廷機、葉向高謹題："先該臣等具題，應天鄉試擬推正考官左中允趙秉忠等，副考官洗馬邵景堯等，各二員，於七月初一日具題上請，未蒙點發。其禮部所請浙江各省試官，亦屢推未發。今去試期祇有二十餘日，道路既長，沿途又有大水，若奔馳不及，試期必須另改。二百餘年之定規無故而壞，甚非清朝之盛事也。伏望聖明速賜批發，使諸臣星馳前去，不致稽誤大典。臣等不勝跂望。"

十六日戊申，大學士葉向高謹題："竊惟應天及各省考官，臣等與禮部題推屢次，未蒙點發。今去科場祇二十日矣，不知聖意所存。若以此事爲可已，則賓興大典皇上必不廢也。若以試期爲可改，則祖宗所定，遵行二百餘年，無故而忽更，皇上必不爲也。朝廷舉動，四海觀聽，臣竊惜之。或以臣等所擬爲未當，則別有聖裁，俾臣等奉行，亦無不可。臣屢揭煩瀆，深懷悚懼。顧事不容已，復此冒陳，伏望聖慈炤鑒。"

二十四日丙辰，大學士李廷機、葉向高謹題："該應天及各省考官，未蒙允發，人情疑惑，莫知其故。臣等竊度，皇上慎重大典，必恐各官早行，或生弊竇，故爾遲疑。今去試期祇十餘日矣，晝夜兼行亦恐難到，豈可再緩？除各省考官係禮部題請，其應天考官，臣等謹列名上請，伏望並賜檢發。其趙秉忠資俸最深，如蒙點用，乞量陞左春坊左諭德，兼翰林院侍講，以便供事。臣等未敢擅便，謹題請旨。

  計　開

堪任正考官二員：左春坊左中允兼翰林院編修趙秉忠　左春坊左中允兼翰林院編修黃國鼎

堪任副考官二員：司經局洗馬兼翰林院修撰邵景堯　左春坊左贊善兼翰林院檢討盛以弘。"二十九日，奉旨："是。着點了的去。該部知道。"

二十五日丁已①，大學士葉向高謹題："該文書官傳出聖諭：'李瑾先已出差，如何又出差？問內閣去。欽此。'臣惟各省考官，係禮部具題，臣不與聞。若李瑾前此出差，係是册封，今差係考試官，前後事不相蒙，向來如此者甚多，禮部祇據六曹資序具題，非有他故。此則臣之所知者，今承聖問，謹據實上聞，以待聖裁。其應天考官，係臣閣中具題，如有未當，亦望聖明傳示。緣時日已迫，故敢附聞。"

① 已　"已"當作"巳"。

八①月壬戌，朔。

五日丙寅，大學士李廷機、葉向高謹題："照得順天府考官，例於初七日進場，臣等於初二日推上正考副考官，共四員，恭請點用，已經數日，未蒙點發。今去進場之期，祇有一日耳，不得不冒昧列名再請。伏望聖明即賜點發，以便供事。臣等未敢擅便，請題請旨。

　　計　開

堪任正考官二員：右春坊右庶子兼翰林院侍讀郭淐　左春坊左中允兼翰林院編修黃國鼎

堪任副考官二員：左春坊左諭德兼翰林院侍講朱延禧　左春坊左贊善兼翰林院檢討盛以弘。"初八日，奉旨："着點了的去。"

八日己巳，大學士葉向高謹奏："為恭承宣諭感恩陳謝事。該鴻臚寺堂上官捧出聖諭：'諭輔臣：朕自入夏以來，時受暑濕，頭目弗清，體生痱毒，服藥調攝，尚爾未愈。卿為輔弼重臣，豈可久居私寓，杜門不出？卿心安乎？且朕壽節在邇，宜當表率百僚。今着鴻臚寺堂上官往諭朕意，即出入閣贊理。其補大僚、考選等諸事，朕次第檢發，卿可安心佐理，以副眷倚之意。故諭。'又該司禮監太監李恩等口傳聖諭：'即出入閣辦事，欽此。'除臣恭設香案，叩頭謝恩外，竊念臣負罪沉疴，乞歸日久，未回天聽，更枉溫綸。聞聖躬之違和，既縈下念，見聖節之在邇，復動歡顏。惟君父之命難違，亦臣子之情宜盡。今普天率土，皆來稱賀於闕廷，豈一介微臣，輒敢即安於私第？況大僚已多點用，而考選次第舉行，在臣愚衷曷勝欣企？容稍調理一二日，即匍匐勉出，隨眾嵩呼。仍望皇上調攝聖躬，留神庶政，以慰四海臣民之情。臣不勝悚息感戴之至。"十一日，奉旨："覽卿奏謝，知道了。卿已遵諭翌日勉出稱賀，朕心嘉悅。該部知道。"

十四日乙亥，大學士葉向高謹題："該臣祇奉溫綸，勉出供

① 八　"八"上當有"萬曆四十年"五字。

事，私心竊望聖明於緊要時政，有所舉行，以庶幾少效馳驅之力。其大僚已蒙皇上點用數人，度必相次檢發，臣可無言。惟大僚中緊要，無過吏部尚書，此官表率百僚，爲六卿之長，用得其人，則可以肅中外之心，而息煩囂之口，往時皆有缺即補，並不令人代署。自楊時喬以左侍郎署事日久，彈壓不便，羣囂遂興。至孫丕揚來，乃始稍戢，而其勢已成，不能遽遏，故復有考察之喧闃。今察典在邇，人情觀望，署事雖稱得人，而冢卿之任豈可久虛？此當亟賜點用者也。至於目前科道，委爲缺乏，各差御史有三、四年不得代者，中間亦有眞病，眞父母年老，迫切欲歸，若久不得其請，其勢必至棄官，雖我皇上寬仁大度，不加譴罪，乃國家示紀亦大傷矣。此猶在外省也，京中見在御史，亦祇有四、五人，目下又有九年考滿，例不復職，則其存者不過二、三人，即無論奔走不及，於觀聽亦大不雅矣，此當亟賜檢發者也。臣區區愚衷，不能自已，故復陳瀆如此，亦恃聖明能亮臣、容臣，不以其言爲無當耳。"

二十一日壬午，大學士李廷機謹奏："爲候命又過聖節總申積懇放生結局事。臣自戊申乞休候命，詆臣者以爲頑鈍，疑臣者以爲觀望，嘲臣者以爲怪物，即亮臣者亦以爲腐儒，不知時變，而臣耿耿愚衷，硜硜執性，惟是前疏所云：'以綱常令恭之大道理，捍此已決之隄防，而以去留操縱之大響銜，歸之至尊之掌握。'此兩言者，蔽之已至。今年二月間，復蒙天語諄諄，具溫具屬，臣誦'綱常大義'之諭，則仰而嘆曰：'聖人先得此心之所同。'然而繹'少俟'之諭，則尤私喜少之爲期，當亦不踰旬朔。不謂日復一日，歷夏及秋，而臣自乞身以來恭遇萬壽聖節五度於此矣。臣記得臣初之官，先萬壽聖節而至，時以禮臣典慶賀之事，宜重繭以前趨。今臣此疏，乃過萬壽聖節而陳，則以閣臣受非常之恩，必呼嵩而後去。要之，天地覆載，非蟣蝨之細所能酬，父母生成，非兒女之戀所能報，丘山罪責，非犬馬之身所能償。然就區區俟命言之，則俟至五年，其謂之頑鈍而不爲輕率，即就二月迄今計之，亦已經年半，謂之久俟，而不止少俟矣。伏望皇上憐臣放臣，臣尚圖力疾辭朝而去，庶令七十一歲老臣，雖狼狽尚不周章，縱摧殘猶成片段，而所以維紀綱、全國體，與所以結四、五年未了之局者，亦在此一時也。又臣數年來，以素餐之饗饗，兼賜予之頻蕃，即昨聖節新蒙欽賞銀五十兩、綵段四表裏，臣囊篋既盈，資斧甚裕，更不煩重損內帑，以折小人之餘福而益其災。臣不勝激切祈恩悚息待命之至。"

二十五日丙戌，大學士李廷機謹奏："爲恭謝天恩並陳不可再緩之理乞早賜骸以終餘造事。臣於本月二十一日具疏，以候命五年，又過聖節，求皇上一放，以結六、七年未了之局，以全臣七十餘歲犬馬未盡之生。竊謂皇上必矜而允之，業已覺舡傕夫，擬日辭朝，從此可無再瀆矣。不意昨日伏蒙皇上遣文書官劉用，捧到聖諭：'諭輔臣：朕覽卿奏守候待命，意欲力疾辭朝而去，具見詳切。但近來佞言煩興，尊卑陵夷，大臣疑畏，杜門注藉①，小臣囂然，逞臆橫肆，是何國體？卿爲大臣，的②當以宗社大義爲重，豈可以浮言介意？卿慎加調攝，少俟即有旨。何乃效尤纖邪之輩，有傷國體？慎勿再陳。特諭卿知。欽此。'臣恭設香案，望闕行五拜三叩頭禮謝恩訖。臣感極而悲，不覺放聲號泣，觀者爲臣感傷，亦爲之墮淚。蓋古慈母之愛子，人言三至而杼竟投，古明君之禮臣，去三年不反而田里亦遂收矣。乃臣之不肖，前後論臣者百餘人，至二三百疏，而皇上猶若未忍臣之去者。臣杜門五年，奉聖諭：'少俟'又半年，而今聖諭又勉臣'調攝'、'少俟'，似以臣俟爲未久者，以臣之去尚可緩者。臣伏惟皇上臨御四十年，所閱臣工之去留不知多少，曾見有大臣候旨如臣之久者乎？今臣齒髮衰暮，餘生有幾？臣不必言年矣。臣之衰而病，鬱而病，久離家鄉、思歸不得而病，臣不必言症矣。臣之耳目昏瞶，健忘恍忽，臣不必言精力矣。臣之至愚至戇，尺寸不能樹，涓埃不能效，臣不必言才具矣。臣之積詈叢垢，浮於丘山，等於糞土，臣又不必言罪過矣。皇上但試問在廷文武羣臣，有一人言李廷機猶可緩去者乎？又試

① 藉 《明神宗實錄》卷四九八"藉"作"籍"，是。
② 的 《明神宗實錄》卷四九八無"的"字。

問人賀諸臣、與林居之縉紳，及多士之應舉於此者，有一人言李廷機猶可緩去者乎？又試使人問興皂廝役、商於市者、行於途者，有一人言李廷機猶可緩去者乎？夫言之煩興也，臣寔首爲之招，衆之囂然也，臣寔首爲之的，皇上放臣一出都門，而言自息，囂自靜，大臣重而國體尊，乂①何煩聖慮哉？臣謹因陳謝而瀝血言之，不敢另疏再陳。所奉聖諭，臣謹什襲珍藏，以爲鎮家之寶。"

①乂 "乂"當作"又"。

　　二十八日己丑，大學士李廷機、葉向高謹題："竊惟東宮輟講日久，向因皇貴妃未葬，臣等亦久不敢請。今葬事已畢，可以出講，臣等謹擇得九月初四日、十一日二日皆吉，伏乞欽定一日，命皇太子講學。其侍班、講讀等官，並無一人，合當推補。臣等謹推得南京吏部右侍郎史繼偕、右春坊右庶子兼翰林院侍讀郭淐，俱堪充侍班官。左春坊左庶子兼翰林院侍讀孫慎行，左春坊左諭德兼翰林院侍講朱延禧，左春坊左中允兼翰林院編修黃國鼎，左春坊左贊善兼翰林院檢討盛以弘、王毓宗，右春坊右贊善兼翰林院檢討丘禾實，俱堪充講讀官。禮部儀制司員外郎兼翰林院侍書范可慁、大理寺左評事兼司經局正字羅萬英，俱堪充侍書官。合無將史繼偕改禮部右侍郎，兼翰林院侍讀學士，協理詹事府事，其孫慎行、郭淐俱資俸已深，各量陞詹事府少詹事，兼翰林院侍讀學士，范可慁量陞禮部儀制司郎中，羅萬英量陞禮部儀制司主事，各兼司經局正字，各供前項職事？伏乞敕下吏部，遵照施行。"

　　二十九日庚寅，大學士李廷機謹奏："爲放生無期萬不得已謹擬日辭朝懇乞聖慈俯亮犬馬迫蹙之情寬斧鉞之誅事。臣老年多病，自春間患口瘡以至於今，脣舌皆爛，粥吃不進，説話不出，白夜痛楚，命如朝露。比奉聖諭，尚欲臣少俟，教臣款款，臣陳謝申懇，今又數日。臣看此景象，若非臣決去，皇上未必放臣，得旨何期？首丘何望？臣之生路一窮至此，豈不痛哉？切②謂人臣當其徇國家之急，則性命可捐，若不爲國家，而以

②切 "切"當作"竊"。

等候空捐其性命，此之謂無益之捐，無名之死，即臣甘爲尾生，而至聖至仁之主必不以此責備臣下者。故決去，罪也，不至而畢命於此。以七尺軀汙長安一片地，亦罪也。今日一疏，明日一疏，强聒而不舍，屢煩天使之降臨，天語之傳宣，主恩已褻，臣禮謂何？亦罪也。蓋臣前數年遽去，臣心不安。至今日，則臣更無不盡之情，亦更無可緩而不去之義。臣所自傷者，聖恩至厚，臣命至薄，受聖主一場特達之知，而晚節末路竟以若此，臣之迍遭乃二百年來閣臣所未有之迍遭，而臣之忍耐，則爲數年來諸臣所不能堪之忍耐。皇上大慈大悲，見臣窮苦如此，疾病如此，尚忍不爲之慨然從中發旨，脫之苦海，而登之彼岸乎？夫閣臣受恩深重，原非他臣比，今臣此去，獨殿諸臣之後，而遲於尚書孫丕揚者已七月，是固足以明閣臣情義之不同，而不敢造次。必告君而後行，以禮始終，亦可有辭於天下來世矣。謹擬九月初一日赴鴻臚寺報名，初二日辭朝。伏乞皇上察臣之情萬不得已，臣之計迫於無可奈何。儻寬之斧鉞，而姑褫其官，則聖恩曠蕩，臣感戴無涯，而非所敢望也。"九月初一日，奉旨："卿杜門數載，求去迫切，朕豈不體亮？但念卿宏猷未究，政本乏人，難於遽允，非是以留滯苦卿。覽奏深用惻然。卿還調理數時，勉出贊襄，以稱朕眷留之意，慎勿遽行，有失大義。還着鴻臚寺官往諭朕意。吏部知道。"

是日，大學士葉向高謹題："臣今日見同官臣廷機揭帖，欲於初二日辭朝徑行，甚爲駭異，廷機杜門候命已四年半，可謂極久。頃蒙溫諭慰留，臣亦極力勸其且停以候明旨，而廷機自念，皇上必未肯允其去，日復一日，茫無了期，又有口瘡諸病，甚爲痛楚，故遂決意如此，臣雖欲挽之，終不能止。其感激聖恩天地高厚，非言能悉，惟皇上賜以溫綸，許其歸去，或發臣擬上，以待聖裁，庶廷機去就得以明白，而朝廷體面亦不失矣。臣忝同官，不敢不以上聞。惟復別有聖裁，俱乞亟賜施行。"

三十日辛卯，大學士葉向高謹題："臣昨在閣中接得同官臣廷機揭帖，欲力疾辭朝而去，臣隨即具揭上聞。及至出閣，隨往看廷機，果然口瘡沉重，痛疼異常，不能説話，形容極其憔悴，不似前日，臣甚懷憂懼。因念廷機生平恭謹，皇上留他五年，幸其性耐，方能挨延至今。今看見孫尚書行，亦有去意，及奉聖諭，又守候半年，欲拜聖壽而後去。兹者之行，委出真病，看其意思已是①再留不住。皇上傳一温旨放去，或令臣擬上，君臣始終更爲兩全。皇上常説：'國體'二字，此正國體關係，臣不敢不言，非敢爲同官私情求皇上也。臣聞廷機去，不勝悽涼，恨不得挽留使住，今之所言，亦萬不得已。"

① 是 《綸扉奏草》卷一六"是"作"定"。

萬曆起居注

① 九 "九"上當有"萬曆四十年"五字。

九①月壬辰，朔，大學士李廷機謹奏："爲感激慰留恭陳謝悃並瀝病勢苦情以祈聖鑒事。臣緣口瘡甚劇，勢難捱延，已擬日報名辭朝，於前月二十九日具奏。臣度此三日已如三年矣，乃今日伏奉聖旨：'卿杜門數載，求去迫切，朕豈不體亮？但念卿宏猷未究，政本乏人，難於遽允，非是以留滯苦卿。覽奏深用惻然。卿還調理數時，勉出贊襄，以稱朕眷留之意，慎勿遽行，有失大義。還着鴻臚寺官往諭朕意。吏部知道。欽此。'是日鴻臚寺卿王用賢等，奉欽遣至臣私寓宣諭，臣恭設香案，望闕行五拜三叩頭禮謝恩訖。臣數日之內，再奉溫綸，捧讀未終，涕泣如雨。伏念臣至愚不肖，爲衆所共棄之人，而皇上留之五年，至於今日，猶眷眷而未忍遽捨，此即父母之愛子，顧之復之，何以加者？此恩之厚，昊天罔極，臣何德可以當之？何福可以受之？而又更有何階可以答報之？顧臣命如風燭，不能俟矣。蓋臣每患口瘡，亦間發間止，一自真武廟移來奉宣諭後，而勢乃纏綿，及至前月二十四日再奉宣諭後，而勢乃沉重。今脣盡敝，而舌幾不存，不能說話，則以指代，不能吃粥，則以湯代，涎旁出而不收，藥褁投而罔效，其痛楚日甚一日，而形容日悴一日。同官向高見臣忽然至此，爲臣驚心，爲臣流淚，今日王用賢等亦皆見之。蓋此病祇是憂鬱無聊，諸火皆熾，惟有早去庶可望痊，若再延遲，恐足不能動，並朝亦不能辭，而臣言竟不能踐，重負其初心，不亦可惜也哉？乃聖諭尚念政本乏人，勉臣調理，而望之以贊襄，則萬無是理，萬無是事，臣不敢置對矣。惟是感激天恩，祇畏君命，不敢不少緩數日，以表犬馬戀主之情。或蒙皇上即將臣此疏立賜批允，全其未瓊之節，而予之以垂盡之生，此尤聖主不測之恩，臣望外之幸也。其爲啣結更當何如？"

是日，大學士李廷機謹奏："爲恭謝天恩事。臣於本月辰刻，蒙皇上欽遣鴻臚寺王用賢等，至臣私寓宣讀聖旨，臣方具疏陳謝外，乃本日未刻，復蒙皇上欽遣文書官冉登至臣私寓，捧到聖諭：'諭輔臣：朕覽卿所奏，情詞懇切，意欲高蹈。已有諭旨慰留，何乃又有此奏？有失君臣大義。卿心忍乎？孰不忍乎？宜遵前旨，調攝少俟。豈有食言？可悉體朕眷注至意，慎勿輕率。特諭卿知。欽此。'又冉登口傳聖旨：'已有諭言勉留，豈可又有此奏？先生輔弼大臣，意欲効尤輕率，似失國體。宜安心慎加調攝，少俟，待疾愈，自有聖裁。欽此。'臣數日而三奉絲綸，一日而再承宣諭，既教之'國體''大義'，而又以心之'忍''不忍'聞①其昏暈之衷，既戒之'輕率''効尤'，而復以'安心慎加調攝'挽其遄歸之轍，至於'豈有食言'及'待疾愈自有聖裁'之許，則臣得請非遙，首丘可望，仰見皇上於臣所以慰勉之者極其切至，而所以體悉之者尤極其周詳。臣感極而悲，涕淚橫集，敢不祇遵嚴命，少緩行期，求醫藥以自扶，冀殘生之未隕，聊明犬馬戀主之義，仰副九重眷注之懷？若夫病勢若情，則臣前疏已具，亦文書官所目擊，臣不敢復贅陳矣。所奉御札，臣謹什襲珍藏，以爲鎮家之寶。"

① 聞 "聞"似當作"開"。

二日癸巳②，大學士李廷機謹奏："爲恭謝天恩事。本月初二日卯時，臣接得聖濟殿一札，本日五鼓聖濟殿提督太監崔文昇等傳奉聖旨：'着太醫院堂上官羅必煒，御醫吳翼儒、何其高，看李閣老去。欽此。'臣恭設香案，望闕叩謝。當有太醫院使羅必煒，御醫吳翼儒、何其高等，隨奉欽遣，到臣寓所，同診臣脈去訖。伏念臣以犬馬疾病，上軫聖心，即當丙夜之時，猶廑顧復之念。臣誠不自意，賤生殘喘而蒙皇上鄭重愛憐，一至於斯，祇恐鬼神之忌彌甚，陰陽之罰轉增，此臣所爲感而且驚，矜而愈懼，不覺爲之慟哭流涕者也。但太醫診臣脈幸無雜症，惟得火退而瘡漸平，飲食稍進，旬日之間，奉旨而行，舟中虛靜，更便調攝。儻未遽先朝露，則皆聖主再造之恩，如天之庇矣。"

② 巳 "已"當作"巳"。

三日甲午，大學士葉向高謹題："近者兩京大僚，已蒙點用數人，朝端自覺生色。惟是兵部尚書王象乾，久以候代，不得到任。今邊陲多事，本兵之任最爲緊要，雖署事有人，不敢苟且，然於統攝擔當，自是不便。尚書孫瑋屢爲臣言之。伏望皇上將會推薊遼總督汪應蛟、楊鎬，早賜點用一員，如未當聖意，亦乞傳示該部另推，以聽聖裁。庶使象乾得代，入理部事，軍機重務，不至妨誤，其所關甚不細矣。"

四日乙未，大學士葉向高謹題："昨蒙皇上發擬都御史許弘綱一本，為各差乏人請發考選，又傳出聖諭，謂近來大小各官逞臆，輕躁恣肆，不以國體為重，任性所為，今①臣出旨。該臣隨即具擬上請。竊念臣②近來各官輕躁恣肆，不知國體，委如聖諭，然皆前一番人，與此番考選諸臣不相干也。其前一番人輕躁之尤者，已經年例考察與別項事故，率已無存，今其在者，歷事既久，漸以老成，故頃來朝端殊覺安靜，即如福王之國一事，雖人情懸望至切，然猶相與寧耐，以聽聖裁，變可見也。其此番考選諸臣，目擊前事之非，必不敢復蹈其失。昨許弘綱固已言之。弘綱，信臣也，豈敢欺皇上乎？臣以為國家設立科道，官曰言官，責曰言責，則既以言命之矣，如大政事、大奸弊、關係安危治亂，豈容不言？中間有一二妄言，亦是從古以來所不能免。堯舜之世，尚有讒說殄行，巧言孔壬之輩。夫惟堯舜，不以讒説巧言，而廢明目達聰、敷納明試之舉，此其所以為至聖也。夫上有意於聽言，而下以多言取厭，其失本在於下，誰能解之？若上厭下之多言，遂併言路而廢之，則又與下分過，而使妄言者及③得以藉口。皇上試觀，年來紛紛呹呹，豈皆盡出於言官乎？川之壅也，必至於旁決，火之伏也，必至於他焚。若使言官消磨至盡，臣恐周道昌、史晉之徒且起而肆其談，而天下益多事矣。今中外喁喁，共為此事，甚為市井小民，道路來往之口，無不云然，此亦川壅火伏之極也。臣竊懼之。或者疑皇上以人多為嫌，則臣謂人合累科，選經三次，乃得此八十餘人，而又分之兩京，散之三十餘差，僅可足用。且人生變故，何日不有？前番考選亦有六七十人，去今不四年，便缺乏至此。即此番考選，又已失十餘人矣。臣實未見其為多也。夫人少而言多，雖少亦多，若人多而言少，雖多亦少。惟皇上不厭其多，而諸臣務求其少，其於上下之間豈不兩盡？而

① 今 《綸扉奏草》卷一六"今"作"令"，是。
② 臣 《綸扉奏草》卷一六無此"臣"字，是。
③ 及 "及"當作"反"。

何煩聖慮爲乎？臣喋喋如此，非敢爲諸臣遊說，寔見此事一日不了，則朝廷之上一日不得清楚，人情洶洶，茫無休息之期，而臣與部院諸臣，亦不得安心畢慮以事皇上，圖盡其職業，故敢懇懇亹亹言之，此亦多言之一端也。伏祈聖明留神省覽，早賜施行。"

六日丁酉，大學士李廷機謹奏："爲蒙恩已極懇求一旨放去以成始終事。臣連日一面調理，一面待命，一面戒行，乃昨夜聞科道官各有公本，臣不知其何語，亦不向人詢問，大抵諸臣見臣求去未得，而助之求，甚美意，甚盛舉也。伏念臣蒙恩極矣，無論三十年來，皇上所以拔擢之、任用之、禮待之、知之、信之、憐之、護之者，其恩浩蕩，如天之不可名，即頃數日間宣諭、遣醫，天語之諄諄，聖意之眷眷，豈臣不肖所能消受？豈臣捐麋所能報答？蓋臣子蒙恩，至臣而極矣。諺云：'爲浮屠者必結其頂。'以聖主非常之恩，以臣五年待命之久，今但得一旨以去，不負初盟，則三十年之知遇，結果成就於此日，而臣一生之砥礪，亦歸根復命於此日，豈不成始成終也哉？且前日聖諭豈①許臣以少俟，即有旨，臣今敢執此爲券以求皇上，而臣蒙遣醫診視之後，徼如天之庇，疾亦同②減，可以行矣。伏乞皇上慨然俞允。"

①豈 "豈"似爲誤字。
②同 "同"似爲誤字。

九日庚子，大學士葉向高謹題："該同官臣廷機求去懇切，皇上屢頒溫旨慰留，臣亦極力勸廷機勉留，以毋負皇上眷禮盛心，而廷機以守候五年，皇上必不肯放，今冬寒在即，難以再延，決於十一日辭朝而行。臣欲懇皇上俯從其請，則違聖心，欲苦拘廷機之留，則力不能得，欲嘿而不言，坐視廷機之去，則朝廷體統殊覺有傷，且於皇上眷禮廷機與廷機數載候命之意，皆深有可惜。展轉思維，莫各所處。今廷機決行，臣若不言，皇上必且責臣，而廷機亦再三託臣爲請，故敢以上聞。其如何處置，俱在聖裁，蓋非但廷機苦，臣亦苦矣。"

是日，大學士李廷機謹奏："爲天氣已寒懇乞聖慈憐老疾之

萬曆起居注

臣即賜放歸事。臣連疏哀求，未蒙俞允，今寒露又至矣，秋深風急，寒氣侵入。而臣生於炎方，怯寒固其天性，況年老則弱，病久而虛，日①方傳②羅，而臣已久著綿衣，旦向日而夜向火，恐過此以往，日寒一日，水陸舟輿皆不如今之便。伏惟聖主眷臣極矣，臣之戀主亦極矣，至於五年之久，臣依依未去，而上之眷有加異哉？君臣之情豈非古昔所未聞、而當代所僅見者乎？今但望皇上慨然從中發旨，俾臣得半通之綸，捧之而歸，則始終兩全，如造七級浮屠而結其頂，功德無量矣。"

十日辛丑，大學士李廷機謹奏："爲恭謝天恩並申前懇事。臣於本月初九日具疏，以天氣已寒，哀求速發。是日伏蒙欽遣文書官劉用，捧到聖諭：'諭輔臣：朕覽卿奏，具見懇悉。已有旨調攝，何乃又有此奏？豈得以浮言，輒欲遽求高蹈？還遵屢旨勉留，以全君臣大義。方且天氣暴寒，候疾稍愈，即有旨，不可率爾輕遽，有失朕眷注之意。特諭卿知。欽此。'又文書官劉用口傳聖旨：'屢有温旨勉留，不可負了，調理全可，着先生去。欽此。'臣恭設香案，望闕叩頭謝恩訖。伏念臣自月朔至今，蒙皇上遣文書官宣諭者三，遣鴻臚寺堂上官宣諭者一，遣太醫院堂上官診視者一，旬日之間使命之絡繹，綸音之諄切，此從前所未嘗有。而臣以不才、不肖、衰老殘疾之一夫，仰叨眷念如此其殷，蒙被恩私如此其渥，雖豚魚亦當爲之感動，雖獸鹿亦當爲之徘徊。臣非人乎？而能不撫臆摧肝，感激流涕也？惟是九月授衣之令，天氣既寒，而臣自蒙遣醫調治以來，疾亦稍減，過此則寒將日甚，而臣心轉焦，不惟患舊疾之遷延，且當憂別症之生發矣。臣謹遵聖諭，祇候數日。伏望皇上察臣之難久留，亮臣之非輕率，早發一旨，以便生還，而成始終。"

十一日壬寅，大學士葉向高謹題："前蒙皇上發下工部請福王之國本，傳出聖意，令臣擬上，令③已旬餘日矣，未見允發。臣竊念，之國吉期雖在明春，然一應事務，必須今歲料理，祇如舡隻一項，亦須取之於南，非數月不能至。今時已近冬，爲

---

① 日 "日"似當作"人"。
② 傳 "傳"當作"傅"。
③ 令 《明神宗實錄》卷四九九"令"作"今"，是。

日無幾，若非明旨早下，所司何以奉行？頃來廷外①諸臣多欲催請，臣告以聖意已定，不必有言。苟遷延不發，人必生疑，而未免又煩瀆聖聽矣。伏望聖明留神檢發。如臣前擬未當，亦望聖明裁改，或傳諭臣再擬以進，庶於事體不誤，而人情亦安矣。"

十五日丙午，大學士葉向高謹題："目前緊要政務甚多，其大者莫過於考選，臣言之至煩至瀆，負愧負罪，無可復陳。此外則刑部印信與戶科印信二事，亦難再緩。刑部印信，已蒙皇上命許弘綱署掌，弘綱以杜門日久，難於遽出，故具疏陳辭，皇上偶未檢發，遂致部務壅積，無人料理。今朝審在近，若弘綱不出，則三法司遂缺其二，而此典且廢格矣。昨吏部亦為疏請，所當亟發，促令視事者也。戶科闔署無官，已經兩月，章疏之下部而不得發抄者，不知其幾。該科職掌，乃錢糧重務，軍國所關，豈容停寢？所當亟賜補用，或暫令別科官代管，以免遲誤者也。此等事務，臣言之皆近瑣屑，然不言則又大有不便，人又以此罪臣，臣之情亦不得已矣。統望聖明鑒炤施行。"

是日，大學士李廷機謹奏："為哀求亟放事。臣比奉宣諭，教臣調理。今幸稍平，命臣少俟。今又數日，而臣原擬拜祝萬壽而後行，今過一月於此矣。伏念臣不才、不肖，誤聖主特達之知，不能副也，孤聖主罔極之恩，不能報也，負聖主非常之眷，不能留也，臣真天地間一罪人哉？顧惟臣一日未去，令人蒿目而憂，今日單本，明日公本，時而專論，時而帶論，如臣舊疏所謂憂臣過於憂邊，防臣甚於防虜者，而人心不安。自臣席蒿以來，人視臣如病瘟，恐其傳染，如犯惡逆，畏其干連，非遠臣不足以自全，非背臣不足以自固，而與臣相識之人皆不安。臣七十一歲，鐘明②漏盡之年，病攻其內，人攻其外，稚子羹其影，卒徒笞其背，不得蘇息，又不得解脫，《易》所謂'擊於徽纆③，寘於發④棘''困於石，據於蒺藜'者，臣兼有之，而臣不安。自臣為部以至入閣，論列臣者章疏紛遝⑤，而臣復以求去哀鳴，屢蒙天語之慰留，屢勤敕使之宣諭，穆清之

萬曆四十年

二八九三

① 廷外 《明神宗實錄》卷四九九"廷外"作"外廷"，是。

② 明 據《明神宗實錄》卷四九九"明"當作"鳴"。

③ 擊於徽纆 《易經》原文作"係用徽纆"。

④ 發 《易經》原文"發"作"叢"。

⑤ 遝 "遝"當作"沓"。

上婁臣絮擾者六、七年，而聖主不安，臣心又不大安。故臣以爲臣雖耐性，至今日不得不急，皇上即眷臣，至今日不得不放，聖諭常以'大義''國體'爲言，不知臣未去而大義晦，去則明矣，臣未去而國體傷，去則全矣，臣一出國門而人安、臣安、聖主亦安矣。夫父母愛子，子戀父母，此天地間最不能割之至情，然而相守故情深，一離膝下則亦已耳。況義之所在，父母有以舍其子爲慈，子有以辭親爲孝者乎？臣情迫詞窮，如涸轍之魚，如走險之鹿，如將死哀鳴之鳥。伏誦聖諭，一云'即有旨'，一云'豈有食言'，皇上至仁至信，踐言發旨、慨然放歸，此其時矣。"二十日，奉旨："卿直亮忠清，朕所簡用，杜門日久，尚望勉出贊襄。今情詞愈切，不忍再留。加太子太保，馳驛回藉①調理，以俟召用。還賜路費銀一百兩，紵絲四表裏，差官護送。該部知道。"

十六日丁未，大學士葉向高謹題："該本月初二日，駙馬都尉冉興讓送揭至閣，言爲府中梁盈女、彭進朝等所歐辱。臣以事關內戚，皇上自有處分，臣不敢問。其後則巡視御史有言矣，該科有言矣，教習官及禮部各有言矣，駙馬侯拱宸等又有言矣，而皆未蒙皇上之處分也。滿朝紛紛，盡疑諸疏未達御前，且謂皇上愛女之親尚阻格如此，何況他事？共責臣默無一言。臣念興讓與梁盈女等喧嚷事之顛末，臣不與知，但興讓始而跪門，繼而徑去，雖情出迫切，然輕率之罪亦自難逃，臣不敢爲諱。惟是至尊在上，而衆辱駙馬於朝，置之不問，紀綱何在？觀聽駭然。今輦轂之下已滋猜疑，傳之四方，寧不謂皇上左右果有壅蔽，使公主之情亦不得達？其爲聖明之累亦不小也。伏望皇上將此事明賜處分，召還興讓，加以薄罰，諭其省改，庶朝廷之體統不失，而公主之心亦安矣。"

十七日戊申，大學士李廷機、葉向高謹題："照得日講官原有六員，於去歲七月間蒙允補劉日寧、翁正春二員，與同蕭雲舉、王圖二臣供職，辦理講章。而蕭雲舉、王圖又蒙准假回

① 藉 "藉"當作"籍"。

藉①去訖，劉曰寧催取來京中途病故，祇有翁正春一人，兼管部事，辦理不前。臣等推得左春坊左庶子兼翰林院侍讀孫慎行、右春坊右庶子兼翰林院侍讀郭淐，皆見在供職，堪以補用。二官資俸極深，合無各量陞詹事府少詹事，兼翰林院侍讀學士，協理府事，並同翁正春辦理前項職事？伏乞敕下吏部，遵照施行。"

十八日己酉，大學士葉向高謹奏："為籲天路窮省躬罪重再陳苦情仰干聖聽事。臣自入春杜門乞歸，便無復再入綸扉之望，荏苒遷延，至於聖節，伏蒙皇上特渙溫綸，諭令入賀，臣之私情亦不能已，故復黽勉攜扶、汗顏一出，然亦自料其展布之無能，供事之不久矣。比嵩呼之日，皇上發下考選及釋放王邦才等疏，令臣擬上，中外聞之，歡聲動地，臣亦自慶，謂可藉此少寬罪責，苟且延捱。乃不意聖心復轉，諸疏中留，臣雖諄諄請之，不能得也。地稱政本，官號肱股，而一籌莫展，寸效俱無，臣之罪愆何以自逭？頃科臣范濟世望臣以死力爭，不得則慟哭而出國門。臣欲力爭而不能死，欲出國門而不能慟哭，自慚自咎，更復何辭？昨科臣張延登又謂，臣秉政既久，巷遇罔聞。足以見獨任之艱，尤為切當。至云一言再言不聽，當詣闕旦陳，流涕苦諍。此其忠愛懇惻之意與濟世同，而其所以為臣謀，皆出於無可奈何而以哭為策，臣亦極感二臣之苦心矣。但臣自少誦讀詩書，大臣之道祇在去就，不可則止，不能則止，捨此之外，聖賢亦無必行其志之法。今考選、枚卜二事，每事臣請之皆將百疏，不但一言再言而已也，而皇上終不聽臣，則臣之去，固已晚矣。以臣至庸至愚之人，當此至難至困之日，而欲為自古聖賢所不能為之事，其勢必無所濟，臣自量已審，無可復言。臣聞之，長歌之悲，甚於痛哭。臣言至此，肝腸俱裂，豈但流涕？如皇上竟不以為然，臣進無所訴，退無所容，亦惟有挂冠而出國門，以謝天下，自甘誅戮而已。臣情急無聊，伏望聖明哀憐裁督。"

是日，大學士李廷機、葉向高謹題："竊惟東宮輟講日久，

①藉 "藉"當作 "籍"。

興情懸望日切，臣等擇得九月初四日、十一日兩日上請，未蒙批發。今秋爽將盡，冬寒且至，轉盼之間便是嚴寒，實難再緩。臣等謹擇得九月二十四日、二十七日二日皆吉，伏乞欽命一日，命皇太子講學。所有侍班、講讀等官，並無一人，合當推補。臣等謹推得南京吏部右侍郎史繼偕、左春坊左諭德兼翰林院侍講朱延禧，俱堪充侍班官。左春坊左諭德兼翰林院侍講趙秉忠，司經局洗馬兼翰林院修撰邵景堯，左春坊左中允兼翰林院編修黃國鼎，左春坊左贊善兼翰林院檢討盛以弘、王毓宗，右春坊右贊善兼翰林院檢討丘禾實，俱堪充講讀官。禮部儀制司員外郎兼翰林院侍書范可愨、大理寺左評事兼司經局正字羅萬英，俱堪充侍書官。合無將史繼偕改禮部右侍郎，兼翰林院侍讀學士，協理詹事府事，范可愨量陞禮部儀制司郎中，羅萬英量陞禮部儀制司主事，各兼司經局正字，各供前項職事？伏乞敕下吏部，遵照施行。"

十九日己未①，大學士葉向高謹題："蒙發同官臣李廷機一本，傳出聖諭：'屢有旨諭留，天氣暴寒，疾尚未愈，如何又有此奏？少俟即有旨。出旨來。欽此。'竊念廷機屢次欲去，頻蒙皇上慰留，臣亦再三告以聖恩深厚，未可遽行。不意今早徑自辭朝而去，臣不及知。業已行矣，諭留無益，惟望皇上念其累年恭謹之心，原其今日萬不得已之情，早賜溫綸，俾得安心前去，以盡君臣始終之義，其感戴聖恩永世無極矣。臣謹擬一票上請，如中有未當，統望聖明裁改發行。"

是日，大學士李廷機謹奏："爲辭朝事。臣守至五年，千辛萬苦，祇望皇上一旨放去，迄今不能得，計窮情迫，困憊無聊。日偶假寐，夢中恍惚，若有喚臣者，曰：'速行。速行'此殆鬼神之敦趣乎？蓋世路如羊腸，臣之履危機久矣。賴聖明覆庇護持，以至今日，若再遷延，恐旨未得而禍猝來，將性命亦不保，而其累君父滋大矣。夫臣也，人之所憎，而神之所憐也。臣蘧然而覺，惕然而驚，遍體汗流，魂飛魄散，不得已於十八日報名，今日陛辭。臣自知違命辜恩，罪當萬死，惟望皇上亮臣、

① 己未 "己未"當作"庚戌"。

責臣，而臣又以皇上至聖至仁，大慈大悲，亦必能亮而貫之。若夫臣之不肖，當其在位尚不能少效涓埃，今去不敢作餘忠疏，他日亦無遺表，惟有辦一片心，料理結草啣環之事，以償前負，報答聖恩而已矣。"二十一日，奉旨："屢有旨留卿，如何不以國體爲重，不俟君命，輒以己私急於一去？但以卿病困久俟，已有旨了。吏部知道。"

是日，大學士李廷機謹奏："爲臨去辯誣以明士節事。臣自被論劾，止是求去，即以贓汙臣，不但臣能自信，而中外士紳亦頗信臣，故臣不辯也。惟是有言臣蒙簡用，乃藉鄭國泰、王之楨①援引之力者，謂臣與此二人往來厚善，此二人爲臣播清名於禁中，以此議臣始進不正，至今科道尚以爲口實。則臣真不知其何所從來？夫必見形而後起影，必吠影而後吠聲。臣於之楨，止是朝班及中府會問妖書之日，一睹其面。臣在閣時，之楨辭本，臣票擬准辭。至於國泰，則並面亦未曾識。如臣果與往來，三家班皂守門等役許多人，誰能掩者？彼何私何利於臣，而爲播清名？又臣既入閣之後，曾以何禮物、何關節誚謝其援引？亦可措而言乎？臣平日止是硜硜自守，未嘗條一疏、出一帖、對人一言，不知何爲而虛得名？皇上何所聞而誤以臣爲清？此在聖心自明，無庸臣辯。但恐以疑傳疑，以訛傳訛，如宋唐介言文彥博以燈籠錦得宰相，至今爲一件不白之事。今言者皆唐介，而臣不及彥博，故臨去一白其冤耳，臣固不敢煩皇上爲臣昭雪也。"

是日，大學士葉向高謹題："該文書官王體乾傳出聖諭：'諭內閣：朕昨覽東廠所奏事件，駙馬冉興讓於九月初八日將冠帶放在長安左門，不知何往去訖。且駙馬何官？不奉明旨，擅自離任，私自逃行，好生狂躁恣肆，效尤可惡。着便差錦衣衛官前往原藉②等處，訪尋伴回，奏請定奪。此乃伊父素欠教子之方，着革了職，爲民當差。教習部官賈之鳳訓示之禮安在？姑着且罰俸一年。卿可傳示遵行。欽此。'該臣即傳示各該衙門遵行外，竊惟冉興讓以駙馬戚臣，蒙恩深重，即有迫切至情，祇當控訴皇上，靜聽處分，乃不勝憤忿之私，擅自徑行，皇上

①楨 《明神宗實錄》卷四九九"楨"作"禎"。

②藉 "藉"當作"籍"。

萬曆起居注

責以輕躁恣肆，夫復何辭？今命官訪尋伴回，奏請定奪，又削其父之職，而於教習部官則止從奪俸，聖裁允當，臣可無言。惟是諸人辱駙馬於朝，萬目共睹，衆心不平，若置之不問，恐紀綱法度自此陵夷，殊非所以服人心、而重國體也。今禮臣、科臣、臺臣、勛臣、戚臣莫不有言，更望聖明傳示該衙門，重行懲戒，庶國法尚存，而物議亦息矣。"

二十一日辛酉①，大學士李廷機謹奏："爲泣感賜骸大恩控辭非分殊典懇乞聖慈爲臣樽節以無添其過而安其歸事。臣於本月十九日辭朝，伏蒙皇上發臣前疏，奉聖旨：'卿直亮忠清，朕所簡用，杜門日久，尚望勉出贊襄。今情詞愈切，不忍再留。加太子太保，馳驛回藉②調理，以俟召用。還賜路費銀一百兩、紵絲四表裏，差官護送。該部知道。欽此。'臣恭設香案，望闕行五拜三叩頭禮祇謝。臣不覺嗚咽流涕，極人生所未有之感，極人生所未有之悲，而又極人生所未有之惶恐踧踖。蓋臣至不才，特以樸忠細廉，受知明主。初有異議也，皇上獨斷而用臣，既有煩言也，皇上獨知而信臣，慰勉臣於風波震動之中，護持臣於鋒鏑紛挐之外，臣久閒而匪頒不輟，世欲去而眷留愈溫。今又③言恩，必歸之天地、父母。若臣所受皇上之恩，天地較之猶有感④，父母視之猶爲薄。而臣私自循省，曾有一粒、半縷、勺水、纖塵以爲皇上報者乎？今賜骸幸矣，無督過亦幸矣，乃更褒以'直亮忠清'，予之馳驛，賜之兼金華紵，而重以遣官護行，在聖主爲至渥而無以加之恩，在愚臣已跼蹐而無容身之地矣。若夫宮保之官，階崇秩峻，非敍勞不加，非遇慶不加，在疇昔或以優勛德高尚之臣，在近來已爲久曠希逢之典，而今以加之不職負眷如臣者，此臣謂非分之恩，豈可不節？而臣則事謝而官乃加，身退而秩反進，豈不添其過，益其恥，折其福，促其生哉？蓋遠臣所須，不過秉傳，今一併祇承。惟是加銜一節，懇乞聖慈准臣辭免，不榮臣以官，而受臣以德，此其恩奚啻什百過之而已？"

① 辛酉 "辛酉"當作"壬子"。

② 藉 "藉"當作"籍"。

③ 又 "又"似當作"人"。

④ 感 "感"似當作"憾"。

萬曆四十年

二八九九

二十三日癸亥①，大學士葉向高謹奏："爲同官已去政本愈單推補萬難再緩懇乞聖明即賜允行事。臣數年以來，懇補閣臣至煩至瀆，而皇上不行，猶以有臣廷機在也。廷機雖求去日久，不理閣事，然臣每有緊要事務，必與籌畫，其所以支撐五年、得無顛蹶者，亦以有廷機在也。今廷機去矣，閣中真止臣一人矣，進退出入，四顧茫然，片語半言，無可告訴，一值難處之事，何以贊襄？非但天下人共爲臣慮，即臣之自處，亦不能一時一刻安於此地矣。以四海之大，萬几②之煩，安危成敗之所係，乃以一庸臣備員充位，而不亟爲之計，竊恐宗社神靈亦有所不安也。今海內元老名臣、曾任股肱而勛猷未究者，當亟召用，以秉揆端，高賢大良、素抱經綸而登庸未及者，當亟簡用，以資佐理。皆在吏部與廷臣集議上請，恭聽聖裁，要於當輿論、服人心，真足爲國家生民之所利賴，而毋復使碌碌如臣者，以孤天下之望，斯乃世道之大幸耳。伏望聖明即賜允行。"

二十八日戊辰③，大學士葉向高謹奏："爲祇奉温綸恭陳謝悃事。該文書官冉登捧出聖諭：'諭輔臣：朕覽卿奏，情詞懇切，具見忠愛，朕以④悉知。今國事多艱，卿爲輔弼重臣，亦當任勞任怨。輔臣廷機不候君命，輒以己私急於遄去，忠君愛國之心安在？正賴卿匡襄佐理，豈忍因事遽萌去念，欲朕孤立於上？其如國體何？考選等疏，少俟朕以次第檢發。卿宜安心贊理⑤，勿得效尤輕率，有失朕眷倚至意。特諭卿知。'又該冉登口傳聖諭：'先生輔弼重臣，如何效尤，不以國體爲重？欽此。'臣恭設香案，叩頭謝恩訖。竊念臣輔政多年，浮沉尸素，不能以身塞天下之望，乃反以去厪君父之憂，臣之罪也。聖恩深重，褒以忠愛，教以任勞任怨，慰以考選等疏少俟檢發，臣捧誦温綸，感愧欲死。因思人臣富貴，至閣臣而極，君父恩寵，亦至優禮閣臣而極。以不肖處之，則有貪戀之心，以賢者處之，則有圖報之心。誰肯言去？誰忍言去？今以廷機之賢，與臣之不肖，而皆相繼欲去，自非真病真窮，真見其事之必無所濟，而身之必不可留，當不至此。臣嘗自嘆，聖人言鄙夫患失，臣

① 癸亥 "癸亥"當作"甲寅"。

② 几 "几"當作"幾"。

③ 戊辰 "戊辰"當爲"己未"。
④ 以 《明神宗實錄》卷四九九"以"作"已"，是。
⑤ 理 《明神宗實錄》卷四九九"理"作"治"。

亦鄙夫，乃患不失，不知何故，抑亦其時其地使之然也？今天下事，緊要當行者甚多，臣皆不能贊理。祇考選一事，遲之數年，請之百疏，念之腸斷，望之眼穿，其苦極矣。皇上以國事望臣，而一事如此，何況其他？即使鄙夫當之，亦豈能晏然而不動念乎？任勞任怨，臣不敢辭。至於留神政務，加意人才，使股肱耳目得舉其職，而毋使臣孑然一身，叢天下之罪戾，則終不能不仰望於皇上。除目前推補閣臣，最緊最急，臣已另疏懇請外，其考選等疏，屢蒙聖慈許以檢發，伏望即賜允行，勿復有俟，庶人情少安，而臣雖病困亦未敢遽復言去，當少圖竭蹶以報聖恩於萬一矣。"

二十九日己巳①，大學士葉向高謹題："爲纂修玉牒事。照得纂修玉牒官、詹事府少詹事兼翰林院侍讀學士協理詹事府事黃輝，已經病故，其朱之蕃亦陞南京禮部侍郎去訖，前項事務缺官管理。臣謹推得南京吏部右侍郎史繼偕、左春坊左庶子沈㴶，堪充纂修官。合無將史繼偕改禮部右侍郎，沈㴶量陞少詹事，各兼翰林院侍讀學士，令其專管纂修玉牒事務？伏乞敕下吏部，查照施行。"十月初三日，奉旨："是。吏部知道。"

是日，大學士葉向高謹題："爲清黃事。照得軍職貼黃，例用翰林院官一員。自原管官、左庶子朱國禎陞任去後，員缺未補。臣推得南京翰林院掌院事右諭德孫如遊，資俸已深，堪以差用。伏乞敕下吏部，將本官量陞右庶子，兼翰林院侍讀，前去會同兵部、都察院各堂上官，清理貼黃。"十月初三日，奉旨："是。吏部知道。"

① 己巳 "己巳"當作"庚申"。

十①月辛酉，朔。

二日壬戌，大學士葉向高謹奏："爲考選已蒙允發恭謝聖恩併陳微悃事。昨頒曆之期，滿朝臣工皆以皇上御極已四十一年，爲從古帝王盛事，自此而百千萬年行未有極，臣等幸立聖明之朝，事萬壽之主，真千載之奇遭也。至薄暮時，皇上遂發考選本至閣中，一②令臣看發。臣喜值寶曆新頒之佳辰，仰見聖主用賢之至意，即發該科抄傳，都門之內，歡聲如雷，以爲皇上遲之數歲，行之一朝，神聖作爲信非常情所能窺測，無不嘆服。而臣竊承皇上矜憐體恤之私，尤爲篤至，心可得而識，口不可得而言，惟有感極而繼之以泣而已。自今以往，朝端濟濟，氣象日新，唐虞三代之盛治，端有可望，臣復何言？顧臣竊有感者。年來爭競成風，喧囂已極，説者謂此番考選之久停，半由臣下之自取，理亦有之。今被命諸臣，皆閱歷已久，老成練達，必能以愛君憂國爲心，以協恭和衷爲法，議論不求其多而求其當，意氣不求其盛而求其平，誕謾猥瑣之説不以瀆宸聰，牽連暧昧之談不以傷善類，不以毀譽而定是非，不以異同而生怨德，將從前門戶藩籬、私爭小忿一切破除，坦然共由於平康正直之途，以毋負皇上之任使，是世道士風得諸臣而轉移，而皇上之遲遲而抑之者，乃所以成之，實天下國家之大幸也。臣又願皇上深懷日中之戒，時虞海內之憂，省覽章奏，嘉納忠讜，凡有條陳，必下部議，定其可否，擇善而從，使諸臣得效其款款之衷，而向來留中壅隔之弊，亦爲之一洗，是亦上下相承之至誼也。臣愚見如此，不知是否？敢因陳謝而併及之。"

三日癸亥，大學士葉向高謹奏："爲耳目已充股肱未備懇乞聖恩亟俞推補事。臣惟朝廷以輔弼爲股肱，言官爲耳目，相須爲用，並不可缺。皇上昨發考選疏，耳目之地一朝而得七、八十人，可謂盛矣。惟是閣中，祇臣一人供事五載，自臣廷機去後，益復孤危，業已具疏懇請推補，未蒙允發。我皇上神聖聰明，豈不知輔弼重任，必非一人所能肩？雖使長才異能處之，

① 十 "十"上當有"萬曆四十年"五字。

② 一 《明神宗實錄》卷五〇〇無"一"字，是。

猶且顛覆，顧忍以此而苦臣也？乃臣之所慮，又有不止此者。從來政本諸臣雖稱共濟，而主張統率全在首臣，其任尤重，今即推補有人，而恐其官資或在臣後，臣若冒然忝竊，其罪愈深。昔呂蒙正三入中書，文彥博以耄年平章軍國重事，皆爲千古美談，豈以聖明之世而獨少此臣？願皇上併下廷臣，首行推舉，亟賜召還，使臣猶得黽勉追隨，以免愆戾，是豈獨臣之幸？實天下國家之大幸也。臣方喜考選之下，而又有此請，得隴望蜀，自愧頻煩。顧度之事務，萬不容緩，故敢冒昧再陳，伏望聖慈垂念，俯賜施行。"

是日，大學士葉向高謹題："照得日講官原有六員，今蕭雲舉、王圖久已給假，其來無期，劉日寧近又病故，只有翁正春一人，兼管部事，辦理不前。臣推得國子監祭酒朱國禎、左春坊左庶子兼翰林院侍讀孫愼行、右春坊右庶子兼翰林院侍讀郭淐，堪以補用。各官資俸極深，合無將朱國禎量陞禮部右侍郎，兼翰林院侍讀學士，協理詹事府事，孫愼行、郭淐量陞少詹事，兼翰林院侍讀學士，協理詹事府事，並同翁正春辦理前項職事？伏乞敕下吏部，遵照施行。"

十二日壬申，大學士葉向高謹奏："爲懇乞天恩推補閣臣事。自祖宗設立閣臣以來，並無一人獨任至五、六年者，此皆有舊藉①可查，皇上試令人一撿②之，便知臣言之不謬也。矧今日世界何如？時事何如？臣每一舉念，輒至悶絕。皇上天地父母之恩，百凡憐臣、哀臣，豈於此事獨不爲臣曲體？臣即未敢言掛冠徑行，而一旦溘然死亡，皇上將奈臣何？臣即欲事皇上，亦將奈何？夫天下至大，決非一手一足所能勝，天下人至衆，決非一口一舌所能調，天下事又至多，決非一肝膽一肺腸所能慮，使賢者爲之猶可憂懼，而況於臣？皇上縱不體臣，獨不爲天下國家計乎？臣惓惓之衷，實是爲國，非爲身圖。伏望聖明亟賜允行。"

十七日丁丑，大學士葉向高謹題："竊見近日大小臣工，皆

① 藉 "藉"當作"籍"。
② 撿 "撿"當作"檢"。

以福王府第告成日久，禮當之國，成①欲有言。臣每告以此等事當聽聖裁，且聖意已定，不必煩瀆。諸臣始而信，繼而又疑，以爲既欲之國，何久不見傳旨耶？臣查得潞王於萬曆十七年三月十九日之國，先於十六年七月初一日即有旨下部，擇日措辦。蓋分封重典，事務甚多，各衙門及沿途經過地方，百凡供應，非半年數月必不能辦。皇上前諭臣以明春之國，今爲日幾何？而向②可緩視耶？至於莊田一事，地方官自當悉心計處，不必爲此遲留。臣所願王如河間、東平，修德樂善，萬世稱賢，亦不必爲此爭論，使人窺見淺深，是亦臣愛王之一念也。臣謹擬一諭，令該部擇吉舉行，伏望皇上裁改，亟行傳示，以免諸臣又來聒瀆。

諭禮部：親王之國，系祖宗舊典。今福藩府第已成，朕自當遵行。但時已冬寒，又聖母壽節與冬至、元旦各慶典在邇，其之國日期爾部可於明春擇上吉舉行，一應事宜，俱照潞王例，傳與各該衙門備辦，不得違誤。"

十八日戊寅，大學士葉向高謹奏："爲閣臣推補必難再緩懇恩俞允事。臣之言閣臣當補疏揭將百餘通，無可復措辭矣，今只以人情事體之至淺近者言之。如天下事，有一小可便宜，一人獨占，人且不甘，況內閣何地？閣臣何官？而可使一人偏據，又至數年之久？非但人以爲不可，即鬼神亦忌之矣。此人情之至不便者也。國家每設一衙門，便有長貳，有僚屬，每有一事，便有數人經管，所以彼此相維，奸弊不作。今以政本之地，只有一人，若其作奸行私，何人覺察？臣且不能自信，何以使人信臣？此事體之至不便者也。況臣年來愁苦之餘，實是多病，氣血衰枯，精神恍惚，昨以月食救護，拜跪艱難，屢欲傾倒，前疏所云死亡之慮，殆是實語，非是危語。皇上哀臣救臣，正在此時，使臣死而後倉皇用人，則已晚矣。"

二十日庚辰，大學士葉向高謹題："蒙發擬刑部審錄一本，自當照常擬上。但臣竊見我皇上好生之德，近歲率多停免，而

① 成 《綸扉奏草》卷一六"成"作"咸"。

② 向 《綸扉奏草》卷一六"向"作"尚"。

萬曆起居注

今歲又皇上五旬壽期，必蒙寬貸。但特恩出自皇上，非臣所敢擅定，謹擬兩票，恭請聖裁。惟是冬至在邇，各省直遠者至於萬里，得旨甚遲，舊歲至三覆奏始免，則遠方多已處決，不及奉行，未免有虛德意。故臣於此疏敢附一言，統祈聖鑒。"

二十三日癸未，大學士葉向高謹奏："爲聞言認罪懇恩罷斥事。臣接得禮科給事中亓詩教揭帖，以臣推諭德陳懿典掌南京翰林院事，與擬庶子郭淐照舊供職，爲用捨舉錯無以服人。此實臣之誤謬，科臣言之是也。但懿典積學深資，人亦長者，臣同官詞林，心甚敬之。頃詢其鄉之士夫，多謂目眚稍愈，較前不同，而留院清閒，無所事事，量與一轉，以俟其自爲進止，如勢難赴官，必當陳乞，則生平之局結矣。此臣區區憐才之一念也。若以爲有私，則懿典既已病廢，臣私懿典將以何爲？至於郭淐，以科場被論，須科場事明，議論乃定。當淐疏發票時，臣亦再三躊躇，不能自决，欲擬允其去，則淐方有事，何可遽去？欲擬有處分，考①舉子之被重劾者，尚未加罪，何以遽及於主考？故臣擬淐供職，而責令吏、禮二部會同都察院、該科看議具奏，以待聖裁，揆之事體，或亦宜然。惟是人知懿典之目盲，而臣誤信其稍愈，人欲郭淐之即去，而臣誤擬其暫留，昏迷之罪，委難自逭。又總督京營戎政寧陽侯陳應詔，人多言其不堪，頃因給事中吳亮嗣論劾乞罷，臣擬以②用心供職，蓋亦明示警戒之意，以俟其再陳矣。亮嗣之再參，意與臣同，而臣不能逕罷應詔，心亦愧之。此皆臣奉職無狀之公案也。臣自今歲杜門，哀鳴乞歸，已無復再入黃扉之想，獨以聖主厚恩，知臣信臣，凡可留臣者無所不至，臣心非木石，情同犬馬，能無感戀之私？故欲黽勉挨延，過此殘冬，庶幾爲國家完一、二大事，俟推補有人，然後再申前請，以盡君臣始終之誼。今天奪臣魄，顛倒至此，必不可强顏此地以事皇上明矣。臣去志已决，萬難再留。皇上即欲留臣，亦無所用。伏望聖慈俯垂矜憫，亟賜允放，即③敕下該部，早行會推，簡用名賢，以慰海內之望，臣即跧伏田野，何幸如之？"二十八日，奉旨："卿公清端

①考 《綸扉奏草》卷一七"考"上有"則分"二字。

②以 《綸扉奏草》卷一七"以"作"令"。

③即 《綸扉奏草》卷一七"即"上有"仍"字。

謹，直亮素隆，政本浩繁，實多匡濟，朕悉洞知。方今時事多艱，朕正切賴倚毗，豈可以浮言遽萌求去？近來新進小臣，不諳事體，逞臆狂躁妄言，本當重處，姑且不究。卿宜安心即出，入閣輔理，以慰眷懷。所辭不允。吏部知道。"

二十六日丙戌，大學士葉向高謹奏："爲愚臣乞歸情切懇恩亟補以重政幾事。臣頃以推陞失人，票擬謬誤，科臣絆舉，臣即認罪求去。蓋大臣被言省愆，其道當如是也。及科臣再疏，則事理愈明，臣愈自覺其非，更無可言矣。但臣因此思惟，天下事至多，擬議未易，以萬人而慮一事，猶或有失，以一人而慮萬事，豈能無差？所以祖宗設立閣臣，常有六、七人，少亦三、四人，欲其彼此相資，長短相濟，以不至於償事耳。假使當臣執筆之時，而從旁有人焉，言懿典之不當陞，郭湄之不當留，臣亦何爲而不聽之哉？夫此事猶小，即失猶未甚害也。如更有關係安危，事體重大，一誤而不可復收者，而臣亦迷謬若是，臣則已矣，如天下國家何？皇上試念及此，閣臣之補，尚可一刻緩乎？臣爲此驚惶，即欲辭票擬之役，又恐人謂臣褊衷暴發，或至激聖心之怒，是以未敢。然而精神憒亂，智慮愈昏，儻皇上再遲延不補，臣亦必不敢供此職矣。年來此①地艱難，再②愆叢集，留亦罪，去亦罪，出門亦罪，杜門亦罪。臣廷機每告臣，謂合前代名臣同在此日，亦做不得此官。殆亦有激乎其言之也。要之，自古以來，有難做之事，必有能做之人，豈可謂今之天下而遂無之？是在皇上一簡用耳。若臣則實是不能，非敢推託。願士大夫哀憐，共成臣去。臣歸命皇上，只是乞此殘生，早歸林壑，於分畢矣。"

二十八日戊子，大學士葉向高謹題："該臣以被言求去，方在候旨，又見言官紛紛論列，煩瀆聖聽。臣雖杜門伏枕，心甚不安，敢復冒進一言。蓋諸臣所言，雖不諳事體，然其中自有可採，其所論列之人，雖多失情實，然其中亦自有可議，惟一概留中，不行辨別，所以愈致爭競。皇上如不欲下言官之疏，

① 此 《綸扉奏草》卷一七 "此" 作 "政"。
② 再 《綸扉奏草》卷一七 "再" 作 "百"。

亦宜將被論諸臣辭疏，盡下部院，責令從公議擬去留，以聽聖斷。其言官疏中有條陳政務者，亦乞發下該部，斟酌議覆，量與施行。是亦今日弭煩囂之一道也。大臣者，小臣之綱領，大臣之氣勢舒，則小臣自有所畏憚。今六部正卿祇有趙煥、王象乾二人，而王象乾又未抵任，其左都御史一官懸缺已將十年，即有副都御史，其權位稍輕，力難彈壓，所以紛紜至此。誠將諸正卿與左都御史盡行補用，則大僚既多，人心自戢，是又今日弭煩囂之一道也。又軍政考察五府錦衣衛各官，久無處分，浮言日起，而王之楨①在環衛多年，人情更不相安，一切章疏多以之楨爲言，且有疑臣庇護之楨者。臣自入京祇見之楨一面，絕無往來，但念人情如此，之楨自不可留，皇上亦當聽之楨之去，苟因之楨一人而連累多人，使朝端不得安靜，亦大非計矣。昨軍政各本發票，臣不勝喜幸，業已擬上②，伏望皇上慨然沛發，完此一事，省多少議論，減多少是非，且亦未必非之楨之福也。此合內外大小臣工，萬口一辭，皆是如此，故臣不得不言。臣與之楨無怨無德，何苦必欲甚③去？惟是事勢如此，留之無益，而所累不小，所以敢求皇上之速斷耳。臣方求去，而復言事，自愧饒舌，惟是觸於衷不能自已，伏望聖明炤察。"

二十九日己丑，大學士葉向高謹奏："爲君恩愈重臣懼愈深再瀝血誠懇求罷斥事。臣頃以人言具疏乞罷，伏奉聖旨：'卿公清端謹，直亮素隆，政本浩繁，實多匡濟，朕悉洞知。方今時事多艱，朕正切賴倚毗，豈可以浮言遽萌求去？近來新進小臣，不諳事體，逞臆狂躁妄言，本當重處，姑且不究。卿宜安心即出，入閣輔理，以慰眷懷。所辭不允。吏部知道。欽此。'竊念臣以奉職錯謬，引分省愆，聖明不加罪斥，更辱溫綸。臣舉家大小，無不感泣，以爲聖恩如此，何由補報？寧忍言去以負眷懷？惟是天下事至重至艱，委非臣一人所能獨辦。五、六年來，上賴聖主之優容，下仗九卿之歡睦，匿瑕藏垢，延至今茲，臣之幸也。若一一數其罪戾，豈可勝書？頃者之事，特其小耳。臣觀人臣處進退之際，其始也多以人言小事而不去，而其後遂

---

① 楨 《明神宗實錄》卷五〇〇"楨"當作"禎"。本條記事下同。

② 上 《綸扉奏草》卷一七"上"下有"又數日不發，不知何故"九字。

③ 甚 《綸扉奏草》卷一七"甚"作"其"。

至於決裂敗壞，詆辱不堪，欲以微罪去而不可得，即使得去，而臣節傷，國體辱矣。皇上試思臨御四十年，閣臣更若干人，其得從容引退，恬然出長安門者，能有幾人？古人見幾而作，今不但幾矣。皇上誠及臣之未大狼狽而早賜以歸，臣亦及罪狀之未大章著而早得謝事，於以存臣下之廉隅，而全朝廷之體統，是亦清時①一大好事也。乃臣又有感者。茫茫世界，變幻無常，昔人比於蝸角浮漚。人坐久者，不過百年，其間奔走馳逐不過二三十年。光景幾何？史傳所載英雄豪傑功業卓犖者，不旋踵已為寒煙野草，湮滅無存。即臣入仕以來，世局人情，翻雲覆雨，幾經變換，由今觀之，竟是何益？顧欲以一身之是非得失，與世紛紜牽纏不了，臣雖至愚，臣②竊陋之。今之決意求去，乃不欲自違本心，萬不敢因人言而萌此念耳。伏望聖慈，俯垂矜允，仍亟行推用，勿復遲疑。至於言官論列，毋論是非，皆其職掌，寧使言之不當，不可諱而不言。即頃所陳奏，多有裨益，皇上亦當採擇施行，明示可否，以廣優容之度，章聽覽之明。毋輕責具妄言，以沮效忠之路。而諸臣亦宜體皇上愛惜人才之心，存忠厚於正直，毋得③大臣人人不安。此尤臣之所深切而願望者。"

① 時　《綸扉奏草》卷一七"時"作"朝"。

② 臣　《綸扉奏草》卷一七"臣"作"心"。

③ 得　《綸扉奏草》卷一七"得"作"使"。

十①一月辛卯，朔。

二日壬辰，大學士葉向高謹題："昨吏部尚書趙焕遺臣書，謂方杜門求去，部事皆不敢理，惟以建昌夷獠作亂，地方危急，須速點巡撫官，又考察在近，吏科都給事中曹于汴已管兩次考察，不便再管，二事緊要，故具疏上請，責臣爲之揭催。臣方求去候命，何敢多言？惟此二事，委爲目前萬不容緩之急務，不得不言。蓋四川夷獠之變，不及今撲滅，其勢必更猖狂，蔓及通省，而巡撫喬璧星久奉旨致仕，號令不行，昨四川按臣彭端吾亦遺臣書，言之痛切。其原推巡撫曹楷既未當聖意，當於添推吳用先等亟賜點用，責令作速赴任，以安地方者也。朝②考察，乃國家大典，吏部、都察院、吏科共司其事。曹于汴既管外察，又管內察，今若再管外察，深非事體，昨臺臣已有言矣。近如錢桓、喬允升，皆以資俸蒙恩遷轉，于汴之資俸較二臣更深，拮据兩察，勤勞可念，當依吏部所擬，量移于汴，使得別推，以重計典者也。至於九列空虛，見在者又皆閉門，昨趙焕又有疏言之至切，更望聖明留神省覽。其趙焕、孫瑋、翁正春、許弘綱皆當速下溫綸，頻③令供職，而早放臣之歸，則去留各得，而時事可紓矣。"

五日乙未，大學士葉向高謹題："臣頻年求去，屢瀆聖聽，深負罪淚④，但臣所處時勢有萬不⑤去者。蓋我朝閣臣，只備論思、顧問之職，原非宰相。中間有一、二權勢稍重者，皆上竊君上之威靈⑥，下侵六曹之職掌，終以取禍。臣備員六年，百凡皆奉聖斷，毫不敢欺負，其六部事務，盡聽主者，分毫不敢與聞。惟事有不行，則無論大小，一切盡以罪臣，臣有口難分，有舌難訴。不得已哀鳴求去，又謂臣以去挑激聖怒，必欲處分言官而後快。皇上察臣有此心否？如臣果有此心，則不但言官罪臣，皇上亦必薄臣，天地神明亦必殛臣矣。臣苦楚如是，再三思惟，推求其故，良由閣臣不補，政本虛單，猜疑易起，議論日多，以至此極矣。臣今哀懇皇上早補此官。此官既補，則

---

① 十 "十"上當有"萬曆四十年"五字。

② 朝 《明神宗實錄》卷五〇一"朝"下有"覲"字。

③ 頻 《明神宗實錄》卷五〇一"頻"作"督"。

④ 淚 《綸扉奏草》卷一七"淚"作"戾"。

⑤ 不 《綸扉奏草》卷一七"不"上有"不得"二字。

⑥ 靈 《綸扉奏草》卷一七"靈"作"權"。

共濟有人，臣若旦夕未死，猶可少盡犬馬之力。如一日不補，則臣負一日之罪，人亦一日不肯容臣，情極無聊，且至於冒罪逃死以爲國家辱而已。萬望皇上哀憐賜允，其大僚未補及見在求去者，併望早發綸旨，點用、慰留，使廟堂氣象不大蕭索。而四川巡撫尤爲緊要，今日按臣又有疏告急，地方危困，深爲可憂，必不容時刻緩者。"

六日丁酉①，大學士葉向高謹奏："爲專懇天恩速補閣臣事。臣杜門十餘日，請補閣臣疏揭已三、四上，非敢爲是煩瀆也，誠見此官非但一人不能爲，亦無一人爲之理，無一人爲之法。稽之前代以及聖朝，並無一人爲之故事，而臣乃爲之至於五年，安得而不顛連困苦、日哀訴於皇上哉？昨臺臣有疏，謂臣孤身暮年，東撐西持，力竭心枯，泣盡而繼以血。其言亦恫乎有餘悲矣。臣觀周之衰也，其大夫作詩自鳴，備述其劬勞鞅掌、慘慘畏咎之狀，而其甚至曰：'匪鶉匪鳶，翰飛戾天。匪鱣匪鮪，潛逃於淵'。蓋言魚鳥窮急，猶能飛潛，而自恨其身之不如魚鳥。其詞何迫切也？然而聖人取焉，以爲不悖於溫柔敦厚之教。何也？誠亮其情之固②鬱無聊，而其哀鳴之果出於不得已也。故曰：'君子作歌，維以告哀。'臣少讀詩至此，悽然傷之。今皇上視臣，得毋少類此也？尚可從容遲緩、不擇人以代之耶？臣頃奉溫綸，本當勉出供事，但臣一出，則皇上又以閣中有人，可以緩補，故杜門席藁，再三哀祈，庶幾聖心之少動。若恐其以此激怒處分言官，則是貪位患失者之所爲，而臣既旦暮欲去，乃萌此惡念，結萬人無窮之怨，造千生不了之孽，皇上聖度如天亦不③薄臣，雖其至愚，豈遂至此？似可可④以無過計矣。總之，皇上一補閣臣，則公私俱使⑤，人心自安，紛紛議論必當漸息，故臣敢復冒死申請。如皇上一日不允，則臣不能一日無言，煩聒之罪臣實甘之。臣不勝懇切籲號之至。"

十日庚子，大學士葉向高謹奏："爲恭謝宣諭併陳愚衷事。該臣具疏乞罷，請補閣臣，隨該鴻臚寺官捧出聖諭：'卿竭誠爲

① 六日丁酉 《明神宗實錄》卷五〇一系此記事於丁酉（七日），而《綸扉奏草》卷一九記此事於六日（丙申）。待考。

② 固 《明神宗實錄》卷五〇一"固"作"困"。

③ 不 《綸扉奏草》卷一七"不"作"必"，是。

④ 可 此"可"爲衍文。

⑤ 使 《明神宗實錄》卷五〇一"使"作"便"。

國，忠清直亮，國家政機，倚賴老成。小臣佞言煩興，囂然逞臆，前已有旨，且不究處。卿不必謙言介意。況朝端多事之時，豈可久居自寓？還着鴻臚寺堂上官宣諭即出，入閣視事，以匡政務，慎勿再陳。閣員乏人，朕知道了。吏部知道。欽此。'臣恭設香案，叩首謝恩，感極而繼以泣。竊念臣求去之意，已盡於疏揭中，與人言無預。皇上如天如神，豈不知臣五、六年來，知窮力竭，無補國事之分毫耶？又豈不知閣中無人，臣一身獨任之不可耶？又豈不知臣困病且死，不得已而哀鳴，急切之若是耶？乃尚未允臣之請者何耶？臣再奉溫綸，誼當匍匐即出。然皇上責臣之出以匡政務也，今政本匱乏，豈非政務之至急者乎？此不能匡，何論其他？九卿諸臣，如趙煥、孫瑋、翁正春、許弘綱，皆一時股肱之良，所與分理政務者，今盡皆杜門求去，請事不行，疏辭不報，臣入而睹黃扉間其無人，出而視諸曹寂然肩署，而徒以①孑孑然往來於朝寧之間，其將何以施面目？昨四川番夷作亂，告急日至，而撫臣至今不點，臣與吏部數日之內再三懇請，亦尚未蒙俞，西南重地，豈可置之度外？此皆臣之所危懼憂思、欲出而不敢出者也。朝端多事，聖諭固已洞然，事日見其多，而人日見其少，其究也必至於人盡空而事不可復爲。夫至於人盡空而事不可復爲，皇上即留臣，臣即欲竭蹙以事皇上，竟何益哉？皇上如俯察臣言，將閣臣即行推補，趙煥等諭令即出，其九卿員缺與四川巡撫皆亟行點用，然後徐議臣之去就，未爲晚也。至於言官論奏，率多忠悃，非謂佞言，更望聖明採擇施行。臣敢因陳謝而附布其愚。"

十一②日壬寅，大學士葉向高謹題："蒙發擬吏部尚書趙煥等各官辭本。臣念各官杜門日久，百凡不便，今既蒙發擬，諭令供職，則部院事務不致久廢，而朝端猶成景象，臣不勝喜慰。惟被論各官，內則如袁奎、徐兆魁，外則如崔應麒、楊鎬、李思孝、劉士忠、李同芳等，或居府寺，或列封疆，皆爲重任，若不一明白處分，則應去者爭論不休，應留③展布無自，公私俱困，綱紀日隳，甚不便也。諸臣辭疏，有已下部者，有未下

①以 《明神宗實錄》卷五〇一"以"下有"一身"二字。

②一 "一"當作"二"。

③留 《綸扉奏草》卷一七"留"下有"者"字。

部者，恐聖明一時難於檢閱，故臣擬令吏部盡爲議覆，定其去留，以聽聖裁，蓋亦今日事體之必不容已者耳。至於科場一事，紛紜未結，遂致部院三臣皆因此求去，亦須公平併議，以了前局，故臣於禮部疏擬及。臣非徇人言而多事也，以爲事不了則言愈多，言愈多則事愈枝蔓，遂有因此事而連及彼事者①，因後事而復牽前事，又有因事而累及人，因人而累及事，展轉紛紜，茫無了日，朝端之所以不靖，蓋在於此，若非早爲斷決，臣恐其後愈難處矣。臣愚見如此，敢附陳之。統望聖慈炤督。"

　　是日，大學士葉向高謹題："蒙發擬福建巡撫丁繼嗣一本《爲琉球封貢事》。此本曾於夏間來奏，已經部覆，催請兩次，擬上俱未蒙發，今又來催前疏。臣聞琉球已爲倭奴所併，其來貢者半係倭人，其所貢盔甲等亦係倭物，蓋欲假此爲窺伺中國之謀，心甚叵測。茲巡撫疏中，言倭將明檄琉球，挾其代請互市，又閩浙亡命郭安國亦寄書其家，暗指入犯之期，其檄與書語多狂悖，巡撫不敢上聞，而抄以寄臣，東南之事其②爲可憂。乃夷使又未奉明旨，地方官無憑發遣，羈留日久，非但窺見內地之虛實，且將謂朝廷百事遲延，奏請不報，益長其驕慢之心，而速其猖狂之舉矣。今北虜未寧，四川又在告急，加以東南再有倭警，轉餉募兵，將大騷動。而又在在空虛，束手無措，其將何以應之？臣謹將此疏即據日前部覆擬上，伏望聖明即賜批發，使地方官將③以奉行，其於消萌弭變，所關非淺鮮矣。"

　　十六日丙午，大學士葉向高謹奏："爲恭承聖諭敬謝天恩事。該文書官劉用捧出聖諭：'諭輔臣：卿贊政多年，公忠廉慎，勞勤機務，朕所素鑒。適今多事之時，正切倚毗，豈可久臥不出？成何政體？卿當以國事爲重，即遵屢旨速出，入閣視事。況恭遇聖母萬壽聖節，卿輔弼重臣，首宜嵩祝。且被言已有旨慰留，及註藉④的部院大臣，卿可傳與他每，也着即出，各安心供職，不得以疑似自畏，有誤國事。特諭卿知。'又該劉用口傳聖諭：'自入冬以來，聖足發痛。先生爲輔弼重臣，豈可久居私寓？恭遇聖母聖節在邇，理當慶賀，宜即出進閣輔理。

萬曆四十年

二九一一

① 者 《綸扉奏草》卷一七無此"者"字。

② 其 《綸扉奏草》卷一七"其"作"甚"，是。

③ 將 《綸扉奏草》卷一七"將"作"得"。

④ 藉 《明神宗實錄》卷五〇一"藉"當作"籍"。

① 藉 《綸扉奏草》卷一七"藉"作"籍"。

② 廷 《綸扉奏草》卷一七"廷"作"延"。

③ 舊 《明神宗實錄》卷五〇一"舊"下有"枝"字。

④ 勒 《綸扉奏草》卷一七"勒"作"勤",是。

⑤ 官 《綸扉奏草》卷一七"官"作"臣",是。

還傳與註藉①各官,遵旨即出供職。欽此。'臣恭設香案,叩首謝恩,及即傳示部院諸臣訖。竊念臣以負罪求去,屢煩君父慰留,聖母萬壽節屆,臣亦擬勉出拜賀,乃茲溫諭復臨,隆天重地,臣誼當祗遵,即於明早入閣辦事。其部院諸臣必能仰體皇上惓惓之意,即出供職,不敢推廷②以誤國事。但臣供事已久,獨力難支,今雖暫時勉出,譬如傷弓之鳥猶眷戀於舊③,垂斃之駑尚徘徊於末路,其不能奮六翮之用、而適萬里之途,明矣。念罪愆,則不得不杜門,奉溫旨,則不得不強出。杜門以謝人言,強出以應君命,提掇同於傀儡,循環等之轆轤,非但自傷,亦堪自笑。總由政本乏人,匡濟無力,以至於此。臣頻煩祈請,非爲身圖,蓋所以尊國體,重政幾,萬萬不容一日緩者。如此官不補,則臣勢必懇請,懇請不得,又須求去,而復勒④皇上之焦思矣。皇上惜此一官,而使上下之間不便如此,四海人情惶惶如此,亦何所難而故靳之?皇上誠慨然即補,使官⑤猶少得安心奉職,豈非至便?至於部院諸臣,人之責望雖視臣稍輕,而其職事之不舉,不能安於其位,則與臣同。其中最關係者,尤在吏部,皇上亦宜時加省覽,多賜施行。如大僚及四川巡撫,俱早行點用,以及林下諸臣併行召用,毋使其展布不前,復如臣之困苦,非但諸臣之幸,亦天下國家之大幸也。所奉聖諭,臣謹什襲珍藏,以爲鎮家之寶。"

十七日丁未,大學士葉向高謹題:"竊念臣至不才,待罪五、六年,未有分毫尺寸可以報答皇上,而皇上之所以眷臣者,隆天重地,無可復加。臣一番被言,則皇上必爲一番保護,臣一番求去,則皇上必爲一番慰留,以臣一人費皇上多少心思?勞皇上多少裁答?皇上未嘗得臣之力,而但受臣之累。至於臣愚戇之言,又不以爲忤,多賜採納。臣感激無地,慚愧亦無地。今聖母壽節與冬至皆已屆期,臣以情義不敢不出。已於今早報名廷見外,惟是臣有愚衷,言之似瀆,不言則心有不安,敢冒言之。被逮知縣滿朝薦,同知卞孔時、王邦才,皆以稅監之故,牽連拘繫。此三臣者,其始以意氣激昂,調停未善,臣不敢謂其無過。然而幽囚囹圄，遠者十年，近者四、五年，其於折磨推①困，亦以極矣。而三臣又有父母在堂，年貌皆頹，暮親之望子至於眼穿，子之思親至於腸斷，海內之人無不憐之。假使此三臣生非其時，遇非其主，即使畢命圜扉，臣亦不爲之恨。惟是生盛明之朝，逢堯舜之主，至聖至仁，至寬至恕，臣下雖甚觸忌忤旨，逆耳批麟，皆獲保全，即如以礦稅逮擊馮應京、何棟如、華鈺輩，不久盡皆釋放，而三臣獨未蒙曠蕩之恩，此臣之所以悼念而惋嘆也。前萬壽聖節時，曾蒙皇上發擬，臣竊窺聖意之欲解網於三臣矣，不勝喜慰，而不意復留中也。今慈闈慶洽，四海陽回，歡聲喜氣溢於寰區，故臣敢爲三臣請一旦之命，以上昭聖德，下慰輿情，亦臣區區補報之一念也。如聖意尚難，則古人有以官爵贖人之罪者，願削臣一官以宥三臣，臣亦有厚幸焉。臣馮藉聖慈，屢行干冒……"

十九日己酉，大學士葉向高謹題："前月十二日，蒙發太常寺請聖駕郊祀本，臣擬遣侯陳應詔恭代。維時應詔未有人言也。今應詔已被論下部，殊於遣代爲不宜，臣謹改擬一票，上請聖裁，亦仰體皇上敬天祇事之至意耳。"

二十三日癸丑，大學士葉向高謹奏："爲懇補閣臣事。臣聞人臣之事②主也，耕者耕，織者織，應門者應門，筦庫者筦庫，合衆力而共效之乃有濟也。假使家祇一僕，既督之耕，又課之織，又責之應門，又令之筦庫，凡百家中一事不理，皆罪此僕，又③庸蠢無能，不堪力作，其將恬然而就斃已乎？抑將哀控於主人，而求其所以助之者乎？一家之小，猶不可止役一僕，況於天下之大，而止責一臣？此一臣者其將何以支吾而處此乎？昔人爲④鞠躬盡瘁，死而後已。彼以人主委任，言聽計從，效一分之勤勞則有一分之補益，故雖死而不辭也。今臣雖未即死，未敢言盡瘁，然其無所補益，已可見矣。漢⑤時王襃賣僕，爲券百役皆供，讀券未了，而僕已叩頭請死。臣之叩頭請死久矣，伏望聖慈哀憐俯察。"

① 推 《明神宗實錄》卷五〇一"推"作"摧"，是。

② 事 《綸扉奏草》卷一七"事"下有"君猶僕之事"五字。

③ 又 《綸扉奏草》卷一七"又"上有"而此僕"三字。

④ 爲 《綸扉奏草》卷一七"爲"作"謂"。

⑤ 漢 《綸扉奏草》卷一七"漢"上有"豈可令恬然就斃而不求所以助之耶"十五字。

二十五日乙卯，大學士葉向高謹題："臣叨濫多年，罪愆日積，其哀鳴祈懇於皇上者，至煩至瀆。君尊如天，而臣冒昧如此，豈不知罪？每一舉筆，輒慚悚汗下，欲輟而不能自已也。今日所急，莫如補閣臣。閣臣補，則人心稍定，臣猶可挨延數時，少竭駑駘之力。若閣臣不補，則議論日紛，共罪臣之阻塞賢路，臣雖欲強顏居此而不可得矣。此事遲已數年，今理窮勢極，再不容緩。且臣微軀，委是多病，支持實難。伏望聖明早賜施行。其餘尚有一、二事緊要者，臣敢開列上請，統望聖裁。臣如奴僕牛馬，窮急則仰首悲鳴，非得已耳。一點血誠，更望聖慈垂鑒。臣不勝幸甚。

一、大僚員缺甚多，頃雖補用數人，又多爲他故所奪。今吏、戶、禮、兵四部，皆祇一人。刑部係他官帶管。工部祇有侍郎劉元霖，又以九年考滿，署事不便，杜門不出。都察院左都御史缺已十年，風紀重任，今歲又當考察，豈可久懸不補？皆當亟賜點用者也。

一、逮繫滿朝薦等三臣，困苦已久，人人爲之望恩。臣竊觀皇上四十年來，未嘗長繫一人，如曹學程、馮應京之輩，閣臣深一貫、沈鯉、朱賡等爲請，皆蒙赦宥。臣之誠款，雖不敢希望前人，乃皇上寬仁聖德，豈在今日遂異於昔？今冬至屆期，寒灰俱暖，故臣敢再爲三臣祈請，不辭冒瀆之罪耳。

一、廢棄諸臣，當時以狂妄疎率，取罪固宜，今困厄多年，其人亦半已淪逝，殊爲可惜。若稍與敘用，以昭曠蕩之恩，明聖度之廣大，亦盛事也。臣亦不敢望其盡起，但拔其尤者十數人，置之中外，則人情帖服，而朝端自此亦可望和平之福矣。"

二十七日丁巳①，大學士葉向高謹題："該吏部尚書趙煥，以人言辭分獻之命，臣昨已擬上，仍令趙煥分獻。今日期以②迫，而旨尚未下。恐臣所擬未當，謹再擬一票上請。或用前票，或用今票，俱惟聖裁，其趙煥更有辯疏，亦已蒙發擬，統望併發，責令供職。臣聞煥去志甚決，且欲徑行，不敢不以上聞。"

是日，大學士葉向高謹奏："爲大臣因言求去謹陳愚見以明

① 已 "已"當作"巳"。
② 以 "以"當作"已"。

協衷之誼事。該吏部尚書趙煥，以處卜履吉事，科臣趙興邦言具太輕，煥遂懇辭求去。今日科臣李成名又以罰止三月爲輕。夫三月，臣之擬擬①，煥之失，亦臣之失矣，敢不分過？平心而論，履吉此事，未明言於堂官，而徑入於章疏，形迹之間，殊爲不雅，誰能亮之？然而歷官②臣卿，夙有能譽，陪推吏部，人亦無言，若捨罰治之外，便是降謫，不無可矜，在煥憐才之心必是如此。假使臣能擬多罰數月，則人心自平，而議論亦省矣。惟其罰止三月，所以致此多事，是煥之失，尤臣成之也。在科臣就事論事，亦自不妨，惟其言之而語意太激，使煥不安，斯爲過矣。然煥歷事三朝，受恩深重，皇上起之田間，授以銓柄，亦千載之奇遇也。受事未及數月，所以報皇上者爲何？而遽欲因此決去，以老成忠亮之心，行感憤意氣之事，抑亦過矣。今國事艱難，賢才日少，在野者既賜環之未期，在朝者亦晨星之無幾，乃大小臣工復不能容忍，相摧相激，無有寧日，甚非國家之福也。以煥之虛心平氣，亮節亦③衷，眞足當統均之任，在皇上必加慰留，在煥必當勉出，臣可無言。惟是臣之所慮者，人心不同，意見亦異，當事之與言事豈能盡合？況當此分門割戶之日，更多弓影杯蛇之疑。若一事稍有參商，而言者必欲苛求，當④者必欲求去，臣恐朝端之紛紛，終無了日，而皇上之所云多事者，將愈多矣。惟願自今以後，各捐成心，共憂世道，議論聽之言官，而言有未當毋急於必行，主張責之當事，而事有過差不妨於商榷，詞氣歸之和平，精神要於流貫，使大臣得以展布，而毋苦羣臣之掣其肘，羣臣得以發舒，而毋疑大臣之畏其口，天下事其尚可爲乎？而要之，必自無偏無黨⑤一著於心，而曰：'我公道，我爲天下國家。'臣終不信矣。臣叨居輔弼，不能協和諸臣，自省有罪，又不勝紛囂決裂之憂，故因卜履吉一事而略言之，亦以見此⑥之失在臣，而不在煥也。"

① 擬擬 《綸扉奏草》卷一七"擬擬"作"所擬"，是。
② 官 《綸扉奏草》卷一七"官"作"宦"。
③ 亦 《綸扉奏草》卷一七"亦"作"赤"。
④ 當 《綸扉奏草》卷一七"當"作"留"。
⑤ 黨 《綸扉奏草》卷一七"黨"下有"始，偏黨"三字，是。
⑥ 此 《綸扉奏草》卷一七"此"下有"事"字。

閏①十一月庚申，朔。

是日②，大學士葉向高謹題："該臣今早詣仁德門，拜賀長至，蒙恩宴賜，臣不勝感愧。竊念臣備員以來，賀長至者已經六次，惟初次有二臣同人，後五次只臣一人。他如賀聖母萬壽、皇上萬壽、元旦節令③，皆祇臣一人者五年於玆，亦從前所無之事也。臣請補閣臣疏揭且百餘，無可復言，惟望皇上念臣數載犬馬微勞，允臣此事，以慰中外人情，使臣少免負恩誤國之懼，其爲大造於臣真不啻再生矣。若恐重任難勝，賢才難得，則如臣之愚陋，亦已支撐五、六年，今在朝在野豈無勝於臣者？廷臣集公論而請，皇上秉獨斷而裁，必有足當其選者，何必慮也？臣因趨賀有感，故復有此請。至於大僚當補，纍臣當釋，則臣實欲襄聖治而光聖德，寧有他念？統望聖明炤察施行。"

四日癸亥，大學士葉向高謹題："該吏部尚書趙煥以處卜履吉事被言，上疏求去，已蒙溫旨慰留，而煥又復稱病，堅不肯出，臣再三勸諭，且告以聖恩深重，受事未幾，不可恝然以去，煥終不見聽聞，欲於數日內挂冠徑行。臣念言官所爭履吉事，亦小故耳，不足以決去就，而連日見章疏爲煥挽留者甚多，乃煥意堅決若是，臣亦不知其解也。臣力不能留煥，不敢不以聞於君父，毋使煥去之後，皇上復罪臣不言耳。"

八日丁卯，大學士葉向高謹題："臣惟大計重典，從來無以一官而管數次者，惟吏科都給事中曹于汴既管外計，又管內計。吏部循資推陞，久不得請。今歲又當外計之期，于汴勢難再管，人亦以于汴爲不當管，故不得已具疏陳情，至於乞養乞歸，又乞致仕，章數十上，其詞甚哀，而其情亦已迫矣。故事管察官事畢敘勞，率皆陞轉，于汴在諫垣日久，資已當遷，兩番察典，任勞任怨，更爲可念，即不爲于汴念，而處其身於不進不退之間，使今歲計事茫然無屬，臣誠不知其可也。伏望皇上留神大典，將吏部推陞于汴原疏即賜檢發，不然，亦將于汴告疏敕下吏部，定其去留，使于汴身有歸着，計典不至躭誤，是亦今日

①閏 "閏"上當有"萬曆四十年"五字。
②是日 "是日"二字當爲衍文。
③節令 《綸扉奏草》卷一七"節令"作"令節"。

必不可已之事務也。臣非爲于汴計，乃爲國事計耳。"

十日己亥①，大學士葉向高謹奏："爲閣臣不補浮議日多懇乞聖明亟賜裁斷事。臣入直在②旬，屢請推補閣臣，情辭竭盡，未蒙允行，臣愁悶欲死。乃近聞人情紛紜，益多疑議，營謀推戴，訛言日滋，始猶詞林，今則外署，始猶見任，今則退休，轉相告播，形之奏章，臣竊異焉。夫爰立之典，下由廷推，上由聖斷，衆所不與，人必不推，下所不推，上必不用，私薦之竇不開，由中之旨不出，雖有大奸神力，何所用之？談者乎③是乎過計矣。且今之閣臣，非往日之閣臣也。事權氣力，大較可知，譬如荒祠土偶，像設雖存，久已不能爲人禍福，而巫祝紛紛自相驚怪，曰：'是且有妖魔來據其間，大爲不利也。'不亦惑哉？總之，此事不行，疑端從此而生，浮談從此而起，門戶從此而立，禍釁從此而成，是國家之大殃也。皇上誠慨然了此一事，則千疑萬怪皆可立消，一切推戴排擠之説皆不得行，臣下釋猜嫌之端，朝廷享安靜之福，何利如之？如再或遲延不決，則疑議愈滋，事端愈起，臣當抵死哀辭，先出國門以待誅戮，必不忍以不肖之身，久妨賢路，以誤國家，且坐受黨人之禍也。"

二十日己卯，大學士葉向高謹題："竊惟禮部一衙門，事務甚多，今歲爲更多。代事未了，繼以鄉場。鄉場未了，繼以庚戌會場。禮臣之唇已焦，而心亦苦矣。轉盼新春，又有棘闈之役。祇侍郎翁正春一人，既理部事，又辦講章，又知貢舉，將何以支？今詞林資深之官，摧折將盡，明歲主考亦苦無人，臣甚慮之。伏望皇上將吏部所推禮部尚書及右侍郎，慨賜點用，其臣所推掌詹事府官，並賜允用，庶曹事分理有人，即春闈大典亦不至臨事而倉惶矣。"

二十二日辛巳④，大學士葉向高謹奏："爲議論煩多壅格愈甚懇恩速補閣臣以回天聽以定人心事。自考選命下，章疏紛然，

① 亥　"亥"當作"巳"。
② 在　《綸扉奏草》卷一七"在"作"再"。
③ 乎　《綸扉奏草》卷一七"乎"作"於"，是。
④ 巳　"巳"當作"巳"。

萬曆起居注

①請 《綸扉奏草》卷一七"請"作"寢"。

②以 《綸扉奏草》卷一七"以"作"己"，是。

③有 《綸扉奏草》卷一七"有"下有"真"字。

④此爲 《綸扉奏草》卷一七"此爲"作"爲此"，是。

⑤体 《綸扉奏草》卷一七"体"作"休"，是。

⑥謂 《綸扉奏草》卷一七"謂"作"爲"。

一概未蒙批發，其各部事務亦多停請①或者妄相揣摩，以爲聖心疑厭諸臣之多言，而故抑之也。臣竊以爲，諸臣之言誠不無過多，然而論人者亦十得四五，論事者則十得七八，其於觸冒乘輿、干犯忌諱之談，尚未多見，聖心涵容，未必甚忤也。今各衙門凜凜奉職，綱紀肅然，則亦足見言路有人之效矣。惟是諸臣意見不無稍乖，向來門户未能消化，使人情惶惶，日虞禍孽之成，此則有不得不任其過者。要其端，祇在於各執成心，彼此求勝。如有人於此，本平平耳，或過稱其賢，矯之者必以爲不肖，再争則爲大不肖矣。又有人於此，亦平平耳，或過言其不肖，矯之者必以爲賢，再争則爲大賢矣。賢不肖之品，於本人面目全不相似，而但以供争者之唇吻。又其甚者，則居己於賢，居人於不肖，以②爲君子，人爲小人。夫世有③君子，必不自稱爲君子也。世有真小人，必不甘認爲小人也。君子、小人之名立，已多事矣，而況於株連蔓及，又附之以黨哉？臣竊謂聖明在上，清議在下，必無大奸巨慝如前代之小人能爲國家禍者，不必設此爲④名目，翹翹招招，如別黑白，相角而不体⑤，此臣之所謂⑥諸臣願也。乃其本，又在閣臣矣。往時閣臣常有四、五人，辛酸甘苦，相爲調劑，故獨見不用，而羣猜不生。今臣之孤身任事已五、六年，雖兢兢自矢，不敢蹈徇私植黨之罪，然而當局既久，則意見易窺，受任既專，則物情難厭，非但天下不能亮臣，即臣亦自疑矣。使得新臣三、四人來居此地，彼其受事方新，未蒙緣染，空空洞洞，何偏何黨？下之猜嫌既釋，則上之疑厭自消，人心可定，壅格可通，轉移世道之大機，實在於此，此尤臣之所爲皇上望也。臣頃見科臣張延登一疏，恭陳無黨之論，以定國是，而謂主張全在輔臣，其意甚平，其言甚當。臣雖不能主張，而深願有主張之人，故敢復以此請。其他困苦迫切之至情，則屢疏已具，不敢瀆陳。伏望聖明省覽施行。"

二十七日丙戌，大學士葉向高謹題："目前有二緊要事，不可不處分，臣不得不言。其一爲工部侍郎劉元霖，以被人言，封印謝事，該部事務無人調理。今歲暮之時，百幾急迫，難以久停。乞將元霖辭疏亟賜檢發，或去或留，使有歸着，以毋耽誤部事。此萬不容緩之急務也。其一爲考察在邇，吏科都給事中曹于汴以曾管兩次考察，不便再管，屢疏乞歸，未蒙允發，今不得已出城候命，該科事務尚無着落。今日六科各官皆來見臣，謂當亟允于汴之歸，另補科臣，以司察事。此亦萬不容緩之急務也。今之時事，千條萬端，欲言不盡，臣孤身當事，獨力支持，中外人情責臣望臣，如湯如火，煎熬難過。臣無可奈何，祇得不避煩瀆，哀控皇上，每一番具揭，輒一番洒淚，心腸欲碎，寢食俱忘。皇上若再不憐臣，爲臣稍行一、二，臣真悶死困死，捐此殘生以謝天下而已。"

萬曆起居注

① 一 "一" 上當有 "萬曆四十年十二月" 八字。

② 制 《明神宗實錄》卷五〇三 "制" 作 "宗"，是。

一①日庚寅，朔，大學士葉向高謹奏："爲閣臣不補爲當今第一闕政懇乞天恩亟賜允行事。今天下之事，雖百孔千瘡，難以補塞，中外人情鰓鰓過計，然臣竊觀皇上之神聖聰明，於國家大計無不留心，事到窮極無不施行。即如福藩之國，人望最切者，亦已有旨，令各衙門料理一切事務，計其吉期，亦必照潞王例，在於新春無疑矣。此皆皇上獨斷神謨，非臣等所能仰贊，天下萬世孰不頌服？惟是閣臣員缺，經今五年，尚未推補，時政闕失之大無過於此。臣每念此事，上關國家之安危，下切一身之利害，憂兼公私，補牘無數，而皇上若不聞者。夫犬馬螻蟻之微，其精氣所感，皆能動天，而臣之愚頑，終不足以動皇上，即此一事，其爲庸劣不勘已甚明矣，又何論其他萬千之罪狀哉？皇上即不念臣，聽其顛覆，臣即不愛身名，任其敗壞，然而天下萬世之罪臣者必將曰：'此皇上不知臣之不肖，不別用忠良，以使其至此也。'竊恐皇上亦將爲臣分過，則臣之累皇上深矣。夫皇上事事必遵祖制，其割難忍之愛以成分封之典，亦以祖制重也。閣臣之祇一人，一人而至五、六年，祖制②朝曾有此乎？其爲非制甚矣。臣安得不昧死而力請乎？伏望聖明，即賜允行，以補此第一闕政。"

二日辛卯，大學士葉向高謹題："該吏部尚書趙煥、都察院副都御史許弘綱，皆屢疏請點用左都御史，其言至切。蓋此官綱紀百僚，秉持風憲，其重與吏部尚書等，自溫純去後不補者已將十年，法度陵遲，人心玩愒，爲日久矣。今雖有弘綱署事，清正可任，然名位不重，彈壓終難，而弘綱又見署刑部，近以考察事煩，兼管不便，具疏控辭，未蒙允發。聖明在上，乃使股肱大臣空虛至此，又何怪朝廷之日輕，而煩囂之日起哉？況察典重大，總憲一官必不可少。伏望聖明俯允部院所請，將左都御史亟賜點用。其吏科都給事中亦係管察之官，當速允曹于汴之去，即補他人，庶不誤事。臣爲此屢揭陳瀆，不知曾經聖覽與否？冒昧再陳，亦見其事體之必不容已也。"

六日乙未，大學士葉向高謹奏："爲懇補閣臣以慰輿望事。臣屢次請補閣臣，而皇上不允者，或以臣欲藉此以便其私耳。昨科道各官合疏以請，而從前大小臣工疏且以千百計，豈皆爲臣一人謀哉？蓋舉天下之人，皆知此官之必不可不補矣。天下人如此其急，而皇上獨緩，或又以臣尚可支吾耳。不知臣捫心默念，自受事以來，未能薦一賢，未①能挽回一弊政，未能消弭一釁端，碌碌浮沉，貽憂宗社已六年於茲矣，轉盼改歲，便是七年。嗟夫，七年之病，求三年之艾，人惜其遲，其又可以再遲乎？夫大廈而支以一木，豈不甚省？然而必集羣材者，任有所難勝也。狙猴而被以衣冠，豈不甚美？然而躑躅裂去者，情有所難堪也。今臣之不勝任已甚明矣，至於心悶悶而不得舒，衷鬱鬱而無誰語，蓋不但如狙猴之困於衣冠，而且如桁楊拴②梏之在體矣。皇上奈何欲使臣必躑躅裂去之爲快也？臣言不足聽，昨科道官公疏，伏望聖明爲臣，留神省覽，亟賜施行。但早一日，即超臣一日之生，舉天下萬口萬聲，皆頌皇上之功德矣。"

十一日庚子，大學士葉向高謹奏："爲推補閣臣屢請不報認罪候旨恭聽處分事。臣惟閣臣員缺多年，久當推補，中外人情無不罪臣祈請之不力，而臣所爲叩閽泣血塵瀆天聽者，至煩至苦，無以復加，乃皇上竟置之不聞，漠然無所可否。忝③稱輔弼，所言乃國家公事，豈應沉閣至此？竊恐内中或有阻格，不得上聞，即上聞而萬幾殷繁，未經聖覽，故使臣下情無從仰達，即日具一疏亦無益耳。今歲序將新，普天開泰，而臣以獨身受事，日復一日，歲復一歲，茫無了期，靜言思之，將何說駕？且天下人方望臣以匡濟，責臣以擔當，而臣以自己切身利害一事，如此懇請，尚且壅格，又何敢復問其他哉？即此便是臣莫大之罪，何說之辭？臣數年間爲此疏揭無數，今不敢悉陳，只將臣廷機去後催請疏揭，開列以聞，伏望皇上留神細查，果曾入聖覽與否，明以示臣，使臣得以無疑，仍即涣綸音，命該部會推、點用，使臣得有超生之日，實爲萬幸。臣言至此，而皇

① 未 《綸扉奏草》卷一八"未"上有"未能行一事"五字。

② 拴 "拴"當作"桎"。

③ 忝 《綸扉奏草》卷一八"忝"上當有"臣"字。

上猶復不省，則臣真無復留之理，孤負天恩亦付之無可奈何而已。至於明歲會試主考及知貢舉官，盡皆缺人，亦萬分用①急，伏望聖明將吏部所推尚書、侍郎及臣推掌詹事府等官，亟行檢發，使不至臨期誤事，此亦臣所屢請而未得者，敢併申之。臣不勝懇切之至。

   計　開

  九月二十三日奏本一通
  十月初二日奏本一通
  十月十二日奏本一通
  十月十八日奏本一通
  十月二十六日奏本一通
  十一月初五日揭帖一通
  十一月初六日奏本一通
  十一月二十三日奏本一通
  十一月二十五日揭貼一通
  閏十一月初一日揭帖一通
  閏十一月初十日奏本一通
  閏十一月二十二日奏本一通、同日揭②帖一通
  十二月初一日奏本一通
  十二月初六日奏本一通

  以上俱專爲請補閣臣事。"二十四日，奉旨："覽卿陳奏，足見忠誠敬慎，爲國周祥，政務繁重。枚卜閣員及點用尚書等官，知道了，候旨行。卿屢上疏及諸凡章奏，皆朕詳覽可否，何必疑慮？卿爲輔弼，朕倚毗方殷，豈可恝然言去？卿③安心贊理，不准辭。該部知道。"

  是日，大學士葉向高謹題："蒙發④吏部一本，大意爲考察期迫。欲將翁憲祥推補吏科都給事中，而允曹于汴之去。臣惟于仰⑤在科資俸最深，賢聲最著，一⑥經管兩察，勞勩爲多，吏部據例推轉兩載有餘，尚未蒙允。而臺臣如錢桓、喬允升等資俸在後者，皆已陞京堂，獨于汴靳此一轉，論以國家敘遷酬勞之法，甚失其平。故臣愚謂當照吏部原推，以存舊典。如聖意

---

① 用　《綸扉奏草》卷一八"用"作"因"，是。

② 揭　《綸扉奏草》卷一八"揭"上有"又"字。

③ 卿　《綸扉奏草》卷一八"卿"下有"宜"字。

④ 發　《綸扉奏草》卷一八"發"下有"擬"字。

⑤ 仰　《綸扉奏草》卷一八"仰"作"汴"。

⑥ 一　《綸扉奏草》卷一八"一"作"且"。

未肯慨然，則但允其去，亦無不可。臣謹擬兩票，恭請聖裁。事體至急，尚書臣趙煥屢次託臣代奏，故敢附問。伏望聖明留神檢發。"

十四日癸卯，大學士葉向高謹奏："爲再陳閣臣萬分不容不補之故懇乞聖慈併行覽斷事。臣在此六年，窮困已極，祗望皇上推補此官，匡臣不逮。乃疏至百十，莫回天聽，昨萬不得已將臣近日催補疏揭逐一開列，哀懇聖明檢查允發。今候已三日，又復杳然，展轉思惟，不知其故。意者皇上以此事尚在可緩，臣之罪狀未章，天下人尚肯容臣，可以延挨乎？不知人之罪臣責臣、見於章奏者，其說甚多，但皇上未及詳覽，臣欲一一引咎疏辭，又恐煩皇上裁答，故概置不言，今敢約略陳之。東宮輟講已經十年，元良國本，關擊何如？而荏苒蹉跎，竟成寢閣。人之罪臣者一也。林下廢棄諸臣，如鄒元標等，皆一代才①，如麟如鳳，兒童走卒亦知其姓名，臣常恨不能舉此官以讓之，而一謝朝班，便同禁錮，世憂道喪，國嘆空虛。人之罪臣者二也。公車封事，堆積如山，天宮②日曠，庶職盡瘝，茫茫九閽，終不可問。人之罪臣者三也。被逮二、三臣，幽憂歲久，倚閭之腸既斷，望雲之眼復穿，當大聖至仁之朝，有極冤難訴之苦。人之罪臣者四也。諸如此類，已難殫述，加以士大夫門户既分，喧呶未已，臣恐漢唐宋黨人之禍復見於今，兩邊勸解，事有類於調停，一意協和，迹反同乎觀望，遂使玄黃俱傷，黑白莫辨。人之罪臣莫此爲甚。蓋臣質本駑庸，衷復淺隘，使當居常無事之時，汶汶伴食，不竊威權，不居寵利，不爲害於天下國家，或一③能之。今日是何世界？是何人情？而臣又獨身受事，百責交叢，捫胸殊無水炭，而口語常疎，舉足本無重輕，而力量更弱，規避雖云不敢，擔當實是無能，臣自知甚審，何待人言？今聖主神明，獨斷於上，百司勸勉，奉職於下，臣居於其間，無所補益，空積罪愆，有如贅龐④，反多妨礙。每思前代人臣最惡被⑤名，如李林甫、盧杞、秦檜之徒，當其未大決裂之時，能引分早歸，毋妨賢路，罪亦尚輕。此所以腐心泣血、冒死千

① 才 《綸扉奏草》卷一八"才"下有"賢"字。

② 宮 《綸扉奏草》卷一八"宮"作"工"，是。

③ 一 《綸扉奏草》卷一八"一"作"亦"，是。

④ 龐 "龐"似當作"癰"。

⑤ 被 《綸扉奏草》卷一八"惡被"作"被惡"。

祈，以庶幾聖心之少動者也。夫黃扉專席，政本獨居，上憑寵靈，旁無牽掣，此人臣奇遇，世之所禱祀而求者，臣獨何心，苦請若此？誠念國家大計，四海輿情，斷斷不可久誤，而臣審已度時，萬分不能展布，故雖欲抑情緘默而不可得，即重干天怒，以就司冠之誅，亦甘之矣。"

十八日丁未，大學士葉向高謹題："照得誥敕房原有翰林院坊局官五員，管理文官誥敕。令庶子郭淐、朱延禧，諭德黃國鼎，皆杜門請告，贊善張邦紀丁憂，止有諭德盛以弘一人，辦理不前。臣謹推得右諭德周道登、丘禾實，洗馬王毓宗，南京國子監司業溫體仁，俱堪管理。合無將溫體仁量陞右春坊右諭德，兼翰林院侍講，同盛以弘、周道登等管理前項事務，其郭淐、朱延禧、黃國鼎，准其回藉①調理，候病痊起用？併乞敕下吏部，查照施行。"

二十一日庚戌，大學士葉向高謹奏："爲泣請亟補閣臣事。臣恐從來請補閣臣章疏未經聖覽，故將近日所奏開列上聞，而皇上仍不報也。又將臣歷歷罪狀爲天下人所不容者，開列上聞，而皇上又不報也。於是臣之計窮，而諸爲臣計者亦窮，惟有摧腸泣血而已。悶結之極，虛火上炎，咽喉哽塞，每日吐痰數升，眩暈欲死。即伏枕呻吟中，猶自思自訟：賢路由臣而妨，邪正由臣而混，政幾由臣而塞，人情由臣而紛。而近日章疏，更爲壅滯，留中者既不發擬，發擬者又復留中，臣皆無能挽回，愈增罪愧。國家雖至乏賢，何至使如此不才之人，長久忝竊？及今若再不推補，是真困孤臣於死地矣。與其坐視其死，何如及其未死，肆之市曹，以爲閣臣異②懦不任職之戒，猶庶幾有補於國事之萬一也？今歲序將新，普天同慶，而獨孤臣哀鳴至此，無計動天，其在聖心，忍乎？不忍乎？"

二十二日辛亥，大學士葉向高謹題："竊惟考察期迫，都察院無正官，甚非事體。頃蒙皇上點用左都御史，臣不勝喜慰，

①藉 "藉"當作"籍"。

②異 《綸扉奏草》卷一八"異"作"巽"。

萬曆四十年

二九二五

乃遲之數日，尚未發下。豈履端節近，宮中事冗，皇上或未及檢耶？今去察期祇七、八日，如再遲延，恐遂無及，故臣敢爲摧①請，蓋他官尚可少遲，此官在今日爲最急耳。伏望聖明即賜檢發。"

二十四日癸丑，大學士葉向高謹奏："爲閣臣不補溫旨愈虛無可奈何再行祈懇事。頃臣以日來推補閣臣疏揭開列上請，奉聖旨：'覽卿陳奏，足見忠誠敬愼，爲國周詳，政務繁重。枚補②閣員及點用尚書等官，知道了，候旨行。卿屢上疏及諸凡章奏，皆朕詳覽可否，何必疑慮？卿爲輔弼，朕倚毗方殷，豈可恝然言去？卿宜安心贊理，不准辭。該部知道。欽此。'臣泣讀溫綸，知諸凡章奏皆經聖覽，有無③壅格之弊，曷勝喜慰？惟是閣臣之補與尚書等官之點用，猶然候旨行也。臣之候旨已五、六年矣，今將候至何時乎？以閣臣言，則臣苦且死矣，死則閣中空矣。以尚書等官言，則知貢舉與會場主考俱無人矣，爲日幾何？是尚可以再候乎？昨臺臣董定策，責臣於疏揭籲祈之外，別有④感動挽回之術，勿徒以引罪謝過了事。其所望於臣者甚厚。顧臣再三思之，皇上高拱穆清，上下久隔，所恃以自通其款誠者，祇有疏揭一路，捨此之外，實無感動挽回之術，或亦有之，而臣不能也。若以引罪謝過爲了事，則此事豈引罪謝過所能了？臣自信此心，夫復何言？惟恐此旨下，而天下人妄意皇上以'知道''候旨'爲了事，此則臣之所甚不安耳。觀臺臣所稱引我朝閣臣，其最純白無暇者，遠則薛瑄，近則王家屏。瑄受事僅五月去矣，家屏以爭冊立一事四疏去矣。二臣豈無忠藎之思、報主之念？而竟出於此者，總是無策之中以去爲策。臣叨濫六載，終日嘵嘵而尚不能去，是臣之罪，不能去而必以去爭，是臣之責。皇上諭臣以'豈可恝然言去'，而不知臣之言去，爲萬不得已也。今各衙門皆有事，而臣獨以籲天爲事，各衙門皆有職，而臣獨以領罪爲職。天不可籲，罪不可逃，宇宙雖大，無以自容，臣安得而不去哉？夫使之⑤臣愛臣者但以妨賢不去罪臣，臣毫無可⑥辭，便請出國門以謝天下。至於三

①摧 《綸扉奏草》卷一八"摧"作"催"。

②補 《明神宗實錄》卷五〇三"補"作"卜"，是。

③有無 《明神宗實錄》卷五〇三"有無"作"無有"，是。

④有 《明神宗實錄》卷五〇三"有"作"爲"，是。

⑤之 《綸扉奏草》卷一八"之"作"知"，是。

⑥可 《綸扉奏草》卷一八"可"作"所"，是。

楊之遇成祖，劉、謝之遇宗孝①，君臣忻合，千古盛際。以我皇上之明聖，豈遜祖宗？顧臣非其人也，則願俟之新臣而已。臣連日連疏，瀆煩已甚。伏望聖慈少留半刻之神，爲臣省覽，臣死且不朽。」

二十五日甲寅，大學士葉向高謹題：「該禮部侍郎翁正春，以人言求去，業已三疏，未蒙檢發。今二十六日有煎除之事，二十七八有習儀之事，元旦有慶賀之事，過此又有科場之事，皆須禮臣，豈可令正春久杜門而不出乎？且正春典禮、直講，皆極勤勞，今歲該部事務較常更多，正春悉心調濟②，尤爲困苦，而言者顧有未亮，臣因此而益感於大臣任職之難矣。今諸事緊急，伏望皇上將正春辭疏即日檢發，責令供事，庶典禮不至於違誤矣。」

二十七日丙辰，大學生葉向高謹題：「竊惟庶民之家，當歲暮之時，必將其家事整頓一番，子弟僮僕皆加恩意一番，所以順天時、重歲事也，而況於天子之以天下爲家者哉？今歲且除矣，明歲元旦乃皇上臨御之四十一年，萬曆無疆之祚，此又一初，中外臣民孰不胥慶？頃蒙皇上點用左都御史等官，憲度一新，朝端生色，仰見聖明之心與天合德，其造福於宗社生靈固未③也。惟臣所竭力祈請補閣臣之一事，尚未見施行，人情猶鬱，臣翹首企足日夜懸望救此困苦，皇上奈何惜半行明旨，不爲臣一體恤乎？林下廢臣困厄日久，才既可惜，情亦可矜，臣甚願皇上普賜收錄，以照聖度。乃銓部屢推，率皆中格。昨蒙發擬光祿寺少卿饒伸，又復留中。饒伸乃以南京吏部郎中丁艱而歸，與起廢不同，既蒙點用，當賜檢發。此外更量起數人，以慰天下之望，亦聖朝④一盛事也。又被逮滿朝薦等三臣，當此履端之時，人人爲之望恩。我皇上天覆地載，何所不容？前此被逮諸臣，無一不獲釋放，豈其獨靳於三臣乎？臣與三臣，平生無一面相識，無一字往來，而惓惓言此者，誠欲使天下萬世頌皇上之至聖至仁，與堯舜禹湯文武而比隆也。此二、三事，

①孝 《明神宗實錄》卷五〇三"宗孝"作"孝宗"，是。

②濟 《明神宗實錄》卷五〇三"濟"作"劑"。

③未 《綸扉奏草》卷一八"未"下有"艾"字。

④朝 《綸扉奏草》卷一八"朝"作"明"。

臣言之至爲煩瀆,然實出於一念忠愛之心不能自已,且有感於歲序之更新,聖恩之廣布,與萬方計吏雲集於闕廷拭目以觀聖天子之德故意①敢復冒昧若此。伏望聖明省覽裁斷。補閣臣、起廢臣、釋纍臣三事舉,而太平之治可漸致矣。"

① 故意 《明神宗實錄》卷五〇三"故意"作"意故",是。

萬曆
四十一年

萬曆四十一年正月①。

二日庚申，大學士葉向高謹題："該同官臣李廷機抵家，遣人上疏謝恩，隨遺臣書，極言受皇上知遇超出尋常，其去也實萬不得已，又蒙皇上賜以溫綸，遣官護送，今得以優遊田里，歌詠太平，皆出聖恩天高地厚，莫知所報。其言勤勤款款，皆出於至情，臣讀而感動，見皇上待廷機之厚，而廷機戴皇上之深也，君臣之際如此，亦可謂難得矣。廷機謝疏，臣已擬上，而數目②未發，想節下事多，未及省覽。臣念廷機萬里上書，宜賜裁答，以慰其意，且以見皇上始終優禮之盛心，故敢以一言爲請。如臣亦宜③未當亦望聖明改正、發下，臣不勝悚息之至。"

四日壬戌，大學士葉向高謹奏："爲泰運方亨窮臣宜憫懇乞聖明速賜推補事。臣之請補閣臣，苦心苦口，無所不盡。尚疑其未經聖覽，乃頃奉溫綸，則知皇上皆加詳覽矣。覽之而猶未賜施行，豈臣之所言尚不足以動聖心耶？抑臣之罪愆深重，皇上必不肯加恤耶？臣自念六、七年間，疏揭五、六百通，千聲萬聲，祇是苦④苦，千罪萬罪，無不甘承。其告苦也，如乞人之仰首號叫，而過者不聞，其承罪也，如犯人之俛首供招，而求者未已。臣不足惜，如國體何？夫庶人之家，當佳辰令節、歡會燕集之時，苟有窮急之人大聲號呼於其側，亦必愀然不安，而思所以發遣之。今皇上吉祥善事歲歲增添，履端之慶方新，燕喜之休未艾，而獨使危困孤臣哀鳴呼籲一至此極，使不聞於聖聰則已，如其聞之，寧不爲臣而減歡耶？且傳之天下萬世，亦寧不謂聖明之朝，慈仁之主，而乃有股肱大臣作此景象，其於聖德盛治，得無少損耶？舊歲不得，望之新歲，新歲不得，更將何望？此臣所以情愈急，而詞愈危，不自知其不可耳。伏望聖明再加詳覽，亟賜施行。但使此旨一下，歡聲沸騰，亦助皇上之吉慶也。"

萬曆四十一年

二九三一

① 月 "月"下當有"己未朔"三字。

② 目 "目"當作"日"。

③ 亦宜 《綸扉奏草》卷一八"亦宜"作"所擬"，是。

④ 苦 《綸扉奏草》卷一八"苦"作"告"，是。

五日癸亥，大學士葉向高謹題："臣惟目前一最急事，是會試主考、知貢舉缺官。原①用閣臣爲正，而用三品以上翰林官副之，無閣臣則正副皆用三品以上翰林官，此定例也。今翰林官皆五品以下，即四品亦無一人。如此重典，又當議論紛絃②之日，若非名位稍高之人，何以勝任？其知貢舉原用禮部堂上官，二員一理部事，一入場提調，近年以禮部無官，不得已借少詹事入場，今少詹事亦無一人，此皆事之至難處者也。臣查前後翰林官，見在者既苦於資淺，其奉差、告病在家者，又一時未能即至，祇有原任癸酒方從哲，係京師人，資望極深，可以起用。故臣題請③詹事府掌印，而吏部亦推從哲爲禮部右侍郎，此兩缺者惟皇上擇一而用之，無所不可，用之詹府則可爲主考，用之禮部則可知貢舉，如禮部有官，則翁正春見推吏部侍郎，又可點用，以備主考之選者也。時日已迫，人情皇皇，臣不得不請。如臣所推舉未合聖意，亦望皇上批示，使因又別作計較，恭請聖裁。不可付之不理，以致臨期誤事，歸罪於臣。其禮部尚書併乞點用，以濟一時之乏，其於大典亦有光矣。"

十月④戊辰，大學士葉向高謹奏："爲閣臣不補人情愈急冒罪哀請事。臣爲閣臣不補一事，犯天下之大罪，叢天下之話⑤，臺省諸臣累讀⑥連章，責臣以感動之無術。今日科臣余樊孳、官應震又相繼有言，應震所爲臚列獨相之害，尤爲詳明，其所以貴⑦臣者亦更爲深切，臣讀之惟有捫心愧汗而已，安敢置一辭？嗟夫，以天下之大，萬幾之煩，盡委於一臣，使其處心積慮，皆爲疑端，啟口容聲，盡成罪案，是尚可罪之而不恤耶？臣常有愚念，謂今天下人視閣臣太重，求其人太難，故皇上亦遂過於詳慎，不肯輕畀。不知人才何常？捨短取長，皆有可用。必欲求皋夔稷契其人而後任之，則我朝二百餘年無閣臣矣。惟是彼此相資，可否相濟，合衆人之力爲一人之力，便過⑧集事，不必以人之難得而遂虛其官也。近有以此問臣者，臣應之曰：'毋過慮也。但有手能書，有口能言，有耳目能視聽者，便可做此官。'且如臣之不才，亦已捱延六、七年矣，皇上隨廷臣所推

---

① 原 《綸扉奏草》卷一八"原"上有"主考"二字，是。
② 絃 《綸扉奏草》卷一八"絃"作"紜"，是。
③ 請 《綸扉奏草》卷一八"請"作"推"。
④ 月 "月"當作"日"。
⑤ 話 《綸扉奏草》卷一八"話"作"大詬"，是。
⑥ 讀 《綸扉奏草》卷一八"讀"作"牘"，是。
⑦ 貴 《綸扉奏草》卷一八"貴"作"責"，是。
⑧ 過 《綸扉奏草》卷一八"過"作"足"，是。

舉而用之，有一之不勝臣者耶？臣力窮矣，辭亦窮矣，皇上如罪臣爲逼迫煩瀆，則請於清燕閒暇之時，爲臣一思，臣之情其得已耶？不得已耶？夫犬馬豚遂之微，苟有血氣，當其無聊不堪，亦必躑躅哀鳴，臣猶名曰人也，而能默默已乎？伏望聖慈少加憐憫，爲臣一處，臣不勝仰首呼天千祈迫切之至。"

十三日辛未，大學士葉向高謹題："臣自歲裏有痰血之病，咳嗽不出，氣急欲絕，此元日入賀，司禮二臣所親見者。臣再三託其以臣病患及閣臣不得不補之故，轉爲奏聞，言言欲泣。不知二臣曾達天聽與否？臣猶忍死支持，黽勉入直，至十一日遂不能行，而人言亦繼至矣。人臣有病則請告，今臣併病亦不敢告，人臣被言則求去，今臣併去亦不敢言。杜門三日，又不敢不以聞於君父，他無所言，只望皇上念臣數載奔直之微勞，開臣一條生路，毋使臣爲逃死偷生之人，斯爲幸矣。"

十六日甲戌，大學士葉向高謹題："爲今會試已迫，主考、知貢舉缺官，委爲難處，臣已屢次催請。頃蒙發擬禮部右侍郎方從哲，臣方喜得其用，今已數目①，又未發下。事勢愈急，再遲則無及矣，不得已，再行催誰②。伏乞聖明，即賜檢發。謹題。"

二十一日己卯，大學士葉向高謹題："會試之期去今只半月矣，臣題詹事府掌印官，吏部題推禮部尚書、侍郎，至今未發。主考、知貢舉將屬何人？數千士子喁喁候望，每有問臣者，臣無以對。聖意或以翰林各官尚多，不患無人，不知會場重事，非官資稍重者不足以重③其任。今翰林各官皆五品以下，以充主考、知貢舉，是從來未有之事也。皇上試一留神，便知此事之萬不容緩矣。臣今日非萬不容緩事，亦不必④言，伏望聖明速賜檢發。臣不勝祈懇之至。"

二十二日庚辰，大學士葉向高謹題："臣以枚卜一事，累被

① 目 《綸扉奏草》卷一八"目"作"日"，是。
② 誰 《綸扉奏草》卷一八"誰"作"請"，是。
③ 重 《綸扉奏草》卷一八"重"作"當"，是。
④ 不必 《綸扉奏草》卷一八"不必"作"必不"。

人言，兼之病患，懇求聖明處分。自知孤負恩私，無所逃罪，但人既以獨相罪臣，以枚卜之不行由臣阻撓，臣呼天搶地無以自明，不得不歸命於皇上耳。今日閣臣推補，真是萬分難緩，皇上可以察臣萬不得已之心，爲臣一決。此外則福王之國事，更爲緊急。歲前已奉旨，令各衙門料理。兵部遂行文南京，取船二百五十隻，限二月內俱到，又將沿河一帶官民船隻，盡行封禁，不許南行。蓋不如是，則船隻必不得集，將至誤事，此亦料理之一大端也。乃日期未定，船戶人等不下數萬，嗷嗷守候，進退無據，此事體之大不便者。其他各衙門事務尚多，亦非倉卒所能遽辦。春光幾許，瞬息間便將及夏，豈可復延緩而不決乎？如此莊田事遲疑，則臣以爲分封重典，臣子苟可仰體皇上之心，何所不盡？自非無可禁①何，豈有靳惜？昨戶部有疏，言之甚詳。臣以爲福王一面之國，一面處置，亦無不可，不必因此稽留，反滋人之疑議也。臣方杜門待罪，不敢談及他事，而獨此事迫切，各衙門日來責臣，不②得不言。伏望聖明早令該衙門，即擇吉期，上請聖裁，使諸事便於辦理，國家早完大典，而亦免於人言之煩瀆矣。"

二十七日己③酉，大學士葉向高謹題："臣之讀④補閣臣，六年於茲矣，緩言之不得而至於疾言，甘言之不得而至於苦言，從容言之不得而至於哀籲號訴⑤爭以去就，且自比於匪人下類，此非其情之甚不得已，而計之真出無聊，不至此也。然其所爲感動挽回之術，止於如此，則其庸愚疎淺亦可見矣。連日見南北科道交章上請，臣所不能言、不及言者，皆已代爲之言，臣安所置喙？惟望皇上留神省覽，早賜施行。若夫所用之人，則廷臣集公議而推，皇上秉神明而斷，臣毫不敢預，似可無庸於過計也。"

二十九日丁亥，大學士葉向高謹題："竊惟科場日期愈迫，主考、知貢舉官尚未有人，舉朝爲此一事惶惶不安，蓋關係大典，非可苟且了事。昨科臣言以資淺充數，夫資淺之官而爲此，

---

① 禁 《綸扉奏草》卷一八"禁"作"奈"，是。
② 不 《綸扉奏草》卷一八"不"上有"且復合辭詣闕懇請，故臣"十字。
③ 已 "已"當作"乙"。
④ 讀 《綸扉奏草》卷一八"讀"作"請"，是。
⑤ 哀籲號訴 《綸扉奏草》卷一八"哀籲號訴"作"哀號籲訴以言，引去就大義以言。夫密勿股肱大臣，至於哀號籲訴"，是。

心必不安，則累其人，心既不安而勉強供役，終難展布，則累其事，中間事體之不便，更有不可以盡言者。朝廷舉動，四海觀瞻，即小事猶不可苟，而況於如此之大事乎？頃以科場煩言紛紜不了，當時主考、知貢舉有人，猶且如此，今若併資序相應之官而不可得，將來議論，曷其有極？此甚非國家之福。又詞林此日似當厄運，非有人禍，必有天刑，臣亦無可奈何，但懇皇上於當陞者即陞，當起者即起，庶幾猶可以濟一時之匱乏，不則臣真莫知其詳①之所出矣。臣催請煩瀆，自知干冒，但勢不容已。伏望聖明亟賜檢發，臣不勝悚息祈懇之至。"

① 詳 《綸扉奏草》卷一八"詳"作"計"，是。

萬曆四十一年二月①。

二日庚寅，大學士葉向高謹題："爲科舉事。准禮部手本，該本部題，萬曆四十一年會試天下舉人，合用考試官二員，欲照例行翰林院擬請簡命，奉聖旨：'是，欽此。'欽遵備行到院。臣謹推得原任國子監祭酒方從哲、見任左春坊左庶子兼翰林院侍讀孫慎行，堪充考試官。臣又查得從前會試主考官，皆用三品以上，二臣資俸已深，合無將方從哲起陞吏部左侍郎，兼翰林院侍讀學士，掌詹事府事，孫慎行量陞詹事府少詹事，兼翰林院侍讀學士，恭候命下，令其入場供事？臣未敢擅便，謹題請旨。"初五日，奉聖旨："祖宗舊制，開科取士乃國家之大典，例用輔臣總裁，今大小臣工俱言，考試必用重臣。朕思考期迫近，且卿在寓非病，着遵旨即出，同副考官方從哲入②場供事，毋負朕意。其日行章奏，不妨票擬。況卿公正才優，不得推託遜辭。孫慎行着知貢舉，一同入場供事。方從哲起陞吏部左侍郎，兼翰林侍讀學士，孫慎行陞詹事府少詹事，兼翰林院侍讀學士。該部知道。"

是日，大學士葉向高謹題："爲科舉事。准禮部本手，該本部題，萬曆四十一年會試天下舉人，合用考試官二員，欲照例行翰林院擬請簡命，奉聖旨：'是。欽此。'欽遵備行到院。臣謹推得左春坊左庶子兼翰林院侍讀孫慎行、右春坊右諭德兼翰林侍講周道登，堪充考試官。臣又查得從前會試主考官，皆用三品以上。今二臣官僅五品，事體不便，臣不敢爲請超遷。合無將孫慎行量陞詹事府少詹事，兼翰林院侍讀學士，周道登量陞左春坊左庶子，兼翰林院侍讀，以便供事？其周道登見署國子監印信，今丁祭期迫，即令右諭德丘禾實代署。合候命下，各令遵照施行。臣未敢擅便，謹題請旨。"

是日，大學士葉向高謹題："竊惟會試大典，主考重任，舊例多用閣臣與翰林三品以上官。今閣臣既乏，而翰林院四品亦無一人，無可差用，期至迫，不容再緩，臣又未測聖意之所存，謹具兩揭上請。其一則以原任祭酒方從哲爲正，而以庶子孫慎

①月 "月"下當有"己丑朔"三字。

②入 《明神宗實錄》卷五〇五"入"上有"速"字。

行副之，其一則以庶子孫慎行爲正，而以諭德周道登副之。在從哲，則資序甚深，於事體爲便。但臣與吏部屢推，未經點用，故不敢專請。又另推周道登以副孫慎行，此乃一時權宜①之計，非得已也。統在聖明裁定檢發。惟是會試事多，前已題准於初六日各官進場，伏望聖明早行批發，以安人心，以毋致臨時倉皇。其知貢舉併監試官，併乞亟發，以便供事，以昭聖明慎重大典之心。臣不勝祈懇之至。"

　　五日癸巳②，大學士葉向高謹奏："爲驚聞殊命萬分難承懇祈亟改以免違③誤事。該臣題請會試主考官，奉聖旨：'祖宗舊制，開科取士乃國家之大典，例用輔臣總裁，今大小臣工俱言，考試官必用重臣。朕思考期迫近，且卿在寓非病，着遵旨即出，同副考官方從哲速入場供事，毋負④朕意。其日行章奏，不妨票擬。況卿公正才優，不得推託遜辭。孫慎行着知貢舉，一同入場供事。方從哲起陞吏部左侍郎，兼翰林院侍讀學士，孫慎行陞詹事府少詹事，兼翰林院侍讀學士。該部知道。欽此。'臣一聞之，不勝驚駭。夫主考之用閣臣雖有舊例，而閣臣一人之充主考則出創聞，且於事體亦萬分難行，只如票擬一事，將遂寢閣乎？抑送入場中乎？如其寢閣，則政幾必不可久停。如送入場中，則以譏防嚴密、內外不道⑤之地，而逐日傳宣往來，其弊不⑥可勝言，皇上之所謂不妨票擬者，或亦聖慮之有所未及乎？向以方從哲未蒙允起，故人情惶惶，恐資淺者不便。今聖明既用從哲，便當以孫慎行副之，資⑦序亦相應者也，此於事體甚妥，而科場亦有光矣。二臣爲之，猶臣自爲之也，何必使臣捨其不可已之職業，而冒昧以供斯役哉？在皇上慎重大典與眷念微臣之盛心，臣豈不頌服？豈不感激？但其事則千不可，萬不可，臣如苟且應命，則將舉其生平硜硜之廉隅由此盡喪，而數年來負乘覆餗之罪愆由此日重，皇上之愛臣者，乃所以累之矣。爲此，披瀝控辭，伏望聖明仍允臣原請，以方從哲爲正考，而以孫慎行副之，以盛以弘陞左庶子，兼翰林院侍讀，充知貢舉官，即日發下，以應入闈之期。如必強臣爲之，則臣必不敢承，即至於稽誤大典，亦無所逃罪矣。"初六日，奉旨："卿公忠清正，才識優長，朕以取士大典，特遣總裁，何得固避？還着遵旨即入場供事，毋負朕意。該部知道。"

'欽此。'①臣惟取士大典，頃者人情懲於舊歲鄉場改期之事，恐得旨之難，以致稽誤。今見皇上加意諄切，委曲致隆，皆以爲出於望外。臣雖不才，敢不竭蹙仰承，以毋負聖意？但中間事體之妨礙，已具前疏，臣不敢贅陳，惟是票擬一事更爲難處，臣再三思惟，委屬不便。且臣以待罪求去之身，而供衡文取士之役，心尤不安，以不便不安之事而勉強爲之，必至於迷謬顚②倒，以累君父之明，此所以不得不披瀝悃誠，再行陳懇也。今入場之期已爲臣遲延一日，如其可以不辭，臣何敢爲此煩瀆？伏望皇上鑒臣愚衷，收回成命，仍從臣原請，即日批發，非但大典有光，而臣之頂戴高厚愈無涯矣。"是日，奉旨："朕以大典委卿，何得屢屢煩瀆？其章奏還不妨票擬，遵旨即③入場供事。該部知道。"

是日，以祭三皇子景惠殿，收回祭設，頒賜輔臣三卓。

七日乙未，大學士葉向高謹奏："爲恭承重命敬謝天恩事。該臣以奉命主考，具疏再辭，奉聖旨：'朕以大典委卿，何得屢屢煩瀆？其章奏還不妨票擬，遵旨即出入場供事。該部知道。欽此。'臣欲再行力辭，而時日以④迫，恐成違誤。或者又謂臣：此乃皇上獨斷宸衷，致隆大典，不可不遵。臣不得已，遵旨於今早謝恩入場供事外，竊惟閣臣一人，而奉命主考，此向來未有之事，聖主曠世之恩，臣以竪儒何能堪此？且夢想心思所⑤不及，一毫未曾料理，即場中事務亦復懵然，將來克稱任使與否，皆不敢知。惟是場事破壞之後，功令申嚴之初，凡在事諸臣，皆矢公矢慎，不敢苟且，臣庶幾得藉以寡過。而臣平日睹士習澆漓，文章怪誕，以艱深之辭文淺陋之見，於題旨無所發明，而好創新説，於文義全不通曉，而反爲大言，世道人心由此大壞，心竊痛之。今當與諸臣力抑此輩，苟有單詞半語與題目無干、文理不順者，必不收錄，其或故違明禁，畔道離

---

① 欽此 "欽此"二字之前，據《綸扉奏草》卷一八，當有"六日甲午，大學士葉向高謹奏："爲殊命重頒事終未妥再懇天恩俯容辭免事。該臣以奉命主考具疏懇辭，奉聖旨：'卿公忠清正，才識優長，朕以取士大典，特遣總裁，何得固避？還着遵旨即入場供事，毋負朕意，該部知道。'"等八十四字。

② 顚 "顚"當作"顛"。

③ 即 《綸扉奏草》卷一八"即"下有"出"字，是。

④ 以 《綸扉奏草》卷一八"以"作"已"，是。

⑤ 所 《綸扉奏草》卷一八"所"上有"皆"字。

經，當取其一二甚者，送至禮部看詳參奏，加以重罰，庶日後人皆知警，而文體可以挽回。是曰①臣所以盡愚忠而報皇上之一念也。若票擬關防，則監試官余樊衡等已具言之，所當查照施行。"

是日，大學士葉向高謹題："該臣奉命主誠②，實是意外之事，大有未妥，昨兩辭不獲。後又與監試二臣將票擬事商量許久。臣欲具疏再辭，必不得已即改期一二日亦可。而二臣深以改期為非，且有他慮。故臣不敢不黽勉供役，然揆③之事理，終為不安。假使當時枚卜早行，閣中有人，何至科場大典遷就如此？亦何至煩聖心委曲區畫④一番如此？即此一事，而閣臣之不容不補愈可見矣。今臣已無奈何冒罪奉命，皇上豈可不因此圖惟速行推補，以毋致有事而乏人耶？至於東宮開講、福王之國日期、瑞王之國日期⑤、瑞王婚禮，皆緊急迫切事務，春光將半，難以再遲，臣入闈中且有二十日，不敢奏請，故一併陳之，伏望聖明留神省覽，並賜施行。"

三十日戊午，大學士葉向高謹奏："為祇役竣事感愧彌深謹謝天恩併請速補閣臣事。臣奏⑥命主試，與同事諸臣矢竭公慎，以副聖懷，雖不敢自謂得士，然其力之所能者只如是耳。已於今早偕諸臣廷見外，因念在闈中二十餘日，外間事體一毫不知，即邸報亦未嘗見，昨日出闈，取邸報觀之，方知此二十日間有許多議論，其指摘疑議于⑦臣者，皆臣料度，理勢人情之必然，無足為怪。天下碗⑧格之事，自是難行，臣當時不能堅辭，是臣之失，何所復言？惟是累及大理寺丞朱吾弼，則甚以為愧。臣與吾弼在留都周旋九裁⑨，吾弼知臣，臣亦知吾弼，吾弼彼時固不知臣有今日之切⑩濫也。頃者共在長安，蹤迹甚諫，其因臣奉命典試而來告臣，實如吾弼所言，然臣之進止當自斷於心，豈吾弼所能從臾？至於吾弼責臣以諸事力請皇上，不得則

萬曆四十一年

二九三九

①曰 《綸扉奏草》卷一八無此"曰"字。
②誠 《綸扉奏草》卷一八"誠"作"試"，是。
③揆 自此"揆"字起至"以副"止共二百零八字，原本錯置於本年三月二日記事之文中，茲予糾正。
④畫 《綸扉奏草》卷一八"畫"當作"畫"，是。
⑤瑞王之國日期 《綸扉奏草》卷一八無"瑞王之國日期"六字。
⑥奏 《綸扉奏草》卷一八"奏"作"奉"，是。
⑦于 《綸扉奏草》卷一八"於"做"于"，是。
⑧碗 《綸扉奏草》卷一八"碗"作"破"，是。
⑨裁 《綸扉奏草》卷一八"裁"作"載"，是。
⑩切 《綸扉奏草》卷一八"切"作"叨"，是。

去，此實其忠告之心，臣安可負之？諸事中提網①絜領，無如補閣臣爲最急。蓋閣臣一補，則臣所不能爲者皆有人爲之，所謂一事舉而其餘者舉，此臣所哀鳴急懇於皇上，不容一刻緩者。皇上如念臣恤臣，先爲臣所②行此一事，死臣③且不朽。其科臣曾六德之處，臣亦至出閹方知。六德攻趙煥、孫瑋、李汝華三臣，牽連計典，自是其失，然年來聖度淵弘，人方頒服，息④有此舉，未免爲累。更望聖明俯賜優容，毋使言官因此疑畏，此亦臣區區之一念耳。臣不勝干冒悚息之至。"

---

① 網　《綸扉奏草》卷一八"網"作"綱"，是。

② 所　《綸扉奏草》卷一八無此"所"字，是。

③ 臣　《綸扉奏草》卷一八"死臣"作"臣死"，是。

④ 息　《綸扉奏草》卷一八"息"作"忽"，是。

萬曆四十一年三月一日己未，朔。

二日庚申，大學士葉向高謹題："竊惟東宮輟講日久，輿情懸望日切，臣謹擇得三月初八日、十二日二日皆吉，伏乞欽定一日，命皇太子講學。所有侍班、講讀等官，並無一人，合當推補。臣謹推得左庶子韓爌、右諭德周道登，俱堪充侍班官。右諭德丘禾實、盛以弘，洗馬王毓宗，左中允何如寵、周如磐、張以誠，俱堪充講讀官。禮部儀制司員外郎兼翰林院侍書范可慢、大理寺左寺左評事兼司經局正字羅萬英，俱堪充侍書官。各官資俸俱深，合無將韓爌量陞詹事府少詹事，兼翰林院侍讀學士，周道登、盛以弘、丘禾實、王毓宗各量陞右春坊右庶子，兼翰林院侍讀，何如寵、周如磐、張以誠各量陞右春坊右諭德，兼翰林院侍講，范可慢量陞禮部儀制司郎中，羅萬英量陞禮①制司主事，各兼司經局正字，各供前項職②？伏乞敕下吏部，遵照施行。臣未敢擅便，謹題請旨。"

四日壬戌，大學士葉向高謹題："該臣方從哲奉命同臣入場典誠③事竣，臣哲以吏部侍郎原係吏部會推，今於閣揭批出，心有不安，故具疏再辭。已經數日，未蒙發下，不便到任。竊惟從哲已蒙恩特起，誠④事既畢，皇上必不因其辭而遂付之不問，計旦夕必當檢發。但科楊⑤事體尚有未完，即如誠⑥錄進呈⑦，亦甚緊急，臣事務甚多，若從哲不出，豈能獨自料理？故不得不爲催請。伏望皇上將即⑧從哲辭疏檢發，青⑨令作速於吏部到任。其吏部原催⑩左侍郎翁正春，今詹事府久缺掌印，容臣另揭上請聖裁。臣不勝懇祈之至。謹題。"

六日甲子，大學士葉向高謹題："該禮部侍郎翁正春告臣，謂該部祠祭一司事務甚多，自郎中鮑應鰲以被論出門，候旨半載有餘，業經移咨吏部，覆准養病，又新推郎中洪世俊，俱未蒙允發，諸事堆積甚爲不便，託臣爲之催請。臣惟禮部四司，惟儀制、祠祭最爲煩劇，不可缺人。應鰲離任已久，誠不可不

①禮 "禮"下似應有"部儀"二字。
②職 "職"下當有"事"字。
③誠 《綸扉奏草》卷一九"誠"作"試"，是。
④誠 《綸扉奏草》卷一九"誠"作"試"，是。
⑤楊 "楊"當作"場"。
⑥誠 "誠"當作"試"。
⑦呈 "呈"當作"呈"。
⑧將即 "將即"當作"即將"。
⑨青 "青"當作"責"。
⑩催 "催"當作"推"。

急補者。至於應鰲居官素稱清正，向爲駙馬楊春元所累，以致削籍，蒙聖恩矜察，復賜録用，薦轉祠郎，潔己奉公，毫無私曲，原任吏部尚書孫丕揚深知其賢，故欲調之吏部，屢屢催請，未蒙允發，而諸不喜丕揚者遂併及應鰲，從而攻之，應鰲度勢不能容，不得不去，遵守國法，不敢徑去，羈候多時，情有可憫，且因一人而耽閣一司之事，亦不便也。伏望聖明將吏部所推祠祭司郎中疏即賜檢發，仍允應鰲之去，其於部務政體亦有裨矣。臣不勝悚息之至。"

九日丁卯，大學士葉向高謹題："爲印信事。照得詹事府印信，自侍郎蕭雲舉給假去後，無人掌管，已經年餘，百凡事務文移，停閣日久。臣前推原任祭酒方從哲起掌，今從哲已蒙聖恩用之吏部，臣謹推得禮部左侍郎翁正春，資望甚深，堪以掌管。且正春署部已經四年，適逢多事之日，議論煩興，正春調停其間，苦心竭力，加以逐日辦進講章，委爲勞困。今該部右侍郎已推有人，而正春原經會推吏部左侍郎，若移之詹①府，專辦講章，於人於官殊爲兩便。合無將本官改吏部左侍郎，兼翰林院侍讀學士，掌詹事府事，日講照舊？伏乞敕下吏部，遵照施行。臣未敢擅便，謹題請旨。"

十日戊辰，大學士葉向高謹題："爲印信事。照得掌翰林院印侍郎王圖給假未到，代署郭淐近又告病，准令回籍去訖，所有翰林院印信缺官掌管。目前有廷試舉人、貢生等事，皆爲緊急，難以停緩。臣推得詹事府少詹事兼翰林院侍讀學士孫慎行，堪以署掌前項印信。伏乞敕下本官，遵照施行。臣未敢擅便，謹題請旨。"

十一日己巳②，大學士葉向高謹題："爲公務事。照得制敕房一向缺員數多，今又殿試在邇，書寫金榜及一應典禮等項文書，事務浩繁，缺官辦理。查得誥敕房辦事大理寺右寺副鮑佑、中書舍人馬應坤，寫字端揩③，堪改制敕房辦事。恭候命下，

① 詹　"詹"下當有"事"字。

② 己巳　"巳巳"當作"己巳"。

③ 揩　"揩"當作"楷"。

行令各欽遵供事。臣未敢擅便，謹題請旨。"十四日，奉旨："是。"

十二日庚午，大學士葉向高謹題："爲起送事。該吏部手本，開送庶吉士楊道寅，係萬曆三十五年進士，改庶吉士，於翰林院讀書，因病請告，於三十六年七月十六日覆准回籍調理，於四十年十二月十八日病痊，投文到部，查無違礙，行移到院。臣查得同科庶吉士林欲揖等散館，俱已奏除翰林、科道官，彼時揚道寅未蒙除授。今臣看得本官，才職①疎通，堪任諫職，伏乞敕下吏部，查有六科給事中負②缺，將楊道寅除補供職。臣未敢擅便，謹題請旨。"

十三日辛未，大學士葉向高謹題："蒙發擬兵部請福王之國本，內傳：'養瞻③之地土不完，錢糧未到，今已春暮，明春行。'臣惟此事，中外人情仰望極切，洶洶不安，各衙門官皆欲詣文華門候旨，臣力阻之。今復以地土、錢糧爲辭，人情愈疑。皇上舊歲曾遣文書官至閣中，諭臣以今春之國矣，乃今春不行，又復明春。即臣且不敢信④，而況天下之人乎？必將謂福王借此延挨，歲復一歲，未有行期。此亦非福王之利也。雖皇上慈愛之心一時難割，臣豈不仰體？然其如紛紛之口何？至於應辦錢糧，該部自照潞王例，必不敢少。惟是田土一節，左潞王雖有四萬頃之多，而其稅銀實不過四萬兩，今福王地租已四萬六千餘兩，多於潞王矣，而奈何又欲益之？且河南、山東兩省之地，但有尺寸可搜括者，無不搜括，其餘盡屬民間恒產，豈可徑奪？若必依原數取盈，非削一大郡不可。祖宗二百餘年無此制度，此臣下之必不敢將順、必不能將順者也。即使皇上欲強爲之，而百姓嗷嗷，地方擾動，福王亦豈能安享之乎？今早戶部侍郎李汝華見臣，深言此事理明詞直，不可復強。滿朝議論皆是如此，適間六科各官二十餘人，又齊至閣中，力言之國當早，地土難增，與船戶守候之苦，責臣轉奏皇上。臣不敢不以上聞。其兵部本臣未敢遽擬，謹隨揭封進。伏望聖明再加裁酌

① 職 "職"當作"識"。
② 負 "負"當作"員"。
③ 瞻 《綸扉奏草》卷一九"瞻"作"贍"，是。
④ 信 《綸扉奏草》卷一九"信"下有"皇上"二字。

傳示，使臣得遵依擬請，以慰輿情。臣不勝悚息之至。"

十九日丁丑，葉向高謹題："爲印信事。照得詹事府、翰林院掌印缺官。在詹事府，自蕭雲舉去後，已經一年，在翰林院，自郭淐被言後，印封不用者亦半年餘，今淐又去矣。二衙門各項文移沉閣日久，官吏俸薪皆不得領，考滿各官不得過部，皆嗷嗷嗟怨，謂臣不爲題請。伏望皇上允臣前請，將翁正春改吏部左侍郎，兼翰林院侍讀學士，掌詹事府事，日講照舊，孫慎行仍以原官署掌翰林院事。伏乞敕下吏部，遵照施行，庶即①務有屬，而日下廷試貢士等事亦不至於耽誤矣。臣未敢擅便，謹題請旨。"

二十四日壬午，大學士葉向高謹題："臣惟自古以來，國家政務有行有不行，然未有天下百千萬人合言此一事而不行者，亦未有一人百十餘疏苦言此一事而不行者。今推補閣臣一事，是百千萬人之所合言，又臣一人百十餘疏之所苦言也。將謂有妨於土②？則綸扉政本，贊襄得人，在皇上固甚利也。將謂有私於下？則同寅協恭，以奉聖主，在臣等又何私也？抑或爲③無人可用？則眼前朝野儘有英賢，不必需才於他日也。而遲遲不決，至於六、七年，果何故乎？臣前此雖有病尚不敢言，頃者勉強支吾完會試、廷試二事，精神已竭，雙目欲肓④，若再無人來爲臣少分勞苦，其勢必不能支矣。臣言止此，更無可言，此後惟日詣文華門，叩首哀祈皇上之亟發而已。伏望聖明垂察。早行一日，臣受一日之賜，天下省一日之事。臣不勝悚息激切祈懇之至。"

二十八日丙戌，大學士葉向高謹題："竊惟福王之國一事，人情企望已極。頃蒙皇上諭以明春舉行，臣不得⑤擬上擇定日期、明示中外以不再遲之意，尚恐大小臣工以此罪臣。而不意併此亦復留中，以致人情益紛紛擾擾。今日各衙門俱至文華門，上疏懇請，意欲候旨。臣告以皇上覽疏，必有處分，不必太急。

①即 "即"當作"印"。

②土 《綸扉奏草》卷一九"土"作"上"，是。

③爲 "爲"當作"謂"。

④肓 "肓"當作"盲"。

⑤得 《綸扉奏草》卷一九"得"下有"已"字。

諸臣復責臣，以國家大計不能力請，苟且依違，臣無辭以對，惟有謝罪而已。臣觀皇上，每事動稱祖制。親王分封，此祖制之最重者。福王分國多年，府弟落成已久，而日復一日，遷延不行，誠祖宗朝之所未有也。如此養贍①田土爲辭，則《會典》所載親王祿米不過萬石，即養贍名目亦是添設，豈可過多？前奉旨時，臣與該部仰體皇上愛厚福王之意，移書撫按官，勸其極力搜括，以應上命。而地方田土只有此數，尺寸不遺，此外皆屬民間，誰敢強奪？撫按官亦無可奈何，非敢欺皇上也。臣又觀《會典》開列各省查②田土之數，惟大郡方有四萬頃，少者祇一、二萬，若如王所請，則須捐一大郡之地，盡以予之而後可。自祖宗以來，封國不少，如使親王各割一大郡，則天下土地已盡，今日非但百姓無田，即朝廷亦無田矣。況於自此以後，聖子神孫尤源源而未已乎？天下者，高皇之天下也。列聖相傳，遵守家法，中間豈無愛子？豈不欲加厚？然以祖制如是，不敢踰越，亦必如是而後可爲萬世常行之道耳。福王所陳，不過引景府、潞府事例。夫潞府就封，皇上以聖母之愛而獨致優隆，又其時廢府田地尚多，未嘗括及民間也。今田地已盡，所給福府之數雖不及潞府，而租銀之入業已過之，又何爲而更欲求多乎？至於景府，爲肅皇帝愛子，亦以久不之國，皇考在裕邸常懷危疑，其後皇祖斷然遣之，人心乃安。景府聽左右言，屢請楚地，幾至激變楚人，當時皆議皇祖寵景府大過，非所以愛之，此亦前事之明鑒也。我國家多少懿藩賢王可以効法，而何必引此以爲例乎？自礦稅之興，天下人固疑皇上以此爲福王地，誠使割内帑之十一以予王，可數世而不能盡也，又何必與民間爭此區區之田土乎？今之國無期，人言日多，其平心者則以皇上與皇貴妃愛王，不能遽捨，其不亮者，且疑王之不去爲何故，枝節日生，煩瀆無已。若臣思慮，則但以祖制當遵，吉典當舉，王方建維城之基，萬萬年與國同休，不當以田土小事，而滋天下之口。故敢冒死而極言之，伏望聖明恕其狂愚，留神省覽。其田土一節，聖意若必不肯已，亦須聖斷明示，作何處置，使可奉行。彼強奪民田之事，臣下誰敢爲之？日延一日，

① 瞻 "瞻"當作"贍"。

② 查 《綸扉奏草》卷一九"查"作"直"。

終無了時矣。臣言至矣、盡矣,自知負罪,仰恃聖慈,乃敢如此,亦以受皇上厚恩,爲福王深計,不得不如此。至於利害禍福,臣亦聽之,不敢辭也。臣不勝悚息惶懼之至。"

萬①曆四十一年四月②。

四日壬辰，大學士葉向高謹題："臣於前月二十四日，具揭詣文華門，叩首請補閣臣，嗣後不敢具揭煩瀆聖聽，只每日詣門叩首祈請，業已旬日，未蒙命③旨，不知內使曾爲臣奏聞否？臣誠徬徨憂懼，計無所出。今福王之國無期，瑞王婚禮未就，滿朝合請，尚未見報，而臣下又紛紛呶呶，爭辯不已。皇上視此世界，果臣一人之力能獨辦耶？則亦可以亮臣之請，出於萬不得已，而非取④爲瀆奏矣。謹此顒祈，伏望聖明省覽批發。"

六日甲午，大學士葉向高謹題："臣頃接得工部侍郎劉元霖揭帖，以驗收段疋緊急，欲改委別部大臣，或本部司官代驗，又懇⑤以求去爲請，其言甚切。臣惟國家舊章，九年考滿官並無復職也⑥例，故元霖九年考滿，吏部擬陞南京户部尚書，後又會推本部尚書，俱未蒙允發。元霖杜門日久，求去不得，該部事務甚多，私宅料理亦甚不便。以臣愚慮，皇上欲用元霖，則當將廷推本亟賜檢發，責令到任管事，以毋失九年考滿之成規，此一說也。即不然，而念其母老乞休，情詞迫切，加以新銜，准其回籍，俟後召用，以見聖主體恤臣私、推廣孝治之意，亦一說也。元霖歷官謹守，在部數年，甚效勞勣，不可不爲一處。如延挨不理，日復一日，非但元霖進退無據，困苦不堪，其所妨於該部之事務亦不小矣。又都御史孫瑋辭疏亦在御前未發，瑋爲言者所攻，且欲於數日內徑去。臣念大臣被言，至於徑去，甚傷朝廷之體面，故昨者擬一諭旨，訓飭⑦言官，勿得紛呶多事，而責瑋即出供職。蓋亦宗委曲思惟，求所以兩全大臣言官之一念也，不知有當聖意與否？而亦未見批發。臣恐瑋計出無聊，必至徑去，此時皇上必責瑋以不候命之罪，且將怒及於言官，所傷實多，而朝端愈無安靜之日矣。臣愚更望皇上將臣所擬諭旨裁正批發，使瑋不敢徑行，言官亦不敢再有瀆奏，如其不悛，而後明治其罪，則彼自無辭，而皇上天地之量，日月之明，雷庭之威，真並行而不悖矣。臣目擊時事，見大臣

萬曆四十一年

二九四七

① 萬 本月十日以前（包括十日）之記事，原本誤置於本年六月記事之後。茲予糾正。

② 月 "月"下當有"己丑朔"三字。

③ 命 《綸扉奏草》卷一九"命"作"俞"，是。

④ 取 "取"當作"敢"。

⑤ 懇 據《綸扉奏草》卷一九，"懇"下應有"懇"字。

⑥ 也 《綸扉奏草》卷一九"也"作"之"，是。

⑦ 飭 《綸扉奏草》卷一九"飭"作"告"。

萬曆起居注

樫①杌不安，朝端不成景象，故敢冒昧一言，非爲二臣私情而代請也。統望聖慈覽察施行。"

八日丙申，大學士葉向高謹奏："爲乞休事。臣之當去久矣，其不忍即去者，徒以主恩隆重，難於割絕，即今歲科場之役，亦以爲出於聖意，不得不抵②承，故雖言者踵至，皆不置辯。昨接南京御史汪有功揭帖，深以卑鄙③罪臣，至謂科場旨中有'在寓非病'之云，乃皇上以此明臣年來稱病稱苦，並非實意，且見中外諸臣爲臣稱病稱苦者，亦皆受臣之愚誣。斯言也，可謂燭臣之隱而善發聖心者矣。惜臣當時愚昧，懵然不知，今得御史指示，則是皇上必已疑臣厭臣，而其棄臣也，當如孤雛腐鼠，臣可以去矣。甚感御史之教臣也。乃大理寺丞朱吾弼又有疏責臣，於出講、就封、枚卜等事，無一言懇請，有將順而無匡救。夫此數事者，臣之曾懇請與否，皇上知之，天地鬼神知之，臣不敢以告人也。就封事則皇上屢令臣擬旨，在於明春，而諸臣欲爭於今歲，所以未發。枚卜之舉行，想亦在於旦夕，但願聖心早決，以慰輿情。惟是臣以千罪萬罪之身，當此天怒人怨、南北交攻之時，萬無一刻可以自容之理。皇上如念臣數載微勞，加以襃奪，使得奉命而出國門，臣之幸也。不然，而冒罪扞網以去，臣之不得已也。如必欲强臣再出，則臣寧束身就死，以爲人臣不忠之戒，必不敢靦顔而入綸扉矣。伏望聖明哀憐矜允。"二十二日，奉旨："覽卿所奏，其④見爲國忠誠，苦心勞力，朕悉鑒知。其屢請開講、之國、枚卜等事，朕次第發行。若主試文典，祖制例用重臣，且累科弊竇滋彰，出自朕意，有何疑棄？卿宜安心輔理，勿以狂妄介意，恝然求去。宜即出入閣贊襄，以副朕眷何⑤倚至意。不必再陳。該部知道。"

十日戊戌，大學士葉向高謹題："臣頃以被言，具疏乞休。因思臣年來每一番乞休，便費皇上多少溫旨，因同官無人，可以代擬，字字句句，仰煩聖心，臣無功無德報效分毫，乃反暗⑥累君父一至於此，惶愧欲死。竊念人之所以攻臣者，其端雖多，

---

①樫 《綸扉奏草》卷一九"樫"作"控"。

②抵 《綸扉奏草》卷一九"抵"作"祇"。

③鄙 《綸扉奏草》卷一九"鄙"作"陋"。

④其 《綸扉奏草》卷一九"其"作"具"，是。

⑤何 "何"爲衍文。

⑥暗 《綸扉奏草》卷一九"暗"作"貽"，是。

而其最緊要處，乃在於閣臣不補，以臣爲獨據此地，誤國妨賢。臣雖剖心自明，終不見信。今但願皇上亟將此事發行，則臣之罪自可少寬。其於臣疏，但批：'准回籍'三字，即是莫大鴻恩，萬不敢再煩君父復賜溫綸，使臣罪上添罪，愧中增愧也。至於言官論人自其常職，聖度如天，人人頌服，即臣亦藉此得稍減愆戾，其感激恩私，尤有難以言盡者矣。臣方在假①旨，偶念及此，敢復上聞。臣不勝悚息惶懼之至。"

是日，大學士葉向高謹題："蒙發擬禮部署印本。臣惟翁正春已改別衙門，不便再署，此外無人堪委。惟吏部所推禮部右侍郎本，見在御見，伏乞皇上點用檢發，則印務有屬，而亦不必於代署矣。謹題。"

十二日庚子，大學士葉向高謹奏："爲大僚空虛已極去就不宜太輕敬陳愚衷以資聖斷事。臣杜門乞歸，方在候旨，不敢言天下事。乃都御史孫瑋、許弘綱皆因人言求去，送揭於臣，且屢遺臣書，苦言當去之情，微示徑去之意，臣讀之而嘆曰：'兩臣去而不臺端空矣，大僚幾何，而決裂至此哉？'瑋之被言也，在於熊廷弼之一勘。當時臣亦曾阻瑋，謂必致紛紜，而瑋云：'吾於廷弼原無成心，但求曲直明耳。'乃言者因而攻瑋，相繼不休。瑋事皇上將四十年，其歷官行品，著在耳目，而以此一勘，遂蒙惡聲，臣竊以爲過矣。弘綱之被言也，由於京察後之一疏。當時臣亦曾告弘綱，謂恐生形迹，而弘綱云：'吾於京察，原無異同，但爲息爭計耳。'乃談者因而病弘綱，至今未已。弘綱事皇上三十餘年，其歷官行品，亦著在耳目，而以此一疏，遂滋浮議，臣亦以爲過。然此猶僅爲兩臣言也。今九列之間，能有幾人？其能自免於人言者，又有幾人？今日言一人焉，而一人徑去，明日言一人焉，又一人徑去，甲賢乙否，終無完人，此救彼攻，相隨俱敗，非但內之大僚將空，即外之督撫其存者亦復有幾？山②林之木，不足以供野火，而況此寥寥之數株乎？臣以爲糾發奸邪者，固言官之職掌，而保全耆舊者，君③子之用心。當此人才摧謝之時，苟有可爲國家一手一足之

① 假 《綸扉奏草》卷一九"假"作"候"，是。

② 山 《綸扉奏草》卷一九"山"作"鄧"。

③ 君 "君"上當有"亦"字。

萬曆起居注

用者，皆當愛惜護持。就事論事，勿同①事而累其人，就人論人，勿因人而甚其事。合抱之材不以十②朽棄，矧其未至於寸朽者也？臣居恆私念，今日之大臣，多昔日之言官，而今日之言官，又他日之大臣。昔日之言官，未必盡遜今日之言官，而他日之大臣，又未必遠過今日之大臣。易地而居，則其情日③見，設身而處，則其意自平。故愛惜今日之大臣，亦所以爲言官，而總之皆以爲世道耳。臣方求去之時，而復言此，蓋誠有感於衷，不能自已，且恐二臣萬一計出無聊，至於徑行，將上干聖怒，下駭聽聞，堂堂綱紀之地爲之一空，將來更有難處，故不得不陳其愚慮，以上聽聖裁，而下以與諸臣之平心和氣者共相斟酌。知臣罪臣，臣皆聽之。至於臣則任重人輕，恩重報輕，罪重身輕，其所處之地、必不可留之情，自與二臣萬分不同，更望皇速允臣去。臣非必去，亦不作此言，不然，人將謂臣留人而將以自留也。臣何辭爲④？"

二十一日己酉，大學士葉向高謹題："臣杜門旬餘，望補閣臣，腸斷眼穿，非畏人言，非要君父，真見天下至難⑤至危，臣一人之力委不能支，不得不如是哀鳴之迫切耳。昨科臣條陳，尚有望臣以感動、扶持、擔當者，臣若能感動、扶持、擔當，不待今日。然臣不能而猶望人能之，臣⑥犬馬之私，所以忠於皇上而非敢爲一身謀者也。今日前又當考庶吉士，閣中必不可無人，伏望聖慈俯垂炤察，即賜施行。臣辭窮矣，惟有籲天叩首而已。"

二十三日辛亥，大學士葉向高謹題："今日禮部各司官到臣私寓，言郊祀在即，册封踰期，禮部掌印尚未有官，耽誤大典，極爲不便。又都察院官私⑦書於臣，言山東、真定二巡按官候代已久，屢題未發，地方事體難以再遲。皆託臣爲言。臣方在求去，不敢復及他事，惟是禮部掌印與二處按差，委爲緊要，故不得已聞於皇上。伏望聖明將吏部所推禮戶⑧右侍郎孫慎行等，亟賜點用，令其署掌印務，其山東、真定各巡按，亦乞點

① 同 "同"當作"因"。
② 十 《綸扉奏草》卷一九"十"作"寸"，是。
③ 日 《綸扉奏草》卷一九"日"作"可"，是。
④ 爲 《綸扉奏草》卷一九"爲"作"焉"，是。
⑤ 難 《綸扉奏草》卷一九"難"作"艱"。
⑥ 臣 《綸扉奏草》卷一九"臣"上有"此"字。
⑦ 私 《綸扉奏草》卷一九"私"作"移"，是。
⑧ 戶 《綸扉奏草》卷一九"戶"作"部"。

發，庶了目前兩急務矣。謹題。"

是日，大學士葉向高謹奏："爲君恩過重臣誼難留懇允休致事。該臣具疏乞休，奉聖旨：'覽卿所奏，具見爲國忠誠，苦心勞力，朕悉鑒知。其屢請開講、之國、枚卜等事，朕次第發行。若主試大典，祖制例用重臣，且累科弊竇滋彰，出自朕意，有何疑棄？卿宜安心輔理，勿以狂妄介意，恝然求去。宜即出入閣贊襄，以副朕眷倚至意。不必再陳。該部知道。欽此。'竊念臣奉職無狀，薦被人言，屢蒙聖慈曲加昭雪，即科場一事，亦明言出於聖意，臣之心人雖未必能亮，而皇上之所以爲臣者，則已至矣，盡矣，無可復加矣。臣非木石，豈能恝然不思報效？第臣聞之，王道本乎人情，之①所在，雖天子不得而强之。今人情已厭苦臣矣，臣雖勉强在此，終是不與②。皇上强留一臣，而使中外人情之不安，其爲天下國家害非淺鮮也。臣去而羣臣輯睦以事皇上，而臣亦幸存視息於山林，沐浴太平之休澤，何幸如之？且臣獨身任事已經七年，揆之天道，亦是極盈極滿，無可復留之理，此臣之所以斷決於心，而萬不敢靦顏以再出者也。至於閣臣推補，則臣雖不去，亦萬萬不可再緩。皇上若不允臣請，臣窮極無聊，只有逃之一策。此時皇上亦不得不補，而甚所損多矣。臣病苦既不敢言他，又無措③辭，故但以人情、天道懇於皇上，要之至理亦實是如此。伏望聖明亟賜憐允。"

① 之 《綸扉奏草》卷一九"之"上有"人情"二字。

② 與 《綸扉奏草》卷一九"與"作"安"，是。

③ 措 《綸扉奏草》卷一九"措"上有"可"字，是。

萬曆四十一年五月①。

三月庚申，大學士葉向高謹題："該禮部缺署印官，臣已三揭推請，未蒙發下。今夏至已屆，而該部堂上竟無官，委非事體。且册封過期，大典難廢，不知聖意何爲而遲延若是？昨臺臣楊如皋有疏至明切矣，惟是責翁正春之規避，引蕭雲舉爲喻，則臣不得不言其故。前此，臣推方從哲掌詹事府事，吏部推正春爲本部左侍郎，後以科場事，皇②上用從哲於吏部，則詹事之缺當以與正春，蓋易地而居，理勢當然，非臣之有私於正春，亦非正春之有所規避於其間也。且詞林諸臣壅滯已極，每遇有缺，即當推轉，使後來者得以序遷。詹府之缺，論見在資俸，無踰正春，正春因此量移。而皇上點用尚書、侍郎，以疏通後人，此亦臣之所以爲詞林諸臣計，非爲正春一人也。前此禮部兩次缺掌印官，皆蒙皇上點用，今該部尚書、右侍郎見推有人，而皇上又未嘗傳諭令官署掌，故臣不得不以點用爲請，使臣不請點用，而徑擬他官代署，則尚書、右侍郎不知何時得旨，而詞林之久次者，又時委罪於臣，以爲塞其遷轉之路矣，即如皋之意亦以不用新臣爲疑矣。臣將安處此乎？禮部本係清曹，非煩苦之地，爲人所規避。縱使煩苦也，規避也，正春在部已三年矣，且逐日撰進講章矣，勞逸適均，亦國家用人之法，北山之大夫不③致嘆於從事之獨賢乎？而何爲必以禮部苦一正春哉？以詞林多賢，豈無一人堪寅清之任，而惟正春能之也？臣將去之人，是非得失一切付之忘言，惟該部掌印事有關係，而正春所以推轉之故不過如此，不得不明言之。至於尚書、侍郎之不點用，以致該部缺官，有誤典禮，則非臣之明所能逆賭，乃臣之庸劣無爲，於此亦可見矣。伏望聖明即將該部官亟賜點用，或令官暫署，俱在聖裁，臣何心焉？臣不勝悚息之至。"

五日壬戌，以端陽令節，頒賜輔臣上尊珍饌。

六日癸亥，大學士葉向高謹奏："爲急懇天恩俯容休致事。

---

① 月 "月"下當有"戊午朔"三字。

② 皇 自此"皇"字下至"見推有人而"凡一百五十四字，原本於本月記事與上月記事之間重出，茲已刪去其重出者。

③ 不 《綸扉奏草》卷一九"不"下有"嘗"字。

臣杜門求去已滿一月，仰荷溫綸慰留，臣亦再疏申請，誼當靜聽，何敢瀆煩？但政本之地祇有一臣，已是異事，併此一臣而若有若無，不進不退，則尤異之異者。人臣受國厚恩，至於求去，已是不得已之事，今併求去而言病不可，言罪不可，言逃亦不可，則尤不得已之不得已者。臣今適值其窮，無①控訴，祇得哀鳴於皇上，伏望皇上開臣生路，許臣歸路，臣未死之年，猶能晨夕焚香稽首蒼穹，為皇上祝萬年無疆之福也。其推補閣臣，尤為緊急不容緩之事，更望聖慈即賜俞允，於以救臣之急，慰天下千萬人之情，是在皇上頃刻動念間耳。臣不勝冒罪哀懇之至。"

　　七日甲子，大學士葉向高謹題："為印信事。照得詹事府少詹事兼翰林院侍讀學士署翰林院事孫慎行，近奉欽依，陞禮部右侍郎，署掌本部印務去訖，所有翰林院印信缺官掌管。目前五月十五，又該廷試貢士之期，須該院掌印官管理，尤為急迫。臣謹推得左春坊左庶子兼翰林院侍讀何宗彥，資俸相應，堪以掌管。伏乞敕下吏部，將本官量陞詹事府少詹事，兼翰林院侍讀學士，掌管前項印信。臣未敢擅便，謹題請旨。"

　　九日丙寅，大學士葉向高謹題："蒙發左都御史孫瑋、工部右侍郎劉元霖本，令臣擬溫旨慰留，仰見我皇上眷用老臣之盛心。其孫瑋本，臣謹擬上。惟劉元霖係九年考滿，從來無復職之例，所以元霖雖屢奉溫旨，必不敢出。臣見本官已經吏部屢推工部尚書，皇上必欲用之，則照部推陞轉，以便供職，亦無不可。但恩命出自皇上，非臣所敢擅擬。今謹擬兩票，恭請聖明裁定批發。臣附陳愚見如此，不知可否？臣不勝冒昧之至。"

　　十一日戊辰，大學士葉向高謹題："為印信事。照得詹事府少詹事兼翰林院侍讀學士署翰林院事孫慎行，近奉欽依，陞禮部右侍郎，署掌本部印務去訖，所有翰林院印信，缺官掌管。目前五月十五日，廷試貢士之期，須該院掌印官管理，尤為急

① 無 《綸扉奏草》卷一九"無"下有"可"字。

萬曆起居注

① 陸　"陸"當作"陞"。

② 巳巳　"巳巳"當作"己巳"。

③ 安　《綸扉奏草》卷二○"安"作"按"，是。

迫。臣已推得左春坊左庶子兼翰林院侍讀何宗彥，資俸相應，擬陸①詹事府少詹事，兼翰林院侍讀學士，掌管前項印信，未蒙允發。事勢已迫，合再催請。伏乞敕下吏部，查照施行。臣未敢擅便，謹題請旨。"十三日，奉旨："是。吏部知道。"

十二日巳巳②，大學士葉向高謹題："今日發擬文書，有吏部願就教職一本，為就教貢生，欲遵照欽定日期，於本月十五日廷試。臣惟廷試事務，俱係翰林院掌印官管理，今去試期祇兩日，而掌印缺官，臣所推何宗彥尚未蒙允發，豈不稽誤？伏望皇上即賜檢發，以便遵行。不然，則十五日廷試之期又須更改，甚不便也。謹題。"

十四日辛未，大學士葉向高謹奏："為分封已有定期莊田復滋物議懇乞聖明留神詳計以釋羣疑以光令典事。臣惟福王之國，久已愆期，大小臣工合辭苦請，始奉明春舉行之旨，人情稍慰。乃頃者復以福王奏請莊田，奉旨督責撫安③，必欲足四萬頃之數，於是中外臣民又喧然驚疑，曰：'王之為此請也，果何為哉？夫使必待四萬頃之田足數而後行，則之國將何日？而聖諭之所為明春舉行者，寧可必哉？'臣在病臥中，連日接諸臣揭帖，皆責臣以力爭，罪臣以不言，臣皆不敢置辯。竊念臣為此一事，苦口苦心以請於皇上者，不知其幾，其辭已竭盡而不可復加，即諸臣千言萬語終不能出臣之所言。今乃謂臣片語不發，至以為力能得之皇上而不為，亦云枉矣。雖然，臣言之皇上，而不敢以告人，人何由知？且此乃國家第一大事，臣雖言之，而不能動皇上之聽，則亦與不言同，人之見罪，夫復何辭？臣觀福王疏中，首以祖制為言。夫所謂祖制者，《祖訓》也，《會典》也，累朝之功令也。今親王四萬頃之莊田，《祖訓》有之乎？《會典》有之乎？累朝之功令有之乎？臣不知王之所引祖制，何所指也。如以景府為辭，則自景府而前多少親王？其莊田之數並未有出數千頃之外者，惟景府以皇祖寵愛，踰涯越分，遂有此請，皇祖一時失計而聽之，至今議者尚追咎其事，以為壞祖制者，乃景府也。王奈何尤而效之乎？自古開國承家，必循理安分，乃爲可久，如取之非制，得之非道，未有能晏然而坐享者。鄭莊姜愛太叔段，爲請大邑，漢竇后愛梁孝王，封以大國，皆及身而敗。覆轍相仍，難以枚數。即景府當日以請沙市事，幾激楚人之變，使其尚在，四萬頃之莊田臣恐其未必能守之勿失也。語云：'取法於上，方得其中，取法於中，將流於下。'王自開朱邸以來，長安皆稱其安靜，未有過舉，乃當之國之初，不引前代與本朝之賢王爲法，而動以景府爲言，臣竊謂此必非王之意，而諸爲王謀者，其計左耳。然此猶以理法言之，即以事勢論之，凡昔年廢府之遺業，已盡歸潞王，今河南、山東撫按官極力搜括，只有此數，若求之不已，將恐有無籍①奸徒挾仇報怨，以投獻爲名，迎合王意，萬一墮其術中，則刁風一倡，轉相效尤，而中州齊楚之間，人人危懼，凡少有地王②者皆不安其生，而天下之亂從此始矣。地方之休戚，王之所與共休戚也。國家之安危，王之所與共安危也。瘠百姓以自肥，危公家以自富，此所謂割肉充腹，反裘負薪，王亦何利而爲之？明典③二百餘年，列聖之子孫其麗不億，中間雖貧富不同，然未有以無莊田之故而遂至於窮餓者，但使皇祚千秋萬年，王之子孫必無養贍④不敷之理，亦不待今日之過計也。以臣愚慮，王能毋執前意，只受見在四萬六千餘兩之租銀，勿復求多，使四海之內一日而歡傳令德，計之上也。如意未肯已，則戶部已移文各省撫按官，再行清查，但有廢府遺產，盡以予王，得寸則寸，得尺則尺，而不必取盈於原數，亦其次也。如其不然，而但曰四萬頃之田必盡足數，必皆膏腴，方肯之國，則悠悠之口，疑議日滋，而臣固有不敢盡聞之皇上者矣。此其於王果利乎？不利乎？臣向於此事不欲露章，茲者見王疏中有敕下閣部之語，不勝愛王忠王之念，不得不明言之，庶王見臣之言，憣然改念，毋因田土小事而愆之國之期，上以成皇上之聖、皇貴妃之賢，下以免戚畹之議，而中以鞏王萬年屏翰之基，臣雖旦夕去國，有餘幸焉，如臣言終不足聽，必難挽回，則言官之所以責臣者，有王家屏之故事，敢不奉教？臣不勝冒死籲陳惶懼

① 籍 《綸扉奏草》卷二〇"籍"作"藉"。

② 王 《綸扉奏草》卷二〇"王"作"土"。

③ 典 《綸扉奏草》卷二〇"典"作"興"，是。

④ 贍 《綸扉奏草》卷二〇"贍"作"贍"，是。

悚息之至。"

二十一日戊寅，大學士葉向高謹題："臣待罪四十餘日，朝夕籲祈，只望閣臣速補。乃微誠難達，疏揭徒煩，祇此一極容易極不可已之事，而臣且不能得之皇上，何望其他？夫天下非小物也，今日世界非太平無事之時也，臣之庸駑不能支穄①，即三尺童子亦知之，里巷庸下之人亦知之，豈以皇上之神聖而不知乎？且無論重大事務，即目前考選庶吉士，亦至緊要，昨吏部移文內閣，謂大選在邇，考期難緩。臣念當此人情紛囂、口語易生之日，必得公明正大、爲世所信服之人，來至②其事，庶免煩言，而斷乎其非臣之所能任也。臣是以不避煩瀆，再懇皇上，速下廷推，急行點用，以毋誤國事。如或以臣狂愚，有所觸忤，亦望聖用③顯正其罪，或譴或戮，臣不敢辭，但勿併閣臣不補以困之，斯大幸矣。臣不勝懇切哀鳴之至。"

二十三日庚辰，大學士葉向高謹奏："爲負罪日重萬分難留急懇天恩速賜罷斥事。臣杜門乞罷，翹首企足以望俞音，不當④以日爲歲，乃皇上尚未肯爲臣斷決。臣觀連日章疏紛紛，多及於臣，其用意之厚者，則望臣以轉移聖心，其推求之深者，則罪臣以熒惑聖聽，而又謂臣凡事順從，不能爭執。臣順從雖所不敢，乃爭執實是無能，自咎自愧，夫復何言？政本重地，羣情所屬，此人不可，當用別人，一人不可當用衆人，豈可泛泛悠悠，挨延歲月，使天下事日壞一日，不可復支乎？如臣果有才力，尚能展布，何爲自已不做而留以讓人？恐至愚者亦不如是也。頃福府莊田事，復奉嚴旨，切責戶部，罪其瀆奏。臣之瀆與戶部同，而其備員密勿，不能轉移，罪更甚於戶部，即此一事，臣上不能順聖主之心，而下無以塞天下之望，其爲當去，萬萬無疑。若自去之外，而復有千罪萬罪如言者所云，臣無計自解，亦須領受，然揆之私心，終視貪戀不去爲稍輕耳。伏望聖明立賜罷斥，亟簡忠賢，庶上下之間兩釋猜疑，而臣亦得保餘生於田里，啣結以答天恩，何幸如之？臣不勝懇瀆哀鳴

---

① 穄 《綸扉奏草》卷二〇"穄"作"撐"。

② 至 《綸扉奏草》卷二〇"至"當作"主"，是。

③ 用 《綸扉奏草》卷二〇"用"作"明"，是。

④ 當 《綸扉奏草》卷二〇"當"作"啻"，是。

祈禱之至。"

　　二十八日乙酉，大學士葉向高謹奏："爲學臣改調人言見及據實剖明事。頃以南畿學差，臺省諸臣爭言不了，因波及新調貴州提學參議戴燝，而科臣周永春、臺臣湯兆京責臣爲之居間，至欲請旨詰責。臣敢不明言其故？戴燝，臣閩人也，然相去甚遠。臣爲翰外①時，燝爲行人，素以文章相向慕，其所着②作，斐然成一家言，臣自愧不如。燝後爲副使調用，家居十三年，今歲方出補官，臣向吏部尚書趙煥稱其文學行誼，委實有之，若其既補四川，又調貴州，則非臣本意，亦未嘗爲之請也。或者銓臣以其文學有餘宜於督學，而貴州僻地又人所不欲往乎？然實臣一言誤之，臣之罪不敢辭也。臣猶記先臣王錫爵曾上疏，謂閣臣於他事不當與聞，惟進退人才，事體相關，不可不預。臣待罪六、七年，於各衙門事務毫無干涉，即吏、兵二部，未嘗以片言半語有所請求，此長安耳目所共知，即該部官吏人等皆可問者。至於銓臣推舉大僚，間以告臣，臣衷有所見，則據實以對，無則唯唯而已，亦未嘗以片言半語與銓臣相左也。臣之愚陋，罪狀甚多，猶此一事實無愧心。今乃以燝故冒居間之名，雖饒舌自取，然豈敢有一毫私意於其間哉？夫此猶臣一人之是非，一事之得失，不足言也。乃臣所深慮者，臣下意見不同，分爭日甚，此事失③了，彼事又來，此爭未消，彼爭又起，同舟分爲敵國，朝端化爲訟場，長此不已，將使大臣危，小臣懼，而朝廷之紀綱政事盡壞而不可支矣。伏願皇上於此等章疏，量行檢發，敕下吏部、都察院定其是非，可否取自聖裁，而二、三當事大臣一秉至公，毅然主持，毋從④爲苟且自完之計，世道庶幾⑤其可挽乎？乃綸扉重地，臣奉職無狀，昭章如是，非有名流碩彦三、四人鎮壓主張，天下必無安靜之日，羣臣必無和衷之期，此尤根本切要所在，萬不可以爲可有可無而緩視之者，更望聖明允臣所請，亟賜施行。臣不勝懇切悚惶之至。"六月初三日，奉旨："卿公清直亮，秉政無私，朕所鑒知。爲國掄才，出於公當，豈有他故？近來言官議論煩囂，清濁不分，一

① 外　《綸扉奏草》卷二〇"外"作"林"，是。
② 着　《綸扉奏草》卷二〇"着"作"著"。

③ 失　《綸扉奏草》卷二〇"失"作"未"，是。

④ 從　《綸扉奏草》卷二〇"從"作"徒"。

⑤ 畿　《綸扉奏草》卷二〇"畿"作"幾"。

概攻擊，甚傷國體。自今以後，大小臣工務要各秉衷心，無偏[1]無黨，以成蕩平之治。其檢發章疏等事，朕知道了。卿當仰體至意，不必介懷，安心即出，入閣贊襄，以副朕眷倚至意，不必再有託陳。該部知道。"

---

[1] 徧 《綸扉奏草》卷二〇"徧"作"偏"，是。

萬曆四十一年六月①。

二日己丑，大學士葉向高謹題："該通政司官告臣，有武弁王曰乾，奏孔學等詛咒聖母、皇上及東宮事情。臣一聞之，驚駭欲絕，不能言語。隨密訪其情由，乃知曰乾與孔學等，皆係京城棍徒，結告刑部，事尚未了，又擅入皇城放砲進本，部②以其禁地放炮，欲擬免③罪，遂讒張至地④，無所顧惜。此事類大往來⑤之妖書，而妖書出於匿名，無可究治，故難於處置，今告者與被告者人皆見在法司，一審其情立見，自伏其辜。皇上但靜以處之，不必張惶，一或張惶，則中外紛擾，其禍將不可言。彼奸人不過拼一條性命，乃國家之所損多矣，是反墮其計中也。至其疏中有一、二語微及⑥皇貴妃、福王，必可痛恨⑦，以皇貴妃之賢明，福王之賢孝，感戴皇上厚恩，惟恐不千歲而萬年，中外臣民孰不知之？彼狂悖誣謬之談，不必介意。臣與九卿諸臣，見皆如此，故敢上聞，以寬聖懷。伏望聖慈炤察。"

三日庚寅，大學士葉向高謹題："昨為奸徒妖言，臣已具揭，請皇上靜以處之，不必張惶。不知聖明肯賜來納否？要之，事理實當如此。夜來臣又再思之，此疏若下，上必驚動聖母，下必惶怖東宮，而皇貴妃與福王皆不自安，傳之天下，書之史冊，亦為不美。萬一其中更有難處事體，將如之何？不如姑且留中，勿行宣布，所有奸徒當於別疏批出，或另傳聖諭，下法司究治，中有於礙事情不必盡露，要以正國法、尊國體兩盡而無傷，而又速定明春之國吉期，以息羣啄⑧，則天下恬然無事，宗社之幸大矣。臣愚見如此，不知是否？敢陳之以備聖裁，其餘衷曲，已具臣奏謝疏中，統望聖明留神省覽。"

是日，大學士葉向高謹奏："為恭謝天恩再竭愚悃事。該文書官張文元棒⑨出聖諭，到臣私寓：'諭輔臣：覽卿屢屢懇奏，具見忠誠為國，清正無私，凡⑩開陳，朕所倚毗。但近日議論煩多，人情傾險，卿欲堅意求去，朕心何安？且國家正⑪務，

萬曆四十一年

二九五九

① 月 "月"下當有"戊子朔。"三字。
② 部 《明神宗實錄》卷五〇九"部"上有"刑"字。
③ 免 《明神宗實錄》卷五〇九"免"作"死"，是。
④ 地 《明神宗實錄》卷五〇九"地"作"此"，是。
⑤ 類大往來 《明神宗實錄》卷五〇九"類大往來"作"大類往年"，是。
⑥ 及 《綸扉奏草》卷二〇"有一二語微及"作"侵及"。
⑦ 必可痛恨 《綸扉奏草》卷二〇"必可痛恨"作"尤可痛恨"。
⑧ 啄 《綸扉奏草》卷二〇"啄"當作"喙"，是。
⑨ 棒 《綸扉奏草》卷二〇"棒"作"捧"，是。
⑩ 凡 《明神宗實錄》卷五〇九"凡"下有"事"字。
⑪ 正 《明神宗實錄》卷五〇九"正"作"政"，是。

朕未嘗不行，只因險邪輩小不諳事體，生事激瀆，此故①詳覽緩滯。推補閣臣，知道了。且自福王之國一事而言，福王之國所請養贍田土並錢糧等項，乃祖宗所賜，俱有成例，非今昔②創爲，奉旨已久，尚無一備，何以之國？細味卿昨揭言，當皇祖時，皇考與景王名對③比肩，故人心猜疑。今皇太子與福王名分不同，大義已定，又有諸皇孫，何疑之有？況祖制親王之國，舉行在春，今年已踰期，昨已諭卿在於明春舉行，必不再遲。何乃大小臣工不能靜俟，紛紛瀆擾，以滋煩聒？卿又言及礦稅之事。原爲三殿肇舉，帑藏匱竭，乃一時權宜之計，非爲福王之私耳。親王分封養贍④田土，有前例可比，又無額外增加，今該地方各官不能仰承德音⑤，清查撥給，圖⑥務煩言，阻擾大典，甚非國體。卿爲輔弼重臣，宜即出安心贊襄，弼成化埋⑦，不得過爲疑忌。特諭。欽此。'臣恭設香案叩頭謝恩外，竊念臣備員密地，罪重愆深，屢次乞歸，屢蒙慰留，自意此番必無再出之理。乃聖恩稠疊，聖諭周詳，又値眼前有事，不敢固辭。連日因驚惶怔忡⑧，精神憒亂，俟二、三日稍定，尚當勉出，俟後再請。伏讀聖諭，言及福王之國事，明白暢曉⑨，洞然無疑，傳之中外，不孰⑩歡欣頌服，仰大聖人之明斷？臣，小人也，過計私憂，故前揭有景王久不之國、致皇考在裕邸危疑不安之説。皇上爲臣剖析，且以諸皇孫爲言，愈見思慮深達⑪，臣復何辭？惟是皇考當時雖未正名分，然講讀不輟，情意常通。今東宮輟講，業已八年，其不奉皇上之天顏者，聞亦久矣。而福王時節入宮，每月兩次進謁，人皆⑫知。親疏懸殊，已生猜討⑬，又以留滯遷延，久不之國，雖名分久定，萬無可疑，然悠悠之口，難以家喻戶説。小則巷議私談，大則妖言惡語，蔓延無已，而皇上父子兄弟之間且有難處之事，悔無及矣。此是⑭臣之所以苦口力争、不能自已者，豈真疑皇上與福王之有他端哉？蓋正爲福王遠慮深圖，豫消釁隙之萌，全皇上天性之愛，以貽國家萬世無疆之福耳。今聖諭已明，人情自慰。更願皇上急令該部，擇定明春言⑮期，昭示天下，諸凡事體俱作速備辦，勿有稽遲，則一了百了，一明萬明，雖有奸偽讒間之徒，再無所容其喙，而上至宮闈，下至薄海，無不相安於無事之天矣。至於在①田一事，聖諭惓惓，敢不仰體？臣與戶部傳諭該地方官，竭力清查，但有廢府無礙田地，當盡以予王，如有隱匿欺詒，將有作無，他日皇上查出，臣與戶部及該地方官當任其罪。如搜括之外，不能盡盈其數，復欲侵削民田，與受奸徒投獻之類，則萬萬不可，萬萬難行。亦願皇上與福王體悉下情，勿執前意，乃地方之大幸也。今外聞②議論，方謂王借此極難題目，以緩之國也③期，臣以死明王必無此心。乃請之不已，愈起人言，寧獨非皇上所以愛王，即王亦非所以自愛矣。其臣前揭中礦稅之云，實以此事初起時，便有疑皇上欲竭天下之膏脂以予王而不慮其後者，今民力已盡，三殿未興，而宮中每歲所入之數，天下皆知，皇上將持之④安歸乎？此在聖心必自明白，臣何敢言？因聖諭及此，故敢悉吐其愚，無所忌諱。伏望聖慈留神省覽。但使明旨速下，人言自息，亦不待臣之傳諭也。臣言已煩多，不能他及，其推補閣臣事尚容另揭再請。"初五日，奉旨："覽卿奏謝，朕知道了。知卿入閣贊襄，朕心嘉悅。卿言福王時節入宮，尚不知朕已傳免久矣。若時入朝，出入禁門，隨從數多，人所共見，耳目難掩。其之國日期，今春諸無以備，且又踰期，已有明諭，不必疑惑。合用冠服儀仗等項，並奏請錢糧地土，卿可傳示各該衙門，上緊處辦完備，用襄大典。枚卜閣臣，朕知道了。卿宜仰體朕意，不必再陳。該部知道。"

五日壬辰，大學士葉向高謹奏："為內批本出聖意人言疑議不休心迹難明再求罷斥事。頃者大臣求去，皇上間出宸斷，溫旨慰留，此必皇上真知其人之賢而欲用之，豈臣與左右能與其力？乃議論紛紛，率皆歸罪於臣。頃臺臣有言，謂昔之權奸不過假申⑤旨以明示驅除，而臣乃欲逐故留，機關更巧。臣惟時即其⑥一疏，稍稍自明，併求罷斥，業已入封，而屬有異聞，不勝惶怖，遂不敢進。昨奉聖諭，惓惓責臣入閣，臣念國家有事，君父焦心，臣子不宜堅臥，亦欲暫時勉出，以副聖懷，少

① 在 《綸扉奏草》卷二〇"在"作"莊"，是。

② 聞 《綸扉奏草》卷二〇"聞"作"間"，是。

③ 也 《綸扉奏草》卷二〇"也"作"之"，是。

④ 之 《綸扉奏草》卷二〇"之"作"此"。

⑤ 申 《綸扉奏草》卷二〇"申"作"中"，是。

⑥ 其 《綸扉奏草》卷二〇"其"作"具"，是。

間再請。而科臣又復有疏，以請允許弘綱之去爲言，乃謂杜門求去不止弘綱一人，弘綱之被留，必有人欲困頓弘綱，使狼狽以去，致觸聖怒，而復假口於奉命，悚惶强起視事，借去者之機關，成留者之局面。此其言未必專爲臣而發，然亦①求去之一人也，其能操縱伸縮，弄威福於掌中，決去留於意外，此在他人豈有此伎倆？有此力量？必臣也而後能之。臣七載備員，與九列大臣歡然相得，毫無間言，見②朝端老成人少，列署空虛，見在諸臣皆一時碩彦，爲國股肱，惟恐不得安其位而行其志，日前方有疏歡③解言官勿過攻擊，人方以黨護罪臣，何意轉服④之間，便有驅除之疑耶？至於設法困頓弘綱以自爲計，則是科臣極慮深思方能到此，臣之夢想亦未嘗及，臣與弘綱夙昔何如？泰山掃舍之言，必⑤心方愧之，而敢以此苦弘綱耶？臣本欲置之忘言，但見近來人情猜訐⑥多端，即至明白易曉之事，猶紛紜如此，皆臣德薄望輕所致，豈可不自量度，靦顏併⑦事？故敢冒昧一言，併前日未上疏一同封進，伏望聖明並賜省覽，速行罷斥，仍恕臣孤恩違命之罪，臣幸大矣。其内批慰留諸臣，是否聖裁，亦望明示，以解天下之疑，毋使去者留者皆蒙其罪，尤臣之深望也。"

是日，大學士葉向高謹奏："爲再辱温綸彌深悚懼懇恩亟放併允推補事。臣以奉職無狀，屢求罷免，乃聖恩深重，不行罷⑧譴，而重涣綸音，謂臣事有巨細無不開陳執奏，且褒以忠藎，勉以入閣贊襄。古之人臣，善則稱君，今我皇上，善則稱臣。苟有血氣心知之倫，能不愧心？能不戴德？乃言者又謂，此等温旨，皆司禮與臣自相参定，方聽御批。是臣自行求去，自行慰留，以貪戀之心飭勇追之説，此其無廉無恥，欺天罔⑨人，非但聖旨所不容，即司禮中官亦厭薄而竊笑之矣。中旨内批，誠非美事，然自臣未入閣臣⑩已有，非始自今日。至於大臣求去，聖斷慰留，此皇上優禮眷注之盛心，臣何與知？今乃諸⑪臣欲驅之而故留之，以軟調使剛心，以耳舌藏毒手。信斯言也，則是皇皇天語總屬僞爲，款款君恩反成惡意，而臣一人之身方蒙黨護之譏，復挂驅除之議，首尾衡決，前後肯⑫違，

① 亦 《綸扉奏草》卷二〇"亦"上有"臣"字。
② 見 《綸扉奏草》卷二〇"見"上有"且"字。
③ 歡 《綸扉奏草》卷二〇"歡"作"勸"，是。
④ 服 《綸扉奏草》卷一二"服"作"眼"，是。
⑤ 必 《綸扉奏草》卷二〇無"必"字。
⑥ 訐 《綸扉奏草》卷二〇"訐"作"忖"，是。
⑦ 併 《綸扉奏草》卷二〇"併"作"供"，是。
⑧ 罷 《綸扉奏草》卷二〇"罷"作"罪"，是。
⑨ 岡 《綸扉奏草》卷二〇"岡"作"罔"，是。
⑩ 臣 《綸扉奏草》卷二〇"臣"作"時"，是。
⑪ 諸 《綸扉奏草》卷二〇"諸"作"謂"，是。
⑫ 肯 《綸扉奏草》卷二〇"肯"作"背"，是。

毋論臣與諸臣絕無纖芥，即事神明獨斷之君，行陰陽反覆之計，竊恐林甫、杞、檜，無此大膽。皇上六、七年來，聖度如天，雖言官時有戇直激切之談，未嘗以單詞片語輕加詬辱，此是帝王第一盛節，臣①方頌德感恩、將順之不暇。今動輒謂臣欲假內批處分諸臣，夫人臣既已謇謇諤諤據忠悃以上聞，而復閔閔皇皇懼嚴譴之下及，誰任股肱而使人如此？臣之罪也。然當此極言無諱之朝，而設為意外不測之慮，竊恐龍逄、比于②無此過計。此皆臣偶有感觸，心迹難明，故述之於皇上，以少解天下之疑，乃臣所以必當去、必不得不去之故，則不在此。夫人臣受一官，則必盡一官之職，然後可以安於其位，況於密勿重臣，其關係為最大者乎？使臣在此，而真有積誠足以動天，奇謀足以濟事，則雖一日而百挂彈章，可以付之不問。如但尸素浮沉，碌碌無補，如眼前景象，則雖稱功頌德之言日入於耳，亦終不能安。何也？人可欺也，而心不可欺也。今中外之所喁喁而望者，福王之國也，瑞王婚禮也，補閣臣也，起廢臣也，釋纍臣也，臣諄諄懇懇言之，終不可得，則人之歸怨於臣，臣何辭焉？即皇上代臣任過，而③能恬然出入於黃扉之間，以任人之笑罵乎？且皇上每事輒稱祖制，臣亦以祖制勸皇上。乃密勿政本，祇用一臣至於六、七年，則二百餘年間絕無之事。其敗壞祖制莫過於臣，而臣又才盡力竭，狼狽不支，一日不補，則添一日之罪，天下萬世增一日之惡名，臣生無以對士大夫，死而無以瞑目於地下，每一念此，肝腸俱裂。皇上苟恩臣、恤臣、超臣、救臣，無如為臣先行此一事，使臣少得開目舒眉，有顏人世，而後盡削臣官以謝天下，臣雖旦暮死亡，形銷骨化，歡然無憾矣。又何區區是非毀譽之足言哉？臣為此疏，悲愁涕泣，不能自勝，語無倫次。伏望聖明鑒察施行。"

六日癸巳④，大學士葉向高謹奏："為恭承聖諭感愧交深敬陳謝悃事。該文書官王體乾，捧出聖諭到臣私寓：'諭輔臣：朕覽卿奏，具見為國忠誠至意，朕悉鑒知。但卿所云福王時節入宮，每月兩次進內朝謁，已失真矣，尚不知朕免其朝有年。至

① 臣 《綸扉奏草》卷二〇"臣"下有"與諸臣"三字。

② 于 "于"當作"干"。

③ 而 《綸扉奏草》卷二〇"而"下有"臣"字。

④ 巳 "巳"當作"已"。

萬曆起居注

若舊例進謁本生母妃，亦免久矣。如王來朝，必由禁門進內隨從數多，人之耳目豈能掩乎？朕與皇太子天倫至情，何疏之有？卿疑忖太過。其王之國，自去歲府第報完，皇貴妃在朕前數數懇請着王之國，以遵祖制，朕見合用諸物未備，況時以①踰期，今已有明諭，不必惑疑。合用冠服、儀仗、器物等項，並所請錢數②地土，卿即傳示各該衙門，上緊處辦完備，以襄大典，毋致臨時遲誤。枚卜閣臣，朕知道了。卿宜仰體朕意，不必再陳。特諭卿知。欽此。』臣不勝惶懼，不勝惶懼③，不勝感激。竊念臣以揭請福王之國，伏奉諭旨，炳如日星，確如金石，中外聞之，歡聲動地。臣忝備股肱，豈不仰體？其回奉所云福王時節入宮、每月兩次朝謁，蓋得於傳聞而遂述之，以見疑議之所自起。不意因此復煩聖心，再賜裁答，臣冒昧妄言，無所逃罪，統賴聖慈曲垂原宥。但臣之本心，昨④謂福王入宮朝謁爲不可也。皇上，福王之父。皇貴妃，福王之母。子見父母，情理當然。臣亦有子，數年不見，臣與臣妻每常念之，乃謂福王不當入宮朝謁，是臣無人心矣。臣之意，蓋以皇太子輟講多年，屢請不報，中外徬徨，不知何故？故敢借此一伸其愚，庶幾皇上察臣之言，仍命皇太子出講，以慰天下之望耳。豈敢以皇上爲疏皇太子哉？倉皇回奏，詞語欠融，臣之失也。乃皇上惓惓謂福王免朝有年，本生母妃亦已久免，此在皇上與皇貴妃固自有深意，在臣私衷竊以爲不必如此。天性之愛，豈容久闊？且福王之國不遠，睽違在即，即源源而見以遂慈孝之情，有何妨乎？除之國事已屢奉明旨，更無疑惑，其合用冠服、儀仗、器物等項，容臣即傳示各衙門，速行處辦，毋致稽遲⑤違。各衙門仰體德意，亦自當竭力應付，不敢延遲。惟是莊田一節，臣與廷臣委曲計議，苟可奉行，何敢執拗？但恐地方原無此項田土，難於足數，亦望皇上量⑥加體恤，不必取盈。此臣款款之愚，終有不能自已者耳。皇妃貴⑦賢明令德，久已著聞，其數懇皇上遣王之國以遵祖訓，尤人情之所難，傳之天下，書之史冊，大是美事。儻肯再諭福王於所請莊田毋太拘執，則河南、山東兩省人民受賜無量，而皇貴妃與王之賢，豈非千古之僅見

---

① 以 《綸扉奏草》卷二〇"以"作"已"。

② 數 《綸扉奏草》卷二〇"數"作"糧"，是。

③ 不勝惶懼 此四字爲衍文。

④ 昨 "昨"當作"非"。

⑤ 遲 《綸扉奏草》卷二〇無此"遲"字。

⑥ 量 《綸扉奏草》卷二〇"量"作"曲"。

⑦ 妃貴 "妃貴"當作"貴妃"。

哉？臣本擬一、二日遵命入閣，以科道官有言，昨又上疏待罪，故敢先此陳謝，併請狂愚之誅，統望聖慈省覽裁察。"初九日，奉旨："覽卿所奏，情辭懇切，具見爲國忠慎，朕悉鑒知。昨聞卿入閣贊襄，朕心甚悦，何乃又有此奏？近日以來，每見大僚諸臣相率求去，在朝老成能有幾何？朕特以温旨勉留，出自朕意裁斷，且卿票擬本章，朕間亦改裁①，卿於左右何預？卿爲輔弼重臣，豈辭勞怨，過爲疑畏，遽萌求去？卿宜遵諭即出入閣，輔理政治，以副眷懷至意。慎勿再辭。吏部知道。"

是日，大學士葉向高謹題："蒙發擬吏部尚書趙焕、左副都御史許弘綱二本，内傳出温旨慰留。臣仰窺皇上眷注大臣之盛心。其趙焕本，臣即擬上。唯許弘綱出城已久，其勢必難再入。昨者言官論臣，謂臣假意②借中旨困苦弘綱，臣昨有辯疏，尚在御前，今若再擬慰留，又將生出許多議論。但出自聖意，不敢固違，謹擬兩票上請聖裁。要之，還聽其去爲妥，俟其去後，再行召用，則君恩臣義兩全而無失矣。"

九日丙辰③，大學士葉向高謹題："近來議論煩多，大僚人少，遂不能自立。許弘綱既已出城④，趙焕亦欲繼去。如此則廟堂空矣，朝端豈成景象？臣之力既不能使言官之不言，又不能使大臣之不去，計窮慮術，惟有慨嘆。不⑤敢不以上聞。伏望皇上即刻再發一嚴諭，使之不敢徑行，或别有聖裁，庶朝廷之體統尚存，而人心稍肅矣。"

是日，大學士葉向高謹奏："爲三奉聖諭恭謝天恩事。該文書官金忠捧出聖諭，到臣私寓：'諭輔臣：朕覽卿奏，情詞懇切，具悉爲國忠誠，殫心竭慮，朕所鑒知。昨已聞入閣視事，朕甚嘉⑥悦，何得又有此奏？朕見近來大僚諸臣，不以國事爲急，紛紛奏辭。朕念國之老成，能有幾何？相率求去，成何國體？特以温旨勉留，出自朕意。且卿票擬本章，間有朕裁改，卿於左右何與？今國事多煩正賴卿意籌畫⑦輔理，豈可堅欲高蹈求去？非體國竭忠之意。卿爲弼輔⑧重臣，豈辭勞怨？不必介懷，宜即出入閣贊襄，以慰佇望，慎勿再陳。其枚卜閣臣，

①改裁 《綸扉奏草》卷二〇"改裁"作"裁改"。
②意 《綸扉奏草》卷二〇無此"意"字。
③辰 "辰"當作"申"。
④城 《綸扉奏草》卷二〇"城"下有"日下且欲徑去，孫瑋、吳達可明日亦擬出城"十七字。
⑤不 《綸扉奏草》卷二〇"不"上有"又"字。
⑥嘉 《綸扉奏草》卷二〇"嘉"作"喜"。
⑦意籌畫 《綸扉奏草》卷二〇"意籌畫"作"籌畫"，是。
⑧弼輔 《綸扉奏草》卷二〇"弼輔"作"輔弼"，是。

萬曆起居注

① 皇 《綸扉奏草》卷二〇"皇"作"王"。

② 因 《綸扉奏草》卷二〇"因"作"困"。

③ 長 《綸扉奏草》卷二〇"長"上有"於"字。

④ 不 《綸扉奏草》卷二〇"不"上有"最"字。

⑤ 途 《綸扉奏草》卷二〇"途"上有"前"字，是。

⑥ 折 《綸扉奏草》卷二〇"折"作"所"，是。

⑦ 書 "書"上似應有"讀"字。

知道了。特諭卿知。欽此。'臣恭設香案叩頭謝恩外，竊念臣以病困孤危，萬不得已而求去，數日之間三勤中使，薦被溫綸，宛然家人父子之親，臣何功何能可以消受？能不愧死？君命如此，臣可奈何？祇得於一、二日間黽勉暫出，以副聖懷。惟臣所泣血哀祈於皇上者，以推閣臣爲最急，閣臣不補，臣終無赧顏奉職之理。皇上既知臣，憐臣，凡事皆爲臣周全，爲臣昭雪，有如山之罪而不加誅，無尺寸之勞而常加獎，自古帝皇①之所以優待其臣，未有如皇上者。獨此一事，因②臣如是，視臣之匍匐號呼將就死地，如駑駘之垂斃長③途，牛羊之牽入於屠肆，而全不動念者，臣誠不知其解也。臣欲進不可，欲退不能，千古奇窮，生人未有，恨不早入黃泉，免此苦累。昨御史董定策謂閣臣不補，臣不當出，即出亦不能久。其言至當。今臣冒昧出矣，伏望皇上始終生成之恩，速令推補，毋復使臣出而不能久，如御史之言，臣幸大矣。"

十一日戊戌，大學士葉向高謹題："該臣屢奉聖諭，不得已於今早廷謝，暫時入閣供事。臣所最急、最望、不④容已者，莫過於推補閣臣。頃者本不敢出，而或有告臣曰：臥而請之，皇上以爲要，不如出而請之，皇上必從。今臣出而請矣，皇上聽臣之言，臣不敢不忍死勉力，以報聖恩。如臥而請不得，出而請又不得，則是皇上諭臣之出，非所以用臣，乃所以困臣，而臣之爲計已盡，途⑤已窮，無折⑥復之，惟有請死於皇上而已。臣之出，專爲此事，伏望聖慈俯垂炤察，即賜施行。"

十三日庚子，大學士葉向高謹題："爲作養人才事。五月十九日，准吏部手本，開具爲選法事。案查歷科以來，殿試之後，該內閣題請，將新科進士查訪器識、文學俱有可觀者，送翰林院書⑦，其餘照甲第選授部寺府州縣等官。及查節年考選之期，俱在六月大選之前。今大選已近，館選無期，相應合用揭帖，前去內閣查照施行，等因到臣。照得儲才待用，乃國家首務，而庶吉士之選，尤儲才之最重者，累朝以來，相沿不廢。惟是翰林各官，人有多寡，故選有疎密，或連科俱選，或間科一選，無有定例。近年翰林人多，故臣等於三十七年題准，間科一選。今科正應選之期。故事多於五月初旬舉行，而因臣杜門求去，故延遲至今。吏部屢次來催，勢不容已。合無准照節年舊規，限年四十以下，各部院等衙門諮訪器識端雅、文學優長者，開送吏部，查照題准事理，按名閱審，果無違礙，疏名奏聞，恭候命下，臣題請欽定考試日期，遵照先年題奉欽依條件施行？其六月選期，去今祇有旬日，更望聖明早賜批發，毋致妨誤。臣未敢擅便，謹題請旨。"奉旨："是。吏部知道。"

十六①日壬寅，大學士葉向高謹題："該真定、山東、遼東、山西四處巡按，報滿日久，都察院屢次題催，曾經發擬，又復留中，臣亦曾爲催請，未蒙允發。查得真定、山東原差御史，皆已四年，而山東目前又有清查福府莊田之事，巡撫已准回籍，巡按又在告病，皆杜門待去，一事不理，然則此差之急，不啻燃眉，豈可視爲泛常，而姑置之哉？臣又見日來章奏，有②應發不發者，外間便坐③許多猜忖，即此四差久寢，生事之徒便謂其人意不欲去，且疑臣中有知舊，不欲其去。又如吏部主事涂一榛被言告病，該部累疏爲請，不知何故，久停不發，人亦謂臣私於一榛，而故留之。此皆無蹤無影，毫無干涉之事，乃盡歸罪於臣，臣不敢與辯，惟願皇上速將此四處按差發下，以爲地方計，其吏部爲涂一榛請告本，併乞檢發，庶朝端了此一事，亦未必無小補矣。"

二十一日戊申，大學士葉向高謹題："該臣奉命入閣，再三哀請推補閣臣，而經今旬日，未奉俞旨。皇上豈以臣既出，便可了事耶？不知閣臣不補，臣一刻不能自安，人之罪臣亦一刻未嘗放下。臣頂戴天恩？強顏忍死，在此供事。皇上如慨然允補，則臣可以少安，旦夕未死，尚不敢言去，以負皇上。如捱延不補，則臣實無顏面出入，仍當乞歸，以待皇上之誅戮而已。臣亦知皇上神聖聰明，留神天下大計，此官必無不補之理。但

① 六 據《綸扉奏草》卷二〇"六"當作"五"。

② 有 《綸扉奏草》卷二〇"有"上有"但"字。

③ 坐 《綸扉奏草》卷二〇"坐"作"生"，是。

① 知 《綸扉奏草》卷二一"知"作"如",是。
② 坐 《綸扉奏草》卷二一"坐"作"生",是。
③ 爲 《綸扉奏草》卷二一"爲"作"焉",是。

④ 閣 "閣"下當有"臣"字。

遲一日,則臣多受罪一日,速一日則臣早沾恩一日。皇上千言萬語褒臣恤臣,不知①此半行綸音坐②臣活臣。臣生死之關,在於今日。伏望皇上俯垂矜允,即賜施行。若慮臣下紛争或致多事,則臣以爲九卿合衆以廷推,皇上秉公而簡用,雖有偏私之徒,愛憎之口,勿爲所亂,又何慮爲③?"

二十五日壬子,大學士葉向高謹奏:"爲閣臣不補公私俱困無計可施只得哀懇事。臣奉命而出僅十餘日,科道交章,南北疊上,重者詬臣,輕者責臣,總由朝政之不行,故致人言之至此。臣若是置一辯。即多生一駁,多着一辭,即多添一罪。萬語千言,終無所用,祇有哀懇皇上而已。其哀懇皇上,亦不敢多及,祇求先補閣臣而已。閣臣補,則議論自息,門户自消,開講、之國、婚禮等事,皆有能任之者。此外必欲如何罪臣,臣皆甘受,無所辭矣。夫皇上靳閣④之推補,而數以温旨留臣,臣力能得皇上之温旨,而不能得之於推補,有一番温旨,即有一番疑議,則是温旨者,乃皇上之特恩,亦愚臣之罪案也。故臣今未敢求去,以煩皇上之温旨,但忍辱陳情,以求皇上之推補。皇上大聖至仁,豈忍見臣之狼狽顛連已至此極,而不爲之一動念乎?"

萬曆四十一年七月一日丁己①，朔。

三日己未，大學士葉向高謹奏："爲微臣義無再留推補萬難再緩誓死陳情以明去就事。臣受事未數月，即知天下事非所能爲，久懷去志。屬同官杜門，無可推委②，因循荏苒，以致今茲，臣之罪也。顧臣之叨濫，其出於皇上之特知與否，具在聖心，臣有何繆巧而使皇上之用臣？備員以來，雖以才庸識短，無所報稱，然而國家之事，實知無不言，言無不盡，如考選科道，推補大僚，東宮開講，福王之國，瑞王婚禮，起廢臣鄒元摽③等，釋纍臣滿朝薦等，率皆苦口嘔心，頻煩疏請，即瑣細如各衙門署印，各官請告之類，有一不行，臣皆不得不請，計其疏揭之存於御前者，且至千通，絶無一言半語私薦一人，私害一人，私請一事，皇上試盡發之以與大小臣工共閱，苟有一字不可與天知、與人言者，即當誅臣以謝天下。惟是積誠未至感孚，無能實臣之罪，無可自解，臣自知之，不待人言也。天實限臣，無此才力，安能勉强？不得已思以一去自明，皇上再三苦留，又不得已而思徑去，臣自知其非所宜言，然再三度之，其計不得不出於此，請冒死而極言之。夫人謂臣之不宜徑去者，以爲閣中祇臣一人也。不知往時閣中有三四人，間有被言者，尚可以杜門謝事，遷延候旨。今祇臣一人，既杜門又管事，既待罪又擬票，以積愆叢戾之身而平章軍國之重務，自古以來無此事理，非但誤身，必至誤國，此其勢之更當去也。或者又謂臣須閣臣已補，然後可去。此其説甚正。不知臣之請補已五年矣，辭窮情極，皇上終不見允。竊度聖心必以臣在，尚可支吾了事，不必多人。則是臣留一日，此官一日不補，臣留一年，此官一年不補，必須臣去閣空，乃始別行用人，臣留爲害，臣去有益，此又其勢之更當去者也。夫螻蟻尚有報恩之心，犬馬尚有戀主之念，臣獨何人而忍割絶？從以時勢至此，不得不然。願皇上早爲斷決，使國體猶得少存，而不至於大壞，其所全多矣。頃許弘綱被言出誠④，亦以候命爲恭，而皇上苦留，遂令弘綱不得已移至前途，去已兩日，尚無俞旨，堂堂憲臺狼狽至

① 己 "己"當作"巳"。

② 委 《綸扉奏草》卷二一"委"作"諉"。

③ 摽 《綸扉奏草》卷二一"摽"作"標"。

④ 誠 《綸扉奏草》卷二一"誠"作"城"。

此，臣竊傷之。豈可使臣復爲弘綱之續哉？在皇上固謂溫綸可以留臣，不補閣臣可以縻臣，不知留臣者乃所以斃臣。縻臣者乃反以驅臣而促之去，臣竊謂聖明之計失矣。臣此疏後不敢多言，惟忍死旬日以待閣臣之補，以盡臣子之義，皇上但急下推補之命，便可了事，萬勿再以溫綸諭臣，自褻皇上①，自傷威柄，其所損不細也。臣聞之，忠臣去國，不潔其名，臣雖非忠臣，然私心慕之，今之陳乞，尚多一二言，終是淺衷，統望聖慈留神省覽，即刻施行。臣不勝瀝血哀鳴籲天控訴之至。"

四日庚申，大學士葉向高謹題："蒙發擬刑部司務王嘉亮請②部署印官及熱審本，具見聖明留心刑獄、加意民命之盛心，臣謹即擬上。惟是許弘綱出城已久，今復移至通灣候旨，必須明允其去，於事體方便。弘綱久事皇上，奉公體國，簡在聖心，慈行也出於萬不得已，臣甚知之，而甚憐之，故敢併爲擬及，非但以全大臣去就之節，亦以見皇上之優待弘綱也。不然，弘綱無可奈何，必復前行，而於君恩、臣義、國體俱失之矣。伏乞聖裁。"

九日乙丑，大學士葉向高謹奏："爲愚臣病困且死再竭微衷仰祈聖覽事。臣頃已有疏，備陳不得不去之情，至哀至切，候命數日，未蒙處分，不應累有陳瀆。但臣此數日血疾復作，腸胃枯焦，胸膈飽脹，飲食不進，誠恐溘然死亡，不能啟齒，長抱出③明之痛，故及此一息尚存，再伸其喙。臣事皇上日久，受恩深重，委無分毫可以補報。然諸如招權納賄，壞法行私，請託干求，侵官越職，一切欺君誤國等事，實未嘗爲，此皆可以對天地、質鬼神者。至於國家多事，朝政不行，臣浮沉其間，無所轉移，實是有罪，夫安敢辭？然皇上試爲臣思之，事無大小，臣有一之不言乎？言有一之不盡乎？言盡而皇上不聽，臣能強之聽乎？旨意雖由臣擬，臣能徑行乎？九閽沉沉，能④插翅以入挾本章以出乎？皇上深居日久，如天之穆無聲臭，聽萬籟之爭鳴，如水之漫無隄防，任百川之自潰，典禮當行而不行，

① 《綸扉奏草》卷二一"上"作"言"。

② 請 明抄本"請"下有"該"字，是。通行本脫此字。

③ 出 《綸扉奏草》卷二一"出"作"幽"。

④ 能 《綸扉奏草》卷二一"能"上有"臣"字。

章疏當發而不發，人才當用而不用，政務當修而不修，議論當斷而不斷，徒以孤臣一身，當天怒人怨之衝，處赴湯蹈火之會，而又不爲之徵召耆碩，以總其綱，廣用忠良，以分其責，急而求去，則下溫綸以強留，緩而陳誠，又束高閣而不問，使天下之人，但見皇上任愚臣之專，眷愚臣之篤，便以爲得君如此，何事之不可爲？而不知皇上之心，原祇欲羈維愚臣，苟且了事，初未嘗欲行其言而用其計，即中間匡維補救，時或聽從，乃國家三五大事終未舉行，無以塞天下之望，千愆萬罪總集臣身，是負皇上者固臣，而誤臣者亦皇上也。誤臣何妨？至於誤宗社、誤蒼生，悔無及矣。自來人臣不才，祇有譴有誅，其自處則祇有去，今聖恩寬大，既不誅譴，捨去之外更有何策？若求去不得，徑去不可，進退去留無非大罪，則千古人臣未嘗犯此病症，千古聖賢未嘗立此醫方，而臣適當其窮，適罹其厄，豈不哀哉？豈不痛哉？語云：獸死不擇音。臣將死之人，故其言迫切如此。伏望皇上大發慈悲，哀憐矜察，速將閣臣推補，救臣須臾之命。或敕下九卿科道，悉心議擬令臣作何方略，作何施爲，可動皇上，使事體可以必行。若祇云積誠感動，終是空言，無救危急。不然，臣寧束身就死，以明人臣不忠之罪，歡然含笑無所恨矣。臣不勝冒昧激切涕泣籲祈之至。"十四日，奉旨："卿輔政多年，忠藎爲國，凡事畢力，冒謗蒙譏，朕豈不洞悉？但煩言橫肆，逞臆波及，且任事甫及半月，致卿復又杜門，意欲高蹈，何得輕躁傚尤，有失君臣大義？還以體國休休，慎勿介懷。閣臣豈有不備①？便着鴻臚寺堂上官宣朕諭②意，即出入閣佐理，毋得再陳。其餘諸事，候旨行。吏部知道。"

　　十二日戊辰，大學士葉向高謹題："臣以被論杜門將二十日，已具三疏一揭，請補閣臣，請放臣去，字字血誠，言言痛切，俱未蒙俞允，不知曾經聖覽與否。大小臣工催迫愈急，臣實難以安生，屢欲冒死徑行而猶遷延隱忍者，良以聖恩深重，臣義當全，又見許弘綱、孫瑋新去，故未敢相繼而行。如推補終不得請，則臣無可奈何，當於數日間遣家登舟，臣暫時少留，

① 備 《綸扉奏草》卷二一"備"作"補"，明抄本亦作"補"，是。通行本誤作"備"。

② 朕諭 明抄本作"諭朕"，是。通行本誤作"朕諭"。

亦當相繼往，負君負國，罪實難逃，然而非臣之得已也。臣之苦情具在前疏，伏望聖明再爲臣一留神省覽，臣死亦無恨矣。臣不勝哀懇煩瀆之至。"

十三日已己①，大學士葉向高謹題："臣待罪求去，不敢復聞他事。昨吏部尚書趙煥以書遺臣，言各省巡撫缺官，地方關係，託臣催請。臣惟巡撫之缺至於六省，皆極要緊地方，目前皆有重大事務，遲一日則誤一日。而河道總督爲南北咽喉，亦不可一日緩者。俱已蒙點用發擬，不知何以復留？伏望聖明即賜檢發，使地方事不至耽誤，何幸如之？臣不勝悚息之至。"

十五日辛未，大學士葉向高謹奏："爲恭謝溫綸再陳萬不得已之情仰祈聖慈俯賜鑒允事。該臣具疏陳情，伏蒙聖旨：'卿輔政多年，忠藎爲國，凡事畢力，冒謗蒙譏，朕豈不洞悉？但煩言橫肆，逞臆波及，且任事甫及半月，致卿復又杜門，意欲高蹈，何得輕躁傚尤，有失君臣大義？還以體國休休，慎勿介懷。閣臣豈有不補？便着鴻臚寺堂上官宣諭朕意，即出入閣佐理，毋得再陳。其餘諸事，候旨行。吏部知道。欽此。'臣恭設香案，叩首謝恩。因展誦溫綸感而泣，泣而思，曰：'嗟夫，皇上之諭臣多矣，皇言至於褻矣。'臣始以爲寵，繼以爲驚，至於今則且感且疑，不知皇上果優臣耶？抑爲此以困臣耶？臣於推補一事，請以②五年，直言、婉言、緩言、急言，無所不盡，今不得已而至欲徑去，皇上猶不見允，則是如臣前疏所言，臣在一日，不補一日，必臣去而後補也。臣安得而不去哉？臣不煩言雖多，然請補閣臣自是正理，彼既無奈皇上何，自不得不歸罪於臣，臣何敢介懷？惟皇上聽其歸罪，堅不肯補，則是皇上假手於人以困臣也。臣又安得而不去哉？今天下威福在皇上，事權在六曹，議論在臺省，獨有舉朝不能爲之事、舉世不能容之罪，在於孤臣之一身，乃皇上復困臣若此，使高天厚地之下有此窮苦無告之人，股肱心膂之司曰爲號咷哀訴之舉，甚非清朝盛事，而於皇上之盛德所損累亦不細矣。臣憂鬱成病，殘喘

① 已己 "已己"當作"己巳"。

② 以 《綸扉奏草》卷二一 "以"作"已"。

僅延，萬萬不能復出，如皇上不聽臣言，必欲強臣，則臣請自伏斧鑕，恭聽天誅。儻幸及寬政，赦其輕躁徼尤之愆，得掛冠出門如李廷機故事，而後盡削臣官，齒於編氓，亦皇上洪恩，臣死且不朽。其推補閣臣萬難再緩，皇上亦自云無不補之理，則是聖心固甚明也。然與其臣去而後補，何如臣在而補，使臣得須臾開顏，生入故鄉，死入黃泉，兩無所憾乎？臣為此日夜於私寓焚香叩首，仰望聖慈慨行俞允，生臣活臣，恩德無量。臣謹因陳謝附奏。不勝瀝血哀鳴祈禱之至。"

二十五日辛巳[①]，大學士葉向高謹奏："為伏承溫諭恭謝天恩事。該文書官王體乾捧出聖諭，到臣私寓：'諭輔臣：朕見[②]大小臣工紊亂朝政，忿爭不得[③]已，遂使各官不安其位，朕甚惡之，故將瑣屑煩疏留中未發。卿輔政多年，忠誠清正，朕素鑒知。其開講等事，卿已屢疏具陳懇請，朕已知道了。閣臣缺員，朕即檢發推補。且昨所扎[④]諭，出自朕衷，於卿何與？今國家多事，豈因逞臆浮言，必欲高蹈，悫然而去？卿心安乎？卿為股肱重臣，當體君臣大義為重，何可舉意輕躁，輒就輕國？徑去可乎？否乎？卿不必介懷，宜仰體朕意，亟出入閣贊襄，弼成化理，不必再陳託[⑤]。卿宜欽承之。故諭。欽此。'臣恭設香案，叩頭謝恩外，竊念臣以一身獨當國事，七載於茲，每值艱難困苦之秋，前後左右更無一人可相籌畫，徒憑寸心竭蹶從事，賴皇上之寵靈，未甚錯謬，然臣之精血已盡，至於今日萬不能支矣。故欲作無聊之計，冒死徑行，揆之本心，實是不安。茲伏承聖諭，知推補閣臣在即，臣舉家聞之歡喜狂呼，如死者之再生，赴湯蹈火者之再就清涼，是臣事皇上第一遭逢，皇上恤臣第一功德，慶幸之私何可云喻？惟有生生世世感戴聖恩而已。因伏自思惟，人臣事主，業就功成，進退以禮，如盛世之君臣，其上也。知展布之無能，引分量以止足，熷繳可避，林壑可藏，如歐陽修所謂以罪去、以病去、以人言去，皆無不可者，其次也。狼狽乞身，扣閽無，於潰防決網，拜表徑行，如近日之諸臣，則其萬不得已而最下者矣。臣自揣庸愚，必不能

①巳 "巳"當作"巳"。
②見 明抄本"見"下有"近來"二字。通行本脫此二字。
③得 明抄本無"得"字，是。通行本衍此字。
④扎 《綸扉奏草》卷二一"扎"作"札"。
⑤陳託 明抄本作"有陳託"，通行本作"陳託"。《綸扉奏草》卷二一作"有託陳"，是。

① 敢　明抄本"敢"下有"瀆請，未敢"四字。通行本脫此四字。
② 後　《綸扉奏草》卷二一"後"作"復"，是。

爲其上，亦不願爲其下，祇望皇上矜臣恤臣，使臣爲其次，臣幸大矣。臣前以困憊愁悶成病，每一舉念，輒昏暈欲死，頃聞推補之諭，又驚喜欲死。自念蒙恩太過，造物所忌，非有人禍，必有天刑，皇上即欲杖拭而用之，臣何命何福可以祇承？聖諭惓惓，臣又未敢①遽去，惟強顏忍死，以觀新臣之入黃扉光贊聖治而已。聖節在邇，更望皇上即令吏部會推，亟行點用，使呼嵩祝聖之日，後②聞金鑑之披陳，四海八方之人，共瞻碩輔之丰采，將朝端之氣色一新，中外之人情咸慰，其於增萬壽而鞏皇圖，豈曰小補之哉？臣謹因陳謝，附奏以聞。臣不勝感激歡欣懇切之至。"

萬曆四十一年八月一日丙戌，朔，大學士葉向高謹題："伏蒙聖諭即檢發推補閣臣，非但臣歡喜不勝，舉朝臣工無不舉手加額，頌戴聖明。乃經今七、八日，尚未發下，人情又復生疑。臣竊度聖意已定，旦夕必當發行，不宜瀆請。但早行一日，則人心早安一日，而臣亦早沾一日之天恩矣。伏望聖明慨賜檢發，臣不勝幸甚。謹題。"

　　五日庚寅，大學士葉向高謹奏："爲聖節已屆懇恩速補閣臣事。伏蒙聖諭，允臣推補閣臣，今既旬日矣，臣亦再揭催請，而尚未蒙檢發，翹望何如？昨見科臣張延登揭帖，謂自皇上御極以來，閣臣二十有一人，祇王家屏、沈鯉有立朝之節，而未竟厥施。夫以二十一人，僅有二人，而又用之未竟，則閣臣之難蓋可知矣。然以四十一年之間，居此地者至二十餘人，而臣以一人獨支七年，則臣之難又可知矣，固宜臣之罪萬倍於前人，而臣之不可不去，亦獨甚於前人也。臣常念祖宗設立閣臣，不過文學侍從，而其重亦止於票擬，其委任權力與前代之宰相絕不相同。夫以無權之官，而欲強作有權之事，則勢固必敗。以有權之事，而必責於無權之官，則望更難酬。此從來閣臣之所以無完名也，抑亦所居之地使之然哉？臣今已身敗名辱，旦夕去國，無所復言，尚望後來者有所斡旋匡濟，以爲此官生氣。尤望皇上用其人必聽從其言，使之得以展布，而無復如臣之虛拘，則天下之幸也。聖節在邇，臣罪戾餘生，萬萬不能出拜，仁望新臣入贊黃扉，光此慶典。如再遲延不發，則臣之望遂絕，雖①不掛冠徑行，不可得矣。臣催請辭窮，舌乾唇燥，惟皇上裁察施行。臣不勝煩瀆惶悚之至。"初九日，奉旨："卿輔政公直，清謹弼亮，朕素倚毗。卿股肱大臣，豈比他員？今國家多事，當以分猷化理，何得捨朕徑去？朕有何負於卿，乃迫切若此？卿宜當遵朕屢旨慰留，豈可輕率躁意？況朕壽節屆邇，百官鱗集，還著鴻臚寺堂上官宣諭速出表率，入閣視事，以慰朕懷。其推補閣臣章疏，目前朕自檢發。該部知道。"

① 雖　明抄本"雖"下有"欲"字。通行本脱此字。

萬曆起居注

①日 明抄本作"目"。通行本作"日",誤。

②朕副 《綸扉奏草》卷二一"朕副"作"副朕眷"。

③以臣 明抄本作"臣以"。通行本誤作"以臣"。

④洲 《綸扉奏草》卷二一"洲"作"州"。

⑤以 《綸扉奏草》卷二一"以"後有"次"字,是。

　　九日甲午,大學士葉向高謹奏:"爲恭謝天恩再竭愚悃事。該文書官張文元捧出聖諭,到臣私寓:'諭輔臣:朕自入夏以來,因暑氣濕熱,頭目弗清,體生痱毒,服藥調攝,尚未全愈。推補閣臣,昨已有允旨,即日①檢發。大僚等疏,俟朕徐覽施行。今朕壽節在邇,卿當表率羣臣,豈得杜門不出?國事何賴?卿不必以小嫌介懷,宜遵屢旨,即出入閣佐理,以朕副②倚至意。特諭。欽此。'臣恭設香案,匍匐叩頭謝恩外,竊惟今日宮府隔絶,聖躬以暑濕生毒,臣不及知,惶悚何如?惟願慎加調攝,以荷天和,斯宗社臣民之幸也。至謂'推補閣臣,昨已有允旨,即日檢發',臣不勝慶幸,不勝驚疑。夫皇上肯推補即推補矣,肯檢發即檢發矣,何所顧慮,何所疑難,而徘徊之若是耶?此至易至簡之事,而皇上不行,乃曰諭以臣③入閣佐理,臣不知皇上之所欲佐理者果何事乎?聖節在邇,四海九洲④之人皆奔走稱賀,臣被寵獨深,蒙恩獨厚,雖在病困,豈無是心?惟是人之所以責臣既如彼,而臣之不足以動皇上又如此,即欲靦顔强出,歡呼舞蹈於闕廷之下,而凡此入賀臣工,孰不指而竊笑之,曰:'之人也,備員多年,毫無濟於國事,而靦然居此地,以據百僚之上也。'又孰不曰:'之人也,是世所目爲小人之魁,君子之蠹,而尚久妨賢路,以彰吾君不知人之失也。'則是臣之强出,非但無裨於慶典,而其爲皇上之辱甚矣,臣何敢焉?臣聞之,休官不謀於妻子。今臣之不才,困頓於世,妻孥皆涕泣而勸臣歸,即臣之親友亦移書責臣,謂有何顔面留連不去?臣亦人也,寸心未死,能不自愧?臣若不去,既煩君父勤勤撰温綸於上,又煩言官惶惶撰彈章於下。温綸總屬空言,彈章却是實事。臣何人斯?上既累君,下又累友,真世間之罪人也。以聖明之世,濟濟英賢,何取於罪臣,而必苦留之,以供天下之彈射哉?臣千懇萬懇,祇懇皇上將推補閣臣疏立刻檢發,毋再遲延。其内而九列大僚,外而七省巡撫,皆必不可久虚之官,並望盡行檢發。若纍臣滿朝薦等拘繫日久,天下之人無不哀之,亦併與釋放。而後以⑤沛發綸音,舉行大典。將朝政一新,歡聲動地,萬年無疆之祉,盡萃聖躬,即聽臣之去,亦何損於國家之分毫也？臣不勝冒罪祈懇之至。謹因陳謝，附奏以聞。"

十日乙未，大學士葉向高謹奏："爲再謝温綸事。伏蒙皇上批發臣疏，仍遣鴻臚寺官到臣私寓諭臣：'卿輔政公直，清謹弼亮，朕素倚毗。卿股肱大臣，豈比他員？今國家多事，當以分猷化理，何得捨朕徑去？朕有何負於卿，乃迫切若此？卿宜當遵朕屢旨慰留，豈可輕率躁意？況朕壽節屆邇，百官鱗集，還着鴻臚寺堂上官宣諭速出表率，入閣視事，以慰朕懷。其推補閣臣章疏，目前朕自檢發。該部知道，欽此。'臣俯伏恭聽至'朕何負於卿'一語，臣惶愧欲死，驚怖欲死。以皇上之寵臣、信臣、降臣，以殊異之恩，雪臣於積毀之日，天地父母不足喻其生成，臣雖有胸無心，豈敢謂皇上之負臣哉？徒以臣奉職無狀，回天無能，即如推補閣臣一事，言之五載而尚未蒙允發，是臣之負皇上多矣。皇上不負臣，而臣負皇上，此臣之所以愈當去也。皇上又責臣以捨皇上而去。夫犬馬戀主，臣何忍捨皇上哉？惟是閣臣不補，諸事不行，則臣不得不去，是非臣之捨皇上，乃皇上之捨臣也。臣昨疏中引張延登所云，皇上四十一年間，閣臣二十一人，無一人得全其始終。其言可謂至切。夫以二十一人，而無一人以功名終，如臣不肖，更復何望？皇上試思及此，獨不爲臣一動心乎？臣一日之間，兩蒙温諭，中使、鴻臣，相繼傳宣，此亦人臣至難得之遭也。臣反己自慚，措躬無地，負天負地，負國負君，千負萬負，總在臣身，當於來世圖贖此愆。所有苦情已具前奏中，伏望皇上赦臣之罪，留神省覽，即賜施行。如情詞至此，再不爲臣推補，則是皇上視臣之痛苦號呼，漠不相關，即臣不敢怨尤，而天下萬世且有以議皇上矣。聖諭之所謂'即目檢發'，目前檢發者，盡虛辭耶？他日再有詔旨，誰其信之？而何以誅臣之負皇上也。臣不勝冒死激切哀鳴之至。"

十一日丙申，大學士葉向高謹奏："爲聖節屆期普天同慶敬陳目前切務仰祈聖斷事。自臣受事七年,六逢聖節,與薄海臣工呼嵩祝壽,慶萬年有道之長,甚奇遘也。頃雖屢陳謝事之情,豈能遽忘愛君之念?犬馬私衷誠愿聖政日新,萬幾無壅,上以格皇天,中以鞏國祚,而下以慰億兆蒼生愛戴之心。臣雖庸愚,倍增欣慶。除推補閣臣以①屢疏專請外,目前尚有緊要事務,欲各具一疏,恐瀆聖聰,今謹開列數款,恭請聖裁,以盡臣區區效忠之一念。伏望聖慈俯鑒下悃,慨賜施行,天下幸甚。

一、六部、都察院、大理寺、通政司各官,皆久缺乏,至有全署皆空者,而且去者去,告者告,觸目蕭條,不成景象,若再不補用,臣恐其勢且至於盡,而何以為朝廷也?吏部會推各本乞即檢發。

一、藩方重任,惟在巡撫。至於河南、湖廣、山東、山西、陝西,皆邊腹重地,安危所關。即臣福建雖僻在遐方,然倭奴窺伺,奸民興販,大可隱憂,賴撫臣丁繼嗣與按臣陸夢祖極力禁戢,弭奸銷萌,臣鄉士民莫不頌言其功,今按臣已去,代者未至,撫臣又移鎮候代境上,相去遼遠,彈壓不便,其與各省撫臣,皆亟當點用者也。若河道,為南北咽喉,漕運命脉。河臣劉士忠既以②予歸,又復患病,一切河務無人料理,更為可慮,併望檢發。

一、林下諸臣,廢棄甚多,如呂坤、鄒元標③等一二十人,尤其表表。屢經吏部推用,臣亦屢為之請,未蒙允發。今聖壽日增,而諸臣之齒亦漸老矣,過此不用,終無用時。臣竊窺皇上年來之寬恩,其無芥蒂於諸臣可知也,何不乘時擢用,使高者受股肱心膂之司,而次者膺中外勷勷之任,以明聖世之無棄人,而益昭聖度之如天乎?此亦古今第一盛事④也,皇上豈有靳焉?

一、候補諸臣,如科臣劉文炳等、臺臣唐世濟等,皆守候日久,同資同館之人皆已向用,而獨此四五臣者,旅食長安,茫無職事。日復一日,將何底止?宜即允補用,以廣忠益者也。

一、逮繫三臣如滿朝薦等,皇上舊歲聖節之期已有釋放之意,而竟復寢閣,及今又一年矣。無事安樂之人,光陰易度,

① 以 《綸扉奏草》卷二一"以"作"已"。

② 以 《綸扉奏草》卷二一"以"作"已"。

③ 標 《綸扉奏草》卷二一"標"下有"趙南星"三字。

④ 事 明抄本無"事"字。通行本增此字,是。

而三臣在縲泄中，老親在堂，天日莫睹，其視一日常如一歲。歲復一歲，情景何如？皇上大聖至仁，豈不動念？伏望即行釋放，以昭曠蕩之恩，將普天之下莫不頌戴，豈獨三臣啣結於世世哉？"

十五日，奉旨："覽卿所奏，具見為國忠愛，懇切至意，朕已悉知。但閣臣乃心膂股肱之任，非比他員。今允卿奏，着吏部會推堪任的六七員來簡用。其大僚、巡撫及廢棄、候補各官，知道了。滿朝薦等及①屢屢懇請，着該衙門開寫來看。今朕壽節在邇，卿為輔弼重臣，豈得不列朝班表率，而杜門不出？是何君臣禮體？着鴻臚寺堂上官宣諭朕意，卿可即遵屢旨速出，入閣視事，不負朕眷倚至意。不必再陳。吏部知道。"

十五日庚子，大學士葉向高謹題："該臣苦請推補閣臣，又以聖節屆期，條陳數款，仰裨聖政，日夜懸望，時刻不安，即滿朝臣工與四方入賀之人，無不延頸企足，以觀聖明之舉動。今去聖節祇一日矣，尚杳然不報，臣徬徨恐懼，計無所出。豈皇上厭臣之煩瀆乎？此皆國家公事，皇上己事，臣忝居輔弼，不得不言，非臣自為其私，乞恩干澤，不當言而言也。又皆積年累歲、理窮勢極、不得不行之事，非尚可少緩須臾，而強皇上以必行也。合天下人共來罪臣，臣捨皇上何處祈求？何處探訴？萬不得已，又進一言，臣之情愈苦矣。伏望聖慈明賜裁示，使臣得自為計。臣不勝悚息急切之至。"

是日，以中秋令節，頒賜輔臣上尊珍饌。

是日，又以中秋令節，頒賜輔臣膳九品、秋露白酒三瓶、月餅四個。

十六日辛丑，大學士葉向高謹奏："為恭謝聖諭事。該臣以閣臣乏人，懇請推補，及條陳目前切要諸事，伏蒙聖恩，允令吏部推補閣臣，其大僚、起廢、候補諸事俱已知道，而又特允滿朝薦等之釋放，且遣鴻臚寺官諭臣出賀聖節，入閣供事。臣

① 及　明抄本作"既"，是。通行本誤作"及"。

伏聽溫綸，感恩無地，累年瀝血之哀祈至此始動天聽，臣之腸雖已斷，而臣之眉亦稍舒矣。旦日當赧顏匍匐隨班入賀，以盡臣子之義。惟是臣困苦日久，鬱火上蒸，每一念及時事，胸中輒如焦如焚，頃刻難過，度必不能久延餘生以事皇上，而年來人情絲紛鼎沸，亦終非臣所能調輯，臣雖暫時勉出，竟當乞恩於皇上而已。推補閣臣既奉俞旨，尚書趙①煥必當即出秉公推舉，臣願廷臣盡破藩籬，務求賢俊，勿以意見同異致生事端，而皇上又亟賜點用，多增數員，使累年曠典舉目②一朝，真宗社之大幸也。滿朝薦等幽繫日久，該衙門必即日開寫上聞，更望皇上即與釋放，早一刻亦沾一刻之天恩，臣之感戴與朝薦等同，夫寧獨臣，即舉朝臣工皆感戴矣。皇上此事，真同堯舜，書之史冊，萬世生光。至於大僚、起廢、候補諸事，亦皆切要，併望皇上點用檢發，勿復遲延，使盛德播於寰區，鴻名流於天壤。臣如爛火，亦分日月之末光耳，其何能有所補助於萬一哉？謹因陳謝，附奏以聞。臣不勝欣忭感激之至。"二十日，奉旨："覽卿奏謝，朕知道了。知卿賀壽入閣，具見忠誠，朕心慰悅。且近來國事煩囂，正欲倚卿主持鎮靜。所請事③，朕悉發行，卿不必疑慮，安心贊治，弼成化理。不必再有陳託④。該部知道。"

是日，以萬壽聖節，頒賜輔臣銀五十兩、綵段四表裏，及講官翁正春有差。

是日，又以萬壽聖節，頒賜輔臣金萬壽字二副、銀萬壽字二副、金篆字八個、金書紅綾符一道，及講官翁正春有差。

十七日壬寅，大學士葉向高謹題："爲作養人材事。准吏部手本開稱，今科館選業經疏名上請，奉有欽依，及查每科館選俱在六月大選之前，今六月已過，合於八月大選之前舉行，煩爲奏請欽定考試日期，以便欽遵等因，到臣。臣謹擇得本月二十三、二十四二日皆吉，伏乞欽定一日，容臣遵照舊例，會同吏、禮二部堂上官考選。並照近科事例，查取詹、翰⑤掌印官，公同閱卷，一應防範事宜，俱聽該衙門加意嚴肅，務得真才。

① 趙 明抄本"趙"上有"臣"字。通行本無此字。
② 目 明抄本"目"作"自"，是。通行本作"目"，誤。
③ 事 《綸扉奏草》卷二一"事"上有"諸"字。
④ 陳託 《綸扉奏草》卷二一"陳託"作"託陳"。
⑤ 翰 明抄本"翰"作"翰"，是。通行本誤作"翰"。

其選取名數，臣查得癸未以前，間科一選，多二十八人以上，丙戌已後，每科俱選，祇二十人上下。今次考選，又間一科，若照癸未以前，人數似恐大多。合無照甲辰事例，用二十三人，庶爲得中，以後仍每科俱選，以十八人爲定額，其考選日期，定於六月初旬，免致與大選妨礙？統乞聖明裁定。緣係作養人才事理，臣未敢擅便，謹題請旨。"

　　是日，大學士葉向高謹題："恭遇萬壽聖節，臣恭請仁德門叩頭慶賀，伏蒙皇上遣司禮監太監李恩等管待，頒賜臣甜食一盒、燒割一分、酒飯一卓。臣頓首祇領，示勝感戴天恩之至。謹具題謝恩。"

　　是日，以萬壽聖節，頒賜輔臣上尊珍饌。

　　是日，又以萬壽聖節，頒賜輔臣膳九品、長春酒二瓶、壽麵全。

　　十九日甲辰，大學士葉向高謹題："自掌都察院孫瑋出城，臣嘗再揭爲請，未蒙允發，今瑋又有疏矣。臣惟瑋雖出城，然猶不忍遽去，恭候聖節之期，在蕭寺中扶掖叩頭，望闕遙祝，其一念忠敬之心有可見者。疏請已屢，若久不報①裁答，勢須徑行，臣實爲國體惜之。伏望皇上鑒其懇誠，俯賜俞允，如以老成難得，尚欲強留，亦當量予一假，俾其暫歸，勒令再來，庶瑋之進退有據，而於國家用人之道亦不失矣。臣敢再伸其愚，以備裁擇。臣不勝悚息之至。"

　　二十日乙已②，大學士葉向高謹奏："爲纍臣被釋中外歡騰敬謝聖恩並昭聖德事。今日蒙皇上發下錦衣衛本，將滿朝薦等三③人併行釋放，而且謂因臣之懇請，臣不勝感佩，不勝悚惶，不勝慶幸。夫以三臣之久繫，一旦豁然得睹天日，臣雖困苦無聊，一奉此旨，腸胃清涼，手足鼓舞，不啻脫自己之桎梏，此臣之所爲感佩也。以皇上之大聖至仁，凡以前逮繫諸臣，率從寬宥，朝薦等之得釋，實出自聖意，沛爲聖恩，臣豈有分毫之力？顧聖不自聖，以懇請歸臣。何物豎儒，敢冒天功？此臣之

① 報 《綸扉奏草》卷二一無"報"字。

② 已 "已"當作"巳"。

③ 三 《綸扉奏草》卷二一"三"作"二"。"三"是。

萬曆起居注

① 極 《綸扉奏草》卷二一"極"作"多"。

② 催 《綸扉奏草》卷二一"催"上有"屢"字。

③ 額 明抄本"額"前有"定"字。通行本脱此字。

④ 期日 明抄本作"日期",是。通行本誤作"期日"。

所爲悚惶也。臣連日見長安市上,聞朝薦等且放,無不稱皇上之德與如天好生同,推是心也,唐虞三代之治當在指日,此臣之所爲慶幸也。頃臣奉宣諭,具疏回奏,又蒙皇上批答,謂所請諸事當悉發行,令臣不必疑虞,臣捧誦再三,愈增感激。何功何能,而仰勤聖心體悉至此?臣之所請大僚、巡撫與候補數臣,必在旦夕檢發,惟是廢棄諸臣將二百人,調零已極①,實爲可惜,臣未敢一時望其盡起,但將吏部近日所催②者一二十人漸次點用,以慰天下人仰望之心,此是聖明第一美政,臣與銓臣共引領以俟者也。其閣臣推上,更望皇上即賜簡用,使政本重地,不至寥落摧殘如目前景象,即國事煩囂自可鎮靜,而臣亦庶幾籍手以報皇上矣。臣不勝歡欣激切之至。"

是日,大學士葉向高謹題:"爲作養人才事。准吏部手本開稱,今科館選業經疏名上請,奉有欽依,及查每科館選俱在六月大選之前,今六月已過,合於八月大選之前舉行,煩爲奏請欽定考試日期,以便欽遵等因,到臣。該臣於十七日具揭上請,未蒙檢發,今去大選只有數日,吏部又復來催,臣謹擬本月二十四日尚在大選之前,堪以舉行,伏乞俞允,容臣遵照前例,會同吏、禮二部堂上官考選。並照近科事例,查取詹、翰掌印官,公同閱卷,一應防範事宜,俱聽該衙門加意嚴肅,務得真才。其選取名數,臣查得癸未以前,間科一選,多二十八人以上,丙戌以後,每科俱選,祗二十人上下。今次考選,又間一科,若照癸未以前,人數似恐太多。合無照甲辰事例,用二十三人,庶爲得中,以後仍每科俱選,以十八人爲額③,其考選日期,定於六月初旬,免致與大選妨礙?統乞聖明裁定。緣係作養人才事理,臣未敢擅便,謹題請旨。"二十二日,奉旨:"是。着於八月二十四日考選。卿先擬試題來看。"

二十三日戊申,大學士葉向高謹題:"作養人才事。先該臣具題考試庶吉士,請乞欽定期日④等因,奉聖旨:'是。着於八月二十四日考選。卿先擬試題來看。欽此。欽遵。'明日係欽定考試之期,臣謹於今日先擬考試合用文題、詩題各二,臣謹手書印封上進，伏乞聖明各點其一，明日清晨封發臣遵行。謹具題以聞。"

二十五日庚戌，大學士葉向高謹題："爲作養人才事。臣於本月二十四日遵奉欽定日期，會同吏部左侍郎無翰林院侍讀學士方從哲、禮部署部事右侍郎兼翰林院侍讀學士孫慎行、翰林院掌院事詹事府少詹事兼翰林院侍讀學士何宗彥，將吏部開送進士周京等一百十九名，遵奉聖旨考選，得文理平通堪充正卷二十三卷、文理亦通堪充副卷八卷，各擬名次、封進御覽，伏乞聖明裁定發下，臣仍會同該部拆卷、填名具奏。謹題請旨。"二十八日，奉旨："是。正卷准改庶吉士作養。"

二十七日壬子，大學士葉向高謹題："該臣會同吏、禮二部考選庶吉士，卷已擬上，未蒙允發。今日吏部來言，大選改於三十日，期已迫，明日便須定缺，進春坊揭帖，其考選進士應選者多，恐遲又未免妨誤，託臣催請。伏望聖明俯賜裁定檢發，以便大選。謹題。"

二十八日癸丑，大學士葉向高謹題："前蒙發刑部審錄本，臣念署印侍郎魏養蒙方有武舉之役，故擬九月二十六日舉行。今養蒙以兼攝不便，具疏辭印。臣惟九列乏人，無可他委，故擬令養蒙照舊署掌，但審錄日期須改於十月初旬，且十月之朔有事於太廟，其於覆奏行刑亦相妨礙，茲謹改擬一票上請①聖裁。伏望檢查前本，欽定批發，以便供事。謹題。"
是日，大學士葉向高謹題："蒙發都察院經歷官請該院署印本，臣謹擬尚書王象乾署掌。但都御史孫瑋未蒙處分，事體不便。瑋之出城雖非法紀，但被攻已極，人皆言其當去，如其不去則朝端又不知作何喧闐，瑋之去殆萬不得已，而其情甚可原也。皇上若不明允其去，彼亦必行，而國家之紀綱、皇上之威福、大臣之體面，胥失之矣。不如准其回籍，使其奉旨而歸，其於上下之際猶未大傷也。此事甚有關係，故臣敢併擬上，而

① 請　明抄本脱"請"字。通行本補此字，是。

俯陳其愚，伏候聖裁。臣不勝冒昧之至。"

是日，大學士葉向高謹題："爲作養人才事。本月二十四日，該臣會同吏部左侍郎兼翰林院侍讀學士方從哲、禮部署部事右侍郎兼翰林院侍讀學士孫慎行、翰林院掌院事詹事府少詹事兼翰林院侍讀學士何宗彥，將吏部開送進士周京等一百十九名，遵奉聖旨考選，得文理平通堪充正卷二十三卷、文理亦通堪充副卷八卷，各擬名次，封進御覽。於二十八日奉聖旨：'是。正卷准改庶吉士作養。'并發下正副卷到閣。臣謹欽遵，會同吏、禮二部堂上官並翰林院掌院官，將正卷二十三卷，照依名次開拆，填寫名籍，上進聖覽。伏乞敕下吏部，遵照欽依內事理，將曾楚卿等改授庶吉士，與同一甲進士周延儒等三名，俱送翰林院進學。臣照例行工部，將本院房屋量行修理，並各該衙門，合用卓凳、筆硯、紙墨、酒飯、皂隸等項，各照例辦送應用。其教書官容臣另行推舉上請。緣係作養人才事理，臣未敢擅便，謹題請旨。

   計 開

  曾楚卿 福建莆田縣人

  葉 燦 直隸桐城縣人

  陳玄暉 浙江海鹽縣人

  蕭命官 江西廬陵縣人

  羅喻義 湖廣益陽縣人

  李國普 直隸高陽縣人

  繆昌期 直隸江陰縣人

  李孫宸 廣東香山縣人

  孟紹虞 河南杞縣人

  王應熊 四川巴縣人

  胡胤嘉 浙江仁和縣人

  孔貞時 應天府句容縣人

  劉鍾英 湖廣麻城縣人

  周希令 江西寧州人

  姜逢元 浙江餘姚縣人

楊景辰　福建晉江縣人

劉鴻訓　山東長山縣人

馮　銓　順天府涿州人

韓繼思　陝西涇陽人

王祚遠　貴州籍句容縣人

申廷譔　山西屯留縣人

史永安　山東武定州人。"九月初一日，奉旨："是。吏部知道。"

二十九日甲寅，大學士葉向高謹題："伏蒙聖恩令吏部會推閣臣，業於二十二日推上，中外人情翹首以待點用，而臣之焦思仰望又不待言。令既七八日矣，尚未蒙允發，人又不勝猜疑，煩言將起，臣甚憂之。竊惟此事，臣請之五年，腸斷舌乾，聖慈知臣苦情，方允推補。若使推而不用，與不推同，而臣又無所逃罪矣。憶臣蒙恩點用時，吏部推上祇一二日即發，以皇上當時決斷如彼，而今日遲疑若此，臣將何辭以謝天下哉？伏望聖慈即行簡用。其吏部所請特召原任大學士沈鯉，併望亟賜召用，以章皇上眷念舊臣之德意，即四海九州孰不頌服？微獨愚臣之私感已也。臣不勝激切祈懇之至。"

① 巳 "巳"當作"已"。

② 推 《綸扉奏草》卷二二"朝推"作"宜朝推上"。

③ 又 《綸扉奏草》卷二二"又"作"猶"。

萬曆四十一年九月一日丙辰，朔。

二日丁巳①，大學士葉向高謹奏："爲世事日見艱危微臣終難展布懇乞聖明速賜點用以濟困急事。該吏部廷推閣臣已十餘日矣，臣亦再揭催請矣，尚未蒙點發。此一事也，臣五六年間，千祈萬懇，淚盡而繼之以血，乃奉俞音下部。謂朝推②而夕發行也，何以又③遲延如是耶？以爲重其事，則謀之五、六年，行之一朝，不爲不重矣。以爲疑其人，則推敲之五、六年，舉之一朝，更無可疑矣。此而不用，更將何待？臣頃者雖奉命勉出，然自省愚陋之資，必不足以事皇上。又每日接得各地方官揭帖，告報水災，百姓流離困苦，幾徧天下，臣且讀且泣，悲感不勝。各邊軍餉，經年不給，督撫諸臣岌岌惶惶，不虞外憂，而虞內亂，毋論遠者，薊鎮切近京師，在肘腋之下，軍士以請糧告變已數次矣，而司農之帑懸罄，無以應也。長安中，百官萬民聚族而談，日以福王不之國爲慮，訛言四起，不忍聽聞。此等情勢，即以名世宏才處之，猶恐不給，而況於臣之庸駑、當摧敗之後哉？自古帝王治天下，稱其政務之多曰日有萬幾，以萬幾之煩萃於一日，而臣以窮年累月、千言萬語請之，始得一、二事，是安得而勝請耶？且倂此一、二事，又若以爲因臣而行，不知臣之所請者果臣之事耶？抑亦皇上之事耶？臣一介書生，遭逢聖明，一日居官則當一日効力。至於天下之理亂，社稷之安危，其利害禍福皆在皇上。臣無官之日，孑然一身以出國門耳，亦何苦而嘵嘵之若是哉？臣困苦多年，不堪焚灼，晝不能挨，每常望夜，夜不能寢，又復望晝，百憂填集，百病俱生，其尚黽勉遷延、苟旦夕之無死者，誠願此地有人，國家事有所寄託，臣即溘然淪亡，無復餘憾。一片赤衷，天地鬼神聞之，亦當感動，豈以聖慈眷臣如此，而顧漠然置之不恤耶？臣五六年祈請此一事，至於今日，斷無再延之理。伏望聖明即賜點發，毋徒使臣日悲鳴號泣於光天化日之下也。臣不勝激切籲祈之至。"

七日壬戌，大學士葉向高謹題："該武舉期迫，監試御史尚無人具題。兵部有疏，欲令都察院經歷官推舉題知，而該院經歷又有疏，謂從來無聽官題差之理。然則武舉之期必愆誤矣。無故而誤國家之大典，傳之天下，豈不駭異？伏望聖明即將該院經歷官本立刻批下，令尚書王象乾署印，即將監試御史題知供事，庶大典不誤，而人情亦安矣。謹題。"

八日癸亥，大學士葉向高謹題："臣以困苦餘生，黽勉供職，焦思鬱結，度日如年。又閣臣已推，不蒙點用，更加憂悶，腸胃如焚，鬱火上蒸，頭目口齒無不作痛，故此兩日不能入直。臣祇有一子，遠在家鄉，呼之未至，僅一幼孫在此相依，稍解愁緒。今臣病困如此，去家六七千里，恐一旦死亡，家口難歸，不得已遣之先行。憐其稚弱，道路間關，心甚憂念，愁病愈添，容少寬二、三日，仍勉強入直，未敢遽求去也。要①臣情景如此，終不能效力，以報答皇上，而目前政事乍通復塞，通者不能一、二，而塞者常至十、百，臣亦終無奈何。故其望補閣臣，愈迫愈切。至於國家大事，無過福王之國，臣苦言危言已無不盡，統望聖明留神省覽，早賜施行，臣生則感恩，死當不朽。謹題。"

九日甲子，以重陽令節，頒賜輔臣上尊珍饌。

十三日戊辰，大學士葉向高謹奏："為恭謝聖諭事。該文書官金忠捧出聖諭：'諭輔臣：朕覽卿所奏，情詞苦切，知卿為國焦勞，朕心惻然。今國家多事，正賴卿匡濟時艱，分猷化理，豈可輒居私寓不出？卿子雖遠，尚有卿孫為伴，何乃逐之使去？可留在京，與卿相依。卿不必疑慮言去，卿②可即入閣視事。卿屢請皇太子講學，但今秋天氣暴寒。其點用閣臣、補大僚諸事，朕次第詳檢發行。且福王之國，前諭已著明春舉行，何乃大小臣工不能仰體上意，過為瀆擾？豈成政體？卿宜安心贊襄，不必再陳。特諭卿知。欽此。'臣恭設香案黽勉叩頭謝恩外，念臣頃者，以鬱火上蒸，頭目作痛，左眼已盲，祇餘右眼，亦不

① 要 《綸扉奏草》卷二二"要"下有"以"字。

② 卿 《綸扉奏草》卷二二無此"卿"字。

能視，故暫杜門數日，尚當強出，原未敢遽求去也。不意復煩聖明遽發溫諭，且念及弱孫，令其在此相依，臣闔家頂戴，啣結難酬。惟臣奉職無狀，累及家人，欲及臣之生存而使之歸，昨日已發遣行矣，此臣一身之事，不足仰煩聖念。惟是閣臣之補，萬難再緩，臣待此以爲續命之膏，起死回生之靈藥，而皇上尚以詳檢爲言，不令臣愈苦死耶？一事而遲至五、六年，多至百、千疏，詳已極矣，猶復待於詳耶？今新推諸臣，皆極一時之選，較其才品，皆勝百倍，皇上萬不必過慮遲疑，以孤天下之望也。東宮講學，乃宗社大計，聖諭謂天氣暴寒，此固愛惜東宮之至意，然臣聞東宮初出講時，嚴寒盛暑亦所不輟，此在冲齡尚且如此，豈在今日而顧以寒爲慮耶？至於福王之國，雖奉明旨於明春舉行，乃莊田之宣索不已，啟行之吉期未卜，天下皆疑，廷臣安得不疑？天下人皆欲言，廷臣安得不言？皇上必責其瀆擾，者①莫過於臣，臣請先受其罪。但恐此事不了，其爲瀆擾當更甚於今日。祖宗有舊章，國家有定制，臣子據經守法，皇上亦安得而盡罪之哉？臣祗遵聖諭，容調理數日勉強入直，惟此二、三大事不行，則臣無辭於天下，而臣因愁成病，緣病添愁，煎熬銷鑠，其能延殘生以事皇上與否，亦非臣所能必也。伏望聖明終始哀臣，將閣臣立刻點用，出講、之國諸事皆令擇吉舉行，毋復延滯，天下幸甚，愚臣幸甚。臣不勝悚息懸望之至。謹因陳謝附奏以聞。"

十六日辛未，大學士葉向高謹奏："爲恭謝溫綸事。臣頃蒙恩宣諭，隨具奏陳謝，復蒙聖諭：'覽卿奏謝，朕知道了。卿雖偶目疾，暫②調攝，即出贊襄。卿孫已發遣行，尚且不遠，還着作速遣回，與卿相依爲伴，不必過慮。皇太子開講，知道了。其點用閣臣等③，必不遲緩，即檢發行。還着鴻臚寺堂上官宣諭朕意。該部知道。欽此。'臣恭設香案叩頭謝恩外，再二④捧誦溫綸，感皇上憐臣、恤臣，高天厚地不足云喻也。臣孫已行，勢難再返，惟皇上一言念及，臣之祖孫已受賜無量矣。臣家口尚有一、二人在此，萬不敢復煩聖念。今閣臣已蒙點用，諸事

① 者 明抄本"者"上有"其瀆擾"三字。通行本脫此三字。

② 暫 《綸扉奏草》卷二二"暫"下有"行"字。

③ 等 《綸扉奏草》卷二二"等"下有"事"字。

④ 二 明抄本作"三"，是。通行本誤作"二"。

次第發行，臣豈敢復有過慮？惟是皇太子出講與福王之國日期，此在聖心自有獨斷，屢旨甚明，但臣願早發一日，則早慰天下一日之望，亦早省一日之煩囂耳。臣本欲黽勉即出，以目疾未愈，尚甚畏風，少俟二三日即入直供事，不敢久杜門也。臣不勝感戴悚息之至。謹先具奏謝以聞。"

二十日乙亥，大學士葉向高謹奏："為感激天恩力疾入直仍懇聖明特簡元臣以光政本事。臣頃以多病，又患目疾，給假調理，業已旬餘，尚未痊癒，荷蒙聖恩兩次宣諭，臣不敢久安私寓，已於今早黽勉入直供事。伏念閣員久缺，人情惶惶，蒙皇上點用二臣，贊襄得人，政幾有託，此雖皇上自為天下計，然其所以救臣於水火之中，而延其垂絕之命者，功德固無量矣，臣之感佩何可言宣？惟臣之初意，尚望皇上多簡數人，廣資共濟，今成命已頒，不敢再瀆。但念內閣之任，更重首臣，非德望足以鎮服人心，謀猷足以主張國是，必不能稱，而臣承乏數載，罪戾如山，碌碌庸庸，一籌莫展，以致壅隔之弊成於上，紛爭之習成於下，束手坐觀，莫能旋挽，即使備員伴食，猶且不堪，況敢靦然以居二臣之先哉？雖二臣才德兼優，足匡臣之不逮，然臣循省度惟，終有糠粃在前之懼。竊見吏部所請召用原任大學士臣沈鯉，三朝名德，一代鴻儒，向在內閣未登首輔，遽爾歸山，海內之人無問賢愚貴賤，萬口同聲皆以未究其用為惜，今當此臣僚水火、議論參商之時，誠得如鯉其人來居政地，為臣等領袖，天下人情孰不帖服？而臣等得承下風，協衷戮力，蕩平之業庶幾可望，必不至紛紛擾攘如目前景象，以貽君父之憂也。臣自會推後，即備瀝款衷，再揭申請，未蒙俞允，今度之事勢，萬不可已，故敢復陳其愚，伏望聖明特沛溫綸，早行召用，非但少遂愚臣推賢讓能之私，抑亦大章聖主褒忠求舊之意，且毋使天下萬世，謂當聖明之朝，有臣如鯉而用之不盡，其於光聖德而裨聖治更不小矣。不勝懇切籲祈之至。"

二十一日丙子，大學士葉向高謹題："該新簡閣臣方從哲辭

萬曆起居注

① 未 《綸扉奏草》卷二二"未"下有"蒙"字。
② 焕 明抄本作"烺",是。通行本誤作"焕"。
③ 禎 《綸扉奏草》卷二二"禎"作"楨",是。

疏,已經數日,未①發下。竊惟閣臣故事,有兩次疏辭,皆當即行批發,若留中日久,殊非事體。且政本需人至爲緊急,伏望皇上即賜檢發,以便受事,此臣之不勝顒望者也。其吏部尚書趙焕今早已出城,於朝綱國體所傷實多,伏望皇上亟將焕疏批發,或允其去,或再勉留。至如户部郎中賀焕②,當加處分,以全大臣體面。臣愚見如此,伏候聖裁。"

二十二日丁丑,頒賜輔臣每楊梅一小籃。

二十三日戊寅,大學士葉向高謹奏:"爲大臣去國日多紀綱日壞懇乞聖明亟賜裁斷事。臣惟國家之所以立紀綱是已,君令臣共,進退以禮,此紀綱之大者也。自年來議論煩興,臣僚求去不遂,不得已而至於掛冠徑行,始於小臣,漸及大臣。九列之間有詹沂、李禎③、孫丕揚、趙世卿,閣臣有李廷機,而頃者許弘綱、孫瑋、趙焕復相繼而行,銓衡風紀之重地爲之一空,此千古未見之事也。聖主當陽,金甌無缺,而朝端景象遂至於此,是尚成世界乎?然此非獨諸臣罪也,自來大臣被劾,皆引咎杜門,伏聽處分,今一掛彈章,便須即去,不去則爲貪戀,爲頑鈍無恥,如丕揚、世卿、廷機、弘綱、孫瑋之去,人皆以爲當然,且有嫌其遲矣,此其勢之不得不去者也。大臣分義,不可則止,自來人主未有不聽人之去。宋時范鎮致仕,五疏而後得請,人以爲異,年來皇上以眷留爲故事,當留者留,不當留與必不可留者亦留,叩閽之辭之竭,解組之命無期,進退觸藩,無施而可,此又其勢之不得不去者也。大臣既處於不得不去之勢,而皇上習見其然,亦且聽其自行自止,不爲隄防,長此不已,臣恐邦國將空,而天下之事大壞而不可收拾矣。頃孫瑋行時,臣曾屢請明旨准其回籍,非爲瑋謀也,蓋欲使大臣進退之權猶出自皇上,而不至委轡騑銜以決裂其綱維,乃竟不蒙俞允。今趙焕之去又二日矣,而尚寂然也。總憲蒙卿是何等官?何等關係?而可任其去留付之不問乎?往不可諫,來猶可追,伏願皇上將焕疏批發,或允其去,加之優禮,如丕揚故事,或念部事繁重，老成難得，再行追留，責以必返，俱在聖裁。其孫瑋疏亦望批允回籍，使不至朦朧以去。諸小臣之擅行者，皆明行處分，庶國家紀綱猶足存十一於千、百矣。臣積愆負罪，其欲去之心、當去之狀，百倍於諸臣，不宜復作此言，但目睹事勢如此，又不得不言。統望聖明留神省覽。臣不勝悚息祈懇之至。"

二十六日辛巳①，大學士葉向高謹奏："爲聖政推行有機人情乖忤難挽敬陳愚衷共維世運事。臣切②觀年來中外所喁喁仰望者，不過曰儲講也，封婚也，枚卜也，補大僚也，起廢也，釋繫也。令閣臣補矣③，各部所請之國事務，已多得旨，斷在明春無疑矣，婚禮亦必不久停矣，此其大且難者已見施行，其餘當可漸次而舉，況有新臣受事，畢力贊襄，其功效當百倍於臣，臣故知聖政之推行誠有機也。於此之時，使臣工輯睦以事皇上，天下事自有可爲。乃藩籬未破，攻擊④仍煩，遂令二、三大臣相繼去國，紀綱爲之破壞，邦國因而將空，凡在人倫無不太息，且使聖主愛惜人才、保全言路之盛心，反與優游⑤不斷者同類而共譏、臣竊嘆之。古人上殿相爭，多是國家大事，然猶不失和氣。今經年執爭，不過庚戌之科場、荊熊兩御史之行勘、呂圖南之論劾，以此三事牽纏不休，貽累無數。夫此等事務，本不甚關於利害安危，若平心而觀，自無難處，即小有不平，二、三疏而外便可歇手。而舉朝爲之閧然，無有寧日，果何爲也？當列國分爭與南北朝割據之時，則有某國人與南人北人之名目，今天下一家，萬姓一君，凡列朝紳皆吾兄弟，何地無君子？何地能限君子？而畫⑥分疆，判若異域，如所謂秦人、晉人、楚人、齊人、浙人云者，人既以此加我，我亦以此自稱，匪但不廣，抑亦不詳⑦，又何爲也？古人居廟郎之上則憂其民，處江湖之遠則憂其君，出處各異，設心則同。近來林下諸臣，雖才品不齊，然概其本末，立朝皆有可觀，去國不以其罪，但使於輿論共與者急推以盡其才，衆志未同者緩推以觀其後，大小各適其宜，中外各營其職，朋亡羣渙，自可相安，

①巳 "巳"當作"巳"。
②切 "切"當作"竊"。
③矣 明抄本"矣"下有"滿朝薦等放矣"六字。通行本脫此六字。
④擊 明抄本誤作"係"，通行本改正作"擊"。
⑤游 《綸扉奏草》卷二二"淤"作"游"，是。

⑥畫 明抄本"畫"下有"界"字，是。通行本脫此字。
⑦詳 《綸扉奏草》卷二二"詳"作"祥"，是。

而在朝在野煩言日生，又何爲也？人才之生最爲難得，其才而爲大臣者，又經國家數十年作養，方得成就，當此大僚空乏之秋，用人艱苦之日，去一人甚易，進一人甚難，凡有心胸，皆當保惜，微瑕小過，可以包藏。而門戶一分，猜嫌四起，牛山濯濯，更尋斧斤，又何爲也？臣聞之物極必反，勢窮必變，令人情之厭古議論極矣，紛紛攻擊之談亦淡然而無味矣，九列寥寥行將盡矣，天方悔禍，使諸臣能改心易慮，迎聖主之善機，成維新之美政，使從前傾詖之習返爲蕩平，隱憂伏禍從此而消，則諸大臣雖去尚有補於世道，是社稷之幸，蒼生之福也。如或嗤前事之未工，尋覆轍於無已，力務經營，循環報復，則禍亂之生將在旦夕，臣惟有掛冠一去，以天下事聽之新臣而已。臣每讀史冊，見漢唐宋黨人之禍，皆與國家相終始，私心竊嘆，以爲此端必不可開，此名必不可立，一開此端，立此名，雖使大有權力如牛僧孺、李德裕之輩，能驅除蕩滌，而遞①興爲禍更酷。故常欲彌縫消弭，至於犯調停之譏而不恤，今雖勢窮力竭，而區區一念終不能自已。故復冒昧言之，伏乞敕下部院參酌議擬。如臣言非是，當②行分別奏請，以聽聖裁。更望皇上深惟治亂之幾，益發風雷之勇，將儲講、大僚、起廢諸事，悉見施行，則人心僉服，議論自消，雖有譸張變幻之徒，亦無所容其喙矣。臣不勝懇切懸望之至。"

① 遞　明抄本"遞"上有"遞僕"二字，是。通行本脫此二字。
② 當　《綸扉奏草》卷二二"當"下有"另"字。

萬曆四十一年十月一日乙酉，朔，頒賜輔臣每中曆十本、民曆一百本，及講官翁正春有差。

是日，大學士葉向高謹題："臣惟各省巡撫責任最重，地方所視以安危，如山東、福建、湖廣、河南、陝西，皆海內大藩，關係尤大。河南目下又有福藩之國事，急需料理，所望於點用撫臣，至迫切也。前史①部推上巡撫官七員，祇蒙批發河南李景元、山西吳仁度，聞景元又病故矣。其各省巡撫已蒙點用者，伏望盡行批發，令其到任管事，若日延一日，妨誤實多，非細故也。又臣所請教習庶吉士官，目前開館，亦不容緩，併望檢發。臣不勝冒昧祈懇之至。"

是日，大學士葉向高謹題："今日蒙恩頒曆，新歲將臨，皇上齊天之福與年俱增，臣不勝欣慰。惟福藩之國吉期，禮部查潞王舊例，係頒曆之次日擇上，欲行欽天監照例選擇奏請，已具本題知。臣愚以為此國家大典，還須皇上頒一明旨，下該衙門擇吉，方見慎重，且使天下曉然知出自聖意，歡欣頌②，於皇貴妃、福王之令德亦有光矣。此旨仍望速發，若再遲一二日，廷臣又來奏瀆，反為不便。臣敢冒陳其愚，伏候聖裁。"

五日己丑，大學士葉向高謹題："臣入直不旬日，言官相繼攻臣，而亓詩教為最甚。臣本當杜門待罪，但念聖恩深重，天地父母不足形容，臣出未幾，若即行求去，恐又費皇上一番勞心，是以靦顏隱忍，少待數時，另行陳請。鬱悶之心，難以言盡，再三思之，今日朝端所以紛擾至此，言官所以敢於喧鬨者，固由臣之不才，貽累君父，亦以大僚人乏，無有碩德重望為海內所信服者以鎮壓其囂，而逆折其奔潰之勢，故相持相角，無有一日安靜，雖以天威臨之，亦無奈何耳。當孫丕揚在日，力薦原任刑部侍郎呂坤，此老成忠愛之苦心，殆自有見。又原任郎中鄒元摽③，忠直之聲聞於海內，田夫野叟亦知其名，願其進用。皇上誠急召起此二人，處以要地，人心必自肅然，不敢如前之恣肆。其餘如趙南星、逯中立④、高攀龍、何喬遠之輩，吏部所屢推舉者，亦陸續起用，但得十數人布列朝端，天下事

①史　明抄本作"吏"，是。通行本誤作"史"。

②頌　《綸扉奏草》卷二二"頌"下有"服"字。

③摽　"摽"當作"標"。

④立　明抄本作"位"，誤。通行本改為"立"，是。

必不至如是之決裂也。臣與諸臣素無相識，豈敢有一毫私心以欺君父？但念事勢至此，將成大亂，用此一策，決能消弭①，且以皇上之聖德寬仁，超軼千古，而獨此一事使天下人常有遺②賢之恨，故不得已冒昧而屢言之。伏望聖明察臣之心無他，俯賜採納，或特發一旨，明言諸臣懲創已久，不忍終棄，量與收錄之意，使人曉然知此事之行，出自聖心，非臣下所能爲力，尤千古之盛事也。臣奉職無狀，勢不見容，一念愚忠③，不能自已，即臣亦自愧其瀆矣。臣不勝悚懼真切之至。"

七日辛卯，大學士葉向高謹奏："爲科部爭論內旨據實剖明事。頃兵部主事劉定國疏論吏部尚書之留出於內旨，吏科給事中張延登言，內旨之降起於孫丕揚之參金明時，欲敕諭輔臣查前後明旨係何人所擬。臣見近來議論煩囂，不欲置辯，今延登之言及此，臣若不據實直陳，閧將來④未已，且今日之爭搆不休，大率由於己亥之京察，而己亥之京察其最掛人口者，在於金時明⑤之一參，與犯諱之重處，臣請得略其概。金明時之考察議處有定說矣，臨期考功欲寬之，蓋以其曾諭王圖之故。湯京兆投一單，言明時意在要挾，必不當免，蓋即指諭王圖之疏而言也。孫丕揚見之，遂謂明時別有要挾，撓⑥察事，急欲參處。當時凡與察事者，皆以爲不可。許弘綱、蕭雲舉、曹于汴皆極力勸阻，又皆移書託臣代勸，謂揚⑦誤解要挾之言，失京兆之本意，臣亦三書勸丕揚勿參，而丕揚終不聽也。疏上而明時奏辯，兩行之中再犯御諱，中官將此本送至臣寓，云皇上震怒，必欲重處。臣謂章疏犯諱，自有正律，此乃一時失檢之過，不必深罪，即欲罪之，當下部院定擬，豈敢徑票？其所以爲明時救解者不遺餘力。許弘綱又再三託臣，謂必擬以閒住，始可免罪，故臣如其言擬上。此當日明時被處之顛末，實是如此，未嘗從中出也。而秦聚奎乃引分宜摘陷之事以疑臣，毋乃過乎？至於大臣被留間用中旨，前此已有，不獨趙煥。即煥之疏，有經臣擬者，有⑧聖裁者，臣以爲此皆皇上眷禮大臣之盛心，所當將順，何必爭執？惟是事關政幾，經由六部、九卿而後行者，

萬曆起居注

二九九四

① 用此一策，決不能消弭　明抄本作"用此一策，決不能消弭"。通行本作"用此一策，決能消弭"。《綸扉奏草》卷二二作"非用此一策，決能消弭"。《綸扉奏草》是。

② 遺　明抄本"遺"上有"聖世"二字。通行本脫此二字。

③ 忠　《綸扉奏草》卷二二"忠"作"衷"。

④ 來　《綸扉奏草》卷二二無"來"字。

⑤ 時明　《綸扉奏草》卷二二"時明"作"明時"，是。

⑥ 撓　明抄本"撓"下有"亂"字，是。通行本脫此字。

⑦ 揚　《綸扉奏草》卷二二"揚"上有"丕"字，是。

⑧ 有　《綸扉奏草》卷二二"有"下有"出"字。

則無問官府，無論大小，當盡發臣等擬議，擬議不當，則皇上裁示，容臣等再擬，如仍不當，則言官糾駁，如此則光明正大，人無可疑，揆之政體，似當如此，又不可以留大臣而例論也。總之，年來人情，因皇上深居日久，上下不接，遂以爲皇上毫無成心，百凡舉動，皆有人能高下其手，用一人，則曰此何爲而用？行一事，則曰此何爲而行？即臣等在外，與穆清遠隔，尚且見疑，而况於左右近習之人乎？此所以每有內降，輒揣①摩多端，而不知皇上大聖至神，萬幾雖煩，無一事不斷自聖心，如臣等票擬，亦多皇上改正，何人敢於竊弄？延登所云中璫播弄皇上不知者，臣萬萬保其必無，此諸臣過計，而臣不得不爲剖明者也。伏望聖明將臣此疏發下部院，仍賜明示，以釋羣疑，亦目前解紛之一端耳。臣不勝悚息之至。"

　　十日甲午，大學士葉向高謹題："該②於頒曆之日具揭，請敕該衙門擇福藩之國吉日，時在廷諸臣皆欲叩請，因見禮部疏得旨③：'少俟即有旨。'下臣。因歡④諭諸臣：'聖心已定，不必煩瀆。'今已旬日，未見旨下，人情又疑，故禮部不得已再申前請。且光陰迅速，轉眼又是明春，此時若不擇，更待何時？此非但天下人疑之，即臣亦不能無疑，非但臣言不足取信，即煌煌明旨亦不足取信，而其爲猜忖億度，殆有不可勝言者矣。此事日延一日，歲延一歲，至於明春，決無再延之理。若明春再延，則中外喧嚷，朝廷無一刻寧靜，福王即留在此，中何以自安？何如早發一日，使人心早定一日之爲愈也？至於莊田之利害可否，則臣前屢揭已極詳明，更望聖明加意省覽，必不可因此留行，以滋天下之疑惑耳。臣見廷臣紛紛，且欲伏闕陳請，故不敢不言，統望聖明速賜裁斷。臣不勝悚息之至。"

　　十一日乙未，大學士葉向高謹題："今日掌都察院事尚書王象乾見臣，謂浙江按臣去任日久，巡撫亦已奉旨回籍，地方撫按俱缺，無人彈壓，甚爲可慮。江西巡按久已報滿，兼之有病，杜門謝事。江浙皆海內大藩，巡按官關係甚重，託臣催請。臣

① 揣　明抄本無"揣"字，誤。通行本增此字，是。

② 該　明抄本"該"下有"臣"字，是。通行本脫此字。

③ 旨　明抄本"旨"下有"云"字。通行本脫此字。

④ 歡　明抄本作"勸"，是。通行本誤作"歡"。

見此本三日前已蒙皇上欽點發票，計旦夕必下，而象乾之言懇切如此，故敢冒昧一言，伏望皇上即將原疏檢發，使巡方有人，免致稽延誤事，是該省之幸也。又新簡閣臣方從哲，有辭疏，留中六七日未發，不便到任，閣中乏人，所望贊襄甚急，併望亟行檢發，促令到任。臣不勝懇切之至。"

是日，大學士葉向高謹題："臣惟抽稅一事，海內困苦已極。然他處稅額止於數萬，地方黽勉答應，獨廣東一省至十七萬，粵民苦累難堪。加以李鳳、李敬之剝削，皮毛俱盡，痛入心骨，幸皇上先歲撤回李敬，稍寬一分，然而十七萬之稅，終為難辦。臣但逢廣東士民，無不疾首蹙額，如坐湯火中，時刻難度，翹首企足以望蠲免。頃聞李鳳病篤，皆以為沐恩有機，而阮昇之命又下矣。假使鳳未即死，是有兩鳳，即鳳死而昇代之，其誅求騷擾必更甚於鳳，此粵人之所以痛哭籲天，而言官之紛紛執爭，不能自已也。臣觀阮昇請勘合疏中，已言'沿路答應不敷，即行參究'，則其不肯安靜之意，已自可見，傳之中外，豈不驚駭？恐粵民聞風愈生恐怖，嶺外之多事將日甚一日矣。皇上天覆地載、煦育羣生、恩加中外者，已四十一載於茲，顧獨忍此一方民乎？以臣愚慮，止阮昇勿行，亟敕地方官，如李鳳病故，即將遺下錢糧查明解進，此粵民之大幸也。即必欲遣昇行，亦明敕到彼即回，毋得騷擾，致生事端，以少慰粵人之心，亦其次也。至於十七萬之稅銀，委實難支，萬聖皇上哀憐此邦生靈之困苦，大賜減省，使得生全，將萬口同聲歡呼頌祝，國家無疆之慶行在於此矣。臣不勝悚息冒昧之至。"

十六日庚子，大學士葉向高謹題："該新閣臣方從哲辭疏已上十二日，未蒙檢發。臣惟閣臣被命，例有再辭。從哲多此一辭，臣恐其仰煩聖心，曾力阻之，而從哲過自謙讓，復有此疏。留中日久，事體不便，毋論臣之孤苦，急望贊襄，即以皇上七年慎重，方簡用二臣，而因其控辭，又延緩若此，傳之天下，殊不雅觀，且何以責將來之展布也？伏望聖明亟賜批發，促令到任，於以重政本而昭德意，其關係良不淺矣。又吏部掌印缺官，部務停閣，前月該選教職，此月又該大選，必難再緩。其吏部司務官請署印本，亦望，以便供事。至於都察院題差江西、浙江巡按官，已蒙點用擬上，並望檢發。此皆不容已事務，故臣敢冒昧而再請之。臣不勝悚息之至。"

十八日壬寅，大學士葉向高謹題："蒙發擬吏部司務請官①署印本。臣查得見在尚書只有王象乾、劉元霖二人，而王象乾資序官階在前，當署吏部，但見在署都察院，不便兼署，故臣擬象乾改署吏部，而以元霖代署都察院，或即令元霖署吏部，亦無不可。統在聖裁，謹題。"

是日，大學士葉向高謹題："該臣屢請點用各省巡撫，伏蒙皇上已批發山西、陝西、福建三省，其湖廣、河南、山東三省尚未蒙批發。此三省舊巡撫官，皆久已奉旨允其回籍，以回籍之官仍在地方，百凡事務極為廢馳。昨湖廣巡撫董漢儒又有疏來，欲不俟代而行，三楚重地，易動難安，今歲以災傷重大，所賴以拊循拯救，皆在此官，而山東、河南亦皆重地。又皆與福藩之國事有干連，今外間紛紛，謂日期不定，恐聖心又有遲疑，人情不勝惶惑，若三省之撫臣久不檢發，且將謂皇上視之國事為不急，而其為大驚小怪、妄忖亂猜，更有不可勝言者矣。伏望聖明亟將三巡撫檢發，其之國日期併即敕下該衙門擇上，以息羣囂，宗社幸甚，地方幸甚。臣不勝冒昧祈懇之至。"

二十二日丙午，大學士葉向高謹題："該文書官金忠捧出聖諭到閣：'諭內閣：朕覽卿等所請福王之國，前諭已明，着於來春舉行，是無惑矣。朕思聖母聖壽稀齡在邇，朕當親率皇太子及諸王恭祝大典，慶賀禮成，於次歲春三月內着欽天監擇吉之國。卿等可傳示大小臣工，不得過生疑慮，以亂視聽。諭卿等知。欽此。'臣叩頭祗領訖。竊惟聖母稀齡在邇，千古未有之慶，委當慶賀。目前壽節正屆，皇上率皇太子、諸王稱觴上壽，以明春三月遣福王之國，上奉長樂之歡，下奠維城之業，雖虞舜大孝、周文止慈，曷以加茲？臣謹傳示各衙門大小臣工，仰

① 請官 《綸扉奏草》卷二二"請官"作"官請"，是。

萬曆起居注

承聖意，即於今冬豫行稱賀，仍令欽天監即擇之國吉期上請，以光慶典，以慰羣情，是亦宗社之大幸也。所有聖諭，臣謹尊藏閣中。謹具回奏以聞。"

　　二十三日丁未，大學士葉向高謹題："該文書官冉登捧出聖諭，到臣私寓：'諭內閣：朕覽卿復奏，傳示福王明春之國。朕思聖母聖壽稀齡在於四十二年，頒曆後正其慶祝之時，朕當親率皇太子及諸王恭祝大典，慶賀禮成，今歲預慶恐聖母責其非禮。況入冬以來，朕時常動火，右足流痰作痛，步履不便，數進藥餌，尚在調攝，恐難成禮，何以周悉？着於次歲春三月內欽天監擇吉之國，卿等傳示大小臣工，仰體朕孝誠至意，不必持疑煩請。昨傳諭甚明，豈可以目前稱慶爲言？意見失真，仍遵諭行，慎毋陳瀆。諭卿等知。欽此。'臣恭設香案，叩頭祇領訖。竊惟聖諭再頒，臣愚昧之罪無以自逭，敢不遵承？但事有難行，又不敢不爲君父一竭其愚。自頃旬日間，外間喧傳，謂皇上欲借聖母賀壽爲題目以留福王，所以大小各官無不驚疑，共約於今早詣文華門伏闕力請者，正爲此故。昨臣出閣後，禮部侍郎孫慎行來見，亦言聖意①如此，必是今冬舉賀，明春遣福王之國，遂傳帖暫止百官。今又有此諭，則與近日流傳之說果相符合，從前詔旨皆屬虛文，而人情之驚疑愈甚。且謂此一賀也，皇上不爲聖母之稀齡慶，而爲福王之留行計，而福王日延一日，歲延一歲，其意將以何爲？王曰乾等之妖言，人將信以爲真。自此以後，中外無日不喧嚷，朝端無刻得安靜，一年光陰如何挨過？聖母聞之不②歡，而皇上之壽聖母者，乃所以累聖母矣。以皇上孝事聖母之盛心，而使人疑爲曖留愛子之私意，天下萬世其所③謂之何？即福王亦何能一刻安也？以臣愚見，庶民之家上父母旬壽，皆於一二年前行禮，聖母稀齡只隔一歲，今冬預賀聖母必不以爲非禮。如聖意必欲俟至明冬，臣不敢強，惟是福王來春必當之國，不必遲留。且潞王，聖母之愛子也，亦在外藩。福王在國上表稱賀，有何不可？皇上率皇太子與瑞、桂諸王在此稱賀，儘足爲歡，而何必苦留福王，使

---

① 意 《綸扉奏草》卷二三"意"作"諭"，是。

② 不 明抄本"不"上有"必爲之"三字，通行本脫此三字。

③ 所 明抄本無"所"字，是。通行本衍此字。

宮府內外驚疑一至此乎？臣病苦孤身，累被人言，幸有新臣方從哲受事，方欲懇祈皇上放歸田里，何苦爲此一事觸忤聖心？且皇上恩臣如天，愛臣如子，臣苟可將順，何所不爲？惟見人情事勢如此，不得不言，不忍不言。所奉聖諭，臣謹封上，未敢遽傳，蓋一傳則紛呶立至，更爲難處，而臣之罪愈大矣。伏望聖慈留神詳覽，或即以臣之言轉奏聖母，裁其是否，仍令欽天監即擇定明春之國日期，以安人心，宗社幸甚，天下幸甚。臣不勝悚息待罪之至。"

二十四日戊申，大學士葉向高謹題："臣昨以之國事又有玩延，人情危疑，不得已封還聖諭，有失臣子將順敬恭之義，心甚不安，罪無所逃。惟臣事聖明之主，受高厚之恩，理當盡心報國，不可依違。前此每有執事，輒蒙皇上優容，不加罪責，臣自思自量，頂戴不起。今番觸忤，恭俟嚴譴，不敢復望聖慈之恕免也。至於之國事，則理窮勢極，萬口同聲，不容再緩。臣若少有可已，不敢如此。今早百官謝宴賞後，臣聞其約定，明早文武大小盡來伏闕叩請。臣區區血誠，實不願朝端有此景象。若百官喧嚷闕下，臣亦更有何顏在此辦事？伏望聖明立刻傳示，毋使大聖人至孝至慈之心，不白於天下。即罪臣一人，臣有餘幸矣。臣不勝瑣瀆待罪之至。"

是日，大學士葉向高謹奏："爲恭承聖諭之國已有定期敬謝天恩事。昨蒙聖諭，欲留福王慶賀聖母稀齡，而後之國。臣錯解聖意，謂即於今冬舉賀，復煩聖諭明示來冬。臣冒昧執爭，自甘罪戾，茲又蒙皇上遣文書官金忠諭臣：'朕覽卿奏揭，知道了，且先扎①諭福王明春之國無惑矣。朕思聖母稀齡在邇，欲着福王隨皇太子、與諸王同班慶祝，以襄盛典。今覽卿奏，朕已悉知。福王着於明春三月之國，卿可傳示欽天監，擇吉來看。其恭慶聖母稀齡，昨諭已悉。卿可安心佐理，勿得復有託辭。特諭。欽此。'臣不勝欣忭，不勝感激。竊惟皇上欲留福王慶賀聖母者，乃仁孝之至情，而臣等請欲②福王之國者，乃宗社之大計，然猶深恐微誠不足動天。茲蒙皇上慨賜俞允，定於明春

① 扎 《綸扉奏草》卷二三"扎"作"札"，是。

② 請欲 《綸扉奏草》卷二三"請欲"作"欲請"，是。

三月之國。此一舉也，上以安聖母，下以安福王，中以章皇貴妃之賢明，萬事俱妥，萬事俱妥，萬福並臻，自非聖明虛衷受善，毫無成心，割愛就封，業有成筭，何以得此？即自古聖帝明王燕翼貽謀，轉圜從諫，未有及皇上者也。臣謹①傳諭欽天監，擇日上請，其恭慶聖母稀齡，謹遵前諭，不敢再瀆。至若臣之愚昧，叨濫日久，罪戾實多，若人情尚肯相容，臣當勉強延挨，送過福王之國而後去，如必慮其助邪害正，貽禍國家，終望皇上賜臣早退，以安人心。蓋枚卜舉之國定，婚禮旦夕且行，臣亦可以去矣。然尚未敢言也，因皇上慮臣託辭，勉臣安心佐理，故敢附布愚悃。臣言及此，惟有感極繼之以泣而已。臣不勝悚息隕越之至。謹具回奏，親詣文華門，稽首叩謝以聞。"

二十六日庚戌，以宣捷祭告南郊、北郊、太廟收回脯醢果酒，頒賜二輔臣三卓。

二十九日癸丑，大學士葉向高謹題："為公務事。照得禮部尚書兼東閣大學士方從哲，今奉欽命到閣辦事，例應同知經筵、日講、東宮講筵侍班、看詳講章、圈做併玉牒提調等項，理合題請，恭候命下，令其與臣一體供事。緣係公務事理，未敢擅便，謹題請旨。"

是日，大學士方從哲謹奏："為感激天恩恭陳謝悃事。臣於本月二十四日謝恩，次日恭候面恩，該內閣照例題請到任，謹於二十九日午門前謝恩，即到任辦事訖。伏念臣病廢餘生，蒙皇上拔起田間，授以佐銓之任。黽勉供職，甫踰半年，一旦簡置綸扉，俾參機務，真聖主非常之殊眷，微臣不世之奇逢，臣敢不勉效馳驅，冀圖報塞？顧閣務至重，而臣力甚綿，時事多艱，而臣才甚短。宮府曖隔，何以通上下之情？賢俊久淹，何以通上下之情？賢俊久淹②，何以辟彙徵之路？朝端若聚訟，何以消水火之形？海內苦橫征，何以慰雲霓之望？諸凡維持匡濟之方，調劑翰旋之術，苟可矢竭犬馬，何敢自愛髮膚？而臣

① 謹　明抄本"謹"下有"即"字，是。通行本脫此字。

② 何以通上下之情？賢俊久淹　明抄本無此"何以通上下之情？賢俊久淹"十一字，是。通行本衍此十一字。

區區一念，尤願以誠心事主，以平心處事，以至虛至公之心待人，不徇愛憎，不作好惡，不以人己起見，不以彼此分歧，用人惟賢，不問其類，舉事求濟，不居其功，盡去成心，共偕大義①，此臣之所夙夜自盟，而期與在廷諸臣交相勸勉者也。若夫中藏機械，外設藩籬，或異輭從人，或執拗自是，抑或市恩要譽，植黨行私，惟便身圖，罔恤國事，上辜恩造，下負平生，進爲同列之羞，退貽身名之辱，斯聖朝之棄物，名教所不容，臣雖至愚，亦知辨此。更願皇上勵精圖治，任賢納諫，一返萬曆初年之政，則一人勤政於上，羣工象指於下，各營職業，永息紛爭，朝無澮詆之風，國享和平之福，此又上下交修之實，而臣愚所恃以少逭溺職之罪者。臣不勝感激祈懇之至。"

① 義　明抄本作"道"。通行本作"義"。

萬曆四十一年十一月①。

六日庚申，大學士葉向高謹奏："爲恭承殊常恩命感懼不勝懇乞聖明俯容辭免以安愚分事。准吏部咨，該本部奉：'敕吏部：延鎮三次大捷，内閣輔臣殫力運謀，勞績茂著，兹特加恩示②。輔臣向高加少保，兼太子太保，進武英殿大學士，改户部尚書，廕一子與做中書舍人，還賞銀一百兩，綵段二表裏，照新銜給與應得誥命。如敕奉行。欽此。'竊惟閣臣之敘邊功，委爲濫冒，自沈鯉、朱賡二臣力辭以來，此典之不行亦已久矣。一旦忽復有此恩命，造袟③加官，前馳④後蔭，至廕⑤至渥，駭人耳目，臣何人斯而當敢⑥此？臣常謂封疆之事，當委任督撫，責成將吏，有功則賞，有罪則罰，廟堂之上不宜持空文議論，以掣其肘。故臣七年在此，凡事屬邊陲，盡敢⑦樞臣與邊臣主張，未嘗有一籌一畫可以賛助，而顧偃然與之分功，於心安乎？皇上聖德神威，南洽北暢，九塞敉寧，烽煙無警者四十一年於兹。間有葷⑧茹狡虜，敢肆跳梁，然羽書朝聞，捷音夕至。此皆皇靈震疊，天佑國家，以故行間諸臣，得憑藉以效其力。然而戎心難測，邊備日虛，無食無兵，殷憂恐亟，臣方蒿目焦心，計無所出，而顧欲佟然受寵，於心又安乎？今大僚未補，廢臣未起，湖廣、山東、河南三省巡撫未蒙檢發，候補科道諸臣未得效用，假使皇上肯既⑨然行此數事，則⑩削臣之官，臣有餘幸，何必以非常分外之賞，而獨加臣之一人也？臣聞匹夫受一錢於人，亦思報德。臣受皇上之恩，至矣，極矣，才盡力窮，終無分毫可以補報，前恩未償，後恩復至，臣亦人類，尚有心胸，何以處此？如皇上必欲以犬馬微勞加之慈惠，則但憐臣病憊已極，賜臣一歸，使臣得以未死之年，復上先人之丘壠，游魂假息，未至頓絶，臣之願望千滿萬滿，即一歲九遷，一日三錫，不加於此矣。至於今者恩命，萬不當承，萬不敢承，皇上即百强之，臣亦必百辭之，徒勞批答，以重臣罪，尤爲不安。伏望即賜放⑪回，以安愚分，免臣再三瀆奏。君臣之際，貴於真誠，是在皇上之曲體而已。臣不勝懇切待命之至。"十一日，

①月 "月"下當有"乙卯朔"三字。

②示 《綸扉奏草》卷二三"示"下有"酬"字。

③造袟 《綸扉奏草》卷二三"造袟"作"進秩"，是。

④馳 《綸扉奏草》卷二三"馳"作"貤"，是。

⑤廕 "廕"當作"隆"。

⑥當敢 "當敢"當作"敢當"。

⑦ "敢"當作"聽"。

⑧葷 "葷"當作"匪"。

⑨既 《綸扉奏草》卷二三"既"作"慨"，是。

⑩則 《綸扉奏草》卷二三"則"作"即"，是。

⑪放 《綸扉奏草》卷二三"放"作"收"，是。

奉旨："延鎮三次大捷，朕心嘉悦無已，全賴卿殫忠運籌，贊襄密勿，加恩酬勞，實係尋①典，宜遵成命，不允所辭。吏部知道。"

是日，大學士葉向高、方從哲謹題："爲推陞翰林年深久滯官員事。照得内外各官，係吏部職掌，論資論俸，皆得推陞。惟翰林各官，係内閣職掌，陞轉極難。近年曾蒙聖恩，將年深久滯者量與敘遷。目前壅積又多，當稍與疎通，其丁憂在家、年資已久者，亦應及時起用，以存舊制。臣等謹酌量開擬職名於後。但恩典出自聖裁，臣等未敢擅便，謹題請旨。"

計　開

擬陞詹事府少詹事兼翰林院侍讀學士一員：右春坊右庶子兼翰林院侍讀顧秉謙

擬起陞左春坊左庶子兼翰林院侍讀一員：原任右春坊右諭德兼翰林院侍講鄧士龍

擬陞右春坊右庶子兼翰林院侍讀三員：右春坊右諭德兼翰林院侍講周道登　盛以弘　丘禾實

擬陞左春坊左諭德兼翰林院侍講一員：司經局洗馬兼翰林院修撰王毓宗

擬起陞左春坊左諭德兼翰林院侍講二員：原任司經局洗馬兼翰林院修撰劉一燝　原任南京國子監司業顧起元

擬陞右春坊右諭德兼翰林院侍講三員：左春坊左中允兼翰林院編修何如寵擬陞右②周如磐　張以誠

擬陞右春坊右中允兼林③院院④編修一員：翰林院編修龔三益

擬陞左春坊左贊善兼翰林院檢討三員：翰林院檢討薛三省　錢象坤　鄭以偉初十日，奉旨："是。吏部知道。"

是日，大學士葉向高謹題："伏蒙皇上以延鎮三次大捷加恩於臣，除加官封蔭臣已具疏控辭、伏望欽允外，其頒賜臣銀一百兩、綵段二表裏，亦係前此未有恩數，但臣不敢盡辭，謹頓首祗領。不勝感戴天恩之至。除赴鴻臚寺報名廷謝外，謹具題謝恩。"

① 尋　《綸扉奏草》卷二三"尋"作"彝"，是。

② 擬陞右　"擬陞右"三字當爲衍文。

③ 林　"林"上當有一"翰"字。

④ 院　此"院"爲衍字。

十一日乙丑，大學士葉向高謹奏："爲懇辭恩命更辱温綸再竭悃誠仰祈俞允事。該臣以捷敘蒙恩，具疏懇辭，奉聖旨：'延鎮三次大捷，朕心嘉悦無已，全賴卿殫忠運籌，贊襄密勿，加恩酬勞，實係彝典，宜遵成命，不允所辭。吏部知道。欽此。'竊惟臣之此辭，實出懇誠，無一毫矯飾，乃蒙皇上傳諭同官臣從哲票擬，臣力告從哲，當即擬允，而從哲不聽。雖仰體皇上優禮愚臣之盛心，而未免多費皇上一番之批答矣。臣且感且懼，跼蹐難容，所有不情，已具前疏中，不敢贅陳。總之臣叨陪密勿，凡事皆無功，而於邊事更爲無功，一切隆恩，皆不當受，而以邊功被賞，尤不當受。況兼金璀璨，已驚百鎰之多，文綺輝煌，更奪七襄之麗，臣謹什襲珍藏，歸告祖父以光九原，之①爲寵已無量矣，何敢復承非分，以自罹於冒濫之愆哉？臣非再三揆度必無受理，何敢如此瀆陳？伏望聖明鑒臣愚悃，即允其辭，臣感戴聖恩深於拜命矣。"十六日，奉旨："邊鎮屢捷，卿居中運籌，忠勞緒②茂著，加恩示酬，原不爲過。但念懇辭堅確，朕宜體悉，特允所請，成卿勞謙之美。仍加賞大紅紵絲鬥牛胸背一襲，以見朕優禮輔臣至意。該部知道。"

是日，大學士葉向高、方從哲謹奏："爲節屆履長普天同慶懇乞聖明益修聖政以迓天休事。竊惟冬至乃陽生之時，一年之氣候由此而回，萬品之昭蘇由此而始。帝王法天立政，莫急於此。臣等往立交戟之下，每當兹長③，輒見皇上御殿受賀，傳諭百官，謂'履長之慶，与卿等同之'，維時天顔在望，喜氣盈朝，何其盛也？自穆清端拱，二十年來無此景象，中外臣民惟仰祈皇上體來復之天心，沛維新之善政，使在朝在野咸照④育於鴻恩，而俾熾俾昌，將永綿乎景運。臣等忝在股肱，尤不勝其願望之私者也。除福藩之國年月已定，日期亦當亟下，容臣等另請外，諸有切要應行事宜，謹列爲數款，恭請聖裁，如蒙採擇施行，天下幸甚。

一、大僚空虛已極，九卿掌印祇有其三，各部侍郎尚缺其六，至於倉場、戎政、都察院盡皆無人，通政司見在僅有一人。吏部屢次催請，或留中未點，或已點而又留中，因循廢弛，深

① 之 《綸扉奏草》卷二三"之"上有"此"字，是。

② 緒 《綸扉奏草》卷二三無"緒"字，是。

③ 長 《綸扉奏草》卷二三"長"作"辰"，是。

④ 照 《綸扉奏草》卷二三"照"作"煦"，是。

爲可虞。又湖廣、河南、山東三省巡撫，舊者皆杜門候代，百事不管，新者未蒙點用，以此緊要地方，適當有事之時，而顧聽此官之久缺，其耽誤甚不小矣。伏望檢發。

一、林下諸臣，廢棄年久，人人共惜。天道循環，陰①陽生，否②泰來，而諸臣當明盛之世，一經遷謫，永絶賜環。鄒衍一吹律尚回寒穀之春，皇上如地如天恩加草木，豈其獨靳於諸臣乎？即以人多，未欲盡用，亦當量拔其尤者，以少開向用之路，毋令相率而老於巖穴，真聖德之光也。

一、候補科道諸臣，經年累月，茫無職事，貧者至無以自給，困苦極矣。或疑皇上厭言官之多言，而故靳之。臣等竊謂，言官以言爲職，言而當則行之，言而不當則容之，何厭其多？況候補者不過六七人，原不爲多，惟早發一日，則諸臣得早效一日之用矣。

一、今歲淫雨爲災，幾徧天下，田疇淹沒，男婦漂沉，不計其數，湖廣、山西尤爲最甚。臣等讀撫按官奏報，輒爲傷心，自恨其燮理之無能也。皇上怙冒羣生，湛恩廣被，每有災傷，輒加軫恤，或發帑，或留稅，或蠲租，豈以今歲重大之災，而獨不廑於聖衷乎？伏望將報災各疏及户部覆疏盡行檢發，以慰元元嗷嗷之望。窮民幸甚。"

是日，大學士葉向高、方從哲謹題："兹遇冬至令節，臣等恭詣宮門外叩頭慶賀。伏蒙皇上遣司禮監太監李恩等，須賜臣向高燒割一分、甜食一大盒、伏薑一大盒，臣從哲燒割一分、甜食一小盒、伏薑一小盒，管待臣等。頓首祗領，不勝感戴天恩之至。謹具題謝恩。"

十四日③，大學士方從哲謹題："伏蒙發下同官葉向高再辭恩命本，令臣擬票。票仰惟皇上隆重邊功、優禮輔臣至意，敢不仰體？但向高對臣極言其不受之意，出於至誠，兩疏所陳毫無矯飾，再四強臣徑擬允辭，以成初志，以省皇上批答之煩。臣念讓功遜美，固是輔臣本懷，而懋賞酬庸，實係朝廷彝典，其允辭與否臣何敢擅定？謹擬兩票呈上，恭候聖裁。臣又查得，

① 陰　《綸扉奏草》卷二三"陰"下有"極"字，是。
② 否　"否"下當有"極"字。

③ 日　"日"下當有"戊辰"二字。

邊功敘賞，向來閣臣有受者，有辭者，亦有受官辭蔭、或受蔭辭官者，其力懇概辭，則自沈鯉、朱賡二臣始。然考其時，或以一處報捷，或以①次獲功，皇上雖諒其悃誠，俯容辭免，然猶另加襲衣之賜，以示特恩。今日之功雖多於往時，而同官之堅意懇辭，則與二臣同，故臣查例擬賜襲衣，以稱皇上之意。然總在聖明裁酌，非臣所敢專也。謹具題以聞。"

　　十六日庚午，大學士葉向高謹奏："爲謝恩事。該臣以大捷蒙恩，再疏懇辭，奉聖旨：'邊鎮屢捷，卿居中運籌，忠勞茂著，加恩示酬，原不爲過。但念懇辭堅確，朕宜體悉，特允所請，成卿勞謙之美。仍加賞大紅紵絲鬥牛胸背一襲，以見朕意②優禮輔臣至意。該部知道。欽此。'臣恭誦綸音，不勝感激，不勝慚悚。竊惟邊鎮屢次捷功，乃皇上聖神文武，指示方略，臣實未嘗居中運籌。皇上鑒臣懇誠，特允辭免，臣之幸大矣。乃猶於金幣之外，特加襲衣之賜，聖恩隆重，度越尋常，服之實爲不衷，受之恐招三襫，雖稽諸往事不敢固辭，而反之寸衷，實有餘愧，此臣之所爲既感而且懼者也。除焚香叩頭候領外，謹具③稱謝以聞。"

　　十八日壬申，大學士葉向高、方從哲謹題："竊見福藩之國吉期，欽天監久而擇上，未蒙點發，臣等仰體聖心，不敢瀆奏。旬日以來，外間議論又復洶洶。昨日九卿諸臣來上公疏，又同至東閣見臣等，苦言莊田之難處，待莊田完而後之國，萬萬不可。臣等告以當委曲處置，勿得太執。諸臣謂：苟可處置，何苦不爲？委是搜括已盡，無可奈何。其詳具在疏中，懇皇上留神省覽。且深責臣等之不言。臣等備員股肱，蒙恩獨渥，豈敢自同於衆人？每思皇上愛王之心，即使割臣等之產以奉王，亦無所惜，而況於三省之田土乎？顧連日廣詢博訪，廢府遺業實已盡歸潞府，更無餘留。聞福王以湖廣有雍府莊田，河南有伊、徽二府莊田，可以查給。臣等不知何人以此告王？誠如其言，豈不甚便？但以事理度之，河南田土搜括無遺，至科派民間，

① 以 "以"下疑有 "一"字。

② 意 此 "意"爲衍字。

③ 具 《綸扉奏草》卷二三 "具"下有 "奏"字，是。

以足租數。假使二府遺業尚有許多，地方官何爲隱匿？至於雍府之廢，抵今已百餘年，當景府就封時，湖廣之尺土寸地無不徧搜，地方騷動數年，官司受累無數，豈期尚有遺業不入景府、而留至今日者乎？臣等因灼知其必無也。以事勢之難處如此？人情之擾攘如彼，臣等即欲悉心畢慮，圖所以爲王計者，將安所出？惟念聖意難違，臣等若不將順，更望何人？再三籌度，惟於萬二千頃之外，再加八千頃，以足二萬之數，責令九卿諸臣及撫按官委曲措置，即無田可搜，亦當設處錢糧，務行買足，其餘一萬頃望皇上大施曠蕩之恩，再賜減免，抑亦庶乎其可乎？至於日期，則萬望亟下，以定人心，不必爲莊田之故而遲留。今冬月將盡，轉眼明春，必欲待臣①莊田之足，行將何日？毋論人心危疑，禍釁將作，即沿途供應已備，蓬廠已搭，張家灣之船隻已有千餘，所費錢糧不啻百萬，雖欲不行，安得中止？分封，令典也。就國，美事也。臣等款款私衷，誠願王歡顏喜面以出都門，使天下人稱頌賢王，播令名於天攘②，不顧③因此一事，致中外紛吷，無刻寧靜，上累皇上，中累皇貴妃，下亦累王。故酌斟④其宜如此。臣等愚慮亦已竭矣，伏望聖慈俯賜採納，亟渙德音。其減免之數，不必言因臣等懇請，祇言出於王意，以昭王之令德，尤盛事也。臣等於此事，冒瀆已甚，罪戾難辭，然苟有一毫不盡之心，有一毫不爲福王之念，即爲負祖宗，負皇上，不忠不敬，天地鬼神亦不容臣等矣。更望聖慈併垂泉鑒。臣等不勝懇切之至。"

是日，大學士葉向高、方從哲謹題："恭遇聖母慈聖宣文明肅貞壽端獻恭熹皇太后萬壽聖節，臣等備員輔弼，仰戴隆恩，比之恒情倍切忻忭。謹擬是日恭詣慈寧宮門，行五拜三叩頭禮，以少伸臣子慶祝之誠。謹具題知。"

二十九日癸未，大學士葉向高謹奏："爲患病日深懇恩亟罷事。臣叨蒙聖恩，馳驅七載，心盡而力不前，勢窮而擔難弛，積勞積憂，因而積病，其所以哀鳴號訴於君父之前者，固已無所不盡矣。仰荷聖明憫臣困苦，簡用二臣，臣賴此稍自寬慰，

① 臣 《綸扉奏草》卷二三無"臣"字。

② 攘 《綸扉奏草》卷二三"攘"作"壤"，是。

③ 顧 《綸扉奏草》卷二三"顧"作"願"，是。

④ 酌斟 《綸扉奏草》卷二三"酌斟"作"斟酌"。

萬曆起居注

得延餘生。然自入冬以來，冒犯寒疾，頭痛不止，雖勉強入直，而呻吟之聲常不絕口。惟念履長節屆，與聖母壽節方臨，不敢請告。昨以滿考，循例報部，方當引奏，以待黜幽。忽前病大發，乍熟①乍寒，飯②食不進，加以下血如注，痔瘍潰裂，痛甚刀割，苦不欲生。情勢至此，犬馬之軀，終不能再事皇上，以報恩於萬一矣。臣聞人臣不憂其身之去，而憂其國之無人。今新臣從哲，心術行品素取信於天下，臣與共事數時，見其諳練精詳，勝臣百倍，可謂國有人矣。臣於此時可以去矣。歐陽修有言：仕宦得一任滿，是小歇乎？臣再任滿矣，即不病亦當歇乎？而況於病？又況於病之甚篤？伏望聖明憐臣狠③狠已極，首丘念切，亟放殘生，早歸田里，臣啣結天恩，世世無窮。至於目前國事，惟福藩之國最為緊要，四海臣民無不延頸企足以④此舉。今行期雖定，而以莊田一事，人情搖惑，更望聖明內斷於心，忍難割之愛，以息中外之疑。此臣之所為伏枕籲祈，而不能自已者也。"十二月初四日，旨⑤："卿輔政有年，獨任勞苦，茲一品秩滿，勳懋望隆，朕心喜⑥悅，何乃稱疾求退？其應加恩禮，該部便從厚查議來看。卿宜慎自調攝，少可即出佐理，以慰眷懷。吏部知道。"

①熟 "熟"當作"熱"。
②飯 "飯"當作"飲"。
③狠 "狠"當作"狼"。
④以 《綸扉奏草》卷二三"以"下有"望"字，是。
⑤旨 "旨"上當有"奉"字。
⑥喜 《綸扉奏草》卷二三"喜"作"嘉"。

萬曆四十一年十二月①。

七日庚寅，大學士葉向高、方從哲謹題："前月內，大小九卿諸臣合請福王之國日期，臣等亦具揭催請，不知皇上曾留神省覽否？今諸臣又來苦請矣。臣等竊惟，日期之所以未發，祇爲莊田未足。夫使莊田而可以目下取盈，臣等何苦不爲皇上了此，而頻頻瀆奏若是？惟是各地方實爲難處，無如之何，故臣等不得已，懇皇上再減一萬，令該部與撫按官設法措置，務足二萬之數，此於事體庶乎可行，而臣等亦可以有辭於外廷者，捨此真無策矣。伏望皇上慨然將日期亟定，以安人心，不必因莊田遲留，反使人疑福王之不欲行也。不然，自此以後日迫一日，人情亦日紛一日，朝端將激成事變，恐聖母聞之亦有所不安。悠悠之談，臣等尚不敢盡言，而其爲福王之累大矣。臣等狂愚率直，情不能已，統望聖慈炤察。臣等不勝惶懼悚息之至。"

八日辛卯，大學士葉向高謹奏："爲乞歸未遂更辱溫綸慚感不勝再祈聖鑒事。臣以患病陳乞，伏奉聖旨：'卿輔政有年，獨任勞苦，兹一品秩滿，勳懋望隆，朕心嘉悅，何乃稱疾求退？其應加恩禮，該部便從厚查議來看。卿宜慎自調攝，少可即出佐理，以慰眷懷。吏部知道。欽此。'臣伏枕聞之，感極而淚承眶，愧極而汗浹踵，犬馬餘生，何以得聖明之注念一至此哉？竊念臣輔政雖雲有年，然勞而無功，苦而無補，種種罪戾非但天下人能言之，即臣亦自知之。惟是皇上忘之愚，憫臣之困，察臣於議論之中，亮臣於形迹之外，雖有苦口逆耳之談，臣自分必當譴責者，皇上亦曲腸②優容，更垂採納，其眷遇恩私，誠可謂近世君臣之所希覯矣。臣中夜捫心，輒至涕泣，何忍言去，孤負聖恩？但臣七載之間，精血消亡，筋力耗竭，至於今日，一病奄奄，遂成沉痼。蓋積漸由來，勢必難瘳，非如風寒水火之災，驟發而可望其旋愈也。伏枕呻吟，每一合眼輒夢故③鄉，與親知共語，醒而思之，則其④率多鬼⑤錄，悲感填胸，益復添病。情景如兹，雖欲勉力強顏，少圖稱塞，安可得

① 月 "月"下當有"甲申朔"三字。

② 腸 《綸扉奏草》卷二四"腸"作"賜"，是。

③ 故 《綸扉奏草》卷二四"故"上有"入"字，是。

④ 其 《綸扉奏草》卷二四"其"下有"人"字。

⑤ 鬼 《綸扉奏草》卷二四"鬼"上有"在"字。

哉？以臣孤恩負罪一至於此，皇上苟賜臣一歸，即盡削臣官以謝天下，亦不爲過，奈何反欲加以從厚之恩禮乎？臣求去得留，求退得進，求譴斥得褒嘉，在皇上之寵臣愈深，而臣之罪戾愈重，臣益不知死所矣。伏望聖慈鑒臣誠懇，特寢加恩，以安愚分，免臣瀆辭。仍速允臣去，使臣得少延殘生，於林壑之下與家人朝夕焚香，頌祝太平有道之長，即三錫九遷何加於此也？臣不勝懇切籲祈之至。"十三日，奉聖旨："卿贊理多年，勳庸茂著。今國家多事，正賴卿竭忠匡弼，弘濟時艱，豈忍恝然言去？其考滿恩禮，自有常典，以答忠勞，不必豫辭。還宜體朕眷倚至意，即出任事，慎毋再陳。該部知道。"

九日壬辰，大學士葉向高、方從哲謹題："該新簡閣臣吳道南辭疏已經數日，未蒙發下。查得閣臣在籍者，俟兩辭得旨，方可赴召。若留中日久，不惟道南啟行無日，而於中外佇望之意亦有未愜，既非政體，又拂人情。伏望皇上即刻檢出，容臣①擬票進呈，仍求速賜批發。臣等不勝顒望之至。"

十日癸巳②，大學士葉向高謹奏："爲驚承殊命萬分不堪萬乞聖明俯容辭允事。該吏部奉旨，以臣給由事題請，奉聖旨：'元輔向高，獨贊政幾，忠勞久著。茲一品滿考，猷望益隆，着加少傅，兼太子太傅，改吏部尚書，進建極殿大學士，蔭一子與做尚寶司司丞，給與應得誥命，還賜宴禮部，以示朕優禮元輔之意。欽此。'臣一聞之，驚惶不支，慚愧無地。何物豎儒，叨濫天恩一至於此？雖聖主私臣，忘其非據，竊恐造物忌臣，速其顛仆矣。夫閣臣考滿加恩，前此雖有故事，然皆有功可錄，有效可稽。而臣七載備員，茫無寸樹，官僚空而不能補，賢才伏而不能升，兵食匱而不能籌，議論淆而不能定，大政大典廢闕尚多，皆不能救正。揆諸考績之法，允在黜幽之科，儻得及於寬政以免譴誅，已爲幸矣，其何敢昧心靦顏，冒此異數非常至優至渥之特寵哉？即毋論臣之忝竊，乃臣子何能遽叨尚璽之蔭？臣觀林下諸臣，銓部以此官推起而不得請者尚多，如皇上

① 臣　《綸扉奏草》卷二四"臣"下有"等"字。
② 巳　"已"當作"巳"。

輟臣此蔭，用一賢才，固國家之光，聖明之盛事也，而何以私臣爲乎？況今舉朝紛紛，以福王之國事叩閽懇請，未奉俞音，中外人情驚疑震擾，臣雖伏在牀褥，亦展轉不安，有何心情，尚欲加官進秩以自光寵？此臣之所以再三籌度而萬不敢承者也。臣病患沉篤，痊可無期，犬馬私衷誠願皇上哀憐矜憫，放臣早歸，以救臣垂絕之命，此之爲恩，天地父母不足形容。其所加恩典，盡乞收回，使臣雖吟呻痛楚中，猶得頃刻少安，不至遽隕，臣幸大矣。"十五日，奉旨："卿德望隆重，功懋贊襄，考績加恩，原係彝典，宜遵成命，不允辭。政本倚毗方殷，宜即出佐理，副朕延佇之意。毋得再陳。吏部知道。"

十二日乙未，大學士葉向高、方從哲謹題："臣等竊見，邇年以來，人心傾險，議論煩囂，彼此互爭，國是不定，心甚憂之。頃一月之間，少覺寧息，又私相慶幸，以爲從此諸臣各捐成心，共存國體，即和平之福，不難坐致。忽於初九日接得戶部中李朴一揭，大率言科道奸邪，結黨要錢，欲皇上密訪嚴究。臣等不勝駭異。夫朝廷言官，原欲其潔己奉公，發奸指佞，使諸臣中果有不公不法，如朴所言，羞諫職而壞官常，國法昭然，豈容輕縱？若不分清濁，概目爲邪奸①，概誣以可斬，使濟濟多士盡蒙不潔之名，不惟諸臣之心不甘，而於國體亦大有傷矣。伏乞皇上將朴此疏留神一覽，立賜裁斷，使是非明，情罪當，庶可以杜妄言之口，而安諸臣之心。不然，亦祈敕下部院，俾從公看議，勿復留中，致朝端之上又紛紛聚訟無已時也。此係時事至切至要，臣等無任顒望之至。"

十三日丙申，大學士葉向高、方從哲謹題："蒙發擬福王請減莊田本，內傳：'前奉明旨，已減過一萬，如何又辭？送票，還照前旨出旨來。此係舊例，不是新特恩。欽此。'臣等仰見福王謙沖節損、爲國爲民之美意，真足追古之賢王，不勝欽服。而皇上前此已減過一萬，今又惓惓以舊例爲言，亦足見對心之無私。臣等當即欽遵擬上。但細查此項田土，委難處置，臣等

①邪奸　《明神宗實錄》卷五一五"邪奸"作"奸邪"。

亦千方百計圖所以仰副聖心者，而終不得其説。今幸王有此謙讓之舉，傳之四海，一日雷動歡聲，書之史册，千古永標盛事，上光於祖宗，下施於蒸庶，即皇上與皇貴妃咸有休稱，雖使百萬莊田其利不足以易此也，臣等敢不將順，以成王之美哉？惟是皇上愛王之意不敢盡虚，臣等再三斟酌，謹擬二萬之數，責令該部務行湊足，不許復有瀆奏，使王之令德既昭，而於府中養贍①亦無不給，揆之事勢，祇能如此，不可復加也。臣等亦知皇上所傳原有舊例，乃區區愚衷正望皇上裁省於舊例之中，乃愈見愛民之德意耳。連日大小臣工以吉期未定，盡責臣等不行力請，爲不忠之大，或面見，或移書，備極詬詆，臣等以國家大事，不敢置辯。而日前廷臣催請疏中，有謂奸人乘機搆隙，無所不有，皇上父子兄弟之間岌岌不安，此等危言傳播天下，孰不驚疑？臣等見之，亦不勝駭懼。非得王此疏，何以解人心之惑，而弭目前之釁乎？臣聞諸臣已約於數日内伏闕跪請，且必責臣等與之同跪，不得旨不已。臣等深恐事體至此，將成決裂，即使皇上幸而聽之，其所傷亦已多矣。正欲具揭上聞，適睹王疏，歡喜欲狂，故敢以此附奏。伏望聖明將臣等所擬即行裁發，仍將欽天監所擇吉期即賜點定。其二萬莊田不患撫按官不極力設處，臣等傳諭九卿，相與共任之。其王疏，臣等亦傳示各官，俾共知王之賢明，相與頌諸②於無窮也。謹題。"

十四日丁酉，大學士葉向高謹奏："爲科臣因事質證據實奏聞併求罷斥事。臣卧病再旬，一切時事俱不關涉，偶於閣中送來揭帖，見户部郎中李朴一疏攻訐科道諸臣，撫枕嘆曰：'有是哉，朴之狂妄也？必開大難之端矣。'隨與同官臣從哲具揭，請皇上亟行乾斷，以息紛囂。昨又見科臣亓詩教揭帖，謂朴疏中所言黄克纘之留用、陳用賓之再議，皆出臣擬旨，與科道官無與，責臣一言剖明。臣雖病也，安得默然？黄克纘與臣同鄉，素相敬慕，撫齊十餘年，甚有恩惠，留樞之任，臣以爲宜，況自來大臣陳乞，未有一疏而徑允者，克纘之擬留，實出自臣，與他③無與也。陳用賓以武定事逮繫擬死，二、三大僚有謂其

① 贍　《綸扉奏草》卷二四"贍"作"瞻"，是。

② 諸　《綸扉奏草》卷二四"諸"作"讚"。

③ 他　《綸扉奏草》卷二四"他"下有"人"字，是。

破賊之功，可稍減其棄印之罪。黃克纘具①上章而頌言之。自李朴、魏雲中外，亦無糾其非者。臣與用賓雖係同鄉，素無還往，以鄉曲之故而曲庇用賓以賣法，臣固不敢，以鄉曲之故而曲殺用賓以避嫌，臣亦不爲。人命至重，即庶人問擬，猶經駁覆，況殺一大臣，寧厭詳慎？法在必死，誰能出脫？用賓之擬再議，實出自臣，未嘗有中使傳宣，亦與他人無與也。此二事顛末，原是如此，臣毫不敢隱。惟臣隻身受事，已經七年，種種罪愆尚不止此，久思退休，毋誤國事，而以代者無人，荏苒遷延，遂至今日。頃一病昏沉，連章陳乞，又以福藩之國吉期未定，悠悠之談又復罪臣卸擔辭難，且有移書極口見責者，故臣不得已復隱忍以完此事。今知聖意已堅，福王且自求減田土之數，自請明春之國，則王之行已萬萬無疑，臣可先去，爲王前驅矣。伏望皇上予臣一旨，全君臣始終之誼，毋使大臣相繼狼狽而出國門，大爲不雅。其郎中李朴，亦乞特加處分，以爲出位妄言之戒。明諭諸臣，安心供職。是豈獨愚臣之幸，亦天下國家之大幸也。臣伏枕涕泣，語言無倫。不勝惶懼隕越之至。"十七日，奉聖旨："覽卿奏擬旨事，俱已明白，況發留出自朕裁，原非私庇，且與科道官無與。卿宜安心，即出贊理，以副眷懷。其李朴出位妄言，着部院看議來説。"

是日，大學士葉向高、方從哲謹題："適蒙發下河南撫臣李思孝本，內傳：'出旨照潞王例行。由早②路所費車輛人夫甚多，還由水路去。遇淺挑河。欽此。'臣等細閲，疏中大率謂福王之國，自小灘達衛輝，俱由水路，自衛輝至洛陽俱由旱路，已經司道諸臣議定。惟自衛輝府至合河口一百五十餘里，河流細窄，初議挑淺建閘，仍由水路，復以勞費不貲，擬於汲縣增建棚殿一座，徑從衛輝登陸。臣等以爲二説便否，似當敕下該部再爲詳議。謹擬票上請，伏候聖裁。謹題。"

十五日戊戌，大學士葉向高、方從哲謹題："照得日講之設，舊制原該六員。兩年以來，止侍郎翁正春一人，日進講章，辯理不前。今又以母病乞歸，情甚迫切，致講筵之上，虛無其

①具《綸扉奏草》卷二四"具"作"且"，是。

②早 "早"當作"旱"。

人，殊非事體。臣等於前月推舉得侍郎孫慎行、詹事何宗彥、庶子孫如游三員，堪以充補。其本尚在御前，伏乞皇上留神檢發，俾令入直供事，庶儒臣在列，大典有光。其翁正春直講年深，將母情切，連章懇請，勢亟詞窮，儻蒙聖慈憫念，俾令給假歸省，此又皇上優禮講臣至意，而正春與臣等共相感誦者也。臣等不勝顒望之至。"

十七日庚子，大學士葉向高、方從哲謹題："前蒙發下福王請減莊田之疏，臣等不勝歡欣踴躍。以爲莊田一事，邇年以來，舉朝臣工焦心苦口請於皇上而不得者，今福王一旦有此善念，有此盛舉，豈非天祚國家，成此吉祥善事也？皇上正宜體悉允從，再爲酌減，明示行期，以彰王之令名，完國家之大典。故臣等前日所擬二萬之數，無非仰體皇上愛王之心，與福王爲國爲民之意，情理允協，時勢可行，外廷聞之，咸以爲當，謂皇上必聽無疑者。今靜候數日，未見批發，羣情懸望，以日爲年。臣從哲今早於午門前見九卿諸臣，面詰臣以吉期不下之故，因責臣等不爲亟請，又謂請而不得，數日之內，當合廷臣伏闕力爭，必得旨後已。臣察其意，真若有不能朝夕待者。臣等外既無以謝諸臣，而內又不能得之於皇上，憂愁跼蹐，無地可容。不得已，再爲申請，伏祈皇上留神，將臣等前日所擬福王之疏，即賜批發，並將吉期點定，庶人心釋危疑之慮，而皇上亦可省激聒之煩。若再延遲，致諸臣伏闕跪請，將瀆擾紛紜，益煩聖慮，而福王謙讓之美意反無以自明，臣等溺職之罪更無所逃矣。不勝延頸懸望之至。"

是日，大學士葉向高謹奏："爲溫綸頻下殊寵難承再懇聖慈俯容辭免事。該臣以考滿蒙恩，具疏懇辭，奉聖旨：'卿德望隆重，功懋贊襄，考績加恩，原係彝典，宜遵成命，不允辭。政本倚毗方殷，宜即出佐理，副朕延佇之意。毋得再陳。吏部知道。欽此。'竊念臣叨濫多年，救過不瞻①，有何德望，能效贊襄？其逐日奔走，票擬本章，不過犬馬之微勞耳。食皇上之原②祿，蒙皇上之殊知，而其所以自效止於如此，已愧死矣，

① 瞻 《綸扉奏草》卷二四"瞻"作"贍"，是。

② 原 《綸扉奏草》卷二四"原"作"厚"，是。

顧乃以之言功而受賞，是豈復有人心者哉？況當病患垂死之秋，而重以非望之福，則爲不祥。在牀褥偃蹇之中，而拜此天之命，則爲不敬。皇上雖過於寵臣，而亦甚非所以愛臣矣。如必念其微勞，加之優禮，則但賜以半行允歸之綸音，便足當五世共承之恩澤，譬如犬馬，筋力不支，但得安閒就斃，即感謝主人，豈敢復有他望？臣故願皇上之曲體也。至於聖諭惓惓，望臣佐理，臣念目前大事，祇是福藩之國。聖意與福王意皆已決行，惟是日期當早批發，臣雖臥病，不敢推諉。其他事體，新臣固饒爲之，無待於臣。臣去而上可以安朝廷，下可以延殘喘，爲公爲私，無所不利。臣計決矣，如復少有留戀，不能自割，是真貪昧無恥之徒，亦有何顏以事君父哉？臣泣血陳情，毫無粉飾，統望聖慈俯垂矜允。臣不勝哀鳴懇切之至。"十九日，奉旨："卿懇辭恩禮，謙沖愈至，朕豈不體念？但課功懋賞，原係舊章，還宜遵命祇承，不必固遜，虛朕優異元臣之意。福王之國在即，諸務正賴主持，卿既以國事爲重，何忍堅臥不起？其勉抑遁思，即出贊理，慎勿再有託陳。該部知道。"

十九日壬寅，大學士葉向高、方從哲謹題："竊見今日大僚缺乏，朝寧空虛，中外人心無不盼望。臣等目擊耳聞，中心皇皇，幾廢寢食。乃吏部前後會推諸疏，俱在御前，皇上但留神一覽，速賜點用，不過一舉筆之勞，而九列充盈，羣情歡暢，明良合而庶績熙，太平之業何難致焉？頃吏部以尚書、侍郎請矣，都察院以左都、副、僉都御史請矣，銓衡風紀之地，誠第一緊要，不容時刻少緩。其各部寺卿貳，雖職掌不同，而機務甚夥，懸缺既久，曠廢必多。此外若各處督撫，舊推則湖廣、河南、山東三省，新推則河道及浙江、雲南二省，無一官可缺，無一處可緩，雖候代諸臣尚在地方，而謝事之身終難展布，何若盡點新推，俾令刻期受事，庶朝廷收得人之效，而地方免誤事之虞。時政最大最急，無過於此。至於科道候補諸臣，多者二年，少者數月，棲遲旅邸，進退俱窮，以可用之才，置之無用之地，失祖宗養士之意，隳賢才報國之心，政體人情兩屬不便，此又臣等之所甚惜也。謹齋沐竭誠懇請，伏望皇上將近日推補諸疏，立賜檢發。臣等不勝激切顒望之至。"

是日，大學士葉向高、方從哲謹題："為懇恩照例甄錄效勞官員以示激勸事。臣等竊以為，敬事後食者，人臣靖共之心，有勞必錄者，聖主激勸之典。看得制敕兩房中書官，日逐供事内廷，辦理一應機密文書，頗稱繁重，櫛風沐雨，無間一日，委實勞苦。内直票中書典籍正字等官，效勞獨多，似又與各官不同，相應酌處。先次閣臣亦曾於萬曆二十等年，酌以三年一敘，題奉聖旨：'是。'趙應宿等業已甄別敘錄訖，自後陸續陞補，似無定制，合再申明舊例，量為甄錄，以示激勸。内管典籍事禮部儀制司員外郎兼翰林院侍書范可愨，係一閣首領，管理文武誥敕，承行一應大小事務，兼之講筵效勞日久，直票年深，先曾擬陞本司郎中，加四品服，因未奉旨，又復踰時。今擬對品改尚寶司少卿，加四品服俸。其工部虞衡司員外郎加俸二級鮑佐、主事兼翰林院典籍五品服俸孫胤奇、大理寺寺副鄭崇光，俱各直票多年，大理寺評事兼司經局正字羅萬英，恭寫日進講章，效有年勞，相應一體敘錄。合無將鮑佐量陞本司郎中，孫胤奇歷俸將及九年，量陞禮部祠祭司郎中，其原加俸各照舊，鄭崇光陞禮部儀制司員外郎，羅萬英陞禮部儀制司主事，内有兼官者，俱照舊？庶臣工知勸而圖報益殷矣。臣等未敢擅便，謹題請旨。"

二十二日乙巳①，大學士葉向高謹奏："為恭謝天恩事。該臣以一品三年考滿，伏蒙聖恩，賜臣銀五十兩、紵絲四表裏（内大紅織金蟒衣一表裏）、原封鈔五千貫、茶飯卓五卓、羊三隻、酒三十瓶，遣文書官王體乾齎捧到臣私寓。臣謹焚香力疾，就於卧榻前叩頭祗領訖。伏念臣疎庸最甚，知遇獨深，七載素飡，毫無報稱，當茲考滿之日，正符幽黜之章，乃天寵之優隆，方濫②誠而辭免，不謂駢蕃之錫，復出尚方，益令瘝曠之夫，祗承無地。精鏐文錦，參寶鏐以齊輝，法醞珍牢，兼瓊脂而並馥。至於蟒衣之特賚，猶③為曠世之殊恩，被此殘軀，將愈驚

① 已 "已"當作"巳"。

② 濫 《綸扉奏草》卷二四"濫"作"瀝"，是。

③ 猶 《綸扉奏草》卷二四"猶"作"尤"，是。

其魂魄，告之先世，當增耀於宗祊。即欲寫其感私，名言莫罄，終難酹乎高厚，涕淚空垂。臣不勝激切頂戴天恩之至。爲此，謹具本奏謝以聞。"奉旨："覽卿奏謝，朕知道了。卿疾已愈，且履端在邇，佇候入閣，以慰朕懷。該部知道。"

是日，大學士葉向高謹奏："爲恭承聖諭泣謝天恩再瀝血誠懇求罷免併乞收回加恩新命以免冒濫事。該文書官張文元捧出聖諭，到臣私寓：'諭元輔：卿公清正直，爲國忠慎，朕所素鑒。朝廷設官，各有職業，李朴出位狂吠，波及於卿，無①與，何尚耳高臥不出？方今國事多艱，正賴卿匡贊輔理，宜即出入閣辦事，以慰寧②望至意。故諭。欽此。'臣恭設香案於庭，力疾下牀，叩頭恭誦。惶愧欲絕，不意微臣一言，煩皇上之留念一至此也。臣因病求去，在李朴未上疏之先，朴之初疏亦未嘗攻臣，以科臣引票擬責臣，故臣直陳其事，與臣求去之本情毫無幹涉。臣之罪戾掛人口者甚多，而皆不敢言，何獨芥蒂乎朴乎？雖甚褊心，不至於此。惟臣病患已深，僵臥日久，旬日之內下血不休，肌肉枯消，精神昏憒，積成怔忡之症，徹夜不寐。延醫魯國卿寺調治，皆謂非謝事靜養，痊可難期。臣家人僕妾輩見臣狼狽，輒相怨尤，曰：'頻年不去，只爲閣中無人。今有人矣，何爲不去？是將卒死於長安乎？'臣告以聖恩深重，聖恩勤倦，未敢遽然徑去，尚須苦請，仰冀矜憐，儻得一旨以行，庶全大義。因相對痛哭，悲不自勝，舉家朝夕焚香，願乞靈皇天后土，早回聖心，幸而放臣。昨臣子遠來迎家，聞臣病苦，遂至京師視臣，亦力促臣歸。且言祖父墳墓，因前歲大水傾圮，未能修葺。臣南北仕官，不上先人之丘壟者十餘年矣，興言及此，愈加酸楚。皇上爲臣思此情形，能留乎？不能留乎？今國事多艱，誠如聖諭。然在皇上勵精振作，自無難處。即如福藩之國事，最爲危疑，乃發損之期既蒙欽定，啟行之期亦蒙發擬，莊田又蒙減省，中外自當奉行。十餘年來不結之局，一旦斷自聖心，易於反掌。推此而行，何事之不可爲？而亦何待於臣之匡贊也？臣垂死殘軀，不勝首丘之念，伏望聖慈俯容休致，以終餘年。不然，亦乞予臣一假，使臣歸省墳墓，將皇上日來賜

① 無 《綸扉奏草》卷二四"無"上有"且日每票擬章疏，皆朕親裁發留，屢旨明白，於卿"十九字。

② 寧 "寧"當作"佇"。

① 下 《綸扉奏草》卷二四"下"作"百",是。

② 候 《綸扉奏章》卷二四"候"作"俟"。

金爲修葺之費,告諸地下,爲下①世寵光。萬一國家有事,但以片紙召臣,即當奔走前來,歸命君父,惟所馳驅,不敢負也。其新加考滿恩命,已屢煩温旨,不宜瀆辭,但臣反之於心,終是不安,併望收回,毋使去國之臣,更增冒寵之罪,臣幸大矣。臣不勝感激籲祈之至。"二十八日,奉旨:"覽卿奏謝,知道了。卿疾已愈,日望即出,爲朕分猷,何乃復有此奏?卿欲給假省墓,固出孝思,然較之國事孰重?爲親捨朕,卿心何安?尚其勉留,成我君臣相得之美。履端在邇,着鴻臚寺堂上官往諭朕意。佇候②入閣,以慰朕懷。其考滿加恩,已有屢旨,宜即祗受,毋得再辭。該部知道。"

二十五日戊申,大學士葉向高、方從哲謹題:"恭照福王之國日期,臣等已擬定於三月二十四日,於時極利,於事極妥,皇上但一傳宣,便足完此大典,人心無不歡忭,聖慮亦省煩勞,目前要務,莫急於此。今靜俟數日,未蒙檢發,臣恐外廷盼望既久,猜疑復生,一、二日又將會各衙門,詣闕懇請,致使朝廷不得安寧,聖心不得清靜,臣等之罪其何所逃?兹元旦在邇,爲時無幾,伏望皇上少留睿思,將欽天監日期一疏即刻發下,則羣情胥悦,盛典有光,所關於國體人心者不小。臣等不勝激切翹望之至。"

是日,大學士葉向高、方從哲謹題:"臣等連日接得薊遼總督薛三才、順天巡撫吳崇禮請餉之疏,大率言薊密永昌四鎮,官軍缺糧已崇五月,衣食不給,饑寒迫身,非聚而脱巾,則散而爲盜已耳。其需餉之急,勢若燃眉,臣等見之,私心不勝凜凜。竊思薊昌重地,密邇陵京,捍外衛内,全資軍士。而使啼饑號寒之衆,任披堅執鋭之勞,脱有不虞,關係非小。昨巡關御史李徵儀復投揭於臣,謂督臣遺書,言軍士有飛矢署中者,蓋因殘歲已迫,京運無期,人情洶洶,亂形已見,户部軍餉恐一時不能措處,欲預借明歲馬價,通融接濟,以消目前之變。此其勢甚迫,而其心良苦矣。皇上誠念肘腋之地,不可不安,窮苦之軍,不可不恤,將督撫及關臣之疏立賜檢發,敕下户、兵二部作速議處，或額餉，或馬價，尅期解發，以救垂死之命，而消其走險之心，庶軍心亂而復定，重鎮危而復安，封疆幸甚，社稷幸甚。臣等不勝迫切仰望之至。"

　　二十六日巳①酉，大學士葉向高、方從哲謹題："竊聞外間流傳，謂聖母微有不安，皇上孝誠篤至，日夜宮中祈禱，極其焦勞。臣等忝備股肱，義關休戚，不勝懸念。但以未奉傳示，不敢具揭問安，而於情又不能已。竊惟聖母厚德配地，洪福齊天，宗社神靈必所默佑，我皇上純孝之衷，蒼穹鑒格，聖母旦夕必有勿藥之喜。惟願倍加調攝，以迓天休。皇上亦宜慎重聖躬，勿過煩勞，以慰聖母慈念。臣等不勝懇切瞻望之至。"

　　二十七日庚戌，大學士葉向高、方從哲謹題："該文書官王體乾捧聖諭到閣：'朕覽卿等問慰，具見忠誠至意。旬日前，聖母聖體違和，朕每日夜恭侍藥餌，尚未大安，朕心驚惶，復以虔禱穹蒼，願以身代，少盡孝誠，豈敢言勞？今賴皇天默佑，宗社神靈，全愈康寧，朕心稍安。卿等所奏，朕知道了。特諭。欽此。'臣等不勝鼓舞欣忭。恭惟聖母躬堯舜之資，備姙姒之德，天心默佑，聖體康寧，暫爾違和，旋已全愈，此實宗社之福，中外臣民之慶也。皇上孝思純蔫②，超越古今，侍藥問安，無間日夜，且驚惶虔禱，願以身代，此尤因心之至愛，報本之極思，即虞舜周文何以尚此？在皇上雖不自覺其勞，而天地祖宗固已鑒其精誠於冥漠之中矣。從此百靈效順，萬壽延庥，和氣洽於宮闈，歡聲勝於海宇，孰非皇上純孝至德有以感召之也？臣等祝頌無已，揄揚莫罄，乃區區犬馬之忱，更願聖母益加珍攝，以保天和，皇上益省焦勞，以膺新祉，下情曷任激切仰望之至？所有聖諭，尊藏內閣。謹具奏賀以聞。"

　　是日，大學士葉向高、方從哲謹題："爲印信事。照得南京翰林院掌院事翰林院侍讀學士陳懿典，奉旨在籍調理，遺下前項印信，缺官掌管。臣等推得國子監司業孟時芳，資序相應，堪補前缺。伏乞敕下吏部，將本官量陞右春坊右諭德，掌南京

①巳 "巳"當作"己"。

②蔫 "蔫"當作"篤"。

翰林院印信。臣等未敢擅便，謹題請旨。"三十日，奉旨："是。吏部知道。"

二十八日辛亥，大學士葉向高謹奏："爲恭謝宣諭事。該臣因宣諭回奏，懇乞退休，今日該鴻臚寺堂上官傳出聖諭，到臣私寓：'覽卿奏謝，知道了。卿疾已愈，日望即出，爲朕分猷，何乃復有此奏？卿欲給假省墓，固出孝思，然較之國事孰重？爲親捨朕，卿心何安？尚其勉留，成我君臣相得之美。履端在邇，着鴻臚寺堂上官往諭朕意，立俟入閣，以慰朕懷。其考滿加恩，已有屢旨，宜即祗受，毋得再辭。該部知道。欽此。'臣扶掖下牀，叩頭恭聽，其感激恩私，真是有淚可揮，無言能寫，私衷結塞，莫可措辭，臣之遭遇，信千載之一時，亦千載人臣之難①處也。臣病實未愈，而皇上以爲愈，臣不勝惶懼。至於給假省墓，乃臣因病思親，有此迫切之私情，豈敢以此誤國之②大事哉？皇上既視此事甚重，則臣望將吉期早下，以使各衙門便於承行，此爲最切、最要，臣之所伏枕而籲祈者惟在此也。臣倉皇回奏，未悉下衷，容臣另行奏聞。臣不勝感謝天恩之至。"三十日，奉旨："覽卿奏謝，知道了。節屆在即，卿堅臥不出，禮乎？否乎？還遵旨速出，入閣辦事。之國吉期，已有旨了。該部知道。"

三十日癸丑，大學士葉向高謹奏："爲天恩隆重暫時勉出以遵君命以完大典事。臣抱病乞歸，情事迫切，揆之事勢，已萬無復出之理。乃蒙聖恩眷念，屢次慰留，又屢以福藩之國爲言。昨吉期已下，人情歡欣鼓舞，非但頌皇上之聖明，亦頌皇貴妃與福王之賢德，真國家盛事，臣何幸而躬逢之？又頃聞聖母違和，皇上焦勞祈禱，臣不勝憂念。兹奉聖諭，知聖孝格天，聖母已大安康，臣雖委頓牀褥，亦有起色。展轉思惟，若不勉強一出，仰慰聖心，殊非臣子分義，在臣心誠有所不安也。履端之日，臣當勉出行禮。閣中之事，有臣從哲在，臣若稍能自力，亦當間往追陪。俟送福王啟行後，伏望皇上俯鑒愚衷，矜憐病

① 難 《綸扉奏草》卷二四"難"上有"最"字。
② 國之 《綸扉奏草》卷二四"國之"作"之國"，是。

苦，或退休，或給假，予臣一旨，放臣歸去。臣於此時亦萬不能再留，若再不放臣，使臣冒罪而行，則臣庶乎其有辭矣。至於目前朝政，如補大僚，起遺逸，下聽補科道，點用各省巡撫，此皆至緊至急、不容少緩之事，統望聖明留神檢發。臣不勝感戴激切之至。"本日，奉旨："覽奏，知卿於元旦入閣視事，具見忠敬之誠，致身體國之誼，朕心甚悅。所請補大僚諸事，委屬緊要，統候新春檢發。卿宜益殫宏猷，贊襄丕理，副朕眷倚至意。"

萬曆
四十二年

四①十二年正月一日甲寅，朔。

二日乙卯，大學士葉向高謹奏："爲恩命過隆屢辭未允謹瀝懇誠辭蔭辭宴以少安愚心事。該臣以考滿蒙恩，一切陞蔭宴賚率皆異數，臣內自循省，委無尺寸功勞可以堪此，瀝誠控辭，四奉溫綸，令臣祇受。臣再欲辭之，則嫌於瀆冒，然當之則此方寸之內，終不自安。再三籌度，惟是加官、賜誥，藉寵靈以光先②，臣當強顏拜承，赴鴻臚寺報名廷謝。至於尚寶司丞，乃清華之秩，列於小九卿，臣子何功何能，而可冒此？臣前此考滿，已蒙聖恩，有中書舍人之蔭，又前此爲南京吏部侍郎，有入監讀書之蔭，臣一人之身已得兩蔭，其爲叨濫，不獨於躬，而且於子，若③有增益，將恐頂戴不勝，反非家門之福，此臣之仰懇聖慈，俯容辭免者也。又閣臣賜宴禮部，原係隆典，以答殊勞。臣七載之間，罪愆山積，若使靦顏而登宗伯之堂，哆口而飫大官之饌，毋論於心有愧，即道路之人，寧不羣指而竊笑之哉？此又臣之仰懇聖慈，俯容辭免者也。臣沐恩至厚，拜受已多，惟此二項，容臣辭免，其於冒濫之愆亦可少減一、二，此實臣區區之懇誠，非敢飾讓，以瀆君父也。伏望聖慈俯垂鑒允。臣不勝感戴籲祈之至。"初六日，奉旨："考績加恩，係從來舊典。如卿勞瘁，尤所宜亟。前捷敘懇辭，尚稽懋賞，今復執謙固遜，使朕優禮元臣之意鬱而未伸，亦卿心所不安也。其勉受之，毋負朕命。該部知道。"

七日庚申，大學士葉向高、方從哲謹題："該日講官翁正春，以母老病危，亟欲給假歸省，且家口已發先行，祇留一身候命，此等情景委可矜憐。昨歲底計出無聊，伏闕跪請，皇上業已鑒其懇誠，將原疏發票，今復旬日未見允行。聞正春勢迫計窮，且欲徑去，臣等不得不代爲祈請。伏望聖明立賜裁斷。至於日講賞④員，久缺未補，臣等所推孫慎行、何宗彥、孫如游三臣，資序才品委屬相應，更望即賜檢發，俾令入直供事，庶講章之撰擬有人，而於聖學亦有補矣。"

①四 "四"上當有"萬曆"二字。

②先 《綸扉奏草》卷二四"先"下有"世"字。

③若 《綸扉奏草》卷二四"若"下有"復"字。

④賞 "賞"當作"官"。

①生 "生"當作"主"。
②秋 "秋"當作"狄"。
③官 《明神宗實錄》卷五一六"官"作"宫",是。
④土 "土"當作"上"。
⑤有 "有"似當作"哲"。
⑥膽 "膽"當作"瞻"。
⑦銅 "銅"當作"錮"。
⑧拣 "拣"當作"棟"。
⑨擇 《明神宗實錄》卷五一六"擇"作"繹"。
⑩中 "中"當作"巾"。

　　是日，大學士方從哲謹奏："爲歲序更新人心望治甚切敬陳目前緊要諸務乞賜允行以光聖化事。臣聞極治之世，人生①勵精於上，羣臣效忠於下，朝無闕政，野無遺賢，官無缺人，人無曠職，閭閻殷富，府庫充盈，水旱不能爲之災，夷秋②無以伺其釁，朝端寧謐，海宇晏然，豈非太平之盛際，三五之遐軌哉？觀之今日，果何如也？自皇上靜攝以來，堂陛不交，官③府睽隔，九閽萬里，獨恃章疏一綫可以相通，而強半留中，發行無幾，精神不貫，幾務日壅，舉國家大政事、大典禮，日廢弛敗壞而不可收拾，因循怠玩，恬然苟安，主權散而不尊，臣職隳而不舉，悠悠泄泄，長此安窮？此時政之大蠹，皇土④與小大臣工所當亟爲改圖者也。東宮睿齡日茂，輟講有年，雖英哲之資無需章句，而古今得失之故，興衰理亂之原，非綜覽何以周知？非講求何以洞晰？寸陰可惜，聖有⑤格言涵養薰陶所賴，賢士大夫之功不少，奈何以主器之重而屑越視之也？天生賢才，原爲世用，皇上御極之初，何嘗不旁求俊乂，布在周行？老成充九列之班，臺諫極一時之選，昌言日進，衆正登庸，何其盛也？今大僚乏人，十缺六、七，部院卿寺稀若晨星，景象蕭條，人情消沮。至於科道諸臣候補經年，毫無職守，進退維谷，壯志盡灰，其於皇上作養之初心，亦甚拂矣。山林遺逸，代亦有之，然其猷略足以匡時，品望可以範俗，名世事業，每得之躬耕誦讀之中。今廢棄諸賢，如鄒元標、趙南星輩，不可指數，朝野之人企其柄用，如膽⑥山門而望雲霓，而推轂徒勤，賜環無日，致今壯者老，老者歿，銅⑦英才於巖穴，委梁拣⑧於泥塗，深可惜也。項歲水旱爲災，處處見告，小民終歲勤動，不能餬口，加以爲關權稅，所在擇⑨騷，財已盡而額外之徵不休，肉已剜而眼前之瘡莫救，饑寒困苦，囂然喪其樂生之心，壯者散之四方，老弱轉於溝壑，民窮若此，望其輸常賦、急上供，安可得乎？故今帑藏空虛，公私告詘，太倉若於懸罄，而邊餉急若燃眉，計臣蒿目焦思，束手無策，脫中⑩之形已見，斬關之變將成，國計邊情，一時交困，岌岌之勢，有識寒心，醜虜聞之，得無輕中國而長其桀驁之性乎？當此之時，即使皇上宵旰而憂，羣臣協恭而濟，急圖整頓，共效勛勤，循恐久玩之心未易震肅，積襄之世未易挽回，百度未易修明，庶事教未易振舉，國家之元氣未能遽復，皇王之上理未可遽臻也。而上下之間，方且安於處堂之燕，泛若不繫之舟，完故事於目前，置時艱於度外，事事苟且，人人玩揭①，究使典事日廢，官守日隳，朝寧日空，民生日蹙，國儲竭而本根撥，邊備弛而釁孽開，天下事尚可爲哉？夫制治未亂，保邦未危，此聖明之早計也。若將亂而圖治，亂猶可弭，拊危而圖安，危猶可扶。圖之今其時矣。臣願皇上乘此泰運方新，嘉與海内更始，蚤聞②儲講，盡點大僚，允督撫之推，下科道之命，凡懷才袌③德之士、伏居草莽與淹滯下僚者，次第起用，以紓久鬱之氣，闢彙徵之途。而又軫恤矣④民，撤回稅使，速發軍餉，立釋纍家⑤，將一舉筆而庶績咸熙，一動念而普天被澤，振起頽風，登閎上理，何難致焉？頃皇上之答元輔云：補大僚諸事，委屬緊要，統俟新春檢發。大哉皇言，中外鼓舞歡欣，延頸以待。經今數日，而一政未行，一官未點，綸音雖布，德意尚壅，是皇上詔旨先不信於輔臣，而又何取信於天下也？臣受恩深重，圖報莫由，輒舉切要數事，以助乾斷，而慰輿情，雖爲諸臣所嘗言，而實當今之急務。儻蒙皇上俯賜採納，悉見施行，登三咸五之業，端不出此。臣從哲曷勝……"

八日辛酉，大學士葉向高、方從哲謹題："該都察院題差各御史俱未蒙發下，妨誤甚多。如巡漕一差，舊例皆以十月具題，以時已到地方管事，前此因差遣愆期，無人督率，以致糧運遲留，船多守凍，漕事大壞，幸此兩年命下稍早，巡漕官極力振刷，糧船皆如期到京，回空甚速，軍民兩便。今巡漕官尚未奉旨，何日得以受事？竊恐今歲糧運又得復耽延，此其關係利害甚不小也。又薊鎮軍士方在鼓譟，巡關御史久已差滿，無人彈壓。河南巡按官已去，巡撫亦奉旨回籍，杜門謝事。福藩之國在即，百務倥傯，何人料理？此皆至緊至急，不容以緩。伏望皇上速行檢發，早一日則有一日之便。其他如各省巡按差滿另

①揭 "揭"當作"愒"。

②聞 《明神宗實錄》卷五一六"聞"作"開"，是。

③袌 "袌"當作"抱"。

④矣 《明神宗實錄》卷五一六"矣"作"災"，是。

⑤家 《明神宗實錄》卷五一六"家"作"宗"，是。

題者，亦當併行點發，以便交代，非但地方得人，事無妨廢，即諸臣各有責任，各營職業，免其聚集京師，日生議論，亦省事之一端也。臣等不勝……"

九日壬戌，大學士葉向高謹奏："爲恭謝天恩懇辭賜宴事。該臣以考滿蒙恩，屢疏懇辭，屢奉溫綸，今臣祇受，聖意勤惓一至於此，臣不敢再行陳瀆，已於今早廷謝。天恩隆重，臣自度今生不能報稱，惟有矢之世世而已。至於賜宴禮部，臣歷稽從前諸臣，多係九年考滿，方蒙此典，亦多力辭不赴。臣何人斯，而敢當此？此不得不求皇上之曲體者也。臣叨濫已極，千愧萬愧，所有賜宴，伏望聖慈容臣辭免，庶省一事，亦減一事之罪矣。臣不勝戴①悚息之至。"十八日，奉旨："覽卿奏謝，朕知道了。賜宴亦係舊規，卿既再四懇辭，難以給②强，特允辭免，成卿勞謙之美。該部知道。"

十日癸亥，大學士葉向高、方從哲謹題："臣等前聞聖母偶爾違和，具揭問安，蒙皇上傳諭，聖母隨已大安，臣等不勝欣嘉。乃近一、二日間，又聞聖母尚有痰火未除，皇上焦勞愈甚，祈禱愈虔，臣等又不勝憂念。竊惟皇上一身，乃宗社臣民之主，大③地鬼神所共鑒佑，今欲以身而代聖母，似此孝誠，從占④帝王所未嘗有，天地鬼神無不感動之理，當佑聖母，兼祐⑤聖躬，何必言代？惟是臣等犬馬之生，無益於世，苟可捐之爲聖母壽，固所願也。更有區區愚衷，欲爲聖孝助者，敢冒昧陳之。臣等曾觀傳記諸書，庶民有一事之善，往往能以陰功延年益算，況以天子之尊，四海蒼生之所待命，一善政行即澤及無方，其於感動尤爲捷速。向年聖躬違和，曾發德音，行罷稅、釋逮、起廢諸事，不旋踵而有勿藥之喜，雖其後竟復阻格，而一時仁心仁聞之所感乎，其效已如此矣。近來聖政日新，鴻恩廣被，中外人情無不歡躍，其所鬱而未暢者，不過如稅使未撤，大僚未補，遺逸未用，饑荒之民未蒙脈⑥濟，邊軍缺餉未有處置等事，此在聖心轉移甚易，而海內望之不得，未免咨嗟怨嘆，浸瀝日

① 戴 "戴"上當有"感"字。
② 給 《綸扉奏草》卷二四"給"作"終"。
③ 大 《綸扉奏草》卷二五"大"作"天"，是。
④ 占 "占"當作"古"。
⑤ 祐 《綸扉奏草》卷二五"祐"作"佑"。
⑥ 脈 "脈"當作"賑"。

久，亦足以干天和而損聖德。臣等願皇上於此數事，幡然舉行。大僚自尚書、侍郎之至巡撫，盡賜點用，已點者即賜檢發。廢棄諸臣光擇其尤者起用十餘人，以示收錄之意，毋令終錮。聖母①各處災傷，查前歲賑恤故事，亟賜施行。即稅使未欲遽停，亦且盡捐一、二年以濟邊，救此燃眉之急，其極重極困如廣東者，量減其額，以甦此一方民。將見德音一布，頃刻之間歡聲動地，百萬生靈盡稽首籲天，以助皇上之孝誠，聖母聞之亦必倍加悅豫，於萬斯年長亨②尊養之隆，而皇上之令名壽考，亦與天而無極矣。臣等愚見如此，實出於愛之一念，非有他意。伏望聖慈俯賜採釋③，仍望皇上慎重起居，勿過焦勞，以慰聖母慈念。臣等不勝……"

十三日丙寅，大學士葉向高、方從哲謹題："照得日講官翁正春已奉旨給假去訖，講章無人辦理，係國家大典，不可久曠。臣等推得禮部右侍郎孫慎行、詹事府詹事何宗彥、右春坊右庶子孫如游，應俱堪補用。其孫如游資俸已深，合無量陞詹事府少詹事，兼翰林院侍讀學士，與孫慎行等各令辦理前項職事？伏乞敕下吏部，遵照施行。臣等未敢擅便，謹題請旨。"

十四日丁卯，大學士葉向高、方從哲謹題："為懇恩照例甄錄效勞官員以示激勸事。臣等看得制誥兩房中書官，日遂供事內廷，辦理一應機密文書，委實勞苦，內直票等官效勞尤多，相應酌處。先次閣臣曾於萬曆二十等年，酌以三年一敘，題奉欽依，甄別敘錄記，今又經多年，合再量為甄錄，以示激勸。內管典籍事禮部儀制司員外郎兼翰林院侍書范可愨，係一閣首領，效勞日久，直票年深，今擬對品改陞尚寶司少卿，加四品服俸。其工部虞衡司員外郎加俸二級鮑佐、主事兼翰林院典籍加五品服俸孫胤奇、大理寺寺副鄭崇光，俱各直票多年。大理寺評事兼司經局正字羅萬英供寫日進講章，效有年勞。相應一體敘錄。合無將鮑佐量陞本司郎中，仍加俸二級，孫胤奇歷俸將及九年，量陞禮部祠祭司郎中，仍加俸一級，鄭崇光陞禮部

① 母 《綸扉奏草》卷二五"母"作"世"，是。

② 亨 "亨"當作"享"。

③ 釋 "釋"當作"擇"。

儀制司員外郎，羅萬英陞禮部儀制司主事，內有兼官者，俱照舊？伏乞敕下吏部，查照施行。臣等未敢擅便，謹題請旨。"十八日，奉旨："是。吏部知道。"

十①日戊辰，大學士葉向高、方從哲謹題："蒙發擬工部一本，內傳：'這所奏陸路，不必搭蓋棚殿，以費財力。還由水路，通州乘舟以進黃河，徑行，不許遶灣至洛河，併鞏、偃二縣，如遇窄淺，即行加夫挑濬，不進②延遲違誤。'臣等當即遵依擬進。但細閱撫臣原奏與該部所覆，尚未明白內傳所云，亦與道路曲折尚有未合。若依此擬旨，外間奉行不便，又須再請。臣等不得不直陳之。蓋自京師至洛陽，登舟以行，總由通州達於山東之臨清，自臨清由漕河徑南至於徐州，轉入黃河，以達洛陽，此撫臣、部臣所擬頭二運徑③行之路也。又自臨清轉西入衛河，以達衛輝，至合河口，陸行三百餘里，以達洛陽，此撫臣、部臣所擬王經行之路也。在頭二運路，則由黃河而無陸路，然河流稍險，非王所宜行。在王行路，則不由黃河而有三里④餘里之陸路，雖稍煩費而可萬全無慮，此諸臣所以愛王之心也。今內傳謂由通州乘舟以進黃河，則是王之行亦由黃河矣，此於地方誠省誠便，然而非所以安王，臣等之所不敢任也。臣等廣詢博訪，其頭二運當由徐州以進黃河無疑，至於王行，竟當由衛輝方為穩便。惟是⑤衛輝至合河口，尚有一百五十里之水路，須大加挑濬，撫臣欲即從衛輝登陸，以省此批⑥濬之勞。臣等以為既有河可通，即挑濬亦便。若過合河口則無河可通，新新⑦鑿一河一二百里，引沁河之水以達衛河，其功力百倍於陸路。臣等昨接撫臣揭帖，謂此河必不可開，必不能開，若強開之，則其水將衝潏衛輝，而潞王封國且受其患矣。今日經由道路，其大概如此。臣等未敢輕擬，伏望皇上再行參酌傳示，使臣等可以擬進，務使王之行有泰山之安，而又使地方便於奉行。臣等非敢有一毫之固執也。"

十九日壬申，大學士葉向高、方從哲謹題："前發擬工部一

① 十 "十"下當有"五"字。

② 進 《綸扉奏草》卷二五"進"作"許"，是。

③ 徑 《綸扉奏草》卷二五"徑"作"經"，是。

④ 里 "里"當作"百"。

⑤ 是 《綸扉奏草》卷二五"是"作"自"。

⑥ 批 "批"當作"挑"。

⑦ 新新 《綸扉奏草》卷二五"新新"作"須新"，是。

本，福藩之國經由道路，臣等已具揭請皇上再行參酌傳示，使臣得以擬進。今經數日，未蒙發下。竊度聖意必有遲疑，欲詳審停妥，而後發耳。以臣①愚見，參之輿論，沁河必不可開，黃河必非王舟所當由，則惟有頭二運由黃河而行，王由衛河至衛輝登陸，實爲兩便，此外更無策耳。如恐三運與王同行，隨從箱擔繁多，登陸不便，則當俟臨時斟酌。或將三運行李再減一半，亦由黃河，其親隨人等及緊要箱擔，仍從王由衛揮②陸行，則在王既爲穩便，而於地方亦省頗③費，足以昭皇上節愛之心與王之儉德也。臣等謹擬一旨，恭請聖裁。今時日已迫，去發擔之期祇有旬日，伏望聖明即賜批發，使沿途地方得以上緊豫備，毋致遲誤，其於大典亦有光矣。"

是日，大學士葉向高、方從哲謹題："照得日講官翁正春已奉旨給假去訖，講章無人辦理，此係國家大典，不可久曠。臣等推得禮部右侍郎孫慎行、詹事府詹事何宗彥、右春坊右庶子孫如游，俱堪補用。其孫如游資俸已深，合無量陞詹事府少詹事，兼翰林院侍讀學士，與孫慎行等各令辦理前項職事？伏乞敕下吏部，遵照施行。臣等未敢擅便，謹題請旨。"

二十一日甲戌，大學士葉向高、方從哲謹題："該文書官王體乾捧出聖諭到閣：'諭內閣：朕覽卿等復慰，悉見忠愛悃誠。前聖母自去冬因暴寒，偶痰火交侵，調攝安愈，茲旬日以來，聖體虛煩，前恙復作，膳羞漸減，聖躬軟弱，朕心驚揚④，憂懼不勝，痛切五內，日夜祈懇皇天俯從朕願，已身應代，然⑤佑慈躬，增益壽齡，早賜安泰，永保天和，是朕本欲。覽卿等所奏諸事，朕知道了。特諭。欽此。'臣等自聖母違和，不勝憂慮，但思皇上至孝格天，必當勿藥。今奉聖諭，謂前恙復作，膳脁漸咸⑥，聖心驚惕，憂懼不勝，願以身代。臣等聞此，亦驚惶無措，恨不得捐微軀以助皇上之孝誠也。天鑒聖衷，保佑聖母，漸次調理，可望萬安。皇上一身，乃宗社生靈所係，萬祈少抑憂念，勿過焦勞，以安聖母之心。至於臣等所請諸事，皆目前緊要，勢不容緩，更望皇上采釋⑦施行，是亦臣等區區

① 臣 《綸扉奏草》卷二五"臣"下有"等"字，是。

② 揮 "揮"當作"輝"。

③ 頗 《綸扉奏草》卷二五"頗"作"煩"，是。

④ 揚 《綸扉奏草》卷二五，"揚"作"惕"，是。

⑤ 然 《綸扉奏草》卷二五"然"作"默"，是。

⑥ 膳脁漸咸 《綸扉奏草》卷二五"膳脁漸咸"作"膳饈漸減"，是。

⑦ 釋 "釋"當作"擇"。

效忠之一念也。謹具回奏以聞。"

二十二日乙亥，大學士葉向高、方從哲謹題："頃者蜜永二鎮官軍，因欠月糧，聚衆鼓譟，該路將借銀補給，方行解散，羣情反側，亂形已萌，脫申①之勢漸不可長。其他若九邊各鎮，三、四年間共欠餉銀六百六十餘萬，而大同一鎮且欠至一百餘萬，其勢皆至爲困急。伏蒙皇上軫念邊陲，敕下户部，會同九卿議議②。顧中外匱竭，處置甚難，諸臣方委曲籌盡③，一時未敢遽以上聞。而兵部鑒於密永之事，欲救燃眉之急，連疏懇請，臚列利害，大較謂枵腹之軍，待哺日久，彼見鼓譟者既以要挾而借給，而守法者反以靜聽而不予，事體不均，且生他變，於此時而後東那西借，以應其求，既失軍心，又傷國體。臣等讀之，不勝寒心。疏中所④借各衙門銀兩，已是權宜不得已之計，乃又留中旬日，未蒙允發，人情惶惶，莫知所措，事關封疆豈容漫視？伏望皇上留神，將此疏即賜檢發，少少安九邊將士之心。其近日科道各官條議邊餉諸疏中，多⑤可採，亦乞盡下該部，以備會議參酌上請，其於邊計良非小補矣。今聖母違和，聖心焦勞祈禱，臣等仰體孝思，何收⑥輕有煩聒？第念此事乃軍國重務，安危所關，至緊至急，不容旦夕遲緩，故不得不言，不敢不言，統惟聖慈炤察。臣等不勝……"

二十三日丙子，大學士葉向高謹奏："爲改廕事。臣頃以考滿，伏蒙聖恩廕一子與做尚寶司司丞，屢辭未允，隨該吏部咨取。臣先年爲南京吏部侍郎，蒙册立覃恩，廕臣子成學入監讀書，已經坐監歷事俱完，今又有司丞之廕。臣查先年大學士許國，先廕子許立功入監讀書，後以邊功，廕一子中書舍人，隨將立功改授中書舍人，原廕另補。其他如此例者尚多。今臣子成學事體相同，伏乞聖恩准改授尚寶司司丞，遺下前廕，及臣前次考滿廕子中書舍人，俱挨日後另行承補。臣父子感戴天恩，永世無極矣。臣不勝……"二十八日，奉旨："卿子葉成學准改廕尚寶司司丞，前廕俱俟另補。吏部知道。"

---

①申 "申"當作"巾"。

②議 此"議"字當誤。疑當爲"覆"字或"處"字。

③盡 "盡"當作"畫"。

④所 "所"下似當有"請"字。

⑤多 "多"下疑脫"有"字。

⑥收 "收"當作"敢"。

二十五日戊寅，大學士葉向高、方從哲謹題："臣等竊念福王之國日期已迫，頭運去今祇有數日，地方須預備答應，即人夫亦動輒數千，豈倉卒可集？乃工部所題經由河路本已經擬上，未蒙允發，甚爲不便。臣等不得不行催請。其宮眷行李由黃河，王由衛輝，似俱停妥，不必遲疑。伏望聖明即賜檢發，以便遵行。又護送大臣，亦當早定，使得整頓以俟。前兵部疏請用侍郎魏養蒙，而以黃嘉善代理戎政，蓋因近時薊永各鎮，軍士鼓譟尚未寧息，且切近京師，須宜豫防，戎政之任必不可缺，故臣等據其疏擬上，伏望聖明併賜允發，或將魏養蒙先允護送，其黃嘉善另行點用。統在聖裁，臣等不勝……"

二十七日庚辰，大學士葉向高、方從哲謹題："適蒙發下通政使司經歷呂禎①等本，謂本司缺官，印信無人管理，欲祈皇上將近日推舉通政使參議等官盡賜簡用。臣等竊惟，通政居喉舌之任，職出納之司，中外一切本章俱由封進，若一日無人掌管②，則章疏一日不通，儻有重大緊急之事，誰與奏聞？血脉壅淤，政務停閣，所關不小。伏望皇上念本司不可一日缺人，本司之事又非一二人可理，將近日會推通政使林梓、丘度，即點一員，部推參議章嘉楨、周曰庠並賜點用，俾令到任管事，庶封駁有人，而朝政不誤矣。臣等謹擬二票呈覽，伏祈聖斷，立賜批發。臣等不勝……"

二十八日辛已③，大學士葉向高、方從哲謹題："爲纂修玉牒事。照得今次玉牒，宗支綿衍，册籍浩繁，見在官員不彀供事。查有新授制敕房辦事試中書舍人王瀎初、公鼐，俱堪委校對。又謄錄缺人，查得原在誥敕房貼寫監生王頻、秦之垣各起復到館年久，俱堪補書寫玉牒，恭候命下，令各欽遵供事。臣等未敢擅便，謹題請旨。"

① 禎 《綸扉奏草》卷二五"禎"當作"楨"。
② 管 《綸扉奏草》卷二五"管"作"印"。
③ 已 "已"當作"巳"。

萬曆起居注

①二 "二"上當有"萬曆四十二年"六字。

②乏 《綸扉奏草》卷二五"乏"下有"之"字，是。

③照 《綸扉奏草》卷二五"照"作"昭"，是。

二①月一日癸未，朔，大學士葉向高、方從哲謹題："自日前奉聖諭，知聖母尚未全安，皇上益勤祈禱，臣等不勝憂念。然不敢頻煩瀆問，仰勞聖心。連日外間傳聞，聖母聖體近已稍安，臣等雖未審虛實何如，然以愚衷度之，聖母功德懋隆，齊徽姒姁，皇上孝誠篤至，感動蒼穹，萬壽無疆理所可必。惟是虛弱之後，調理更難，飲食起居皆宜慎重。伏望皇上轉奏聖母，倍加珍攝，以葆天和，以享平康之福，宗社幸甚，臣等與中外臣民幸甚。不勝……"

三日乙酉，大學士葉向高、方從哲謹題："臣等仰觀皇上天縱聖神，雖深居大內，而於緊要政務，無不留心。如頃者點用吏部尚書、協理戎政、各省巡撫，與邊餉聖諭，皆斷自宸衷，臣等無能仰贊，惟有頌服而已。獨起廢一事，竊窺聖心尚有執滯，未肯施行。臣等何敢瀆請？惟是諸臣困衡日久，窮厄可矜，且觀其才力實有可用，當此人才消乏②時，而使諸臣竟成廢棄，四海人情皆為惋惜。臣等為國股肱，薦進人才自是職分，而耿耿微誠不足動天，心甚愧之。今藩封事定，磐石基隆，聖母聖體亦當萬安，吉祥善事種種駢臻，誠於此時再沛鴻恩，將此諸臣量行錄用，以照③聖主恢弘之度，以答海內仰望之心，俾二十年來鬱結之氣得稍發舒，其光聖政而助休祥，豈淺鮮哉？至於大僚未補者尚多，更望聖明再點用數員，以充九列，共效匡贊之忠，尤臣等之至願也。臣等不勝……"

五日丁亥，大學士葉向高、方從哲謹題："竊見候補科臣劉文炳等，臺臣唐世濟等，需次長安，久者三年，近者數月，該部催請不下二、三十疏，而俞旨杳然，臣等屢次揭請，亦不能得，何敢頻有煩瀆？惟是臺省之官，各有職守，各有言責，向來假滿服闋到京，隨到隨補，以故朝無廢事，官無缺員，政體人情誠為兩便。奈何於此數人，而獨有所靳也？諸臣剔歷中外，亦既有年，必才品兼優始與茲選，乃予之於先，而復吝之於後，培養於始，而顧厭棄於終，致令待命經年，霸棲旅邸，漫無職業，虛度歲時，灰任事之心，摧敢言之氣，真可惜也。皇上抑或慮其多言，故示裁抑。臣等以爲諸臣候命既久，閱世滋深，一旦受事，必不敢蹈浮薄之習，昌激聒之嫌，皇上祇宜擇其言而用之，不必逆而防之也。臣等又見都給事中翁憲祥、周曰庠二臣，資俸最深，部推已久，而屢催屢格，遷轉無期，前路既壅，後途益塞，人情既拂，政體亦乖，是文臣等所甚惜者。伏望皇上盡檢部疏，立賜聖裁，應陞者即陞，應補者即補，俾老成嚮用，賢後彙徵，非但言路之光華，亦聖朝之盛事也。臣等一念樸忠，蓋爲國憐才，非敢爲諸臣市恩，仰惟聖明鑒察。臣等無任……"

六日戊子，大學士葉向高、方從哲謹題："竊惟東宮輟講，十年於兹，臣等與中外大小臣工請之至百千疏，未蒙俞允。其講與不講之得失，無待臣等之言，計聖心自洞然，臣等即有言亦皆贅也。臣等見皇上於百凡政務，無不練習，臣等票擬經皇上裁改，無不停妥，即今日發下福藩之國經由道路本，皇上增添數字，於事體便極明白，便極穩當。臣等不勝歎服。此雖天縱聖明，然早年勤勵講學之功，亦可概見。即此觀之，東宮之講學緩乎？急乎？可已乎？不可已乎？今天下開①事雖多，然人情所最懸望，無尊卑、貴賤、智愚、賢不肖同此一心者，惟東宮講學與福藩之國二大事。兹之國定矣，大事已完，其乘此春和景明之時，渙發綸音，命東宮講學，元良進修於青宮，賢王作藩於朱邸，聖母、皇上雍容於九重，以享萬年無疆之福，二帝三王以來孰能媲其盛美？皇上何所遲疑而故靳之乎？臣等謹擬得本月十三日、十九日二日皆吉，伏乞皇上欽定一日，令臣等遵行。所有侍班、講讀等官，容臣等另揭上請。臣等不勝……"

九日辛卯，大學士葉向高、方從哲謹題："適文書官金忠恭捧聖諭：'朕慈母慈聖宣文明肅貞壽端獻恭熹皇太后，於去年十一月內偶爾違和，痰火壅盛。朕潔虔祈禱旻②天上帝，願以身

① 開 "開"字當誤。

② 旻 《綸扉奏草》卷二五"旻"作"昊"，《明神宗實錄》卷五一七亦作"昊"。

代，如災厄未消，願將已壽進益①，慈母，偶於二月初九日午時崩逝，使朕五內寸裂。合行喪儀，卿可傳示該部，從優查例開具來看。特諭。欽此。'臣等不勝驚駭，不勝哀悼。念惟聖母誕有皇上，備極劬勞，皇上奉事慈闈，備極尊養，及至有疾，竭誠祈禱，願以身代，且欲移壽以益慈齡，固宜至孝格天②，而命數莫移，竟罹兇閔。乃又躬引愆咎，痛切毀傷，即古帝王永懷終慕之盛節，何以加此？惟是皇上一身，社稷、祖宗憑依最重，伏望節哀順變，勉抑孝思，以體聖母在天之靈，以慰四海臣民之望。臣等不勝……"

十一日癸巳③，大學士葉向高、方從哲謹題："該文書官王體乾恭捧聖諭：'諭內閣：朕聖母慈聖宣文明肅貞壽端獻恭熹皇太后，自去年十一月內違和以來，朕齋虔竭誠祈禱④，在於聖母前日每視藥侍膳。聖母諭朕，內外有罪輕的當赦的赦，天下有災傷之處，錢糧當免的免些。朕正在回奏待聖體萬安發旨擬行間，慈母偶爾崩逝，朕心哀切悼痛不已。卿等擬赦稿來看。欽此。'臣等伏讀再三，仰見皇上大孝蔑絕古今，聖母慈仁，矜全黎庶，不勝感慕，不勝嘆服。所有赦免事宜，容臣等與各衙門商議，斟酌議擬，恭請聖裁。謹先具回奏以聞。"

是日，大學士葉向高、方從哲謹題："該禮部官來言，大行皇太后遺誥，例於次日即頒，今已三日，未蒙發下，百官懸望。臣等竊念聖母彌留之時，其所叮囑皇上，心⑤是保重聖躬，留神宗社大計。臣等雖不得親聞聖母之命，而仰度聖母之心，當是如此。前倉卒擬上，辭義未融，或未愜聖心。又頃承聖諭，聖母有赦過恤災德意，亦當說明。臣等謹另擬一稿，恭請聖裁，伏望立刻批發，以慰輿情。臣等不勝……"

十二日甲午，大行慈聖宣文明肅貞壽端獻恭熹皇太后遺誥內外羣臣："予以涼德，獲侍穆宗莊皇帝於潛邸，敬共肅夜，懈⑥於衷。幸誕育今皇帝，冲齡踐祚，在宥四十餘年，天下臣民頌太平之庥者，咸歸功啟佑，予寔有榮施焉。尊養兼隆，福

① 益 《綸扉奏草》卷二五及《明神宗實錄》卷五一七"益"下均有"慈齡。不期前恙未愈，適朕罪業深重，累及"十六字，是。

② 天 《綸扉奏草》卷二五"天"下有"旋臻勿藥"四字。

③ 巳 "巳"當作"巳"。

④ 禱 《綸扉奏草》卷二五"禱"作"禱"，是。

⑤ 心 《綸扉奏草》卷二五"心"作"必"，是。

⑥ 懈 《明神宗實錄》卷五一七"懈"上有"罔"字。

履純備，常以享受太過爲懼。茲者邁疾瀕危，皇帝齋居露禱，竭盡孝誠。顧命數已定，無可奈何，予亦怡然大還，其奚怛化之有？今宗社又安，政務修舉，封婚諸天典禮皆有定期，翼子貽孫，復何顧慮？惟念皇上①大孝超絕古今，不無過於哀慟，良軫予懷。當順變節哀，靈承帝眷，親賢圖治，永保鴻基，皇太子亦宜乘時進學，無忝元良，大小臣工，相與輯睦，以事皇帝，是皆予惓惓之至念也。所有赦罪恤災等事，予已親囑皇帝，另詔施行。其一切喪儀，悉遵累朝典制。君臣皆以日易月，二十七日而除。毋廢郊、廟、百神之祀，毋禁中外臣民音樂嫁娶。宗室諸王但遣人進香，在外文武衙門並進香亦免。特茲誥諭，尚恪遵行之。"

十三日乙未，大學士葉向高、方從哲謹奏："爲恭慰事。本月初九日，恭②大行慈聖宣文明肅貞壽端獻恭熹皇太后崩逝，十二日皇上禮服具成，臣等恭詣慈寧宮門外哭臨，捫心踴足，不任悼傷。欽惟皇上，至孝性生，純衷天植，五十年色養無間晨昏，七十歲稀齡直需且③暮。胡邁滄桑之變，遽軫風木之思？固宜聖意悲摧，宸襟慘怛。顧惟帝王達孝，在志事兼承，母子至情，雖沒存罔隔，若皇上有過毀之感，將聖母有不瞑之憂。臣等喪妣哀深，愛君慮切，伏望抑情就禮，節慟加堃④，庶機務不廢於涼陰，孝思可通於冥漠。此中外臣民萬⑤祝者也，伏惟聖明炤鑒。臣等不勝……"十九日，奉旨："覽卿等奏慰祇遵遺誥，抑情節哀，具見忠愛，知道了。禮部知道。"

十五日丁酉，皇帝制諭禮部："朕惟慈恩罔極，母德彌隆，孝養既竭生前，顯稱當垂永世，此國家之令典，亦臣子之至情。惟我聖母大行慈聖宣文明肅貞壽端獻恭熹皇太后，淑慎其儀，安貞爲吉。佐先皇而御宇，陰教夙閒。協中壼以承乾，徽音懋著。葛覃備持身之節，麟振開昌後之祥。誕育朕躬，嗣大曆服。業久道而成化，亦聚順以承歡。宗社又安，慈闈康豫。乃者稀齡在望，方深愛日之誠。何期色養頓違，徒抱終天之痛？籲祈

萬曆四十二年

三〇三七

① 上 《明神宗實錄》卷五一七"上"作"帝"。

② 恭 《綸扉奏草》卷二五"恭"下有"遇"字。

③ 且 《綸扉奏草》卷二五"且"作"旦"。

④ 堃 《綸扉奏草》卷二五"堃"作"餐"，是。

⑤ 萬 《綸扉奏草》卷二五"萬"下有"口同"二字。

罔效，報答無從。呼嗚，哀哉。佩遺訓之輝煌，思坤儀之啟佑。薦加鴻號，國有彝章。是宜採論於必①公，援天而諡，布告中外，顯示無疆，以稱朕尊崇之意。禮部其即集廷臣博議以開②。欽哉，故諭。"

十六日戊戌，大學士葉向高、方從哲謹題："伏蒙聖諭，以聖母遺命赦內外輕罪，蠲免災傷錢糧，令臣等擬赦稿以進。臣等據戶部侍郎李汝華、刑部侍郎張問達、工部尚書劉元霖開送各款，隨與九卿諸臣再三酌議，開列上請。天③較多昔年恩詔中已經施行，且該④係赦罪恤災中事，不敢他及。惟刑部所開楚宗一款，須稟聖裁。臣等竊念，諸宗當日訐奏楚王戕殺巡撫，自犯不赦之罪，即重加懲創，原不為過。惟是坐以謀反，則人以為冤。且重辟六人已足正法，其餘諸宗禁錮十年，併其家屬皆被幽繫，男女雜居，天日不見，號呼痛苦之聲日夜不絕。予見⑤撫按各官及守備中官之疏，讀者皆為傷心酸鼻。所以中外諸臣連章苦請，曾經禮部、都察院着⑥議具奏，留中未發。九⑦卿諸臣又同心合辭，謂其當赦，臣等得⑧不為開列。如蒙聖慈憫念，准與釋放，將聖母在天之靈見祖宗列聖，亦自歡然。但事干宗室，當斷自宸衷，非臣等所敢壽⑨擅者也。又戶部所開河東、兩浙進鹽長蘆過路落地生熟鹽等稅，擬與豁免。工部所開陝西織造⑩綾紗，自萬曆三十四年以前拖欠，擬與豁免。當此民窮財盡、邊餉匱乏之日，欲蠲常賦，則無以給軍，不蠲則民困愈甚，事屬兩難，處置無策，諸臣皆望皇上將稅使停罷，或大加減省，臣等未敢遽言。惟此數款，慨賜允行，亦可亦⑪濟一二。俾⑫事干錢糧，亦斷自宸衷，非臣等所敢專擅者也。臣等連日與百官哭臨，人人咨嗟嘆息，謂聖母之惻怛慈仁，皇上之孝誠哀慕，皆千古所未見。至恭誦聖母遺命，無不潸然泣下。傳之四海臣民，其悲思感戴又當何如？今臣等所擬赦稿，亦就聖母所命稍稍堆⑬行一、二事，恭請聖裁。伏望聖明詳加省覽批發，於以昭不匱之思，而廣錫類之孝，其所助於聖母冥福，良不少矣。臣等不勝……"

① 必 《明神宗實錄》卷五一七無"必"字，是。
② 開 《明神宗實錄》卷五一七"開"作"聞"，是。
③ 天 《綸扉奏草》卷二五"天"作"大"，是。
④ 該 《綸扉奏草》卷二五"該"作"皆"。
⑤ 予見 《綸扉奏草》卷二五"予見"作"見於"。
⑥ 着 《綸扉奏草》卷二五"着"作"看"，是。
⑦ 九 《綸扉奏草》卷二五"九"上有"今"字。
⑧ 得 《綸扉奏草》卷二五"得"上有"不"字，是。
⑨ 壽 《綸扉奏草》卷二五"壽"作"專"，是。
⑩ 造 《綸扉奏草》卷二五"造"下有"羊絨、蘇松織造"六字。
⑪ 亦 《綸扉奏草》卷二五"亦"作"少"，是。
⑫ 俾 "俾"當作"但"。
⑬ 堆 "堆"當作"推"。

十九日辛丑，文武羣臣議上大行慈聖宣文明肅貞壽端獻恭熹皇太后尊諡，文曰："伏以聖善垂休，百世衍敬承之諸，含弘霈澤，羣生荷厚載之功，禮重易名，治隆報本，欲贊揚乎大美，當備舉乎徽稱，斯聖孝所以特隆，亦羣心於焉共戴。欽惟大行慈聖宣文明肅貞壽端獻恭熹皇太后，道涵太始，德合重坤。早贊先皇，肇撫豐亨之運，爰開大聖，允符震索之祥。當太平朝，爲天子母，方冲齡而踐祚，深籍①保綏，迨必世以成仁，弘資啟佑。得全履盛，無忘執繭之勤，養備稱尊，不輟濯龍之警。軫艱難於兆姓，寶鏹時頒，流湛瀲於八荒，慈雲徧覆。隆天乎②地，蕩蕩乎莫能名，翼子胎③孫，繩繩乎爲可繼。幸稀齡之已屆，何長樂之遽違？人懷喪妣之悲，帝切循陔之痛。恭聆遺誥，愈動深哀。鸞馭將升，尚廑思乎國典，彤宮欲閉，猶加意於民窮。言言關宗社之安危，念念在閭閻之疾苦。蓋遜稽姙姒，猶遜其徽，若近視高曹，敢方斯烈？悵音容之日遠，徵盛美之在茲。臣等祇奉明綸，博綜舊典，詠歌嗟嘆，四海雖極其尊親，擬議形容，寸衷終難於窺測。欲伸不匱之孝，敢揚大大④德之名，宜天賜之曰：孝定貞純欽仁端肅弼天祚聖皇太后。謹議。"二十日，奉旨："朕覽卿等擬上大行皇太后尊諡，依議。送翰林院官擬撰册文進覽。"

二十一日癸卯，大學士葉向高、方從哲謹奏："爲恭繹慈綸敬推德意特陳用賢恤民要務以溥皇仁事。頃蒙皇上以聖母遺命，赦中外輕罪，量免災傷錢糧，令臣等擬赦稿以上，臣等與九卿各衙門商議斟酌，已具擬上進，恭聽聖裁。惟是諸臣有款款私衷，可以愈光聖母之大德，而蓋⑤廣皇上之孝思者，臣等若隱忍不言，殊非忠愛之義，敢冒昧陳之。大⑥罪輕當赦者赦矣，然所赦者多在於庶民，聖母念及庶民，豈不念及臣下乎？向來廢棄諸臣，沽名煩聒，不爲無罪，皇上譴之斥之固其宜也。但摧困日久，遠者二十餘年，近者數年，頃有備列廢臣之名籍者，臣等閱之，已半在鬼錄，其僅存者寥寥無幾，雖有悔過自新之思，終無向用之路。彼已通藉⑦聖朝，受皇上作養，而顧不得

① 籍 《明神宗實錄》卷五一七"籍"作"藉"，是。

② 乎 《明神宗實錄》卷五一七"乎"作"厚"，是。

③ 胎 《明神宗實錄》卷五一七"胎"作"貽"，是。

④ 大 此"大"字爲衍文。

⑤ 蓋 《綸扉奏草》卷二五"蓋"作"益"，是。

⑥ 大 《綸扉奏草》卷二五"大"作"夫"，是。

⑦ 藉 《綸扉奏草》卷二五"藉"作"籍"，是。

與齊民並沾慈澤，蒙曠蕩之恩，凡有心知無不惋惜，所宜推聖母赦過之心，量行錄用者也。災傷錢糧當免者免矣，然所免者多在於常賦，聖母念及常賦，豈不念及額外之賦乎？自權稅繁具以來，民門①財力已竭，兼之水旱饑荒頻年仍歲，逐致正供錢糧不能完納，今兵②餉窘急，兵變屢聞，計臣不得已苦催逋欠，固是一時無可奈何之計。然臣等竊恐鞭箠太急，民怨又興，剜肉醫瘡，瘡未必愈而肉且盡，軍與民兩受其害，而天下事愈不可爲矣。臣等每見往時有司催徵錢糧，但至八分便爲足數，蓋祖宗朝愛養元元，留有餘不盡之意，寬然如此。今徵至九分以上，猶不及額，民安得而不困乎？若使權稅不停，災民終不可救，常賦終不能輸，變起封疆，憂及宗社，悔之晚矣。所宜推聖母恤災之心，亟行罷減者也。當此喪禮殷繁、聖懷哀楚之時，臣等忝在股肱，分憂分痛，尚且不暇，何敢復有陳瀆？惟是聖母與皇上恩惠如此，實千古以來僅見之事，臣等若不能推明德意，使薄海內外咸共沾濡，何以仰稱盛舉？況人才空虛，財用匱竭，國家安危在此二事，臣等蒿目焦心，思效萬一，耿耿赤衷，斷不③市恩任德以負君父，即聖母在天之靈，亦必垂鑒亮矣。伏望聖慈省覽施行。其擬進赦稿併乞裁發，以慰中外戴④延佇之情。臣等不勝……"

二十二日甲辰，大學士葉向高、方從哲謹題："該新簡閣臣吳道南再疏控辭，業於此月初八日擬上，未蒙檢發，想以聖母升遐，聖心哀痛，無暇及此，臣等亦不敢催請。今見連日章疏多已發行，諸凡政務皆奉聖裁，道南之疏亦望皇上早賜批發，促其前來。蓋政本重地，多一人則得一人之用。即如頃者聖母之變，一應該行文字，臣等二人便辦理不前，甚望道南早到，得以同心合力，共贊政幾。且閣臣禮貌素隆，既承簡用，而辭疏不⑤，亦非事體，故臣等敢爲一言，統祈聖鑒。臣等不勝……"

二十四日丙午，大學士葉向高、方從哲謹題："竊見候補科

①門 "門"當作"間"。

②兵 《綸扉奏草》卷二五"兵"作"邊"，是。

③不 《綸扉奏草》卷二五"不"下有"敢"字。

④戴 《綸扉奏草》卷二五"戴"上有"感"字，是。

⑤不 《綸扉奏草》卷二五"不"下有"發"字，是。

道諸臣待命經年，拜官無日，勢窮理極，萬難再遲。該吏部具題不止數十，世等催請亦復再三，而天聽愈高，杳無俞旨。夫有人而不任之以職，則失人，有事而不付之於人，則又廢事，究使官聯日缺日①路日虛，灰諸臣圖報之心，失朝廷養士之志②，皇上亦何利於此也？且諸臣非皇上所嘗拔之制科、試之庶職、以需異日之用者乎？業已服官中外，剔③歷多年，尚④當考選之時，該部覈其才品，稽其政績，必赫然有聲、粹然無議者，始得與臺諫之選，是皇上於諸臣亦既用之有效、信之不疑矣。至於今日而復阻抑之，困頓之，致令蹉跎歲月，嗟白日之空拋，株守長安，歎河清之難俟。是前之拔擢者何心？而今之棄置者又何心也？自爲培養，而又自爲摧折，明知爲適用之器，而又阻其向用之途，譬之得騏驥之足，而但羈之於槽櫪，有棟梁之具，而故委之於泥塗，不亦深可惜哉？方今大小臣工，用捨不同，顯晦各異，仕進者既得展布於朝廷，家食者尚需徵召於田野。而此數人者，以不用不捨之身，居不進不退之地，上既不能效職，下⑤無以資身，年復一身⑥，日復一日，徘徊躑躅，悒鬱無聊，無論祖宗朝，即皇上二十年前，絕無此事，是雖諸臣所遇之窮，而臣等溺職之罪亦無所逃矣。伏乞皇上繹聖母親賢圖治之訓，速允部推，各補原職，俾諸臣得攄任事之忠，而國家因收得人之效，豈非今日一盛事哉？臣等不勝激切……"

　　二十六日戊申，大學士葉向高、方從哲謹題："該文書官王體乾口傳聖體下部偶有濕毒，二十八日恭上聖母尊諡，行禮不便，欲行改期。臣等竊惟上尊諡大禮，既聖體有濕毒，即當傳禮部改期以請。臣等又查舊例，此禮之行皆在二十七日以內，伏望皇上勉抑哀痛之情，以保聖躬，濕毒小恙，即當自愈，其於大禮可以早成，毋致稽延，是亦聖孝之一端也。臣等不勝……"

　　二十七日己酉，大學士葉向高、方從哲謹題："作⑦文書官口傳聖體下部濕毒，欲改上尊諡日期。今⑧日又再思之，香册

① 日 《綸扉奏草》卷二五 "日" 作 "言"，是。
② 志 《綸扉奏草》卷二五 "志" 作 "意"，是。
③ 剔 "剔" 當作 "歷"。
④ 尚 "尚" 當作 "向"。
⑤ 下 《綸扉奏草》卷二五 "下" 下有 "又" 字，是。
⑥ 身 "身" 當作 "年"。
⑦ 作 《綸扉奏草》卷二六 "作" 作 "昨"，是。
⑧ 今 《綸扉奏草》卷二六 "今" 上有 "臣等不敢不遵，已傳禮部另擇日期" 十四字。

已寫定二十八日，詔書已寫定二十九日，又已用寶，今若改期，則須盡行更改，似有不便。如聖躬尚可勉強，則仍於明日舉行，祇於內殿扶掖行禮，其御門不妨傳免。如聖意必欲改期，臣等亦不敢強，惟須在於二十七日之內，此外則必不可耳。統望聖裁速傳，以便遵行。謹題。"本日奉旨："朕覽卿等奏尊謚冊寶，朕當親行，但近日偶爾下部濕毒，敷藥未愈，行走不便，几筵前力疾行禮，御門免。"

二十八日庚戌，上奉冊寶，詣大行慈聖宣文明肅貞壽端獻恭熹皇太后几筵，上尊謚，冊文曰："維萬曆四十二年歲以①甲寅二月癸未朔二十八日庚戌，孝子皇帝臣（御名）稽首百②拜上言：聞③坤儀靜正，闡陰教於六宮，渙號顯揚，播徽音於四海，德偕名茂，榮與哀並。惟④皇妣大行慈聖宣文明肅貞壽端獻恭熹皇太后，睿性淵涵，貞姿純穆。作嬪先帝，佐震索以承乾，肆誕沖人，端蒙功而保泰。臨御四十餘載，卜世百千萬年，發祥本自姜嫄，篤佑⑤厥由文母。儉勤惜福，常敦練服之風，慈愛好生，時軫畫衣之念，普萬邦而頌聖，合兆庶以祝釐。尊養兼隆，正承歡於愛日，升遐遽及，遂茹痛於終天。孝思無窮，五十而慕父母，令名不朽，百世以俟聖人。爰稽直道之民心，用舉稱天之大典，謹奉冊寶，上尊謚，曰孝定貞純欽仁端肅弼天祚聖皇太后。伏願明靈降鑒，歆節惠於蒼穹，聖號昭垂，紀洪庥於彤管。謹言。"

是日，大學士葉向高、方從哲謹題："該文書官劉用捧出聖論：'諭內閣：聖母崩逝以來，朕哀感慈妣恩深，痛裂五內，悲悼之思，不能自已。因日夜懸仰，刻無寧寐，心神恍惚。偶爾痰⑥火流於下部，見今敷藥未愈，頭目眩暈，肢體軟弱，動履艱難，尚在調攝。所有尊謚大典，朕甚憂畏，恐弗成禮。卿可傳示禮部等衙門，尊上冊寶命司禮監等官並文武羣臣如儀奉迎，朕在几筵前恭候，力疾親行上進尊⑦，以盡孝思至情。卿等仰體朕敬慎之意。諭卿等知。欽此。'臣等仰見皇上孝誠篤至，哀痛異常，苟可以自盡於聖母者，何所不用？祇以濕火下注，動

①以 《明神宗實錄》卷五一七"以"作"次"，是。

②百 《明神宗實錄》卷五一七"百"作"再"，是。

③聞 《明神宗實錄》卷五一七"聞"上有"臣"字。

④惟 《明神宗實錄》卷五一七"惟"上有"恭"字。

⑤佑 《明神宗實錄》卷五一七"佑"作"祜"。

⑥痰 《明神宗實錄》卷五一七"痰"作"濕"。

⑦尊 《明神宗實錄》卷五一七"尊"下有"上"字。《綸扉奏草》卷二六亦有"上"字。

履艱難，故於御門不便，而猶諄諄懇懇傳諭臣等，恐弗成禮，其虔恭敬畏之心一何至也？今百僚在列，皇上又力疾於几筵前親行上進，於禮無失，聖母在天靈爽亦必居歆，而聖心固可以無歉矣。臣等即遵諭傳示禮部並文武百官，如儀奉迎，以仰體皇上敬慎之意，更望皇上抑情節哀，保重聖躬，毋過悲悼，宗社幸甚，臣等幸甚。所奉聖諭，敬尊藏閣中。謹具回奏以聞。"

二十九日辛亥，頒孝定皇太后尊諡詔於天下："奉天承運皇帝詔曰：朕惟禮先報本，難酬罔極之恩，孝大尊親，式煥綦隆之號，代存成憲，典合輿情。欽惟皇妣大行慈聖宣文明肅貞壽端獻恭熹皇太后，毓秀陰精，寔心玄宰。含弘光大，羣品賴以資生，恭儉慈仁，六宮因之從化。夙承皇考，嗣啟冲人，敬戒不忘，劬勞靡替。教自家而刑國，四十年太平之業允籍①鴻庥，謀貽子以及孫，億萬載有道之長咸憑燕翼。方舉稀齡之慶，遽興天蹇之嗟，愛日有懷，慕更深於五十。籲天無計，恨莫贖於百身，遺誥甫頒，悵音容之已隔，餘徽尚在，景模範以難名。特命禮官，恪循舊例，博咨於眾，勿爽其真。擬儷極之尊稱，盛美光昭琬琰，楊②配天之顯列，哀榮徧洽埏垓。卜以二月二十八日祇告天地、宗廟、社稷，恭上皇妣尊諡，曰孝定貞純欽仁端肅弼天祚聖皇太后。於戲，璇宮既閟，薦遐祉於九京，寶冊常新，播休聲於萬年。布告中外，悉使聞知。"

是日，大學士葉向高、方從哲謹題："蒙發擬河南巡撫梁祖齡一本，內傳：'宮眷行李，由黃河進洛河，如鞏、偃二縣水淺，即便作速挑濬，不許推諉稽遲。'臣等即遵依擬上。但細觀巡撫中③，甚言洛河之難開，若開之須費數十萬金錢。而巡撫身在地方，言必有據。且自孟津登陸至河南府，不過六十里，與京師至張家灣同，搬運亦便，地方官軍④輛夫馬俱已齊備，似不必多糜金錢於無用之地也。之國，大典，臣等非敢惜此勞費。但念王既有節省美意，而河南府又藩封所蒞，供應浩繁，更宜體念，故敢附陳其愚，併另擬一票，恭請聖裁。臣等何心？總之欲成王之美耳。謹題。"

① 籍 "籍"當作"藉"。

② 楊 《明神宗實錄》卷五一七"楊"作"揚"。

③ 中 《綸扉奏草》卷二六"中"上有"本"字。

④ 軍 《綸扉奏草》卷二六"軍"作"車"，是。

① 暇 "暇"當作"暇"。

② 含 《綸扉奏草》卷二六"含"作"合",是。

③ 一 《綸扉奏草》卷二六"一"作"二",是。

三十日壬子,大學士葉向高、方從哲謹題:"該臣等遵奉聖諭擬上赦稿,今已半月,未蒙裁發。竊計聖躬當哀痛之時,無暇①詳覽,且臣等所擬或未盡當聖意,故遲遲耳。今聖母尊謚已上,詔書已頒,中外人情懸望,此赦又聖母升遐且將更服惓惓遺囑,業已播之綸音,傳之天下,似亦有難於久停者。伏望皇上勉抑哀情,將臣等所進赦稿,即賜省覽裁定,發下施行。其中有一二款,如楚宗等事,皆係大小臣工萬口含②辭,以爲當行,臣等方敢擬上,恭聽聖斷。若議論尚有不同,臣等亦不敢擬也。又臣等推廣德意,以起廢、撤稅二事爲請,此乃聖母與皇上千年萬載無量功德,尤出特恩,非臣等所敢必耳。臣等不勝……"

是日,大學士葉向高、方從哲謹題:"蒙發擬福王一本,爲左、右長史加四品服俸及恭議、僉事職銜,內傳:'准他,出旨來。'臣等仰體賢王優禮輔導之盛心,併皇上隆崇親藩之美意,敢不遵依擬上?但臣等歷稽舊典,自開國以來,並無以長史而帶兩司職銜者,即四品服俸,亦必俟其輔導積有年勞,然後可加。今王既爲一③長史懸請,臣等不得已,委曲承順,擬加服俸,斯已大破格矣。至於參議、僉事之加銜,乃二百餘年未嘗有之事,臣等安敢一旦而創爲之?且該部原號議定三年之後方與敘遷,已奉欽依,今未出都門而遽加官,旨下之後,該部亦必執爭,又多一番議論,反以累王,亦大非二長史之利也。至於錢糧田土,散在各處,自有地方官當任其責,即長史而帶參議、僉事,何益於事?臣等竊見皇上凡事皆以祖制爲言,而王頃者慨然之國,又惓惓加意節省,中外人情方翕然稱服,奈何因此一事破壞祖制,以自損其令名乎?之國,大典,王爲皇上愛子,臣等苟可奉行,毫無所靳。惟是事體窒礙,關係典章,不得不爲皇上一明言之。皇上幸以臣等之言告王,即王亦必亮臣等矣。臣不勝悚息之至。"

三①月一日癸丑，朔。

二日甲寅，大學士葉向高、方從哲謹題："竊惟國家政務，惟用人爲急，今見在朝端，尚書祇有二人，而劉元霖又病，侍郎祇有四人，而魏養蒙又將行，空虛已極，委難支持。臣今不敢希望盡補，祇擇目前最急者開列上請，伏候聖裁。如蒙慨賜點用，使各官旦夕即可供職，其於緊要事務庶幾不誤矣。臣等不勝懇切之至。

一、聖母山陵在即，事體重大。舊例用吏、禮二部堂上官恭往相度，而工部有一侍郎專敕經理，又有一侍郎催辦物料。其物料尚可帶管，若經理之侍郎，則須日逐在陵，督率工役，必不可少。且已奉旨相度，必不可緩。尚書劉元霖在病中諄諄言之，其與禮部侍郎均當亟賜點用者也。

一、太常寺乃禮樂之司，一切神祇祀典皆其職掌，豈可輕忽？自少卿胡忻封印以來，諸事皆典簿官代題，已非事體。今忻又去矣，衙門印信無人署掌，目下有祔葬大禮，北郊之期亦近，若聽其空署，祇以一典簿卑官具無印之疏，以了前件，其何以稱皇上敬共明神、慎重大典之至意乎？該寺卿與少卿所當亟賜點用者也。

一、戎政乃國家重務，缺官日久。茲幸皇上點用黃嘉善，而嘉善又以候代未得即來。尚書王象乾，既署吏部，又管戎政，每對臣等，輒言困苦。且薊遼迫近京師，頃以乏糧之故，軍情屢變，萬一有事，惟京營是賴，豈可無官專理？今三邊總督已推有人，所當亟賜點用，使嘉善得以早來供職者也。

一、通政司封駁章奏，審准詞訟，事務甚煩。往設堂上官五員，相與分理，猶日不暇給。今見在者祇通政使林梓一人，而又苦於衰病，時欲請告。該司參議已推有人，所當亟賜點用，以分其勞者也。

一、錦衣衛鎮撫司職掌詔獄，在武流中亦稱要任。自掌②缺官，凡送問人犯，悉皆停閣，甚爲不便。今福藩之國期迫，派擬校役護送等事尤爲緊要。所當併賜點用者也。"

萬曆四十二年

①三 "三"上當有"萬曆四十二年"六字。

②掌 《綸扉奏草》卷二六"掌"下有"印"字，是。

①巳 "巳"當作"巳"。
②睱 "睱"當作"暇"。

五日丁巳①，大學士葉向高、方從哲謹題："頃者大學士吳道南二次辭疏，已幾一月，未蒙檢發，該臣等催請，又復旬日，想聖心哀痛之中，未睱②省覽。臣等竊惟，閣務至緊，多一人則得一人之用。今中外多故，人情危疑，臣等日望道南之來，相與協恭任事，庶幾少有挽回。而明旨未渙，則啟程無期，不惟道南進退無據，恐亦非皇上簡任之初心，與從來優待閣臣之禮數也。有人而不獲其用，猶之無人，既用而不速其來，猶之不用。況今閣臣極輕，而皇上又置之若用若不用之間，人將愈輕之。如是而欲責其展布，難矣。伏望皇上將道南原疏，即賜批發，毋再遲留。至於臣等前日所請禮、工二部侍郎及太常寺堂上官，皆目前第一緊要，不容少緩者，亦求並賜點用。臣等不勝……"

六日戊午，大學士葉向高、方從哲謹題："適蒙發下吏部一本，請點工部右侍郎林如楚，臣等已擬票進上。茲又有工部司務任家相本，亦請點用本官署掌本部印信。臣等竊意，該部事務殷繁，需人甚急，且陵工在邇，時刻難遲，若候命下，另題署印，不免耽延時日，謹據本擬票呈覽，統候聖裁。儻蒙速賜批發，該部幸甚，臣等幸甚。"

③望 《綸扉奏草》卷二六"望"上有"企"字，是。
④睱 "睱"當作"暇"。

九日辛酉，大學士葉向高、方從哲謹題："該文書官王體乾捧出聖諭：'諭內閣：昨覽卿等揭催赦書。但朕因聖母仙逝，勞碌哀痛，濕火浸蒸，致流毒下部，敷藥未痊，又兼身體虛弱，心神恍惚，所擬赦稿未得詳覽。卿等所奏，朕知道了。故諭。欽此。'臣等仰見聖心思念聖母，留神恩赦，臣等揭請亦上廑聖覽，不勝感服。但此事傳宣已久，難以再緩。今日百官易服，多來問臣等：赦稿何以不發？臣等告之，正如聖諭所云。諸臣又言：聖母遺命，人情望③甚切，若久寢不行，非所以揚聖母之大德，而昭皇上之孝思也。臣等聞其言，正欲再揭申請，而聖諭適頒，故敢附陳。伏望皇上少乘清睱④之時，早行省覽批發。如臣等所擬未當，乞賜裁改。要以恩出君父，斷在聖心，臣等何敢干焉？惟是遲留日久，竊恐各衙門又來奏瀆，及①爲不便，不如早發之爲念②耳。至於聖躬濕大③流毒，皆因哀痛勞碌所致，更望節哀節勞，以膺天眷，尤宗社之大幸也。臣等不勝……"

十二日甲子，大學士葉向高、方從哲謹題："蒙發擬都察院司務薛養性等請署印本，官④等謹擬侍郎張問達以上，伏候圣裁。臣等又思，都察院，風紀之司，關係最重，掌印之缺已將十年，補一孫偉⑤，又不數月而去，今且併副僉俱缺，該院空署將一年矣。所以紀綱法度日就陵遲，今雖用問達暫署，其吏部所推左都御史等官，仍當亟行點用，以重臺端者也。且九列空虛，至今日而極，尚書祗有二人，劉元霖物故，王象乾又被論，是尚書將無人矣。吏部雖有尚書，侍郎尚不知何時得來。戶部、禮部、刑部、工部各祗一侍郎。目前事勢，非但本衙門無官，即署⑥亦無官矣。軍國大事，全賴九卿，而乏人至此，臣等心竊憂之，而甚自愧其言之煩瀆也。統望圣明留神裁斷。臣等不勝……"

十四日丙寅，大學士葉向高、方從哲謹題："蒙發擬福王一本，爲從官房屋無多，欲將沿途棚殿折⑦卸變賣，以充蓋造之費。內傳：'准他。'臣等當即擬上。但臣等細思，棚殿之設，非但未⑧植蓆片，其中多用綾羅段疋等物，以爲觀美，又陳設各項器皿什物以備用，所費不貲，皆借自各舖行及民問⑨，事畢給還。今若明以棚殿拆賣，人情驚疑，將謂併此而盡捲之，而地方又多一番擾動矣。臣等竊謂，從宮⑩缺少房屋，自當酌量添造，即如王奏，欲給房價二萬金，亦當另行設處，何必變賣棚殿以充之哉？臣等謹擬，下該部，行地方官酌量處置，務俾從官有即次之安，而地方不至擾動，於王之令德亦有光矣。伏⑪望聖裁。"

是日，大學士葉向高、方從哲謹題："該閣臣吳道南辭疏，留中未廢已經月餘，非獨道南之進止不便，即大小臣工亦相與

萬曆四十二年

三〇四七

①及 "及"當作"反"。
②念 《綸扉奏草》卷二六"念"作"愈"，是。
③大 《綸扉奏草》卷二六"大"作"火"，是。
④官 《綸扉奏草》卷二六"官"作"臣"，是。
⑤偉 《綸扉奏草》卷二六"偉"作"瑋"。
⑥署 《綸扉奏草》卷二六"署"字下有"印"字，是。
⑦折 "折"當作"拆"。
⑧未 "未"當作"木"。
⑨問 "問"當作"間"。
⑩宮 "宮"當作"官"。
⑪伏 "伏"當作"伏"。

萬曆起居注

擬①議，以爲閣臣既已被命，而辭疏不蒙批發，甚非事體，皇上遲回數年方始簡用，乃又親之若有若無，不甚留意，得毋輕政幾，而失從前慎重求賢之美意乎？自來大臣辭疏無有不發，況密勿之臣，尤四海觀聽所係，斷無久寢之理。若日延一日，將令人猜忖愈甚，臣等不得不行力請，非爲同官，乃所以爲政體也。伏望聖明即賜批發，以免臣等瀆聒之罪。臣等不勝……"

十七日己巳②，大學士葉向高、方從哲謹題："恭照福王之國，例有皇上及中宮訓命，已經撰稿進呈御覽，隨蒙批奏。合用金箋書寫，伏乞敕下該衙門查給二張應用。臣等未敢擅便，謹題請旨。"

二十日③，大學士葉向高、方從哲謹題："該文書官王體乾傳出聖諭：'諭內閣：朕覽王所奏，之國指日，養膽④地土尚未報到。原給四萬頃，卿等屢奏地土難以湊處，王亦具辭，今減去二萬頃。王在京養膽⑤，原有京灣停宿各項子粒，今已辭免，隨從人後⑥何以養膽⑦？且地土該部如何尚不承服，輒自推諉，寂無消息？顯是漫不經心，好生可惡，姑且不究。各該撫按官延捱怠玩，不行速報，卿等傳示該部，還着馬上差人守摧⑧，上緊造册，隨途呈報，不得似前虛文塞責，必罪不宥。故諭。欽此。'臣念福王田土，已蒙聖恩減去二萬，其二萬之數委⑨當處給。臣等屢移書與各省撫按官言之，必當委曲處置，不敢再違。今重奉聖諭，臣等即傳與戶部，馬上差人守催，造册解府，以⑩仰慰聖懷。謹具回奏以。"

是日，大學士葉向高、方從哲謹題："該文書官王體乾傳出聖諭：'諭內閣：覽卿等所擬赦詔，內寬釋楚宗幽禁，姑准所擬。其蠲免陝西駁造羊絨袍服，朕豈不憫念民情困苦，但係緊急上供，且數不多，難以停免。各省額進稅課，准以每年所徵，三分量減一分，以彰慈恩恤民德意，其二分照舊徵收，分解進用，接隮⑪急需，待三殿工有次第，即行停止。起廢遺建言謫戍等官，已有旨了。故諭。欽此。'臣等連日正爲此事甚懷懸

①擬 《綸扉奏草》卷二六"擬"作"疑"，是。

②己巳 "己巳"當作"己巳"。

③日 "日"下當有"壬申"二字。

④膽 《明神宗實錄》卷五一八"膽"作"贍"，是。

⑤膽 《綸扉奏草》卷二六"膽"作"贍"，是。

⑥後 《明神宗實錄》卷五一八"後"作"役"，是。

⑦膽 《明神宗實錄》卷五一八"膽"作"贍"，是。

⑧摧 《綸扉奏草》卷二六"摧"作"催"，是。

⑨委 《綸扉奏草》卷二六"委"作"似"。

⑩以 《綸扉奏草》卷二六"以"下有"聞"字，是。

⑪隮 《明神宗實錄》卷五一八"隮"作"濟"。

望，今蒙聖裁發下，於臣等所擬赦條，自陝西羊絨外，盡蒙允行。於所揭請起廢、罷稅二事，又蒙皇上親自酌定，廢臣則分別敍用，稅則減三分之一。至楚宗沉錮已十餘年，一旦得睹天日。此皆皇上孝誠純馬①，超絕古今，於聖母遺命不但遵行，而且推廣。薄海臣民，孰不頌如天之仁，而戴聖母之德千萬年無窮極也？臣等不勝歡欸②，不勝感服。所奉聖諭，臣謹即傳宣，以慰中外饑渴之望。謹先具回奏以聞。"

二十一日癸酉，大學士葉向高、方從哲謹題："蒙發下聖諭及欽定赦稿，臣等感謝天恩，即具回奏。又蒙傳諭：'赦稿，着照御改寫一本採看。'臣等謹即寫進。其欽定原稿，臣等留下，令中書官繕寫，請寶頒給。乃臣等又有無已之懇，本③不敢言，惟仰恃聖慈如他④如天，又不能自已於言，敢冒陳之。今天下民窮實甚，望罷稅實急，茲蒙皇上減去三分之一，已不勝慶幸，如再徼聖恩減去一半，則功德更大，而海內之感戴更深。臣等計之，其進宮解部所少之數，共十⑤過十餘萬金，而其造福於生民無量，且可以省後來之瀆請，此臣等之所願望而不敢必得者也。如蒙聖慈慨允，乞即傳示，以便遵行，臣等不勝……"四月初一日，奉旨："覽卿等所奏，具見爲國忠愛、懇切至意，朕已悉知。但宮用浩繁，屢遇大典，各項進賜賞賚甚多，者⑥直額進稅課按濟急需，尚且不敷，三分已咸⑦去一分，以彰恤民德意，停止之旨⑧已明。朕復細檢閱釋楚宗幽禁一條，但其事不止爲殿一巡撫而已，且初起羣哄誣許⑨楚王，今朕又添改。各省直災傷內，朕亦添改，批發於卿等，謄進詔帖上，可照今改寫。詔於四月初四日頒行。"

二十五日丁丑，大學士葉向高、方從哲謹題："臣等昨送福王郊外，見王於與⑩前，不勝膽⑪戀愴別之私，即王亦爲臣等悽然。因思皇上骨肉至情，當如何繫念？惟是親王就封，國家令典，祖宗以來皆是如此，而福王久留京邸，人情妄相猜忖，亦大不便。臣等稽之舊章，揆之事勢，不得不勸王行，然非皇上

萬曆四十二年

三〇四九

① 馬　《綸扉奏草》卷二六"馬"作"篤"，是。
② 欸　《綸扉奏草》卷二六"欸"作"欣"，是。
③ 本　《綸扉奏草》卷二六"本"下有"不當言，亦"四字，是。
④ 他　《綸扉奏草》卷二六"他"作"地"，是。
⑤ 十　"十"當作"不"。
⑥ 者　《綸扉奏草》卷二六"者"作"省"，是。
⑦ 咸　"咸"當作"減"。
⑧ 旨　《明神宗實錄》卷五一九"旨"作"意"。
⑨ 許　《綸扉奏草》卷二六"許"作"訐"，是。
⑩ 與　《綸扉奏草》卷二六"與"作"輿"，是。
⑪ 膽　"膽"當作"瞻"。

聖明，割難忍之愛，以建維城之基，皇貴妃協心贊助，臣等安能強之？王行之後，浮議盡消，萬事盡妥，內而宮闈，外而薄海，泯多少形迹？添多少和氣？福王千萬年作藩河洛，與國同休，自是宗社大慶，國家第一件好事。臣等見長安士民，奔走扶攜，填街塞路，無不咨嗟贊嘆，謂賢王就國，載道光華，何幸躬逢其盛？前日之人情如彼，今日之人情如此，臣等竊爲王慶，計皇上與皇貴妃聞之，亦可以釋然於衷矣。臣等敢述所聞見以寬聖懷，亦區區忠愛之一念也。臣等不勝……"

二十七日己卯，大學士葉向高、方從哲謹題："蒙發下赦稿，中外聞之，無不感頌。其楚宗蒙宥，尤見聖母與皇上好先①大德，天地覆載不足喻也。楚宗之罪，在於訐奏楚王，戕殺巡撫，臣等揭中已明言之，而所擬赦稿偶遺'訐奏楚王'四字，恐外間奉行不便。臣等仍欲添此四字，庶無遺漏。至於鈐束諸宗，毋再縱肆，則該部尚當有請，以稱皇上之德意耳。臣等不勝……"

二十八日庚辰，大學士葉向高、方從哲謹題："頃者兵部尚書王象乾以人言乞休，杜門辭印，吏、兵二部並無一人，諸務盡皆停閣。竊意皇上必且悚然動念，亟爲處置，亟爲推補，乃象乾辭疏及吏部題請署印之疏俱未檢發，不惟象乾進退無據，而一時各官當陞者不得陞，當選者不得選，銓務壅滯，人情惶惑，深可慮也。伏望皇上將象乾原疏立賜剖斷，或令照舊供職，或令仍署吏部，統候聖裁。其新點尚書鄭繼之、侍郎李鋕，相應急催，令其上緊前來供職，仍將近日會推吏部侍郎孫慎行、禮部侍郎何宗彥並賜點用，俾即到任管事，庶分理有人，部務不廢。此目前最切最要之事，不容時刻緩者，萬惟聖明留意。匡②等不勝……"

是日，大學士葉向高謹題："臣奉命入直又經三月，積病積勞，不勝困苦。向者因痔瘡下血，已難支持，近又加以腦漏之病，口鼻流膿，日夜不絕，醫者咸謂心血枯竭，虛火上蒸所致。

① 先 《綸扉奏草》卷二六"先"作"生"，是。

② 匡 "匡"當作"臣"。

每欲請假調理，適在①聖母升遐、福藩就道，不得不黽勉供事。昨送王郊外，人衆挨擠，萬馬奔騰，踏傷左足，步履艱難，業已三日不能入直。不得不乞恩君父，伏望聖慈賜臣一假，調理數時，如尚能苟延殘軀，以事皇上，臣之願也，而非所敢必也。閣中事務，有臣從哲辦理，臣雖杜門伏枕可無慮矣。臣不勝……"

　　二十九日辛巳②，大學士葉向高、方從哲謹題："該文書官劉用傳出聖諭：'諭內閣：朕昨覽戶部覆奏內閣傳諭本，有河南所造福府地土冊，已於二十日送本府訖，朕間③取冊看，其冊內後開派徵銀湊數，有司徵解送府應用。以④與屢旨有違。且比例田土四萬，已減二萬，其數似爲不少，各官宜仰遵上意，即行如數撥給堪種膏腴地土可已，何乃屢次不遵，恣肆抗違？情屬欺玩。卿等還傳示該部，即便行文三省撫按，各要遵照前旨，清查堪種膏腴實地二萬，造冊送府自行管業，仍將經管員役查參來說，不許違誤取罪。故諭。欽此。'臣等竊惟福王田土，節蒙聖恩減去二萬，爲數已多，其余二萬各官委宜仰遵上意，如數撥給。本月二十日，臣等已遵諭傳部差人督催去後，茲復奉嚴諭，以河南冊中所開，尚有派湊銀數，臣等謹再傳示戶部，即便行文三省撫按，務遵屢旨，查撥實在膏腴地土二萬，造冊解府，以慰皇上惓惓至意。所有聖諭，尊閣⑤閣。臣等謹具回奏以聞。"

① 在 《綸扉奏草》卷二六"在"作"值"，是。

② 巳 "巳"當作"巳"。

③ 間 《明神宗實錄》卷五一八與本《起居注》皆作"間"，《綸扉奏草》卷二六作"問"。

④ 以 《明神宗實錄》卷五一八"以"作"似"。

⑤ 閣 《綸扉奏草》卷二六"閣"作"藏在"，是。

四①月一日癸未，朔，題②："該臣等具題，請減稅額之半，此乃憑藉聖慈，改爲無已之求，伏奉聖旨：'覽卿等所奏，具見爲國忠愛、懇切至意，朕已悉知。但宮用浩繁，屢遇大典，各項進賜賞賚甚多，省直額進稅課接濟急需，尚且不敷，三分已減去一分，以彰恤民德意，停止之旨已明。朕復細檢閱釋楚宗幽禁一條，但其串③不止爲毆一巡撫而已，且初起羣哄誣訐楚王，今朕又添改。各省直災傷內，朕亦添改，批發於卿等，謄進詔帖上，可照今改寫。詔於四月初四日頒行。欽此。'臣等仰見皇上念念慈仁，事事精審，於國家政務及臣等陳奏，無不留心。即楚宗一條，添改數字，極其周全，極其停當，真大聖至神，曠千古而僅見者也。臣等循環捧誦，不勝感激，不勝愧服。其稅額已減，停止有期，臣等亦不敢再瀆。惟更有冒昧一言，於事理可行，竊度聖心亦所不靳者，敢再陳之。蓋各省稅額多不過六七萬，而廣東一省乃至十八萬，民間④賠累多年，委爲困苦，即地方有⑤商舶往來，今亦寥落。臣等每逢廣人談及此事，輒傷心蹙額，頃又合辭請於皇上，其情甚苦。臣等欲爲一言，而自念前者已蒙聖恩減去二萬，茲又概減三分之一，不宜頻瀆。但仔細思之，該省稅額尚有萬⑥萬餘，較之他方終是獨重。此時黎夷作亂，興師動衆，騷擾不勝，實難支持。伏望聖慈曲垂憫念，再減二、三萬，以救此一方之民，乃無量之功德也。如蒙俯允，當另發聖諭，以昭特恩，不必入於詔書中耳。臣等昨又接該省撫按官揭帖，極言高寀欲至地方、人民驚駭之狀，此事關係不小，更望聖慈亟發德音，諭寀勿行，以安人心。臣向高，閩人，豈不欲寀之去閩哉？顧度其利害之輕重，有所不可。如寀必欲行，則必有意外之事，即馬堂之至揚州狼狽而歸可鑒也。臣等區區愚衷，不敢不盡。至於畫⑦撤榷⑧使，以餘稅歸之有司，責令徵解，此尤至省至便之事，當出自聖裁，非臣等所敢遽請耳。臣等不勝……"

三日乙酉，大學士葉向高、方從哲謹題："竊惟皇太子開講一事，臣等曾於春初題請，適值聖母升遐，喪禮殷繁，未敢再

---

①四 "四"上當有"萬曆四十二年"六字。
②題 "題"上當有"大學士葉向高、方從哲謹"十字。
③串 "串"當作"事"。參見上文。
④間 "間"當作"間"。
⑤有 《綸扉奏草》卷二六"有"上有"向"字，是。
⑥萬 "萬"當作"十"。
⑦畫 "畫"當作"盡"。
⑧榷 "榷"當作"權"。

瀆。然大典久曠，人心懸望殊深，今服制已除，七七已盡，藩封既竣，恩赦載頒，目前大事無不修舉，況時維首夏，氣候清和，皇太子乘時講學豈容再緩？頃者詹、翰諸臣以職業所關，連章懇請，且貴①臣等失職，臣等誠無以自解。謹擇本月初九日、十二日二日皆吉，伏乞聖明亟賜裁定，令臣等遵行。其侍班、講讀等官，尚容另疏題請。臣等不勝……"

①貴 "貴"當作"責"。

四日丙戌，奉天承運皇帝詔曰："朕以聖母違和，日夜問視，竭誠祈禱，願移眚②於眇躬。恭承慈諭，內外輕罪宜與赦除，災傷錢糧，量③行蠲免，朕方詔所司奉行德意，而仙馭遽昇，徽音遂邈。仰追遺訓，益愴於懷，爰沛非時之恩，用慰在天之念。所有條款，開列於後：

一、自萬曆四十二年二月初九日昧爽以前，官吏軍民人等有犯，除十惡至死，與詐傳詔旨，交結近侍，通夷失機，強盜人命，及侵盜服御、邊腹倉庫、漕運、沒官錢糧，並貪酷枉法、逆黨、左道不赦外，其余情罪可原，及徒、流以下輕罪，酌量釋放。"

②眚 "眚"當作"眚"。
③量 《明神宗實錄》卷五一九"量"作"盡"。

一、內外問刑衙門，有因正犯在逃、監察④家屬、日久不獲者，除叛逆、劇賊外，其餘悉令保候挨拏，有情罪矜疑、律例不合者，着各該衙門即與辦理，奏請定奪。其人命無屍可撿⑤、強盜贓仗不明、及年久無贓、人犯無證，具題未下、原問衙門未成獄者，即比照熱審事例，清查釋放。

一、內外問刑衙門，無問⑥文武，職官有犯，曾經撫按問明，具題覆請未下者，查照原擬發落。其餘正犯已故，累及子孫者，酌量開釋。有因建言，內除永不敘用外，有謫戍者，着各該撫按官具奏開釋。革職為民，曾經奏薦數次，堪用的，准起知縣。若奉旨降黜，部覆未下約⑦，着查照原擬用。選都開寫奉請，不許市恩濫及。

一、內外監追贓犯，已及三年，別無家產，不論入官給主，二百兩以下者徑自開豁，以上酌量奏免。

一、內外見監重犯，年七十以上，及篤疾者，如係監六年

④察 《明神宗實錄》卷五一九"察"作"禁"，是。
⑤撿 "撿"當作"檢"。
⑥問 《明神宗實錄》卷五一九"問"作"論"。
⑦約 《明神宗實錄》卷五一九"約"作"的"，是。

以上，情罪矜疑，奏請疎放。問完罪犯，遇恩應宥者，即行查照發落。

一、犯罪存留養親，備載名律例。凡軍民罪囚，有祖父母、父母年八十以上，老疾應侍，家無以次成丁者，犯該死罪，除極惡重情、常赦所不原、及奉欽依外，若誤殺、戲殺、誣告人、累死隨行親屬等項，開具所犯情由，奏請定奪。其徒流人犯，照萬曆三年例，發本處擺站、做工、煎鹽、哨瞭，以便存留養親。務勘結明的，不許納賄，扶同任情，朦朧混行，違者以故出論。

一、四十年、四十一年兩次朝審矜疑等項人犯，淹繫日久，俱照原議奏請發遣發落。

一、楚府宗室，先因誣詆楚王、毆殺巡撫，已將情罪深重者正法，其餘發高牆閒宅者，禁錮日久，懲創亦深，念係天潢之派，姑准釋放。仍聽楚王鈐束，不得仍前恣肆。如不悛改，參來重治。其各府禁錮宗室，除人命、強盜、敗倫傷化情真罪當不赦外，其餘着撫按官查明，奏請定奪。

一、錦衣衛見監囚犯，俱開寫明白，奏請定奪。

一、各省直災傷之處，自四十一年以來，有該撫按勘奏到部，內除京邊起運、及請帑外，其餘應蠲、應折、應賑等項事宜，俱照部覆，用昭優恤。

一、凡被災地方，一應夏稅、秋糧、馬草、農桑人丁絲、絹、布疋、綿花絨、戶口鹽鈔、皇莊子粒、屯田牧馬新增草場子粒租銀、曆日、防夫、水夫、民壯、弓兵、機戶、蘆課、竈課、富戶等項，及開①攤、商稅、魚課、棗株鈔貫、果品，拖欠帶徵者，自二十九年起至三十四年止，查係小民拖欠者，悉與蠲免，其已徵在官、及經解員役侵尅者，照舊起解。鹽井有課，無並②者着撫按官議豁。先年徵倭、徵播加派錢糧，曾奉詔書停免者，各撫按官查明但不係改作起運、京邊正項，着遵前詔蠲除，不得抗違。

一、京城內外民居，比歲兩潦衝壞，未盡修復，准免房號四個月。廊店房屋倒壞者，查明免租。以前拖欠者悉與蠲免。

① 開 《明神宗實錄》卷五一九"開"作"門"，是。
② 並 《明神宗實錄》卷五一九"並"作"井"，是。

一、各運司浮課，除三十四年免過外，惟河南①、兩浙進鹽，長蘆過路、落地生熟鹽等稅②，困累商民，各該巡鹽御史具奏及本部題覆過者，俱准蠲免。

一、近京零星重疊小稅，准與歸併，以省煩擾，應免者豁免。

一、各省直拖欠四司料銀，匠價，麂狐皮、翎毛、天鵝、熒麻、瓦料、葦課、黃麻、熟鐵等料折銀，及額辦白麻、生鐵、紅熟銅、生漆、魚膠、桐油、銀硃、貓竹、班竹、棕毛、樹棕等項本色物料，自二十六年起至三十四年止，已徵在官者截數起解，未徵在官，果係小民拖欠者，悉行蠲免。

一、浙江、江西、湖廣、福建、直隸蘇松常鎮等處，拖欠綾紗、紙劄、歲段、油竹等項錢糧，自三十四年以前，如已徵在官、機解領侵者，嚴追織解。如本犯監故，丁產盡絕，無從變賣，及有中途火盜，原取地方結狀存證者，俱聽撫按勘明議免。其未徵在官，委係小民拖欠者，查明蠲免。俱類冊奏請定奪。

一、各省額進稅課，每年以三分為率，蠲免一分，以蘇民困。其二分照舊徵收，分解進用，接濟急需，待三殿工有次第，即行停止。

一、各省直解官解戶侵費領本折錢糧，並漂流、燒燬，及在工人役侵犯贓私，除正犯監故外，家屬代追五年以上，勘果家產盡絕，或原問衙門具有文移到部查明者，俱准豁免。

於戲，孝惟錫類，普天霑覆露之恩，善則稱親，薄海頌慈雲之庇。中③告中外，咸使聞知。"

六日戊子，大學士方從哲謹題："該臣同官葉向高，於前月二十四日恭送福王，因左足微傷，暫請給假，今已十日矣，而入閣無期，祇臣一人在直辦事。幾務叢委，獨力難支，每遇發下本章，四顧躊躇，無人商確，惟恐擬票不當，關繫匪輕。時值兵部尚書王象乾因言乞休，兩部之事無人管理，選途阻塞，人心皇皇，該吏部司官屢次見臣，問以作何處置。臣不得已，

① 南 《明神宗實錄》卷五一九"南"作"東"。
② 稅 《明神宗實錄》卷五一九"稅"上有"項"字。
③ 中 《明神宗實錄》卷五一九"中"作"布"，是。

以仍催象乾署印，及請點侍郎孫慎行答之。連日聽選教職，及急大選領憑之官、各處考滿候領誥敕人役，羣聚長安門，遮訴號呼，麾之不去。此何等時也，而首臣不出，將政務壅滯者，誰爲幹①旋？人情懸望者，誰爲慰遣？臣即竭蹶奔走，不敢言勞，而朝廷大事所誤不已多乎？伏望皇上亟發德音，令向高速出視事，並將擬上王象乾辭疏即賜批發，將孫慎行即賜點用，其近日會推禮部右侍郎及都察院左都等官盡賜欽點，俾各營其職，庶大僚有協恭之美，而微臣可免狼狽之虞。臣不勝……"

七日己丑，大學士葉向高謹奏："爲病患日深主恩難報乞賜骸骨歸死故鄉事。臣備員歲久，罪釁如山，無年無月不求歸去，伏蒙皇上多方慰留，惓惓款款，真有家人父子間所不能得者。臣是以冒罪馳驅，靦顏供事，不恤一己之身名，少酬聖明之寵顧。延至今茲，而臣之情愈危，身亦愈病，不可得而強留矣。臣二十年來，甚爲痔瘡下血所苦，近又加以腦漏鼻衄之疾，痰火上炎，膿從口出，咽喉蔽塞，氣息不通。每於呻吟中，念聖恩之深厚，知報答之無從，則感極而泣，思去就之艱難，嘆一身之狼狽，則悲極而泣，愁悶填胸，度日如歲，屑然之軀，豈堪如此之銷鑠哉？今聖政維新，鴻恩誕布，中外人情喁喁以望太平，此千載之一時。臣以至愚之質，事至聖之君，罪不加誅，言多聽納，如不肖子之見憐於慈父，愛護有加，亦千載之一遇。苟非有萬不得已之情，積年沉痼之病，何敢言去？何忍言去？天實困臣，無可奈何。推望皇上哀臣憐臣，予臣休致。臣藉皇上之寵靈，幸而未遽填溝壑，得以假息遊魄，復上先人之丘壠，以少盡人子之心，其於皇上錫類之大孝，體下之深仁，亦有光矣。臣草此疏，一字一淚，以方請假調理，未敢遽進。而昨見同官臣從哲有揭催臣之出。夫臣之必不當出，必不能出，從哲豈不知之？而乃爲此以苦臣哉？臣恐皇上因同官之言，復辱溫綸，滋臣之罪，心甚不安，故即以下情上聞，統望聖慈曲②鑒炤。臣不勝……"十三日，奉旨："卿前以傷足請假，朕意調意③易痊，奈何因此遽興歸志？今國家多事，目前聖母大禮未

① 幹 "幹"爲"斡"。

② 曲 《綸扉奏草》卷二六"曲"下有"垂"字，是。

③ 意 《綸扉奏草》卷二六"意"作"理"，是。

襄，幾務煩難，急需贊理，卿調攝已久，稍可即出入閣視事，以慰眷懷。不允所辭。吏部知道。"

九日辛卯，大學士葉向高、方從哲謹題："適蒙發下鎮守雲南沐啟元請勘①本，上傳：'不准辭。'臣等竊念，此事屢經撫按執奏，不過因啟元管事之初，未經撫按奏請，與前旨不合，遂致彼此互持，爭論未已。夫以西南重地，夷夏惜②居，全賴鎮臣彈壓，而履任八月，尚③未相見，其行事掣肘可知，恐非地方之利也。臣等愚見以爲，啟元既自請勘合，無即允所請，行令撫按作速勘完具奏，此於啟元一無所損，而久④不失從來奏請之例，庶諸臣之心舉安，而於封疆亦大有裨益矣。謹擬票進呈御覽，伏候聖裁。臣等不勝……"

十二日甲午，大學士葉向高、方從哲謹題："每歲二月初旬題知擇吉恭進日講講章，初十日恭進經筵講章。今經筵日講講官翁正春，已奉旨給假去訖，前項講章缺官辦理。此係國家大典，不可久曠，臣等推得禮部右侍郎孫慎行、詹事府詹事何宗彥、右春坊右庶子孫如游，俱堪補用。其孫如游資俸已深，合無量陞詹事府少詹事，兼翰林院侍讀學士，與孫慎行等各令辦理前項職事？屢次催請，未蒙批發，伏乞俯賜俞允，敕下吏部，遵照施行。臣等未敢擅便，謹題請旨。"

十三日乙未，大學士葉向高謹奏："爲恭謝温綸再懇天恩哀憐允放事。該文書官冉登捧出聖諭，到臣私寓：'諭元輔：朕昨覽卿所奏，知卿微傷左足，請假暫攝，已逾旬餘，諒必痊愈。目今典禮隆重，國家⑤繁多，正賴卿等匡濟，豈可久居私寓？宜即遵旨速出，入閣佐理，以副朕佇望之意。毋得再有託陳。特諭。欽此。'臣謹扶掖下牀，叩頭恭謝。又該臣以病患日深，乞賜骸骨，奉旨：'卿前以傷足請假，朕意調理易痊，奈何因此遽興歸志？今國家多事，目前聖母大禮未襄，幾務煩難，急需贊理，卿調攝已久，稍可即出入閣視事，以慰眷懷。不允所辭。

① 勘　據下文"勘"下當有"合"字。
② 惜　《綸扉奏草》作"錯"，是。
③ 尚　《綸扉奏草》卷二六"尚"上有"撫按"二字，是。
④ 久　《綸扉奏草》卷二六"久"作"又"，是。
⑤ 家　《綸扉奏草》卷二七"家"作"事"，是。

① 夫 "夫"當作"天"。

② 寢 《綸扉奏草》卷二七"寢"作"陵",是。

③ 面 《綸扉奏草》卷二七"面"上有"一"字,是。

④ 㙇 《綸扉奏草》卷二七"㙇"作"塚",是。

⑤ 耆 "耆"當作"者"。

吏部知道。欽此。'臣終朝之間,兩辱溫綸,一勤中使,踢夫①蹐地,無以自容,而中使又傳宣聖意,必欲臣出,是臣之病告下情,尚未足以動天聽,其超生救死尚未有路也。悲傷之極,不覺對中使而涕泗橫流,幾至隕絕矣。臣受事八年,陳乞無數,向非憑依靈寵,結戀恩私,必不能延至今日。情有所必窮,而勢有所必極,今日固臣至窮至極之時也,即皇上之所以留臣,亦窮極而無以復加,則何如放臣一去,使君臣之間,寬然有有餘不盡之意之為愈哉?目前聖母大禮中,十完七八,祇有山寢②一事,禮、工二部自能任之。臣查累朝山陵之期,大較不出百日內外,蓋禮制固然,而梓宮久在內殿,亦為非宜,聖母襄事,當必不遠。皇上但面③允臣之歸,臣未敢即去,俟匍匐擕扶哭送聖母於郊外而後行,以少盡臣子之心。其他幾務雖煩,有臣從哲料理,其大者不過東宮講學、補大僚、起遺逸數事,是在皇上可以片言而裁,該部可以奉詔而請,無所庸臣為矣。臣聞之,狐死首丘,臣區區血誠,惟欲以此一副骸骨,歸死於先人㙇④墓之傍。至於聖恩深厚,無從報稱,則惟有生生世世,變為蛇雀,化為螻蟻,以補以未了之念而已。抑臣又有言焉。臣生平快口直腸,語言不慎,久典樞機,必招禍患。數年來本章票擬,皆臣一人,謬戾實多。昨言者責臣,絲綸之重,可以入幕而要求,羅織之獄,可以假途而得旨。舌端之意指自明,筆底之風濤橫作。臣甚愧之,服之。頃自杜門後,即告臣從哲,一切票擬不必相聞,庶幾少贖既往之愆,用紓天下之慮,是亦臣報國之一端也。更望皇上速允臣去,以安人心。臣不勝……"

是日,大學士葉向高、方從哲謹題:"為敬循舊典仰乞天恩存問耆⑤德輔臣事。臣等查累朝舊例,大臣年八十以上有存問之典,而輔弼重臣又與他官不同。遠如王鏊、謝遷、毛紀、賈詠,近如徐階,或年登八十,或未及八十,皆蒙特恩遣官存問。前此庚戌之歲,原任大學士沈鯉八十,臣等擬請存問,而士大夫間咸謂,鯉以精忠亮節,未登首輔,經綸康濟之猷,未及盡究,方當旦夕召用,以慰輿情,不必遽舉此典。臣等遂逡巡而不敢言。今徵綸尚稽,而鯉年已八十四矣,若復遷延不舉,終是闕事。今歲原任大學士申時行，年又登八十。臣等竊念，時行事皇上日久，在綸扉十有四年，當國之日居其大半，老成持重，深得輔相之體，又當時政鋭急之後，濟以寬和，元氣漸復，其調劑苦心，蓋有天下人所不及知，而皇上獨知之者。優游林下二十餘年，完祉備休①，近世罕見。其與鯉名德壽考，同在一時，皆人倫之領袖，聖代之光華也。臣等查有毛紀等事例，輒敢上聞。如蒙皇上俯念二臣爲昔日舊人，特敕禮部查照舊規，各差行人一員，齎敕前去存問，仍量加賞賚，用示優崇，於以昭聖主眷念耆宿之盛心，而增清朝巖居之盛事，豈不美哉？至於順輿情以行召用，是在聖裁，原不因此而相妨也。臣等不勝……"

十七日巳②亥，大學士葉向高、方從哲謹題："該兵部尚書王象乾，屢奉明旨，令署掌銓務，業已按印管事矣，頃又具疏，以病尚未全③請假調理，其教職掣簽欲令司官代行，急選大選及會推諸事欲暫停止，以待新臣之至。臣等竊以爲不可。夫急、大二選，乃祖宗舊制，遵行已久，豈容暫停？內而部寺，外而巡撫，向來懸缺不止十餘，會推豈容再緩？今若概行停止，則銓政益壅，人心益鬱，甚非皇上付託象乾之意也。伏望立發原疏，責令遵旨速出，完此大事，吏治幸甚。臣等又接得太僕寺卿陳禹謨等揭，謂巡視科道無人，本寺一應錢糧，入者不敢徑收，出者未敢輕放，各邊年例、撫賞等銀，守候已久，發解無期，關係邊情甚非眇小。臣從哲今早入長安門，有遼東領銀委官告稱，召募新兵，五月無糧，嗷嗷待哺，恐生他變。臣等聞之，不勝凜凜。更望皇上將原推科臣姚宗文、道臣劉光復，亟賜點用，庶營務以重，邊釁可消。臣等曷勝……"

二十日壬寅，大學士方從哲謹題："本月初九日，蒙發下司禮監太監盧受本，爲水田一事。上傳：'不准他。'臣念此地應否開置水田，難以臆度。且前此數日，御史黃彥士投揭於臣，備言開墾之利，臣於此時欲擬敕下户部查議上請。已復自思，

① 休　《綸扉奏草》卷二七"休"作"庥"，意同。

② 巳　"巳"當作"己"。

③ 全　《綸扉奏草》卷二七"全"作"痊"。

①切 "切"當作"竊"。
②目 "目"當作"自"。
③延 "延"當作"廷"。
④祉 "祉"當作"杜"。

既奉上傳，計皇上必已詳覽圖說，真知其不可，臣安敢以未明之見，妄自主張？更欲具揭講明，而時已入夜，不能久待，遂不得已，以不准開究、嚴行禁止擬上。至於原奏金祥等無知小民，何足深較？乃未幾而法司提問擬罪之旨下矣。臣不勝驚異。伏念臣以不才，切①居禁近，朝廷之上，事無大小，咸得與聞，獨此一旨也，擬之目②臣而上未見允，發之自上而臣不及知，則臣之所職者何事？而皇上之任臣者何爲？且無論水田當開不當開，諸人當究不當究，祇以此事上關國計，下係輿情，而臣既不能調劑於先，又不得挽回於後，溺職之罪，將何以自解於天下也？邇因同官向高請假杜門，臣暫時代票，曾未數日而遽紛紜若此，臣之不稱任使，已可概見。靜言思之，惶愧無地。伏望皇上留神萬歲，自後臣等票擬如有處分不當、未合聖心者，不妨明白傳示，容令改擬進覽，取自聖裁，庶臣等得少紓匡救之忠，而國政亦可免愆忘之失，國事幸甚，臣愚幸甚。"

是日，大學士葉向高、方從哲謹題："爲印信事。照得掌詹事府事吏部左侍郎翁正春，已經奉旨給假省親，該府印信缺官掌管。臣等謹推得原任吏部左侍郎兼翰林院侍讀學士掌詹事府事劉元震，資俸最深，家居已久，擬將本官起陞禮部尚書，兼翰林院學士，掌管前項印信。其新起吏部左侍郎協理詹事府事教習庶吉士劉楚先，資俸與元震同，合無將本官加陞禮部尚書，兼翰林院學士，協理、教習俱照舊？竊惟詞林之官，以科爲次，即卿貳顯秩亦多序推。二臣由隆慶辛未進士，在臣等四科之前，今臣等誤蒙聖恩，叨濫已過，而二臣官品尚列亞卿，臣等深以爲愧，故擬量加陞擢，以副聖明求舊之意。但恩典出自朝延③，臣等未敢擅便，伏乞敕下吏部，查照施行。謹題請旨。"

二十八日庚戌，大學士葉向高、方從哲謹題："頃者兵部尚書王象乾以人言乞休，祉④門辭印，吏、兵二部並無一人，諸務盡皆停閣。竊意皇上必且悚然動念，亟爲處置，亟爲推補。乃象乾辭疏及吏部題請署印之疏，俱未檢發。不惟象乾進退無據，而一時各官，當陞者不得陞，當選者不得選，銓務壅滯，人情惶惑，深可慮也。伏望皇上將象乾原疏立賜剖斷，或令照舊供職，或令仍署吏部，統候聖裁。其新點尚書鄭繼之、侍郎李誌，相應急催，令其上累①前來供職，仍將近日會推吏部侍郎孫慎行、禮部侍郎何宗彥，並賜點用，俾即到任管事。庶分理有人，部務不廢，此目前最切最要之事，不容時刻緩者。萬惟聖明留意。臣等不勝……"

是日，大學士方從哲謹題："竊見首臣向高杜門求去已經月餘，皇上宣諭慰留亦復半月。該臣屢以聖恩高厚，時事艱難，再四敦催，尚未肯出。臣以一人在直，事體煩鉅，委實難勝。即如皇太后喪禮，禮節殷繁，禮、工二部題請殆無虛日，臣獨力承之，典制既有未諳，擬議豈能盡當？應酬旁午，錯誤必多，甚多②皇上慎重大禮之意也。且向高之疏，亦言聖母發引，當攜扶哭送，以盡臣子之心。夫臨時攀哭，固是送死之誠，先事經營，尤見慎終之禮。皇上試以此諭首臣，當亦不能安然堅臥也。伏望皇上將臣前擬勉留之票，即賜批發，俾令速出，庶託重得人，政幾無誤，而臣愚亦可少免溺職之罪矣。臣不勝……"

二十九日辛亥，大學士葉向高謹奏："爲頻辱溫綸恭謝天恩再陳愚悃事。該文書官金忠捧出聖諭，到臣私寓：'諭元輔：朕前已諭卿，雖微傷左足允假，暫攝即出，何乃又有此奏？即今聖母大典未襄，兼國家多事，政務繁重，正賴臣③襄贊理，卿爲元輔，豈忍久臥言去？奈國事何？其大僚、遺逸等事，朕以悉知。卿素公清直諒，豈得以浮言介懷？宜遵屢諭，安心即出，入閣佐理，以副朕佇望至意。不必再陳。待④諭卿知。欽此。'臣以病困不能出至庭中拜伏，祇扶掖下牀，叩頭恭謝。竊惟隆恩至此，近世希聞，欲匍匐黽勉仰答聖心，而力不能強，欲瀝膽披肝少攄感念，而口不能宣，惟有對中使涕泣而已。臣病足未痊，加以宿疾如下血痔瘡，新患如腦漏鼻衂，一時並作，萬苦俱叢七尺之軀，累臣已甚，臣亦自厭其殘生矣。人情窮急，必呼天呼父母，皇上之恩臣念臣，過於天地父母，臣不控訴皇上，更將誰控？皇上以國事繁重，苦欲留臣，不知臣在此無益

萬曆四十二年

三〇六一

① 累 "累"當作"緊"。

② 多 "多"當作"非"。

③ 臣 《綸扉奏草》卷二七"臣"作"匡"，是。

④ 待 《綸扉奏草》卷二七"待"作"特"，是。

① 事 《綸扉奏草》卷二七"事"作"罪"。

於國事之分毫，而徒以累君父之眷念，多留一日，即增一日之罪。古人欲休官者曰：無官一身輕。臣竊以爲無官萬事①解。使臣得逭罪而去，苟安林壑，延醫問藥，庶幾猶有痊可之期，皇上之於臣，不啻起白骨而再肉之矣。臣乞歸頻數，孤負聖恩，自慚自恨，非病極情危，萬不得已，不敢如此。如其遞請遞出，終年言去，終年不去，是真頑鈍之尤，何以對士大夫？而皇上亦安用此臣爲哉？萬望聖慈俯垂矜允，或照先臣王錫爵事例，賜臣一假，臣若未死，尚可再來，是亦皇上之所以恤臣也。臣不勝……"

萬曆四十二年

　　五①月一日壬子，朔，大學士葉向高、方從哲謹題："爲敬循舊典仰乞天恩存問耆德輔臣事。臣等查累朝舊例，大臣年八十以上有存問之典，而輔弼重臣又與他官不同。遠如王鏊、謝遷、毛紀、賈詠，近如徐階，或年登八十，或未及八十，皆蒙特恩遣官存問。前此庚戌之歲，原任大學士沈鯉八十，臣等請存問，而士大夫問②咸謂，鯉以精忠亮節，未登首輔，經綸康濟之猷未及盡究，方當旦夕召用，以慰輿情，不必遽舉此典。臣等遂逡巡而不敢言。今徵綸尚稽，而鯉年已八十四矣，若復遷延不舉，終是闕事。今歲原任大學士申時行，又登八十。臣等竊念，時行事皇上日久，在綸扉十有四年，當國之日居其大半，老成持重，深得輔相之體，又當時政鋭急之後，濟以寬和，元氣漸復，其調劑苦心，蓋有天下人所不及知，而皇上獨知之者。優游林下二十餘年，完祉備休，近世罕見。其與鯉名德壽考，同在一時，皆人倫之領袖，聖代之光華也。臣等查有毛紀等事例，輒敢上聞。如蒙皇上俯念二臣爲昔日舊人，特敕禮部查照舊規，各差行人一員，齎敕前去存問，仍量加賞賚，用示優崇，於以昭聖主眷念耆宿之盛心，而增清朝巖居之盛事，豈不美哉？至於順輿情以行召用，是在聖裁，原不因此而相妨也。臣等不勝……"十五日，諭禮部：'昨覽輔臣向高等所奏，在籍輔臣申時行、沈鯉，輔朕有年，忠勞茂著，今年已八旬，足稱榮壽，齒德尊崇。宜寫敕差官，前去存問，各賜銀五十兩、大紅紵絲蟒衣一襲，綵段四表裏，以示朕優禮耆舊碩德之意。故諭。'

　　三日申③寅，大學士葉向高謹題："臣伏枕中，聞今日恭題聖母神主，同官臣從哲遣人來言：閣臣例當恭視。臣以病不能入，心甚不安，然書寫既有中書官，恭視又有臣從哲，則臣亦可以不預。昨皇上諭臣，謂聖母大典未襄。臣念聖母大典，惟山陵未畢，一切事務係禮、工二部料理，祇日期未定，不便遵行，仗④望皇上即行檢發。此外亦無他事，如其有事，臣雖病也豈敢推辭？若匍匐奔送，則臣餘息尚存，猶當扶掖以從百官

① 五　"五"上當有"萬曆四十二年"六字。

② 問　"問"當作"間"。

③ 申　"申"當作"甲"。

④ 仗　"仗"當作"伏"。

之後，少盡臣之一念耳。"

是日，大學士葉向高、方從哲謹題："該臣等欽奉聖旨，本月初三日，率中書官於南薰殿，恭寫聖母孝定貞純欽仁端肅弼天祚聖皇太后神主神位。臣等歷稽祖制，凡太后神主神位俱不用'太'字。蓋因太后之號，乃臣子尊奉之稱，若神主神位則列於帝后之側，於禮未宜。今臣等謹遵舊例，題稱'孝定貞純欽仁端肅弼天祚聖皇后'。謹具題知。"是日，奉旨："覽卿等所奏，具見詳慎。著遵祖制行。"

四日乙卯，大學士葉向高、方從哲謹題："照得戶部郎中李札①先以出位妄言，奉旨看議。隨該部院擬以降調外任。自十二月至今，已半年矣，而明旨未下，不惟人心未協，即朴之心亦不自安，故屢疏乞歸，誠以勢必不能暫留也。昨見朴又具一疏，意雖求去，中間復多牽摭，儻科道諸臣從此又起一番爭辯，豈惟煩瀆聖聰，即臣等亦甚厭若②之。近吏部催請之疏，臣等業已擬上，伏望皇上留神，即賜檢發，則朴一去而羣情自服，煩言自消，存國體而杜紛囂，所官③於時政不小。臣等不勝……"

十日辛酉，大學士葉向高、方從哲謹題："竊見聽補科道諸臣，候命以來，累月經年，茫無歸著。該吏部題請，及臣等揭催，亦既舌蔽唇焦、心殫力竭矣，而天聽未回，俞旨尚寂，徒令諸臣羈棲邸舍，荏苒歲時，身居不進不退之間，名有有④無官之際，殊為不便。今恩詔普頒，遺賢並錄，海內人士莫不彈冠相慶，咸得耀於光明，獨此數人者，守輦轂之下，依日月之光，乃坐困窮年，不得一展其用。竊恐羣情尚鬱，聖孝未光，臣等不但為諸臣惜，兼為國體惜已。伏望皇上乘此庶政更新之會，霈發德音，將科臣楊道寅等、道臣唐世濟等，盡補原職。則久屯之恩澤一旦旁敷，將久鬱之人心崇朝歡忭，諸臣有不感激矜奮，致身報國者，臣不信也。臣等叨居輔弼，職在用人，故不辭煩瀆再為印⑤請，惟皇上留臣⑥速允，諸臣幸甚，臣等幸

①札 "札"當作"朴"。

②若 "若"當作"苦"。

③官 "官"似應作"關"。

④有有 《綸扉奏草》卷二七"有有"作"在有官"，是。

⑤印 "印"當作"申"。

⑥臣 《綸扉奏草》卷二七"臣"作"神"，是。

甚。不勝……"

是日，大學士葉向高謹題："臣今日接得福建撫按官揭帖與臣鄉縉紳親友之書，言稅監高寀激變事。臣一讀之，驚駭欲絕，之①方之安危在於呼吸，不得不急控於皇上。寀在福建日久，人甚苦之，近聞其帶管廣東，延頸企踵以望其去。然臣以爲，移此害彼，均是王民，不忍使廣東獨受其禍。而寀以將有粵行，搜括愈甚，造船蓄貨，索取民間百物，凡領價者毫不給與，且加以鞭箠。人情憤慈②，聚集該監衙門，由百而千，由千兩③萬，喧閧不已。該監遂令左右行兇，殺死二三十人，盡焚其屍，射放火箭，燒燬民屋數百間。百姓聚某④愈多，環起而攻之，地方官勸諭方散。次日，該監復躬自提刀，率領百餘人，皆張弓露刃，突入巡撫公署，捉拏巡撫併巡撫之子，至於街中。兩司官李思誠、呂純如等冒刃解救，方放巡撫回衙。復劫李思誠、呂純如爲質。次日，以陳同知代之，思誠等方得脫身，其狼狽顛沛之狀，不可盡言。既撫按⑤自惜體面，疏中亦不欲盡言也。今百姓既與該監爲仇，勢不能已，該監懼百姓爲難，必募人集兵，與之抵敵，兩下戰爭，將地方受其塗炭，而負山阻海之奸民乘之爲亂，內鳩亡命，外引倭夷，東南之禍自此始矣。又豈但如雲南之楊學⑥、湖廣之陳奉已哉？臣恐撫按官所言，或因相激，未敢遽信，乃鄉人之書，無不云然，具更甚焉。臣上憂國家，下憂桑梓，莫知所措。惟望皇上亟煥綸音，將寀撤回，責令撫按官差人用心護送出境，約束百姓，不許爲亂，是豈但臣鄉之大幸？亦寀之大幸也。臣與寀素無往來，絕無嫌怨，委以事情危迫，不得不言。若有一毫敢欺君父，天地鬼神當殛臣矣。計該監亦必有疏，別生事端，激怒皇上，尤望聖明炤察。臣不勝……"

十一日壬戌，大學士方⑦從哲謹題："昨日是福建撫按揭貼，言稅監高寀激變地方之狀，臣⑧讀之不勝駭異。夫寀權閹日久，播惡多端，怨毒滋深，人心痛恨。近因入粵不遂，益肆誅求，索取金珠寶物動至千百，又私造雙桅海船，置辦通番諸

萬曆四十二年

三〇六五

① 之 《綸扉奏草》卷二七"之"作"一"，是。

② 慈 《綸扉奏草》卷二七"慈"作"怒"，是。

③ 兩 "兩"當作"而"。

④ 某 《綸扉奏草》卷二七"某"作"集"，是。

⑤ 既撫按 《綸扉奏草》卷二七"既撫按"作"即撫按官"。

⑥ 學 《綸扉奏草》卷二七"學"作"榮"，是。

⑦ 方 "方"上當有"葉向高"三字。

⑧ 臣 《綸扉奏草》卷二七"臣"下有"等"字。

貨，一切價值分毫不與。小民虧折賠累，憤激難堪，昨四月十一日，因索價不得，羣聚鼓譟。寀不能以理諭遣，當令左右執持刀鎗，殺傷多命，舉放火箭，燒燬民居。次日又突入巡撫衙門，並其子刦之以出，復挾道府都司等官質於置中，兇悖猖狂，勢同及叛。此其心尚知有朝廷？尚知有天日乎？向來稅使貪橫，無如楊榮、陳奉等，然止於荼毒百姓，凌辱有司，並未有悍然敢與巡撫重臣爲難者。寀之狂肆若此，則其平日恣睢暴虐，草菅人命，弁髦法紀，又當如何？即今民情洶洶，衆怒難解，其勢必甘心於寀而後已。若寀一日不去，則衆心一日不安，將來之禍更有大於此者。臣①不暇爲寀惜，直爲八閩安危惜已。伏望皇上，亟發明旨，敕寀即日回京，其福建及廣東稅務，俱令有司料理。則綸音一布，萬衆歡呼，地方危而復安，人心亂而復定。不惟寀得保其首領，而海濱重地可無阢隉之虞矣。昨午後復接兩廣總督張鳴岡揭帖，亦言高寀貪橫之狀。聞之令人髮指，至其假汙衊之詞，行脅制之術，則又市井無賴所爲，不足以欺三尺之童者。惟祈皇上速斷，以惠此一方，毋徒視爲尋常，遲疑不決，致貽東南無窮之患也。計寀早晚疏至，必且誣捏地方諸臣，以卸己之罪，尤望聖明洞察。臣②不勝……"

十四日乙丑，大學士葉向高、方從哲謹題："照得吏科缺都給事中，該部已推工科左給事中李瑾陞補，而明旨未下。掌印無人，一切章奏悉皆停閣，不得發抄，是以一官之缺，致使王言壅而不宣，人情鬱而不暢，所繫甚不小也。兼以二月選官，守候文憑，至今未領，使諸臣雖有官守之寄，而無赴任之期，曠職廢時，豈成政體？目下大選教職及意③、大二選又千有餘人，咸望吏科掌印有官，方得領憑赴任，人數更衆，屬望更殷，皇上念及於此，有不容時刻再緩者。乞檢吏部原疏，將李瑾即賜點用，以存國體而慰羣情。臣等不勝……"

是日，大學士葉向高、方從哲謹題："恭照本月十六日夏至，大祀地於方澤，例該大臣二員分獻。先該臣等擬臣從哲及尚書王象乾，未蒙批發。適聞象乾身有期服，不當與祭，竊恐

① 臣 《綸扉奏草》卷二七"臣"下有"等"字。

② 臣 《綸扉奏草》卷二七"臣"下有"等"字。

③ 意 《綸扉奏草》卷二七"意"作"急"，是。

臨時更改，必致誤事。查得閣部大臣，除臣向高杜門、及李汝華等看牲外，祇有侍郎孫慎行堪以改遣。伏望皇上於原疏中，改遣臣慎行同臣從哲前往供事，庶分獻有人，而大典不誤。臣等不勝……"

十七日戊辰，大學士葉向高、方從哲謹題："頃接吏部署部事兵部尚書王象乾揭帖，言山陵大事舉行在邇，一切監禮護送執事等官，需人人①甚衆，見今部寺卿貳寥寥數員，恐分遣無人，步送無人，於典制有虧，觀瞻不雅，甚非皇上孝事聖母慎重大禮之意，欲祈盡點會推諸臣，以補久缺之官聯，以盡無窮之孝思，此真目前之急務也。臣等竊見，邇年以來，九列空虛，百職曠廢，其在平日不過東那西借，苟且支撐，而今何時哉？皇上所以竭誠於聖母者，祇此一事，所以自盡其孝思者，祇此一時，乃以缺官之故，使禮文不備，大典不光，無論聖母在天之靈不能盡慰，以皇上孝事聖母，歡②歡聚順四十年如一日，而乃於慎終之禮闕略若此，於心獨無憾乎？異日追思，雖悔之何及？伏望皇上，深維大禮不可或忽，大僚不可不充，亟允部推，立賜點用，使天下謂皇上因聖母之故而陞補多宮③，其感頌聖孝，當不在起廢、赦罪、蠲租之後矣。臣從哲適見禮臣孫慎行，言發引擇吉已奉明旨，襄事之期約在一月之內。中間尚有許多禮節，許多題請，必朝上夕下方不後時，而禮科無人發抄，恐致誤事。更望皇上將該科署印之官即賜批發，是亦今日之急務也。臣等不勝……"

十九日庚午，大學士葉向高謹奏："爲病臣乞歸迫切敬效愚忠仰酬洪造事。臣自伏枕以來，百事不間④，今病患愈深，勢在必去，不宜復談天下事。然臣受恩深重，倍萬尋常，一日未死，一日不能忘國家之憂。呻吟中每念大僚缺乏，邊餉空虛，候補科道諸臣久未奉旨，大選各官文憑未領，不得赴任，京營巡視無人，馬價久稽，吏部題上起廢各官未蒙批發，皆關係目前急務，不容停緩。該同官臣從哲先後懇請，臣亦附名，不知

① 人　此"人"爲衍字。

② 歡　《綸扉奏草》卷二七"歡"作"承"，是。

③ 宮　《綸扉奏草》卷二七"宮"作"官"，是。

④ 間　《綸扉奏草》卷二七"間"作"聞"，是。

聖明一一詳覽與否？臣竊觀皇上留心政務，凡事雖多遲留，乃至重大緊急，未嘗不行。今九卿共止六人，奔走支撐，日不暇給。而共①最苦者，如戶部之李汝華，以一人而兼尚書、侍郎之任，又兼總督倉場，米鹽簿書，凌雜煩瑣，手口俱瘁。而又加以糧餉之難處，那借未幾，告匱又至。奈何無人一分其勞、一佐其畫②乎？禮、工二部有山陵之事，而以一侍郎兼總，既困其人，亦輕其典。刑部一侍郎，且兼都察院矣。三法司重地，寂寥乃爾。頃尚書王象乾惓惓以山陵大禮追送無人爲言，臣謂即不爲山陵計，大僚亦不可不補也。候補諸臣，其前資者已經十年，後資者亦經五年，在京守候又一二年，尚未得效一官半職之用，國制於丁憂官率多優處，奈何於諸臣而獨困之？且人數無多，何所疑慮而靳惜若是？吏部③都給事中，京營科道，循資遷轉，遇缺題差，尋常事耳，乃因靳此三人，而使千百候憑之官坐困都下，百萬待哺之卒號泣邊隅，甚非計也。至於起廢一事，以皇上憐才之盛心，行聖母施恩之遺命，普天率土誰不歡欣？乃留中日久，人情轉疑。臣竊謂詔中此款，乃皇上獨斷，御筆親書，斷無不行之理。或吏部所議擬未合聖心，則當令其再斟酌上請，以聽聖裁，或即賜明示，使可奉行。惟是遷謫諸臣，詔中謂部覆未下者照原擬用，聖意尚未甚明。臣查當日之部覆，皆已得旨，又皆係首領雜職，淹屈久者已二十餘年，苟令仍守故秩，不一敘遷，不幾虛此詔乎？臣謂該部宜善體聖意，酌量推用，不論在內在外，皆可自效。其向經降謫，後已錄用，不在起廢之例，如鄒元標、饒申④輩，宜特疏爲請，使先被聖恩者也。乃臣又有懇者，臣鄉稅使在閩日久，近有激變之事，臣不敢言其他，即以巡撫重臣、司道大吏而輒肆迫挾，紀綱法度敗懷⑤已極。即該監不得已自爲救死計，亦豈無他策？何遂至此？今民怨日深，禍變不測，地方官日陳兵爲衛，萬一勢不可支，如滇南故事，則國體盡傷，而天下後世謂聖明臨御之日，頻見如此之事，又因權稅而致，其爲聖德累殆不小矣。及今即賜撤回，所全實多，亦所以全案也。此事臣知聖明必有處分，但早一日，則地方早安一日耳。以上諸事，皆臣從枕上，

① 共　《綸扉奏草》卷二七"共"作"其"，是。

② 畫　《綸扉奏草》卷二七"畫"作"晝"，是。

③ 部　《綸扉奏草》卷二七"部"作"科"，是。

④ 申　《綸扉奏草》卷二七"申"作"伸"，是。

⑤ 懷　《綸扉奏草》卷二七"懷"作"壞"，是。

往來胸中，不能自遣，僵臥口占，語無倫次。譬如去婦，將出門時，猶沾沾談説家事，非愚則迂，要亦自盡其心而已。臣言止矣，統望聖明俯垂炤察。臣不勝……"二十九日，奉旨："朕覽卿奏，直陳時政切要，具見愛君憂國之誠。補大僚諸事，稍俟檢發。起廢亦當詳覽施行。高寀事，知道了。卿雖調攝在寓，常以國事爲心，何乃堅臥求去、屢諭不起？矧今聖母梓宮發引期迫，卿宜遵旨即出，共襄典禮，以慰朕懷。慎勿再辭。該部知道。"

二十一日壬申，大學士方從哲謹奏："爲摘舉時政要務懇祈聖斷亟賜允行以新化理事。臣見邇年以來，朝廷之上精明振作之意少，因循廢弛之弊滋，政事日壅，人情日鬱，心竊憂之。間從同官向高之後，隨時臣①救，因事納忠，而力簿②誠微，未能遽回天聽，容容度日，尸素懷憼，犬馬私衷思效一得之愚久矣。臣不必遠稽帝王之盛軌，近述祖宗之休烈，祇以皇上萬曆初年之政觀之。當時有大僚不補，九列空虛，事事代庖，人人兼攝，如今日者乎？有候補科道，坐守經年，困頓羈縻，拜官無日，如今日者乎？有按差報滿，巡歷已周，更替無人，閉門守候，如今日者乎？有都科久缺，章疏停留，巡視無官，營務廢閣，如今日者乎？其他缺人、廢事，未可枚舉。夫皇上聰明神聖，不減於昔也，總攬萬幾，孜孜求治之心，亦不殊於昔也。乃昔何以勤？今何以怠？昔之章疏何以朝上夕下？而今何以強半留中？昔之用人，何以隨缺隨補？而今何以遲疑不決？此臣愚所深思而不得其故者也。今天下非無事之日也，前項諸臣又非可有可無之官也。一官缺則一署空，一職曠則百務廢。本部署別部之事，則職業不專，一人兼數人之勞，則精神難繼。藩國無巡方之使，誰與澄清？掖垣缺掌印之官，誰司封駁？即今文憑未發，選人之赴任無期，邊餉久稽，士卒之脱巾可慮。此無一非目前急務，而皇上奈何屑越視之也？至於起廢一事，始於聖母遺命，出自皇上特恩，中外歡呼，咸以爲太平之盛事。而俞旨未下，人心轉疑，膏欲布而猶屯，恩已施而復③，使分

①臣 "臣"當作"匡"。
②簿 "簿"當作"薄"。

③復 "復"下當有"停"、"收"之類一字。

①治 "治"下當有"國"字。

②大 《綸扉奏草》卷二七"大"作"犬"，是。

別起用之旨、出於宸衷獨斷、御筆親書者，亦格而不行，其何以示大信而彰孝思？皇上誠念及於此，當不容時刻少緩矣。夫治①猶治身然，人之精神不鼓舞則不奮，猶治家然，家之事務不整頓則不齊，今正皇上鼓舞、整頓之時也。伏望大奮乾剛，曠然與海內更始，盡黜大僚，亟補科道，下吏科都給事中之命，允京營巡視及各處巡按之差，而又恭奉慈綸，早宣德音，將吏部起廢之疏即賜檢發，毋再遲留，則明命甫頒，羣情胥暢，朝政有更新之會，而微臣亦可免瘝曠之羞。臣不勝悚息待命之至。"

是日，大學士葉向高、方從哲謹題："適蒙發下御馬監少監李成等本，上傳：'出旨。'臣等閱本中語意，大率謂屬弁侵欺公用銀兩，欲敕法司追究，而未嘗明言銀兩係何項錢糧，侵欺作何等情狀，但云蘇應誥等，而不指衆人之的名，得云又將今歲公用侵欺，而不開侵欺之實數。此其說似難盡信，據言邢洪屢題，未蒙批發，想皇上已洞見其情矣。臣等謹遵傳旨，擬票上請，計該部自能查勘虛實，不致枉縱。是亦平刑慎罰之一端也。伏候聖裁。"

二十二日癸酉，大學士葉向高謹奏："爲溫旨頻下愧感不勝再陳愚誠仰干天聽事。臣前蒙宣諭，具奏陳謝，奉聖旨：'覽卿奏謝，朕知道了。卿偶疾請假，朕已再次諭留，何爲堅卧求去？殊失朕懸望之意。山陵係慎終大禮，卿可即出，與朕襄事。若國家多故，尤非大臣潔身之時，尚體朕懷，勿得再有陳奏。該部知道。欽此。'臣惟皇上之事聖母孝誠，一念通天地，達鬼神，真千古僅見，使臣摩頂放踵可以助皇上之孝思，亦無所惜。兹以山陵大禮，命臣出而襄事，臣何敢違？亦何忍違？但念此禮，各有司存，閣臣不過按舊章而票擬，無所用臣，而臣前所陳病症日甚一日，杳無痊可之期，近又以稅使激變臣鄉，憂兼公私，寢食俱廢，即欲黽勉入直，勢必不能，孤負聖恩，罪當萬死。病中聞科臣劉文炳論劾御史徐縉芳、劉策、陳一元，謂其皆臣私人，藉臣靈寵，爲鷹大②瓜牙之用。劉策與臣杳不相及，若一元實係臣親，縉芳實係臣同鄉，固宜文柄有此議論，惟是臣以不肖之身，累及親戚，累及鄉里，又累及素不相知之人，大用愧心。而御史謝正蒙又以稅監事，責臣坐視鄉人之死而不救，其言甚切，其意甚厚。臣於此事，曾與同官力求處分，其坐視與否，皇上之所知也。即無論臣鄉，正蒙，粤人，臣之苦口苦心爲粤人請命，亦皇上之所知也。方高寀帶管廣東之命下，臣鄉士民聞寀將適粤，歡若更主①，延頸企足以望其去。撫臣袁一驥②難違衆心，是以有聽從其便之説。臣念粤人、閩人，疆域雖殊，然自皇上視之均是赤子，彼此何分？臣仰體聖心，不敢從臾寀之適粤也。使寀早爲粤行，則今日閩人之禍，粤人當之矣。臣實以此愧見鄉之父老，罪將何辭？正蒙又責臣不能盡罷権稅，僅減三分之一，尤爲根本切要之論，敢不心服？總之，臣望輕而居高位，能薄而值時艱，支東壞西，得此失彼，種種愆戾，臣實自知。二臣所言，皆其小者，與臣出處去就無相干涉。臣歸念久決，方欲力請，而適聞聖母發引之期，已擬定六月初九日，相去甚近，臣當忍死以待。伏望皇上哀憐，光③許臣歸。臣杜門屏迹，至期奔走攀送，公私兩盡，是尤臣之大幸也。如尚有貪戀濡忍不肖之心，以欺君父，則真天地間之罪人矣。臣不勝……"

是日，大學士葉向高、方從哲謹題："臣等竊見年來朝端多事，心甚苦之，近又加以李樸與諸科道攻訐不休，愈覺紛紜。樸之所言，雖出有激，然科道官豈無賢者？而一概詆毀，豈成事體？臣等已勸皇上速允部院之議，即放樸去，而尚未蒙處分。今見樸又連日上疏，將來復至大鬨，臣等不得已再申前請。伏乞皇上將臣等所前④擬上部疏即賜發行，或有未妥，望賜裁改。但使樸去，而朝端安靜，亦臣等之幸也。"

二十四日乙亥，大學士葉向高謹奏："爲愚臣輕躁蒙疑冒昧一方略明衷曲事。昨見御史過庭訓有疏，言高寀與蘆洲事，望臣以擔當。又謂臣欲指⑤四明以禍浙人。四明者，原任大學士沈一貫也。一貫，臣師，門牆之誼不薄。先歲以楚藩、妖書事，

① 主　《綸扉奏草》卷二七"主"作"生"，是。
② 驥　《綸扉奏草》卷二七"驥"作"驥"，是。
③ 光　《綸扉奏草》卷二七"光"作"先"，是。
④ 所前　《綸扉奏草》卷二七"所前"作"前所"，是。
⑤ 指　《綸扉奏草》卷二七"指"作"借"。

與禮部侍郎郭正域相失，臣處師友之間，兩懷憂念。其後一貫歸，正域没，兩下之結解矣。使臣有禍一貫之心，已爲險薄無行，況又借之以禍其鄉人哉？又況於其議論意見之偶同者哉？此真李林甫、盧杞之所不爲也。戊申、己酉之間，言者多云'淅①人'。臣曰：'淅②，大藩也，碩德名流項背相望，奈何以此二字輕置於口乎？'庚戌外計，孫丕揚出單③示臣，浙人之及者較他省稍多，臣問何故，丕揚曰：'其人數原多耳。'臣曰：'得毋以舊輔之故而波及乎？'因移書丕揚，力言其不可。丕揚報書：承教公平正大，敢不仰體？忍不仰體？臣於浙人果何懇也？御史歷數浙中之名臣，如於忠肅輩，謂臣不如。此其待臣殊厚。以臣自視，固不必遠引前哲，即目前浙中諸臣，內而朝列，外而藩方督撫，以清節宏猷著稱、勝臣十百者，夫豈無人？固皆與臣歡然莫逆者也。臣縱不能推轂，亦何至排之禍之？臣在事七、八年，浙中何人爲臣所排？爲臣所禍？御史若明以告臣，敢不任罪？以七、八年在事之日如此，今將出門而搆此大釁，何愚如之？至於韓敬，爲臣門下士，臣甚憐其才，科場議起，人方罪臣爲之解救。御史之不盡題，臣至今不知，乃疑臣以敬之故而遷怒，得毋過乎？總之臣快口直腸，語言不慎，道聽塗說，不避嫌疑，往往無其心而有其舌，無其事而有其形，一生大病，全在於此。御史之言，臣實有以致之，真臣之藥石也。臣心悅誠服，非爲套語。本欲付之忘言，而以事關浙人，所包者廣，如聽者不察，謂臣實有禍浙之心，是臣開罪一省之人，即幸而見原，臣獨不愧於衷乎？故敢略陳其愚，伏望聖明裁察。臣求去迫切，併望聖慈速賜臣歸。臣去之後，一切猜疑永消霧釋，豈但臣之幸，亦世道之幸也。臣不勝……"六月初三日，奉旨："卿輔政有年，公平正大，毫無偏黨，坦衷直道，朕所鑒知。言官未悉卿生平，妄相猜疑，何足深辯？卿宜安心，即出贊理，以定國是濟時艱，毋得再有託陳。該部知道。"

二十七日戊寅，大學士葉向高、方從哲謹題："該文書官冉登捧出諭到閣：'諭內閣：朕覽河南撫按官奏報，朕弟潞王，乃

①淅 "淅"當作"浙"。
②淅 "淅"當作"浙"。
③單 《綸扉奏草》卷二七"單"上有"一"字。

因思慕聖母仙逝，成恙未愈，偶爾痰火上壅，於五月十五日辰時薨逝，朕甚悼切傷感。合行事宜，卿等即着該部，查優厚例出旨。朕欲遣一內官往吊，卿等可詳議來行。時①諭。欽此。'竊惟潞王爲皇上同氣周親，分封以來，素昭令德，謂永膺福祉，與國同休，今乃以追思聖母之故，一旦薨逝。是其孝本因心，毀至滅性，王之賢固因此益彰，而其情亦可悲已。皇上友於之愛，篤於平時，況值此大變，能無孔懷之戚？悼切傷感，在聖心誠有不能自已者。除合行事宜應從優厚，臣等即遵諭傳示該部查例外，其欽遣內官往吊，出自皇上特恩，以恤潞王之私，則爲至仁，以推聖母之慈，則爲至孝，情禮兼至，度越尋常，臣等不勝欣服。其當用祭文、祭儀及應行諸事，容臣等再加酌議奏請。惟望皇上抑情就禮，保攝聖躬，臣等不勝至願。所有聖諭，尊藏在閣。謹先具回奏以聞。"

是日，大學士葉向高、方從哲謹題："臣等以高寀激變事，仰瀆聖聽，懇求撤回，蓋非獨爲一方安危利害所關，亦爲國家惜紀綱，爲皇上惜體統也。候旨日久，未蒙處分，而地方撫按官告急之章，愈危愈懇。今日又接福建各鄉官揭帖，備述稅監之猖狂，與禍亂緊急之情狀，讀之可驚可駭。今人情方在擾攘，而高寀復拘禁同知陳豸，堅不釋放，撫按不得已令他官代拘，寀亦不聽。自來稅使暴雪雖多，然如此舉動從來未聞，傳之天下，書之史冊，寧不爲聖朝之辱？皇上方減稅恤民，德意甚盛，而此方百萬生靈望闕呼天，稽首諸②命，朝不謀夕，奈何日延一日、不一處分，以解此倒懸之苦乎？當此山陵倥偬、聖躬焦勞之日，臣等若少有可緩，豈敢如此頻瀆？萬懇聖慈即涣綸音，將高寀撤回。豈獨海邦之幸，亦宗社之大幸也。臣等不勝……"

是日，大學士方從哲謹題："該同官臣向高，數日之內三疏奏聞，諭③已盡經睿覽。其中間一疏，仍是求去之意，而謂俟聖母發引之時，奔走攀送。今去發引祇十餘日矣，該臣妻至寓所敦促再④，而向高猶徘徊未出。目下宮門哭臨，誰領班行？山陵題主，誰奉欽遣？如此大事而無首臣提調其聞⑤，非所以崇國體而慰輿情也。伏望皇上將臣先擬勉留之票，即賜批發，

① 時 "時"當作"特"。

② 諸 "諸"當作"請"。

③ 諭 "諭"字當爲誤文。

④ 再 "再"下當有脫文。

⑤ 聞 "聞"當作"間"。

萬曆四十二年

三〇七三

責令速出，以完大禮。不然，乞將第二次辭本發下，容臣再擬上請，恭候聖裁。臣不勝……"

三十日辛巳，大學士葉向高、方從哲謹奏："爲親藩薨逝恭慰聖懷事。臣等竊觀我皇上孝友之性，超古帝王。頃者聖母升遐，已深哀痛，乃兹復有潞王之變。在王既因思慕聖母而傷生，在皇上必且篤念賢王而增悼，骨肉手足至情，臣知聖心之難以自解也。但聖躬爲宗社蒼生所倚賴，當以天下國家爲重，勉抑哀情，以慰幽明之望。臣等聞之，盛衰禍福，相爲倚伏。皇上臨御四十餘年，太平有道之長，單厚多益之慶，千古僅見。乃日來宮闈天性之間亦多故矣，聖母崩，皇太子妃逝，皇太子第四子殤，今潞王又繼之，事變相仍，宸衷慘怛，臣等不勝杞憂。伏望聖明葆嗇精神以親政務，而無益之嗜好悉捐，廣收名德以備股肱，而久滯之成心盡化，干①以培前休而篤後祐②，是尤臣等惓惓愛君之一念也。臣等不勝……"初三日，奉旨："覽卿等奏慰，具見忠愛。朕知道了。禮部知道。"

① 干　《綸扉奏草》卷二八"干"作"于"，是。
② 祐　《綸扉奏草》卷二八"祐"作"祜"，是。

六①月一日壬午，朔，大學士葉向高、方從哲謹題："前蒙聖諭，以潞王薨逝，欲遣內官往吊，臣等仰見皇上誼篤②天倫，恩隆同氣，一以廣因心之友愛，一以體聖母之慈懷，仁孝並行，情禮兼備，甚盛舉也。臣等稽諸往例，凡親王妃薨，率遣內官吊祭，給與敕書。若親王，則無內官致祭之例。今皇一③有此特典，合無容臣等撰敕一道，令齎之以往，於以彰朝廷之殊卹，增藩國之休光？此亦禮之可以義起者。臣等又查得，凡親王薨逝，其子幼弱不能任事者，即敕王妃管理府事。但舊例必待本府或撫按官奉請，方爲題准。今潞王於皇上手足懿親，與他藩原自不同，即破格優恤，亦不爲過。合無敕下該部，照例具題，敕令王妃管理本府家事，免其奏請？是又皇上憫死恤孤之德意，超出尋常。而非臣等所敢擅定也。伏惟聖明裁奪，發下臣等施行。不勝皇恐俟命之至。"初四日，奉旨："卿等所奏，甚悉朕意。朕弟潞王薨逝，特遣內官往吊，着給與敕書。其祭儀及管理府事，着該部照例詳議，具奏來行。"

是日，大學士葉向高謹奏："爲君命難違臣義當決萬不得已苟延旬日以完大禮事。該臣以病乞歸，因條陳緊要時政，奉旨：'朕覽卿奏，直陳時政切要，具見愛君憂國之誠。補大僚諸事稍俟檢發。起廢亦當詳覽施行。高寀事，知道了。卿雖調攝在寓，常以國事爲心，何乃堅臥求去、屢諭不起？矧今聖母梓宮發引期迫，卿宜遵旨即出，共襄典禮，以慰朕懷。慎勿再辭。該部知道。'又該禮部題《爲喪禮事》，奉旨：'題主大學士葉向高。欽此。'臣以不才，積愆深重，頻辱聖慈，疊勤慰諭，至以題主大禮屬之匪人。臣且感且愧，意欲具辭；而自念受聖母厚恩，皇上命以供役，義不當辭。且同官臣從哲在閣中辦事，勢不能往，又無可辭。臣雖病也，尚當匍匐扶擕以完此事，禮成之日望皇上速放臣歸，臣若復靦顏抱病再入綸扉，則是良心盡死，不當視息於人世矣。其諸切要時政，明旨謂檢發施行者，望皇上留神蚤發。高寀之拘留同知，人情惶惶，朝不謀夕，如使同知有意外之虞，則地方之禍愈深，寀之罪愈大，將來更爲難處。皇上諭臣以'知道'，知聖心已有一定之處分，惟早斷一日，則

①六 "六"上當有"萬曆四十二年"六字。
②薦 "薦"當作"篤"。
③一 《綸扉奏草》卷二八"一"作"上"，是。

地方早安一日，而皇上亦省一日之煩聒，此臣之所冒昧瀆祈而不能自已者也。至於李朴，未上疏之先臣若知其姓名，既上疏之後臣若與有往返，天地鬼神當共誅殛。部覆降調，臣與同官屢請批發，有何私意？紛紛議論，東牽西扯，皆臣耳目之所未及，心思之所未到。臣聞大臣被言，義當引咎，不宜署①辦。身將隱矣，焉用文之？惟是以臣生平之伎倆，今日之權力，又五日京兆，猶煩諸臣之過計，鰓鰓虞其害人，則臣罪矣。臣不勝⋯⋯"初四日，奉旨："覽奏，知卿遵命恭詣山陵題主，具見忠敬。高寀，朕即有處分，可候旨行。李朴妄言，原與卿無干，何必置辦？卿宜安心，事完即入閣佐理，以慰朕懷。該部知道。"

是日，大學士葉向高謹題："伏蒙命臣恭題孝定皇后神主。臣方抱病乞歸，然以聖母大禮，不敢不力疾一行，謹欽遵至期照例帶領制敕房辦事禮部祠祭清吏司郎中兼司經局正字汪民敬，前赴山陵供事。再照內閣官供事山陵，舊例俱於內府司設監等衙門關領帳房、鑼鍋等項，錦衣衛撥人搃擡，回日仍還各該衙門。今次供事山陵，合無照例關領、差撥？臣未敢擅便，謹題請旨。"初五日，奉旨："聖母梓宮發引，知卿恭詣山陵點②主，朕甚嘉悅。帶去中書官員供事所用物件，着該衙門給與。"

六日丁亥，大學士葉向高、方從哲謹題："恭遇聖母皇太后梓宮發引，在皇上竭誠以襄大事，在羣臣循分以效微勞，萬衆奔趨，羣精鼓舞，皇上無窮之孝思亦可少慰矣。惟是內外大小官員，及旗校軍匠人等，幾於舉國而行，內地空虛，不無可慮。且以都城之廣大，宮禁之崇嚴，當法度廢弛之餘，人心玩愒之後，合宜申飭，用警疎虞。伏乞嚴諭兵部，行令該管衙門，各遵職業，申明禁令，巡緝姦究③，隄備非常，務比平時十分加謹，以保無虞。庶天語一頒，人心震肅，安京邑而奠宸居，實目前之要務也。臣等謹僭擬諭旨一道，仰乞聖明裁改，發下施行。通④聞兵部將有條陳之疏，亦望皇上留神，速賜批發，中外幸甚，臣等幸甚。"

① 署　《綸扉奏草》卷二八"署"作"置"，是。

② 點　"點"似當作"題"。

③ 究　"究"當作"宄"。

④ 通　《綸扉奏草》卷二八"通"作"適"，是。

兹者聖母梓宮發引，護送員役已經出榜曉諭外，其在京各該衙門，巡視防守也要比常加謹。便行與廠衛、城捕等官，各遵職守，申明禁令，譏察奸究①，隄備非常。一應直宿守衛官軍，及門禁夜巡諸務，尤宜十分嚴密，務保無虞。如有怠玩誤事的，一體治罪。故諭。"

八日己丑，大學士葉向高、方從哲謹題："該文書官張文元捧出聖諭到閣：'諭內閣：朕自足疾，遇朔望并各節皆朝謁聖母。聖母見朕足痛，步履不便，聖母慈恩，傳准着人攙扶行禮。今恭遇聖母梓宮發引，所行禮儀朕當親行，以盡孝誠。足疾尚未痊可，恐弗成禮，捧請神帛謁祖，着遣奠官恭代。朕遵奉慈命，用人扶掖，攀送聖靈。卿等傳示侯拱宸，潔處敬慎奉行。今諭卿等知。欽此。'臣等仰見皇上平日孝敬之誠，及聖母從來體恤之意，可謂情禮兼盡矣。今值梓宮發引，皇上宜何如哀痛？何如戀慕？凡送終大禮，豈忍有一毫之不備？有一事之不親？惟是聖衷摧毀之餘，足疾未盡平復，捧帛謁祖之禮委難躬行，臣等即遵諭傳示遣奠官侯拱宸，務仰體聖心，潔處敬慎，竭誠奉行。其攀送聖靈，皇上仍宜恭奉慈命，暫令左右扶掖行禮，庶皇上尊祖之念得以少伸，而聖母在天之靈亦可終慰矣。臣等竊見皇上於②總總之際，而聖敬愈益祇肅，聖諭③愈益周詳，自非純孝至德由於性生，何能周旋中禮如此？臣等益不勝欽服。所有聖諭，尊藏閣中。謹具回奏以聞。"

十日辛卯，大學士葉向高、方從哲謹題："臣等自大明門步送聖母靈輿，因陰雨泥濘，又器具不精，人夫短少，其行甚難。該太監李恩、永康侯徐應坤，復撥營軍湊用，稍得前進。而軍夫不慣擡擡，終是不便，直至一鼓方至土城關。若一路如此稽遲，非但聖靈不安，亦恐耽誤時日。臣等與奠獻使等計議，須嚴令五城速撥精壯慣熟人夫三百名，責令停當兵馬管押，即赴前途聽用，雖於今日未必能及，而明日亦有濟矣。臣等愚見如此，伏候聖明立賜裁斷。臣等不勝顒望之至。"隨奉旨："朕昨

① 究 "究"當作"宄"。

② 於 《綸扉奏草》卷二八"於"下有"喪事"二字。

③ 諭 《綸扉奏草》卷二八"諭"作"慮"。

萬曆起居注

攀送聖母梓宮，自午門一帶落雨，至承天門外行禮畢回，哀思梓宮難行，驚慌憂懼。覽卿①執綍步送聖母靈輿，勞苦可嘉。添撥人夫前赴幫助，協濟應用，尤見敬慎至意。該部知道。"

是日，大學士葉向高、方從哲謹題："臣等昨見梓宮起鼓方到土城，心切憂慮，誠恐營軍撐擡不慣，再致稽遲，故請行五城，選撥人夫前往協濟。適尚書王象乾差人來言，梓宮昨夜未至清河，以扛木將傷，難以前進。臣等不勝驚駭。合宜急令該監，選擇堪用木料，派撥夫匠，前去修理更換，庶行期不誤，聖靈得妥。伏望皇上留神，並將臣等前揭即賜批行。仰慕②之至。"十一日，奉旨："着該監並工部官，星夜前去料理。不許怠玩誤事。"

十一日壬辰，大學士葉向高、方從哲謹題："昨奉聖音③，知皇上以梓宮行遲，心懷憂懼，臣等不勝悚仄。今早接得禮部揭帖，謂梓宮昨日未刻已到清河。適見兵部尚書王象乾疏，具言夫匠齊集，梓宮行甚穩妥，象乾仍親自督率護送，務期初十日前至沙河。此見諸臣仰體宸衷，協心經理，從此前進自可及時，安駐無誤吉期。伏望皇上少紓聖懷，毋過憂慮，保攝聖體，以仰慰明靈。至於臣等執綍躬送，自是常分，何敢言勞？乃蒙溫諭下頒，殊深盛④激。仍望皇上將象乾疏即刻批發，使中外曉然知聖靈安妥，不致他疑，大典幸甚。"十三日，奉旨："朕昨因梓宮行遲，心甚憂懼。今知卿等與諸臣協心經理，督率護送，無誤吉期。知道了。"

題：⑤"該臣奉命題主，臣素有足痛之疾，前被馬傷，尚未全愈，此數日步履更覺艱難。惟是得爲聖母供役，不勝大幸，即一息尚存，亦當黽勉。已於今早趨赴山陵，恭候十五吉期行禮。前發引日，偶值陰雨，靈輿行遲，以致聖心深懷憂念。今連日晴⑥明，人夫齊備，靈輿可以安行，必不稽誤，是亦聖孝之所感動也。伏望皇上稍抑哀思，以安宗杜⑦。臣不勝……"十四日，奉旨："覽奏知卿趨赴山陵，恭俟題主行禮，具見致身

---

① 卿 《綸扉奏草》卷二八 "卿" 下有 "等" 字。

② 仰慕 《綸扉奏草》卷二八 "仰慕" 作 "不勝迫切仰望"，是。

③ 音 "音" 當作 "旨"。

④ 盛 《綸扉奏草》卷二八 "盛" 作 "感"，是。

⑤ 題 "題" 上當有 "十三日甲午大學士葉向高謹" 十二字。

⑥ 晴 "晴" 當作 "睛"。

⑦ 杜 "杜" 當作 "社"。

爲國，赤誠忠慎，朕心嘉悅。目今典禮頻仍，中外多事，全賴老成匡濟，拯扶時艱。供事畢，卿宜遵屢旨，即入閣輔理，以慰朕佇望至意。勿得再有託陳。該部知道。"

十五日丙申，大學士方從哲謹題："昨蒙發下禮部及御史李徵儀等二本，俱言二日山陵夕奠，大[①]常寺寺丞趙一鑑到遲，請皇上薄罰示懲。該臣看得，夕奠係上食大禮，寺丞乃典禮專官。一鑑以寓遠到遲，雖非有心怠慢，而一時遲誤，亦屬失儀。昨上傳'出旨重處'。臣即遵奉於禮部本中，擬罰俸三個月或半年，恭請聖裁，其視尋常失儀之罰已加三、四倍矣，故於御史本中但擬'已有旨了'。今人[②]蒙發下，臣敬照昨擬上請，如皇上以爲未當，統候聖明再加裁處，以爲失誤大禮之戒。臣不勝……"

十七日戊戌，大學士方從哲謹題："本月十五日，該護送各官恭送聖母梓宮奉安金井，於時人心助順，天意效靈，億萬載神靈於兹永妥。玄宮既掩，大禮告成，皇上之心可謂竭盡無餘，皇上之孝真是古今罕儷矣。從此宸衷漸豫，諸福駢臻，尤爲宗社臣民無疆之慶，臣等可[③]勝欣幸？臣愚竊意皇上當諒陰之際，日夕躬侍几筵，哀毀憂思，寢食都廢，諸司章奏多有停留。今神主回京，尚有數日，伏望皇上乘此萬幾之暇，將以前文書盡數檢出，應票擬者發臣票擬，應裁斷者即賜裁斷，庶前此之本章既發，則後來之幾務不壅。至於查檢吏部推官諸疏，陸續點用，是尤今日切要之事。少俟同官臣向高至日，另疏懇請，兹且未敢豫瀆也。臣不勝……"

梓宮行遲心己亥[④]，大學士葉向高謹題："爲題主復命事。臣奉欽命，恭題孝定貞純欽仁端肅弼天祚聖皇后神主，於本月十三日前詣山陵，十五日巳時掩玄宮後，恭題神主訖。是日天氣晴明，風物和美，執事各官百凡愍飭，臣亦送入玄宮，徘徊瞻遡。先帝之靈爽好[⑤]存，列后之音容咸在，歡然燕好，當不異於生前，儼若仙遊，亦奚戀於塵世？蓋皇上大孝已成始而成

①大 "大"當作"太"。

②人 "人"當作"又"。

③可 "可"似當作"何"。

④梓宮行遲心己亥 "梓宮行遲心己亥"當作"十八日己亥"。

⑤好 《綸扉奏草》卷二八"好"作"如"，是。

終，即聖母全歸，亦盡善而盡美，此臣之所爲感觸興思，而欲以仰慰聖懷，少解哀慕之念者也。臣病患未痊，力疾行禮，事完回還，合當復命，已於今早扶掖赴文華門叩頭。所有下情，容另疏陳請。謹具題知。"十九日，奉旨："覽奏，知卿恭詣山陵題主禮畢。聖母大事，全賴卿竭誠盡敬，終始贊襄，恭慎忠勤，朕心嘉悅不已。卿前恙已愈，時事方殷，閣務繁多，需卿料理甚亟，望旦夕即出，以慰朕懷。慎勿再陳。該部知道。"

十九日庚子，大學士葉向高謹奏："爲愚臣感觸聖孝益動私衷哀懇聖明亟賜放歸事。臣觀皇上之事聖母，尊養備隆，志物兼盡，合四海九州以奉長樂之歡者四十餘年，可謂千古之僅見矣。而且當違和之時，虔請代之禱，比升遐之日，動擗明矜察①踊之哀，鴻名顯號，極典上儀，凡可以自效於聖母者，更無一毫之不盡。至於靈駕啟行，攀號搵送，山陵襄事，延佇焦勞，天地鬼神皆爲感動。於斯時也，凡戴顔面而爲人子者，孰不自興其罔極之思？而苟有人馬②，親恩莫報，墳墓久荒，乃恬然立於聖明之朝，不思引退，豈非天下萬世之罪人哉？請即以臣言之。臣海上孤生，家世貧賤。其生也爲嘉靖己未之年，適當倭亂，室廬焚燬，人民逃竄。臣母懷臣彌月，爲倭所迫，徒步奔馳，產臣於曠野，旁無一人，自斷其臍，復抱之而走，野棲露宿，饑餓不支。更數目③，臣父始覓得之，相與扶攜逃生。屢窘於倭，幾死而免者數四。如此五、六年，倭難始息。又值荒年，殍死無數。臣父母減衣損食，課臣讀書。臣備員詞林，父母相繼淪沒，未嘗受臣一日之養。草率營塋，不能成禮。自除服補官，二十餘年南北仕宦，不得一登先人之丘壠，荒塋頹廢，洪水漂流。每一念及，痛心刺骨。人皆有父母，臣之父母劬勞獨甚。人皆有子，臣之爲子不孝亦獨甚。皇上大孝錫類，及於普天，奈何獨使臣向隅而無訴乎？臣自入綸扉，再承寵命，每欲躬奉璽書，匍匐墓次，一告先人之靈，而後葺治封樹，小構墓廬，長依先人魂魄以没世，庶幾少償疇昔之愆，即溘然而死，亦無所憾，此臣之所泣血哀鳴、屢瀆君父而不能自已者也。

①明矜察 "明矜察"三字當爲衍文。
②馬 《綸扉奏草》卷二八"馬"作"焉"，是。
③目 《綸扉奏草》卷二八"目"作"日"，是。

如皇上堅不放臣,使臣困死長安,永爲不忠不孝之鬼,將何顏面見臣父母於地下乎?其於皇上亦何利之有?皇上臨御以來,輔臣得請而去者頗多,其不得請者率鬱悶以死,天下人於得請者,咸頌皇上之慈仁,於死者每恨其退休之不早,而亦惜皇上之過於牽留,使其喪身辱名而後已也。皇上之恩臣如此,愛臣如此,試爲臣謀,將何居乎?臣往歲不去,猶曰綸扉無人,今春不去,猶曰藩封未啟,日者不去,猶曰山陵事重。今皆竣矣,若復不去,是真無禮無義之尤,不容於堯舜之世者矣。臣言及此,有淚萬行,伏望聖慈早賜俞允。臣不勝激切……"二十三日,奉旨:"朕以山陵禮畢,望卿即出贊襄,何爲復有此奏?卿乞歸展墓,具見孝思,朕非不體念。但大臣當以國事爲重,義不得復顧其私。況今煩議漸消,羣情稍輯,正賴卿從容調燮,躋世和平,何故堅持去忠①?立俟入閣,慰朕眷倚之懷。吏部知道。"

二十四日乙巳,大學士葉向高、方從哲謹奏:"爲大禮告成恭慰聖懷事。臣等竊觀皇上,自聖母升遐,不勝哀慕,即昨奉迎神主還京,午門跪接,情禮兼盡,真帝王之盛節也。今大事已襄,慈靈安妥,其在聖心亦可少慰。大小臣工咸望皇上勉抑孝思,留神政務,於以保聖躬而隆化理,此實宗杜②蒼生之大幸也。臣等……"二十九日,奉旨:"朕覽卿等奏慰,具見忠誠敬慎至意。知道了。禮部知道。"

是日,大學士葉向高謹奏:"爲臣義決不可留但求早放事。臣杜門三月,遷延不去,祇爲聖母大事未襄③矣。臣感觸聖孝,欲乞此骸骨,歸死於先人塚墓之傍,具疏懇請。其間所述臣父母養鞠之艱難,流離顛沛之情狀,百未盡一,然字字皆真,臣之鄉人無不知之,非臣今日敢爲飾說以欺君父也。竊意聖明覽之,必惻然動念,即放臣歸,乃復奉溫旨,督臣入閣。臣俸④讀泣下,悲傷欲絕,自憐自悼。臣之微誠不足動天,乃至於此夫?使臣奉命勉留,可少補於國事,則昔人有移孝作忠之說,猶可以藉口也。乃臣平日既無孝之可移,今日不忠之罪又更甚

① 忠 《綸扉奏草》卷二八"忠"作"志",是。

② 杜 "杜"當作"社"。

③ 襄 《綸扉奏草》卷二八"襄"下有"今已襄"三字。

④ 俸 《綸扉奏草》卷二八"俸"作"捧",是。

萬曆起居注

於不孝，累君累國，累己累人，強留一日，即添一日罪案，此合智愚、賢不肖、憎臣愛臣之人所共知者，臣獨無良心，而能靦顏以居此乎？明旨責臣以國事爲重，不得顧私，不知臣之決去，正所以爲國，非爲私也。以皇上至孝光昭，精誠①孚格，鷗鴉且革其性，豺狼猶變其心，而臣二十年離鄉背井，拋棄墳墓，恬然不歸，公私俱失，忠孝兩虧，非但得罪於士紳，不容於聖世，旦夕者化爲飛禽，淪爲走獸，即鷗鴉、豺狼且羞與爲類也。臣言至此，斷無復留之理。伏望聖慈哀憐矜憫，即放臣歸臣。父母有知，亦生生世世啣結地下也。王②於煩議之須③與不消，羣惜④之輯與不輯，臣去國之人，何敢知焉？臣不勝……"

二十五日丙午，大學士葉向高、方從哲謹題："適蒙發下駙馬都尉侯拱宸復命本，臣等竊謂山陵大禮，皇上極其愼重，拱宸自受奠獻之命，竭誠行禮，朝夕無違，對越駿奔，始終有恪，是眞能仰體孝思，無負委任。臣等猶憶孝安皇后發引時，拱宸亦充奠獻使，一人而再遇大禮，兩承明命，尤從來所無。皇上似宜少加恩禮，以酬其勞，是亦愼重大禮之一端也。惟是駙馬加恩之例，或賜肩輿，或兼賚銀幣，皆出一時特恩，非臣等所敢擅擬。謹將原本封進，恭候聖裁。如以臣等所言不謬，或徑賜御批，或傳示臣等擬票。臣等不勝……"

是日，大學士葉向高、方從哲謹題："昨日九卿諸臣到臣等私寓，悾悾以高寀事爲言，欲臣等力請。臣等竊念，朝廷之所以立，惟此紀綱。今稅使脅辱巡撫，擊縲職官，凡在見聞，無不驚駭。若縱其仍在地方，不行罷撤，則紀綱掃地，禍亂必生。昔魏羽林軍燒張彝第，竟置不問，高歡遂散財結客，魏以大亂。臣等以爲寀之荼毒一方，其罪猶小，而壞朝廷之紀綱，其罪爲大。臣等再三苦請，不獨爲一方生靈惜，實爲國家安危計也⑤。前奉明旨，許臣等即有處分，業已再旬，豈可更遲延而不決乎？今海內苦榷稅已極，其引頸停罷，如在湯火者之求生，皇上即未肯遽停，且將福建、廣東二省稅銀，責令有司徵解，其沾被

---

① 誠 《綸扉奏草》卷二八"誠"作"神"。

② 王 《綸扉奏草》卷二八"王"作"至"。

③ 須 "須"應作"消"。

④ 惜 "惜"當作"情"。

⑤ 也 《綸扉奏草》卷二八"也"下有"皇上即不暇恤此一方，而念及紀綱，念及安危，其能以恝然乎？如皇上以寀故危天下、壞紀綱，其何辭以對祖宗列聖之神靈乎"四十九字。

聖恩，亦自不淺。不然，則廣東附近江西、福建附近浙江，着令彼處稅監帶管，但不許親至地方，猶庶幾少解一時之急，然終不如有司徵解之爲便也。至於二月、四月急選、大選併教職千有餘人，候憑日久，困苦不支，人情囂囂，謂從來未有此事。皇上試思，此各官者可使之終困長安、竟不到任乎？計聖心亦知其爲必無之理矣。則何如早發遣一日，使各官得早行一日，免一日之淹留也？目前緊要事甚多，獨此二事更不容緩，故臣等敢復冒昧言之，伏望聖明早賜阿裁斷。臣等不勝……"

　　二十九日庚戌，大學士葉向高、方從哲謹題："適蒙發下福王一本，上傳：'出旨准他。'臣等細閱本中，大概欲將欽賜食鹽，開店貨賣。此其事之可行與否，臣等尚未及致詳。惟是以藩國之尊，而下侵商賈之事，以食租衣稅之富，而爭取錙銖之利，於體統亦甚褻矣。況差官支取，或滋夾帶之奸，定價貿易，終無兩平之理。至於欲移潞村①鹽店於別府，恐於人情事體尤屬不便。此其關係地方利害，非細故也。臣等愚意，似宜敕下戶部，酌議可否具奏，取自聖裁，方爲穩妥。謹擬票呈覽，恭候聖明批發。臣等不勝……"

① 村　《綸扉奏草》卷二八"村"作"藩"。

萬曆起居注

四①十二年七月一日辛亥，朔。

二日壬子，大學士葉向高謹奏："爲愚臣求去情迫萬難停留懇恩亟允事。該臣屢次蒙恩慰留，每奉一番溫綸，即增一番愧苦，使臣萬分中有一分之可留，有一分之能留，豈敢復有塵瀆？思之又思，惟有一去，則公私兩便，故冒昧再陳。一、二家人，數損行李，皆整頓以待，惟俞旨朝發，而臣可夕行矣。乃顒候數日，未蒙賜允。豈聖心以驅使年久，君臣情深，不能即割耶？臣聞之，君臣猶，父子也。父之愛子，教以義方。君之愛臣，全其終始。臣八載叨塵，蒙恩已極，未有寸報，今日得去，尚可苟延殘喘，倖免譴誅，如濡忍不決，則罪釁日增，莫知所稅駕矣。昔之人臣求去，有言三宜休、五不可留，又主皆不奪其志。今臣之宜休，何止於三？而其爲不可留，人豈但五？區區下衷，誠願及皇上之念臣也而放臣歸，使臣得就死先人冢墓，以少盡人子之心，天下人孰不頌皇上之仁明，能以禮待臣，進退去就未至決裂也？又何必過於牽留，如慈父之以姑息爲愛，而終敗其子也哉？臣前後求去之疏已百餘通，皇上之特諭與批答臣疏且千萬言，臣彙而讀之，一字一淚。蓋臣之請與皇上之留，其辭皆已兩窮而無可復措，臣非但自苦，亦苦皇上矣。惟望皇上察臣之情，度臣之勢，憫臣積勞久病，速放臣歸，臣雖跧伏海濱，耿耿之私固無一日不在皇上左右。即皇②念臣，在朝在野亦何以異乎？何必縶臣於此爲也？臣不勝悚息冒昧塵瀆之至。"初十日，奉旨："朕以卿獨任有年，忠勞可念，故特允所請，增置二輔，共效贊襄。今道南尚未即至，卿若必去，政本仍復乏人，豈前日求補之意？且潔身體國，孰爲重輕？卿宜亟挽去思，即出輔理，稱朕始終倚毗之懷。該部知道。"

三日癸丑，大學士葉向高、方從哲謹題："該臣從哲今早入直，見吏部兩次選過有司及教職等官千有餘人，聚集午門外，羣情洶洶，不勝困苦迫切之狀，甚至有揮淚相向者。臣問之，知其以候憑之故，具疏叩閽，欲臣等代爲懇請。比至東閣，尚

---

① 四 "四"上當有"萬曆"二字。

② 皇 《綸扉奏草》卷二八"皇"下有"上"字。

書王象乾相見，亦以爲言，令臣等具揭，併力懇祈。臣等竊惟，各官羈棲官邸，多者半年，少者數月，資斧既竭，衣食不充，鬻子典衣，抄報行乞，無所不有，此其情誠可悲矣。目前景象若此，至於各省直缺官之處，事務廢弛，奸弊叢生，其爲地方之害又有不可盡言者。所以然者，秖以吏科掌印缺官，文憑無人用印，以致終月守候，不得啟行，壞政體，拂人情，所關匪細。臣等但祈皇上於吏部所推都給事中李瑾，即賜點用，令將各官文憑即日印發，使之刻期赴任。在皇上不過一舉筆之勞，而千人之困頓可以立甦，數月之羈維因之盡解，是亦通選法、收人心之一要務也。臣等不勝迫切……"

是日，頒賜二輔臣每員鮮鰣魚五尾。

四日乙酉①，大學士方從哲謹題："自首輔向高杜門以來，三月餘矣，閣中諸務皆臣代爲料理，其每日應酬及尋常票擬無甚關繫者，臣勉强支吾，幸無大誤。獨念軍國至重，幾務至繁，況於今日時政之壅滯甚多，人心之貴②望尤切，自非首臣在事，盡力擔當，補救幹③旋，何能有濟？乃乞歸未已，入直無期。臣以孑然一身，獨來獨往，代庖既久，伎倆已窮，玩愒因循，日復一日，以致政幾益塞，章疏益壅。目前之事，如撤回高寀、允差巡視，二者儘足以濟時務而快人心。其他若儲講未開，婚禮未舉，大僚之推未點，科道之補久稽。至於起廢一節，仰奉慈綸，親煩宸斷，海內之人莫不傾心而望，延頸以需，而該部與臣等催請再三，迄無俞旨。又若臣等閣中所題日講官不下，掌印官不下，纂修玉牒、管理誥敕、編纂章奏諸差俱不下。此雖皇上詳於處事，慎於用人，而自外廷視之，能無叢脞墮廢之慮？總之，臣才不足以幹濟，誠之不足以感孚，獨力難支，寸心徒結，究且誤國事而貽政地之羞，臣罪滋大。伏望皇上將首輔兩次辭疏，即賜批發，促令速出任事，庶朝廷收贊襄之益，而臣愚可免顛覆之虞，不勝甚幸④。再照首輔在告日久，求去情真，每每向臣蹙額而談，指心而示，其一段懇切至意，臣非不念之、體之，獨以國家多事，非首輔莫與匡扶，臣力甚綿，

①乙酉 "乙酉"當作"甲寅"。

②貴 "貴"當作"責"。

③幹 "幹"當作"斡"。

④甚幸 "甚幸"當作"幸甚"。

非首輔誰爲倚仗？大義所在，不能復顧其私，計首輔當亦諒臣之苦，不以爲過也。臣情迫詞煩，不覺喋喋，伏惟聖慈矜宥。臣無任……"

是日，大學士葉向高、方從哲謹題："照得右春坊、司經局俱缺掌印官，相應循資序轉。臣等推得左春坊左諭德兼翰林院侍講劉一燝，堪掌右春坊印信，顧起元堪掌司經局印信。及查二臣資俸俱深，合無各與量陞右春坊右庶子，兼翰林院侍讀，管理前項印務？其左諭德王毓宗，資俸亦深，合無量陞右春坊右庶子，兼翰林院侍讀，照舊管理文官誥敕？再照翰林院檢討趙師聖，通藉①既久，强半居家，今同資者皆已推陞，而本官尚未得一轉。合無量陞右春坊右贊善，兼翰林院檢討，與同劉一燝等催令前來供職？是亦獎恬拔滯之一端也。伏祈敕下吏部，查照施行。臣等未敢擅便，謹題請旨。"

九日己未，大學士方從哲謹題："先該吏部選官，具疏伏闕，懇求領憑，臣等與署部尚書王象乾，各有疏揭請補吏科都給事中，隨蒙將象乾疏於次日發票，中外聞之，不勝欣幸。乃經今數日，尚未批發，羣情又不勝驚惶。昨初八日早，臣從哲入朝，各官復聚午門外涕泣哀訴，求再爲催請。且謂近日，又有一教職鬱死邸舍者。臣聞之惻然，諭以此本已票，旦夕當下，且須靜聽。比至閣門，知象乾催疏已再上矣。臣恭候兩日，仍復杳然。竊謂此一事也，關繫甚重，而舉行甚易，皇上但將臣前日票擬之疏立賜批發，俾科臣即日至任，即日畫憑，將數千人愁苦之氣變爲歡暢之聲，想亦聖心所樂聞也。勢窮情迫，不容時刻再緩，萬惟聖明留意。至於首輔向高請告之疏，新補道南控辭之疏，先皆恭擬進上，併乞即日檢發，尤爲至幸。臣不勝……"

十日庚申，大學士葉向高謹奏："爲君命愈重臣罪愈深恭謝天恩懇祈亟放事。該鴻臚寺官捧出聖諭：'諭元輔：朕覽卿所奏，具見情詞迫切。卿輔政多年，忠勤懋著，朕衷非不體念。

①藉 "藉"當作"籍"。

今聖母山陵事襄，朕猶尚在服中，正賴卿匡襄贊理，調和濟世，何忍言私，決意求去？卿心忍乎？否乎？且賴毗方殷，卿當以國事爲重。還着鴻臚寺堂上官宣諭朕意，速出入閣佐理，以慰朕眷倚之懷。慎毋再有託陳。特諭。欽此。'臣恭設香案，匍匐叩頭謝恩。不意臣之愚蒙，積愆叢戾，無自可贖，乃辱皇上之眷存，一至於此。顧臣之求去已四、五年矣，爲聖恩難割，牽纏不休，今日是臣斷割之時也。臣情辭已竭，無可復言。病困日久，精神憒亂，亦不能言。事已如此，更不必言。縱使千言萬言，只是一言，曰：懇乞骸骨歸死故鄉而已。皇上以政本乏人，責臣匡贊。臣獨身任事已六、七年，駑馬僨轅，豈堪再駕？今同官臣從哲，才品器識百倍於臣，真足當天下事，無待臣之匡贊，臣可以放心而去。蘇洵有言：賢者不憂其身之死，而憂其國之無人。國有人焉，雖死猶可，而況於去？此臣之必欲乞身於皇上者，非忍也，誠以爲可以去則去也。往臣爲史官時，見輔臣王錫爵受知於皇上最深，其去也八疏而遂得請。當是時，國家豈不多事？然皇上終不以此苦錫爵，而天下人亦不以錫爵之去爲推避。至近者李廷機，屢請不遂，不得已而至於徑行，固①以廷機之行爲是，而未免謂皇上之過於苦廷機矣。以臣駑劣，何敢望二臣？但願皇上推其體錫爵之餘以及臣，而毋使臣復踵廷機之故事，則善矣。今人多力勸臣行，不必候旨。臣企望俞音，以日爲歲。目前情景必不能久待，但早一日，即臣一日之幸，天下國家之大幸也。臣不勝哀鳴迫切之至。謹因陳謝，附奏②聞。"

十二日壬戌，大學士葉向高謹奏："爲溫綸頻下再竭悃誠仰祈聖斷事。臣蒙恩宣諭，已具奏陳謝，懇求釋放。隨又蒙恩批發臣前疏：'朕以卿獨任有年，忠勞可念，故特允所請，增置二輔，共效贊襄。今道南尚未即至，卿若必去，政本仍復乏人，豈前日求補之意？且潔身體國，孰爲重輕？卿宜亟挽去思，即出輔理，稱朕始終倚毗之懷。該部知道。欽此。'臣仰見皇上以政本乏人，尚欲留臣，此是聖明慎重幾務之盛心。然臣頃者回

① 固 《綸扉奏草》卷二九"固"上有"人"字。

② 奏 "奏"下似應有"以"字。

奏中已具言，有同官臣從哲可任，不必留臣矣。臣懇補閣臣，雖爲國事，亦以閣中有人，則臣可以弛擔，故惓惓望皇上之用從哲者，誠以從哲，都人，朝受命而夕可代臣也。臣初意固謂從哲抵任後，臣當即行，乃荏苒遷延，且將浹歲，臣之濡忍不決甚矣。今人情紛紛望臣者，臣不能副，罪臣者，臣不敢辭，即如欺君誤國、摧折言官、誅鋤正人君子，此世間莫大之惡，臣一一領受，聽皇上處分，但求皇上先行罷斥，使臣得早出國門，便爲萬幸。臣病困已久，日者雖爲聖母勉出，而蹣跚蹩躄，狼俱①不支，重以求去不得，憂鬱愈增，神思昏迷，語言錯亂，雖具人形，已無人理，一切時事不聞，書揭不受，沉沉昏睡，與死爲隣，雖未出長安，已邈若萬里外矣。留臣在此，分毫無補，而徒以添臣之罪，是皇上之爲國謀與爲臣謀，殆兩失之也。臣陳辭急切，瀆擾君父，罪當萬死。伏望聖慈哀臣，亮臣，將臣昨日回奏併賜省覽，斷自宸衷，勿發閣擬。如發閣擬，則同官爲體面，爲私情，又復牽纏，臣無生路矣。臣不勝……"二十二日，奉旨：'覽卿奏，情詞愈苦愈切，朕心惻然不寧。但今國事多艱，非卿弛擔之日。且朕壽節在邇，卿若偃臥私寓，於心何安？朕眷倚至懷，卿所素體，即百疏懇請，必難允從。即②出贊襄，朕當與卿共圖新政。慎勿再有託陳。該部知道。"

十三日癸亥，大學士葉向高、方從哲謹題："臣從哲今早入直，又有選過教職數百人，羣聚長安門內及承天門外，遮道泣訴，但言懇乞皇上急救貧儒性命。臣諭以再候數日，當再爲催請。各官益痛哭哀號，謂死在旦夕，不能復待。諭之不起，揮之不去。於時守衛官軍，並行道之人，莫不驚駭歎息，臣亦爲悽然。臣等竊謂，以一官不用之故，而累及千百人，以半月當領之憑，而遲至五、六月，人情既拂，政體全乖，上下公私種種不便。以皇上神明，豈其慮不及此？而日延一日，裁斷無期，是使吏科終無盡憑之人，各官終無到任之日，祖宗二百餘年曾有此事否？夫帝王舉動，當順人心。人心愁苦若此，憤鬱若此，而聖衷能晏然自安，臣不信也。臣等目擊此輩困苦迫切之狀，

① 俱 《綸扉奏草》卷二九"俱"作"狽"，是。

② 即 《綸扉奏草》卷二九"即"上有"尚"字。

故敢不避煩聒，代爲叩閣。伏望皇上將前擬上吏部本，即刻批發，毋再稽留，各官幸其，臣等幸甚。臣等不勝懇……"

十七日丁卯，大學士葉向高、方從哲謹題："該臣等以各官領憑守候日久，屢次懇請，未蒙允發。各官情愈迫切，控訴無門，每臣從哲入朝，輒遮擁號呼，哀訴於閣門之外，又相率至臣向高私寓，號呼哀泣，諭之不去，臣向高告以患病乞休，百事不管，而各官謂一日未去，亦須爲我輩一日請命，其詞甚切甚哀。臣等不忍見聞，但但①用好言慰勉，謂皇上孝誠篤至，兹中元節屆，必爲聖母修齋薦福，未暇覽發本章，過此必有處分，不必急躁。而各官苦言窮困已極，時刻難挨，不得不急。臣等思之，凡此候憑各官，皆係新選之人，盤纏缺乏，無處借貸，就中如教職一項，皆衰老寒儒，日暮路窮，其苦尤甚，死者已七、八人，病者不可勝計，典衣鬻子，俱是真情。臣等讀其奏疏，亦爲淚下，一經聖覽，未有不惻然而動念者。外間相與揣摩，不得其故，或疑皇上有不愜於李瑾，所以遲留若是。臣等竊惟，瑾平日居官謹守，未聞有所觸忤，且聖慶如天，豈爲此一臣而困數千人於長安？即六科陞遷，吏之與工，都之與左，相去幾何，而吝此一轉也？此殆以庸人之心，度聖人之腹，臣等必不謂然。惟是遷延不發，則此疑終不可解，而反中其所料矣。臣等煩瀆已甚，本不欲言，臣向高方哀鳴乞歸，更不宜言，惟事勢至此，不得不冒罪再爲一言。伏望聖明俯察各官極困極苦之情，特垂憐憫，將吏科掌印本亟賜檢發，行見頃刻之間歡聲徧滿都下，亦國家莫大之福也。臣等不勝……"

十八日戊辰，大學士方從哲謹題："該臣每日入直恭候票擬，今六日並無發下本章，心甚疑之。昨十五日以前，竊意皇上因中元令節，必於慈寧宮爲聖母修建薦揚，一應文書或者未及躬覽。今又三日，仍復寂然，臣益惶惑不得其故。夫以皇上一日萬幾，即使朝上夕下，批答如流，猶虞壅滯。乃數日之間，一本不發，一本不批，儻中有重大緊要事情，不容時刻少緩者，

① 但　此"但"字爲衍文。

一概置之高閣，左右不敢奏，皇上不及知，誤事失機，爲害不小。此臣愚之所深懼也。向當聖母升遐，喪禮倥偬之際，聖心何等哀慟？何等煩勞？而裁斷發行曾不少廢。豈其大事既畢，皇衷暇豫之時，而反因循怠忽，漫不經意若此？若長此不已，異日視爲故常，究使上意不宣，下情不達，蒙蔽之奸起，叢脞之患滋，天下事尚可言哉？伏望皇上秉一時清暇，將數日章疏盡數檢出，應票者發臣票擬，應斷者徑自聖裁，毋再遲留，以辜衆望。臣不勝……"

　　二十日庚午，大學士葉向高謹奏："爲懇恩亟放事。臣於數日前，連有兩疏，懇請退休，未蒙聖允。豈謂臣尚可以留乎？夫人臣仕進，高則爲國，下則爲身。今臣困病日久，如枯木朽株，於國則得失不關，於身則毀譽不聞，尺寸無裨，公私皆累，所以哀哀切切，以糞土賤軀乞於君父，此其萬不得已之情，皇上亦可以鑒亮矣。臣寓中祇有老妻一人，舊歲欲隨臣孫南歸，以臨岐得病。故不成行。今歲欲隨臣子南歸，以哭臨聖母時，皇上賜問賜茶，聖意眷眷，不勝感戴，臣妻爲文臣命婦之首，當俟靈駕發引，一伸奠送，故又不成行。臣妻從來多病，十旬九臥，見臣留滯遷延，愁悶欲死，呻吟號泣，不堪聽聞。病夫病婦，憔悴相憐，臣不得已，於今早先發遣出城，以安其心。臣暫留數日，伏候俞旨，以盡君臣之義。竊念臣子孫皆遠在萬里外，此中惟二、三婢僕，並無親人，臣妻雖去，勢不能獨行，必須待臣，臣萬無獨留之理。伏望聖慈察臣情必不可留，羈縻①無益，即賜放歸。或以臣負君、負國，罪愆深重，輕則褫奪，重則加罪，皆是聖恩，臣皆欣受。如其奉命強留，則是臣從前籲祈之語，皆欺皇上，欺天下，世間無此昧心塗面之人，其視頑鈍無恥輩又下數層，臣有死而作負恩之鬼耳，不能爲也。臣不勝……"二十三日，奉旨："卿連疏懇辭，情真詞苦，豈有所欺？但君臣之義，不容恝然。若是卿妻既病，正宜留此調理，何爲先令出城？卿還安心輔佐，無負朕眷倚至意。着鴻臚寺宣諭即出，慎勿再陳。吏部知道。"

① 縻　《綸扉奏草》卷二九"縻"作"糜"，是。

是日，大學士葉向高、方從哲謹題："竊惟儲講一事，十年以來，中外大小臣工無人不請，無歲不請，且無時不請。乃請之愈力，而皇上拒之愈堅。往者猶間奉聖諭，明示之講之故，或以事體不便，或以寒暑不時。總之，大典不行，人心終鬱。近來則併此諭而絕無矣。自二月至今，臣等及部科詹翰諸臣，疏揭催請不下十數，企望俞旨，如隔九天。時值清秋，天氣涼爽，儲宮講讀萬萬不可再遲。謹擇得八月初二日、初四日二日皆吉，伏乞皇上亟賜裁定，發下臣等遵行。其侍班、講讀等官，容即另疏題請。臣等不勝……"

二十二日壬申，大學士葉向高謹奏："爲蒙諭驚心萬難遵命仍懇天恩垂憐亟放事。該文書官冉登捧出聖諭：'諭元輔：朕覽卿奏，情詞懇切。卿忠君愛國，清正無私，年來勞苦，朕素聽①知。朕以聖母昇天，福王之國，朕心痛切不已。幸典禮告成，又值朕弟潞王薨世悲哀，神思恍惚。況今時勢多艱，紛囂甚亂，宜當爲朕分憂化理，匡維輔弼，挽回世運，豈得疏辭徑去？卿爲元輔重臣，豈可效尤，有失君臣大體？且朕壽節屆邇，卿當即遵屢旨，速出入閣視事，勿得再有託辭，以副朕倚賴至意。特諭卿知。欽此。'臣恭設香案，匍匐叩謝。又該臣具疏陳乞，奉聖旨：'覽卿奏，情詞愈苦愈切，朕心惻然不寧。但今國事多艱，非卿弛擔之日。且朕壽節在邇，卿若偃臥私寓，於心何安？朕眷倚至懷，卿所素體，即百疏懇請，必難允從。尚即出贊襄，朕當與卿共圖新政。慎勿再有託陳。該部知道。欽此。'竊惟聖母上昇，聖情哀痛，重以愛子遠離，愛弟薨逝，宸衷之不寧，凡在臣工，孰無分憂共痛之念？況臣忝居輔弼，受恩深厚，寧能恝然？惟是臣病骨支離，恐餘生之無幾，驚魂飄蕩，嗟百念之已灰，縱使強留在此，毫不能效匡維之益，而徒以訢②病告苦添君父之憂，此臣之所籌度再三，終以決去之爲是也。臣病妻已行，隻身孤邸，長安道上人人知臣之必去，人人言臣之當去，臣之遷延數日，正以全君臣之大體，而願皇上之曲成之耳。聖節在邇，四海呼嵩，如臣一人，何足有無？臣

① 聽 《綸扉奏草》卷二九"聽"作"鑒"，是。

② 訢 《綸扉奏草》卷二九"訢"作"訴"，是。

今得出國門，當率領妻子、家人，年年歲歲，日日朝朝，焚香百拜，共祝萬年無疆之壽，又何止於今①之稱慶哉？皇上命臣即出贊襄，共圖新政。臣惟新政之大，無過儲講、起廢、補大僚、允候補科道數事，皇上毅然行之，不崇朝可了，何待贊襄？至於目前最苦、最急、可②哀憐之人，莫甚於候憑之卑官，是在皇上一舉筆而補吏科，即爲莫大功德，亦③何能贊一辭也？臣千懇萬懇，祇懇皇上早放臣歸，毋使臣竟失君臣之大體，何幸如之？臣不勝感戴天恩冒昧激切之至。謹具回奏以聞。"二十五日，奉旨："覽奏，知卿去志甚決。但朕眷留至念，尤甚於卿。行己意而傷朕懷，卿必不忍。所請儲講、起廢諸事，待卿一出，便可次第舉行。吏科掌印官，朕即檢發。其候憑各官，着吏部速令赴任，毋得久稽。卿宜勉遵屢旨，即日入閣，副朕延佇之意。若效尤徑去，竟失君臣大體，豈朕所望於卿？該部知道。"

二十三日癸酉，大學士方從哲謹題："本月十八日，該臣以六日之間全無票本，具揭題催。隨於十九日，蒙發下一百五十餘本。臣盡日之力，票擬進呈。顧此外尚有留而未發，及票而未下者，俱關係緊要，不容少緩。謹再明白開列，仰祈聖斷，速賜施行。其餘吏部陞官諸疏，儻俟皇上陸續查發，茲不敢一一塵瀆也。臣不勝激切顒望之至。

一、大學士吳道南辭疏
一、點用南京吏、禮二部尚書疏
一、陞吏部科都給事中李瑾疏
一、禮部侍郎孫慎行請告疏
　以上諸疏已經票擬，望批發。
一、臣等請補日講官三員疏
一、臣等及禮部詹翰等官請東宮講讀疏
一、禮部請瑞王婚禮疏
一、禮部請皇太子妃喪禮疏
一、兵部尚書王象乾請告疏

---

① 今 《綸扉奏草》卷二九"今"下有"茲"字。
② 可 《綸扉奏草》卷二九"可"上有"最"字，是。
③ 亦 《綸扉奏草》卷二九"亦"上有"臣"字，是。

一、吏部催請起廢疏

一、吏部請補大僚科道疏

一、都察院請補堂官及點各差御史疏

　　以上諸疏未蒙送票，望即檢發。

　　是日，大學士葉向高謹奏："爲連奉諭音不勝感懼哀求允放事。臣以臣妻先行，具疏陳乞，該鴻臚寺官傳出聖旨：'卿連疏懇辭，情真詞苦，豈有所欺？但君臣之義，不容恝然。若是卿妻既病，正宜留此調理，何爲先令出城？卿還安心輔佐，無負朕眷倚至意。着鴻臚寺宣諭即出，慎勿再陳。吏部知道。欽此。'臣恭設香案，下牀叩頭謝恩。竊臣三日之間，三奉溫綸，一勤中使，一勤鴻臣，皇上之施恩於臣，至矣，極矣，無以復加矣，臣雖豺狼爲心，豈能無感恩戀主之念？臣①一片苦衷，已具於從前各疏，今毋庸贅陳，亦不敢贅陳。即昨日已有回奏，尚在御前，伏望聖慈爲臣留神省覽。予臣去路，即予臣生路。臣曾懇皇上勿發臣疏閣擬，今此疏又係同官擬上，然則臣之得請將何日也？臣妻之病，亦以臣不得去而增，今既先行，其心稍安，但望皇上早予臣一旨，則臣夫妻得早受一日之賜，臣身雖南行，當日日回首北向，一步百拜，以少盡犬馬之心焉耳。抑臣有附奏者。頃當宣諭，諸就教貢生見皇上念臣如此，又羣至臣門哀號，喊叫罪臣不爲一言，以爲'平日受皇上無限厚恩，今臨去而遂忘國家事，將何以謝我輩。'臣甚愧之。而自念去國之臣，終不敢深言，又不忍終於不言，故敢因陳謝而併及之，統望聖慈鑒亮裁斷。臣不勝……"八月初三日，奉旨："卿輔政有年，忠勤匪懈，朕推心委任，中外所知。昨已再四勉留，何得益堅去志？手足心腹之義，能不深思？且朕壽節已近，卿爲首輔，宜遵屢旨即出，倡率百僚。毋得再陳，致孤朕望。吏部知道。"

　　二十五日乙亥，大學士葉向高、方從哲謹題："臣等昨日接得都察院署院事刑部左侍郎張問達揭帖，聖②壽在邇，普天稱慶，乃都察院堂上並無一人，求於吏部會推各官，亟賜點用，

①臣 《綸扉奏草》卷二九"臣"上有"但"字，是。

②聖 《綸扉奏草》卷二九"聖"上有"以"字，是。

萬曆起居注

① 度 此"度"字爲衍文。
② 僚 《綸扉奏草》卷二九"僚"上有"百"字，是。
③ 來 《綸扉奏草》卷二九"來"作"未"，是。
④ 左 《綸扉奏草》卷二九"左"下有"副"字，是。
⑤ 自 《綸扉奏草》卷二九"自"上有"逢人泣訴"四字。

嚴催赴任，以飭大典，重臺班。此眞目前切要之務。臣等日夕跂望，而願竊有請者也。蓋都察院之設，與六部並重，而振揚風紀，貞度①肅僚②，國體所關尤爲不小。祖宗以來，既設左都御史以總理，又設副、僉都御史以協贊，長貳寅恭，紀綱振飭，二百餘年未之有改也。今三堂俱缺，闔署盡空，堂堂風憲之司，漫無所屬，雖命官代攝，不謂無人，而職業既虞其不專，精神或苦於難繼，揆之政體，亮之人情，俱屬不便。且向來署印者，多以點用有人，一時來③至，故權宜暫管，以俟其來。若左都等官，則屢推未允，屢催不報，日復一日，茫無點用之期，此問達所爲不安於心，再四懇請，而必以得補爲幸也。臣等竊謂，當此之時，各部大臣俱當補，而都察院堂官尤當急補，各部大臣俱不可缺，而都察院堂官尤不可久缺，尤不可盡缺，此非爲問達計，實爲憲體計，爲朝廷紀綱計耳。伏望皇上將吏部所推左都御史呂坤、陳薦，左④都御史孟一脉，左僉都御史郭實，或盡賜點用，或先點一、二員，令其刻期前來到任，庶重地不至空虛，人心有所繫屬，不惟呼嵩祝聖，濟濟班行，而於國體、臺綱，所裨非淺尠矣。再照各差巡按御史，職在激揚，均有地方之責，若舊者已滿，新者不至，既無再巡之理，又無交代之人，脫有他虞，咎將誰諉？似宜照該院原題各官，亟爲點用，不容再緩者也。以上二事，臣等已於前揭一併催請，豈敢再瀆？誠以職叨輔弼，遇國家大事，不得不委曲一言。伏惟皇上亮其款誠，恕其煩聒，慨賜允行。臣等不勝……"

二十七日丁丑，業向高、方從哲謹題："竊見候憑各官，覊留困守已及半年，哀控無門，自⑤縉紳以及士庶聞其事者，無不憐之。頃奉有'科官朕即檢發'及'吏部速令赴任'之旨，莫不歡忭踊躍，欣欣相告，以爲出都當在旦夕也。乃今科臣未點，盡憑畢竟無人，文憑未發，赴任終於無日。兩日以來，又相率哭於部司，哭於閣門，哭於臣等私寓，洶洶景象，殊駭聽聞。昨尚書王象乾具疏，再爲懇請，內言吏科定限，原係舊規，祖宗成憲，不容屑越。所執甚正，所祈甚苦，祇求皇上將原推都給事中李瑾立刻批發，不過一舉筆間，便可了千百人之事，解多少愁苦，省多少激聒，皇上亦何靳而不爲也？不然，明綸已渙，又復中止，不惟臣等失於將順，吏部難以奉行，而詔旨不信，皇上亦何辭於天下耶？臣等仰體宸衷，豈敢過爲煩瀆？誠以勢窮情迫，萬不容緩，故不憚再三爲多官請命如此。伏惟聖明矜察，即賜允行。臣等不勝翹……"

是日，太①學士葉向高、方從哲謹題："竊惟東宮輟講有年，人心懸望甚切。昨該臣等具題，澤②於八月初二日、初四日，恭候聖明欽定一日，命人③皇太子講學。其侍班、講讀等官，並無一人，合當推補。臣等謹推得詹事府少詹事兼翰林院侍讀學士沈㴶、顧秉謙，俱堪充侍班官。左春坊左諭德兼翰林院侍講王毓宗，右春坊右諭德兼翰林院侍講溫體仁、周如磐，右春坊右中允兼翰林院編修龔三益，翰林院修撰楊守勤，編修孫承宗，俱堪充講讀官。尚寶司少卿兼翰林院侍書范可慘，禮部儀制司主事兼司經局正字羅萬英，俱堪充侍書官。內沈㴶、顧秉謙二臣資俸已深，合無將沈㴶量陞禮部右侍郎、協理詹事府事，顧秉謙量陞詹事府詹事，兼官俱照舊，范可慘改兼司經局正字，與同諸臣各供前項職事？伏乞敕下吏部，遵照施行。臣等未敢擅便，謹具題旨。"

二十八日戊寅，大學士葉向高謹奏："爲新政已蒙慨俞病臣自當決去懇乞聖明兩賜裁斷以慰輿情以全臣節事。該臣蒙宣諭奏謝，奉聖旨：'覽奏，知卿去志甚決。但朕眷留至念，尤甚於卿。行己意而傷朕懷，卿必不忍。所請儲講、起廢諸事，待卿一出，便可次第舉行。吏科掌印官，朕即檢發。其候憑各官，着吏部速令赴任，毋得久稽。卿宜勉遵屢旨，即日入閣，副朕延佇之意。若效尤徑去，竟失君臣大禮，豈朕所望於卿？該部知道。欽此。'竊惟此旨一頒，不獨愚臣感泣，即旁人聞之，亦爲臣咨嗟太息，謂臣何修、何緣、何功、何德，而蒙君父之眷念一至此也？皇上臨御四十餘年，鴻恩懋烈，布在寰區，著於史册，臣不能一一贊揚。惟自臣待罪以來，竊見皇上留神幾務，

①太 "太"當作"大"。
②澤 "澤"當作"擇"。
③人 "人"當爲衍字。

孝奉慈闈，禮貌大臣，優容直諫，七、八年間無大過舉，方隅內外咸仰威德，真可謂聖主矣。其所未厭人心者，只是儲講、起廢數事，今明旨已允次第舉行，則新政大光，神謨罔缺，凡有血氣心知，孰不顧須臾無死，以觀大聖人之作爲？臣獨何心，而忍自外？惟是此等事，皆上關宗社，下切輿情，皇上當自爲國家計，爲聖聽計，固不必以臣之去留爲行止，亦不必待臣之出而後行。古之人臣，善則稱君，過則稱己。今皇上每行一事，輒歸於臣，而臣每當乞歸之際，輒冒要君之嫌，在皇上雖過寵微臣，忘其罪戾，而於臣之私心，不愧死乎？臣受事日久，尺寸靡效，然駑駘筋力實竭盡無餘，倦極思休，病極思起。譬如尫羸之夫，負重擔走長途，當炎暑烈日之中，求一就陰而憩足焉。若復責之竭蹷①疾趨，必至顛仆。此臣之所以仰首悲鳴，拊心泣血而不能自已也。臣叨濫已極，即旦暮死亡，亦無他憾。惟此數事，尚挂胸中。皇上如乘此涼秋之時，萬國呼嵩之日，慨然命東宮即出講學，行瑞王婚禮，下吏部起廢之章，次第而補大僚，允候補科道，一日之間，四海歡呼，共稱聖主，蒼穹爲之錫祉，列聖因而垂休，萬年天子，萬世太平，臣雖骨化形銷，歡然地下，又何必強顏在此，以貽君父之憂哉？臣聞之，君臣，猶父子也。皇上之愛臣，不過福王，福王當就國，臣當去國，皆天下人所共知者。皇上既割天性至難忍之愛，以遣福王矣，何所遲回顧惜於久困之病臣，而不早裁斷也？臣辭愈危，臣心愈苦。伏望聖慈哀憐矜憫，亮臣萬不得已之情，恕臣負恩違命之罪，即放臣歸，其諸新政，併即施行，勿以俟臣出爲辭。至於吏科都給事中蒙允檢發，尤不容緩，臣與同官別有揭請，統望聖慈留神省覽。臣不勝……"

二十九日②，大學士葉向高、方從哲謹題："頃者新簡大學士吳道南第三次辭疏，月初即蒙發票，今將一月矣，續該臣等揭催，又復數日，尚未批發。竊惟道南被命以來，兩疏控辭，俱蒙溫旨，若此旨一下，便可計日起程，是朝廷又增一輔弼之臣，臣等亦獲一協恭之友，人心屬望，國體攸關，非細故也。

① 蹷 "蹷"當作"蹶"。

② 日 "日"下當有"己卯"二字。

今留中日久，外廷之臣不知聖意所在，又將捕捉風影，妄相猜疑，滋浮議而生事端，爲害不小。且道南已經特簡，眷自宸衷，而於其辭也又復遲回不決，似非皇上平日禮大臣重政本之意。伏望將道南原疏即賜檢發，毋再遲留。又今聖節屆期，慶典伊邇，其尚書王象乾、侍郎孫慎行辭疏，更祈聖斷，速賜批行。臣等不勝……"

萬曆起居注

①八 "八"上當有"萬曆四十二年"六字。
②巳 "巳"當作"巳"。

八①月一日辛巳②，朔。

二日壬午，大學士方從哲謹題："該臣擬上首輔向高辭疏，今六月矣，未蒙批發。竊以聖壽屆期，萬方來賀，而首臣不出，倡率無人，故臣仰體聖心，以此督其速出。又吏科掌印未下，候憑各官日哭訴於臣等之門，故首輔雖亟亟求去，而惓惓屢次爲言，其心亦苦矣。皇上委曲挽留，既慨許以舉行新政，乃於此一事猶然遲留顧惜，未即允從，如此而欲首輔安其位而行其志，臣不敢信也。伏望皇上將前疏既③刻批發，以答首輔懇請之意，以慰數千人懸望之心。至新輔吳道南辭疏，留中更久，亦求並賜檢發。此實目前急務，不容少緩者。臣不勝……"

③既 "既"當作"即"。

四日甲申，大學士葉向高、方從哲謹題："竊惟東宮輟講已經十年，大小臣工竭誠懇請不下百疏，羣情懸望，盛難再遲。頃該臣等擇吉上請，未蒙批發。即今秋高氣爽，正皇太子進修溫習之時。謹再擇本月初十日、十二日兩日皆吉，恭候聖明欽定一日，敕下臣等遵行。其侍班、講讀等官，並無一人。臣等謹推得詹事府少詹事兼翰林院侍讀學士沈㴶、顧秉謙，俱堪充侍班官。左春坊左諭德兼翰林院侍講王毓宗，右春坊右諭德兼翰林院侍講溫體仁、周如磐，右春坊右中允兼翰林院編修龔三益，翰林院修撰楊守勤，編修孫承宗，俱堪充講讀官。尚寶司少卿兼翰林院侍書范可愨、禮部儀制司主事兼司經局正字羅萬英，俱堪充侍書官。內沈㴶、顧秉謙二臣資俸已深，合無將沈㴶量陞禮部右侍郎，協理詹事府事，顧秉謙量陞詹事府詹事，兼管④俱照舊，范可愨改兼司經局正字，與同諸臣各供前項職事？伏乞敕下吏部，遵照施行。臣等未敢擅便，謹題請旨。"

④管 "管"當作"官"。

五日乙酉，大學士葉向高、方從哲謹題："臣等適接工科給事中劉文柄揭帖，論文選司郎中張養才推陞不當，中有南北司業一節。竊謂此事實臣等主之，不得不明言其故。凡推陞內外官員，俱係吏部職掌，惟翰林院各官之推，則由臣等查其資序，酌其才品，告之銓部，具疏題請，此舊例也。先是兩①京司業員缺，該署銓尚書王象乾詢之臣等，臣等再三商確，焦竑係己丑傍②首，素有文名，向推尚寶司丞，未蒙點用，淹滯既久，人共惜之。張文光雖已陞司丞，而被察之後，人多稱枉。且兩雍懸缺多時，需人甚亟。故即以文光擬北司業，焦竑擬南司業，此二臣推用之由也。又以蔡毅中同爲司丞，遂用陪北，焦竑無人可培，而趙師聖資俸相應，遂用陪南。此皆臣等查照舊規，分別開送，實非選司所得專。若以此歸過養才，不惟無以服其心，而於臣等職掌亦有未明，故直陳其始末如此，伏惟聖明鑒察。臣等不勝……"

是日，大學士方從哲謹題："先該太常寺奏，八月初七日祭先師孔子，請遣大臣一員行禮。臣於發票時，將禮部侍郎孫慎行擬上。適接本官揭帖，以義不可留，具疏懇辭，欲即日出城候旨。竊思丁祭之期，祇有一日，儻臨時有誤，所關祀典不小。今查三品大臣中，有詹事何宗彥，堪以遣用。伏望皇上改遣宗彥行禮，即刻批發，庶不誤事。臣不勝……"初六日，奉旨："改遣詹事何宗彥行禮。"

是日，大學士葉向高謹奏："爲懇恩亟放事。臣以③三月以來，連疏籲祈，心血俱盡，未足以回天聽。臣病妻前行，待臣俱去，臣孑然一身，祇有二僕，舊寓不便，復移居他處，暫時候旨。皇上試思，如此情形，尚有不去之理否？聖節屆期，皇上望臣倡率百僚。臣病苦餘生，若靦顏班行，乃爲百僚之辱，何能倡率？區區愚忠，所欲少效以伸去國戀君之一念者，已具於前月二十八日一疏，皇上儻留神省覽，採擇施行，歡呼頌祝之聲，將上徹昊穹，遠騰薄海，昆蟲草木無不鼓舞，況於百僚？而何待於臣之倡率哉？至於放臣歸去，更爲時政之大。臣進雖不能報答君恩，退猶得依先人之墳墓，以延其視息。當此萬壽齊天、萬國望恩之日，皇上獨能不垂憐於窮極號訴④之孤臣乎？此臣之所爲朝夕籲祈、而望俞旨之早下⑤也。臣不勝……"初八日，奉旨："朕勉留愈切，乃卿懇辭愈殷，既負朕懷，亦非卿從來忠愛之義。近日大臣紛紛求去，卿爲首輔，若復堅持歸志，

① 兩 《綸扉奏草》卷二九"兩"作"南"。當作"兩"。
② 傍 "傍"當作"榜"。
③ 以 《綸扉奏草》卷二九"以"作"自"，是。
④ 訢 "訢"當作"訴"。
⑤ 下 《綸扉奏草》卷二九"下"下有"者"字，是。

使朕孤立於上，國體謂何？宜遵屢旨，即出佐理，毋得再有託陳。該部知道。"

七日丁亥，大學士方從哲謹題："照得禮部侍郎孫慎行，先於七月初間，以患病乞休，疏凡三上，曾屢次移書於臣，求爲擬准。臣念禮部，職司典禮，事務最繁，慎行署掌經年，勤勞頗著，且其初疏發票時，蒙傳'不准辭'，故臣仰體上意，於擬票外，復寄語挽留。頃該慎行以聖壽在邇，力疾強出，已於初四日見朝矣。昨復以人言之及，義不可留，遂具疏懇辭，出城候旨。此其迹似於徑情，而其心實有可原也。今蒙上傳，以其不能尊君守法，責以不義。夫復何辭？即臣亦有不能爲慎行解者。惟是慎行以久病之身，屢求解任，復因人言之及，義難靦顏不去，既冒頑鈍之譏，候旨又來濡滯之誚，拜疏出城，似非得已。今若從重處分，在慎行固無所逃罪，而於皇上平日優禮大臣之意，不無少違。臣愚竊意，國體所關，似乎當處，而聖度如天，似亦不必重處。謹遵傳諭，恭擬兩票進呈，伏望皇上曲賜優容，酌量裁處，庶足以警有位而昭殊恩。臣不勝……"

八日戊子，大學士葉向高、方從哲謹題："爲纂修玉牒事。照得今次玉牒，宗支綿衍，册籍浩繁，見在官員不敷供事。查有制敕房辦事試中書舍人王濬初、公鼐，俱堪委校對。又謄錄缺人，查得誥敕房貼寫譯字官馬尚禮、馬鍵，貼寫監生王頻、秦之垣，及原在史館今補誥敕房貼寫監生唐允恭，各堪補書寫玉牒。再照玉牒館收管册籍，亦屬缺人。查有書辦官王道平，及前館效勞今在部候選官王三錫、王懋業，合無俱照白澍等事例，各照本等資格，除授在京相應職銜，與同所正章如鑛等，一體在館供事，庶公務不致耽延？伏乞敕下吏部，查照施行。臣等未敢擅便，謹題請旨。"十四日，奉旨："是。吏部知道。"

九日己丑，大學士方從哲謹題："頃該工科給事中劉文柄疏論文選司郎中張養才，其間推陞司業一節，原係臣等主之，故其①揭自明，以見不敢諉過於人之意。今科臣再疏糾駁，謂臣等爲悖謬，爲欺皇上。臣不勝愧服，不勝皇恐。在首輔向高，以求去方切，不欲有言。乃臣從哲，既叨共事，有過當均任之，不得不一言申白。蔡毅中以司丞陪北，趙師聖以資深陪南，臣前已明言之，非有軒輊也。且師聖之於南，不過陪耳。臣等先題掌印疏中，已擬陞贊善，再經催請，則戊戌、辛丑之序原未嘗紊也。若辛丑諸臣，先後陞宮僚者五人矣，其官階皆在司業之上，間有未陞，皆以家居有待。其心之服與否，臣不敢知，惟是臣拘於往例，循序遞遷，不能過爲分別，謂臣悖謬，臣亦甘之，若欺之一字，則人臣之大罪，名教所不容，臣雖不才，何敢蹈此，以犯天下萬世之公議？謹再陳巔末，以明臣心之無他，統惟聖明鑒察。臣不勝……"十三日，奉旨："覽所奏，推陞司業，卿與首輔俱秉至公，循資遷轉，原非紊亂，朕已鑒知。卿毋以浮言介懷，宜安心輔理。吏部知道。"

是日，大學士方從哲謹題："臣昨接得禮部司務毛應銓揭，以侍郎孫慎行出城候旨，本部印信無人掌管，且聖節在邇，禮儀殷繁，欲請欽命署掌印務。竊惟國家一應典禮，俱屬禮部職掌，況值萬壽聖節，嵩呼之使鱗集闕下，萬方瞻仰所係匪輕。今慎行業已出城，勢難再返，而空印無屬，將部中諸務誰爲料理？慶賀大典何所責成？茲去習儀之期祗有三日，若不豫定，儻臨時有誤，咎將誰歸？伏望皇上將應銓原疏即刻檢出，或賜欽定，或發臣擬。早命一人暫署印務，此真目前之急務也。再照孫慎行辭疏，傳諭切責。臣仰承明命，敢不遵照擬上？竊念慎行署部日久，頗效勤勞，邇者聖母升祔，百務倥偬，慎行仰體皇上孝思，拮据匪懈，卒襄大典，允愜輿情。此雖禮臣職分之常，而自臣等視之，似亦有微勞之足錄者。今拜疏出城，迹若涉於專擅，而內苦於病困，外迫於人言，計無復之，情非得已。臣愚伏望皇上，察其迫切之衷，寬其徑情之罪，將前嚴旨更定數語，俾令回籍調理，以全始終。不惟慎行感曲成之恩，而大小臣工亦莫不誦皇上如天之度矣。臣不勝……"

是日，大學士葉向高謹奏："爲苦懇天恩事。臣以迫切求

①其 "其"當作"具"。

去，奉聖旨：'朕勉留愈切，乃卿懇辭愈殷，既負朕懷，亦非卿從來忠愛之義。近日大臣紛紛求去，卿爲首輔，若復堅持歸志，使朕孤立於上，國體何謂①？宜遵屢旨，即出佐理，毋得再有託陳。該部知道。欽此。'臣捧誦之餘，有淚可揮，無辭堪措。惟念臣處今日，若稍有可留之理，稍有欲留之心，則必不遣家移寓，作如此舉動。既已作此舉動，而又赧顏再留，恐千古以來，無此誕妄之事，無此不識廉恥之人。人言臣欺君，此真欺君之大者矣。今朝中挂議者，惟臣與王象乾、孫慎行三人。象乾、慎行皆已行矣。臣求去在二臣之先，而出門在二臣之後，臣之勇退，遠不逮二臣，心甚愧之。皇上屢以聖節爲言，今相去祇數日，皇上若先發俞旨，允臣之去，臣當匍匐扶攜叩賀而後行。不然，俟至聖節後，臣亦必不留矣。頃言官有請皇上允臣之去，謂君恩臣誼尚存臨岐之一綫者，可謂至言，非但愛臣，亦愛皇上。惟聖明圖之。至於科臣劉文炳以南北司業之推咎臣，臣病苦昏迷，事多錯謬，罪安敢辭？請併年未催②陞不當、人心不平者，盡敕令同官臣從哲，一一改正施行，使臣失之於身，而救之於後人，於以塞弊竇而慰輿情，亦臣之幸也。臣不勝……"十三日奉旨："大臣爲國爲君，去留自有大體。卿既以朕壽節爲念，分當勉留，豈可效尤二臣，不顧君臣之義？朕懸望甚切，卿宜即出輔理，以副始終倚毗之懷。毋因人言再有陳請。該部知道。"

十日庚寅，大學士葉向高、方從哲謹題："照得右春坊、司經局俱缺掌印官，相應揥③資序轉。臣等推得左春坊左諭德兼翰林院侍講劉一燝，堪掌右春坊印信，顧起元堪掌司經局印信。及查二臣，資俸俱深，合無各與量陞右春坊右庶子，兼翰林院侍讀，管理前項印務？其左諭德王毓宗，資俸亦深，合無量陞右春坊右庶子，兼翰林院侍讀，照舊管理文官誥敕？再照翰林院檢討趙師聖，通籍既久，強半家居，今同資者皆已推陞，而本官尚未得一轉，合無量陞右春坊右贊善，兼翰林院檢討，與同劉一燝等催令前來供職？是亦獎恬拔滯之一端也。伏祈敕下

① 何謂 "何謂"當作"謂何"。

② 未催 《綸扉奏草》卷三〇"未催"作"來推"，是。

③ 揥 "揥"當作"循"。

吏部，查照施行。臣等未敢擅便，謹題請旨。"十五日，奉旨："吏部知道。"

十一日辛卯，大學士方從哲謹題："頃該臣以聖壽屆期，禮儀繁重，而禮部堂官無人，欲祈皇上欽命一人署掌印務，連日候旨未下。今十三、十四日，即爲習儀之期，後殿致詞，前殿宣表，行禮皆本部堂上官之事，苟無其人，將使慶賀大禮廢於今日，其何以重典制而肅觀瞻？此臣之所甚懼也。適禮部司官投揭於臣，請命一人暫代，良以慶典必不可廢，堂官必不可無人，故臣敢不避煩瀆，再爲催請。伏望皇上留神，或檢禮部司務之疏，或檢臣前日之揭，即①批發。儻聖意未定其人，臣愚竊謂詹事何宗彥，係詞林三品之官，俾令暫署部印，代行諸禮，極爲相宜。統俟聖明裁斷。時日甚迫，萬難少遲。臣不勝……"

是日，大學士方從哲謹題："適蒙發下兵部司務任弘業本，以尚書王象乾出城候旨，將本部及戎政印信二顆，俱封貯公署，具本題知。該臣看得，象乾再疏懇辭，經今數日，未蒙發票，則其去其留，尚當恭候宸斷，前印當委署與否，臣何敢擅擬？謹將原本封上，伏望皇上裁奪。或先將象乾辭疏發下，傳臣擬票，然後另擬委官署掌二印。臣不勝……"

十三日癸巳②，大學士葉向高、方從哲謹題："照得起居注館，例用史官六員，編纂六曹章奏。今各官俱奉差陞轉去訖，見在祇有二人，章奏堆積，料理不前，經今已數月矣，甚爲不便。臣等謹推得，修撰楊守勤，編修黃儒炳、汪輝，檢討韓文煥，堪補前缺。各候命下，令各欽遵供事。臣等未敢擅便，謹題請旨。"

十六日丙申，大學士方從哲謹題："前初五日，蒙發下福王一本，欲討伊、徽二府遺下鹽店、馬店、炭廠、竹木等場抽分。臣愚竊意，二府之廢，經今多年，其店廠之有無，已不可知，抽分之可行與否，又非臣愚所能懸斷，非下户部，行彼處撫按，

① 即 "即"下似有脱字。

② 巳 "巳"當作"巳"。

誰爲查看？誰爲撥給？故臣初擬'户部知道'。及次日，命臣改票，臣復擬'着查例撥給，該部知道'。以爲事體必當如此。今再奉上傳：'准奏，查照撥給。'則是以店廠處所今皆見在，抽分錢糧今皆見徵，但一查明，便可給與。若果如此，則以本省之徵租，供本藩之養贍，臣豈不欲將順德意，成皇上親愛福王之心？但以事在彼中，未有不經部議、不行撫按看明而徑允者。即如聖諭批發，計該部亦必行本處查報，然後上聞，則何如下部查例之爲妥便也？臣謹將原擬二票一併呈覽，統候聖裁。"

　　十七日丁酉，大學士葉向高謹奏："爲恭謝累年高厚鴻恩拜辭請放事。臣八載備員，孤蹤獨立，荷蒙皇上寵眷，恩私隆天重地，近世所無，言雖不盡用，而不可謂不用，事雖不盡行，而不可謂不行，人言愈起，而信侍①愈深，求去愈殷，而慰愈切，君父之於臣子，至矣，盡矣，無以復加矣。臣私衷感刻，真口不能宣，筆不能寫，千生萬生變爲犬馬以謝皇上，猶不能報也。兹當萬壽聖節，臣杜門日久，本不宜靦顔復出，但情不能已，於今早勉强同臣從哲，詣仁德門叩賀。禮畢之後，臣念自此永無再到宫門之日，謹再五拜三叩頭，一以謝皇上累年養育之厚恩，一以伸微臣遠離闕廷之私念。伏望皇上察臣微誠，成臣素志，更勿以温旨留臣，即賜俞音，放臣歸去，使天下人知②朝中，尚有奉旨去國之大臣，而臣之蒙恩於皇上終始不替，如此，君臣上下皆有光彩，何幸如之？臣謹於私寓恭候數日，至於不得已而效尤二臣，是臣之罪，而非臣之得已也。臣不勝……"二十日，奉旨："覽奏卿，欲③去愈切，情詞愈苦，朕心惻然不寧。但閣務繁重，豈從哲一人所能獨理？少待新輔道南至者④，即准卿去，以遂雅懷。卿既念朕恩，當思始終國⑤報，且八年勞苦，何惜數月勉留？若效尤徑行，不候朕命，既非卿從來忠愛之義，將貽朕以恩禮不篤、簡忽輔臣之名，卿心忍乎？尚體朕懇至之情，毋得再有陳奏。該部知道。"

　　十八日戊戌，大學士葉向高、方從哲謹題："爲作養人才

①侍　《綸扉奏草》卷三〇"侍"作"任"，是。

②知　《綸扉奏草》卷三〇"知"下有"今日"二字。

③欲　《綸扉奏草》卷三〇"欲"作"求"。

④者　《綸扉奏草》卷三〇"者"作"日"，是。

⑤國　《綸扉奏草》卷三〇"國"作"圖"，是。

事。照得原管教習庶吉士官二員,該詹事府詹事翰林院侍讀學士何宗彥,近奉欽依,陞禮部右侍郎去訖,所有員缺,合當推補。臣等謹推得詹事府少詹事兼翰林院侍讀學士顧秉謙,量陞禮部右侍郎,仍兼翰林院侍讀學士,協理詹事府事,與同劉楚先管理教習。伏乞敕下吏部,查照施行。臣等未敢擅便,謹題請旨。"二十一日,奉旨:"是。吏部知道。"

十九日己亥,大學士方從哲謹題:"前本月初九日,蒙發下兵部司務任弘業題請署印本,時書①王象乾雖已出城,其去留未經宸斷,故臣將原本封進,未敢擬票。今象乾已奉明旨回籍調理,本部及戎政二印俱封貯公署。該臣查得,左侍郎魏養蒙奉差未回,右侍郎崔景榮尚未到任,部中事務無人管理,樞密重地豈容久虛?適司務任弘業復有署印本之請,誠以軍務邊情勢難少緩,伏望皇上留神,將前次一本檢出,或出聖斷,或發臣擬,其兵部印信及協理戎政印信,各命一人署掌,仍敕吏部,將本部尚書作速會推,即賜點用,庶軍國大事付託有人,所裨於安危之機不淺矣。臣正具揭間,又接得右侍郎崔景榮揭帖,以舊疾未痊,懇祈休致。臣念此時該部需人甚亟,兼以本官才望素優,儻得速來赴任,尤足以濟目前之急,更祈皇上即賜批發。臣不勝……"

二十日庚子,大學士葉向高謹奏:"爲恭謝天恩准放仍乞俯允即行事。該臣請宮門謝辭皇上,奉聖旨:'覽奏,卿求去愈切,情詞愈苦,朕心惻然不寧。但閣務繁重,豈從哲一人所能獨理?少待新輔道南至日,即准卿去,以遂雅懷。卿既念朕思②,當思始終圖報,且八年勞苦,何惜數月勉留?若效尤徑行,不候朕命,既非卿從來忠愛之義,將貽朕以恩禮不篤、簡忽輔臣之名,卿心忍乎?尚體朕懇至之情,毋得再有陳奏。該部知道。欽此。'臣仰荷聖慈已鑒臣情詞之苦,允臣歸去,累年祈求,今日得遂,臣聞命自天,不勝感戴。義當遵旨少俟,曷敢再陳?第臣自杜門以來,閣務久已不預,近併書揭亦不敢受,

①書 "書"上當有"尚"字。

②思 "思"當作"恩"。

外間事體一毫不知，雖羈留在此，亦如附贅懸疣，非徒無益，而反爲累。閣務繁重，從哲一人自能辦理。臣查前輔臣趙志物故後，祗沈一貫一人在閣，踰年而沈鯉、朱賡始至。沈一貫、沈鯉謝事後，祗朱賡一人在閣，踰年而李廷機與臣始至。即臣至不肖，獨身任事亦六、七年。從哲之才品器識，遠過於臣，即使獨任數年，亦綽有餘裕，況不過二、三月，道南可至，皇上又何慮焉？以皇上之恩臣如此，恤臣如此，臣何惜數月之留，而不以慰聖心？但種種不便，難以盡言。又臣妻已行，無人照管，臣本意由陸路以歸，以臣妻多病，不耐奔馳，臣亦痔瘍作苦，欲就舟行，今寒風已動，遷延數時，河冰將合，又須從陸，愈困頓矣。此所以迫切哀鳴，仰求皇上之即放也。日者王象乾、孫慎行出城，皆蒙聖恩即允其去，臣甚羨之、慕之。皇上平日待臣厚於二臣，臣亦懷戀聖恩，不忍如二臣之遽割，若乘此未出城之時，得旨而去，天下人孰不歡欣頌服，謂皇上之待輔臣有始有終如此？但早一日，則聖德增光一日，聖恩增重一日，萬無簡忽輔臣、思①禮不篤之說也。臣憑籍恩私，故敢屢瀆，統望聖慈俯垂炤察。臣不勝……"二十三日，奉旨："卿輔朕多年，秉公奉法，竭誠匡贊，勞怨不辭，獨任忠勤，從來未有。朕傾心名德，眷倚方深，卿乃堅意乞歸，連章懇請，情詞之苦，至不忍聞。朕鑒此悃誠，豈容終強？特允回籍調理，成卿雅意②。着加少師，兼太子太師，差官護送，馳驛去。仍賜路費銀一百兩，綵段四表裏，大紅紵絲坐蟒一襲，稱朕始終優禮至意。卿宜善攝，爲國愛身，以需召用。該部知道。"

是日，大學士葉向高謹題："臣蒙聖恩，令待新輔道南來即准臣去。臣已具疏，懇求即放。迫切之情，尚有疏中所未盡言、所不敢言者，敢再陳之。蓋道南被命已將一年，三疏控辭，皆蒙溫旨，臣度之自當前來供職。但皇上謂待道南來而後放臣，則道南必復自疑，以爲彼之來乃速臣之去，又將躊躇趑趄而不敢前。是以③臣既以道南之故不得去，道南又以臣之故不得來，豈不兩誤？不如及早放臣，而嚴催道南速至，則彼此俱便，而政本共濟亦有人矣。又臣待罪日久，罪狀甚多，屢被人言，近

① 思 "思"當作"恩"。

② 意 《明神宗實錄》卷五二三"意"作"志"，是。

③ 以此 "以"字當爲衍文。

來知臣決去，故言者稍緩，若臣尚有數月淹留，其勢必又紛紜，臣雖欲暫留，亦不可得，不如及今即去更爲省事。且臣在此一日，則人情多一日之疑。即如票擬一事，臣久已不預，而外間訛傳猶云：某本爲臣所票，某事爲臣所行。猜忖多端，日生枝節。惟臣一出國門，則冰消霧釋，廓然無疑，何利如之？犬馬戀主，臣亦人也，豈無戀主之心？委因事體不便，難於停留，故敢再竭其愚。總之，同是一去，但早去一日，則在臣有一日方便，而皇上之體悉愚臣，亦愈爲①至矣。伏望聖慈俯垂察鑒，即將臣疏批允發行。臣不勝……"

① 爲 《綸扉奏草》卷三〇"爲"作"篤"，是。

二十二日壬寅，大學士方從哲謹題："適蒙發下首輔向高辭本，伏奉上傳：'既苦苦辭，准他馳驛去。賞路費銀兩，差人護送，以示優禮之意。'臣愚仰見皇上優崇耆碩，恩禮有加，體恤之周，錫予之厚，可謂至極而無以復加矣。臣即當遵依擬上。臣又查得，先年輔臣允歸，間有加官及服色之例，以向高竭忠輔政，獨任有年，勞苦功高，似向來所未有者，破格示酬，或亦聖心所不靳，故臣於傳諭之外，復潛擬加銜一節，恭候聖裁。其俞其否，總出特恩，非臣所敢必也。臣不勝……"

是日，大學士葉向高、方從哲謹題："爲印信事。照得詹事府詹事兼翰林院侍讀學士掌翰林院事教習庶吉士何宗彥，近奉欽依，陞禮部右侍郎，署掌部事，所有翰林院印信，缺官掌管。臣等推得，詹事府少詹事兼翰林院侍讀學士孫如游，資俸相應，堪以掌管。伏乞敕下吏部，將本官量陞詹事府詹事，兼翰林院侍讀學士，掌管前項印信。臣等未敢擅便，謹題請旨。"二十六日，奉旨："是。吏部知道。"

二十三日癸卯，大學士葉向高謹奏："爲恭謝非常天恩懇辭進秩事。該臣懇切乞歸，奉聖旨：'卿輔朕多年，秉公奉法，竭誠匡贊，勞怨不辭，獨任忠勤，從來未有。朕傾心名德，眷倚方深，卿乃堅意乞歸，連章懇請，情詞之苦，無不忍聞。朕鑒此悃誠，豈容終強？特允回籍調理，成卿雅志。着加少師，兼太子太師，差官護送，馳驛去。仍賜路費銀一百兩、綵段四表裏、大紅紵絲坐蟒一襲，稱朕始終優禮至意。卿宜善攝，爲國愛身，以需召用。該部知道。欽此。'臣俯伏跪誦，感極涕零。臣之初心，祇望皇上賜臣'准回籍'三字，便爲萬幸，不意天恩隆重，越分踰涯，一至於此，蓋從來未有之異數也。臣自此晦迹林泉，投身藥餌，雖安危休戚尚自關心，而毁譽是非盡堪塞耳，朝朝暮暮惟百拜以謝聖恩，世世生生將何由以酬洪造？所有馳驛、護送、銀兩、襲衣，臣不敢辭，惟是少師兼太子大①師，乃人臣之極品，亦内閣之穹階。臣八載備員，曾莫伸乎寸效，兩番報績，已再沐乎殊恩，當此去國之秋，應行負乘之罰，復兹叨濫，委爲非宜。若冒昧以祇承，將何顔而視息？此臣之所以聞命驚心，籲天瀝膽而萬不敢受者也。伏望聖慈，察臣懇誠，准其辭免。使臣得以安心就道，不至福過②生災，戴面歸山，毋令寵深而反辱，其幸大矣。臣感激天恩，謹當赴闕廷辭而行，先此陳謝，併布下情，統祈聖鑒。臣不勝……"二十八日，奉旨："卿勞苦有年，忠勳茂著，兹當去國，無以示酬，進秩加恩，出朕惓惓至意，卿宜祇受，毋得遜辭。該部知道。"

二十七日丁未，大學士葉向高謹奏："爲愚臣感恩去國敬陳謝悃併效餘忠事。臣海上孤生，家世業農，素無通顯之望，遭逢③聖明，致位鼎司，皇上栽④植覆露，過於生成，寵眷殷勤，深於鞠育。臣省躬量力，無一毫可以仰答恩私，惟是徼天之幸，皇上之寵靈，七、八年間方内無大變故，朝廷無大過舉，士大夫無大譴罪，臣得遷延苟且以至今日。頃哀鳴乞歸，伏蒙皇上錫以溫綸，加以異數，種種踰溢，皆非臣子所敢望，凡在見聞，無不驚嘆，以爲臣何緣而得此於皇上？臣聞命之後，魂魄不寧，涕零如雨，真不知生生世世何以報皇上也。謹於今早詣午門前叩謝、叩辭，即日前行，雲霄之夢，從此永絶，惟有步步回首，瞻望闕廷，不勝依戀之私而已。臣聞古之人，江湖而懷廟廊之憂，況臣受恩深重，豈以身既退休，遂忘忠愛之一

① 大 "大"當作"太"。

② 過 《綸扉奏草》卷三〇"過"下有"以"字。

③ 逢 "逢"當作"逢"。

④ 裁 《綸扉奏草》卷三〇"裁"作"栽"，是。

念乎？請①得以時事所最急、天下人所共言者，再一申之。東宮輟講十餘年矣，元良，國本，安危所關，而深居青宮，不親書史，睿姿②令質何以陶鎔？頃因聖母升遐，中外哀痛，臣等不敢苦請，今大禮已竣，涼秋過年③，此而不講，更待何時？瑞王年已長大，鬚髯如戟，而好逑未遂，怨曠日深，父母之心人皆有之，豈在聖慈不加軫念？此二典者，必當在旦夕舉行者也。六部九卿，朝廷所以共理天下，一官不備，則一職不舉。今六部止有五人，都察院遂至空署，而外間督撫，見推九列，資望深重④，如陳薦、徐民式、孟一脉輩，皆久不點用，臣等屢請之而不能得，內空虛而外壅滯，豈不兩妨？廢棄諸臣，恩詔錄用，海內莫不傳頌聖德，然以忠鯁之名流，尚從折腰之列，以積年之困頓，猶拘原擬之條，得毋名用而實阻之乎？臣謂諸臣爲民而起縣令者，當即與優遷，諸臣遷謫而照原擬者，當即以新推敍用，仍亟渙綸音，毋再遲滯，上以慰聖母在天之靈，而下以答四海臣民之望，何快如之？人才進退，全在銓曹。今吏部尚書鄭繼之，名德老成，真心報國，必能以大僚、起廢二事力請於上，而閣臣從哲爲之從臾，願皇上之垂聽而亟行也。候補科道，久者二、三年，近亦數月，旅食長安，茫無職事，銷向用之心，傷平明之政，所宜即行允補。而舊歲候選諸臣，鱗集闕下，亦當速爲除授，以便供職。至於候憑各官，以吏科不補，至今尚未得去，官既困於無憑，地方又困於無官，政體之虧，莫此爲甚。此三事者，部院大臣或屢請而未發，或遷延而未請，皆當亟行者也。此猶據朝中大典禮、大政事而言耳。至於封疆最急，莫如邊餉，目前切近之大憂，莫如邊餉之匱乏，雖經計臣苦心籌畫，而因循日久，振作爲難，脱中⑤之變，北見於薊門，南見於楚甸，嬰兒絕乳，難止其啼，猛獸搏人，冀充甚⑥腹。長此不已，國家之禍不可言矣。其必修屯田，興水利，清冗濫，嚴查參，任怨任勞，中外相成，救此大患，而我皇上爲之主張督率於上，庶幾其有瘳乎？要其大本大原，則在於急罷稅使。稅使一日不罷，則民力一日不得紓，常賦愈逋，催徵愈苦，軍與民兩受其弊，且相挺而爲亂，何以救之？此尤

① 請 《綸扉奏草》卷三〇"請"上有"今"字。
② 姿 《綸扉奏草》卷三〇"姿"作"資"。
③ 年 《綸扉奏草》卷三〇"年"作"半"，是。
④ 重 《明神宗實錄》卷五二三"重"作"隆"，是。
⑤ 中 《明神宗實錄》卷五二三"中"作"巾"，是。
⑥ 甚 《明神宗實錄》卷五二三"甚"作"其"，是。

萬曆起居注

時政喫緊之第一義也。皇上苦苦留臣，不欲其去，要臣在此，其所效贊襄之力者，不過此數事。皇上行此數事，臣雖去何妨？如其不行，即留亦有何益？故敢縷縷陳之。乃臣更有言者，祖宗設立閣臣，原是文墨議論之官，毫無事權，一切政務皆出自六卿，其與前代之相臣絕不相同。今事權日輕，而責望日急，救過不贍，何暇他圖？臣今已行，道南未至，祇從哲一人在閣，極爲勞苦。區區愚衷，誠望自今以後，皇上之聽信閣臣者愈至，而天下之求多閣臣者稍寬，凡軍國大計，用捨大事，必與商畫而後責之以匡維，毋使閣臣與①其事，而獨任其辜，則庶乎此官猶可以自立，而政本之地不至於艱難窮困日甚一日矣。臣去國之人，故敢作此言，又身不能爲，猶望於後人之能爲，故言之真切，若是統望聖慈俯垂鑒炤。臣不勝……"

是日，大學士方從哲謹奏："爲首輔蒙恩予告微臣獨力難勝懇乞聖明亟催新臣赴任以重政本以濟時艱事。臣一介豎儒，才品庸下，誤蒙聖眷，拔置綸扉，地重人微，日凜凜惟不稱任使是懼。受命以來，倐幾一載。向賴首臣當軸，於國家大事一力擔當，臣藏拙匿瑕，可幸無罪。頃該首輔向高屢疏求去，蒙皇上屢次勉留，近奉明旨：'閣務繁重，豈從哲一人所能獨理？少待新輔道南至日，即准卿去。欽此。'臣於此仰見聖恩極厚，聖慮極周，既體首輔真切之情，復念微臣獨任之苦，臣不勝感激，不勝欣喜。竊意向高必且遵旨暫留，以俟道南之至，臣猶得周旋數月，藉免愆尤。忽於二十二日，蒙發下向高再疏，並傳'苦辭准去'及加恩諸事，臣不勝駭愕，即擬具揭請留。而上惕於聖諭之傳宣，下迫於同官之責望，不得已，恭照擬上。已復思之，政本之地，幾務攸關，輔臣之身，百責所萃，其繁其重，誠有如前旨所云者，即使其人才識兼優，謀猷素裕，亦須數人共事，協力劻勷，始克有濟。臣何人斯？而能以一人勝其任也？今首輔已行，新輔未至，臣孑然一身支持其間，前無稟承，旁無倚籍②，精神有限，力量易窮，譬之操漏舟而涉洪濤，持朽株而支大廈，其不至於覆溺者有幾？臣不足惜，如誤國家大事何？臣於此時，辭之不得，任之不能，四顧徬徨，計無所出。

① 與 《明神宗實錄》卷五二三"與"上有"不"字，是。

② 籍 "籍"當作"藉"。

不但臣自憂自懼，計舉朝臣工亦無不爲臣危者。伏望皇上深維國計，並鑒臣苦衷，亟渙明綸，促令新輔道南作速前來，刻期到任。庶臣得以同心共濟，竭力贊襄，上不辜皇上付託之隆，下可逭臣愚曠瘝之罪。臣不勝……"

二十八日戊申，大學士方從哲謹題："照得選官候憑一事，該臣等及部科諸臣請點吏科掌印官本揭不下數十，前奉明旨，着部吏①速令赴任。是皇上於各官困苦窮迫之情，業已洞悉，而予以生全之路矣。在吏部恰遵祖制，謂官必有憑而後可以赴任，科必有人用印而後可以盡憑，捨此之外，更無他法。此其說甚正。惟是各官自春徂秋，困頓益久，病死相繼，不忍見聞，計皇上知之必有惻然不安於衷者。今吏科之命，尚在催請，各官之去，畢竟無期，將使此千餘人者，終流落饑餓於京師而後已乎？今早各官羣聚，泣訴於臣，欲求部科給發限票，先行赴任，以終前日速令赴任之旨。此真萬不得已之計，似亦可權宜允行者。然非仰奉明綸，敕下該部酌處，臣亦未敢輕議，以取廢法之罪。仰惟聖明裁斷。臣不勝……"

是日，大學士方從哲謹題："竊惟皇太子講學一事，頃臣與首臣向高屢次題請，未蒙允行。中外臣工既不得皇上開講之旨，又不測皇上不允開講之故，惶惑益甚，責望臣等益深。即今序入深秋，天氣清爽，天時人事，萬難再遲。若復蹉跎，轉眼便是嚴冬，一年光景又成虛度。儲講何事？而皇上漫不加意如此。臣謹另擇得九月初六日、初八日兩日皆吉，伏望皇上欽定一日，令臣遵奉施行。臣不勝迫切懇祈之至。"

① 部吏 "部吏"當作"吏部"。

九①月一日庚戌，朔。

二日辛亥，大學士葉向高謹奏："爲感激天恩恭陳謝悃事。臣迫切乞歸，伏蒙聖恩特頒異數，又加臣少師、兼太子太師，臣愧不能當，具疏辭免，奉聖旨：'卿勞苦有年，忠勳茂著，茲當去國，無以示酬，進秩加恩，出朕惓惓至意，卿宜祗受，毋得遜辭。該部知道。欽此。'臣不勝悚惶，不勝感戴。竊念臣以一介書生，皇上拔擢至此，雖曾效奔走微勞，而總皆尋常事務，未嘗有持危定傾之功，轉日回天之績，可以報效，而位極三孤，澤延累世，自來臣子之叨濫，未有如臣者。臣本欲具疏再辭，聖意勤惓，不敢煩瀆，謹設香案望闕叩謝，到家之日，揚勵聖主之隆施，光昭清朝之盛事，即海濱父老，並戴恩私，不猶臣之一身也。臣於潞水登舟，以茲月初二日解纜前行。自此闕廷日遠，蹤迹日疎，回首五雲，可勝依戀？犬馬下情，惟望皇上善保天和，慎調玉體，喜怒毋過其節，起居必謹其微，於萬斯年永爲臣民之主。臣餘生尚在，得耕田鑿井，享太平之賜於堯天舜日之中，其幸大矣。此臣之所日夜齋心，籲天祝聖，以少盡區區之一念者出。臣不勝感戴天恩，懇切依戀之至。爲此，謹具本奏謝以聞。"

五日甲寅，大學士方從哲謹題："竊惟京營開操，乃國家極重之務，每歲春秋二季擇吉舉行，二百年來未之或改。今春以聖母大事，百務倥傯，明旨未宣，遂爾暫輟，致使祖宗相沿之制廢於一朝，中外臣民莫不憂懼，然猶曰以國恤之故也。頃八月初，皇上嘗允戎政督臣之請，命欽天監擇日進呈矣，候至月餘，未蒙允發。續該總督、巡視諸臣，具疏題催，迄未得旨。今八月已過，開操無期，去歇操之時亦復不遠，若再稽遲，又將如春間之停止，非所以重戎務而示四方也。昨徐應坤及姚宗文等相率見臣，謂營操必不可再廢，目下開操必不可再遲，欲臣併力祈請，冀回天聽。伏望皇上念軍國大計，關係匪輕，敕下欽天監另行擇吉，刻日開操，以遵祖制而壯國威，所裨於安

①九 "九"上當有"萬曆四十二年"六字。

危之機不小矣。又臣於前日接得姚宗文、劉光復二揭，中間條陳諸款及議立營房等事，深於營務有補，並①發下兵部議覆施行。臣不勝……"

六日乙卯，大學士方從哲謹奏："爲儲宮講學無期人心懸望愈切懇乞聖明亟賜允行以重國本事。恭照東宮講讀，一輟十年，舉朝臣工竭誠懇請，竟凡數百上，其於講學之益與不講學之害，言之諄切詳明，幾無剩詞矣。無奈天聽轉高，俞旨尚寂，歲從②一歲，大典久稽。且往年當開講之時，間奉傳諭，以寒暑不時暫行停免，天下猶曉然知上意所在，乃今並此諭而絕無矣。以是羣情惶惑，轉相猜疑，每每向臣詰以前此不講之故，與後來開講之期，臣不覺心慚口噤，茫然莫知所置對也。今春以聖母升遐，皇太子方在哀庸③，臣等未敢頻瀆。今清秋過半，轉盻嚴冬，不於此時出就講筵，俾之親近儒臣，溫習經史，收開卷之益，終養正之功，則自今以復④，更無可講之時，皇太子終無講學之日，輕主器而忘遠圖，忽慈諭而隳成憲，皇上誠自爲社稷計，當不若是之左矣。我皇上洞達古今，明晰⑤國朝典故，曾見自昔帝王，有不學無術、而能興化政治、聲施後世者乎？我累朝列聖，有不乘時力學、而徒玩時愒日如今日者乎？祖訓昭然，家法具在，皇上奈何明知而明悖之也？臣位叨輔弼，職在贊襄，於朝廷大禮大政，當知無不言。念此一事上關宗社之安危，不⑥關臣民之休戚，近繫普天之仰望，遠繫列祖之典章，目前極重極要之務，誠無有踰於此者，臣既不能積誠感動以潛格宸衷，又不能盡力維持以顯回天聽，優游坐視，隱忍苟安，溺職曠官，臣固無所逃罪，皇上亦安用此尸素之臣爲也？頃首輔向高將去，諄諄以此囑臣，計天下人心，亦莫不惓惓以此望臣。臣居此位，當此時，而不能爲皇上任此事，不惟負皇上，且負首輔，負天下，兼負臣致身報國之初心，臣又何顏立百僚之上、稱皇上股肱心膂之託也？早夜自思，慚懼欲死。伏望皇上深維國家大計，鑒臣一念樸忠，亟渙綸音，欽定皇太子出講之期，並將臣前題侍班、講讀等官，除沈㴶已經別用外，

萬曆四十二年

① 並 "並"下當有"祈"、"望"之類文字。

② 從 "從"當爲"復"之誤。

③ 庸 "庸"似爲"痛"之誤。

④ 復 "復"似爲"後"之誤。

⑤ 晰 "晰"當作"晰"。

⑥ 不 "不"當作"下"。

其顧秉謙等立賜檢發，俾令各供職事。修數年久曠之典，培萬世有道之長，舉行之詔旨不虛，聖母之慈懷可慰，一舉而君臣父子之間咸有榮施，豈不休哉？臣不勝踴躍企望之至。謹具本躬詣文華門，叩首進呈。伏候敕旨。"十四日，奉旨："覽卿奏請講學。今天氣暴寒，但皇太子體質清脆。朕知道了。"

十一日庚申，大學士方從哲謹題："前該臣以開操無期，具揭催請，經今數日，未蒙檢發。今早永康侯徐應坤復持揭見臣，言營操係軍國大事，一年春秋兩次，從來不廢，今春暫停，已失祖宗舊制，茲秋月將盡，尚未奉旨，致令十萬軍士游手無事、坐食經年，非所以振營務而壯國威也。且京營如此，又何以作九邊之氣、而攝四夷之心？關繫安危，誠非細故。伏望皇上將應坤原疏即賜批發，傳令欽天監作速擇吉另請，刻日開操，庶根本重地藉以無虞，而中外人心亦可少安矣。臣不勝……"

十二日辛酉，大學士方從哲謹奏："爲政本需人甚急老成凋謝可虞懇乞聖明速召名德舊臣以順輿情以維泰運事。竊惟人主不能獨治天下，必有股肱心膂之託，以協贊萬幾，尤必有耆德宿望之臣，以主持國是，故輔臣重，而首臣尤重，祖宗二百年來，任賢圖治，未之或易也。頃者皇上念舊輔申時行、沈鯉齒德兼隆，賜敕、遣官存問，綸音載布，寵數洊加，大小臣工莫不欣欣然羨二臣之奇遇，詫一時之曠典。臣愚竊意，使臣報命之後，皇上必且特頒明詔，召置揆端，庶幾輔政得人，羣情帖服，臣等亦得從容佐理，苟免尸素之愆，此社稷之福，實臣愚之幸也。乃未幾而時行之訃至矣，天不憖遺，溘爲淪逝，臣因是重傷老成之易謝，而益知召用不可不急也。鯉三朝名德，一代真儒，輔政數年，天下之人咸以未究其用爲惜，臣嘗詢之縉紳及中州人士，謂鯉年雖大耋，而精神強固，視聽聰明，殆天所默佑，以培我國家無疆之祚者。不於此特速爲召用，俾之乘時建樹，盡展其調和燮理之猷，且使臣等得仰佐下風，協力同心，弼贊平明之治，豈不虛上天篤生之意，負海內具瞻之心，爲聖朝一闕事哉？夫甘盤舊學，宅揆有年，亮節純忠，帝心素簡，以其人則可用。人情紛擾，時事艱危，鎮定匡扶，允資名碩，以其時則當用。綸扉單匱，秉軸無人，政地日輕，贊襄奚賴？以其勢則不得不用。伏望皇上亟沛明綸，將沈鯉早賜召還，典司政本，不獨章皇上褒忠求舊之意，亦且免微臣蔽賢竊位之譏。明良合而庶事康，當再見於今日矣。臣不勝……"

十三日壬戌，大學士方從哲謹題："適蒙發下吏部急選本，上傳：'這本內有欽降官，如何朦朧推用？送票出旨。'臣隨細閱，本內奉旨降用官有二：一爲劉鳳德，係選貢考中通判，曾奉旨降三級用，今擬授徐州判官，此初選之官，非推用也。一爲孫鈜①，原任户部署郎中事主事，後奉旨降三級調外任，隨降調嘉定州判官，到任管事已及二年，今以丁憂起復，除補冀州判官，此復除之官，亦非推用也。兹若責以不當朦朧推用，恐該部得執以爲詞，不肯心服，反於明旨有褻。臣愚見若此，不敢不言。伏祈聖明裁酌。仍照常票一'是'字，極爲穩妥。昨該部有疏催請此本，更望皇上速賜批發。臣不勝……"

十四日癸亥，大學士方從哲謹題："今日見會極門發本，內有福王一本《爲請乞明旨貨賣欽賜食鹽事》，奉聖旨：'准王奏。照潞王事例行。該部知道。欽此。'臣不勝驚駭。因憶此疏曾於六月間發票，蒙傳：'出旨准他'。該臣當具一揭，備言開店貨鹽，既非藩國之體，又非地方之利，將來壞鹽法，累商民，種種不便，請敕下吏部酌議。經今數月，留中未發，臣意皇上必且因臣之言，寢其所奏。全國體，惠地方，盡在此舉，臣方不勝欣幸。不知福王何時又有此疏？乃不發臣擬，而竟從中出也。夫以親藩侵細民之業，以私店阻官鹽之行，公私受害，釀禍無已。其潞王有例與否，人日②當照與否，臣姑不暇論，獨念臣以票擬爲職者也，國家舊制，凡有章奏必發閣臣恭擬，取自上裁，儻有未當，發下另擬，聞閣中故事，有改票至三四次方蒙俞允者，不惟輔臣得抒匡救之忠，朝廷亦可免愆忘之失，古昔

① 鈜 "鈜"似當作"鈜"。

② 人日 "人日"當有誤字。

都俞籲咈之盛不過如此。頃發福王別疏，如討河南廢府抽分，討湖廣沒官田產，或照臣擬，或出聖裁，其中多有難以憑信、難以奉行者，應候撫按奏至，再請聖明酌處。祇此貨鹽一節，一方利病所關，事體不小，乃奏疏已發，而臣茫然不知。倘戶部執以問臣，他日地方官指以罪臣，臣將何辭以應也？臣最不才，誤蒙聖恩擢居此地，自愧力綿望劣，不足有亡。近來外廷之間用人行政之大，臣多不得與聞，尸位曠官，方切慚悚，今乃舉票擬常職而併失之，將綸扉之幹理者何事？廩祿之虛糜也何名？且使二百餘年相沿之典制，隳於臣一人在事之時，臣之罪尚可贖哉？伏乞皇上查照舊規，以後一切章疏悉發臣擬，有不當聖意者，傳諭改票，不厭再三，使臣得以因事納忠，應將順者將順，應執奏者執奏，庶政幾不誤，而國體猶存。至於福王奏討諸事，皇上亦宜酌量可否，少示裁抑，以王之賢明，必能仰體德意，不至輕信左右，以自失其令名，臣愚幸甚。臣以職守所在，冒昧瀆陳，不識忌諱，仰惟聖慈鑒察。臣不勝……"

是日，大學士方從哲謹題："照得日講官，舊制六員，近年以來，止補三四員。頃自翁正春去後，並一員絕無矣。先該臣等將孫慎行、何宗彥、孫如游三人題補，節經催請不下十數，竟未奉旨，遂使日進之講章停已一年，累朝之舊典廢於一旦，臣等溺職之罪，將何以自解於天下也？今孫慎行已奉旨回籍調理，合無將見任何宗彥、孫如游二臣，即以原官俾令供事講筵，逐日恭撰講章，進呈御覽？所裨於聖學聖治，非淺尠矣。伏祈聖明裁斷，敕下臣等施行。臣不勝……"

十八日丁卯，大學士方從哲謹題："臣昨接得禮部揭帖，以瑞王婚禮愆期，請皇上豫行擇吉，於今冬舉行。臣思此事，先曾奉有明旨，傳之海內，及聖母遺誥亦謂封婚大典皆有定期。如此，萬無今冬不行之理，臣無庸置喙。惟是時日已迖①，一應冠服等項必須豫先造辦，而吉期未定，人心不免觀望，諸務或致延遲。伏望皇上，即命欽天監於冬三月中選定大吉日期，敕令各該衙門及早豫備，勿致臨期有誤，不惟諧瑞王好逑之願，

① 迖 "迖"當作"迫"。

亦且成皇上愛子之心。遵祖制而慰羣情，在此一舉，仰惟聖明速賜裁發。臣不勝……"

十九日戊辰，大學士方從哲謹題："昨蒙發下戶部一本《爲福王贍田事》，蓋因山東撫按奏請，再爲申明。其言有司徵收之便、王府管業之不便，委曲詳盡，臣無容復贅。竊意皇上，必且詳味疏中之意，慨然賜允，命有司照數徵完，交納本府，使福王安享其利，地方永賴其休，豈不甚善？乃蒙上傳：'已有旨了'。蓋指近日'自行管業'之旨而言也。臣竊惑焉。夫以地言，則四千四百八十五頃零，有定額也。以地租言，則一萬三千四百兩零，有定數也。額數既定，在地方照此徵收，在福府照此支取，既不因管業而增，又不因不管業而減，必欲自行管業何爲乎？臣以兩言蔽之：管業，則利在衆人，害在地方，於福王毫無所加也，不管業，則地方所便，王府之人所不便，於福王亦毫無所損也。若徒以衆人不利不便之故，致撫按不得行其說，部臣不得效其忠，貽賢王不美之名，留小民無窮之累，皇上亦何樂於此哉？伏望皇上權其利害，毋徒執從前'自行管業'之一言，特允部議，將臣昨日另擬一票俯賜裁發，不勝幸甚。臣又念分封之初，皇上於贍田之數，不難減四萬爲三萬，減三萬爲二萬，轉圜之聽，覆露之仁，天下誰不誦服？誰不感仰？今該部及撫按所請，不過管業一事，又不過山東一隅，非多寡有無所關，俯從尤爲甚易，諒皇上必不以臣言爲瀆而概棄之也。臣不勝……"

是日，大學士方從哲謹題："臣前因選官候憑日久，請發解經雅本，令署掌吏科印務。兩日以來，又接得李瑾及經雅二揭，俱以署印爲請，時勢甚急，人心頗同。皇上誠憐數千人困苦已極，於此三本中但降旨，使署事有人，領憑有日，便可作無量功德，此至易至便之事，不知皇上又何所遲疑而不肯速決也？臣爲此一節，屢瀆宸嚴，自知煩瑣負罪，仰惟聖明矜察，即賜裁斷施行，多官幸甚，臣愚幸甚。臣不勝……"

二十五日甲戌，大學士方從哲謹題："自九月以來，臣每日進朝，候憑各官必遮道哭訴。今早復羣聚吏科門前，逼臣再催署印。臣已面許矣，復隨掖門內，直至內閣之前，痛哭大呼，聲震闕庭，爭言再過數日，必皆凍餓而死，情景淒切，真可慟心。今衆人所望者，祇在吏科署印一節。且近有李瑾一本、解經雅二本，俱在御前，皇上但於此三本之中降一署印之旨，便可完事。一舉筆而救二千餘人之生命，皇上亦何所吝惜而不爲也？萬祈聖明留神，即刻檢發。臣不勝……"

二十六日乙亥，大學士方從哲謹奏："爲廢臣當錄恩詔難虛懇乞聖明俯允部題亟賜起用以終德意以慰人心事。頃者皇上恭奉聖母遺誥，霈蠲租、赦罪之仁。復蒙聖恩，將先後建言諸臣分別錄用，或起知縣，或照原擬斟酌處分，悉由宸斷，宏慈睿算，溥博精詳，舉朝臣工莫不歡忭鼓舞，欣欣相告，以爲諸臣遭遇之奇，真千載一時也。隨該吏部列名上請，未蒙批發，自後補牘再四，迄無俞旨。臣愚竊意，此事出自皇上，特恩終無不行之理，祇須靜以俟之。而不虛經今數月，其杳然如故也。臣反覆思之，不得其故。以爲可中止乎？明綸一布，炳若日星，傳之海隅，書之史冊，咸快睹熙朝之盛事，而出言未幾，忽焉反汗，非所以示信也。以爲可再緩乎？諸臣彼謫，少者數年；多者二十餘年，不爲不久矣，河清難俟，壯志易銷，及今收之，猶恐不得其用，而遲留顧惜，忍弗能予，非所以彰斷也。以爲人多不能盡用乎？今內而卿貳部寺，外而藩臬郡縣，陞遷推補常若乏人，誠於諸臣起用之後，量其才品，待以不次，俾各守一官，營一職，彼懲創既久，圖①必殷，人無棄才，朝無曠位，豈不兩得？而一經放黜，置之若遺，非所以示公也。且皇上此舉，原以推聖母之德意，搜林穴之逸才、分別錄用之旨，正符親賢圖治之訓，聖母聞之，必且歡然悅懌，告諸九廟神靈，以爲皇上能繼志述事若此。而溫旨既宣，賜環無日，煌煌天語，徒託空言，聖母與祖宗在天之靈，能無怨恫乎？亦非所以明孝也。臣查諸臣通籍之年，如鄒元標等爲丁丑，呂坤、趙南星等

① 圖 "圖" 下當有脫字。

爲甲戌，此皆皇上御極之初，所爲開科而取，臨軒而策，躬自揣簡，以需後日之用者也。其他凡屬制科，孰非聖明作養？而自取之，自棄之，拔於一日，錮於終身，此無論虛上天生才之心，失祖宗養士之意，皇上誠一反求，前日之登進者何心？今日之厭棄者又何心也？費百年樹植之功，而不得收棟梁之用，躬三時蘀莐之勞，而末由享嘉穀之成，臣竊惜之。伏望聖上留神，將吏部原疏即賜檢發，應起知縣者令其開具地方，概與添註，以俟陞擢，應照原擬者，准照該部優轉之擬，陞續題補，其見經會推，如鄒元標、呂坤等，仍乞速爲點用，使老成在位，衆正盈朝，皷賢才效用之忠，紓海內鬱結之氣。信詔旨而慰慈懷，其爲聖德之光不小矣。臣不勝……"

十①月一日庚辰，朔。

四日癸未，大學士方從哲謹題："適蒙發下工部議折柴炭本，隨奉傳帖：'已有屢旨了，何又來瀆煩？出旨來。'臣細閱本內，其所欲折者，乃各監局之年例，非上供也。頃者再奉明旨，不許改折，亦指廟祀、御膳、各宮煙爨之用，非謂各監局之年例也。然則上供之不可折，與各監局分例之可折，皇上已洞悉之矣。今該部欲將上供等項照舊辦進本色，其餘各監局俱照數折價，俾人人得沾實惠，此於皇上奉先之孝，恤下之仁，誠爲兩得，似宜亟爲允行，以順人情者。臣謹潛擬一票上呈御覽，伏惟聖明裁酌批發。臣不勝……"

五日甲申，大學士方從哲謹題："竊惟東宮開講一事，頃該臣具疏恭請，隨奉有'天氣暴寒，皇太子體質清脆'之旨。於時輟②講已近，臣不敢再瀆。惟是俞旨未頒，日期未定，人心終是不安。近日內外諸臣凡見臣者，無不以此問臣，臣苦無以應，清夜自思，寢不能寐。區區之忠，伏望皇上念此事乃宗社無窮之大計，亦普天仰望之同心，關係匪輕，難以終廢。乞於禮部催請疏中，降一明春舉行之旨，以定眾志，而省煩言，中外幸甚，臣愚幸甚。臣不勝激切仰望之至。"

八日丁亥，大學士方從哲謹題："頃者恭遇皇上勵精化理，加意人才，點用南京卿貳及各處督撫，下吏科都給事中之命，允各巡按御史之差，一時大小臣工欣欣相慶，以爲萬曆初年之治庶幾再見，臣愚亦竊謂聖明舉動，真非臣下所能仰窺萬一，使每事若此，即太平之理坐致何難？乃目前時務尚有一二關係切要，不容少緩者，臣敢爲皇上陳之。六部、都察院之設，事權並重，機務並繁。今六部員缺雖多，或尚書或侍郎每部尚有一人，若都察院則三堂並缺矣。風紀重地、闃然一空，雖署印有人，而代庖之官終難展布。今張問達且以病告，若再因循不補，任其空虛，貞度肅僚誰任其責？朝廷之紀綱法度不幾於廢

① 十　"十"上當有"萬曆四十二年"六字。

② 輟　"輟"似爲"開"之誤。

弛殆盡乎？伏望皇上，將吏部會推各官速賜點用，即不然，但求先點二人或一人，亦足以濟目前之急，此時務之不容緩者一也。候補科道官張孔教等、朱堦等，困頓經年，茫無歸着，守株既久，效用何時？身居不進不退之間，名在有官無官之際，如此景象，從來所無。今各處按差陸續報滿，而臺員多缺，題補乏人，若將此數人者，悉照部推，概爲錄用，外可以充任使，內可以備官聯，豈不兩得？而徒令趑趄邸舍，虛度歲時，灰賢人圖報之心，失國家養士之意，何爲者？此時務之不容緩者又一也。以上二事，人情仰望最切，國體關係匪輕，在皇上必且日縈於懷，未嘗置念，少需之自當從容檢發。第時日已久，理勢已窮，與其終舉於後來，曷若慨行於今日？免催請之擾，無激聒之煩，省事省心，計無便於此者。臣固因皇上近日之舉動，而知其不難爲此也，臣一念樸忠，不能自已，惟願皇上虛以聽言，斷以用人，不失爲堯舜之主，臣躬逢盛美，亦與有榮施焉。臣不勝……"

　　十日己丑，大學士方從哲謹題："竊惟瑞王婚禮，先曾奉有明旨，於冬間舉行，中外人心日切懸望。令①冬令已過十日矣，該禮部屢疏催請，未蒙批發。過此以往，爲日幾何？而欽天監之選擇未定，各衙門之造辦未完，若再遲延，臨期必多違誤。奈何舉國家大禮，而輕忽若此？臣觀庶民之家，凡子女長成，男必爲之成婚，女必爲之定配，室家完聚，而後父母之心即安，此天理人情之至，不以貴賤而有異也。豈有天子之子，親王之貴，年至十②四歲，而猶子③然獨處，不得揩④伉儷之歡，揆之情理，順乎不順乎？皇上誠憬然深思，於心安乎？不安乎？伏望皇上，念嘉禮不可再遲，吉期不容再緩，將禮部近日之疏即賜批發，命欽天監速擇大吉日期，請自聖裁，務於冬月之中完此一事，上以成皇上一視之愛，下以慰海內同然之心，即皇上日奉几筵，亦且有辭於聖母，而在天之靈不至有怨恫之意矣。臣以事關國體，不敢坐視，不言⑤煩瀆宸聰，負罪殊甚，仰惟聖慈矜宥。臣不勝……"

①令　"令"當作"今"。

②十　"十"前當有"二"字。
③子　"子"當作"孑"。
④揩　"揩"當作"偕"。
⑤言　"言"當作"厭"。

十五日甲午，大學士方從哲謹題："前蒙發下原任大學士沈鯉謝恩本。該臣查得往例，凡致仕輔臣蒙恩存問者，必具疏陳謝，其差來子孫，必授一中書舍人之職。如萬曆十年，大學士徐階以八十存問，三十年，大學士申時行、王錫爵、王家屏以覃恩存問，皆有謝疏，皆蒙行恩，歷歷可考。故臣於沈鯉之疏，照依擬上，蓋亦仰體皇上優禮舊臣之意，且不失向來相循之規，非敢創爲此例也。儻蒙聖慈慨賜批發，不獨鯉祖孫感恩圖報，澤施簪履，誼篤始終，其爲聖德之光亦不淺矣。臣不勝……"

十七日丙申，大學士方從哲謹題："竊惟吏部，職在用人，除授、推陞，不容一日停止。頃者尚書鄭繼之以人言乞休，疏凡再上，已經數日，未蒙檢發。今急選、大選俱在目前，而本官杜門不出，不無廢事之虞。伏望皇上留神，將原疏檢出，容臣擬上，恭候聖裁，俾令供職視事，銓政幸甚。又新點兵部尚書涂宗濬，以料理復命之疏，未能刻期到任，該部推補將官、燒荒請敕諸務，俱不容緩。昨目①務任弘業又具疏請官署印，並祈皇上檢發，另委一人暫署，此亦時事之最急者。臣不勝激切仰望之至。"

二十二日辛丑，大學士方從哲謹題："照得兵部印務，前奉旨：'着尚書鄭繼之署掌'。隨該本官累疏力辭。彼時臣聞本部尚書涂宗濬不久將至，故擬旨'准其辭免'，近日又聞，宗濬因虜酋貢馬已到，暫留料理，一時未能赴任。頃該司務等官，以各邊將領多缺，急須推補，請敕燒荒亦已後時，而各省直應襲舍人候選者不下數百，諸務停閣，難以久侍②，故連上二疏，請官署印。乃經今數日，未蒙發票。臣念本部職司軍政，關係匪輕，豈但常行之事不容停止？儻各邊卒有緊急事情，時刻難緩，而部印無人掌管，將誰爲酬應？誰爲經理？安危呼吸，真可寒心。且半月以來，臣每日入朝，該襲職各官，羣聚號呼，哀求署印，又是前日候憑景象矣。伏望皇上留神檢出司務任弘業本，容臣擬令侍郎李鋕暫署，以了目前諸事，樞務幸甚，臣

① 目 "目"當作"司"。

② 侍 "侍"當作"待"。

愚幸甚。臣不勝……"

　　二十七日丙午，大學士方從哲謹題："頃者原任大學士申時行訃聞，伏蒙皇上篤念舊臣，特頒異數，祭葬贈蔭備極優隆，大小臣工莫不欣躍感仰，以爲皇上襃耆碩，恩禮有加，君臣之誼終始曲全若此。惟是臣遵旨擬上二謚，未蒙點發。連日思之，恐臣所擬未當聖意，因此遲留，亦未可知。竊惟時行，輔政有年，帝心簡在，人品功業卓然可觀，臣再四斟酌，除詞臣例用'文'字外，惟'定'、'恪'二字於本官頗覺相孚。蓋'定'取安民大慮之意，見其贊襄這弘業，'恪'取溫恭朝夕之意，見其事上之小心，故遂潛擬呈上，以'文定'爲正，以'文恪'爲陪，仰候宸斷。儻皇①以'定'字未妥，即點用'文恪'一謚，亦足以擬其生平之概，而垂奕世之休，天恩高厚，不獨時行子孫世世圖報，其爲聖朝輔弼之光，亦不淺已。臣謹另具一揭，恭俟欽點，伏惟聖明留神速發。臣不勝激切懇祈之至。"

①皇　"皇"下當有"上"字。

萬曆起居注

十①一月己酉，朔。

三日辛亥，大學士方從哲謹題："昨吏部尚書鄭繼之已遵旨入部視事矣，隨具疏催請聽補科道張孔教、朱堦等。臣愚竊②諸臣在京候旨爲時已久，其勢已窮，至於今日誠有不容再緩者。科臣寥寥數人，不敷差用，已詳劉文炳疏中。若臺中諸差，若巡漕，若長蘆巡鹽，若遼東巡按，或以差滿，或以病告，此其關係何等緊要？而皆無人可替。皇上縱不爲諸臣計，獨不爲各差慮耶？臣愚備員輔弼，已踰一年，碌碌因人，容容尸位，曾無一念可以格主心、回天聽，并無一事可以塞衆望、厭人心，清夜自思，慚懼欲死。儻蒙皇上鑒臣悃誠，俯從所請，將吏部題催科道諸臣，慨賜允補，以接濟各差，不獨彰皇上器使之公，抒諸臣效用之志，而臣愚亦可免曠瘝之罪，以少施顏面於人，臣愚幸甚，國事幸甚。立俟聖明留神檢發。臣不勝……"

六日甲寅，大學士方從哲謹題："臣惟今日時政之大，惟在用人，而用人之概，不過點大僚、補科道、錄廢棄三者而已，三者之中其最要最急者，又在點用都察院堂官，與允補起復科道張孔教等。臣於此二事再三懇請，疏揭凡十餘上，煩瀆之罪臣自知之，惟是上聞③國體，下係人情，一爲朝廷重紀綱，一爲皇上充任使，臣一念樸忠，但願國家收用人之效，而不至有廢事之虞，寧爲諸臣哉？且皇上近日於南都卿貳及各處督撫，欽點凡十餘人，何獨於院堂而靳不肯點也？今兩京科道見任者不下百十餘員，何獨於聽補數人而靳不肯用也？儻慎重於平時，而慨發於一旦，將左都等官或全點，或點一、二人，於張孔教、朱階等盡允吏部之請，俾令受職視事，以備差用，將風紀有託，而任使可充，耳目一新，而人心胥悅，豈非今日一盛事哉？臣日夜念此，寢不能寐，食不能甘，不得已再瀝赤誠，仰塵天聽，伏惟聖慈矜察允行。臣不勝……"

八日丙辰，大學士方從哲謹題："前蒙發下太常寺本，內一

①十 "十"上當有"萬曆四十二年"六字。
②竊 "竊"下當有"謂"、"惟"之類文字。
③聞 "聞"當作"關"。

本以冬至祀天，請遣大臣四員分獻。其文臣二員，臣隨以侍郎李鋕、何宗彥擬上，尚未批發。昨晚又有太常寺一本，言是日請神、上香及導引，該用禮部尚書、侍郎等官。臣愚竊謂，本部見缺尚書，自當以侍郎代之，故擬遣宗彥請神、上香，而以詹事孫如游、庶子王毓宗代侍郎導引。其分獻少一員，查有侍郎林如楚可遣，臣謹另具一票呈上，恭候御批發下，庶供事有人而大典不誤。至於臣愚一時疏略，失於點檢，致煩天聽，誠無所逃罪，儻蒙聖慈矜宥，實爲萬幸。臣不勝……"

十日戊午，大學士方從哲謹題："竊惟瑞王婚禮，舉朝臣工以及市井小民，無不謂其當舉，而聖意遲回，未肯即允，中外疑之，不得其故。昨九卿諸臣合疏祈請，辭甚懇切，不知已經御覓①否？臣不敢逹引以瀆天聽，祇以人間常情常理言之。夫庶人之子年至十六七歲，必爲議婚，即其家窮乏之極，不能成禮，亦須委用②措處，多方借貸，以完其事。必如是，而後子弟不至怨曠，家道得以和平。孟子所謂'父母之心，人皆有之'，自古及今，未之或異也。今瑞王睿齡二十又四，過尋常婚期已六七年，當此之時，皇上猶漠然不以爲意，日復一日，舉行無期，是以帝子之親，藩王之貴，反不若間閻之子得以及時完聚，早偕伉儷之歡，永遂室家之願，豈理也哉？且諸王分屬天親，愛均一體。曩者福王婚禮年幾③幾何？今日瑞王年歲幾何？同一愛子，而婚期遲蚤大相懸絕。皇上誠念及於此，當必有惕然不安於心者。伏望皇上亟敕欽天監，速擇吉日，請自上裁，務於冬月之中完此一事，庶大典不誤，和氣可臻。一舉而仁君慈父之名悉歸皇上，豈非宗社之福、臣民之至願哉？臣以典禮攸關，誼難緘默，情詞激迫，冒瀆宸嚴，負罪不細，伏惟聖明矜宥。臣不勝……"

十二日庚申，大學士方從哲謹題："適文書官金忠恭捧聖諭到閣：'諭內閣：朕先年朝謁聖母，恭見聖目少安，藥餌罔效，朕寢食弗寧，謹以齋沐竭處露禱上帝，復命內官祈禱於東嶽泰

①覓 "覓"當作"覽"。
②用 "用"似當作"曲"。
③幾 "幾"當作"歲"。

山之神天仙碧霞元君。祈禱之日，聖目即愈。朕感其靈應，無所酬答，於是謹發誠心，發内帑，擇於萬曆四十一年四月二十六日大吉開工，命内官監等衙門太監等官崔登、葉忠、林潮、齊芳、陳永壽、李忠，管理鳩工，鑄造鍍金天仙碧霞元君聖像，並銅梁柱瓦，範銅寶殿一座，額名天仙金闕，供安聖像，石臺基，四券門，東門名曰蒼華，南門名曰丹鳳，西門名曰皓靈，北門名曰玄通，泰山後門名曰北天。逐一崇建，至於萬曆四十二年四月初四日落成。宜當用文恭紀其事，以彰神之弘慈靈應福國庇民、朕之孝誠，永垂萬古尊崇之意。卿撰擬碑文來看。特諭卿知。欽此。'臣於此仰見皇上純孝至德，無間始終。初以聖母聖目不安，朝夕競惕，既躬禱於上帝，復遣官致禱於嶽神。孝誠所孚，聖目旋愈，皇上復感靈應之速，竭報答之誠，鑄聖像以示莊嚴，建天仙金闕以崇供奉，殿名、門額悉出睿思，真足以昭神貺於一時，垂聖孝於萬古矣。兹以玄工告成，復命臣撰擬碑文，恭紀其事，臣雖不敏，敢不仰遵明旨，恭擬進上，以俟，聖裁？臣不勝……"

十八日丙寅，大學士方從哲謹題："頃該臣以偶感風寒，給假調理，三日之後幸漸平復。因念閣中無人，不敢久曠，隨於十七日入直辦事矣。但臣久病之軀，衰憊已甚，一經觸發，便自難支。即今目眩神昏，四肢酸痛，雖勉出入①，而委頓之狀殊不可言。竊思政本何地？幾務何事？而以庸劣如臣、病困如臣者一人當之，豈有幸乎？臣叨承恩命，已踰一年，夙夜奔趨，無間寒暑。自首輔謝事，臣以一身支撐其間，亦八越月矣。鞠躬盡瘁，自是微臣分誼，豈敢言勞？惟是精神徒敝，而職業罔神，竭蹶雖勤，而曠瘝滋甚。即如目前之事，内而瑞王婚禮，外而御史各差，皆至緊至要、時刻不容少緩者，臣數月以來懇請再四，而天聽愈懇②，俞音寂然。名為弼贊萬歲，實則分毫莫效，尸素若此，報稱謂何？臣不病死，亦當媿死矣。今時逢長至，陽德方亨，計皇上必有一番新政，以熙化理而慰人心。他如補官、起廢、考選、停稅諸務，容臣補牘另請外，為今之

① 入 "入"下當有"直"字。

② 懇 "懇"當為"高"字之誤。

計，衹望皇上將瑞王婚禮亟賜舉行，將起復科道諸臣即賜允補，以充各差之用。不過一二事，而朝政稍覺疏通，羣情亦自踰①快，臣愚溺職之罪，亦或可少逭萬一耳。適蒙發下户部請差巡漕御史本，臣已潛擬呈上，望皇上即賜批發，此尤關係軍國大事，萬不可以尋常忽之。臣情迫於中，病苦於外，激切籲請，實出血誠，仰祈聖明矜詧，慨然允行。臣不勝……"

二十日戊辰，大學士方從哲謹題："適蒙發下潞王妃李氏本，該文書官王體乾口傳聖旨：'着准他。'臣查王妃於八月間具有奏請四事之疏，户部奉旨議覆，其中逐款分別，有應准者，有不應准者，無非遵祖、酌時宜，以求通便可行。皇上但將此疏檢發，照依所議，庶恩義並行不悖，而本藩亦可免煩瀆之擾矣。臣謹擬票呈上，伏望聖明裁酌。謹具題以聞。"

是日，大學士方從哲謹題："臣伏奉聖諭，撰擬敕建天仙金闕碑文。臣謹欽遵撰完，進呈御覽。但疎淺不文，無能揄揚聖孝，恭候聖明裁訓施行。其勒石之時，於'天仙金闕'上加'泰山'二字，方爲全備。臣未敢擅便，統俟聖裁。謹具題以聞。

擬敕建泰山天仙金闕碑文：朕自御極以來，嶽瀆百神祀典咸秩，矧泰岱爲羣嶽長，鎮我東方，斯萬物始交之地，凡昭姓考瑞，登封降禪，咸兹在焉。碧霞元君，名號所從來遠。相傳黃帝肇建岱嶽觀，命元君雲冠羽衣迓西崑真人，焚修玉洞，遂證仙真。斯事寥邈，不可考已。宋真宗東封清泉示異，玉像是崇，以迨於今，自京畿至方國，莫不祗事。恭惟我聖母慈聖皇太后，保祐朕躬，廣建功德，嘗於京師重葺東嶽廟。朕欣承慈旨，靡愛斯工，美哉輪奐，廟貌赫矣。日者聖母目眚②，朕心靡寧，夙夜氷競，露禱於昊天上帝，復命内臣持節，以祀東嶽泰山之神天仙碧霞元君。祀事孔明，慈顔以豫，目眚遂蠲，則是泰山元君既赫厥靈，綏我聖母，以及朕躬，貺莫大焉。朕聞無言不酬，無德不報，況兹靈庥③，慈闈之倚藉而盼饗之顯異者哉？是用秉虔皈依，思答明貺。出内帑金錢若干，鍍金爲像，

①踰 "踰"當作"愉"。

②眚 "眚"當作"眚"。

③庥 "庥"當作"庥"。

範銅爲殿，築石爲臺，奉元君奠居焉。爰賜嘉名曰天仙金闕，爲門四，東曰蒼華，南曰丹鳳，西曰皓靈，北曰玄通，其泰山後門曰北天。命內官監太監崔登等往董其役，經始於萬曆四十一年四月二十六日，越明年四月初四日，已於事而竣。朕惟古者，成民而致力於神，功成化洽，瑞應畢至，乃有事於泰山。朕眇躬涼德，醇化未登，不敢侈七十二君之事，惟是祇奉慈闈，獲邀靈感。茲復不天，聖母升遐，宜與元君在帝左右，朕追慕方殷。深維聖母彌留之際，惟恤畜賜救民事爲競競。泰山奠位於東，其德主仁，其氣主生，膚寸之雲澤及萬國，惟泰山爲然。尚其匡佑我民，兩賜①時若，年穀豐登，使各有寧宇，無逢其災害，朕一人實嘉賴之，元君廟食亦且與國祚共相綿遠，豈不休哉？朕所爲酬往德而因乞靈者如此，庶幾承聖母之志，無至②隕越，且俾朕孝思亦得垂之無窮云。乃勒碑紀其事而銘之，曰：我我岱宗，表茲東土。觸石興雲，遂遍寰宇。亦有元君，遊彼帝鄉。仙階秘靈，玉策耀祥。日觀崇祠，天齊巍闕。英爽洋洋，昭哉對越。翳③我慈聖，懷柔百神。神之聽之，降福振振。靡叩不通，靡呼不嚇④。饗茲禋祀，慈顏有懌。景貺既彰，擁其明祺。廟食無疆，巨⑤鬯一卣⑥。乃命中涓，乃出內帑。奕奕新廟，是烝是享。寢成孔安，永宅厥靈。幽感神衷，明德惟馨。眷予一人，受命不殆。既佑文母，燕及四海。燕及伊何？惠我黍麻。遏禳凶札，劍時休嘉。降福孔多，歲事有飭。於萬斯年，與國罔極。"

二十二日庚午，大學士方從哲謹題："昨晚蒙發下戶部議覆潞王妃李氏本，奉上傳：'着照敕書行。'臣一時不暇致詳，隨擬票呈進。已復思之，潞王初封，原未賜有敕書，無可憑據。若指近日王妃管理府事之敕，則當除去'初封'二字。以臣愚見，該部所議四事，至爲詳悉，明旨但批一'依議行'，便極妥當。臣謹另擬一票進上，恭候聖明裁奪批發。臣不勝……"

是日，大學士方從哲謹題："適蒙發下成國公朱純臣復命本。該臣查得近例，節年冬至郊祀，皆遣班首官恭代，及禮成

①賜 《明神宗實錄》卷五二六"賜"作"錫"，是。
②至 《明神宗實錄》卷五二六"至"作"所"。
③翳 《明神宗實錄》卷五二六"翳"作"繄"。
④嚇 《明神宗實錄》卷五二六"嚇"當作"赫"。
⑤巨 "巨"似當作"秬"。
⑥鹵 "鹵"疑當作"卣"。

復命，每有銀幣之賜。前此英國公張惟賢，於三十三年、三十七年皆蒙特恩，進加宮保，具見皇上欽若昊天及優禮大臣至意。今純臣恭承欽遣，業已三次，竭虔行禮，仰副皇上敬天之誠，進秩示酬，似與惟賢之例相合。但恩命出自朝廷，非臣所敢擅定。謹擬二票進呈御覽，恭候聖明裁酌。臣不勝……"

是日，大學士方從哲謹題："恭遇長至令節，禮當慶賀，奉旨傳免，臣謹偕在廷文武暨天下華夷齎捧朝貢官員人等，於五鳳樓前大班行禮，恭伸祝頌外，伏念臣備員輔弼，受恩深厚，與在廷諸臣不同，擬是日恭詣仁德門，行五拜三叩頭禮，稱祝聖壽，以少伸臣子慶汴①之誠。謹具題知。"

二十四日壬申，大學士方從哲謹奏："為一陽初復泰運更新懇乞聖明乘時用人以光治理事。臣惟國家大政，無過用人。得其人則百事理，無其人則百事廢。故任賢圖治，自英誼②以至輓近，莫不皆然。今內而宮闈，外而朝廷，遠而邦國海宇，其間典禮興③當興，政事當舉，邊備當飭，民隱當恤者，不可縷指，臣姑不敢泛引以瀆天聽，祇以用人一事，再為皇上陳之。用人之端四，曰點大僚，曰補科道，曰補監司，曰錄廢棄。六部、都、通、大，名曰九卿，有長有貳，以共理一署之事，此祖制也。今自兵部外，每部祇有一人，若都察院則闔署盡空矣。以一人兼三人之任，已自難支，而李汝華既署戶部，又帶倉場，張問達既署刑部，又攝都察院。人一身耳，才力縱優，精神有限，東馳西鶩，能無顧此失彼之虞？究使幾務漸壅，紀綱日壞，老成凋謝，朝寧空虛，全盛之世豈宜有此？則亟點都察院三堂及部寺卿貳等官，誠今日之急務也。科道諸臣，均有官守，均有言責，給事中該五十員，御史該一百餘員，亦祖制也。自掌科、掌道外，內有巡視，外有巡按各差，必濟濟在列，而後委用可敷。乃今起復十人，經年不補，新選四十餘人，數月未下。目前巡漕、巡鹽、遼東諸差，報滿已久，無人可代，事甚急而視之若緩。人可用而棄之若遺，人與事兩受其病，國家亦何利焉？則俞起復之補，下考選之命，又今日之急務也。藩臬諸臣，

①汴 "汴"當作"忭"。

②英誼 "英誼"似為誤文。

③興 此"興"字為衍文。

或資保障，或藉澄清，一應錢穀、兵馬、詞訟以及官員賢否、軍民利病，皆於監司主之，有一事方設一官，少一官則廢一事。昨見吏部催請各處員缺，多至二三十人，此孰非有地方之責者而令虛懸若此？況今災沴頻仍，徵求煩擾，民窮盜起，所在見告，猝有意外之警，誰爲撫綏而彈壓之？則速允部推，將司道各官盡數陞補，又今日之急務也。林下諸臣，一經降謫，永無環召之期，年來恩詔再頒，竟成虛語。頃者聖母遺詔，皇上特恩，業已播告中外，而吏部覆請之疏，一概留中。膏欲布而猶屯，汗已渙而復反，錮仁賢於盛世，淹才攜以終身，播棄摧殘從來未有若是之甚者。皇上縱不爲諸臣惜，獨不爲社稷計乎？則亟允部疏，將應起知縣者即註地方，應照原推者概從優擢，舒久鬱之氣，鼓效用之忠，信詔旨而慰慈靈，又今日之急務也。此數者皆諸臣所常言，亦臣所屢言，敢復掇拾以滋煩瀆？獨以人才者，天之所生以資世用，亦祖宗所養以留爲皇上用者。天生之而皇上棄之，祖宗養之而皇上挫抑之，豈天與祖宗之意乎？茲有郊禋持①舉，正皇上饗帝饗親之時，不於此時旁招俊彥，布列周行，以實政爲感通，以登庸爲昭假，竊恐圭璧雖具，誠意不孚，黍稷徒馨，精神終隔，欲以答天心而合祖德，蓋亦難矣。普天仰望，在此一舉，仰惟聖明留神慨允，人才幸甚，世道幸甚。臣不勝……"三十日，奉旨："覽卿所奏，具見忠君爲國至意。其點用大僚，及廢棄、候補各官等事，知道了，俟朕檢發。卿宜安心贊理。該部知道。"

二十六日甲戌，大學士方從哲謹題："昨該臣以冬至陽生之候，請皇上乘時用人，誠見國家需人甚急，羣情仰望甚殷。臣翹首腐心，企候俞旨，不知皇上曾經御覽、肯垂天聽否？臣所舉四事，俱係切要，而其最切最要、時刻難緩者，又在點都察院堂官，與補起復科道十人。今各部俱有一人，而都察院獨無，風紀重地，萬萬不可久虛。皇上但將吏部所推，即點二人或一人，亦足以救目前之急，奈何宜斷而久不斷也？巡漕之差，乃京師數百萬漕糧所係，長蘆巡鹽乃各邊數十萬軍餉之需，遼東

① 持 "持"殆爲誤字。

巡按又夷情向背邊塞安危所關，俱難遲緩。然此皆中差，必資淺御史方可差用，皇上但將起復科道張孔教、朱堦等即允推補，人雖不多，亦足以濟一時之用，奈何宜斷而久不斷也？臣屢瀆宸聰，煩聒之罪自知不免，但職業所在，欲默不能。若目擊時事之闕失而袖手旁觀，明知人心之瞻仰而緘口不言，臣即不媿於心，亦何顏以見天下士大夫乎？臣言滋多，臣心滋苦，儻皇上仍視若尋常，不為允行一二，臣真不能一日居此地矣。萬惟聖慈矜察。臣不勝……"

二十八日丙子，大學士方從哲謹題："頃該臣以欽點左都等御史及允補起復科道二事，再疏懇請，跂望明旨，以日為歲。昨署院張問達以巡漕缺人，將候補御史朱堦等題差，此出萬不得已之計，皇上所當亟允者。此外尚有長蘆巡鹽、遼東巡按二差，亦屬十分緊要。其餘在京在外科道諸差，臣不能悉舉。惟望皇上將吏部所題張孔教等十人，盡數允補，以資一時差遣之用。是不過一動念，一舉筆間，而上可以濟國事，下可以順人情，外廷省多少催請，皇上省多少激聒，此極簡極便之事，而皇上堅不肯聽，此臣所為望天叩心、迫切哀懇、而終不能自已者。伏惟聖慈將吏部原疏及昨都察院題差疏，立賜批發，或仍發臣票擬，取自聖裁，不勝萬幸，臣即刻延頸以俟。謹題。"

二十九日丁丑，大學士方從哲謹題："適接巡視京營姚宗文等揭帖，乞裁定協理大臣，以便年終舉劾。臣查戎政印務，先曾再奉明旨，令工部侍郎林如楚暫署，乃本官屢疏控辭，既又請命吏部侍郎李誌帶管，緣此疏久未發票，協理尚虛。伏望皇上將如楚前疏檢出，或即將姚宗文等疏發臣擬上，庶代攝有人，而甄別不廢，營務幸甚。臣又查得，近日本章，如刑部侍郎張問達以病請，禮部侍郎教習庶吉士顧秉謙以終養請，俱未發票。在問達，以一人兼署部院，勞瘁致疾，勢所不免。近見都察院堂官未蒙欽點，心憂愈甚，杜門日久，廢事滋多。乞將問達近疏即賜批發，勉令速出視事，亦時事之不容緩者。在秉謙，以母老且病，亟圖歸省，六疏陳乞，悽楚堪憐，且註籍以來，庶吉士學業都廢，益憂益病，強出實難。乞將秉謙近疏，並賜批發，俾令暫歸省親，亦今日之不容已者。臣不勝企望之至。"

萬曆四十二年

十①二月一日己卯②，大學士方從哲謹題："恭照瑞王婚禮，乃今日朝廷第一大典，皇上第一吉祥善事，而愆期已久，時勢已窮。今去年終祇有一月，若此時奉旨，猶可於歲裏舉行，再少遲延，又將踰歲。皇上試思，外而藩府，內而勳戚，以及官員、士庶之家，有二十四歲不婚之子、有二十餘歲不嫁之女否？以小民家所無之事，而皇上行之，以從古來所未有之事，而皇上創之，失慈父之意，傷愛子之心，竊恐聖母在天之靈，必有戚然其不安者。臣愚伏望皇上，乘此陽生之候，渙發德音，命欽天監速擇吉期，並敕各衙門刻期造辦，務於十二月之中完此吉典，則有室有家，俾賢王得遂好逑之願，而宜孫宜子，將國家益衍昌後之休矣。理極勢窮，萬難再緩，仰惟聖慈慨久③。臣不勝……"

①十 "十"上當有"萬曆四十二年"六字。
②卯 "卯"下應有"朔"字。
③久 "久"當作"允"。

五日癸未，大學士方從哲謹題："近該臣以用人諸事，竭誠懇請，煩瀆之罪，臣自知之。然臣非敢於諸臣市恩，亦非徒為臣一人塞責也，誠見近日朝政壅塞，羣情灰沮，以聖明在御、國家全盛之日，而人才寥落，朝寧空虛，大非萬曆初年景象，故望皇上將內外大小諸臣漸次推補，稍示疏通，庶幾不至大壞極敝、不可收拾。臣一念樸忠，天日鑒之。乃臣言雖已切至，而聖意未見挽回，數日以來，並未嘗點用一人，報可一事。頃奉明旨，許臣以忠君為國，勉臣以安心贊理，臣不勝皇恐，不勝感激。伏思庸劣如臣，而過蒙皇上眷顧若此，臣敢不矢竭犬馬，以圖報稱萬一？獨於明旨所謂檢發者，日夕懸望，況今歲序將終，幾務叢委，伏乞皇上乘此少瑕④之時，將吏部先後推官諸疏，盡數檢出，擇其關係緊要者，次第批發，庶皇上之諭臣者不為空言，而臣之屢瀆皇上者不為徒聒。臣不勝激切候命之至。謹將應點、應補各官，詳開於後，以便聖明檢發：

一、推都察院左都御史等官本
一、推兩京尚書侍郎等官本
一、推兩京太常寺卿等官本
一、題補起復科道張孔都、朱階等本

④瑕 "瑕"當作"暇"。

一、考選過科道李若珪、孫之益等本
一、題請張光房等五人本
一、轉左右給事中韓光祐等本
一、推補各省司道王在晉等二十四員本
一、都察院題差巡漕長蘆巡鹽遼東山西巡按本
一、臣內閣題纂修玉牒及編纂章奏二本。"

十日戊子，大學士方從哲謹題："頃臣以用人急務，屢瀆宸聰，翹望俞音，不啻饑渴。今去歲暮祇有二十日，而天聽愈高，杳無消息，臣中情鬱結，恝焉如焚。恭睹皇上邇年以來，每遇萬壽長至履端之期，必有一番舉動，足以濟時務而快人心。今冬至已過，而卒未嘗行一政、用一人，如往年故事。是臣之不才，不能將順德意，罪何所辭？然區區愚忠，終不能自已。伏望皇上將臣所請點都察院堂官，及補起復科道二事，先賜允行，亦足以補時政之闕，答仰望之情，臣不勝至幸。臣近見吏部推陞各官，自部院大臣外，如太常寺卿孫承榮、南太常卿范淶、光祿寺少卿高桂、尚寶司司丞包見捷等，皆小九卿之官也，催至年餘，木①蒙欽點，人心觖望，亦以臣不能幹②施為責。臣殊跼蹐，無以自容，更望皇上乘一日之暇③，將該部推陞各本，盡數檢出，擇其當發者，陸續批發，是又疏壅滯、廣登進之一機也。臣言已竭，臣心滋苦，萬惟聖慈矜察，早渙明綸。臣不勝……"

十一日己丑，大學士方從哲謹題："適蒙發下雲南巡按御史毛堪本，上傳：'這所奏歲貢金兩，昨已有旨明白，着遵旨解進。其鎮臣係祖宗以來設立世守勳臣，豈得擅改？其餘該部看議。欽此。'臣詳閱本中所言鎮守一事，蓋謂既有黔國公沐昌祚，又有都督沐啟元，兩鎮並設，播惡多端。且啟元少年無忌，鼓衆橫行，尤為滇民之害。故欲革去此一添設之官，照勳臣身終襲替之例，於遐方大有裨益，非謂世守鎮臣之當改也。臣謹擬票，恭呈御覽，伏祈聖明裁酌、批發。"

①木 "木"當作"未"。
②幹 "幹"當作"斡"。
③睱 "睱"當作"暇"。

十三日辛卯，大學士方從哲謹題："適蒙發下工部一本《爲奉旨查議陵工效勞官同事》。該臣看得，山陵之役，諸臣仰體皇上孝事聖母之心，殫竭精誠，拮据匪懈，費省功倍，不日告成，大典克襄，神人胥慶。荷蒙皇上，俯念諸臣在事效有微勞，特令該部查議以請，慕親之孝、錫類之仁，並見於此矣。惟是敘賞事例，向來所無。該部雖查有獻皇后陵工之例，與此亦未相合。蓋顯陵遠在承天，一時任事，除差去內監及工部堂官外，其餘皆地方撫按及總兵等官，事體稍覺不同。以是臣愚未敢擅便①擬，謹將原本封進。伏望皇上將應敘應賞各官，斟酌裁定，明示賞格，或令臣票擬，或徑自批發。臣謹屏息以俟。"

① 便 "便"當爲衍字。

十四日壬辰，大學士方從哲謹題："臣昨接得刑部郎中等官萬尚烈等揭，以堂官張問達向來兼攝部院，病困難支，又以院堂久虛，憂思愈甚，杜門日久，部務盡壅，獄情之停滯既多，纍囚之淹禁蓋②苦，欲祈皇上將問達辭疏亟爲檢發，令其速出視事，仍乞點用都察院堂官，庶紀法之司各有專責。此真目前緊務，臣所爲屢瀆於皇上不容一日再緩者也。然近日章疏之當發，不止一問達也。吏部尚書鄭繼之有辭宮保之疏，禮部侍郎教習庶吉士顧秉謙有請終養之疏，福建巡撫袁一驥有辭任之疏，併祈發臣票擬，即賜批行，庶繼之之加銜不虛，而秉謙與一驥之去留有據，是亦時事之當結者。此外祇有都察院題請巡漕、巡鹽等差，最爲喫緊，儻蒙聖明慨允，並賜點用，尤爲至幸。臣不勝……"

② 蓋 "蓋"當作"益"。

十九日丁酉，大學士方從哲謹題："竊見皇上邇年以來，凡遇改歲之時，必檢發許多章奏，行許多善政，補許多缺官，以是中外喁喁不能得之於平時者，莫不企望於此日。每有詰問於臣者，臣亦以此答之。茲歲已暮矣，從今檢發施行，猶恐不及，而本章之留中如故，朝政之壅滯如故，缺官之不補如故。是皇上勵精圖治，不但遠遜二十年前，抑且不及二、三年前矣。臣惟自昔神聖之主，享國愈久，求治愈殷，其任賢納諫之心亦愈

萬曆起居注

① 析 "析"當作"祈"。

② 揄 "揄"當作"愉"。

切，未有舉天下之大、萬幾之繁，一切置之度外，而漫不加意者。棄百務而曠庶官、拂人情而隳祖制如是，而欲國家久安長治，歷觀往古，未之前聞。且臣所爲經年累月、慇懃懇切析①望於皇上者，非強皇上以難行之事也，一啟口則德意已流，一舉筆則官聯咸備，堯舜事業祇在宸衷一轉移間，何難之有？臣猶記往年明旨，曾以一'是'字允補各官數十人。由今思之，便爲千古盛事。皇上奈何惜此一字，而不以濟時務之急、慰海內之心、且自誤國家之事、自失堯舜之名也？今時日已迫，萬難再遲。伏望皇上留神，將章奏應發者即賜檢發，大僚、科道、內外各官應補者即賜推補，漕、鹽巡按各差應點者即賜點用，庶政體稍覺疏通，人情稍覺揄②快，朝廷之上必且煥然改觀，豈非社稷之幸、臣民之至願哉？頃見科臣條奏有云：庶人之家，每至歲終，輒將家務計算，必諸事俱備而後即安。此善喻也。人心瞻仰惟此一時。伏望皇上修邇年故事，慨然允行。臣不勝……"

是日，大學士方從哲謹題："照得謚典之設，古帝王所以旌往勸來，礪世風而表臣節，所係亦甚重矣。該臣查得，自三十八年，禮臣奉旨會議，及以後續題者，共三十七人，俱經先任輔臣葉向高等擬議上請，繼又催請數次，迄未點發。竊謂易名大典，已奉欽依，而明旨未宣，何以慰幽明仰望之心、彰朝廷褒崇之典？頃見皇上於舊輔申時行之謚，即賜裁定，恩沾者舊，寵溢綸扉，臣愚不勝欣幸。惟是從前諸臣，候旨已久，煥發無期，似亦聖朝之缺事，而臣閣中未了之前局也。臣謹將三十七人原擬謚號，備錄、呈上御覽，伏乞聖明留神，即賜裁定點發，於以光鉅典、愜羣情，是亦時政之最要者。臣不勝……"

二十二日庚子，大學士方從哲謹題："爲纂修玉牒事。照得纂修官，向有侍郎史繼偕、少詹事沈㴶二員。今沈㴶陞南京禮部侍郎去訖。臣謹推得左春坊掌坊事左庶子兼翰林院侍讀韓爌，堪以充補。爲照本官資俸最深，合無量陞詹事府少詹事，兼翰林院侍讀學士，協理府事，令同管玉牒纂修事務？其校對亦屬

萬曆四十二年

缺人。查有翰林院孔目繆正之堪補。伏乞敕下吏部，查照施行。臣未敢擅便，謹題請旨。"二十六日，奉旨："是。吏部知道。"

是日，大學士方從哲謹題："爲清黃事。照得軍職貼黃，例用翰林院官一員，自右庶子孫如游陞任去後，員缺未補。今該兵部題稱，四十三年起，正當清理之期。臣謹推得原任右春坊右贊善兼翰林院檢討今丁憂服闋張邦紀，資俸已深，堪以差用。伏乞敕下吏部，將本官量陞右春坊右諭德，兼翰林院侍講，前去會同兵部、都察院各違①上官，清理貼黃。臣未敢擅便，謹題請旨。"二十六日，奉旨："是。吏部知道。"

二十三日辛丑，大學士方從哲謹奏："爲朝政闕失滋多微臣曠②病瘵日甚懇乞聖明乘時勵精以圖交儆以維泰運事。臣病廢餘生，誤蒙皇上高厚之恩，擢居政地，責任甚鉅。臣才力甚綿，徒懷報主之心，素乏匡時之術，優游尸位，業踰一年，伴食已愧無功，當幾益慚溺職。即今堂簾日隔，章奏日壅，政事廢而臣不能匡維，曲禮隳而臣不能弼贊，議論紛而臣不能鎮定，紀綱決而臣不能扶持。近如親藩奏討，往往違祖制，拂輿情，而此等本章多出御批，徑由中發，臣不與票擬，何從執奏？此尤失職之大，而臣百口無以自解者也。從茲以往，曠廢益多，罪愆益積，清夜循省，伏枕㾕③徨，既傷積誠之未至，無以感格宸衷，又恨素望之未孚，不能轉移天聽，自怨自艾，無地自容。臣於此時，欲避之，則義無所逃，欲任之，則力不能副。躊躇展轉，計無復之。一念犬馬之私，終不能不望皇上之憐臣而救臣耳。蓋臣所可自盡者心，而皇上未必察其心。臣所可自獻者言，而皇上未必悉聽其言。言不聽，計不行，即其人才識品望什百於臣，亦未必能建一奇，出一畫，以濟天下國家之事，而以庸劣病憊之臣居此，又安望有分毫之益乎？臣愚竊意，皇上聰明神聖超越千古，且臨御日久，幾務益諳，於凡古今理亂之原，無不洞晰④，於世故人情委曲變遷之態，無不周知，謂宜求治愈殷，任賢愈篤，百官無曠，庶績咸熙，俾金甌之業傳之萬世無敝可也。不謂年來，怠忽之念茲，而明作之功乏，綜覈

① 違 "違"當作"堂"。

② 曠 "曠"當作"曠"。

③ 㾕 "㾕"當作"獐"。

④ 晰 "晰"當作"晰"。

之法廢，而厭棄之意多。始於一念之因循，久之以因循爲常事矣。始於一事之廢弛，久之以廢弛爲固然矣。章疏之上，強半留中，其發者皆日用常行無甚關係者也。陞補之官，間多俞允，所靳者則皆大僚、科道極其緊要者也。典禮俱屬隆重，而概視爲尋常。議論任其紛囂，而漫無所區別。非分之請求，不爲限制，內批之積習，未肯改絃。法守益隳，綱維盡解，君臣上下，苟且相安，天下事將不知所終矣。昨見科臣，因考成之時，進交儆之說，其所責備於臣者言言藥石，字字膏肓，臣不勝慚悚，不勝感服。顧竭力贊襄者，微臣之職，而虛懷聽納者，主上之明。自非聖①勵精於上，俾臣愚與百執事靖恭於下，欲以修實政而登上理，終不可得也。即今三陽開泰，萬化更新，盡人事以迓天庥，惟此時爲然矣。伏望皇上留神省覽，慨賜施行。臣不勝……"二十九日，奉旨："覽卿所奏，具見爲國忠愛懇切至意，朕已悉知。其點用大僚及候補諸臣等事，朕知道了，少俟詳覽檢發。卿宜安心輔理，以慰眷②懷。該部知道。"

是日，大學士方從哲謹題："先該③題奉欽依，每年終將講過經書講章類寫進呈，以備皇上朝夕觀覽，已經節次進呈訖。今查撰進講章，謹將《通鑑纂要》彥超遷晉主於開封府起至漢徵鳳翔兵詣闕止一本、蘇逢吉等遷補官吏起至南漢取桂州盡有嶺南地止一本、周泰寧軍節度使慕容彥遷反起至周始鑄錢止一本、周王景敗蜀師起至周以魏仁浦同平章事止一本，上四本，類寫裝潢進呈。伏乞皇上萬幾之暇④，時加觀覽，以求溫故知新之益。臣不勝……"

二十五日癸卯，大學士方從哲謹題："昨十月間，該新點未任大學士吳道南，因有妻喪，奏欲寬限赴召，此本已經發票，臣隨恭擬進呈，至今未蒙批發。竊意道南屢奉明綸，催採到任，而適值內難，兼有幼子，家中事務不能不少費經營。今爲時已久，轉盼新春，若得前疏發下，庶道南啟行有期，而中外懸望之心可慰，臣愚共事得人，亦可免獨任之苦矣。伏望皇上，乘此歲暮之時，將原疏檢出，即賜批行，政本幸甚，臣愚幸甚。"

① 聖 "聖"下當有"明"字。

② 春 "春"當作"眷"。

③ 該 "該"下當有"臣"字。

④ 睱 "睱"當作"暇"。

二十八日丙午,大學士方從哲謹題:"該文書官金忠捧出聖諭到閣:'諭內閣:朕覽工部所奏,聖母升祔昭陵,大典告成,朕心甚慰。所有在工內外官員,悉心經理,勞績可嘉。先年獻皇后陵工告成,雖在承天,在彼供事官員俱已陞賞。今聖母陵工報完,典禮隆重,其內外官員均屬效勞。除內監另擬外,卿宜將在工官員,分別敘賞,以昭朝廷激勸之典。卿可擬票來行。特諭。欽此。'臣於此仰見皇上篤慎終之大孝,廣錫類之深仁,聖明舉動,遠追皇祖,臣不勝欣服。謹將獻皇后陵工陞賞事例,再四參酌,於效勞各官分別敘賞,擬票恭進,取自上裁。至於臣從哲待罪綸扉,恨不能追隨諸臣,躬親執役,尋常票擬何足言勞?部疏敘及臣,不勝慚悚。所奉聖諭,尊藏在閣。臣謹具回奏以聞。"